后浪

百年战争中最传奇的胜利

阿金库尔战役

[英] 朱丽叶·巴克 著
王超斑 译

汕頭大學出版社

致莫里斯·休·基恩（Maurice Hugh Keen）
牛津大学贝列尔学院荣休研究员

2015 年版序言

我们为什么仍然铭记阿金库尔战役（Battle of Agincourt）？2015年，当我们处于英法两国纪念这场中世纪最为著名的战役600周年的庆典之中时，这个问题似乎十分合乎时宜。这样的纪念庆典举行本身就是值得注意的。这样一场用弓、箭、长枪、剑、钉头锤和匕首进行搏斗的中世纪会战与现代机械化战争有着怎样的关联？阿金库尔战役究竟取得了怎样的成就，以至于它深深地嵌入了整个民族的灵魂里？和绝大多数其他在今天仍被铭记且有着深远影响的战役不同，它并未对历史进程造成直接或明显的影响。一方面，就结果而言，它不能与其他战役（例如，1066年征服者威廉［William the Conqueror］击败哈罗德国王［King Harold］的黑斯廷斯战役［Battle of Hastings］、1815年威灵顿［Wellington］与布吕歇尔［Blücher］对拿破仑取得胜利的滑铁卢战役［Battle of Waterloo］以及1942年蒙哥马利［Montgomery］在阿拉曼［El Alamein］击败隆美尔［Rommel］的战役）相提并论。另一方面，还有很多的战役与阿金库尔战役一样，在当时赫赫有名，但随着年月的逝去而被人遗忘。在与阿金库尔战役同属百年战争的战役当中，我们便能看到这样几个令人印象深刻的例子：英格兰人在克雷西（Crécy［1346］）与普瓦捷（Poitiers［1356］）取得的胜利，还有法兰西人在福尔米尼（Formigny［1450］）与卡斯蒂永（Castillon［1453］）的大捷（它们的影响更为深远）。它们现在已经淡出了公众的记忆，成了历史学家与军事爱好者们的珍藏之物。如今，有谁会记得"第二次阿金库尔战役"（即贝德福德公爵［duke of Bedford］于1424年在韦尔讷伊［Verneuil］取得的胜利）呢？[1]

然而，阿金库尔战役依旧在我们的集体记忆中占据着一个特殊的地位。但是，人们很容易单纯地将其原因归结为莎士比亚效应。诸如"我们人数很少，但是我们很幸运，因为我们是兄弟的军队"这些来自《亨利五世》（Henry V）中国王演讲的词句，已经成了英语世界文化的一部分，而且这些词句至今依旧与阿金库尔战役联系在一起。然而，莎士比亚关于这场战役本身的记叙是草率的、程式化的且明显有误的。这些错误不能简单地归因于舞台演出的要求。例如，和剧本中不一样的是，亨利的军队中没有爱尔兰人。而且，虽然苏格兰人参与了战争，他们也是为法兰西人而战。还有，最具标志性的弓箭手在哪里？没有他们，英格兰人根本不可能取得胜利。

可是，莎士比亚剧作的魅力在于，每一代人都能重新解读他笔下的故事。莎剧的核心是鼓舞人心的故事：拥有超凡魅力的领袖威逼利诱酒吧中懦弱的牛皮大王、小偷、江湖骗子等，让这些乌合之众去履行他们作为"英格兰自由民"真正的使命。他们冲破了重重阻碍，重挫了法兰西的贵族傲气并撼动了对方的军事力量。正如阿金库尔战役在亨利五世（Henry V）统治时期的地位一样，它是该剧的核心。然而，萨缪尔·约翰逊（Samuel Johnson）对莎士比亚的一些最为著名的词句表达了强烈的轻蔑之情。他写道："预言并没有得到证实：圣克里斯宾节（St Crispin's Day）过去了，而人们并没有提到阿金库尔战役。"[2]这是确定无疑的事实，但其原因是，在宗教改革之后，圣克里斯宾节从我们的日历中消失了，而不是因为阿金库尔战役已经被人们遗忘了。事实上，可以说，正是阿金库尔战役保留了关于圣克里斯宾节的鲜活记忆。

然而，远在莎士比亚创作他的剧本之前，亨利在阿金库尔战役中的胜利就被认为是非同凡响的。早在1436年，战斗的参与者里什蒙的阿蒂尔（Arthur de Richemont）就重游战场——那个他曾负重伤并被囚禁的地方。他来此并非为了驱散痛苦的回忆，而是为了向他的国人指出，当时的军队是怎样被部署的，英国人是如何取得胜利的，他们胜利的原因又是什么。的确，里什蒙的做法是一次有关军事战术的有益且实用的田野课程，但这种行为之所以重要，是因为里什蒙的阿蒂尔时任法兰西王室统帅，而他对于法兰西军队的组织、训练以及纪律的改革彻底改变了法军的作战能力。不久之后，他便率领法军将英国入侵者永久驱逐出了飞地加来（Calais）之外的法兰西领土。[3]另一位阿金库尔的访客是爱德华四世（Edward IV）。他同样是来寻求军事上的借鉴的，但与此同时，他也是来提醒法兰西人阿金库尔战役的结果的。1475年夏天，在爱德华四世入侵法兰西期间，他带领他的军队在阿金库尔安营扎寨，度过了两晚。16世纪上半叶，首部以英文写就的关于亨利五世的新传记出版。人们也开始在加来举行一年一度的"隆重的凯旋庆典"，以庆祝国王在阿金库尔的胜利。在这个庆典上,"出于臣民的巨大喜悦",人们"在吹奏声中列队游行,礼赞上帝,向天鸣枪"。这些活动都为亨利八世(Henry Ⅷ)的对法战争铺平了道路。[4]

因此,早在莎士比亚对阿金库尔战役进行美化之前,它所蕴含的能够唤醒爱国情怀的潜力已经得到了承认。这个故事在大众的想象当中占据了重要的分量,轻易不能被用于政治宣传。直到今天,这一点仍是如此。对这场战役做出的解读可能会令人不安:仇外情绪、沙文主义以及极端民族主义都是爱国主义令人难以接受的变体。就像阿金库尔战役一样,莎士比亚的戏剧也可以成为这三种思想的温床。然而,我们可以从另外一个视角去审视英格兰人的这场胜利,那便是越过战争丑陋的、毫无人性的一面,去审视那些被卷入这场战争的个人。对于他们来说,阿金库尔战役就是黑暗之中的一盏明灯。它告诉人们,克服貌似不可战胜的困难是可能的,卑微的普通人有时也可以改变历史的进程。这当然是阿金库尔战役为人们所铭记的原因之一。

朱丽叶·巴克(Juliet Barker),2015年

引 言

这是关于一场战役的故事。

从很多方面来看,它并不是一场十分重要的战役。在这场战役之后,亨利还需要再打5年的仗才能获得他想从法兰西人身上得到的让步。即便到了那时,他的早逝也让他所获得的东西变得毫无价值。和英格兰人在百年战争中取得的其他著名胜利一样,阿金库尔战役的胜利没能阻止法兰西人收回那些被英格兰国王占领的地方。

然而,在英格兰的漫长历史当中,还没有哪场战役能与阿金库尔战役一样著名。虽然英格兰人还取得过其他胜利,例如在滑铁卢(Waterloo)与特拉法尔加(Trafalgar)取得的胜利,但那是大不列颠的成就。阿金库尔战役是属于英格兰人的(尽管是在威尔士人的大力支持之下)。

关于这场战役有一种流行的观点。它之所以为人们所铭记,是因为它是一场由平民(弓箭手)对贵族及其傲慢的敌军所取得的胜利。这是一场以少胜多、以弱胜强的大捷,莎士比亚为此战发声,并在其中倾注了他出众的诗才与豪迈的爱国情怀:

> 这个故事应由良人教给他的儿子。
> 圣克里斯宾节永远不会消失,
> 从今日到世界的终结。
> 但我们在此应被铭记。
> 我们人数很少,但是我们很幸运,因为我们是兄弟的军队。
> 今天与我一起挥洒热血的人,
> 将成为我的兄弟。无论他的出身如何低贱,
> 今天他将成为绅士。
> 现在英格兰的绅士们,
> 必然因不在此地而认为自己遭到了诅咒。
> 任何人,只要说他与我们一同在圣克里斯宾节战斗,
> 这些绅士便只能自惭形秽。

这是一个被反复讲述的故事,也是一个值得被反复讲述的故事,因为它实在是太激动人心了。然而,当时究竟发生了什么?我们所熟知的故事是否只是这个如屠场一般恐怖的日子的一个苍白的映象?阿金库尔战役是否已经脱离了现实世界,变成了一场想象中的大捷?

如果你来到阿赞库尔(Azincourt,这个村庄真正的名字应当是这个),那么你将看到,弓箭手的形象无处不在。在我最后一次拜访那里时,将战场一分为二的道路两侧排列着用胶合板制作的英格兰弓箭手拉着长弓的剪影,甚至豪华的游客中心的入口也被设计成一排长弓朝天射箭的模样。这体现了人们对阿金库尔战役最为普遍的印象——这是一场属于英格兰弓箭手的胜利。那

些平民使用致命的武器——紫杉长弓——杀死了法兰西的骑士。但朱丽叶·巴克对于这场战役热情洋溢而又一丝不苟的叙述表明,尽管法兰西重铠兵在稠泥当中艰苦跋涉时遭到了成千上万支箭矢的攻击,但他们依然成功抵达了英军阵线的前方。阿金库尔战役的胜利所靠的不是箭矢,而是野蛮的英格兰军人,他们使用中世纪各种可怕的随身装备来近身肉搏,以取得胜利。在奥利弗(Olivier)那部著名的电影中,法兰西骑士们骑着马冲锋,但事实上,当时很少有法兰西人是骑马的。法兰西人是步行前来的,这场战役可以简化为盔甲护身的军队使用加铅的铁锤、战斧、大槌和鹰嘴锄猛攻敌方穿着盔甲的士兵的战斗。这并不是一个充满骑士精神的故事。在战役的高潮,当亨利五世预计后方部队将会遭到袭击的时候,他下令杀死那些刚抓获的俘虏。他们是被谋杀的。阿金库尔战役是一场肮脏、可怕和残忍的大屠杀。但是,人们仍然将其视作英格兰历史中的黄金时刻。

那么,那些弓箭手干了什么呢?亨利的军队约有6000人,其中有5000人是弓箭手。他们在阿金库尔和特拉梅库尔(Tramecourt)之间的林木地带布阵,列成了一条直线。在此,他们与三个队伍的法军进行了战斗,每个队伍的法军都约有8000人。在这三个队伍当中,只有两个队伍最终发动了进攻。最先发动进攻的先头部队伤亡最为惨重,但那8000人仍然成功地杀进了亨利军阵的中心,与英格兰的重铠兵搏斗。

这一点相当令人震惊。法兰西人身披重甲,绝大多数人穿着重60—70磅(1磅约合0.45千克)的板甲。他们必须向前行进250码(1码约合0.9米)。这本不是什么大问题,只可惜前一夜下起了暴雨,那片已经被深耕过以备播种冬小麦的土地变成了泥沼。法兰西人在泥泞中艰难跋涉。这花了他们多长时间呢？保守的估计是4—5分钟，但是我个人怀疑他们花费了更久的时间。在行进的过程中，他们进入惊慌的英格兰弓箭手的攻击范围内。由于不断地受到弓箭射击，他们不得不拉下面甲。透过面甲上的观察缝，他们的视野相当有限，并且呼吸不畅，但弓箭手的攻击却没有停下来的意思。常规的判断是，法兰西人被箭雨击倒，但箭雨的主要作用在于强迫这些重铠兵拉下面甲，以限制他们的视线，从而延缓其攻势。

法兰西人对英格兰和威尔士的弓箭手有所耳闻。长弓的射程有200步（1步约合1.3米），具有步枪被发明之前最强的精确度。1名优秀的弓箭手1分钟内可以轻易地射出15支箭，所以5000名弓箭手在1分钟内可以射出7.5万支箭。也就是说，他们每秒能够射出1000多支箭！为什么法兰西人没有自己的长弓手呢？这是因为，使用长弓需要两项非凡的技能。首先，要有非凡的臂力才能拉开一张弓（至少是现代比赛用弓所需臂力的3倍）。其次，将弓弦拉到耳朵处让弓箭手很难瞄准目标，因此需要一种能够准确命中的本能。要锻炼出合适的肌肉与技巧需要花费数年的时间，再加上其他种种不为人所完全理解的原因，长弓手们出现在了不列颠而不是欧洲大陆。这给了英格兰一个撕开敌方军队的武器。

法兰西人也意识到了这个问题。最简单的办法便是避免战争。如果开始作战，那么他们便可以选择两种击败弓箭手的策略：第一种策略是发动快速的、压倒性的骑兵冲锋，但令人忧虑的是，这在阿金库尔战役中失败了。第二种策略则是步行作战。马匹很容易受到箭矢的伤害，但全副武装的人有可能在这样的猛攻中幸存下来。英格兰人对于板甲的回应是波金（bodkin）——一种既细且长、不带倒钩的锥形箭，专为洞穿铠甲而设计。当打头阵的

8000名法军士兵进攻时,他们便要持续承受这种可以穿透盔甲的箭的打击。即使这种箭头没有洞穿铠甲,它的冲击力也足以让一个人后退几步。可能的情况是,英格兰人每秒向进攻的法兰西人射出1000多支箭。如果冲锋进行了4分钟(事实上所耗费的时间可能更多),那么将会有30万支箭落在这8000名进攻者的身上。即使英格兰人因为箭矢短缺而将射箭的频率降低到原来的1/3,他们向作战的8000名法军射出的箭的总量仍将达到10万支。如果传说属实的话,这些法兰西人将无一能够生还。

然而,他们还是存活了下来,而且大多数人都冲到了英军的阵线前方,并开始使用截短的长枪、战斧和战锤进行战斗。战斗变成了在泥沼中的一场劈砍与刺插的竞赛。如果英格兰人确实射出了这么多的箭,那么法兰西人是如何接近英军并展开这场残酷的战斗的呢?原因也许在于持续的军备竞赛。法兰西人的铠甲工艺日益精进,大多数板甲都足以抵御英格兰人波金的攻击。这些箭头又有多好呢?在英格兰,箭矢的铸造已经发展为初具工业规模的活动,但只有极少数人知道,当铁被铸造成钢的时候,究竟发生了什么(常见的工艺是往煅炉里添加骨头,以增加碳含量)。毫无疑问,英军的许多箭矢只是在敌军的铠甲表面擦出了一些痕迹。

就这样,人多势众的法军向势单力薄的英军逼近,但是法兰西人已经因为在泥泞中行进而筋疲力尽,有些人还负了伤。英格兰人则利用法军揭开面甲这一机会来击倒他们。战场上充满了战锤击打铠甲的恐怖声响和士兵倒下时发出的尖叫声。很快,法军的先头部队便被砍倒,倒下的战士则成了后方部队前进的障碍。中间的部队又被不明情况的后方部队推向前方。中间部队的士兵因为被尸体绊倒而成了新的受难者。一名在场的目击者声称，堆起的死者与将死之人的躯体有一人之高。这显然过于夸张了。但毫无疑问的是，法军先头部队的尸体构成了一座防御壁垒，为英军提供了保护。

法军攻击了英军战线的中部，那是国王、贵族以及士绅们的所在。法兰西人的如意算盘是抓获俘虏，并以获取赎金的方式暴富。但现在，战线的中部成了血腥的修罗场。为了撤离这里，法军扩大了攻击面，去攻击那些可能已经射光了箭矢的弓箭手。然而，弓箭手们也配备了战斧与其他近战武器，并且展开了回击。弓箭手们只穿了很轻便的铠甲，在厚重的泥沼中，他们远比全副武装的对手们灵活。更何况，任何能拉开战弓的人都极其强壮。注铅强化过的战锤在他们手中也变成了十分可怕的武器。所以，当弓箭手们加入近身肉搏战时，数以百计的疲惫的法兰西人便惨遭杀戮。

法兰西的第二个队伍——另外8000名步兵——试图去增援被围攻的战友们，但他们也被击败了，残余的法军士兵四散奔逃。这场非同寻常的可怕战役就此告终。战场上，身负重伤的士兵在痛苦呻吟，到处都是倒在尸体堆里的人、在泥浆中窒息的人、已经死去的人以及被鲜血浸透的人。那一天，法军死亡人数多达5000人，而英格兰人只损失了数百人，甚至可能不超过200人。兵力较少的一方取得了伟大的胜利。尽管在今日的战场上布满了那些用胶版纸制作的弓箭手，但在很大程度上，这场胜利是那些手持武器劈砍敌人的士兵取得的。

为什么我们要记住这一战？毕竟，还有许多其他更具决定性意义的胜利，例如英格兰人1356年在普瓦捷所取得的胜利。在让人们记住这个故事这一点上,莎士比亚功不可没,但早在莎士比亚将这段故事变为不朽的杰作之前,阿金库尔战役已经声名远播。莎士比亚戏剧面向的观众已经熟知这个故事,并且想再听一次。阿金库尔战役的声名始于幸存者的口述。他们本以为自己会溃败,结果却大获全胜。亨利的士兵们必然坚信他们是这场奇迹的一部分,充分注意到政治宣传威力的亨利则必定助长了他们这样的想法。诚然,少数一方击败了多数一方,但更关键的是这些少数人的身份。这些少数人中并不只有领主、骑士和其他上层人士,还有来自各郡的屠夫、面包师和烛台匠们。他们是来自英格兰和威尔士的普通百姓,在近身肉搏的战斗中遭遇了可怕的法兰西军队,并且取得了胜利。这场战役是维系英格兰共同体的一根纽带,也是平民百姓成为国家重要组成部分过程的一部分。这些平凡的人带着他们的故事、战利品与荣耀返回了英格兰。人们在小酒馆里无数次地谈起这些故事,讲述那些饥肠辘辘、身陷困境的少数人是如何夺取那不可思议的胜利的。由于这个故事所具有的力量,人们今天仍然在谈论它。这既是一个关于普通人如何成就伟业的故事,也是一个经久不衰的英格兰传奇。

我写了一本关于阿金库尔战役的小说。和所有的历史小说家一样,我向真正的历史学家寻求帮助,为我的故事做调查。在朱丽叶·巴克的书里,我发现了真正的宝藏。事实上,我的《阿赞库尔》(*Azincourt*)一书中的很多材料都来自她的著作。她的书涉及远比这场战役本身要多得多的东西。它讲述了大军如何集结、军队如何被指挥以及更为关键的事情,即人们在这个既富有骑士精神又野蛮的时代中是如何行事的。它是一个关于围城战役的传说,也是一个固执的国王铤而走险的故事。他不惜引发一场灾难,也要为失败的远征挽回一点面子。朱丽叶·巴克将其严谨的学术研究与充满想象力的同理心相结合,鲜活地复原了阿金库尔战役的世界。与亨利在圣克里斯宾节所取得的意想不到的大捷一样,她的这本书也取得了胜利。

伯纳德·康韦尔(Bernard Cornwell)

序 言

1415年10月25日，天刚破晓，两支军队在穿越法兰西东北部无名角落的高原时相遇了。这两支队伍的反差已不能更大。一方是全身泥泞、在10周前入侵诺曼底（Normandy）的英军残部。在狠狠地挫伤了法兰西人的士气之后，他们夺取了具有重大战略意义的阿夫勒尔（Harfleur）的港口与城镇。然而，围城战也造成了伤亡。在1.2万名参与远征的英军战士当中，只有半数来到了阿金库尔的战场之上。这些人中大约有900名重铠兵。他们是那个时代的人肉坦克，从头到脚趾都有铠甲保护，并被普遍认为是当时的精锐部队。[1]剩下的则是来自英格兰和威尔士的弓箭手，他们只穿着单薄的防御型铠甲，手持长弓。这是一种属于他们岛国的独特武器。其中的很多人都罹患痢疾，正是这一疾病让他们的战友们无力作战。而且，在刚过去的18天里，他们已经不间断地在敌国的领土上行进了250英里。在此期间，他们被敌人骚扰、攻击，多次改换行进路线，现已饥肠辘辘、筋疲力尽。就连天气也在和他们作对。当他们艰难地从阿夫勒尔往英军所占据的安全的加来进发时，凛冽的寒风和持续的大雨均增加了他们的痛苦。

在前面等待他们的，是阻断了他们前往加来之路的法兰西军队。法军的人数至少是他们的三倍。为收复失去的阿夫勒尔，数以千计的法兰西骑士从法兰西北部的各地赶来，有些人甚至来自更远的地方。重铠兵的数量是如此之多，以至于国王决定免除了某些装备不甚精良的城市民兵与弩手的兵役，但在战役打响之后，法兰西军队还能获得源源不断的增援。除了少数显眼的例外，所有拥有王室血脉的王公贵族都亲临战场，与法兰西最为伟大的军事将领并肩作战。鉴于法军休息充分、补给充足、装备精良，并且是在他们所选定的本国土地上展开战斗，法军显然会认为，战局将向他们所预想的方向发展。

然而，一反逻辑的是（这一事实也违背了当时所有公认的军事智慧），在4个小时之后，英军便取得了胜利。一个目击者形象地描述道，阿金库尔的战场被"积聚成山的死尸"所覆盖。[2]也许最令人感到震惊的是，几乎所有的死者都是法兰西人："法兰西军队中几乎所有的贵族"都被杀死了，[3]其中包括阿朗松公爵（duke of Alençon）、巴尔公爵（duke of Bar）和布拉班特公爵（duke of Brabant）、八个伯爵、一个子爵和一个大主教。除此之外，死者还包括法兰西军队中的王室统帅、海军大臣、弩兵大团长以及宪兵司令。还有几百名死者，其中包括奥尔良公爵（duke of Orléans）、波旁公爵（duke of Bourbon）、里什蒙伯爵（count of Richemont）、厄镇伯爵（count of Eu）、旺多姆伯爵（count of Vendôme）。法兰西著名的骑士英雄布锡考特元帅（Marshal Boucicaut）则成了英格兰的阶下囚。相比之下，英军方面，只损失了两个贵族——约克公爵爱德华（Edward, duke of York）和萨福克伯爵米歇尔（Micheal, earl of Suffolk）——和120人，其中只有少数是重铠兵。

英军的胜利是如此出人意料而又势不可当,以至于同时代的人只能将其归功于上帝。然而,对于亨利五世而言,阿金库尔战役的胜利不仅仅是上帝对他行为正当性的肯定,更是一场精心谋划的远征的顶点。在此之前,国王已经为这一战役花费了很多心血。从这个语境来看待这场战役,我们不仅可以感受到胜利的主要缔造者的果断与专注,还可以了解他排除万难最终成为胜利者的原因。

出于这些考虑,此书不仅仅是关于这场战役的研究,甚至不仅是关于造就了这一戏剧性落幕的远征的研究。《阿金库尔战役》也意在描绘这样一场冲突产生的历史背景,而且,鉴于亨利五世的个性,这场战争几乎是不可避免的。全书分为三个部分。第一部分讲述了战争发生之前的故事。此时,亨利给他的王国烙上了自己的烙印,利用了法兰西内战所导致的内部分裂,并玩弄外交手段,以确保当他发动进攻时法兰西的传统盟友们不会前往驰援。即使在议和的时候,亨利也不忘为战争做准备。他不但建造船只和囤积兵器,还募集了一支庞大的军队。自百年战争开始70年以来,人们从未见过第二支规模像亨利的军队一样庞大的军队。第二部分则按照远征发生的过程进行记叙,包括亨利发出入侵信号的时刻,对阿夫勒尔的围攻与该城的陷落、前往加来的令人绝望的行军、阿金库尔战役以及法兰西纹章官最终的妥协,正式承认法兰西战败。第三部分评估了这场战役对胜利者、死者的家庭以及那些俘虏(他们中的一些人要忍受在异国他乡长达数年的羁押)所造成的影响。与此同时,它也简要地评估了阿金库尔战役所造成的更广泛的历史后果和这场史诗级的胜利在接下来的600年所激发的文学创作。

在战争时期，许多作者会被激励着去描写阿金库尔战役，而这绝不是巧合。每当民族斗志低落或是胜利前景不明时，提醒人们智谋与决心有时候比巨大的人数差异更为重要，是很有用的。但另一方面，在这样的环境中的叙述很容易陷入政治宣传的圈套。大多数关于阿金库尔战役的历史书写和文学创作是片面的。它们或者受到了政治上的驱动，或者受到了极端爱国主义的影响。人们将这场战役描绘为英勇的、简单直接的英格兰平民对懦弱的法兰西纨绔贵族所取得的胜利。在"9·11"事件和英美及其盟军入侵阿富汗与伊拉克事件的余波之下，人们很容易回忆起6个世纪之前的那些战争。人类的本性的确不会改变，但我们生活和进行战争的环境均已改变，因此不能直接把过去与现在进行类比。

我希望这本书能够为人们更为公正地看待这场战争及其导火索做出贡献。相较于法兰西的档案，英格兰的行政、财政以及家庭记录更加完善（绝大多数法兰西的档案被毁于法国大革命期间）。因此，不可避免的是，本书将侧重于英格兰人的经历，但这样做并不一定是不恰当的，因为亨利五世是发起进攻的一方。英格兰档案材料的魅力在于它的细节描述。从中，我们可以知道，年轻的司礼大臣为他的第一次军事远征购置了新盔甲与新装备（包括用于安置马匹的帐篷和一座新的茅厕）。在国王庞大的内廷中，包括纹章官、吟游诗人、厨房仆役和持火炬者在内的每一个人都要随国王出征。英格兰人还花费大量金钱雇用了盔甲制造师、造箭师以及外国炮手。这些炮手尤为重要，因为正是他们负责操纵亨利那些庞大的火炮。

在把法方的原始史料连缀成篇后，我们不难发现，与流行的观点不同，许多生活在法兰西北部的人在抵御英国人侵略的过程中也表现得十分团结与英勇。未被颂扬的英雄高库尔领主拉乌尔（Raoul, sire de Gaucourt）的非凡故事便是一个恰当的例子。甚至在他自己的国家，即便有人记得他，他也不过是被当作圣女贞德的战友。然而，许多散落的参考文献显示，这位先前的十字军战士不仅成功地在亨利五世的眼皮底下驰援阿夫勒尔，而且英勇地领导了城镇保卫战，有效抵挡了英格兰人的入侵，不让他们实施下一步的侵略计划。亨利五世随后对待他的方式和高库尔自己的骑士责任感——这种责任感迫使他主动让英国人监禁他，因为他曾如此许诺——让他成了一个非常吸引人的人物。对骑士精神的崇拜曾被历史学家误解、误读、嘲笑为绝望的浪漫主义者，但是高库尔的例子生动说明了骑士精神是如何影响、支配中世纪重铠兵的。而且，他并不是唯一这样做的人。对于法国人来说，阿金库尔战役是个悲剧。其巨大的不幸不仅在于许多法兰西人为此牺牲，而且在于他们中的许多人无私地搁置个人与党派之见，团结起来守卫他们的祖国，却最终失去了生命。

军事史学家们自然对战役中双方的布阵、战场的位置以及战术保持着浓厚的兴趣。但他们有时候忘记了，这些棋盘中的棋子是人。虽然未来并不总是属于他们，但每个人都有自己独特的个性和经历。所有中世纪重铠兵都经常被描绘为残忍的暴徒、没有头脑的杀人机器，只为对于鲜血和战利品的欲望所驱动。然而，在阿金库尔的战场上，我们发现了许多富有才智、颇具文采而且机敏的人。约克公爵爱德华与托马斯·莫尔斯蒂德（Thomas Morstede）分别用英语撰写了关于狩猎与外科手术的论著。在15世纪的人看来，这两本著作都是各自领域当中的权威。奥尔良公爵查理（Charles, duke of Orléans）是天才的宫廷爱情诗作家。圣雷米的让·勒菲弗（Jean le Févre de St Remy）与让·沃林（Jehan Waurin）成了他们那个年代的骑士历史学家和编年史家。拉努瓦的吉尔伯特（Ghillebert de Lannoy）是一位著名的旅行家、外交家以及道德主义者。而且，谁能忘记那位无名的英格兰随军司铎呢？正是他写下了关于这场战争最为生动而详细的个人记录。那个时候的他坐在辎重车上，因为恐惧而瑟瑟发抖，士兵们则在他的四周战斗。

在另一个完全不同的层面上，我们也能偶然瞥见战争对那些不那么有名的人的影响。一名扈从在远征前夕典当他的家产，拼命地尝试筹措资金。为"实现在战场上许下的誓言"，两名威尔士人开始朝圣之旅。一名不幸的法兰西人的四个儿子全都在阿金库尔战死了。在战争结束半年后，一位没有收入的母亲独自抚养着七个孩子，而且不知道自己是否成了寡妇，因为她丈夫的尸体仍未被找到。正是诸如此类的个人故事，才让阿金库尔战役在我们面前再次变得鲜活起来。

致　谢

在写这本书期间，我得到了许多人的帮助。首先，我要对艾伦·萨姆森（Alan Samson）表示感谢，因为他选择了这个题目。而且，作为利特尔·布朗出版社（Littee, Brown）的代表，他委托我进行创作。我同样感激我的代理人安德鲁·劳尼（Andre Lownie）。他提醒艾伦，尽管我是一名19世纪文学传记作家，并且在这方面名气很大，但也是研究中世纪骑士制度的历史学家。这样一来，我便得到了重新沉浸在亨利五世的世界中的机会。这让我感到十分快乐。

数百位学者对于这段时期不同方面的详细研究为这本书的写作打下了坚实的基础，逐一对他们表示感谢是不可能的。在我的注释中，我清楚地注明了他们对我的帮助。在另一方面，不提两名大学者的著作而写作阿金库尔战役同样是不可能的。他们的名字已经成为阿金库尔战役的同义词。詹姆斯·汉密尔顿·威利（James Hamilton Wiley，1844—1914）是典型的维多利亚时代的文物研究者。他不知疲倦地收集那些历史碎屑（有时也不加鉴别）。没有人能比他更了解英国公共档案馆（Public Record

Office)里那些尚未出版的手稿。对于研究阿金库尔战役的历史学家而言，他的伟大作品《亨利五世时代》(The Reign of Henry V [Cambridge University Press, 1914—1929])是不可或缺的资料（尽管这是就其脚注而不是混乱的文本而言的）。在威利死后，威廉·坦普尔顿·沃（William Templeton Waugh）在威利笔记的基础上编纂了这部书的第三卷。在现代学者当中，与威利同样勤奋刻苦的是安妮·柯里（Anne Curry）博士。她带头复兴了对阿金库尔战役的研究，让那些读不懂中世纪拉丁语、法语或者无法获得手稿的人也有了对这场战役进行研究的机会。对于任何对阿金库尔战役感兴趣的人而言，她的《阿金库尔战役：材料与诠释》(The Battle of Agincourt: Sources and Interpretations [Boydell Press, Woodbridge, 2000])都是必备的资料，此书也是我研究的起点。当她最新的作品《阿金库尔战役：一部新的历史》(Agincourt. A New History [Tempus, Stroud, 2005])出版时，我的这本书已经付印。非常遗憾，我已经没有机会在我的书中使用她书中大量的细节论述了。虽然我们的结论大体相近，但她所持的某一观却不能让我信服，即在这场战役中法兰西人的数量并没有远远多于英格兰人。然而，在这个新版本里，我得以在《附录1：关于人数的一个问题》里对她的观点做出回应。在她看来，9000名英军所面对的敌军只有12000人。我希望，我在附录里的论述已经能够证明，她的这个观点并没有事实上的依据。

如果无法进入利兹大学的布拉泽顿图书馆（Brotherton Library at University of Leeds），我就不可能承担这本书的写作任务。该图书馆拥有这个国家最好的历史文献馆藏，我十分感谢校方允许我在这里查阅相关的历史文献。我要再次感谢马库斯·阿克罗伊德博士（Dr Marcus Ackroyd）为我提供的令人愉快、及时而且有效的帮助，让我能找到更多鲜为人知的文献，并偶尔帮助我翻译那些难倒我的法语引文。很抱歉，我也不能因一些遗留的错误而对他求全责备。在这样的一本书中，我所引用的手稿比我预期的要少，但是它们依旧是重要的材料。我要向英国国家档案馆（The National Archives）、英国国家图书馆（British Library）、博德利图书馆（Bodleian Library）、格洛斯特档案局（Gloucester Record Office）以及诺福克档案局（Norfolk Record Office）的工作人员表示感谢。他们让我查阅他们的档案记录，并准许我引用它们。

我还要感谢许多人。他们耐心且亲切地与我分享他们的专业知识，回答问题，并且做出评价。这一切都对本书的写作产生了极大的影响。在这些人中，我首先要感谢我的儿子爱德华·巴克（Edward Barker）。他是圣安德鲁斯大学（University of St Andrews）历史系的本科生。除此之外，我还要感谢温菲尔德学院的伊恩·钱斯（Ian Chance of Wingfield College）、英格兰皇家外科医师协会成员米克·科普林（Mick Crumplin, FRCS［Eng］）、布拉德福德大学的肖恩·格雷戈里教授（Professor Shaun Gregory of the University of Bradford）、牛津大学贝列尔学院的莫里斯·基恩博士（Dr Maurice Keen of Balliol College, Oxford）、英国皇家地理学会助理地图管理员大卫·麦克尼尔（Assistant Map Curator of the Royal Geographical Society）、乔纳森·莱利（Jonathan Riley）以及他的家人、英格丽德·罗斯科博士（Dr Ingrid Roscoe）。最后，我还要感谢惠灵顿公爵军团（Duke of Wellington's Regiment）、威尔士亲王在约克郡的直属军团（Prince of Wales's Own Regiment of Yorkshire）、国王在约克郡的直属轻步兵团（King's Own Yorkshire Light Infantry）等军团中那些现役的和已经退伍的军官。在写书期间，我曾经就这个主题与他们进行过非正式的交流。法官肖恩·斯宾塞阁下（His Honour Judge Shaun Spencer）友好地将他个人收藏的《狩猎大师，第二任约克公爵爱德华所作》（*The Master of Game, by Edward, Second Duke of York*）借给我。理查德·多布森（Richard Dobson）将我的注意力引导到亨利五世在什鲁斯伯里之战（Battle of Shrewsbury）中所负的伤上面。迈克尔·甘迪（Michael Gandy）替我从国家档案馆拿到了一些手稿材料的复印件。安德鲁·卡拉瑟斯（Andrew Carruthers）帮助我获取了一些重要的、可以添加到这个新版本里的信息。利特尔·布朗出版社的蒂姆·怀廷（Tim Whiting）是一个细致的编辑，为我提供了很多帮助。我必须要感谢他和利特尔·布朗出版社。没有他和利特尔·布朗出版社，我就无法及时修订好这本书，并在阿金库尔战役600周年之际出版它。

与往常一样，我的丈夫、儿子和女儿也因为我沉迷课题而做出了重大的牺牲。我再次感谢他们所给予的宽容与鼓励，并再次为令他们花费了2004年夏日的"假期"来追随亨利五世的脚步，穿过法兰西并抵达阿金库尔而诚恳地道歉。虽然我也许应该把此书再次献给他们，但是我必须再向另一个人表示感谢。作为曾经的牛津大学本科生，我有幸受教于贝列尔学院的莫里斯·基恩（Maurice Keen, of Balliol College）。作为一位历史学家，他十分出众，堪与其作为一名教师的天赋相媲美。他不仅激发了我对于中世纪时期，特别是对于骑士制度持久的热情，而且还指导了我关于英国骑士比武大会的博士研究，并引领我走上了创作之路。基于以上原因，除了他，我想不出我还应当将这本书献给谁。

说　明

　　为了让引文更易于理解，我已经把中世纪法语、拉丁语的引文翻译成英语，并将古英语改为现代英语。但是，出于可靠性的考虑，我仍然采取了当时的镑、先令和便士作为货币单位。那时，十进制还没有被纳入货币计算体系之中。15世纪，1英镑并不能被等分为20先令（20s）或是240便士（240d），而是被6等分。1/6镑（3先令4便士）为1克朗，1/3镑（6先令8便士）为1诺布尔，2/3镑（13先令4便士）为1马克。为了让读者对这些数额在现今的价值有一个大略的了解，我采用了英国国家统计局（Office for National Statistics）提供的数据，即1415年的1英镑约合1999年的414英镑。

目 录

2015 年版序言　　iii
引　言　　vii
序　言　　xv
致　谢　　xxi
说　明　　xxv

第一部分　　通往阿金库尔之路

第一章　"正当继承权"　　7
第二章　国王的学徒岁月　　24
第三章　最像基督徒的国王　　42
第四章　外交努力　　60
第五章　苏格兰人与阴谋　　78
第六章　"如果你想要和平，那就准备作战吧"　　94
第七章　金钱与人力　　115
第八章　大军集结　　138

第二部分　阿金库尔远征

第九章　"顺风驶向法兰西"　　　　　　　　173

第十章　阿夫勒尔　　　　　　　　　　　　197

第十一章　"我们的阿夫勒尔镇"　　　　　　223

第十二章　向加来进军　　　　　　　　　　247

第十三章　横渡索姆河　　　　　　　　　　271

第十四章　战役前夕　　　　　　　　　　　295

第十五章　"伙计们，冲啊"　　　　　　　　324

第三部分　战后余波

第十六章　死亡名单　　　　　　　　　　　353

第十七章　国王归来　　　　　　　　　　　378

第十八章　胜利的奖赏　　　　　　　　　　403

附录 1　关于人数的一个问题　　　　　　　433

附录 2　对阿金库尔战役的纪念　　　　　　446

注　释　　　　　　　　　　　　　　　　　455

参考文献　　　　　　　　　　　　　　　　515

出版后记　　　　　　　　　　　　　　　　529

第一部分

通往阿金库尔之路

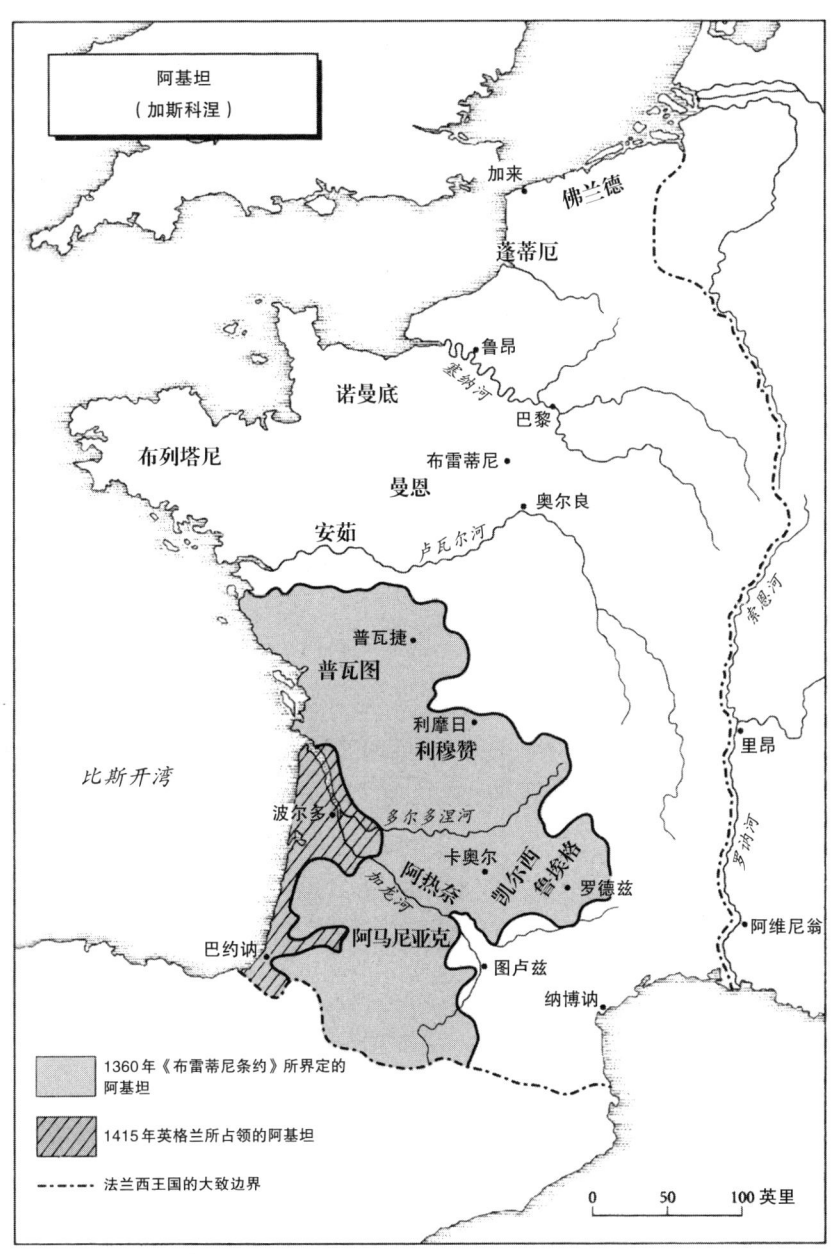

*本书地图均为原书地图。

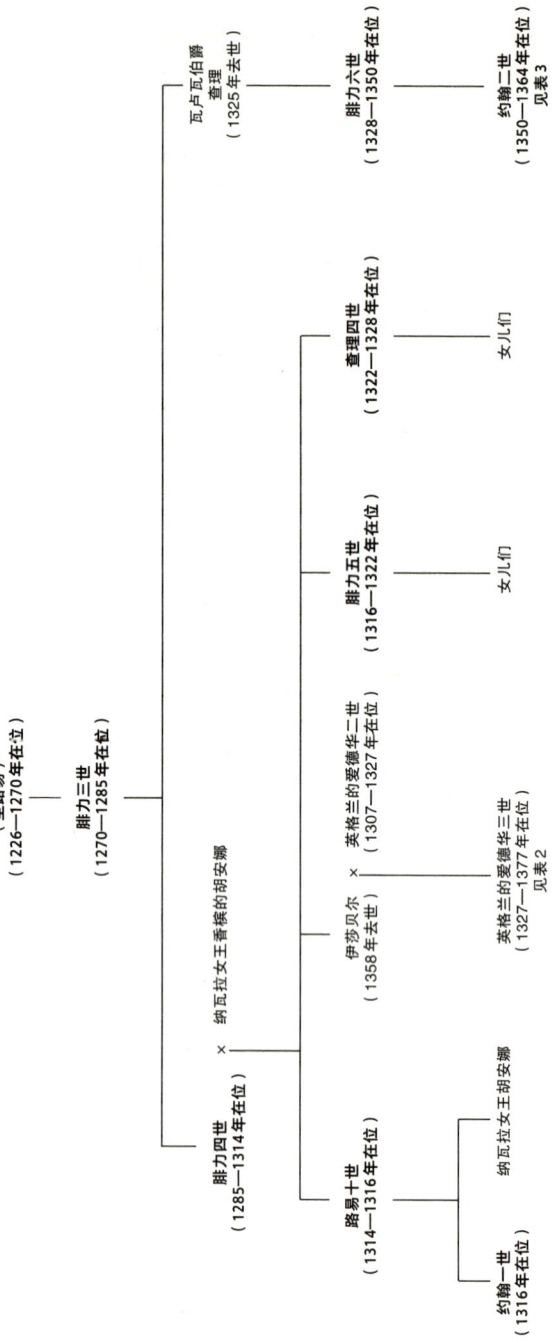

表1 法兰西王室世系表与爱德华三世对法兰西王位的继承权

表 2 英格兰王室世系表（从爱德华三世开始）

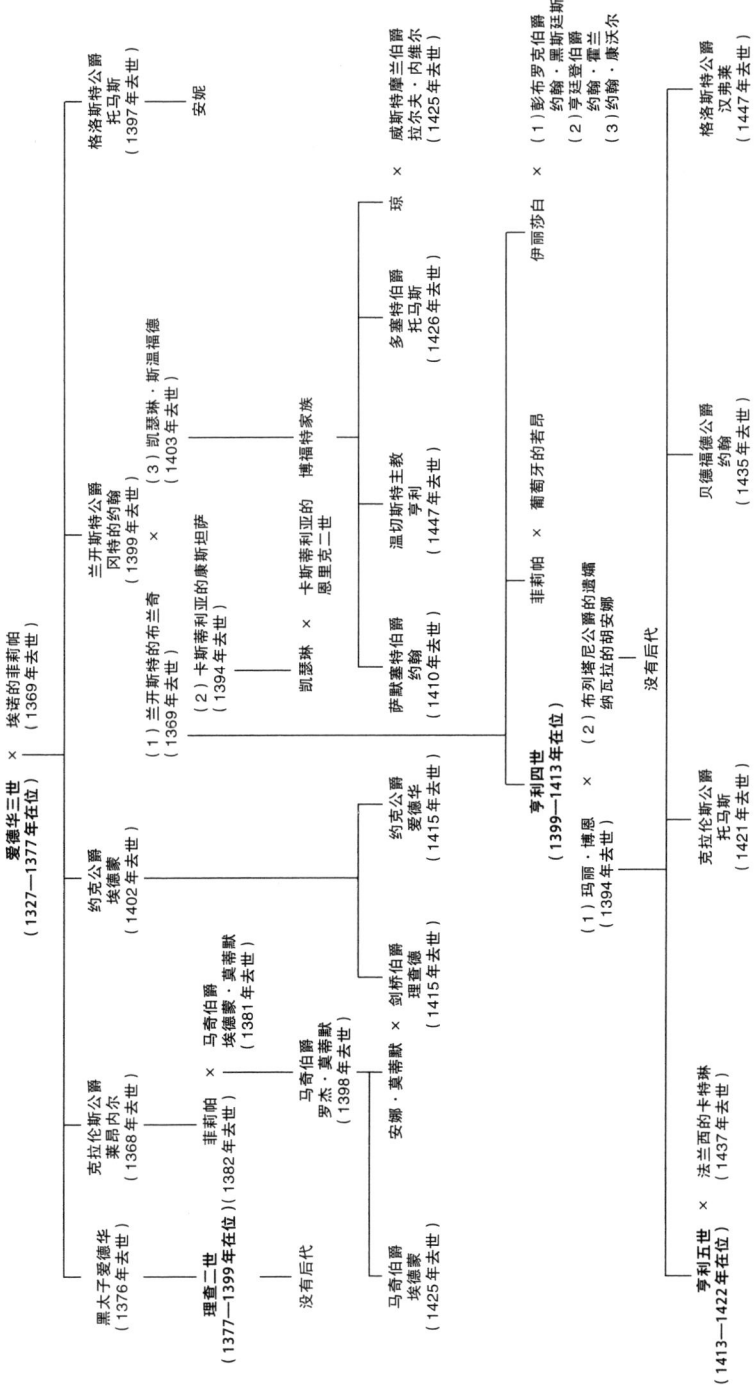

表3 瓦卢瓦王朝世系表

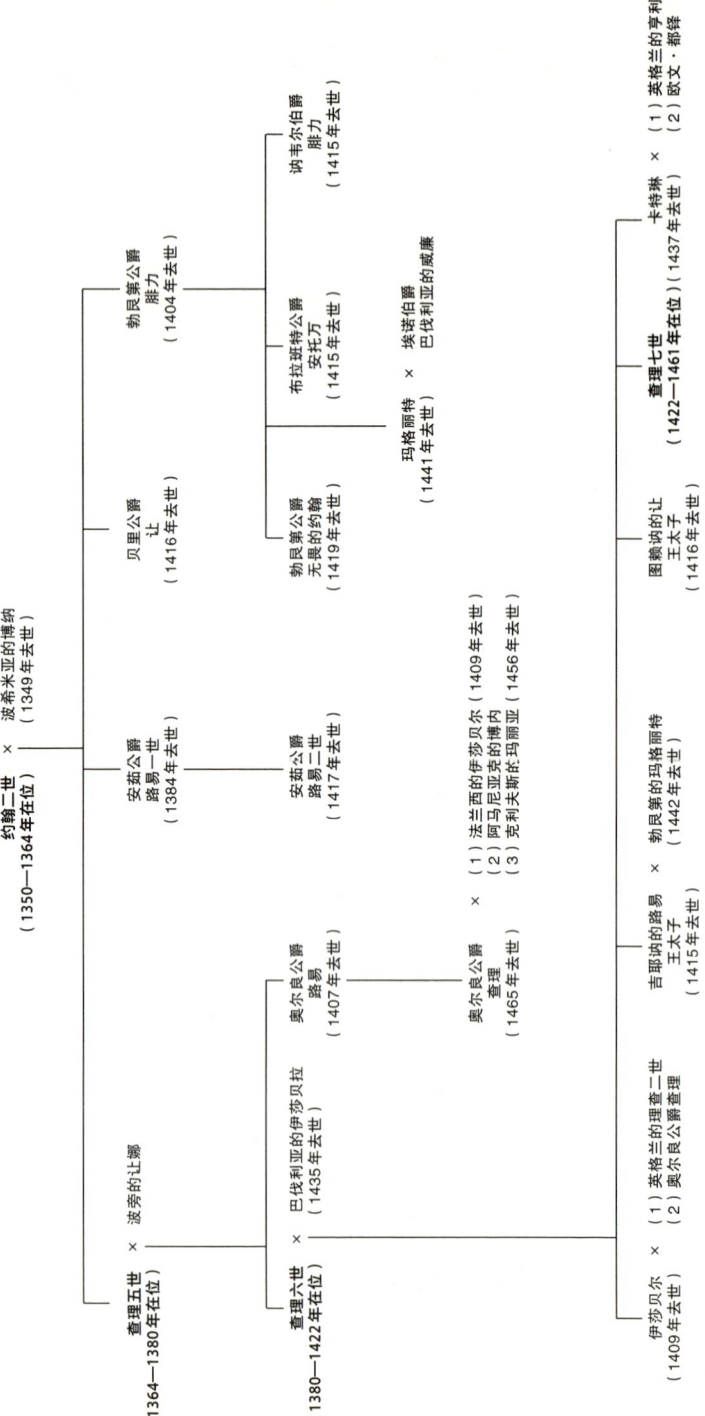

第一章

"正当继承权"

在发动阿金库尔战役前亨利五世给法王查理六世（Charles Ⅵ）寄的最后一封信，是一份最后通牒。按照中世纪的惯例，信件前几行文字通常以华丽的恭维话开头，然后突然转入正题："承蒙上帝的恩泽，亨利成了英格兰与法兰西之王。我在此向最尊贵的查理王公——我们的亲戚和我们法兰西的对手——提出建议。我们应彼此拥有各自应得之物。这样既能鼓舞人心，也是明智之举。"这封信后面的措辞同样严厉。亨利宣称，他已经尽其所能地维护了两国的和平，但这并不意味着他缺乏为正义誓死斗争的勇气。他的正当继承权已经被外人用武力攫取、窃据了太久。因此，他有义务拿回他所失去的一切。既然亨利无法以和平的方式追求正义，那么他将不得不诉诸武力。"体会耶稣基督的心肠吧！"他恳求道，"亲爱的朋友，请把所欠之物归还。"[1]

毫无疑问，亨利五世是一个机会主义者。这是因为，他极为擅长抓住机遇，利用其为己所用。他是否也能表现出这个词较为负面的意义呢（为了方便，时刻准备着违背原则）？他的"正当继承权"真的被剥夺了吗？如果回答是肯定的话，那么这些被剥夺的东西到底是什么？他是否有必要通过战争来赢回它们？为了回答这些问题，我们不得不把时间倒回到阿金库尔战役之前近350年。那时，一场更为重要的外来入侵发生了。

1066年，诺曼人征服了盎格鲁-撒克逊人（Anglo-Saxons），并拥立他们自己的公爵（征服者威廉）为英格兰国王。尽管英格兰王国与诺曼底公国仍然是分开的，但是在社会、文化以及政治层面（尽管相较于之前的两个方面，政治层面受到的影响较小）上，在接下来的一个半世纪里，英格兰事实上已经成了欧洲大陆的一部分。威廉和他的盎格鲁-诺曼（Anglo-Norman）贵族都在海峡两岸拥有土地与爵位，并且在两边都感到舒适自在。尽管官方和教会文件的通用语言仍旧是拉丁语，但法语已经成为英格兰的主流语言。盎格鲁-撒克逊人的语言则停留在口语层面，使用这一语言的人大多不识字。作为一个强大而生机勃勃的教俗统治体系的象征，一座座城堡与大教堂拔地而起。

为了在黑斯廷斯战役中取胜，诺曼人使用了新的作战技术。这样的作战技术也为英格兰人所采用。与此前不同，这些武士并不会站着或者骑着马将长枪高高掷出。相反，这些骑士会骑在马背上，将长枪挟在臂弯中。这样一来，在冲锋的时候，他们就可以用马匹与骑士的全部体重攻击敌人。这样做的另一个好处在于武器可以重复使用。尽管习得这一武艺需要苦练（它同时也催生出了骑士比武大会和对骑士精神的崇拜），但是，一旦以这种方式作战，只要有大量的骑士，攻击就将不可阻挡。在第一次十字军东征期间，拜占庭公主安娜·科穆宁娜（Anna Comnena）见识了这一战术的威力。在那之后，她不禁感慨，这些骑士"可以把巴比伦的城墙撞出一个窟窿"。[2]

与这些军事新发展紧密相连的是同样重要的土地分封制度。它创造了一个以国王为首的依附体系，促使骑士们参与战斗。封建制度也由征服者威廉引入英格兰。在这套等级制度中，紧接着国王之下的是他的直接封臣（tenant-in-chief）。其中的每个人都要亲自向国王宣誓效忠，承认自己是国王的封臣并且有为君主服役的必要。在他们所承担的义务中，最重要的封建义务是，一旦国王号召，他们就会立即响应，为王室军队提供一定数目的骑士。为了履行这一职责，直接封臣们将自己地产中的小片土地分封给附属骑士们，形成了次一级的分封关系。尽管长子继承制很快成了惯例，但这并不是一种必然的权利。况且，在继承自己父亲的土地时，这些人需要缴纳继承金。如果封臣的继承人未满21岁，那么在他还未成年时，他所应继承的土地便归其领主管辖。无论年纪多大，一旦犯下有悖于领主利益的罪行，封臣的土地就有可能被永久没收。和在法兰西一样，封建制度巩固了盎格鲁-诺曼社会的基础。但是，一旦被滥用，它便会导致严重的矛盾。

在英格兰和法兰西，关系裂痕的显现需要一定的时间。12世纪，压力开始显现。1152年，英格兰的亨利二世（Henry Ⅱ）和阿基坦的埃莉诺（Eleanor of Aquitaine）的婚姻缔造了一个领土辽阔的安茹帝国（Angevin Empire）。除去英格兰和威尔士以外，它的疆域包含了现代法兰西一半的领土，包括诺曼底、阿基坦（Aquitaine）、安茹（Anjou）、曼恩（Maine）、图赖讷（Touraine）和普瓦图（Poitou）。也就是说，这一帝国的版图覆盖了除布列塔尼（Brittany）之外的法兰西西部的全部领土。无论是在政治上还是在军事上，这个辽阔、强大而富裕的国家都对野心日益增长的法兰西君主的权威与声望构成了威胁。这也就引发了法兰西人一系列的入侵与征服。随着时间的推移,安茹王朝几乎失去了它全部的欧洲领土。1204年,他们甚至失去了诺曼底。到了那时,英格兰人手中仅剩位于法兰西西海岸的阿基坦公国——一个人口稀少、盛产葡萄酒的狭长地带。它还有另外的名字,即加斯科涅(Gascony)和吉耶讷(Guienne)。除其中两个具有战略重要性的港口城市——波尔多(Bordeaux)和巴约讷(Bayonne)——以外,这个地区并没有什么特殊的价值。但是,一直以来,它都是英法两国君主摩擦的源头。[3]

公国的状况越发成了英法争论的焦点。法兰西人宣称,阿基坦公爵是法兰西贵族。作为法王的封臣,他持有公国,因此要向法王宣誓效忠。换言之,他们认为,二者间存在一种典型的封建关系。作为阿基坦公爵,英格兰国王受制于这种封建关系,必须为法兰西国王作战。更重要的是,这种封建关系为他的加斯科涅臣民提供了更高一级的领主。对于英格兰君主而言,这是不可接受的。英格兰的国王们针锋相对地声称,他们对公国享有绝对的权利。除上帝之外,他们不会承认任何更高的权威。加斯科涅人自然开始利用这种情形来为自己谋取利益。他们仰仗他们的公爵来抵御法兰西人的一再入侵,但是当他们感到英王的威胁时,他们就会上诉至法兰西的最高法院——巴黎高等法院(Paris Parlement)。[4]

法王腓力六世(Philippe Ⅵ)于1337年行使了他的封建权利,宣布爱德华三世(Edward Ⅲ)为叛逆的封臣,应当没收后者位于阿基坦的领地。至此,多年的积怨爆发了。在此之前,1294与1324年也出现过类似的争端,两次都引发了短暂的战争,并且都无果而终。与前两次不同,这一次,爱德华三世质疑的不是国王决定的合法性，而是国王本人的合法性。他不但认为，法兰西国王的头衔和纹章理应属于他，还把"我权天授"（Dieu et mon droit）当成了自己的箴言。他所谓的"我权"就是对法兰西王位的继承权。这样一来，一次小规模的封建冲突便被转变为重要的王位纷争。[5]

爱德华三世当然能声称自己有权继承法兰西王位。这是因为，他的外祖父正是法兰西国王腓力四世（Philippe Ⅳ）。但是，他继承王位的机会却来自圣殿骑士（Templar）的诅咒。腓力四世雄心勃勃，喜欢挑起事端，但常常感到囊中羞涩。将犹太人驱逐离境并没收他们的债权等做法不过是权宜之计，只能暂时充实他的金库。这激起了他的欲望，要进行更大一轮的博弈。他大胆地挑选着下一个受害者，他的举措也一样残酷无情。圣殿骑士团是基督教世界最古老的军事修会。它成立于1119年，职责是保卫十字军在圣地新建立的国家。他们也是最富裕的宗教团体之一，虔诚信徒们的慷慨捐赠让他们能在欧洲范围内获得大量的财富，包括土地以及其他类型的财产。但当圣地最后一座由十字军控制的基督教前哨城市阿卡（Acre）在1291年落入撒拉森人（Saracens）之手之后，这些强大的僧侣骑士便失去了他们存在的意义（raison d'être）。虽然他们有在东方作战的经验，圣殿骑士团仍然没有准备好面对他们即将在法兰西面临的悲惨命运。

腓力四世迅速采取了行动，并且毫无征兆。一夜之间，他便控制了圣殿骑士团在巴黎的宝库，并下令在全国的范围内逮捕圣殿骑士。尽管教宗（一个被他玩弄于股掌之间，并被安置在阿维尼翁［Avignon］的法兰西傀儡）极不情愿，但还是顺从了腓力四世。在教宗的帮助下，国王开始全面摧毁这个组织。其中的成员遭到了很多指控，包括实施巫术、传播异端邪说、亵渎上帝以及进行变态性行为。这些指控既有个人名义上的，也有集体名义上的。因为缺乏证据，不幸的骑士团成员被强行逼供。很多人死于拷问，另一些人则选择自尽。在骑士团的122人中，过半成员在被迫认罪之后又勇敢地推翻了他们的忏悔陈述，最后被当成异教徒并被活活烧死。最后一批殉难者中还包括大团长莫莱的雅克（Jacques de Molay）。他于1314年3月被烧死在巴黎圣母院门前的火刑柱上。雅克最后的举动是否认别人对他的迫害。在他被火焰吞噬的同时，他还在声称圣殿骑士是清白的。他还诅咒国王腓力和他的13代子孙。他预言，教宗和法兰西国王将在一年之内离开人世，与他一起等待上帝的审判。这个预言应验了。8个月后，腓力四世（时年46岁）与他的傀儡克莱门特五世（Clement V，时年50岁）都离开了这个世界。而在接下来的14年中，腓力的继承人中的3个儿子与1个孙子也相继离世，古老的卡佩王朝（Capetian monarch）绝嗣了。[6]

因此，1328年，法兰西王位空置，一时没有明显合适的候选人。最有机会继承王位的人是他的孙女让娜（Jeanne，腓力长子的女儿）和爱德华三世（腓力的女儿伊莎贝尔的儿子），因为他们是腓力四世的直系后裔。然而，事实上，法兰西人并不接受这两个人。这是因为，让娜是女性，爱德华则是英格兰的国王。不幸的让娜在此之前就被剥夺过继承权。当她的弟弟死去时，她只有4岁，她的叔叔则攫取了王位。讽刺的是，几年之后，同样的命运降临到了这个叔叔自己年幼的女儿身上。没人想要一个年幼的君主，更何况继位的还是女性。因此，人们把1316和1321年所发生的篡位先例合理化和合法化了，这一做法的依据正是萨利克法典（Salic Law）。法典宣称，女性不能继承法兰西的王位。人们伪造了这一法典的历史，让它的前身可以追溯到加洛林时代（Carolingian times）。这样一来，其适用就具有可追溯性，让娜则被永远地排除在王位继承序列之外。但是，法典并未提及继承权能否沿母系一脉进行传承。因此，爱德华三世仍然可以宣称他是合法的继承人。

1328年，爱德华三世的权利只存在于理论上。彼时，他还是一个16岁的未成年人。他并没有实权，还被他的母亲伊莎贝拉王后和她的情人罗杰·莫蒂默（Roger Mortimer）玩弄于股掌之间。这对臭名昭著的情人强迫爱德华三世的父亲爱德华二世（Edward Ⅱ）退位，并策划谋杀了他。对于爱德华三世来说，此时确实不是继承法兰西王位的最佳时机，但他确实又一次被一个政变抢先了一步。腓力四世的侄子——法兰西人所青睐的王位继承人——抓住了时机，并加冕为腓力六世（Philippe Ⅵ）。结果是，取代卡佩王朝的是瓦卢瓦王朝（Valois dynasty）而非金雀花王朝（Plantagenets）。

事态的发展十分正常。在此之前，这样的剧本已经在整个欧洲多次上演了，而在日后，这样的戏剧的帷幕还会多次升起。但在这个时刻，之后发生的事情大大地超出了所有当事人的设想。爱德华三世决定用武力主张自己对法兰西王位的继承权，而这一决定引发了百年战争（Hundred Years War）。这场持续了五代人的战争造成了大批人员伤亡和巨大的灾难，英法及其周边绝大多数的邻国都被卷入其中。即使爱德华三世对法兰西王位的主张只是因为他的阿基坦公国被没收而做出的过激反击，但它成功地让许多英格兰人与法兰西人认为，他对法兰西王位的主张是正当的。

毫无疑问，当中一些人被"说服"纯粹是出于个人的利益。人们谴责瓦卢瓦王朝不具备合法性，并邀请英格兰国王来到法兰西，以获取他的合法权利。这样一来，人们就能理直气壮地策划政治阴谋甚至发动叛乱了。[7]

在亨利五世登上王位之前，《布雷蒂尼条约》（Treaty of Brétigny）的签订是英格兰人所取得的最重大的进展。由于爱德华三世在克雷西之战（Battle of Crécy［1346］）与普瓦捷之战（Battle of Poitiers［1356］）中获得了大胜，该条约于1360年起草。此时，法兰西处于混乱之中，法王约翰二世（Jean II）也当了英格兰人的俘虏。为了换取爱德华放弃其对法兰西王位及诺曼底、安茹和曼恩的主张，法兰西人同意他获取阿基坦、普瓦图、蓬蒂厄（Ponthieu）、圭内斯（Guînes）和加来（于1347年被英格兰人占领）的绝对主权，而且爱德华收到了一笔高达300万克朗的巨额赎金。这份条约的签订是英格兰人取得的重要外交胜利，但其中有一个致命的缺陷。在条约的最终版本中，关于在王位和阿基坦主权问题上相互让步的条款被移入了另一份附加文档之中。而且，只有当英格兰人获得了相应的领土之后，这一条约才能生效。尽管双方显然都有履行条约的意愿，但是第二份文档却从来没有得到过正式的认可。结果，约翰二世继承人的代表（博洛尼亚［Bologna］的律师们）以此为由，宣称条约无效。这给了爱德华三世的曾孙亨利五世一个深刻的教训，并让他将这一点时刻谨记在心。自此之后，他所派出的使节团里都有精通大陆法（civil law）的专家，以确保未来的条约在法律上无懈可击。[8]

我们至今仍然不知道，爱德华三世和他的继承者（尤其是亨利五世）是真的相信他们是法兰西的合法君主，还是仅仅将这一主张作为从对方那里榨取更多特许权的杠杆。1329年，爱德华三世向腓力六世宣誓效忠，并从后者手里领有了阿基坦。[9] 这一举动把水搅浑了。就是在签订《布雷蒂尼条约》的时候，他也已经做好了准备，可以接受实际得到的东西比想要的少这一结局。比起尚未到手的东西，英格兰人更偏爱实际的东西。事实上，直到1419年，当亨利五世开始实现那个不可能达成的目标之时，英格兰人野心的极限便是恢复往日的安茹帝国。[10] 事实上，他们愿意接受《布雷蒂尼条约》中的规定。对于爱德华三世的继承者（他的孙子理查二世［Richard Ⅱ］）来说，除了在官方文书、印玺与钱币上增添光彩，法兰西国王这一头衔并没有什么意义。他已经决定要取得和平，而且为了达到这一目的，他甚至愿意在阿基坦问题上做出让步。他计划把阿基坦公国赠给他的叔叔冈特的约翰（John of Gaunt），以此将这一公国与英格兰王国分离开来。这样一来，英格兰国王必须向法兰西国王效忠的问题就可以得到解决。然而，加斯科涅人显然无法接受这一决定，并对此予以反对。理查二世所能争取到的最多就是一纸停战协议。这一协议持续了28年，直至1426年为止。在他与法王查理六世6岁的女儿伊莎贝尔结婚之后，这一协议得到了进一步的巩固。（那时的理查是一个29岁的鳏夫。）[11]

如果理查能活下去，并与伊莎贝尔育有后代，那么与法兰西和平相处应当是选择之一。但是，1399年，在一次军事政变中，理查被他的堂弟亨利·博林布鲁克（Henry Bolingbroke）罢黜了。随后，他就在狱中离奇地死亡了。身为爱德华三世的孙子和冈特的约翰之子，亨利四世（Henry Ⅳ）提出，自己同样有权继承法兰西的王位。但是，他并没有达成这一目标的时间和手段。他的首要任务是在英格兰此起彼伏的阴谋和叛乱中确立自己的统治。不过，很明显的是，英法之间从来就没有什么长久的和平。法兰西人拒绝承认亨利为英格兰国王，法王的弟弟奥尔良公爵路易（Louis, duke of Orléans）则因亨利的篡位行为而两次提出要与他决斗。法军侵入了阿基坦，同时对加来造成了威胁。在海峡的两岸，双方都在互相报复。英军和法军烧掉并洗劫了不设防的城镇，还互相抢夺敌方的船只。[12]

亨利四世的篡位也决定了理查二世那位可怜又年幼的寡妇的命运。与许多沦为婚姻交易的筹码的中世纪女性一样，她实际上是一个政治联盟的人质。在完成了她的使命之后，10岁的她成了累赘。亨利动过将她嫁给自己一个儿子的念头（有趣的是，亨利五世未来的妻子本可能是他后来的王后的姐姐）。但是，对他来说，让英格兰的王子们保持单身（以便有和其他国家联姻的可能）更为有利。因此，伊莎贝尔被遣送回了法兰西。在那里，她被迅速地许配给她的堂弟查理，即奥尔良的路易的儿子兼继承人。再婚时，她16岁。在生下女儿不久后，19岁的她死去了。[13]

趁亨利专注于国内事务之际，奥尔良的路易入侵了阿基坦。随他一起的还有阿朗松伯爵让（Jean, count of Alençon）和两个不满的加斯科涅人——阿马尼亚克伯爵贝尔纳（Bernard, count of Armagnac）和法兰西王室统帅阿尔布雷的查理（Charles d'Albret, constable of France）。几年后，阿马尼亚克伯爵和阿尔布雷的查理都在阿金库尔战役中发挥了重要的作用。尽管没有占领主要城镇，但他们成功吞并了公国的大片领土，很有可能提前终结英格兰人在阿基坦的统治。[14] 在这个紧要关头，一件事的发生改变了英法两国的命运。1407年11月，奥尔良的路易被暗杀了。凶手是他的堂兄无畏的约翰（John the Fearless），即勃艮第公爵（duke of Burgundy）。他是法兰西最富裕、最具权势者之一。即便是在那个不以美德著称的年代中，他也是法兰西贵族中最寡廉鲜耻的一个。

这次谋杀事件是两位公爵间个人恩怨发展的顶点。两者都想填补由查理六世间歇性疯病所造成的法兰西权力中心的空缺。[15] 正如我们所见，路易让他的长子娶查理之女伊莎贝尔为妻。而无畏的约翰则上了双保险——不仅让他的唯一的儿子娶了查理的另一个女儿，还把他的女儿勃艮第的玛格丽特（Margaret of Burgundy）许配给了法兰西王太子。尽管如此，在被谋杀之前几年，奥尔良的路易还是抢占了先机。他控制了国王，并把王室收入装进自己的腰包，据说还赢得了王后的偏爱。（"年轻的奥尔良公爵路易先生喜欢赌博和嫖妓。"一位时人如此评论道。）[16] 无畏的约翰则决心要夺取这些利益，包括王后的欢心。在没能通过政治手段实现自己的目的的情况下，他便雇用刺客暗杀了路易。

谋杀者明目张胆地采取了行动，而且对此毫无悔意。因此，其余的法兰西贵族不敢有所动作。奥尔良公爵夫人希望能有人主持正义，当时只有国王能够惩处这个权势滔天的贵族，而查理六世并没有这个能力。王太子可能会代他父亲执政，但他是凶手的女婿。而且，不管怎么说，他也只是一个10岁的孩子。由于没有人有意愿或者有能力反对他，无畏的约翰得以逍遥法外。他在没有人反对的情况下进驻了巴黎。到了1409年末，尽管没有名分，无畏的约翰已经是事实上的法兰西国王了。[17]

独揽大权者从不会缺乏挑战者。勃艮第公爵除掉了一个对手，却迎来了另一个更可怕的对手。奥尔良的查理（Charles

d'Orléans）在他13岁生日的前一天失去了父亲。尽管他被迫在沙特尔大教堂（cathedral of Chartres）里当众起誓（把手按在福音书上）将会宽恕凶手，但他却时刻不忘为父亲报仇，并准备付诸行动。在随后的两年间，他与阿马尼亚克伯爵贝尔纳签订了军事协议。在接下来的三年内，他又与贝里公爵（duke of Berry）、波旁公爵、布列塔尼公爵（duke of Brittany）、阿马尼亚克伯爵、阿朗松伯爵、克莱蒙伯爵（count of Clermont）结成了反勃艮第同盟。他率领着这些人的联合部队攻进巴黎城门，想从无畏的约翰手中解救国王与王太子。[18] 这些小冲突演变成了一场更大规模的内战。在这场战斗中，所谓的奥尔良派（又称阿马尼亚克派）站在了勃艮第派和他们的盟友的对立面。前者之所以被如此称呼，是因为奥尔良的查理在1410年娶了阿马尼亚克伯爵的女儿为妻。勃艮第派和阿马尼亚克派水火不容。这不仅仅是一次权力之争，更是一场充满了怨恨的个人恩怨。只有审判和惩罚无畏的约翰（最好为奥尔良的路易偿命）才能平息阿马尼亚克派的怒火。但是，这样的结果显然是勃艮第派所不能接受的。彼此间的深仇大恨促使双方去寻求同盟，并且都放下了对于英格兰人一致的厌恶。实际上，他们打算以承认英王的"正当继承权"甚至对法兰西王位的主张为代价，来换取英格兰国王的支持。

尽管要决定支援哪一派是很困难的，但对于英格兰人来说，他们很难放弃这样的一个机会。1411年，勃艮第公爵首次正式地向英王求援。亨利四世及其大臣们对于支持哪一派并没有达成一致。假如他们与阿马尼亚克派结盟的话，他们就有可能通过谈判收回阿基坦公国。1403至1407年，这一地区为奥尔良的路易、阿尔布雷的查理、阿朗松伯爵以及阿马尼亚克伯爵所占领。另一方面，与无畏的约翰结盟也有达到同样的目标的可能（虽然是通过军事手段）。勃艮第公爵的领地包括低地国家，并且可以为英格兰在佛兰德（Flanders）、布拉班特（Brabant）和埃诺（Hainault）的贸易利益提供额外的保护，并让英格兰获得更大的利益。

然而，考虑到亨利四世的身体状况，要做出抉择就变得更为困难了。这是因为，和法兰西的查理六世一样，亨利四世也不能自己执政。尽管他不像查理六世那样患有精神病，但自1405年起，亨利四世多次受到疾病的困扰，身体虚弱。人们都在猜测，他究竟怎么了。按照中世纪人的看法，无论诊断结果如何，他的病症都是对于他篡夺王位的一种神罚。国王自己似乎也是这么认为的。在遗嘱的开头，他谦逊地称呼自己为"我，亨利，有罪的卑鄙之人"，并表示"我浪费了生命"。[19] 由于亨利四世不能履行他的职责，他的长子——未来的亨利五世——便逐渐开始在御前会议中扮演重要的角色。正是他在1411年决定支持勃艮第公爵，并介入法兰西的争端。这一点对于他后来在法兰西的战斗具有重要的意义。

我们并不知道，无畏的约翰究竟为亨利提供了什么具有诱惑力的筹码。但是，阿马尼亚克派的政治宣传显示，他许诺将佛兰德的四个重要的港口让给英格兰人。如果消息属实，这将是一个诱人的提议。唯一可以确定的是，他们开始谈判是为了亨利亲王与公爵女儿的婚姻。1411年10月，亲王最为信任的副官阿伦德尔伯爵托马斯（Thomas, earl of Arundel）与一支数量可观的军队被派往了法兰西。这支英格兰军队在战斗中发挥了重要的作用，解除了阿马尼亚克派对巴黎的封锁，并为勃艮第派在圣克卢（St Cloud）获得大捷出了力。在这一年结束之前，他们已经和无畏的约翰一起进驻了巴黎。[20]

在取得了巨大的军事胜利之后,人们本可认为,英格兰人会从他们与公爵的联盟中获取外交上与政治上的利益。然而,在阿伦德尔伯爵胜利归来之前,亨利四世大臣们的态度发生了令人诧异的巨大转变,并转而与阿马尼亚克派结盟。促成这一转变的因素有两点。第一个原因是,阿马尼亚克贵族们逐渐感到绝望,于是为英格兰人开出了比勃艮第公爵更为优惠的条件。他们同意动用自己的军队,并且自行承担费用,重新征服《布雷蒂尼条约》所界定的整个阿基坦公国。他们会把这个地区全权移交给亨利四世,并因为他们自己持有这一地区的领地而向亨利四世宣誓效忠。作为回报,英格兰人将会出兵四千(由法兰西人提供经费),帮助他们击败勃艮第公爵,并让他接受法律的审判。[21]

这些筹码已经具有足够的诱惑力了,足以说服英格兰人转变他们的态度。但是,还有另一个原因影响了英格兰人的决定。1411年冬季,亨利亲王突然不再主导御前会议。这似乎是因为,病中的亨利四世已经怀疑起了他的长子。各色流言已经开始流传。根据当时的一个编年史家的说法,亨利四世在临终之前告诉告解神父,他为篡位而感到后悔,但是不能走回头路,因为"我的孩子们不能忍受王权旁落"。[22]另一个故事后来被莎士比亚采用。早在15世纪40年代,勃艮第派的编年史家蒙斯特勒莱的昂盖朗(Enguerrand de Monstrelet)就已经记述了该故事。他说道,亨利亲王以为亨利四世已经驾崩了,于是,他取走了父王床边的王冠,但被从睡梦中醒来的国王抓了个正着,并斥责他放肆。[23]无论这样的事件是否在历史上真的发生过(我们很难知道这两位编年史家是如何得到这些信息的),这些坊间逸事都与一个不容置疑的事实相契合。这个事实便是，1412年，鉴于这些谣言，亲王被迫发表了一封公开信，辩称自己是无辜与忠诚的，并没有篡夺王位的意思。[24]

这些流言里有真实的成分吗？可以看到，亨利四世长期身体欠佳，早已有人提议他应该让位于他的长子。然而，他却记恨亨利亲王在宫廷、议会乃至于整个国家所受到的欢迎。对于亨利亲王来说，他也许会担心自己会被剥夺继承权。这是因为，他的父亲似乎更偏爱他的弟弟托马斯，可能会用托马斯来取代亨利。得到了坎特伯雷大主教托马斯·阿伦德尔（Thomas Arundel, archbishop of Canterbury，他作为亨利四世盟友的时间最久）支持的托马斯取代了亨利亲王，成为御前会议中的关键人物。他们有效地把亨利这位王位继承人排除在国家管理的圈子之外，并完全推翻了他的政策。作为远征法兰西、支援勃艮第派的天然军事领袖，亨利起初得到了这个职位，然后这一职位被剥夺了，并被转交给了他的弟弟。在这之后不久，托马斯受封为克拉伦斯公爵（duke of Clarence），并被指派为国王在阿基坦的副官，尽管自从亨利的父亲加冕为王以来亨利一直是阿基坦公爵。除了这些极大的伤害，亨利还被人诬告侵吞了加来守军的军饷。

在这个环境下，我们并不会感到奇怪，亨利亲王怀疑宫廷中有一撮反对他的势力，意在动摇他的储君地位，也许还想让克拉伦斯公爵登上王位。有关亲王正在阴谋夺取王位的谣言可能就是为了达成这一目的而被刻意散播的。亲王感到，自己有必要彻底否认这些流言，而且必须以书面和公开的形式表明自己的立场。这表明，亨利亲王对他的处境有着清醒的认识，认识到自己的处境是如何艰难。在他的公开信中，他要求父王揪出这些麻烦制造者,将他们撤职,并给予他们惩戒。亨利四世同意了他所有的要求,但并没有付诸行动。然而,面对这些挑衅,亨利亲王并没有诉诸暴力手段。向来颇有耐心的他没有必要用武力去获取那些本来就属于他的事物。与此同时,亨利只能不安地等待着弟弟从法兰西归来。一场重大的胜利会增加克拉伦斯公爵的声望,并可能会进一步危及他的地位。一场耻辱的失败也许能证明亨利与勃艮第派结盟的主张的正确性,但可能会在国内外产生巨大的影响。[25]

1412年8月10日,克拉伦斯公爵托马斯率领1000名重铠兵与3000名弓箭手从南安普敦(Southampton)扬帆启程,并在诺曼底的圣瓦斯特-拉乌格(St-Vaast-la-Hougue)登陆。在他手下的军事长官中,有3名王室家族的旁系血亲(他们将在3年后的阿金库尔战役中扮演领袖的角色):亨利四世的堂弟约克公爵爱德华,亨利四世同父异母的弟弟——新受封的多塞特伯爵托马斯·博福特爵士(Sir Thomas Beaufort, earl of Dorset),以及克拉伦斯公爵的姑父约翰·康沃尔爵士(Sir John Cornewaille,他是那一代人中最优秀的骑士之一)。[26] 这样一支有名望的军队本应所向披靡,但克拉伦斯公爵一直运气不好。早在他涉足法兰西的土地之前,阿马尼亚克派就已经秘密地与勃艮第派达成了协议,不再需要他的援助了。在他得知阿马尼亚克派王公已经单方面地解除了他们的盟约时,事情已经太迟了。克拉伦斯公爵已经到达了他们约定的会师地点布卢瓦(Blois),愤怒地要求对方履行自己的义务。为了平息克拉伦斯公爵的怒气,让他不要再揪着这件事不放,阿马尼亚克派不得不同意支付总额多达21万克朗的赔偿金。与此同时,他们也会为他提供金银珠宝和7名人质。这些人质中包括奥尔良的查理年仅12岁的弟弟——不幸的昂古莱姆伯爵让(Jean, count of Angoulême）。直到1445年被赎回之前，他一直是英格兰人的阶下之囚，并被人们所忘却。随后，克拉伦斯公爵带领军队一路劫掠，未受抵抗地到达阿基坦。在那儿，他花费了整个冬天与当地的阿马尼亚克派领袖们商议结盟的事宜。与此同时，他们也做好了准备，迎接来年春天可能会爆发的战争。[27]

克拉伦斯公爵的远征并没有取得他与他的父亲所期待的政治与军事上的胜利，但也不是一场彻底的灾难。他没有实现英格兰人的野心，重建一个更大的阿基坦公国。事实证明，从阿马尼亚克派的领导者那里得到他们所许诺的金钱几乎是不可能的。而从另一方面来看，他已经证明了这样的事实，即一个分裂的法兰西很弱，英格兰军队有可能在不受抵挡的情况下毫发无损地从诺曼底来到阿基坦。至少，他为他更具有才干的兄长发动阿金库尔远征提供了一个模板。

第二章

国王的学徒岁月

1413年3月20日,亨利四世在威斯敏斯特大教堂(Westminster Abbey)的耶路撒冷室(Jerusalem Chamber)死去了。就像绝大多数中世纪的预言实现的方式一样,尽管非常牵强,他将"死于圣地"的预言还是应验了。他凭借着运气、无情与战争的胜利保住了他所窃取的王位,甚至将其成功地传给了他的儿子。在其他的领域当中,他却都失败了。这位光彩夺目的年轻英雄因十字军战士与比武参与者的身份和对艺术慷慨地赞助而享有盛名,然而,在无人为他感到惋惜与得不到他人尊重的处境中,他带着残病之躯溘然长逝,年仅46岁。他为政府留下了高昂的债务,御前会议和广阔的贵族圈子被派别与阴谋所割裂,国家则为暴力骚乱所困扰,教会在国内被异端邪说所威胁,在国外,它则面临着被分裂的危险。在这样的环境下,克拉伦斯公爵仍在阿基坦,而且他无法从这一局势中找到机会去阻挠他的兄长继承王位,这很可能是非常幸运的。[1]

亨利五世坚信,他的统治将会为英格兰王室的命运带来翻天覆地的改变。尽管不是生来就注定要成为国王,但他确实受过关于这一未来身份的标准训练。自古典时期以来，就有书提供了这方面的建议（以"君鉴"[mirrors for princes]之名为人们所知）。而且，王玺事务官托马斯·霍克利夫（Thomas Hoccleve, clerk of the privy seal，他同时也是一个业余诗人）用英文写过这样一本书。他将其献给了当时还是威尔士亲王的亨利。[2] 皮桑的克里斯蒂娜（Christine de Pizan）曾为法兰西王储路易写过类似的作品。她是一名出生于意大利的法兰西诗人，也写了一些有关骑士的书。在书中，她劝慰道，人们应当教授美德与实用技能。她认为，在政府当中，熟知纪律、学习人文知识以及积攒早期经验是最为重要的。[3] 在这些方面，新国王都十分出色。

亨利五世受到了精心栽培，其文学能力与数学能力已经达到了不寻常的程度。这也许是因为，他的父亲与祖父都是文学、骑士精神与学问的著名庇护人。冈特的约翰是宫廷诗人杰弗里·乔叟（Geoffrey Chaucer）的著名早期庇护人（后来乔叟成了他的连襟）。亨利四世在他的统治时期继续庇护乔叟。在乔叟死后，亨利四世让皮桑的克里斯蒂娜顶替了他。亨利无疑认为，既然她是一名寡妇，而她唯一的孩子——16岁的儿子——事实上就是亨利内廷中的人质，那么她会同意接受这个职位。倘若他是这样认为的话，那他就完全看错这个令人敬畏的妇人了。她曾这样回敬别人对她的批评："就因为罕见就认为女人博学有违常理……同样的道理，既然男人无知这件事十分常见，那么男人就更不该无知了。"皮桑无意成为英格兰宫廷诗人，但又"假意默许，以便让英格兰人放回我的儿子……经过我个人艰辛的谋划并[给亨利四世]呈上我的部分作品，我的儿子获准回国并能在之后的一次旅途中与我同行"。[4] 毫不令人意外的是，针对亨利五世和英格兰入侵法兰西的暴行，她的批评是最激烈和最大声的。

自幼年起，亨利就能熟练而流畅地读写英语、法语和拉丁语。和他的两个藏书家弟弟（贝德福德公爵约翰［John, duke of Bedford］和格洛斯特公爵汉弗莱［Humphrey, duke of Gloucester］）一样，他建立了一座相当大的（如果这也是传统意义上的做法的话）私人图书馆，其中收藏了古典学、历史学以及神学的书籍。亨利对于比较轻松的话题也饶有兴趣，比如他曾委托他人创作关于狩猎的书籍，而且他所收藏的乔叟的诗《特洛伊罗斯与克丽西达》(Troylus and Cryseyde)的私人抄本仍流传于世。[5]他也会"因为歌曲和乐器而感到快乐"。也许是在威尔士长大的缘故（他在蒙茅斯［Monmouth］出生），他在童年时期学习了弹奏竖琴，从此便与竖琴结下了不解之缘。许多年以后，正如亨利的吟游诗人们和礼拜堂中的乐师们一样，他的竖琴一直陪伴着他征战四方。他甚至创作了乐曲：由"国王亨利"（Roy Henry）为礼拜仪式中复杂组曲里的一部分——《光荣颂》(Gloria)所谱的3个声部就出自他的手笔。[6]

除了在艺术与文学上的追求，亨利还研习了战争的技艺，并在这方面打下了坚实的基础。每一本骑士著作都会极力强调（骑士们）从小开始学习用兵器作战的重要性。亨利在12岁时就得到了一柄宝剑，而他自己的儿子亨利六世（Henry VI）在10岁之前就获得了8柄剑，"尽管年龄有时候大一点有时候小一点，为了学习使剑，国王从小就开始与剑一起玩耍"。[7]在所有的技艺当中，狩猎作为军事生活的完美预演而得到了骑士书籍作者的强烈推荐。14世纪上半叶，阿方索十一世（Alfonso XI）提出了这一经典的论点。在统治卡斯蒂利亚王国（Castile）以及和摩尔人（Moors）作

战的间隙,他匀出了空余时间,为这项运动写作了一本书:

> 一名骑士应该参与任何与作战和骑士精神相关的事务。如果他不能在战争中实践他的骑士精神,他也应该在一个类似于战争的活动场景中展现这一点。打猎与战争场景最为相似,主要是基于以下的原因:战斗需要开销,而这一点是必须要有的;一个人必须配备强壮的马匹和精良的武器;他必须精力充沛,能够忍受缺少睡眠、优质的食物与水的生活。他时常需要早起,有时候只能在一张破床铺上醒来。他必须忍受严寒酷暑,并藏起自己的恐惧。[8]

不同形式的狩猎要求不同的技能,但所有的技能都与战争相关。这些技能包括了解猎物的习性、指挥一群猎犬的行动、掌控经常受惊的马匹以及使用各种不同的武器(包括长枪与刀剑)来进行杀戮。在英格兰,独特之处在于,贵族们同样会步行前去狩鹿,并用弓箭将它们击倒。这样说是因为,狩鹿是一项贵族专属的运动。在欧洲大陆,人们轻视箭术,并将其视为城镇居民和社会底层人士的专属活动。但是,包括国王在内,每个英格兰贵族都应具有使用长弓和弩的能力,而这种类型的技能得到了高度的赞赏。"我对用弓进行狩猎所知甚少,"富瓦伯爵加斯东·菲伯斯(Gaston Phoebus, count of Foix,他在14世纪晚期写作了标准化的狩猎著作)如此评论道,"如果你想要知道更多,你最好前往英格兰。在那儿,用弓狩猎是一种生活方式。"[9] 最终,在阿金库尔战役中,法兰西人领略到了英格兰人对射箭术的痴迷。

如果说,狩猎能让年轻人习得一些在军事生涯中必备的身心技艺，那么模拟战斗就可以帮助他们磨炼和完善这些技艺。自大规模挟枪冲锋的战术的引入算起，时间已经过去了300余年。这样的作战形式在战场上仍有重大的作用，因此经常在马上长枪比武（joust）与比武大会（tournament）中演练。至少从12世纪开始，国际巡回锦标赛（international touring circuit）就已经存在了。渴望扬名立万的英格兰年轻人经常在法兰西、西班牙和葡萄牙参加比赛，有的人也会去德意志和意大利。英格兰与法兰西的边境和英格兰与苏格兰的边境成了寻求这种冒险经历的人们的沃土。这是因为，在这些地方，他们自然就能遇到敌对民族的骑士们。[10]

尽管没有亨利五世参加公开马上长枪比武或比武大会的记载，但是他必然已经在这样非正式的战斗中学习了如何搏斗。马上长枪比武会教会亨利五世如何在马背上使用长枪与敌人一对一地战斗；而那些规则不那么严格的比武大会则是更为广阔的舞台，它通常以大规模挟枪冲锋开始，然后将舞台让给真正的重头戏——剑术比武，从而更加模拟真实战斗的情形。亨利五世也肯定已经熟悉了最近新发展起来的"武艺比武"（feat of arms），在这种比武中，两位比武者会进行几种不同类型项目的比试：先是在马上持枪比武；接下来则是徒步比武，双方分别使用剑、斧和匕首进行战斗。这种训练至关重要，因为骑士与扈从在战斗中下马并与弓箭手并肩作战已经成为一种惯例。"总有大量的士绅会这么做，以便稳定普通士兵的军心进而更好地战斗。"15 与 16 世纪之交，科米讷的腓力（Philippe de Commynes）曾做出以上的评论。他也观察到是亨利五世和英格兰人将这种特殊的策略引入了法兰西。[11] 他错了，但重要的是，这是他的认识。

和他的父亲不同，亨利五世没有参与过任何公开的模拟战斗。这是因为，他忙于各种真正的战斗。根据同时代骑士论著的说法，这实际上更值得称道。例如，克雷西会战时擎着法兰西的战旗——金焰旗（oriflamme），并在后来的战斗中为保卫它而死的沙尔尼的若弗鲁瓦（Geoffroi de Charny）在他的《骑士之书》（*Book of Chivalry*）中写道，参与马上长枪比武是荣耀之事，参与比武大会是更为荣耀之事，而实际参与战争当是最为荣耀之事。[12]

亨利在14岁之前便开始了戎马生涯。这并不是出于对荣耀的追求，而是迫于现实的需要。由于父亲的王位来路不正，他们频繁受到武装反抗。至少在亨利四世统治的头六年当中，王国一直处于一种动荡不安甚至是公开战争的状态。在他父亲1399年10月的加冕礼上，亨利在这些事件中所扮演的角色便已经注定。虽然他在一个月前才庆祝了他的13岁生日，[13]但他和其他的年轻男子一道，在加冕日前夕被光荣地册封为骑士。在这样的场合中被封为骑士是一种至高的荣耀，因为这极少发生，并且时常伴以不寻常的盛典和宗教仪式。仪式在伦敦塔（Tower of London）里举行。在此处，每一位候选人都要象征性地进行沐浴，以洗净他的罪孽。然后，他们穿上白色长袍以显示他们的纯洁，披上红色披风以表明他们抛洒热血的意愿。紧接着，他们守着他们的武器，在礼拜堂中祈祷了一夜。第二天，在听完弥撒曲之后，准骑士们就可以将他们的剑（都是双刃剑，一面象征正义，一面象征忠诚）佩戴在腰间，并将金马刺牢系在脚后跟上。这些马刺象征着他会按照上帝的命令行事，就如同他受刺的马匹一样迅疾。最后，新国王用手或剑轻轻地拍打了他（collée）。这是他所接受的最后一次不能还击的击打。[14]

在被授予了骑士称号之后，为了与亨利新的高贵身份相匹配，他还应当在他父亲的加冕礼上佩带象征着国王权力的四把剑中的一把。重要的是，无论亨利是否出于自愿，他都选择了佩带代表正义的那把剑。几周之后，议会正式宣布他为"威尔士亲王，阿基坦、兰开斯特（Lancaster）与康沃尔（Cornwall）的公爵，切斯特伯爵（earl of Chester）以及英格兰王位的继承人"。[15] 即便是在他年幼之时，这些也并不只是空头名号。人们期待亨利能够分担他父亲统治王国的重担，并承担起管理与守护他自己领地的职责。例如，当亨利在北威尔士寻求援助，以收复处于叛军之手的康威城堡（Conwy Castle）时，他的父亲就直截了当地告诉他，康威城堡的陷落是因为亲王手下一名官员的疏忽，他有义务去收复这座城堡。

亨利最重要的两个头衔很快便受到了挑战。1400年9月，北威尔士的格林迪杜尔勋爵欧文·格林杜尔（Owain Glyn Dŵr, lord of Glyndyfrdwy）自立为威尔士亲王，并发动了一场叛乱。直到1409年，这一叛乱才被平息。1402年法兰西太子被封为吉耶讷（阿基坦的法语名字）公爵，他的叔叔奥尔良的路易发动了对该公爵领地的侵略征服。[16] 这一行动或许迟到了，但它也漂亮地反击了英格兰人对法兰西王位的主张。尽管来自阿基坦的威胁与来自威尔士的威胁同样紧迫，威尔士的反叛问题还是应当优先得到处理，因为它距离英格兰本土较近。

中世纪的威尔士是一个在语言上统一，但实际上却被分为两个部分的国家。12世纪早期，诺曼人再次证明了他们在经营、侵略和殖民上的卓越能力，将他们对于英格兰的征服拓展到威尔士南部地区。但是，他们的骑兵战术在北部的多山地带没有用武之地。所以，直到13世纪末，该地区依旧维持了独立和独特的凯尔特传统。在效率和残酷程度上,爱德华一世(Edward I)对于威尔士北部的征服与诺曼人在威尔士南部的所作所为如出一辙。威尔士的土著居民被逐出家园,为城堡与新城镇的建设让路,而这些新的建筑里居住的都是英格兰人。与此同时,所有的公职都被英格兰人把持。到了1402年,作为对下议院请愿的答复,亨利四世的议会仍然制定了带有种族歧视色彩的法律,禁止威尔士人在威尔士当官,甚至不许他们在英格兰人位于威尔士的堡镇中购置地产。[17]

欧文·格林杜尔叛乱的起因是,他与他的盎格鲁-威尔士邻居里辛勋爵雷金纳德·格雷(Reginald Gray, lord of Ruthin)之间发生了私人财产纠纷。但是,这一私人恩怨很快发展为整个民族的反抗,因为这一事件涉及威尔士人的反英格兰情绪和他们对新的兰开斯特君主的敌意。1403年,随着英格兰北部最大、最有权势的珀西家族(Percys)加入格林杜尔的阵营,危机发展到了顶峰。珀西家族曾是亨利四世最为亲密的盟友之一。在其登上王位的过程中,这一家族曾鼎力相助。诺森伯里亚伯爵亨利·珀西(Henry Percy, earl of Northumberland)得到了英格兰宫廷长官和苏格兰西境戍边大臣的职位。他的儿子热马刺哈里(Harry 'Hotspur',随后因为莎士比亚而声名远播)担任了苏格兰东境戍边大臣和北威尔士首席摄政官(justiciar)。亨利的弟弟伍斯特伯爵托马斯·珀西(Thomas Percy, earl of Worcester)则成了英格兰海军大臣、内廷宫内大臣、国王在南威尔士的副官以及威尔士亲王的地方长官。此时,这三个令人畏惧的人决定要罢黜亨利四世,拥立12岁的马奇伯爵埃德蒙·莫蒂默(Edmund Mortimer, earl of March)。(莫蒂默对英格兰王位的要求要比亨利四世的更为合理,因为他是爱德华三世更年长的一个儿子的后代。莫蒂默曾两次被膝下无子的理查二世指定为他的继承人。但是，当理查在1399年被废黜时，马奇伯爵只是一个8岁的孩子，就如同那些法兰西公主在1316和1321年的遭遇一般，人们很轻易地忽略了他的权利。）[18]

珀西家族与格林杜尔之间的联盟让亨利亲王得以第一次亲历一场全面的会战。即便是在中世纪时期，这种类型的战争也十分罕见。这将是一次有益的经历。由热马刺哈里率领的4000名叛军在什鲁斯伯里（Shrewsbury）以外3英里（1英里约合1.61千米）处的一处山脊上占据了防守位置。国王与亨利亲王率领一支5000人的军队出城迎战。在最后的和谈破裂后，1403年7月21日中午，一阵箭雨拉开了战斗序幕。这些箭是亲王从自己的柴郡行宫伯爵领（county palatine of Cheshire）带来的经验丰富的弓箭手射出的。但对于亲王来说，不幸的是，这些弓箭手站在了叛军一方，而亲王是承受攻击的一方。当王室军队努力地上坡的时候，威尔士和柴郡的弓箭手搭弓射箭"的速度实在是太快了……明亮的太阳因密密麻麻的箭矢而失去了光芒"，而亨利阵中的战士们"像在秋天被白霜打过的叶子一般"纷纷倒下。一支箭击中了16岁的亲王的面部，但他拒绝撤退，害怕此举会对他的军队产生不利影响。相反，他冲进战场，与敌人展开了肉搏战。战斗十分激烈，一直持续到夜幕降临。此时，热马刺哈里已经阵亡，他的叔叔伍斯特伯爵托马斯也成了阶下囚。珀西家族的叛乱结束了。[19]

亨利在他所经历的第一场重大战役中幸存了下来，但他的忍耐力仍需接受考验。人们必须想办法取出那支射入他鼻子旁边脸颊的利箭。箭杆已经被成功取出，但箭头嵌入了他的脸，深达6英寸（1英寸约合2.54厘米），一直插到了他头盖骨的后部。人们请教了很多"聪明的外科医生"(wise leech)和医生,他们也开出了"各种方剂,并建议使用其他的疗法",但这些方法都失败了。最终,国王的外科医生——一个曾经的假币铸造者(但被宽恕了)——约翰·布拉德莫(John Bradmore)力挽狂澜,保全了亲王的性命。他发明了一副宽度与箭头一样的空心钳,其中每个支臂的末端有螺丝状的螺纹,中间有一个独立且贯通的螺旋装置。在把钳子伸进去之前,需要把伤口撑开。为了完成这一过程,他需要一套探针。这些探针由小到大,均由"有一定年龄的树心木制成。他精心风干了这些木材,并把干净的亚麻织物包裹在它们的外边……[又]用玫瑰花蜜浸泡了它们"。当布拉德莫估计自己已经探到了创口的底部时,他便从箭射入的角度伸入钳子,将其中的螺旋装置放在伤口的中心,谨慎地操作着这个器械去寻找箭头。"然后,我一点一点地向前推进,[在上帝的帮助下]取出了箭头。"他用白葡萄酒清洗伤口,并把一沓浸透了清洁药膏(由面包片、大麦、蜂蜜与松节油制成,这种组合是不可思议的)的亚麻放在了创口中。他每隔一天就要更换更短的一沓亚麻。直到第12天,他终于能够骄傲地宣称:"创口已经被完全洗净了。"最后,布拉德莫使用了一种特制的"黑膏药",以促进伤口肌肉的再生,并完成了整个治疗过程。[20]

在这个漫长的手术过程中,亲王所遭受的痛苦实在令人难以想象。中世纪时期,人们已经懂得运用由鸦片、天仙子、鸦片酒或毒参制成的膏药来实施简易的麻醉。但是,这样的麻醉药效不佳,并且后果难以预料。亨利成功地在手术中存活了下来,并且避免了随后而来的败血症,这说明亨利的身体很好。显然,假如脸颊受伤,亨利亲王身上必然会留下伴随他一生的疤痕。尽管这可能是亨利仅存的肖像只展示了他的侧面轮廓的原因（其他所有中世纪英格兰国王们的肖像画则通常展示3/4的面部），但同时代的人们从未提及他身上有这种疤痕。[21]

什鲁斯伯里之战至少向亨利展示了弓箭手与外科医生的重要价值，这两类人将会大量地出现在阿金库尔战役中。然而，在亨利征战威尔士的这10年当中，什鲁斯伯里之战是一个例外。在大多数情况下，他所做的事情都更为平常和沉闷，如围攻城堡、驱逐叛军以及确保他的军队的军饷和补给（这甚至更为乏味）。从这个时期他写给父亲的信当中，我们可以看出，他已经成了一名称职且久经沙场的士兵。在焚毁和把叛军所占领的土地变为荒地这两件事上，他并不在意。即便是停下来，他也只是为了不带讽刺地赞美这是"一片美好而且人烟稠密的土地"。在被亨利俘虏之后，一个叛军首领曾出价500镑作为自己的赎金，并承诺在两周内筹得所需的款项。亨利则只是漫不经心地告知他的父亲："我们没法接受这笔赎金，所以我们处决了他。"他公开宣布，他的军队对于实力占优的叛军取得了胜利："胜利并不依赖于人数的多寡。正如此地所显示的那样，胜利在于上帝的力量。"[22] 在这一宣言里，他作为虔诚的阿金库尔战役胜利者的声音同样清晰。

从更长远的角度来看，胜利不仅需要军事上的胜利，还需要和平秩序的建立。在这一点上，亨利亲王也展现了他的才华。他聚集了一批紧密团结在他身边并且可以信任与依靠的参谋、随从与仆人。其中，绝大部分人终其一生都在为亨利效劳。在这些人当中，最为重要的是两位年轻的贵族战士。他们与年轻的亲王有颇多的相似之处，并成了他忠实的随从。这两个人分别是比亨利年长5岁的阿伦德尔伯爵托马斯·菲查伦（Thomas Fitzalan）和比亨利年长4岁的沃里克伯爵理查德·比彻姆（Richard Beauchamp, earl of Warwick）。与亨利一样，这两人都是所谓的"上诉派伯爵"（Appellant earl，也称"上诉派贵族"［Lord Appellant］）的男性后裔。上诉派贵族挑战了理查二世独断专行的统治，并最终收获了苦果。阿伦德尔的父亲被处决，沃里克的父亲被判处终身监禁，亨利五世的父亲则被流放。所有人的地产均被理查二世罚没。但是，在理查被废黜之后，亨利四世归还了他的前任国王所没收的地产。阿伦德尔与沃里克伯爵都出身于显赫的军事世家。他们的祖辈曾在克雷西和普瓦捷与亨利的祖辈并肩作战。两人都在亨利四世的加冕礼前夕与亨利亲王一同受封为骑士。由于两人都在威尔士拥有庞大的领地，他们从一开始就卷入到反对欧文·格林杜尔的战斗当中。沃里克伯爵在什鲁斯伯里之战中表现突出。在他21岁时，他便获赏受封为一名嘉德骑士（Knight of the Garter）。正如我们所见的那样，1411年，阿伦德尔伯爵被任命为远征法兰西的统帅，驰援勃艮第公爵。这两位伯爵还一同参与了圣克卢之战（Battle of St Cloud）。他们本应在阿金库尔战役中发挥重要的作用，但讽刺的是，由于命运的捉弄，他们最终都没能获得分享亨利五世时代最伟大胜利的机会。[23]

诸如阿伦德尔伯爵、沃里克伯爵和约克公爵爱德华之类的贵族是亨利的天然盟友。这是因为，他们在威尔士及其边界上持有领地。但是，亨利也没有忽略那些地位稍低的人——来自赫里福德郡（Herefordshire）和什罗普郡（Shropshire）的骑士和扈从们。在与那些不安分的邻居作战的过程中，这些人也可以得到相关的利益。亨利通常会任命这些士兵出身的官员来担任威尔士的重要官职。这些经验丰富的人有关当地的知识是弥足珍贵的。尽管议会的法令并不赞成提拔威尔士人，但亨利也准备提拔那些有价值且忠诚的威尔士人。两个同样明智的任命恢复了王室在威尔士的财政来源。这些任命决定表明，亲王注重倾听专家的意见，无论这些人来自何方。约翰·莫尔伯里（John Merbury）是一名自封的赫里福德郡的扈从，长期效忠于冈特的约翰和亨利四世。在阿金库尔战役中，他曾在威尔士南部招募了20名重铠兵和500名弓箭手。托马斯·沃尔顿（Thomas Walton）则是一位刚从剑桥（Cambridge）毕业的年轻教士，同时也是切斯特圣约翰教堂（St John's）的名誉咏祷司铎（honorary canon）。在受到亨利的提拔之后，他改变了出身低微的境地。[24] 在亨利的管理体系当中，才能（而非地位与人脉）才是一个人获得晋升的关键因素。

胜利同样依赖于资金，但它处于短缺状态。亨利四世似乎对于财政事务所知甚少。尽管他曾经承诺要避免肆意挥霍（正是这点使理查二世失去了人心），但是他难以靠自己的领地过活。当他用个人的收入赏赐他的支持者和镇压叛乱的时候，事情就尤为如此了。这意味着，他只能毕恭毕敬地向越发不快的议会请求，希望能够征税并得到协助金。作为一个力行改革的君主，这对于提升他的人气与公信力都毫无裨益。无论是基于不情愿还是没有能力，他都没能筹措到足够的资金，以用于威尔士战争。这也是他们在威尔士拖延了这么久的主要原因之一。

亨利亲王在威尔士的征伐一直为资金的短缺所掣肘。亨利和他的手下们反复请求后方提供更多的人手、物资以及军饷，但他们的这些要求从来不会全部得到满足。由于付不出军饷，亲王与他的军官们不停地抱怨，他们的军队正处于溃散和哗变的边缘。1403年，亨利典当了他自己那一份的"小珠宝"（little jewels），以资助围攻哈勒赫城堡（castle of Harlech）和阿伯里斯特威斯城堡（castle of Aberystwyth）的战役。1405年，科德诺的格雷勋爵（Lord Grey of Codnor）急缺偿付军饷的资金，以至于不得不典当他自己的盔甲。约克公爵爱德华在南威尔士担任亲王的首席摄政官。他曾尝试通过借贷来筹集资金，以此来给他在卡马森（Carmarthen）的士兵付钱。但是，他所求助的每个人都拒绝了他，因为国王还没偿还他之前从那些人那里所借的钱。为了让他的手下各尽其职，他不得不以"一名真正的绅士"（用他的话来说）的身份向他们承诺，如果没有其他办法，他将会用他的约克郡（Yorkshire）地产的土地收入来支付他们的军饷。有时候，亲王迫于无奈，只能恐吓道，他可能不得不放弃这个国家，将它留给叛军。他警告他的父亲："没有人力，我们就和那些地位更低的人一样，能做的事很有限。"[25]

这种捉襟见肘的状况所造成的后果是显而易见的，而亨利也很快就从中吸取了教训。与他的父亲形成鲜明对照的是，他十分注重理财与战略。早在1403年，他便着手采取了一系列的措施，以增加他的康沃尔公国（duchy of Cornwall）和切斯特伯爵领（earldom of Chester）的收入。这些措施包括提高地租、收回已经租给他人的直营地以及大幅减少地方收入中用于支付年金的数额。他再一次一点一点地收回了他位于威尔士的土地，并逐渐充盈了他的钱袋。这样一来，在1409年之后，他每年可以从南威尔士获得1800镑的收入，并从北威尔士获得1300镑的收入。这与他受封威尔士亲王时所获取的年收入形成了对比。那个时候，他从南北威尔士所获的收入均不足500英镑。[26]

这样的理财智慧让亲王得到了议会的喜爱，也正是这个议会曾抱怨他的父亲不善理财。除非为了保卫王国，议会没有义务授予君主征税权。在实践中，一般是下议院决定是否授予（国王）征税权，并规定所征税费的数额。议会的成员们并不总是不情愿给国王征税权。在亨利五世时期，可以看到，他们也可以是慷慨的。他们或者期望这些资金能够各尽其用；或者期望他们的国家能够得到"良好的治理"（正如他们所说的那样）。在这个意义上，亨利四世曾多次激怒下议院的成员。他曾多次挪用他们投票决议的钱款去干别的事，如支付他支持者们的年金，而这些钱本应用于防卫加来或阿基坦以及进行威尔士战争。为此，下议院以前所未有的激烈程度抨击了国王，坚持认为税款应该用于它们被征收的目的，要求国王缩减他内廷的规模并对其进行改革。与此同时，他们也要求监督他对御前会议成员的任命。亨利四世对于这番威吓的回应起到了反作用：他接受了他们的条件，却没有作为。因此，人们反对他的理由又多了不守信这一条。下议院对国王的这一做法做出了回应，规定凡是要征税，必定要满足苛刻的条件。为了达成这一目的，他们不仅指派战时特任财务大臣以绕开财政大臣，而且坚持要求他们的账目应在议会的授权下被查验并且公开。[27]

正如我们所看到的那样，在威尔士，亨利亲王及其官员们被迫采取非常规措施，以为战争筹措经费。因此，对于君主破产的真切忧虑并不是毫无根据的。王室破产也不是没有先例。1340年，为了给反法战争筹措经费，爱德华三世就陷入了破产的境地。他所欠下的贷款拖垮了两家佛罗伦萨（Florence）的银行。[28] 1406年，议会给亨利四世发放了一笔协助金。他们以最为严苛的言辞羞辱了国王一番，并任命了一个有权监督王室政府和控制它的开支的议事会。亨利亲王被认定为该议事会的首脑,这有力地表明亨利亲王受到的评价已经很高了。一年之后,该议事会的工作取得了显著的成效。在威尔士叛乱即将结束时,下议院投票表决,感谢亲王在威尔士的工作,并给他追加了一半的协助金。[29]

当亨利在威尔士变得不再不可或缺之后,他便能够将更多时间投入这个议事会中。他在政府的工作中得到了初步锻炼,而这正是皮桑的克里斯蒂娜所推崇的。尽管这个议事会是议会强加在亨利四世身上的,但这一议事会几乎都是由国王的朋友所组成的。其中,至少有两名成员是同国王一起被放逐的。其一是拥立他为王的托马斯·阿伦德尔。他本来是坎特伯雷大主教,现在又成了英格兰的大法官。其二是他的内廷骑士之一——英格兰财务大臣约翰·蒂普托夫特爵士(Sir John Tiptoft)。他自1402年起就一直担任亨廷登郡(Huntingdonshire)议会的议员,并在1405至1406年担任下议院的议长。这个新出现的议事会也包括国王最亲密的家庭成员。在亨利的儿子们因年幼而无法承担政治职责的时候,他就仰仗他们治理这个国家。这些人中有他的三位同父异母的弟弟——萨默塞特伯爵约翰·博福特(John Beaufort, earl of Somerset)、多塞特伯爵托马斯·博福特和温切斯特主教亨利·博福特(Henry Beaufort, bishop of Winchester)。除此之外,还有这三个人的表哥托马斯·乔叟(Thomas Chaucer)。他不仅是博福特兄弟的随从,还是诗人乔叟之子。1407年、1410年和1411年,托马斯·乔叟曾担任下议院议长。博福特兄弟和他们的妹妹(后来嫁给了威斯特摩兰伯爵拉尔夫·内维尔 [Ralph Neville, earl of Westmorland])琼(Joan)是冈特的约翰和他的情妇凯瑟琳·斯温福德(Catherine Swynford)的非婚生子女。冈特一直到1396年才娶她。随后，尽管他们无法继承王位，他们的子嗣还是被罗马教宗和一份王室公文（得到了议会的肯定）承认为婚生子女。[30]

除了阿伦德尔大主教（可能是因为对法兰西所持态度的不同，亨利亲王似乎与他有不可调和的矛盾）和死于1410年的萨默塞特伯爵约翰·博福特，上述这些人都是未来国王可以依靠的议政大臣。尤其是博福特兄弟，他们的影响对于塑造亨利的优势以及他作为亲王和国王的角色都起到了至关重要的作用。博福特家的约翰与托马斯都曾在威尔士战役中大展身手。也许更为重要的是，这两人都曾担任过英格兰海军大臣与加来的长官。他们的这些角色影响了他们的想法，使得他们十分热心地在海上布防并保护英格兰与佛兰德之间的贸易利益。这一点足以让他们受到下议院的欢迎，因为那里存在着一个强大的商人团体。但是，他们也得到了全体议员的认可，因为他们成功地履行了自己的职责。亨利·博福特也是一个极其杰出的人。他的财富、权力和影响力已经很大了，而他还具有与之相匹配的雄心、精力和能力。这让他在教俗世界中取得了同样的成功。在他22岁时，他被推选为牛津大学的校长。一年后，他获得了他的第一个主教职位（但这并没有阻止他与阿伦德尔大主教的守寡的侄女育有一个私生子）。1409年，年仅32岁的他又被罗马的对立教宗格里高利十二世（Gregory XII）任命为教宗特使。作为一位王家枢密院会议的积极参与者，他在1402至1405年的第一个任期里出任英格兰大法官，为他日后成为王室的最大债主——他贷款2000马克给国王，用于加强海域和加来的防务——铺平了道路。博福特兄弟的身份和他们与下议院的关系让他们在下议院有发言权，并拥有众多耳目。而且，因为他们从未失去过国王的信任，所以他们能够以国王与议会中间人的身份行事。由此，亨利亲王逐渐被接纳和认可。他也有了相应的收获，不仅能够知悉下议院中的各种观点，也在下院议员中赢得了许多朋友与支持者。[31]

通过与博福特家族和两个下议院议长蒂普托夫特和乔叟的亲密联系，亨利亲王成功地与议会保持了较为友好的工作关系，这是他父亲（实际上理查二世也是一样）无法做到的。他有效地展示了他的统治智慧，特别是在他完全控制了御前会议的两年内。在此期间，他采取了紧缩开销、向重点事项倾斜资源以及细致的审核工作的措施，多管齐下，重建了王室财政。他镇压了威尔士的叛乱，为加来和北部边境领地的卫戍部队提供兵员、军械和补给，进一步巩固了王国的安全。与勃艮第公爵的联盟导致阿伦德尔伯爵托马斯远征法兰西，但这表明了亨利对于英格兰在佛兰德贸易的重视。在一个不同的，但几乎与这些能展示亨利亲王能力的实践同等重要的层面上，他决意向公众撇清他与"花言巧语和背信弃义"的关系，[32]而这正是他的父亲处理与议会的关系时的惯用伎俩。他要为自己树立起一个光辉的形象：他不会轻易许下诺言，一旦承诺，便会以遵守誓言为荣。

在慢性疾病经年累月的困扰下，亨利四世死于1413年3月。那时，他的长子兼继承人26岁。他已经经历了一段漫长而艰难的学徒时期，学习如何成为君王。在这段路途中，作为军人、外交家和政治家，他都获得了宝贵的经验。现在，他终于登上了权力的顶峰。在这样的情形下，并不令人感到意外的是，人们普遍把他的登基看作新的希望和更光明的未来的起点。

第三章

最像基督徒的国王

亨利五世的加冕礼于1413年4月9日举行。那一天也是耶稣受难日。那个日子因肆虐整个王国的暴风雪而被长久地铭记,"漫山遍野的大雪淹没了人、动物和房屋,甚至淹没了山谷和沼泽,造成了巨大的危险和大量的生命损失"。[1]在那个年代,人们把一切事情都看作"上帝之手"在背后操纵的结果。这并不是一个好的兆头,但是亨利五世不会让这种迷信挡住他前进的道路。正因为他是篡位者之子,他决意不管他人的质疑,并建立他王权的合法性。为了做到这一点,他精心打造了一个完美的中世纪君主的形象,加冕礼则是他策略中的关键组成部分。

按照传统,加冕礼被视为教会的圣礼之一。仪式中,最重要的部分是涂油礼(授予新国王神圣的以及世俗的权威)和加冕宣誓。自从圣油被"发现"以来,涂油的举动便有了更深层次的含义。根据传说,圣油是童贞玛利亚赐给圣托马斯·贝克特(St Thomas Becket)的。她向他预言,一位涂上这些圣油的国王将会收复他的先祖所失去的诺曼底和阿基坦的土地。他会将异教徒驱逐出圣地,并成为最伟大的国王。直到被大主教托马斯·阿伦德尔"重新发现"之前，圣油一直被藏在伦敦塔，正好可以用在亨利四世的加冕礼上。这个故事无疑是兰开斯特王朝政治宣传中的一部分。但是，无论是这个故事还是亨利四世没能实现这一预言的事实，都没有打消亨利四世的儿孙们在他们的加冕礼上使用圣油的念头。他的儿孙们也没能实现这一预言。即便是最接近童贞玛利亚所说的目标的亨利五世也使用了武力，与这个预言的细节并不符合。可以看到，预言特别指出，诺曼底和阿基坦将会被"和平地"和"没有使用武力地"收复。[2]

加冕仪式的另一部分也同样强调了国王的责任。这便是在圣坛前的加冕誓词。其中，国王承诺要谨遵法律、保卫教会和公正地对待他的所有臣民。别有含义的是，亨利四世试图凭借加冕礼的这个环节来为他的篡位行为寻找合理的解释。他控诉理查二世打破了他要为这个国家带来"良好统治"的承诺，因此不配再做国王。在这里，亨利强调的是国王的责任而非权利。这一举动的危险性马上便显现了出来。他让自己成了命运的人质。纵观他的整个统治生涯，他没有能够履行的承诺都将被反复提及，成为人们反对他的借口。[3]

亨利五世将两个本质上有缺陷的理念转换到了一个有利于他的位置。这是他的惯常操作。在他看来，毫无疑问，他是被上帝派来统治的。像理查二世一样，他坚持认为威严并不是源于他自己，而是源于他的地位。理查要求，当他看向他的廷臣们时，他们都必须下跪行礼。而至少有一处原始资料显示，亨利不允许任何人与他对视，并因此罢免了他的法兰西元帅。尽管亨利个人更偏向于简单（几乎是禁欲）的生活方式，但当他认为有必要之时，他便会精心装扮，穿上庄严华贵的服饰。正如我们即将看到的那样，他将在山顶的亭子中接受阿夫勒尔"反叛"城镇的正式投降（当战败的法兰西人靠近他的时候，他便能够居高临下地俯视他们）。他安坐在王座之上，王座的上方则是华盖（由金色的优质亚麻布制成）。他带有王冠的凯旋头盔挂在他身旁的骑士枪之上。然而，当他首次进入这个城镇的时候，他便下了马，以一种谦卑的朝圣者或忏悔者的姿态赤脚走向圣马丁（St Martin）的堂区教堂，并为"他的好运气"而感谢上帝。[4]

亨利的品格与言行举止甚至令他的敌人们也印象深刻。被派去与他进行谈判的法兰西大使们在几年后归国时为他高唱颂歌。据他们描述，他身材高大，是个十分出色的人物，又有王子的做派。但是，他对待每个人（无论他出身哪个等级）的态度都是和蔼可亲而彬彬有礼的。不像绝大多数的人，亨利并不会发表冗长而空洞的演讲或者随意而不敬的亵神言论。他的回答总是简短有力而切中要点：他会说"这不可能"或者"应当这样做"。如果他要起誓，他就会呼唤基督与他的圣人的名字。他们最为敬佩亨利的是，无论是面对好消息还是坏消息，他总能时刻保持冷静的头脑。他能够从容面对军事征战中的挫折，并用如下的话语来鼓励他的士兵们："正如你们所知的那样，战事无常。但是，如果你们想要得到一个好结果，你们就必须时刻鼓起你们的勇气。"[5] 在阿金库尔的战场上，这样的理念始终激励着亨利和他的手下们。

亨利能分清自己作为个人和国王的不同角色，这也给同时代的人留下了深刻的印象。不像大多数现代评论者那样，他们能够看到，他入侵法兰西并不是出于个人的扩张野心，而是因为他认为他有责任去保证王位的"正当继承权"。另一方面，那个时代的人与现代的评论者们有时都会为他的这种双重人格而感到困惑。

一旦他感到底线被触及，自己的自由受到了侵犯，那个友善、坦率直言且平易近人的士兵"哈里"就会迅速地转变为一个冷酷、粗鲁且傲慢的独裁者。[6] 有关亨利的编年史记述大多距离他统治的时期很远。这些编年史家写过亨利年轻时是如何地疯狂而虚度了自己的青春的，又是如何在他的加冕礼上戏剧性地转变为一个冷静、公正和正义的国王的。尽管因为莎士比亚的创作，这些故事蒙上了一层真实性的面纱，但在当时人的记录中，只有从亨利的朋友诺里奇主教理查德·考特尼（Richard Courtenay, bishop of Norwich）的评论当中，我们才能感受到一丝对亨利品行不端的暗示。他认为，自从亨利成为国王之后，他便变得道德高尚了。[7] 这些故事的重要性并不在于它们的真实性，而在于它们以一种传闻逸事的方式展示了加冕仪式中所发生的精神转变。涂油礼将一个普通人转变为一个独一无二的存在。他的一部分为世俗人士，而另一部分为神职人员。他被上帝选中，成了上帝在地上的代表。

尽管亨利坚信，他的君权是上帝授予的，但他也极其强调他的加冕宣誓，并将其作为他国王身份的核心。与他的父亲不同，他"几乎把它看作一个宣言，或是一个政府的施政纲要"，[8] 并且致力于它的实现。他会维护法律，保护教会，并且公正而平等地对待所有人。在他继承王位的那一刻起，他便说得很清楚，即他要与先前20年的人生划清界限。在亨利加冕礼的前夜被他册封为骑士的年轻贵族当中，至少有5人是在反对亨利四世的叛乱中死去或被处决之人的儿子或继承人。其中，最重要的是21岁的马奇伯爵埃德蒙·莫蒂默。他曾经是理查二世所指定的继承人。在两次为罢黜亨利四世而实施的阴谋当中，他都是人们关注的焦点。人们希望，他能够取代亨利四世成为英格兰国王。他童年时代的大部分时间都在囚禁中度过，但在1409年之后，他便被不那么正式地囚禁在未来的亨利五世的内廷当中。现在，亨利已经给予了他充分的信任。他不仅赐给了埃德蒙自由，还册封他为骑士，并且恢复了他的所有地产。他允许莫蒂默在他任期内的首届议会当中拥有一席之地。尽管在两年以后，他将卷入贵族反对亨利五世的阴谋，但正如他向国王所展示的一样，他个人的责任感一直都没有变过。在他的余生中，他始终对亨利保持忠诚，并为王室竭诚效劳。[9]

对于另一个潜在的对手23岁的约翰·莫布雷（John Mowbray），亨利五世也展现了他的宽宏大量。这同样获得了不错的回报。莫布雷的父亲与亨利五世的父亲曾爆发过激烈的冲突，致使两人都被理查二世流放。他的哥哥托马斯·莫布雷（Thomas Mowbray）则在1405年因叛国罪被亨利四世处决了。直到亨利四世去世的前两周，约翰才继承了托马斯的地产。亨利五世一登基就恢复了他的世袭头衔，让他担任司礼大臣。这并不是一个空名，复职的时机也是精心安排的。这样一来，莫布雷就能在加冕仪式上扮演他们家族的传统重要角色，并向公众展示，这两个家族的世仇终于结束了。亨利五世也开始就恢复亨利·珀西（Henry Percy）和约翰·霍兰（John Holland）的地位展开磋商。亨利·珀西年仅19岁，他是热马刺哈里的儿子，也是诺森伯里亚伯爵的孙子。他的父亲和祖父都死在反对亨利四世的叛乱中。18岁的约翰·霍兰是亨廷登伯爵（earl of Huntingdon）之子，他的父亲在1400年被亨利四世处决。[10]

在为国家挑选大臣之时，新国王也展示出了智慧与老成。他组建了一个以他为中心的团队。亨利五世之所以能够在阿金库尔取得胜利,这些人功不可没。无论何时,只要发现青年才俊,他总是想要提拔重用他们。与此同时,他也留下了为他父亲竭诚服务的老臣。这些人既有可能是政府官员,如主事官约翰·韦克林(John Wakering,亨利在1416年将他提拔为诺里奇的主教),也有可能是大贵族,如威斯特摩兰伯爵拉尔夫·内维尔(他被任命为苏格兰西境戍边大臣)。

在另一方面,亨利也让他自己的亲信们担任重要职位。早在他作为威尔士亲王时期,他们就已经聚集在他的身边了。在国王开始统治的第一天,他的叔叔(同时也是长期的盟友)温切斯特主教亨利·博福特就取代了60岁的阿伦德尔大主教,担任英格兰的大法官和掌玺大臣。身兼这两职让博福特成了英格兰王国最有权势的大臣。阿伦德尔伯爵托马斯(大主教的侄子)代替约翰·佩勒姆爵士(Sir John Pelham)担任英格兰的财务大臣,并被任命为五港同盟总督和多佛尔的主管,构成了守卫国家的第一道防线。年轻的沃里克伯爵理查德·比彻姆已经展示了自身杰出的谈判技巧和军事才华。他被任命去完成几个重大的外交使命,并在1414年初被委任为加来长官,而这一职位具有重要的战略意义。[11]

与谋士的选择同样重要的是,亨利拒绝了对另一些人的提拔。那些人可能期待着从新国王这里获取官职、荣耀和利益。亨利·博福特的理财能力、具有煽动性的演讲以及他在下议院的强大影响力,让他成了一个模范大法官。但是,这一职位仍然不能填满他无止境的欲望。当阿伦德尔大主教于1414年2月19日去世时,博福特便将目光投向了坎特伯雷大主教的职位。然而,亨利并没有任命他,而是任命了亨利·奇切利(Henry Chichele)。

相较于阿伦德尔和博福特等贵族而言，他既是一个新来者，也是一个局外人。亨利·奇切利正是新国王所想要留在身边的教士。他是一个伦敦人，他的兄弟们都是十分杰出的伦敦市议会议员。他本人毕业于牛津大学，是一位大陆法专家。他曾担任驻法大使，还是国王在罗马的代理人和比萨公会议（Council of Pisa）的代表。自1408年起，他已经开始担任威尔士圣大卫教堂（St David's）的主教。在1410至1411年间，作为威尔士亲王，亨利主导了御前会议，而奇切利就在其中任职。值得注意的是，在亨利被免职之后，奇切利也离开了此地，这充分说明，他已经是亨利亲王的手下了。

当奇切利被任命为坎特伯雷大主教时，他已经52岁了。无论是作为官员还是外交使节，奇切利都拥有丰富的经验，但在两个重要的方面上，他都是国王的叔叔的对立面。首先，他可靠、可以信赖，并且世故老练，对教会与国王忠心耿耿，对满足自己的野心则没有多大的兴趣。再者，不像张扬且世俗的博福特，他非常虔诚，有点过分自律。这一点正是亨利本人所拥有的品质，而他也十分欣赏带有这样的品质的人。亨利本人十分虔诚，不会任命一个没有将教会的精神利益牢记在心的人为英格兰教会的领袖。通过低调而有效地履行外交使命和处理教会事务，奇切利充分地回报了亨利五世的信任。他被任命一事也向其他人发出了警告。这表明，无论他们的身份等级有多高或者为国王服务效劳的时间有多长，任何人都没有办法指望新国王能够主动给予他们赏赐。博福特本应在1414年便吸取这个教训，但他是在几年之后以一种更为残忍的方式接受了这一教训。[12]

在所有被排除在亨利五世核心圈子之外的人当中，他的弟弟克拉伦斯公爵托马斯是地位最为显赫的一位。尽管在亨利五世统治的头8年里，克拉伦斯公爵是王位的第一顺序继承人，但他从未被任命为摄政者，从未获得过独立且重要的军事指挥权，也从未被信赖，因而无法得到重要的职位。尽管当亨利四世的死讯传到阿基坦公国之后，他便马上启程回家，但即使这样，他也没有赶上他哥哥的加冕礼。因此，他意外地失去了作为英格兰总管大臣和宫廷长官在加冕仪式上履行职责的机会。同时，就在他从阿基坦归国不久之后，国王便故意剥夺了他阿基坦副官的职务。这一职位由国王的叔叔多塞特伯爵托马斯·博福特接替，这位伯爵此前便与约克公爵爱德华一起留在了公国。在这之后不久，尽管公爵在圭内斯的长官职位得到了保留，他在相邻的加来的长官的职位却被沃里克伯爵取代了。而后者的重要性要比前者的大得多。[13]

尽管亨利拨出了一笔高达2000马克的津贴，以弥补克拉伦斯在官职上的损失，小心翼翼地避免对他的冒犯，但是新国王发出的信号似乎并不是真正地要与他的兄弟握手言和。是亨利一直怀恨在心吗？克拉伦斯公爵是因为此前是父亲的宠儿而受到惩罚甚至残害的吗？他所受到的待遇与他的弟弟们则形成了鲜明的对比。在亨利五世即位时，24岁的约翰被允许保有苏格兰东境戍边大臣之职，22岁的汉弗莱则被任命为英格兰掌礼大臣。他们在亨利统治期间均得到了擢升。1414年5月16日，约翰被封为贝德福德公爵，而汉弗莱则成了格洛斯特公爵（duke of Gloucester）。更为重要的是，当亨利远征法兰西之时，两人都会担任英格兰的摄政者。[14]

然而，克拉伦斯的忠诚并不能让人放心。在阿金库尔战役开始之前，传言已经四起。人们相信，在国王离开英格兰的这些时日里，克拉伦斯将会发动一场叛乱。[15] 头脑发热、喜好争论且缺乏判断力的克拉伦斯公爵从不掩饰自己对阿马尼亚克派的支持。实际上，这是克拉伦斯公爵的典型做法。1412年，他不满足于率领军队去为阿马尼亚克派提供军事上的援助，而要采取行动与他们的领袖建立亲密的私人关系。在只保留对英格兰国王忠心的情况下（而这时的英国国王是他的父亲，而不是他的哥哥），克拉伦斯公爵正式宣誓，成为奥尔良的查理在战斗中患难与共的兄弟，并许诺"竭尽全力地为他服役，为他提供援助，为他提出忠告，以任何方式保护他的荣誉与幸福，让他达到权力的顶峰"。[16] 对这种行为最宽容的解读是，这是一个轻率而鲁莽的决定。但是，1412至1413年的冬天，克拉伦斯公爵在此方向上又多走了一步。他在阿基坦与阿马尼亚克伯爵贝尔纳和阿尔布雷的查理结成了军事同盟。

克拉伦斯公爵对阿马尼亚克派的援助令他成了他哥哥的政敌，并且会让双方都在阿金库尔战役中遭遇严重的问题。与此同时，他与阿马尼亚克派的往来引起了人们的怀疑，担心他试图建立自己的公国。事实上，这可能就是他的父亲将他派往阿基坦当副官的最初意图。正如我们所见，此前有过这样的例子。理查二世曾经谋划，要把公国从王室领地中剥离，并把这个公国授予冈特的约翰。如果亨利在成为国王的同时放弃了阿基坦公爵的头衔，并将这一头衔让给他的弟弟，那么便可以一劳永逸地解决（英王要向法王）效忠的问题。这是因为，没有人会对克拉伦斯公爵及他的继承人对法王宣誓效忠持有异议。这种性质的提议被用来换取对阿基坦增长的权利和扩张的边界的认可，而这一直是亨利四世外交政策的主要目标。但是，亨利五世并没有放弃他的公国的意思，因为这样做会损害他在法兰西其他地区的"正当继承权"。[17]

在继任为王之后,亨利五世便立即向所有在他父亲统治下犯下叛国、反叛等重罪并寻求宽恕的人伸出橄榄枝,希望赦免他们。"我们要留心许多巨大的不幸,它们都是从派系冲突当中兴起的……"他宣称,"我们已经坚决地做出了决定,因为它合乎上帝的旨意,并且对于良好秩序的维护最为有益。当上帝大度地宽恕了我们的时候,我们应该允许我们王国的所有臣民……假设他们希望如此,他们便可以共饮我们仁慈的佳酿。"请求宽恕并不必然意味着有罪。很难相信,年迈的赫里福德主教(bishop of Hereford,他本人此前是王室的告解神父)会真的由于"他所犯下的叛国、谋杀、强奸、叛乱、暴动、阴谋、入侵、违法、玩忽职守、敲诈勒索、渎职、无知、蔑视、包庇窝藏和欺诈等罪行(除了11月19日后的谋杀)"而需要国王的赦免。然而,在一个不确定的年代里,赦免确实是一份有效的保险措施。在年末之前,国王颁布了750份个人赦免令。这表明,这种安抚的姿态在许多地区都深受欢迎。[18]

即位几天之后,亨利又将阿伦德尔伯爵托马斯派往威尔士,并授予了他特殊的权力,让他承国王之恩去接收先前的叛军,并可以自由裁量,根据情况来选择是否赦免他们。这样做所取得的成果是十分可观的。梅里奥尼思郡(Merionethshire)的600名居民来到阿伦德尔伯爵的面前。他们因叛国而犯有死罪,前来投案自首并请求原谅。当他以亨利代表的身份赦免了这个地区的人的时候,他们纷纷下跪,因为国王的宽宏大量而感谢上帝。超过50名的基德韦利(Kidwelly)叛乱者也被免除了死罪和罚金,并且重新获得了他们的土地。对于王室来说,赦免先前的叛乱者并恢复他们所失去的土地并不仅仅是一种慈善的表现,而且也是获得利益的一种方式。在仅仅两年内,亨利从他的威尔士土地中所收取的罚金就超过了5000英镑。换算成今天的货币,这些罚金的价值甚至超过了200万英镑。[19]

人们可能会倾向于相信,这些动作背后的真正原因是筹集资金。然而,饶恕叛乱者和恢复他们土地的政策确实让这些受到诱惑而发动叛乱的威尔士人将过去置之脑后,并且重新开始。该政策的成功也充分反映在欧文·格林杜尔的生活之中。尽管他仍然在山区中活动(而且永远也不会被抓到),但他再也无法聚集足够多的心怀不满的人,以发动大规模的叛乱了。同样重要的是,亨利五世真正着手惩处那些在威尔士滥用职权且腐化的王家官员。威尔士北部的掌礼大臣托马斯·巴恩比(Thomas Barneby)最初通过行贿躲过了起诉(人们会认为,这是他罪责的初步证据),但亨利所委派的官员并没有放弃。几个月后,他不得不面对30项关于敲诈勒索和挪用公款的指控,并被革除了公职。另一个王家官员约翰·斯丘达莫尔爵士(Sir John Scudamore)也因为同样的原因被革职了,即便他原先是基德韦利的总管,而这一职位本来是终身的。[20] 这些措施均致力于重新达到一种平衡:国王可能会惩罚那些叛乱者,但他也做好了惩罚那些滥用他权威的人的准备。亨利明确地履行了他的誓言,公平、公正地对待所有的威尔士人。从为数众多的威尔士人参与阿金库尔远征这一点来看,该政策为他在此地赢得了许多朋友。[21]

在他王国的其他地方也发生了同样的情况。暴力对抗、骚乱与失序在中世纪的英格兰是家常便饭。[22] 产生这一现象的主要原因不仅是这个社会有很多犯罪行为,而且是正义的难以维持鼓励了那些认为自己是受害者的人采取私下报复的手段。这里既缺乏一支警察部队,也没有公共机构去调查犯罪行为或者起诉罪犯。司法程序几乎全部依靠当地的陪审员、郡长和裁判官(这些人几乎总是男人)。难以避免的是,这些人也是最容易收受贿赂、贪污腐败并且实施威胁恐吓等行为的人。这是因为,他们的官职都要仰仗于地方贵族和富豪的善意、支持与资助。这些极其富裕的人在各个郡都有影响,而且持有土地,是王廷和国王本人地位的根基。

在什罗普郡,当地最大的权贵是阿伦德尔伯爵托马斯——亨利五世最为亲密的朋友之一。他的一小伙随从完全控制了地方政府。他们犯下了很多罪行。在表面上,他们挪用公款、敲诈勒索、恐吓人民并且运用武力毁坏乡村。而在暗地里,他们狡猾地采取暗箱操作,例如安排他们的对手担任税吏这种不受欢迎的职务。由于忌惮阿伦德尔伯爵(他的支持对于镇压威尔士人的叛乱来说是必不可少的),亨利四世不敢出手干预。但是,亨利五世就没有这么多的顾虑了。他在威斯敏斯特的王座法庭中任命了一个特别委员会。这一委员会是由中央法庭的法官们组成的,拥有特别的整治什罗普郡乱象的权力。

这是一次大胆的行动(在理查二世治下,这种类型的委员会曾激起了广泛的暴力反抗。亨利四世对委派这样的委员会心有余悸,从不允许王座法庭离开威斯敏斯特),但事实马上证明,亨利五世的做法是英明的。1414年夏季,大概有1800封诉状被呈上,诉讼对象涉及1600多人。[23] 其中7名主要的犯罪者被判有罪。每人被迫缴纳200英镑的巨额罚金(约合今天的8.28万英镑)以保证以后不再生事。阿伦德尔伯爵本人被迫多缴纳了3000英镑(约合今天的125万英镑）的保证金，保证自己的随从能够有良好的行为。这样的举动本身便有力地证明了这样一点：阿伦德尔伯爵和国王的交情并不能让他或者他的随从逾越法律。

在较为不确定的方面，如此惩罚一个权贵以及他的支持者们有可能会激起充满敌意的反应，甚至可能是武装叛乱。因此，当亨利在全国的范围内推行他在什罗普郡的经验时，他的政策的成功推行就更加令人瞩目了。各个郡的骑士和扈从们本该是正义与生俱来的支持者，但在这时，他们却成了亨利的特别法庭所需要惩治的对象，并且要为自己的违法乱纪行为付出代价。然而，重要的是，惩罚的代价并没有高昂到引发他们反抗的地步。阿伦德尔伯爵臭名昭著的7人团伙都得到了改过自新的机会。他们全都得到了赦免，而更为重要的是，他们将积极地服军役，并戴罪立功：在阿金库尔远征中，有6人追随着阿伦德尔伯爵。第7个人则没有参加战争。他作为长官负责保卫威尔士边境。[24] 而他们手下许多犯有同样罪责的仆从也在阿金库尔战役中充当了弓箭手，并且发挥了重要的作用。

亨利也会在某些争端陷入无法控制的地步之前亲自介入。一部英格兰编年史中的一段故事非常能揭露真相，这个故事证明，答复国王本人远比答复他的官员要令人恐惧得多。两名长期互相争斗的骑士（分别来自约克郡和兰开夏［Lancashire］）被召集到了国王的面前。此时的国王刚刚坐下来吃饭。他问他们："你们效忠于谁？"他们回答道："当然是您。""那在你们的争斗当中，你们率领的是谁的臣民？"他们再次回答道："是您的臣民。""谁有权利召集我的臣属和人民为了你们的恩怨相互杀伐和战斗？"亨利接着逼问，并补充道，"在这种情况下，你们罪不可赦。"两个骑士无言以对，卑微地乞求他的原谅。亨利随后"以对上帝与圣乔治的信仰"起誓，如果在他吃完牡蛎之前，他们二人还不能解决他们的争端的话，"他们两人都应该被绞死"。面对如此抉择，二人立即表示愿意放下争端，但他们仍然没有放手。于是，国王再次说出了他最喜爱的誓言，并告诉他们，"无论是谁（无论是他们还是这个王国内外的其他领主）"，只要再次引起动乱或致使他的臣民死亡，"根据法律，他们都罪应至死"。[25]

通过个人的铁腕统治，亨利成功地建立并维持了国王治下的和平。在一定程度上，这是前所未有的成就。对于一位在其统治期间常年在外而不便管理自己的王国的君主而言，这一成就更加突出了。如此一来，他为自己赢取了超越英格兰国界线的美名。在同时代人的眼中，这一美名甚至使他所取得的军事胜利黯然失色。"他是一位公正的君主。为了给他人树立榜样，他以公正的标准对待自己。不仅如此，他也会平等和公正地对待其他人，"勃艮第编年史作者乔治·夏特兰（Georges Chastellain）写道，"他不会因为个人喜好而偏袒他人，也不会因为亲属关系而对犯错者心慈手软。"[26]

虽说亨利五世一直致力于在整个国家的范围内恢复和平和秩序，但讽刺的是，他的权威受到的第一个重大挑战并不是来自他父亲的仇敌，而是来自一个深受他信任的内廷成员。约翰·奥尔德卡斯尔爵士（Sir John Oldcastle）是一位参与过威尔士战争的老兵。与此同时，他也是他的家乡赫里福德郡的议会成员和郡长。国王对他极为信任。1411年，奥尔德卡斯尔被选为阿伦德尔伯爵军队中的统帅之一，参与了对法兰西的远征，驰援勃艮第派。[27]和许多理查二世和亨利四世王廷中富有、受过教育且聪慧的骑士们一样，奥尔德卡斯尔对罗拉德派（Lollards）抱有强烈的同情。这也把他卷入了麻烦当中。

罗拉德派是新教信仰的先驱。它的根基植于反教权主义当中。所谓反教权主义，指的是对教会享有的财富和特权以及它的司铎们的腐败和弱点深感愤怒和沮丧。随着乡绅与城市中产阶级的识字率的增长，这样的情绪得到了进一步的强化。骑士、扈从、商人以及他们的妻子现在能够独立阅读自己的《圣经》了。其中，越来越多的人拥有或者使用英文版的《圣经》抄本。他们倾向于对教会严加批评，因为它无法践行《新约》中使徒的行为标准。更为重要的是，他们也开始发展出一套替代性的神学体系，而非仅仅指望教会自身变革。在这套新的体系当中，《圣经》本身成为基督教信仰的唯一权威，而非教会和它的等级体制。罗拉德派开始怀疑甚至否定教会的核心教义。他们中最极端的人认为，教会没有资格充当个人与上帝之间的中介。因此，他们反对由司铎主持的七大圣礼（施洗礼、忏悔礼、圣餐礼、坚信礼、婚礼、圣职礼以及临终涂油礼）和依靠圣人与上帝交流的一切活动，例如向圣人祷告、圣像崇拜以及朝圣活动。哈维希尔·莫内（Hawisia Mone）是诺里奇主教教区的一位犯了罪的罗拉德派成员。根据他直率的言辞，除塞满牧司铎的腰包之外，朝圣并没有什么别的作用，司铎们"过于富裕，甚至会使用艳丽的挂毯并竖起高大的柱子"。在看到《坎特伯雷故事集》（*Canterbury Tales*）之后，人们感觉到，乔叟也没有完全否定这句话。[28]

判定罗拉德派为异端的主要问题在于，这一教派具有各种各样的观点。在这些观点中，并不是所有的观点都在正统教义的范围之外。就连新国王对于教会的忠诚也不是理所当然的。他的祖父冈特的约翰曾是约翰·威克利夫（John Wycliffe）的早期资助者和保护者。威克利夫是牛津大学的神学家，被视为英格兰罗拉德派的教义及信仰的创始人。冈特的约翰还曾经雇用威克利夫写小册子，以抨击教宗至上论和教会免税权。罗拉德派认为，他们已经得到了亨利四世的支持。克拉伦斯公爵托马斯则持有一份威克利夫版的《圣经》抄本。[29]

奥尔德卡斯尔的观点属于异端是毋庸置疑的。他是英格兰罗拉德派的"主要接收者、赞助人、保护者和捍卫者"，并与海外类似的运动多有联系。他甚至让他自己的追随者们向国王瓦茨拉夫四世（King Wenceslaus）提供军事支持，后者试图夺取教会在波希米亚的地产。[30]在经过审判并且被确证为异端后，奥尔德卡斯尔拒绝放弃他的信仰，最后被判处火刑。在国王的明确要求之下，该刑罚被缓期执行，以便亨利能够说服他的朋友屈服。但是在40天的缓刑结束之前，奥尔德卡斯尔便越狱成功，逃离了伦敦塔。[31]

在这个节骨眼上，原本纯粹的宗教事务现已成为政治问题。奥尔德卡斯尔并没有藏匿起来或者是去国外避难，相反，他决定发起一场政变。[32] 1414年1月的主显节前夜（Twelfth Night），在埃尔特姆宫（Eltham Palace）举行的庆典上，他和他的同谋们计划伪装成哑剧演员，以俘获国王和他的兄弟们。与此同时，来自全国各地的罗拉德派成员将在城门外的圣贾尔斯教堂前的广场（St Giles's Field）集结，准备武力夺取伦敦。但这些计划被亨利的密探们挫败了。他们识破了这个阴谋，并预先向国王示警。（这些人和两位报信者迅速得到了国王慷慨的赏赐。）[33]王廷离开了埃尔特姆宫。当几小股罗拉德派势力（有些人是从很远的莱斯特[Leicester]和德比[Derby]来到此地的）携带着刀剑和长弓向广场进发时,他们被半路伏击,并被控制了起来。事实证明,奥尔德卡斯尔关于10万之众闻风响应并集结在他的伟大事业下的预测是一种无可救药的夸大。最终,有七八十人被捕,其中有45人被迅速作为叛国者处决了。值得注意的是,只有7人被当成异端,并被活活烧死。

局势很快就变得明朗了。奥尔德卡斯尔的叛乱并没有得到多少人的支持。亨利很快便反应过来,并强硬地处理了最初的威胁。现在,他已经准备好从宽处理这些叛乱者了。1414年3月28日,亨利五世下诏,宣布赦免所有在仲夏日之前投降的叛军。在接下来的12月,他又将赦免的范围扩大到那些仍然在押的俘虏,甚至是奥尔德卡斯尔本人。后者已经逃脱了抓捕,并躲藏了起来。[34]

奥尔德卡斯尔的叛乱恰恰取得了与他所设想的截然相反的效果。罗拉德派的教义及信仰并没有得到国家的认可,它也不可能再仅仅被视为纯粹的宗教事务,与世俗政府无关。相反,它现在已经成了叛国和谋反的同义词。在叛乱发生之后,下一届议会于1414年在莱斯特召开。它所通过的第一批法案之一便要求所有的王室官员——上至御前大臣,下至国王的地方执行官——都要调查异端分子,并协助教会法庭将罗拉德派成员绳之以法。自此,异端审判、定罪以及火刑的数量激增。罗拉德派并没有完全灭亡,但其已经蒙受了耻辱,声誉败坏,不得不转入地下。[35]

奥尔德卡斯尔的叛乱的粉碎标志着正统教派对异端的胜利。这同时也是亨利五世的个人胜利。通过果断的行动,他在一场未遂的政变中笑到了最后。在这个过程中,他也毫不犹豫地让教会成了他的依附。阿金库尔远征获得了来自英格兰神职人员的资助,还得到了教会的祝福和宣传。新国王已经明确地履行了他守卫教会的加冕宣誓,而且会一直坚守他的誓言。甚至是坎特伯雷大主教托马斯·阿伦德尔都不得不被迫(也许是咬牙切齿地)承认,亨利五世是"在基督面前最为虔诚的国王,我们最为高贵的君主,基督律法的热诚支持者"。[36]这是许多同时代的人不断地为他献上的一个赞誉,也十分重要,因为它是亨利五世从法兰西国王手中夺取的另一个头衔。[37]

第四章

外交努力

在亨利五世加冕为英格兰国王几周以后,法兰西的事态发生了戏剧性的转变。自上一个秋天以来阿马尼亚克派和勃艮第派之间不稳定的和平关系,被一场暴民的暴动打破了,而这类暴动将成为18世纪90年代的法国大革命的特征。1413年4月28日,一群巴黎暴民闯入法兰西王太子的宫殿吉耶讷宫(Hôtel de Guienne),冲破了王太子侍卫的保护并活捉了王太子。不久以后,同样的命运降临在了他父母身上。国王被迫戴上了革命的象征白帽子,这样的情景也是18世纪90年代发生的事情的预演。[1]

这场叛乱是由一个名叫西蒙·卡博什(Simon Caboche)的人领导的。就职业而言,他是一名屠夫,很适合掀起这样的动乱。人们很快发现,和大多数巴黎人一样,他也是勃艮第派的同情者。所有在王廷中身居高位的阿马尼亚克派都被投入了监狱。这些人包括巴尔公爵爱德华(Edouard, duke of Bar)、巴伐利亚公爵路易(Louis, duke of Bavaria,他是王后的哥哥)以及王后的十三四个侍女。这些人或被谋杀,或被处决。他们全都由勃艮第派所顶替。正如一位勃艮第派的支持者所冷酷地评论的那样,这是过去20年间在巴黎发生的最美妙的事情。[2]

无畏的约翰可能在背后煽动这些事情。这是因为，他感觉到，他正在失去对于他16岁的女婿——法兰西王太子——的控制。后者正逐渐展示出独立的倾向，并且刚刚解雇了他的勃艮第派大法官。如果无畏的约翰真的这样做了的话，不久之后，他就会自食其果。王太子对自己被迫忍受的公开侮辱充满了憎恨，并且下定决心要和阿马尼亚克派结成更为紧密的同盟。5月，他的父亲查理六世出人意料地恢复了神智。这只是一次短暂的清醒，但是这已经足够让他利用一次针对血腥的卡博什政变（Cabochien coup）的反抗，带来同样短暂的和平。[3]

到了8月，情况已经很清晰明了了。在王太子的协助下，阿马尼亚克派重新获得了对巴黎的控制权。他们在自己的徽章上装饰了"正义之道"（the right way）的字样，而这些徽章重新开始出现在整座城市当中。他们的支持者也公开把这些徽章戴在了身上。王太子下令逮捕了卡博什派的几个主要头目，并再次开始用阿马尼亚克派顶替勃艮第派的官员。此时，有传言说，无畏的约翰将被逮捕，并为谋杀奥尔良的路易而接受审判。在逐渐增长的流言蜚语面前，公爵认为勇猛之余更需要谨慎，便逃往了佛兰德。他没有征询国王的同意便擅自离开，因为他不得不出此下策。正如他的大法官向公爵夫人所说的那样，"他没有告诉我或者他手下的其他官员就把我们留在了这个城市中，你可以想象，他把我们置于何等的危险之中"。[4] 在这句话当中，我们能够感到不加掩饰的愤恨与不满。

此时，阿马尼亚克派再次享受了胜利的甜蜜滋味。奥尔良公爵查理以胜利者的姿态进入了巴黎城。与他一同进入城里的还有安茹公爵（duke of Anjou）、波旁公爵以及阿朗松伯爵。他们并排骑着马。随后，两位加斯科涅人加入了他们的队列。这两人是在阿基坦的英格兰人的眼中钉和肉中刺，分别是奥尔良公爵的岳父阿马尼亚克伯爵贝尔纳和重新担任法兰西王室统帅的阿尔布雷的查理。虽然双方已经正式宣布，和平再次降临了，但是，巴黎全城遍布武装起来的人们。所有由勃艮第公爵任命的官员均被革职，并由阿马尼亚克派接替。[5]

1414年2月8日，无畏的约翰率领一支大军出现在巴黎城门下。他在队列的最前方，声称自己是应法兰西王太子的请求而来的。作为证据，他还挥舞着他女婿的信件。信中，法兰西王太子乞求他将其从阿马尼亚克派手中解救出来。虽然这些信是伪造的，但他们成功地愚弄了当时的大多数编年史家（以及一些后来的历史学家们）。然而，他们没能鼓动巴黎城中的起义，公爵需要这场起义才能得到进入巴黎城的机会。但是，他们确实令人们感到恐惧，让他们不能像往常一样外出劳作。严重的发热与咳嗽也困扰着人们。男人因此而失去性能力，孕妇则纷纷流产。即便如此，巴黎城也仍然城门紧闭，将约翰拒之门外。在经历了两周的挫折之后，公爵放弃了围城，拔寨返回阿拉斯（Arras）。[6]

在为这次成功感到激动兴奋之余，阿马尼亚克派决定，要把战火烧到敌人的领地上。查理六世旧病复发，再次陷入疯癫当中。然而，相比于他面前的那些疯狂的人来说，他可能更加清醒。因此，王室信件均以他的名义发布，为起诉奥尔良的路易的谋杀者大开绿灯。1414年3月2日，针对勃艮第公爵的战争爆发了。阿马尼亚克派率军离开巴黎，并且带上了国王与王太子。

国王再一次戴上了阿马尼亚克派的徽章，金焰旗——法兰西的神圣旗帜——也随之一起离开了巴黎。[7]它只有在国王亲临战场之时才会出现。"愉快的"王太子则带着"一面饰以金箔的漂亮旗帜。这面旗子上还有一个字母K、一只天鹅以及一个字母L"。这是一个暗指拉卡西涅尔（La Cassinelle）的双关语。她是王后内府中的一个非常美丽的女孩，"正如她美丽的外表一样，她的心地十分善良"。王太子正与她处于热恋当中。在中世纪，"心地善良"是"作风轻浮"的一个委婉说辞。这样一来，王太子的愉快也就不难理解了。此外，在暗喻他的情妇的旗帜图案下驰骋战场，他既能说一些符合骑士理想的空话，即为女性的爱情而战斗，又能让自己更为满意。这样一来，他既侮辱了他的妻子，又羞辱了他的岳父。（勃艮第公爵与他的女婿们并不投缘。他的另一个女儿卡特琳［Catherine］一度被许配给奥尔良的腓力［Philippe d'Orléans，奥尔良的查理的弟弟］和英格兰的亨利五世，却在10岁的时候嫁给了安茹公爵路易［Louis, duke of Anjou］的儿子，并被送到安茹的宫廷里。三年之后，无畏的约翰仓皇从巴黎出逃，而在这个时候，安茹公爵也已经花光了卡特琳所带来的所有嫁妆。因此，安茹公爵打算与阿马尼亚克派修好。作为附加条件，卡特琳便被羞辱了一番，不体面地回到了她的父亲那里，"就像一个叫花子一样"。鉴于卡特琳年长于她的丈夫，两人很有可能尚未圆房。因此，这段婚姻不具有法律约束力。但是，这仍然使得她难以再嫁。虽然她继承了家族的难看长相——一个勃艮第人会因为形容卡特琳和她的妹妹长得像一对没有羽毛的幼年猫头鹰而被惩罚——但她被抛弃一事是极端残忍而不同寻常的，针对的是她的父亲而不是她本人。据说，不久之后，这个无辜的受害者就在忧郁和羞愧中死去了。可以确信的是，她未曾再嫁。）[8]

很明显，王室军队的军官们并不像王太子一样充满了与他的岳父交战的热情。就在此时，法兰西王室统帅阿尔布雷的查理的腿断了。同样地，海军大臣沙蒂永的雅克（Jacques de Châtillon）也幸运地遭受了痛风的侵袭，失去了行动能力。阿马尼亚克派的军队的首要目标是收复贡比涅（Compiègne）和苏瓦松（Soissons）。在今年的早些时候，无畏的约翰在向巴黎行军的半途上占领了它们。贡比涅很容易就被收复了，但收复苏瓦松的战斗更为血腥。这是因为，在苏瓦松，城堡中有一支勃艮第派的卫戍部队，城镇中阿马尼亚克派的支持者则被他们掣肘。

苏瓦松的卫戍部队由布农维尔的昂盖朗（Enguerrand de Bournonville）指挥。他是"一位优秀的战士和伟大的领袖"，"在抵御勃艮第派的敌人的时候立下了赫赫战功"。他是一位经验丰富的老兵，参与过1408年的奥泰之战（Battle of Othée），在这场战役中，勃艮第军队击败了列日（Liège）的部队。他还参加过1411年的圣克卢之战。在这场战役当中，他指挥着一支队伍与阿马尼亚克派作战。布农维尔的手下只有一小支来自皮卡第（Picardy）与阿图瓦（Artois）的武装力量和一队英格兰雇佣军可以用来守卫城镇与城堡，但他拒绝投降。面对围困的敌军和怀有敌意的城镇居民，布农维尔英勇抵抗。但是，这一努力最终是徒劳的。苏瓦松在猛攻中陷落了，布农维尔在被俘后则被立即处死。尽管勃艮第派将这种行为描述为对骑士精神的背叛以及波旁公爵让（Jean, duke of Bourbon）的个人报复行为（他同父异母的弟弟在围攻中被弩手杀死），但布农维尔确实是一个叛乱者，因为他用武力对抗他的国王，并最终被捕。根据战争的法则，对他的处决是完全合法的。尽管如此，他在行刑架上表现出的勇气与忠诚仍让他能够在史书上占据一席之地。他要了一杯酒并宣告:"我的主啊,我请求您原谅我所有的罪孽。我全心全意地感谢您,让我在此为我真正的主而死。我请求各位先生惩罚那些出卖我的无耻叛徒。尽管这样会让敌人不满,但我仍要向我的勃艮第领主以及他所有的支持者举杯致敬。"[9]

虽然有一些苏瓦松市民联合了阿马尼亚克派,积极帮助他们攻城,但是这座城市仍然被野蛮地洗劫一空。这一屠戮几乎是臭名昭著的。男子被屠戮,妇女(包括修女)被强奸,教堂的财富则被洗劫一空。据称,较之撒拉森人来说,阿马尼亚克派的暴行有过之而无不及。在接下来的一年中,他们在爆发的阿金库尔战役中最终战败。这一天正好是来自苏瓦松的圣人兄弟俩(鞋匠的守护者)的节日。不止一位编年史家断定,他们的战败是上帝在惩罚他们在这座城市所犯下的罪孽。人们通常认为,对于法兰西北部居民来说,英格兰人的欺压难以超越他们的同胞强加在他们身上的不幸。[10]

在野蛮地洗劫了苏瓦松之后,阿马尼亚克派军队扫荡了勃艮第公国的心脏地带,并展开了对阿拉斯的围攻,"坚盾、高墙与西佛兰德的抵抗"。[11]然而,这一次,他们发现对方的防御坚如磐石,而且城内没有可以接应的人。围攻城池让他们精疲力竭,钱财和补给也逐渐耗尽。情况随着痢疾——围城部队的苦难之源——的暴发而进一步恶化。但是,无畏的约翰被严厉警告。他再次妥协了,并开始了谈判。1414年9月4日,在他的弟弟布拉班特公爵安托万(Antoine, duke of Brabant)和妹妹玛格丽特(她的丈夫是埃诺、荷兰与泽兰的伯爵威廉[William, count of Hainault, Holland and Zeeland])的斡旋之下,他签署了《阿拉斯和约》(Peace of

Arras）。和约规定，双方终止一切军事行动，赦免卷入双方冲突的人，并且禁止一切的党派行为。尽管两派没想过要真心履行条约，但这起码给了敌对双方一个停战机会，而且两派都没有丢脸。事实上，在10个月里，无畏的约翰都在设法避免以个人的名义和平宣誓。1415年7月30日，当他最终发下誓言的时候，他又在条件上拐弯抹角，让这一条约变得几乎没有什么意义。[12]

正如无畏的约翰所清楚地意识到的那样，在他真正提笔签署《阿拉斯和约》之际，这一和约就已经无关紧要了。在海峡的对岸，亨利五世集结了一支庞大的入侵舰队（这是有史以来最为庞大的入侵舰队之一），并准备扬帆远征法兰西。自从亨利五世即位起，英格兰对法兰西进行军事干预便成了可能。毕竟，他卷入过之前阿伦德尔伯爵在1411年的远征。而且，法兰西人还错误地认为，他同时参与了第二年克拉伦斯公爵的征战。也许除了亨利本人，没有人能想到，这一次，英格兰人不会被处于激战中的某一方邀请介入战争进行协助而会完全为了自己的诉求独自秘而不宣地入侵。法兰西贵族们继续私人争端的心情是如此急切，以至于他们并没有注意到这些事情。

从他承袭王位的那一刻起，亨利就一直在等待这一机会，并在为它做准备。虽然在他自己的王国内维护法律和建立秩序是他的首要任务，但这并不是他唯一的目标。他也在时刻关注着国外的动向。和他的父亲不同，亨利五世并不仅仅被动地对大陆上的重要事件做出反应，而是积极寻求对这些事件施加影响。新国王有两个目标：一是试图让那些传统上联法抗英的海洋国家保持中立；二是保护英格兰商船与沿海城镇，让它们免受袭击。

尽管亨利四世同父异母的妹妹（丧夫的凯瑟琳王后）与他

人共同统治着西班牙的卡斯蒂利亚王国，但该国一贯协助法兰西对抗英格兰。[13] 卡斯蒂利亚人的船只经常劫掠来往于英格兰与阿基坦的英格兰船只。15世纪初期，一支小规模的卡斯蒂利亚舰队在唐佩罗·尼尼奥（Don Pero Niño）的率领下对波尔多、泽西（Jersey）以及英格兰的西南海岸发动了一系列的劫掠。这个人的绰号为"战无不胜的骑士"。他们盗窃船只，抢劫、焚毁城镇，还杀害当地的居民。现在，新国王与卡斯蒂利亚人签署了停战协议。他指派仲裁人去平息两方的争端并商讨理赔事宜。在持续的谈判中，他也对最终达成和解抱有希望。按照亨利五世的处事习惯，只要有人违背和约，他就一定会对其施加惩罚。即使违背和约的是自己人，他也不会网开一面。早在1413年5月17日，他就下令释放了两艘西班牙船只——"比斯开的圣梅的圣佩雷"号（*Seynt Pere de Seynt Mayo en Biskay*）和"圣佩雷"号（*Saint Pere*）——并同时返还了船上所装载的货物。此前，这两艘船被他自己的船只"拉图尔的加百利"号（*Gabriel de la Tour*）捕获，[14] 并带回了南安普敦。在短期内，这些和解政策达到了阻止卡斯蒂利亚人干预英格兰事务的目标。在阿金库尔远征时期，英格兰人没有受到卡斯蒂利亚人的干扰。然而，就长期而言，这一目的并没有达成。特别是在英格兰取得了如此大规模成功的情况下，卡斯蒂利亚人就更加按捺不住了。1416年，卡斯蒂利亚的船只在法兰西人夺回阿夫勒尔的尝试中扮演了重要的角色。

根据当时的一首政治歌曲，当时，"最伟大的海盗，最厉害的盗贼"不是西班牙人，而是布列塔尼人。虽然布列塔尼在地理上是法兰西的一个部分，但它实际上是一个独立的国家，拥有自己的行政与司法系统、一支小规模的常备军队以及自己的货币。几个世纪以来，这个公国与英格兰保持着密切的政治联系。12世纪，亨利二世的儿子杰弗里（Geoffrey）成了布列塔尼的伯爵。13世纪时，很多年轻的布列塔尼贵族都在英格兰的王廷里长大。英格兰的士兵在14世纪的布列塔尼内战中发挥了决定性作用。一直到1403年，亨利四世还娶了布列塔尼公爵让五世（Jean V, duke of Brittany）的遗孀纳瓦拉的胡安娜（Joan of Navarre）为妻。尽管英格兰与布列塔尼有着亲密的联系，而且英格兰很依赖从布尔讷夫湾（Bourgneuf Bay）进口的盐，[15]但两个民族的商人和海员彼此敌对。对于布列塔尼与德文郡（Devonshire）的海盗来说，频繁来往于英吉利海峡的商船中丰厚的财物是极大的诱惑。为了追讨未经偿付的债务，双方往往会报复性地劫掠彼此的船只与货物，致使事态进一步失控。

亨利五世下决心要取缔海盗行为。他与布列塔尼公爵进行了磋商。结果是，1414年1月，在两年前的休战协定的基础上，双方达成了一项新的协定。新的协定期限为10年，并在原来的基础上增添了其他内容。协议双方都指派了各自的监督者与执行者。结果是，来自伦敦、福伊（Fowey）以及加来的英格兰俘虏被释放，而来自布里奇沃特（Bridgwater）、埃克塞特（Exeter）、索尔塔什（Saltash）、布里斯托尔（Bristol）以及洛斯托夫特（Lowestoft）的英格兰船只则返回了本土。相应地，被扣押在汉布尔（Hamble）、福伊、温奇尔西（Winchelsea）以及拉伊（Rye）的布列塔尼船只也被放行了。[16]这些都是常规举动，而亨利五世决意更进一步以表明自己执行条约的决心。

仅仅在德文郡一地，就有150起关于海盗行为的诉讼得到了处理，约20位船主遭到了控告。这些人中不乏在该郡最具影响力的人物，包括三位达特茅斯（Dartmouth）的前市长。他们都曾经是地方议会议员，其中的一位还曾是德文郡的舰队司令副官。像那些在郡内为非作歹的人一样，他们也被赐予一次改过自新的机会。他们得到了国王的允许，可以请求国王的赦免。讽刺的是，在亨利五世远征法兰西期间，有一人把他的"克拉克彻"号（*Craccher*）借给了国王，以侦察和守护海域，而这艘船之前正是一艘海盗船。[17]

亨利以罕见的力度起诉那些破坏他所签订的协议之人。这一点发出了清晰的信号：他十分坚定地维护与海上邻国之间的和平，[18]但他所做的一切并非都是无私的奉献。维持海上安全并不仅仅是维持秩序的举动，这一举动也可能会带来严重的外交后果。打破停战协定以及安全通行权会威胁英格兰人与布列塔尼人、卡斯蒂利亚人以及佛兰德人的关系。亨利需要培养与他们的关系，让他们疏远他们传统的法兰西盟友。与布列塔尼人新达成的停战协议为增加条款提供了一个借口，这些条款规定，公爵不能单方面地同意接纳或帮助任何英格兰的叛国者、流放犯或者海盗。更为重要的是，他们不能收容或帮助亨利五世的任何敌对势力，也不能允许他自己的臣民与国王为敌。这些承诺在阿金库尔远征期间对布列塔尼人的立场产生了极大的影响。在阿金库尔远征的过程中，布列塔尼公爵受到了征召，要协助阿马尼亚克派驱逐英格兰侵略者。尽管在公爵的弟弟里什蒙伯爵阿蒂尔（Arthur, count of Richemont）的领导下，一小支布列塔尼部队在阿金库尔作战，但公爵本人在旅途中消磨了很长的时间，以至于他和他的军队都没有及时赶到参加战斗。这肯定是故意的。亨利的外交努力确实取得了成效，让布列塔尼保持了中立。[19]

同样的思路指导着亨利与勃艮第公爵的协商。这些协商也与亨利同法兰西国王和阿马尼亚克派的磋商有着密切的联系。对与勃艮第派的关系的重视程度也体现在亨利对于使节人选的挑选上。与那些被派往布列塔尼与卡斯蒂利亚进行谈判磋商的、地位低下的普通骑士和教士不同,这一次,他挑选了英格兰土地上最为杰出的人士作为使节。沃里克伯爵理查德和马瑟姆的斯克罗普勋爵亨利(Henry, Lord Scrope of Masham)都是重要的外交使节,未来的坎特伯雷大主教亨利·奇切利则是一位大陆法和起草协议的专家。哈灵沃思的朱什勋爵威廉(William, Lord Zouche of Harringworth)是加来的副官。这些人均是国王核心圈子中经过考验的、值得信任的成员。

名义上,这些人被授予的权力仅仅是为了仲裁和解决起源于英格兰和佛兰德之间现有和约的争端。如此高规格的使团被派往加来,却仅仅是要完成这样的任务,这让人无法相信。他们确实也有权和代表法兰西国王的勃艮第公爵签订和约,但是无畏的约翰已经没有和他们签订和约的资格了,因为就在法国的使节被任命后一天,无畏的约翰便为了保命而逃离了巴黎。事实上,英格兰使团依然选择了将大部分时间花在勃艮第公爵一方上——还有一个事实是,勃艮第公爵也支付了超过700镑作为使团往返加来和布鲁日(Bruges)的旅资——这自然会引起怀疑。如今,控制着巴黎的阿马尼亚克派认为,公爵已经与英格兰人结成了同盟。至少,这两派已经在协商达成某种协议了。尽管至少有一个当时的编年史家听到了关于亨利五世将与公爵的一个女儿联姻的风声,但没有任何官方文件记载这一秘密的协议。[20]

实际上,英格兰有充分的理由支持无畏的约翰。毕竟,他们在佛兰德有商业利益，但亨利仍未准备与任何一方缔结正式的联盟。即使亨利达成目的的方法并不简单，他对法政策的短期目标也十分简单：他想要利用勃艮第派和阿马尼亚克派的嫌隙获取对他而言最为有利的结果。在这一点上，亨利五世与他的前辈们并没有太大的区别。唯一的区别在于，在14世纪70年代之后，他的前辈们一直将注意力集中于阿基坦上。亨利的野心更大。1413年9月，当他的使节们与法兰西国王的大使们在靠近布洛涅（Boulogne）的勒兰冈（Leulinghen）会面时，英格兰使团就爱德华三世对法兰西王位的要求以及《布雷蒂尼条约》中尚未履行的条款进行了冗长的谈判。他们甚至创作了一系列"最为华美和著名的书籍"以支持他们的要求。（从对历史文献的依赖程度来看，奇切利律师在这一事件中发挥了引导作用。）法兰西人则援引古老的萨利克法典对此做了回应。他们认为，英格兰国王连合法的阿基坦公爵都不是，更别提法兰西国王了。在这些最终流产的协商里，一个有趣的细节是，虽然法语是惯常的外交语言，英格兰一方仍然坚持在所有的对话和档案中使用拉丁文。看起来，英格兰人似乎已经在树立盎格鲁-撒克逊传统的优越性，同时假装他们不懂法语。在随后而来的僵局中，双方仅达成了一份为期八个月的临时停战协定。[21]

在这一年行将结束之际，另一批阿马尼亚克使节在布尔日大主教纪尧姆·布瓦斯拉捷（Guillaume Boisratier, archbishop of Bourges）与法兰西王室统帅阿尔布雷的查理的带领下抵达了伦敦。这一次，英格兰方面表现出了更为友善的态度，与之签署了为期一年的停战协议。这一协议从1414年2月2日持续到1415年2月2日。虽然在此之前，英格兰人曾经坚持自己有不顾停战协议援助盟友的权利——惊恐的阿马尼亚克派一定会将其解读为勃艮第派与英格兰人私下达成协议的证据——但现在，他们认为，英格兰和法兰西的臣民及盟友都应该受这一停战协定的约束。(勃艮第公爵的封臣和布列塔尼公爵都应当遵守这一协定。这些封臣包括埃诺、荷兰和泽兰的伯爵与布拉班特公爵，但不包括勃艮第公爵本人。)关于议程应用拉丁语还是法语记录的口水战再次被掀起，但最终，这个问题得到了解决。双方决定，在未来，两国之间所达成的条约都会使用这两种语言。[22]

亨利已经准备好做出这些微小的让步。这既是因为这个停战协议对他十分有利，又是因为他已经着眼于更大的蓝图。法兰西使节也被授权展开关于长久和平的谈判，同时"为了避免血腥的冲突"，亨利也宣称，他打算听听他们都会提出什么条件。他甚至认为，为了维系和平，最好的方式莫过于让他迎娶法王查理六世11岁的女儿卡特琳。在谈判持续的3个月里，他保证不与其他人结婚。在停战协议签署的4天之后，亨利指派了一个低调的使团出使法兰西。这个使团是由斯克罗普勋爵亨利带领的。他们有权商议停战协议并安排婚事。而且，如果有必要，他们可以延长亨利此前保证的保持单身的时间。[23]

正如亨利所计划的那样，他商谈和平的意愿让阿马尼亚克派产生了一种错觉。后者认为，他们已经安全了。在整个和谈期间，他们也从在巴黎的约克公爵爱德华身上看到了更多的希望。人们认为，他一向支持与阿马尼亚克派结成同盟并和法兰西的卡特琳结亲。实际上，当时的约克公爵正在从阿基坦返回英格兰的途中。但是，他在巴黎逗留了5个月，并在此地受到了阿马尼亚克派的款待。他们不遗余力地招待他。1412年，在克拉伦斯公爵的远征未能成行之后，约克公爵还从阿马尼亚克贵族们那里得到了一大笔可观的钱财。[24] 不过，不幸的是，阿马尼亚克派高估了约克公爵在英格兰宫廷的影响力；更为严重的是，他们还对亨利五世的真正意图做出了错误的判断。

显然，英格兰人与阿马尼亚克派的谈判进展得十分顺利。这引起了勃艮第派的警觉与惊慌。无畏的约翰围攻巴黎失败，并逃往佛兰德。这样一来，他的处境就变得越发令人绝望。1414年夏天，阿马尼亚克派军队横扫了勃艮第公爵领地的心脏地带。勃艮第公爵意识到，如果他想获得英格兰的支持，他就必须提高自己的赌注。因此，公爵派使团前往英格兰，并授权他们向亨利五世再次强调他所开出的筹码——与公爵女儿的婚事。与此同时，他让这些人向亨利五世提出同英格兰建立一个攻守同盟的要求。他提出的条款如下：如果一方提出要求，另一方就应向这一方无偿提供500名重铠兵或1000名弓箭手，服役期为3个月；公爵将协助亨利五世征服阿马尼亚克伯爵、阿尔布雷的查理以及昂古莱姆伯爵的领地；公爵会与亨利五世一起发动联合作战，征服奥尔良公爵、安茹公爵、波旁公爵、阿朗松伯爵、韦尔蒂伯爵（count of Vertus）和厄镇伯爵的领地。此外，在没有得到对方同意的情况下，任何一方都不能与上述的任何公爵或伯爵结成联盟。除了法兰西国王、法兰西王太子、法兰西国王与王太子的继承者、公爵的近亲（包括他的弟弟们——布拉班特公爵安托万和讷韦尔的腓力［Philippe of Nevers］）、西班牙国王以及布列塔尼公爵，其他人都是英格兰-勃艮第同盟需要对抗的对象。[25]

这些条款对于亨利来说十分具有吸引力。他毫不犹豫地派出全权公使洽谈相关事宜。斯克罗普勋爵亨利与休·莫蒂默爵士（Sir

Hugh Mortimer）刚刚安排了国王与法兰西的卡特琳公主的婚事。归国后，他们却发现，自己同时要为国王张罗另一桩婚事，而结婚的对象却是勃艮第的卡特琳。[26] 加入使团的是深得亨利信任的三个大臣：托马斯·乔叟、菲利普·摩根（Philip Morgan，律师和未来的伍斯特主教）以及达勒姆总执事约翰·霍温汉姆（John Hovyngham，他是亨利大部分外交使团中的骨干）。[27] 这些使节明显怀疑，勃艮第派所提供的条件是不切实际的。而且，在实际层面上，公爵对于法兰西国王的封建义务的优先级要比他与英格兰国王的盟约更高。那么，在针对阿马尼亚克派的战斗过程中，这些条件将会把英格兰军队置于何种境地呢？勃艮第派对于这个问题模棱两可的回复无法打消斯克罗普及其随行使节的疑虑。然而，最令人感到吃惊的是，此次商谈的官方记录并没有提及那个构想中的同盟。事实上，亨利已经全权委托他的使节们"获得勃艮第公爵及其继承人的信任，让他们向我们和我们的继承人宣誓效忠，并让公爵成为我们的封臣"。只有在亨利说服公爵宣布断绝与查理六世的君臣效忠关系并且承认亨利是法兰西真正的国王的情况下，这样的效忠关系才能成立。尽管无畏的约翰确实是个两面三刀的奸诈之人，但与他发生冲突的对象并不是查理六世本人，而是国王身边的人。而且，他自己也没有准备好为了和英格兰人的同盟而背叛自己的君主。[28]

即使不存在效忠关系，勃艮第公爵提供的筹码也极大地增加了亨利的话语权，让他在与阿马尼亚克派讨价还价时处于有利的位置。亨利五世现在能够表现得更为坚决了。他指称，查理六世是"我们的法兰西死敌"，并要求恢复自己对法兰西王位的正当继承权。亨利甚至有可能认为，入侵法兰西的时机现在已经到来。1414年春天，亨利在威斯敏斯特召开大会议（great council），以讨论并通过发动战争的决议。但与预料中的君臣一心远远不同，参与会议的领主们表达了一些反对意见。他们力劝国王，"在这一多事之秋"，他不应该"再做任何事情"，除非这些事能够取悦上帝或者能够避免基督徒间的相互残杀。他们要求国王进一步磋商，缓和他的主张，并且确保，如果他不得不发动战争，只能是因为所有的其他合理方式都已经失效，他的"权利与合理性"也遭到了否认。[29]

亨利以派出另一个使团作为回应。这次的使团备受瞩目，由诺里奇主教理查德·考特尼、达勒姆主教托马斯·兰利（Thomas Langley, bishop of Durham）和索尔兹伯里伯爵托马斯·蒙塔古（Thomas Montagu, earl of Salisbury）率领。一到达巴黎，考特尼便提出了对法兰西王位的要求。这个要求对于他们来说已经是稀松平常了，但与此同时，他也指出，这一点对于法兰西人来说是不可接受的，因此也做出了让步。亨利可以接受只占领诺曼底、图赖讷、安茹、曼恩、布列塔尼和佛兰德。除此之外，他还要求享有对阿基坦公国全部的主权和对普罗旺斯的统治权。亨利还要求法兰西方面向他支付法兰西国王约翰二世的赎金中未付的160万克朗；再支付200万克朗，作为卡特琳公主的嫁妆。阿马尼亚克派之前便对这些条约的大部分内容有所耳闻，并仅仅将其视为卡特琳婚配外交游戏的开场序曲。对此，他们重申了他们在1412年提供的筹码，同意给亨利五世一个更大的阿基坦（尽管封建效忠这一棘手的问题并没有得到解决），外加出资60万克朗作为卡特琳的嫁妆。[30]

在阿马尼亚克派看来，这已经是十分优厚的条款，但相较于亨利所提出的要求，这些要求则显得可笑而且微不足道。正是这种差别——与一些极为有效的英格兰政治宣传结合在一起——导致了著名的"网球事件"。正如莎士比亚所述的那样，法兰西王太子对亨利的要求做出了如下的回应：为了嘲讽亨利年少时期疯狂的作为，他给亨利寄了一些网球让他玩耍。这一举动刺激亨利做出了挑衅性的回应：

> 当我们找到与这些网球相配的球拍，
> 凭着上帝的恩典，我们就会在法兰西好好地打一局比赛，
> 把他父亲的王冠打进得分区域内。[31]

事实上，比亨利小近10岁的法兰西王太子并没有参与这些谈判。当使团在此进行和谈时，他已经离开了巴黎，正在与勃艮第公爵作战。如果他真的送出了网球，而且还是送给亨利五世的话，这次侮辱将会变成一次重大的外交事故，并会立刻导致和谈的破裂。众所周知的是，亨利五世绝不会允许自己的尊严受到侮辱。显然，和谈并没有破裂。然而，在当时的一些编年史中，"网球事件"已经出现了。在所有的英格兰史料中，法兰西人都嘲笑了亨利的主张，并嘲弄了国王本人。根据阿斯克的亚当（Adam of Usk）的记载，派出的使节们则"被嘲笑了"。[32] 这些显然全都是失实的，但这个谎言对英格兰有利，可以煽动起反法情绪，使英格兰下一年的入侵合理化。

1414年9月缔结的《阿拉斯和约》暂时终止了勃艮第派和阿马尼亚克派之间的敌对行动，勃艮第公爵也暂时不再需要军事援助了。尽管和谈还在继续，但他向亨利提议的军事同盟被悄然搁置了。而且，在阿金库尔战役的酝酿期间，公爵的行为显示，他

至少已经默许了英格兰对于法兰西的入侵。他不会是第一个,也不会是最后一个希望外国军队为他击败仇敌的人。

1415年2月,再次来到巴黎的还是同一个拥有极高权力的使团。达勒姆主教和诺里奇主教仍然是其中的重要人物,国王的叔叔多塞特伯爵托马斯·博福特则顶替了索尔兹伯里伯爵。他们再一次受到了隆重的接待,并且参与了庆祝缔结《阿拉斯和约》的庆典。他们出席宴会,并观看马上长枪比武。比武的双方是查理六世(尽管他依然神志不清)与刚刚受封为公爵的阿朗松伯爵。更为重要的是,他们还见证了奥尔良公爵查理与勃艮第公爵的弟弟安托万之间的一次友好的比武。几天以后,他们又出席观看了3名葡萄牙骑士与3名法兰西骑士的比武。由于葡萄牙是英格兰长期的盟友,葡萄牙骑士是由多塞特伯爵领入场地中的,伯爵接着便蒙受了目睹他们被击败的屈辱。[33]

尽管参与了一系列节庆活动,使团并没有忽略他们的正事。法兰西人深信,亨利五世对领土的要求只是虚张声势,他与卡特琳的联姻能解决一切问题。他们这样想的最重要的原因是,英格兰使团现在已经同意分开讨论这两个问题了。英格兰人做出了一些妥协,同意将对卡特琳公主嫁妆金额的要求减少至100万克朗,但法兰西人拒绝将嫁妆金额提高到80万克朗以上,并且不准备做出更多的让步。英格兰人号称,他们无权同意这样的条款(这是结束谈判的标准外交辞令),最终空手而归。[34]

亨利五世并没有指望得到其他的结果。在法兰西人提出最后的报价前4天,他在伦敦塔中召集了伦敦市长和市政管们。他告知他们,他将要横渡海峡,依靠征服去恢复他的权利。[35]

第五章

苏格兰人与阴谋

仅仅通过外交手段就能在法兰西身上得到亨利想要的一切，这个想法始终是不现实的。事实上，我们也猜不到，法兰西要做出多大的让步才能满足亨利的胃口。但是，与卡特琳公主的婚姻是必不可少的条件：除了通过正当条约和征服，这是亨利把他的法兰西领地通过继承权传给他的继承人的唯一方法。作为篡位者的儿子，亨利深切地知道，确立他后代世系的合法性是十分必要的。尽管他也同时愿意考虑与勃艮第公爵、阿拉贡国王和葡萄牙国王的女儿联姻，[1]但是这些也不过是在形成外交同盟的过程中所走的迂回之路罢了。亨利十分看重与卡特琳的结合，这一点从他等待的时间就能看出来：直到1420年，也就是他登基近7年之后，卡特琳才终于成了他的新娘。

法兰西人要做出多大的领土让步才能满足亨利呢？获取《布雷蒂尼条约》所规定的阿基坦公国是亨利的祖先们所追求的目标，但对于亨利来说，这明显是不够的。阿马尼亚克派于1414年的夏天就提出要把这个公国给亨利。无畏的约翰也提出了同样的条件，并且含蓄地表示，自己也可以帮助亨利占领阿马尼亚克伯爵、阿尔布雷的查理和昂古莱姆伯爵的领地。[2] 但是，亨利似乎早已经将收复这些土地视为理所应当之事。他的雄心壮志聚焦于建立一个以加来为中心的跨海峡大帝国，向西、向南扩张到诺曼底，向东拓展到皮卡第和佛兰德的西部。这种在法兰西的土地上所建立的如此大规模的英格兰领地具有巨大的战略价值。它夹在两个友善的势力——布列塔尼和由勃艮第人控制的低地国家——之间。这样一来，英格兰便能够完全控制多佛尔海峡与英吉利海峡，以保护英格兰及其盟友们的商船，并在法兰西北部开发潜在的新市场。这同样给了亨利对于法兰西最重要的两条水道——塞纳河（river Seine）与索姆河（river Somme）——的控制权，让他能够随意限制进入内陆的商品和旅人的数量。最后，它也会拆散法兰西和苏格兰的联盟，在它们之间竖起一个海峡之外的屏障。长期以来，这两个国家就出于对英格兰的敌意而团结在一起。

苏格兰一直被视为法兰西威胁英格兰的后门。两个国家之间的"老同盟"（auld alliance）能够让彼此获益。无论何时，只要英格兰人进攻法兰西，法兰西人就可以指望苏格兰人从北方入侵英格兰。另一方面，苏格兰人之所以能够维持他们自身的独立地位，也是因为英格兰人要时刻提防法兰西人的野心。与威尔士人不同的是，苏格兰人受到了欧洲骑士传统的很大影响。这让他们成了更为可怕的敌人。在战术上，他们能与英格兰人相匹敌。在百年战争期间，他们的雇佣兵和英格兰的一样活跃且令人敬畏。由于英格兰与苏格兰之间的边界相互交错，有效的边防巡逻（除非双方都下定了决心想要巡逻）几乎是不可能的。所以说，如果亨利要想以任何形式介入法兰西的事务，他就必须要保证疆界的稳定，让苏格兰人老老实实待在家里。

虽然英格兰的君王们时不时要求苏格兰国王宣誓效忠，但此时的苏格兰仍是一个独立的王国，拥有自己的君主和议会。和英格兰与法兰西一样，它的国王们缺乏能力，权贵间相互争夺权力，并给争夺权力的双方带来灾难。自从亨利四世即位以来，苏格兰与英格兰的关系便急转直下。在开始统治之后，亨利四世便要求罗伯特三世（Robert Ⅲ）承认他为英格兰国王，向他宣誓效忠。他还入侵了苏格兰，一直打到了爱丁堡。1402年9月14日，热马刺哈里·珀西在霍米尔顿山战役（Battle of Homildon Hill）中给苏格兰人造成了毁灭性的打击，苏格兰显贵中有7名被杀，28名被俘。被俘的人之中就包括法夫伯爵默多克（Murdoch, earl of Fife）。他是奥尔巴尼公爵（duke of Albany）——苏格兰实质上的摄政王——的儿子与继承人。[3]

默多克被移交给了亨利四世，但珀西拒绝交出另一位有价值的俘虏，即道格拉斯伯爵（earl of Douglas）。当珀西在1403年举起反抗亨利四世的旗帜时，他便和苏格兰人建立了同盟。道格拉斯在什鲁斯伯里之战中站在了他的一边。在那场战斗中，道格拉斯再次被俘，加入了默多克的行列，成了国王的囚犯。尽管关于道格拉斯的赎金的谈判断断续续地进行了好多年，但是，直到1409年，他才终于重获自由。而且，为了获得自由，他还不得不施以权宜之计，利用了他的假释，"违背了骑士的荣耀"，并拒绝回到英格兰的监牢之中。（他曾宣誓用他的余生为亨利四世和他的儿子们效劳，但也马上打破了这个誓言。）如果他更令人尊敬一点，或者更傻一点的话，默多克将会在亨利四世统治时期一直都被关押在英格兰。[4]

在1405年珀西家族的第二次叛乱失败后，热马刺哈里的父亲诺森伯里亚伯爵带着他11岁的孙子亨利·珀西逃往苏格兰。这个孩子被送到了圣安德鲁斯（St Andrews），与和他年龄相同的苏格兰国王的儿子兼继承人詹姆斯·斯图亚特（James Stewart）一起被抚养长大。很快，人们便发现，这不仅仅是出于教育的考虑，而且是为了把这个孩子装进一个镀金的笼子里。

1406年年初，时日无多的国王担心，他儿子的生命会成为奥尔巴尼公爵登上苏格兰王位的绊脚石。因此，他决定将詹姆斯送往法兰西。这个男孩被藏在"玛丽恩奈特"号（*Maryneknyght*）上。它是一艘但泽（Danzig）商船，从北贝里克（North Berwick）起航，运送的货物是羊毛与兽皮。对于王子个人和苏格兰来说，不幸的是，这艘船在驶离约克郡海岸时就被诺福克（Norfolk）的海盗俘获了。苏格兰王位继承人加入了奥尔巴尼公爵的继承人和道格拉斯伯爵的行列，成为英格兰的阶下囚。他将会在那里度过接下来18年的时光。[5]

现在，一切尽在亨利四世的掌握之中。在罗伯特三世的儿子被俘后还不过几天的时间里，他就驾崩了。尽管被俘的詹姆斯仍被苏格兰的全体会议（council-general）视为国王，但他的叔叔奥尔巴尼公爵还是被任命为王国的管理者，并着手将它转变为自己的个人封邑。在与英格兰的谈判中，奥尔巴尼的如意算盘是，让英格兰人释放自己的儿子法夫伯爵默多克，并把詹姆斯囚禁在英格兰。尽管如此，他还是不敢过于大张旗鼓，担心疏远了那些忠于新国王的人。1412年5月，双方达成了一份为期5年的停战协议，并且准备好在来年的春天释放詹姆斯和默多克。然而，由于亨利四世在1413年3月去世，这些准备都中止了。[6]

在亨利四世活着的最后几周里，传单在伦敦散播开来。这些传单宣称，被亨利四世罢黜并谋杀的理查二世其实尚在人世。他将从苏格兰归来并夺回他的王位。在亨利五世登基之后，他便马上下令逮捕叛乱的主谋。这些人包括之前曾在理查二世内廷中担任仆从的约翰·怀特洛克（John Whitelock，他把自己的名字印在了传单上）以及苏格兰骑士安德鲁·黑克爵士（Sir Andrew Hake，他曾经在1399年卷入了反对亨利四世的阴谋）。[7]

密谋分子逃到了威斯敏斯特大教堂当中避难，而这是对亨利五世的另一个极大的侮辱——当他们逃到此处避难时，亨利的加冕礼正在教堂中举行。教堂被认为是神圣不可侵犯的避难所。[8]在那里，教会可以为任何寻求庇护的人提供长达40天的庇护，而威斯敏斯特大教堂又拥有最为神圣的庇护权。怀特洛克的同谋者们能否被强制赶出此地还是个未知数，但是人们可以用一些更为微妙的方式得到他们想要的结果：1402年，一个罪犯在脱离伦敦的圣玛丽萨默塞特教堂（St Mary Somerset）的庇护去使用100码开外的厕所时遭到了逮捕。[9]

1413年6月，当第二批怀特洛克的传单出现在伦敦城中教堂的门口时，没过几天，叛乱分子便被关进了伦敦塔中。令亨利五世震怒的是，怀特洛克在被送交审判之前越狱了，而且再也没有被抓到。黑克和另一名同谋者也被有条件地释放了。这意味着，他们可能向国王告发了同案罪犯，或许还被收编为双面间谍。整个事件中，唯一的死者是那个帮助怀特洛克越狱逃跑的狱卒。作为一个叛国者，这个不幸的人被绞首、剖腹并分尸。他的头颅被悬挂在伦敦塔的一座城门之上以警示其余的狱卒，告诉他们渎职是不会被宽恕的。[10]

与奥尔德卡斯尔的叛乱一样，怀特洛克事件也被亨利五世迅速而果断的行动扼杀在了摇篮之中。但是,它也证明了让人们相信理查二世也许仍然在世这一谣言的危险性。因此,在这一年行将结束之际,亨利下令将原本埋葬在金斯兰利(King's Langley)的多明我会修道院教堂的理查的遗体移到威斯敏斯特大教堂。这在一定程度上是一种虔诚的行为。据说,理查对亨利很好。当亨利还是个孩子的时候,他曾在理查的王廷里做过人质,据说理查对亨利很好,因为他被流放的父亲表现得很好(这并没有阻止未来的亨利四世在一支军队前面调转马头并篡夺王位)。支持兰开斯特家族的人甚至说,理查曾预言,年轻的亨利将实现梅林的预言,即一位国王会在威尔士出生。有朝一日,有关他的赞誉将响彻世界。[11]

无论如何,理查的遗愿原本是要与他深爱的第一任王后——先他而去的波希米亚的安妮(Anne of Bohemia)——葬在一起的。他在威斯敏斯特大教堂的高坛处为自己和安妮建造了一座坟墓。现在,亨利将他的遗体放置在一个新棺材中,再把这具棺材放在用黑色天鹅绒包裹着的棺材架上,最后将其从金斯兰利运送到20英里以外的威斯敏斯特。亨利的吝啬是出了名的。他从坎特伯雷大教堂中借用了他为自己父亲的葬礼制作的旗帜,并将其交给了葬礼队伍。但是,在其他方面,葬礼本身与理查本人在他的遗愿中期望的一样铺张和奢华。在威斯敏斯特大教堂,一大群主教、修道院院长、骑士、扈从护送着理查二世的遗体,亨利本人则亲自迎接它的到来。亨利命人在坟墓中点起四支长明的蜡烛。而且,在亨利的命令下,人们每周都会演奏一首安灵歌,进行一次安魂弥撒,并且以理查二世的名义给穷人分发钱财。这次庄重的改葬仪式承载了所有应有的荣耀与辉煌。这一行为广受赞誉,因为它体现了新国王个人的虔敬。在此，亨利试图为他父亲的篡位和弑君行径做出补偿。[12] 毫无疑问，亨利的这种感情是真实的。但是，亨利也确实计划一劳永逸地证明，理查二世已经死了。在葬礼队伍从金斯兰利前往威斯敏斯特的几天里，这位国王的遗体得到了公开的展示。理查二世的灵魂不会这样轻易安息，但它已经开始变得较为安静了。

怀特洛克事件强调了尽快与苏格兰人达成某种协议的重要性。就在詹姆斯登上王位的第一天，亨利就将他和法夫伯爵默多克送到伦敦塔。在接下来接近两年的大部分时光当中，他们都将被关在那里。在同一天，威斯特摩兰伯爵拉尔夫·内维尔和亨利的弟弟贝德福德公爵约翰都被批准成为苏格兰边境戍边大臣，一个强化与修缮北部疆界的城堡的计划也落实了。这些富有侵略性的战略让苏格兰的实际统治者奥尔巴尼公爵相信，续订1413年夏天双方达成的停战协定能够让他获得最大的利益。到了1414年2月，苏格兰人被纳入了英格兰、法兰西以及他们的盟友们的停战协定当中，而这个协定将持续一年。[13]

缔结停战协议与遵守协议是两件不同的事情。实际上，想要驾驭那些不守规矩的边界领主是不可能的。他们长期与边界另一边的领主们处于战争状态之中。曾发过两次假誓的道格拉斯伯爵是苏格兰一方的罪魁，他随意地洗劫和焚烧英格兰的城镇。[14] 亨利五世意识到，阻止此事的最有效的解决方式，莫过于让诺森伯里亚的珀西家族重新开始守卫北部的疆域，只要珀西伯爵的忠诚不成问题。鉴于珀西家族近期的所作所为，这是一个大胆的提议，有着极大的风险。毕竟，没有人可以保证，热马刺哈里的继承人会比他的父亲或者他的祖父更为忠诚。此外，恢复珀西家族的地位很有可能会让他们在北方的老对头内维尔家族采取疏远国王的举动。后者对兰开斯特的君主们忠心耿耿。

亨利解决这些问题的方法十分巧妙。1414年11月，他在议会批准了一份请愿书，同意珀西所提出的要求，恢复他诺森伯里亚伯爵爵位的头衔与封地。此前，因为他的祖父被判处叛国罪，这些东西被罚没了。用珀西交换法夫伯爵默多克的谈判已经在进行之中了。（奥尔巴尼公爵和亨利五世都不愿意用珀西交换詹姆斯国王。倘若詹姆斯回归苏格兰，奥尔巴尼公爵作为主政者的统治必然会终结，导致这一王国分裂和虚弱的党派斗争可能也会结束。）既然默多克是在战争中被俘虏的，那么，他能否获释则取决于赎金的支付。亨利开出的价码是1万镑。这些赎金的支付者并不是苏格兰人，而是珀西。这样一来，国王便能在财政上控制珀西，这也成了他对国王效忠的保证。亨利（在得到珀西同意的情况下）还安排了珀西与丧夫的埃莉诺·德斯潘塞（Eleanor Despenser，威斯特摩兰伯爵拉尔夫·内维尔和亨利的姑妈琼·博福特的女儿）的婚事。[15] 这场婚事十分荣耀，足以满足珀西的虚荣心。与此同时，这场婚姻也具有安抚内维尔家族的附加效果。最为重要的是，这次联姻在两个不睦的家族之间奠定了长久和平的基础。这对于北方边境的稳定局势只有好处而没有坏处。

但是这一次，亨利精心编排的计划落空了。交换人质的计划本来应当在亨利出发前往法兰西之前实行。默多克于1415年5月从伦敦塔中被释放，在两名扈从的护送下前往北部边境。当他们经过约克郡时，他们遭到了一支武装部队的袭击。这一队伍的首领是骑士托马斯·塔尔博特爵士（Sir Thomas Talbot）。他来自克雷文的伊辛顿（Easington in Craven），是个罗拉德派的亡命之徒。在这一过程当中，默多克被"野蛮地绑架"了。默多克被解救的方式与他被绑架的过程一样不可思议。在被俘一周后，默多克不可思议地被另一名来自克雷文的扈从拉尔夫·帕齐（Ralph Pudsey）搭救了。为了感谢帕齐，亨利给了他奖励。在接下来的岁月里，帕齐每年都能享受25镑的年金。在被救出来之后，默多克就被移交给威斯特摩兰伯爵妥善保护起来。直到大约9个月之后，这一被搁置的人质交换计划才最终得以执行。[16]

这个插曲的时机不能再糟糕了。英格兰方面未能交出默多克，这激起了苏格兰人的愤怒，也正中法兰西人的下怀，他们已经派使团前往珀思（Perth），试图说服奥尔巴尼公爵进攻英格兰。就在亨利最需要北方边境和平的时刻，苏格兰人却实实在在地走上了通往战争的路。1415年7月22日，一支庞大的苏格兰军队穿过边境进入了诺森伯里亚。他们在伊沃林（Yeavering）与英军交锋，爆发了一场激烈的战役，最终受到了沃克沃思城堡统帅罗伯特·乌姆弗拉维尔爵士（Sir Robert Umfraville, constable of Warkworth Castle）的重创。另一支由道格拉斯伯爵带领的部队则成功地穿过边境，一直打到威斯特摩兰，并在返回之前将彭里奇（Penrith）的集镇付之一炬。为了报复，西部边区的英格兰人进攻并焚毁了苏格兰的邓弗里斯镇（town of Dumfries）。虽然这种以牙还牙的行为有引发战争的可能，但在苏格兰边区，这种类型的做法十分常见。而且，亨利还有一个极大的优势：他的手上有默多克。亨利能够利用他控制苏格兰的统治者，并让后者无力发动进攻。在他扬帆向法兰西进发的前几天，亨利派出了三名经验丰富的谈判专家前往法兰西，商谈停战协议的续期问题，但与此同时，他也下令，让所有的地方军队做好警戒工作。一旦有情况发生,他们就会在亨利弟弟的指挥下向苏格兰进军,"国王已经得到了情报,得知敌军以及他们的追随者企图在短时间内聚集起为数不少的军队,并从不同的海岸进犯我们的王国……在那里,他们会犯下任何可能的罪行"。尽管如此,他对苏格兰的形势不会延缓他的航行这一点有着充分的信心。亨利的判断是合理的。在他离开英格兰的期间,王国内部并没有出现什么严重的事变。所有的麻烦都被成功地限制在苏格兰的境内。在那里,当地的军队控制住了事态的发展。但是,默多克与珀西只能一直等待。直到亨利处理完他在法兰西的事务之后,他们才得以获释。[17]

亨利五世已经花了很长时间策划他的远征,并尝试为每一种可能的后果制订详细的预案。这样看来,在他起程之前,降临在他身上的危机一定触及了他内心的最深处。1415年7月31日,即军队预定在南安普敦登船出航的前一天,年轻的马奇伯爵埃德蒙·莫蒂默来到国王的面前,并向他忏悔。他告知国王,有人正在密谋罢黜亨利并扶持马奇伯爵本人登上王位。主谋者是约克公爵爱德华的弟弟剑桥伯爵理查德(Richard, earl of Cambridge),他也是亨利四世的一个堂弟。参与这一阴谋的还有诺森伯里亚骑士希顿的托马斯·格雷爵士(Sir Thomas Grey of Heton)和一群其他的北方骑士,包括罗伯特·乌姆弗拉维尔爵士、约翰·韦德灵顿爵士(Sir John Widdrington)和克利福德勋爵约翰(John, lord Clifford)。最令众人吃惊的是,深受亨利国王信任的谋士之一斯克罗普勋爵亨利也在其列。剑桥伯爵后来供认,他们的目标是把马奇伯爵挟持到威尔士,并在那里立他为国王。在逃亡的叛军领袖欧文·格林杜尔的帮助下,一场叛乱正在威尔士孕育。此时，苏格兰人即将入侵英格兰北部，还带着用来交换法夫伯爵默多克的亨利·珀西与"傀儡"（理查二世的冒充者）。苏格兰人的入侵将会得到乌姆弗拉维尔和韦德灵顿爵士的帮助。他们手中掌握着几座具有重要战略意义的边境城堡和它们的卫戍部队。珀西的归来也会促使北方人发动叛乱。英格兰的余下部分将落入叛乱者和罗拉德派所组成的军队手中。罗拉德派则将再次集结，聚集在他们正在逃亡的领袖约翰·奥尔德卡斯尔爵士的麾下。在各处的围攻之下，"兰开斯特的亨利"这位"英格兰的篡位者"将因此被赶下台，并由王位的合法继承者取而代之。[18]

这次叛乱计划很容易被视为疯子的异想天开。有谁会相信，所有这些不相干的人集结在一起能够组成一支有凝聚力的、不可战胜的军队呢？真的有人会相信23岁的马奇伯爵——被一个拥护他的叛乱者轻蔑地称为"一头猪"的人——比亨利五世更适合当国王吗？苏格兰人（或者说还有珀西和默多克）能从与反叛者的交涉中得到什么呢？历史学家们似乎普遍认为，剑桥伯爵的这个"毫无理性的计划"永远没有成功的机会。因此，亨利是反应过度了，特别是针对斯克罗普勋爵的事情的反应。[19]

然而，尽管这一计划看起来毫无实施的可能，但是有几个迹象表明，阴谋之网正在按照剑桥伯爵的设想铺展开来。例如，他们无疑与苏格兰建立了联系。这并不令人惊讶，因为包括剑桥伯爵在内的大多数反叛者都来自英格兰北部。[20] 如果默多克在约克郡被绑架的目的是让策划者将他作为与苏格兰人讨价还价的筹码的话，那么这一事件就是有意义的了。剑桥伯爵在默多克被绑架一周后就可以告诉格雷，默多克在他们的手中是安全的。剑桥伯爵也可以拿出一封信，据他所说，这封信来自奥尔巴尼公爵。这封信提出，要用珀西和"傀儡"交换他的儿子。[21]一名支持奥尔德卡斯尔的威尔士人在温莎城堡（詹姆斯国王曾被关押在那里）附近被捕。他携带着大量金钱和一张字条，上面写着温莎与爱丁堡之间的一系列地点（相当于现代的地图）。他供认，他试图协助苏格兰国王逃跑。正如我们所看到的那样，就在马奇向亨利五世透露阴谋的前九天，确实发生了一次苏格兰人的入侵事件。但是，乌姆弗拉维尔并没有加入苏格兰人的行列，而是击溃了他们。当马奇伯爵被宣布为国王的时候，"托盘上的西班牙王冠"和英格兰军队的旗帜实际上都在乌姆弗拉维尔的手中。(剑桥伯爵还曾承诺，要在威尔士展示这项王冠。亨利把王冠和旗帜交给乌姆弗拉维尔是让他以此作为担保，他一定会为他带到阿金库尔的将士们支付薪酬。)[22]

同样不应该忘记的是，亨利五世军队在南安普敦的集结为反叛者集结军队提供了完美的掩护。试图推翻国王统治的主谋都致力于为即将到来的远征提供很多的兵力。剑桥伯爵和马奇伯爵各带来了60名重铠兵和160名骑着马的弓箭手，斯克罗普勋爵带来了30名武装人员和90名骑着马的弓箭手。总而言之，包括40名许诺会离开亨利五世集结的军队并支持起义的罗拉德派骑士或扈从在内，密谋者们甚至可以指望在离开南安普敦之前，就从自己的队伍中招募近800名全副武装的士兵。[23]

这次阴谋叛乱被贴切地描述为"亨利四世统治故事的终章"[24]，而不是针对亨利五世的行动。在很多方面，这次行动很像1403年和1405年珀西家族两次大叛乱的重演。事实上，这是一次典型的中世纪贵族叛乱。埃德蒙·莫蒂默的出身和他作为公认的理查二世继承者的身份就足以让他成为心怀不满者长期关注的焦点了。

格雷爵士、克利福德勋爵和斯克罗普勋爵也都与剑桥伯爵和珀西家族有姻亲关系，斯克罗普勋爵还是约克大主教的侄子。约克大主教在1405年因为叛国罪被亨利四世判处死刑。在将人们卷入阴谋叛乱这一点上，家庭关系网和家族忠诚发挥了它们的作用，但是，它们并不能解释，为什么这些人准备冒着失去性命的风险去推翻已经延续了16年的兰开斯特王朝的统治。一些同时代的人对于斯克罗普勋爵卷入此事尤其感到不解，他们认为，他是被法兰西人的金钱腐化了。这并不是没有可能的，因为当时剑桥伯爵和格雷爵士都处于财政困难的境地当中，而阿金库尔战役的备战开支只能让他们的财政情况进一步恶化。此外，7月，法兰西使团还在英格兰，并且听闻了这样的传言，即一旦亨利五世离开英格兰，便会有拥立马奇伯爵或者克拉伦斯公爵的叛乱发生。[25] 即便这样做只能延缓亨利的计划或者分散亨利的注意力，支持这些叛乱也是符合法兰西人的利益的。

  在获知这起阴谋之后，亨利便迅速采取了行动。他的这些做法十分残忍。可以看到，亨利马上下令逮捕了剑桥伯爵、斯克罗普勋爵和格雷爵士。在天黑之前，他们三个人就被关进了南安普敦城堡的新塔楼中。以掌管军队纪律的司礼大臣约翰·莫布雷（John Mowbray）为主导的十人委员会负责调查此事。两天之后，即1415年8月2日，这三人以叛国罪被起诉了。剑桥伯爵和格雷爵士的叛国罪是毋庸置疑的。然而，针对他们的主要指控却与叛国罪完全无关。这些指控是，他们阴谋暗杀国王、国王的弟弟们以及国王在南安普敦的其他臣民。尽管国王（也许还有他的兄弟们）的死可能是从一次成功的篡位行动中推断出来的，但是这种暗杀行动似乎并没有出现在剑桥伯爵等人的计划当中。这一罪名也许只是为了快速定罪而虚构出来的。无论如何，格雷爵士与剑桥伯爵承认了他们的罪行，但斯克罗普勋爵却展示了更多的勇气和正直的品质。他坚决否认自己与这次暗杀阴谋或任何其他阴谋有牵连，并宣称他唯一的罪行便是他知悉了阴谋的内容却没有告知国王。

在承认了罪行之后，格雷爵士在被判处死刑的当天就被斩首了。剑桥伯爵和斯克罗普勋爵都提出了他们的合法要求，希望能够被其他的贵族审判。这个要求很快便被轻易地满足了，因为英格兰的大部分贵族都集结在南安普敦，准备登船。8月5日，20名贵族聚集在南安普敦城堡，一起审判这些被控告的人。这些人当中包括了国王的弟弟克拉伦斯公爵与格洛斯特公爵，前者主持了这次审判。（剑桥伯爵的哥哥约克公爵本来也应该出席这次审判，但是他获准离开了。）

判决结果是可以预知的，而且没有引发任何异议。剑桥伯爵和斯克罗普勋爵被判处"吊剖斩首刑"（drawn, hanged and behead）。亨利仁慈地免除了剑桥伯爵的绞刑，让他像格雷爵士一样，他也让剑桥伯爵免于被取出内脏，或者可能是被拖着走过公共大街到达刑场的判罚。斯克罗普勋爵却不得不遭受严厉的刑法，其中的原因尚未全部明了。亨利可能并不相信他对于自己无罪的辩白：如果法兰西人为这个阴谋提供了财力保障，那么很明显，在外交任务中扮演着关键性角色的斯克罗普勋爵就是那个与法兰西人一同谋划叛乱的人；对国王来说，他的背叛无疑导致了最大的痛苦，作为嘉德骑士（骑士序列中最为显赫的等级）中的一员，他理应为背叛与他的等级相称的行为准则而遭受严厉的惩罚；又或者他遭受严厉的处罚可能仅仅是因为他拒不承认自己所犯下的大逆罪，他遭受的判决与刑罚是因为他对叛国行为知而不报或者故意隐瞒的罪行，这超出了《叛逆法令》（Statute of Treasons）对大逆罪的规定，因此，斯科罗普勋爵所犯下的实际上是一种新的罪。[26]

在被定罪之后，剑桥伯爵写了一封奴颜婢膝的信。信中，他称呼亨利为"我最令人敬畏、至高无上的君主"，并恳求国王饶恕他。他甚至无耻地借用了姐夫的理由为自己开脱，声称他所犯下的一切罪行都是出于"其他人的怂恿"。[27]但一切都无济于事，8月5日，剑桥伯爵为他的叛国罪付出了生命的代价。两天以后，埃德蒙·莫蒂默得到了王室的宽恕，因为阴谋叛乱者们利用了他的无知。[28]

剑桥伯爵的阴谋本可能会轻易危及整个阿金库尔远征。如果马奇伯爵没有认罪的话，它是否会被发现也是一个值得商榷的问题。亨利有他的间谍。就像法兰西使节一样，他们应该能够听到在亨利不在国内时会发生叛乱的传言。在这种背景下，罗伯特·乌姆弗拉维尔爵士在这场阴谋中所扮演的角色是耐人寻味的。他有没有告诉国王，有人带着让苏格兰人入侵的目的接近他？他是否假装同意这个计划，从而使他能够出其不意地抓到他们，并在伊沃林果断地粉碎他们的图谋？乌姆弗拉维尔是嘉德骑士，他的侄子吉尔伯特（Gilbert）则是国王内廷里的骑士。同时代的人称乌姆弗拉维尔为"国王的珠宝"（a jewell for a Kynge）。他很明智，在战争中也很勇敢。[29] 即使乌姆弗拉维尔的忠诚已经动摇了，但就像所有与这个阴谋联系不紧密的人一样，他也逃脱了调查、惩罚甚至是指责。亨利以他惯常的行事方式传达了他的观点，惩处主要涉案人员，并且给余下的可疑之人以恩惠，以便那些人能够在阿金库尔远征中戴罪立功。

这个故事还有一则具有讽刺意味的附言。在剑桥伯爵被处决后不到三个月，约克公爵爱德华就在阿金库尔战役中阵亡了。他是在这一战役中阵亡的两位英格兰贵族之一。如果剑桥伯爵仍然忠于亨利五世，他就会继承他哥哥的头衔、土地和财富，并获得他所渴望的权力和影响力，而不用诉诸让他付出生命代价的叛国行径。

第六章

"如果你想要和平，那就准备作战吧"[1]

在英格兰、法兰西以及法兰西的盟友们进行外交谈判期间，亨利五世也在稳步地为战争做着准备。在亨利登基以后，北部边境上的城堡全都被修缮和重新加固了。而且，他也向那些城堡增派了卫戍部队。在英格兰人入侵法兰西的过程中，加来必然会扮演重要的角色。既然如此，人们也重新加固并建造了加来的防御工事。1413年，一些官员被派往视察这些城镇和加来海峡其他的堡垒和要塞。他们下了新的命令，确保所有房屋的屋顶都覆盖上石板或者瓦片而不是廉价的茅草或者芦苇。后者容易起火，在遭受围攻期间尤其如此。国王在加来的御用木匠接到了招募帮工的命令。截止到8月，这位工匠的名册上已经有1位熟练木匠和32位普通木匠了，后者的工作薪资为每日8便士。在圭内斯，护城河和一处壕沟中的杂物和碎屑（在和平时期，人们往往会在这些地方倾倒东西）均被清理干净。防御工事得到了进一步加固，一座新的瞭望塔也被建造起来。[2]

1414年，亨利最为信任的副官之一沃里克伯爵被任命为加来的长官。这标志着亨利新一阶段的动作将会更为频繁。另一些官员则前去调查四个人所犯下的所谓的诈骗罪。在亨利四世的统治期间，这四个人负责为加来供给军备、建筑材料以及粮草。新上任的军需官马上着手储备所有必备的物资，包括大量来自加斯科涅和葡萄牙的葡萄酒、腌制的牛肉、猪肉和鲱鱼。如果城镇处于被围攻的境地或者它的补给线被切断的话，这些物品都能保存很长时间。[3] 在任期间，沃里克伯爵着手确保加来的卫戍部队内有足够多的人。战争时期的加来，有多达240名的重铠兵与274—334名的弓箭手驻守在此。其中，至少有半数人在马上作战。此外，这些守军里还有4名侦察骑兵、40名弩手、33名木匠、20名石匠、1名管道工、1名砖瓦匠、1名火炮专家和1名"物资供应者"（军需官）。尽管不受城堡长官的指挥，但有更多的军队在加来城中驻扎。[4]

相似的行动也发生在英格兰。在那里，人们也在诸如朴次茅斯（Portsmouth）和南安普敦的沿海城镇建立了新的塔楼。在南安普敦，1338年法兰西的袭击几乎毁灭了半个城镇。为防止往日灾难重现，南安普敦在14世纪80年代开始了重建。那个时候，南安普敦之所以容易遭受来自海上的攻击，是因为它只有在面向陆地的一侧建有城墙。鉴于这些灾难及港口和市镇逐渐繁荣起来的情况，人们有必要改变防御的策略。在面对威胁时，城堡已经无法容纳整个城镇的市民和他们的家眷与家畜了。城镇中新一代的富裕市民、商人以及自由民在货物和土地上投入了大量的资金。他们要求，自己也应该得到保护，城镇的防御工事则应得到进一步加固。

14世纪末，南安普敦城被完全包围起来。包围着城池的不仅有壕沟、护城河和河堤，还有用石头垒砌的城墙。弓箭手可以将城垛作为掩体，瞄准敌人，并且向他们射箭。塔楼保卫着战略要地。在战争中，火炮的重要性日益增长。与之相适应的是，原本用来放箭的垛口现在被用于放置小型加农炮。人们甚至在一座新塔楼上盖了拱顶，以便它的房顶能承载更重的加农炮。（类似的有关火器应用的转变也发生在附近的波特切斯特城堡［Portcheste］、温切斯特城堡［Winchester］以及卡里斯布鲁克城堡［Carisbrooke］中。）炮兵战术开始为军事防御做出巨大的贡献。这一点体现在随军司铎托马斯·特雷丁顿（Thomas Tredington）的职位上。从某种意义上来说，他的任命出人意料。"他在南安普敦的新塔楼中为国王效劳。一边完成神圣的义务，另一边则为守军保管盔甲、火炮、食品以及枪支。而他之所以被留任就是因为他是火器与火炮管理专家。"[5]

由于南安普敦是"如此地接近敌人"，认识到南安普敦新防御工事的重要性之后，亨利五世就以直接或间接的方式致力于它的建设。1414年12月的议会上，亨利收到了市长与自治市代表们的请愿书。这些人在其中抱怨，他们承担不起新建的防御工事的费用，并要求减免他们所应支付给国王的继母——纳瓦拉的胡安娜——的租税。在承认了这一请求的正当性之后，亨利答应说服胡安娜减免大部分的租税，如果她不答应的话，他也会做主减免他们的赋税。亨利还建造了另一座新塔楼——上帝之塔（God's House Tower）。它成了镇里枪手的居所和他的弹药库。它建于城镇的城墙之外，主要用于保护城墙之下的水闸。它的功能是控制护城河——防御体系中的第一道阵线——的水位。[6]

尽管绝大多数城镇与港口都配备有自己的枪炮与武器仓库，但是国家军械库还是设在伦敦塔之中。自从亨利继承王位的那一刻起，充实军械库的准备工作便启动了。1413年5月10日，他下令禁止向苏格兰人和其他外国敌人出售武器。在一个月之后，他就任命了一个名叫尼古拉斯·迈诺特（Nicholas Mynot）的造箭师为伦敦塔中国王弓箭的管理员。迈诺特开始努力制作箭矢。与此同时，伦敦的其他造箭师也接到了同样的命令。其中就包括斯蒂芬·塞莱尔（Stephen Seler）。他在1413年8月制作了1.2万支箭，为此收到了37英镑10先令的报酬（按照今天的标准，这笔钱超过了1.55万英镑）。[7]这只是接下来两年内的众多委任之一。

弓箭以捆为单位制作，每捆24支。每名弓箭手通常会携带60至72支箭。他们会把两捆箭装在帆布箭袋里，剩下的则被束在腰带上，以防备突发状况。额外的箭矢由四轮马车运送。弓箭手们也会雇用孩童们跑腿，以便将更多的弓箭送给他们。尽管人们可以把射出去的箭再捡回来，[8]但在战斗当中，这不但危险，而且不现实。鉴于弓箭手最大的优势在于他们射箭的速度，他们就更不可能去把箭捡回来了。如果说，一名弓箭手不能够在一分钟内射出10支箭，他便被认为不适合在军队中服役。因此，在一场战役当中，他随身携带的箭矢最多只能够让他维持7分钟的射箭攻势。由于职业弓箭手们往往每分钟能够射出20支箭，他们的攻势可能只能维持上述时间的一半。可以看到，人们对箭矢的需求量非常之大，而要为整场军事战役提供充足的箭矢，所涉及的后勤统筹的工作量也是巨大的。因此，人们需要尽早开始储备。[9]

在阿金库尔战役的时代，常用的军用箭矢有两种。第一种用于远程进攻。它的箭杆由一种轻型的木材（如白杨木）制成，长度超过30英寸。铁铸成的箭头被锻造成近似于飞机的形状，"机翼"向后弯曲，形成倒钩，会嵌入受害者的肉体当中。它在打击没有穿戴盔甲的战士和马匹时效果非常显著,射程足有300码。而且,在万箭齐发的情况下,它的效果更为显著。第二种箭矢是应对板甲的出现而发展出来的。它配有更短、更重的箭杆,这些箭杆通常由梣木制成,还配有可怕的尖锥箭头(bodkin)。这种箭头像一支又长又粗的针,针头一端既坚硬又锋利。假如用这支箭在更近的距离(150码以内)内射击,这些箭矢甚至可以穿透一顶加厚处理过的钢制头盔。[10]

在战争中使用的箭头所用的工艺之复杂令人叹为观止。尖端及边缘的钢做过硬化处理,包裹着箭头内部较软的铁芯,以便于吸收撞击所产生的震动,让箭杆不易脱落或者折断。军用箭矢的翎毛是鹅毛。它被粘在箭杆上,并用细线绑定。尽管在阿金库尔战役前后,国王并没有发布类似的命令,但在危急时刻,国王会向各个郡下达一个命令,要求他们提供鹅毛。1418年12月,亨利五世命令他的郡长们在米迦勒节(Michaelmas)前为他搜集到119万根羽毛。类似地,1417年2月,20个南方郡的臣民要从每只鹅身上薅下6根羽毛。这些羽毛要在命令下达的6周内上交到伦敦塔中。[11]

在英格兰与威尔士,人们偏爱在军事战斗中使用长弓。它与弩有着明显的区别。尽管后者至少在11世纪中期便在欧洲大陆传播开来,但除非是在狩猎的时候,它从未在英格兰受到普遍的欢迎。热那亚人(Genoese)尤其擅长使用弩,并以此而闻名。他们通常在法兰西军队中充任雇佣兵。弩有三方面的优点:首先,相对于其他弓箭来说,要发射它不用经常训练,对身体力量的要求较小;其次,它能够长期保持在发射的位置上,必要时才发射弩箭;再次,在引入了绞盘(用于拉弓的一种转动的机械装置)之后，弩的射程变得更远了。到了15世纪，随着钢制弩的出现，这一优势体现得更加明显。弩最大的缺点是它的发射效率低，而且较为笨重。虽然弓力可达1000磅，但这一优势并不能弥补它在一分钟内只能射出两支弩箭的缺陷。在激战正酣的时候，这种劣势就表现得更加明显了。[12]

长弓操作起来不仅更轻便、更高效，而且制作成本比弩要低廉得多。1413至1415年，它的价格范围在不足1先令到稍多于2先令之间。那时候，一名普通的弓箭手在战争中一天能挣6便士，或者是半个先令。弓的质量取决于制作弓的木材。众所周知，那些在教堂的庭院里生长着的古老紫杉树正是弓的原材料。事实上，英格兰的紫杉木并不适合制作弓，因为变化无常的气候会导致它们在生长的过程中扭曲变形。（无论是出于什么理由，教堂的地产没有被征用。在阿金库尔远征前夕，国王的制弓匠尼古拉斯·弗罗斯特［Nicholas Frost］有权征调一切可用于造弓箭的材料，包括"那些被称作制弓良木的木材"，但他仍未得到侵犯教会土地的许可。）[13]

完美的制弓木材来自西班牙、意大利或斯堪的纳维亚。人们会从一整块纹理顺直的紫杉木上截取一部分，并将其磨制成型。在弦线放松的情况下，弓长可以达到大约6英尺（1英尺约合0.3米）。弓的两端是较为柔软但更具有韧性的边材，弓的中间部分则是更为厚实的心材。这种结构赋予了弓天然的弹性。由牛角或羊角制成的凹槽被置于弓梢，以便系上弓弦。除此之外，人们还会给整张弓涂上几层蜡或者油，以此作为弓的保护层。定期上蜡和抛光可以确保弓不会在装弦或者拉弓的过程中变得干燥或断裂。人们也会给用麻类植物或动物的肠子制成的弓弦打蜡或上油，让它们免受恶劣天气的影响。虽然他们做了这样的准备，但事情的发展并不总遂人愿。在1346年的克雷西之战中，热那亚弩手们就为此付出了代价——倾盆大雨浸透了他们的弓弦，以至于他们"无法在缩水如此严重的弓上拉伸弓弦……他们连一支箭也射不出去"。也许是因为更习惯下雨天，英格兰人学会了应对这些状况的方法。根据法兰西编年史作者温内特的让（Jean de Vennette）的说法，英格兰人"把弓弦放进自己的头盔里，以保护他们的弓"。据说，英语中的谚语"保守秘密"（keep it under your hat）正是从这一习惯而来的。[14]

从都铎时代战舰"玛丽玫瑰"号（Mary Rose）船骸中发现的考古学材料显示，中世纪英格兰最常见的军用长弓的弓力为150—160磅。在使用这种弓的情况下，弓箭手可以将一支重达4盎司（1盎司约合28.35克）的箭射出240多码。为了做到这一点，人们有必要经常使用弓箭。1410年，亨利四世重新颁布了爱德华三世在1363年制定的法令。该法令规定，凡是16至60岁的身体强健的男子，都必须练习射箭。每个周日与节日，他们都应当前往靶垛，"学习和练习射箭的技艺……就这样，他们得到了上帝的眷顾，让英格兰国王在战争中获得了优势，并为整个王国赢得了荣耀"。初学者们一开始使用的是轻型的弓和箭。随着他们力量与技艺的进步，他们开始逐步使用较重的弓箭。"我的弓与我的年龄和力道相匹配，"拉蒂默主教（Bishop Latimer）后来写道，"随着我年龄与力量的增长，我用的弓越来越大。这是因为，除非从小培养，人们无法精通射箭的技艺。"他说，他已经学会了"如何拉弓，如何将我的身体倚在弓上，如何不像其他民族所做的那样用手臂的力量拉弓，而是借助身体的力量"。"玛丽玫瑰"号上的弓箭手们的脊柱已经扭曲了。他们的肩膀过度发育了,上肢以及手肘的骨头密度也高于常人。这些既是使用军用长弓所导致身体损耗的明证,[15]也是英格兰弓箭手在欧洲大陆令人闻风丧胆的原因。

在阿金库尔远征中,亨利五世并不准备完全倚仗他的弓箭手们。他在威尔士的作战经历教会了他围城战术和火炮的重要性。尽管至少在14世纪20年代之前,火炮便已经出现了(在此之前的半个多世纪,一名英格兰的方济会修士罗杰·培根〔Roger Bacon〕便已经发现了制造火药的方法),但此时的大炮制造工艺仍然处在萌芽阶段。在另一个例子当中,我们能够看到教会与世俗贵族之间不那么神圣的连接。铸造火炮的技艺源自教会,火炮与教堂大钟则是在同一个铸造所中铸造的。最早期的火炮与钟的外形相似,并且都是用青铜和黄铜铸造的。当人们意识到这一点的时候,他们便能够很容易理解时人这样的一种选择了。更何况,当时的人所发射的炮弹也是用青铜制成的。15世纪初期,更长的、更令人熟悉的管状设计已经出现了。到了阿金库尔战役的时代,火炮通常是用一个长的铁条制成的。长型铁条经过加热后被锻锤在一起,以环形的方式包裹在一个可抽取的木芯的外围并用铁箍捆绑在一起,以制成炮管。火炮是从后膛装弹的。而且,取决于火炮的规格,它们可以发射任何弹药,包括小铅弹(如葡萄弹)和重型圆石球(重5到850磅)。第二个金属弹膛也是管状的,其中填满了火药。在用一个木塞封好它的开口之后,人们便将它放置在炮管后面一个空心的木架子上。现在,火炮已经准备就绪。通过第二个膛室的火门点火,人们便可以发射炮弹了。但是,发射炮弹的过程非常缓慢,精确度极低,一天只能发射一颗炮弹的情况也并不罕见。一名炮手在一天之内成功地击中了三个不同的目标,居然被人们认为与魔鬼订下了契约,最后被派遣前去朝圣以进行自我救赎。[16]

巨大的火炮造价高昂。约翰·史蒂文斯(John Stevens)在布里斯托尔制作了一门火炮,而这门火炮花了亨利107镑10先令8便士。经由陆路,人们费力地将其运送到伦敦,以备战阿金库尔战役。皮桑的克里斯蒂娜在她写于1410年的权威著作《战士与骑士之道》(The Book of Deeds of Arms and of Chivalry)中提及了使用火药所需要的花费。她表示,任何计划围攻一座河边或者海边的要塞(亨利所围攻的要塞恰好位于海边)的人都需要248门火炮,每一门火炮都需要有发射重达100到500磅石块的能力。与此同时,人们还需要配备3万磅火药、5000袋木炭、20个三足火盆(带有把手,用于点燃导火线)以及20只风箱。每门火炮都需要一辆加固过的马车来运送。此外,还需要25辆马车,每辆马车都由三匹马拉着,以运送他们所需的物资。在这里有必要重新强调一遍,获取和运送火炮是很困难的,特别是运送火炮。15世纪,大型的火炮平均一天只能行进7.5英里。1409年,重达7700磅的欧索讷巨炮(great cannon of Auxonne)每天只能移动3英里。用海运或者河运的方式运送火炮更快也更容易。但是,人们仍然要将它们运送到登船的港口。在它们到达航程的终点时,人们还需要把它们搬运到指定的位置。[17]

1414年9月22日,亨利加快了战争准备的进程。他命令尼古拉斯·莫尔伯里(Nicholas Merbury)尽可能去招募石匠、木匠、锯工、细木工和其他小工,以建造"上述所说的那些火炮"。这个人是国王的"工程和战时所需军械的"总管。与此同时,他也可以征用木材、铁料以及他们所需的一切资源,包括运输工具。铸造工威廉·伍德沃德（William Wodeward）和杰勒德·斯普龙克（Gerard Sprunk）也接到了类似的命令。在命令中，亨利授权他们搜集黄铜、青铜、铁以及其他种类的金属。这些金属不仅被用来给国王铸造大炮，而且还用于制造锅、碗和壶，以便充实国王的厨房，为即将到来的远征做准备。4天以后，国王向整个王国中所有收取关税与特别津贴的官员和港口的运输管理员下发了一份令状，禁止他们在没有特别许可的情况下向外出口"火药"。这样做是"出于某些原因"的。亨利频繁使用这些神秘的短语，以掩饰他的军事筹备行动，而这些掩饰的举动似乎过于明显了。[18]

国王在伦敦塔的铁匠威廉·梅尔什（William Merssh）也同样忙碌。早在1414年2月，他就试图招募更多的工人去制造火器和其他铁器——尽管他的妻子玛格丽特（Margaret）本身也是一位职业铁匠，并且在伦敦塔与他一同工作。在打造完18副脚镣与8副手铐之后，她便可获取35先令（大致相当于今日的730英镑）的报酬。尽管这一点与现代人对中世纪时期的印象相悖，但是中世纪的女性通常会被期待担任她们丈夫的帮工。例如，1390年出台的《铸造工条例》（Ordinance of Founders）规定，每个铁匠只能雇用一名学徒。但是，在例外的情况下，他可以雇用两名学徒，"因为他没有妻子"。铁匠的妻子不会因为她的女性身份而受到优待，免于承担繁重的体力劳动。她也要击碎石头、操作风箱以及熔炼矿石。尽管她也因为这些劳动而获得报酬，但在通常情况下，她只能获得男性薪酬的1/12。也就是说，在做了同等工作的情况下，男性每得到1先令的报酬，她们只能得到1便士。[19]

冶炼铁被认为是一种污秽而且极其辛苦的行当。在英格兰，几乎每一个郡都有铁矿。这些矿石常常被用来生产铁钉、马蹄铁以及其他工具。从诺曼底、西班牙、瑞典进口的质量较高的铁则被用于制造攻城器械和武器。为了冶铁，工匠要把捣碎的铁矿石与木炭分层叠放在温度很高的熔炉中，以便提炼熔化的金属。钢被越来越多地用于制造盔甲和武器。它的制造过程更加复杂，并且需要更多的技艺。人们或者会在铁中加入少量的烧焦牛角和盐的混合物，或者会把猪的脂肪涂在铁上，并用呈条状的山羊皮或黏土将其包裹住。当铁被加热至烧红的熔融状态时，人们会再将其投入水或者尿液（动物或者人的）中冷却，使之硬化。在伦敦的城市档案中，我们能够看到，有很多生活在铁匠铺附近的人抱怨他们"经历了各种各样的麻烦，听到了各种噪音，并且多次受到了干扰"。人们尤其担心火灾，因为火花"经常会从烟囱中迸出来"。那巨大的噪音也令人难以忍受。盔甲匠斯蒂芬·阿特·弗里思（Stephen atte Fryth）的邻居们抱怨：

> 当铁匠用大锤锤打被称为"奥斯猛"（Osmond）的大块铁，并将其打制成"护胸甲""护腿甲"以及其他各部分铠甲的时候，这种敲打所引起的震动摇晃着原告房子的土石混合墙，以至于让它处于摇摇欲坠的境地。其他原告和他们的仆人日夜都无法得到休息，他们地窖中的葡萄酒和麦芽酒也被糟蹋了。铁匠铺里的烟煤所产生的烟透过缝隙，飘进了他们的大厅和居室。[20]

伦敦塔中总是有铁匠铺，女铁匠们也在那儿工作。在克雷西之战期间，当爱德华三世的铁匠跟随国王出征法兰西的时候，这位铁匠的母亲——贝里的凯瑟琳（Katherine of Bury）——"继续在伦敦塔的铁匠铺中工作",每天都能获得8便士的工资。她显然是一个熟练的铁匠,因为她是贝里的沃尔特(Walter of Bury)的遗孀,而这个男人曾是国王的铁匠,为国王效劳长达9年之久。这个先例表明,当玛格丽特·梅尔什的丈夫踏上阿金库尔远征之时,她很有可能也接管了丈夫在伦敦塔中的铁匠铺。显然,我们并不能小看女铁匠。在中世纪的文学传统当中,这些人声名狼藉。与之前的夏娃一样,世界上所有的罪孽都是女铁匠造成的。据说,那个被要求制作铁钉将耶稣基督钉在十字架上的铁匠不忍下手,假装自己的手上有伤。但是,他的妻子没有感到良心不安,接管了他的铁匠铺,并亲自打造了那些钉子。[21]

亨利五世在远征期间遇到的最大麻烦并不是获取用于战争的物资,而是如何运送它们。要入侵法兰西的话,他就不可避免地要使用船只。当亨利在1413年即位的时候,王家舰队仅仅由6艘战船构成。亨利似乎时常想要效仿他的曾祖父爱德华三世。在他漫长的统治期间,爱德华三世能够召集起四五十艘王室船只。在理查二世即位的4年内,只有5艘战船留存了下来。1380年,这些船中又有4艘被出售,以偿还爱德华三世欠下的债务。亨利四世的舰队的规模从未超过6艘,有时,这支舰队的规模甚至被削减至2艘。在需要时,两位国王都不得不征用商人的私人船只,以补充他们的舰队。这种行为引发了不少的愤怒与敌意,最重要的原因是,直到1380年之前,被征用船只的船主都没有得到任何补偿。只有到了那一年,在来自下议院的压力之下,理查二世才同意为每1/4吨的载重能力支付3先令4便士的补贴。但是,国王实际上支付的价格极少会超过2先令,这引发了议会的极力抱怨。另一个导致船主与国王之间关系紧张的原因是,水手们并不能从他们开始服役的时候就能拿到工资,而且实际出航与被征召之间往往存在着巨大的时间差。[22]

亨利五世的统治标志着王家舰队的命运被极大地改变了。他在1413年继承了6艘战船,而到了1415年,这一数目变成了12艘。1417年,当他开始第二次入侵法兰西时,这一数目变成了34艘。一名教士和一个布料商造成了这一巨大的转变。威廉·卡顿(William Catton)于1413年7月成了管理国王舰队的官员。与所有前任官员一样,他是一个低级的公职人员。于1420年接替他的威廉·索珀(William Soper)是一个富有的商人,也是一位来自南安普敦的议会议员,他在航运业有着广泛的利益。在接到任命后的几周时间内,威廉·卡顿得到了征集他所需要的所有的物资、水手以及工人的权力,以完成整顿和重建国王海军的任务。索珀在1414年2月正式投入此项工作当中,出于特殊的"制造和改造在南安普敦的西班牙巨船"的目的,他接受了与卡顿相似的任务。[23]

在旧船只的框架上重建船只在中世纪和中世纪之后的许多世纪里都是一种较为常见的海事惯例。这是一种经济实惠的做法,不仅可以出售船上的所有废料和过时的装置,也可以重复利用造船所需的木材及其他材料,减少在这方面的投资。亨利新舰队中的很多船只都是用这样的方法建造的。舰队中还有同样多的船,这些船或者是亨利从战争中缴获的敌船,或者是个人使用捕押特许证所捕获的战利品。这极大地减少了开支。人们把索珀的西班牙船只"赛伊特·科利尔·德·伊思潘"号(*Seynt Cler de Ispan*)改造为"圣灵"号(*Holy Ghost*),并把一艘布列塔尼船改装为"加百利"号(*Gabriel*,这艘船原本是战利品)。改造这两艘船所需的花费一共不过2027镑4先令11.5便士。与亨利新造的最大的船——排水量1400吨的"格雷斯迪乌"号（Gracedieu）——总额超过4500英镑的建造费（这其中还不包括将近4000棵橡树以及从俘房船只上夺取的装备）相比，改造旧船的花费显然要少得多。[24]

不幸的是，无论是"圣灵"号还是"格雷斯迪乌"号都无法按时参与阿金库尔战役。尽管卡顿与索珀已经尽了最大的努力，但是仍然很难找到并且留住那些技艺精湛且可靠的造船匠。至少有两次，国王下令逮捕并羁押了一些木匠与海员，"因为他们没有遵循我们国王的命令，在南安普敦为他制造船只"，并且"在收到薪水之后便擅自离开了"。毫无疑问，南安普敦成了亨利事实上的王家造船厂的部分原因是，那里是索珀的基地。这个口岸享受着得天独厚的自然条件：怀特岛将其与英吉利海峡隔离开来；汉布尔河口（Hamble estuary）的隐蔽水域、南安普敦湾和索伦特海峡（The Solent）为其提供了大量的天然港湾，方便人们登陆对面的法兰西海岸。在这里，来源于新森林（New Forest）的木材触手可及。它们似乎没有量的限制，可以用于建造和修缮国王的船只。索珀在南安普敦增建了一个新的码头与仓库，并且为正在汉布尔建造的船只建造了更多的仓库和木质防御工事。从此，英格兰第一次拥有了一个能与14世纪法兰西伟大的鲁昂造船厂略微抗衡的海军造船厂。[25]

亨利此举的目的不在于打造一支用于入侵的舰队。要打造一支用于入侵的舰队，人们就必须在相对短的时间里运输大量的东西，更何况，当时的条件也是有限的，这些都令构建一支入侵舰队变得不切实际。因此，他更乐意召集一些王家船只来守护海域。当这些船只不用执行王家任务时，它们会被用于商业运输：它们通常会前往波尔多运回葡萄酒，甚至从纽卡斯尔（Newcastle）运回煤炭，用以在伦敦销售。卡顿在1413到1415年间成功地调用了这些船只，赚取了与财政大臣发放给他的一样多的报酬。然而，这些船只的主要任务是在英吉利海峡和东部沿海地区巡航，保护商船免受法兰西、布列塔尼和苏格兰的海盗的劫掠，并震慑法兰西人雇用或赞助的卡斯蒂利亚和热那亚战船。[26]

1415年2月9日，亨利五世命令全体人员（水手和木匠）登上他的7艘战船——"托马斯"号（Thomas）、"王家三一"号（Trinity Royal）、"玛利亚"号（Maire）、"菲利普"号（Philip）、"凯瑟琳"号（Katherine）、"加百利"号和"波尔"号（Le Poul）。它们的名字前面都冠有"拉图尔的"（de la Tour）一词。这也许表明，像国王的军械库一样，这些船也把伦敦塔当作了基地。一个月后，枢密院通过决议：在国王离开王国期间，一支24艘船的舰队应该担负巡逻的任务。这支舰队会从萨福克的奥福德角（Orford Ness in Suffolk）航行到诺森伯里亚的贝里克（Berwick in Northumberland），并从普利茅斯（Plymouth）航行到怀特岛（这段路程更短）。经计算，这支舰队总共需要2000人。其中，超过一半的人是水手。在剩下的人当中，重铠兵和弓箭手各占一半。[27]

需要这么多士兵的原因是，即使在海战当中，他们所采取的作战形式也大多是近身肉搏。1416年，国王最大的战舰也仅仅搭载了7门火炮。由于开火的频率较低而且精确度堪忧，它们所发挥的作用非常有限。火箭和希腊火（中世纪的人们所制造的一种在水中也不会熄灭的化学火焰，制造它的方法已经失传了）也许是更为有效的武器，但是它们的运用十分有限。这是因为，与陆战一样，大多数中世纪海战的主要目标不是杀死敌人，而是俘虏敌人。因此，在大多数海战中，在靠近敌方船只后，船员就会向敌舰抛出抓钩，然后登上它。与陆上战争一样，海战也得到了进一步的发展。与纯粹的商船不同，战船的船头与船尾处都建有木制的小城堡。在受到敌方攻击的情况下，这些小城堡为重铠兵和弓箭手们提供了进攻和防守的有利位置。[28]

即使拥有了一支新近复兴并且快速扩张的王家舰队，亨利还是没有足够的船只来运送他的军队和装备。因此1415年3月18日，亨利五世派理查德·克莱德洛恩（Richard Cliderowe）与西蒙·弗莱特（Simon Flete）以尽可能快的速度赶往荷兰与泽兰。到达那儿之后，他们将以"最好、最谨慎的方式"与船只的主人和船长们商谈，雇他们为国王服务，并且将他们送到伦敦、桑威奇以及温奇尔西的港口。克莱德洛恩与弗莱特之所以被选中执行这项任务，大概是因为他们与船舶海运的联系：克莱德洛恩是加来的前任军需官，而弗莱特将在当年夏天晚些时候被派往布列塔尼公爵处，以解决有关海盗行为和违反休战协议的争端。弗莱特也许没能完成原先的任务。这样说是因为，4月4日，当国王再次让人完成这一任务的时候，弗莱特就被另一位加来的前任军需官雷金纳德·柯蒂斯（Reginald Curteys）取代了。[29]

最有趣的一点是，假如没有勃艮第公爵的同意，这两个人根本不可能前往荷兰和泽兰。在严格的法律意义上，荷兰和泽兰是低地国家中独立的郡，由神圣罗马帝国的封臣埃诺伯爵威廉统治。这是两片相邻的土地，荷兰位于泽兰的北面。在那个时候，后者是由许多位于斯海尔德河河口（Schelde estuary）的小岛屿组成的。（到了今天，由于排水和土地开垦计划的实施，泽兰的土地面积大大地增加了。）这片小小的领地几乎完全被它的强邻们包围了。它的南边是由勃艮第公爵直接统治的佛兰德,他唯一的儿子沙罗莱伯爵腓力(Philippe, count of Charolais)作为他的个人代表常驻此地。它的东边坐落着布拉班特,该地的公爵安托万是无畏的约翰的弟弟。自从威廉迎娶了约翰与安托万姐妹中最大的勃艮第的玛格丽特之后,威廉就成了这个家庭关系网的一员,荷兰和泽兰也受到了三方政治联盟的掌控。毫无疑问,勃艮第公爵在其中充当着主导性的角色。他号召威廉、安托万以及低地国家中的其他小领主前去开会,他自己则是会议的主持。如果无畏的约翰不让威廉允许英格兰使者到他的领地内招募船只,那么威廉无疑会遵循他的命令。因此,可以推断出,无畏的约翰至少默许了英格兰人前来招募船只的行为。如果他这样做了,那么法兰西人的怀疑就得到了证实,即英格兰人与勃艮第公爵在上一个秋天就已经结成了秘密联盟。[30]

有档案显示,克莱德洛恩和柯蒂斯花费了将近5050镑(按照今天的标准,这笔钱的价值刚刚超过200万英镑)在荷兰和泽兰雇用船只。尽管这可能并不是他们花费的全部,但是根据这一金额,我们已经能够对他们所能雇用的船只的数量做出有根据的推测了。如果按每1/4吨支付2便士的惯常价格来计算,那么他们所能招募的船只的总吨位约为12625吨。如果按最低的标准(每艘船20吨)来计算,这就意味着,在6月8日之前,他们已经为国王的远征招募到了大约631艘船。这一推算及其结果的唯一价值就是证明了同日一份报告中所说的正有700艘船在从荷兰驶向英格兰的途中。[31]中世纪的人在估算数字时往往会夸大其词(事实上也经常如此),但这一推算结果提醒了我们,他们所估算的数字有时候也可能是正确的。

这些船仍然满足不了亨利五世的需要。他在4月11日下令，无论是英格兰的还是外国的船只，凡是吨位在20吨及以上且停泊在泰晤士河与泰恩河畔的纽卡斯尔之间的英格兰港口里的，国王都要对它们加以征用。在5月1日之前到达的其他船只也会有相同的待遇。这个消息震惊了海外。"我们知道，我们的4艘商船至今仍未到达……"威尼斯的安东尼奥·莫罗西尼（Antonio Morosini）在7月写道，"毫无疑问，它们有落入英王手中的危险。这非常令人恐惧。希望按照永恒的上帝的意思，这样的事情可不要发生啊！"那个月，威尼斯方面接连收到了许多情报。一开始，亨利的舰队有300艘船，接下来，这一数目变成了至少600艘，最后甚至达到了1400艘"或者更多"。被夺取的英格兰船只被送往南安普敦，而外国船只则被送至温奇尔西、伦敦或者桑威奇。在接下来的三个月里，这些货船或者在那些地方被改造成战船，或者被改造成运输船，用来运送数以千计的人员、马匹和其他装备（这些都必须被运送到英吉利海峡对岸的法兰西）。[32]

随着1415年夏天的临近，征战的序幕被拉开，军事备战的节奏逐步加快了。4月20日，国王的制弓匠尼古拉斯·弗罗斯特获得了在整个王国范围内雇用所需的制弓匠与工人的权力，而国王将支付他们工资。与此同时，他也有权购置国王所要求的箭杆。两周之后，造箭师尼古拉斯·迈诺特也同样得到了授权，可以再招募12名造箭师，并且收集造箭所需的木材、羽毛、蜡和丝织物，以制作弓箭和弩的弩箭。国王又以每支6便士的价格，从一个名叫约翰·威德米尔（John Wyddemere）的伦敦细木工那里订购了1000支枪杆。5月3日到6月4日，国王授权驻扎在伦敦塔下的舰船长官们强行征召水手，为这次远征做准备。5月16日，王室内廷的马车队长罗伯特·亨特（Robert Hunt）得到了授权，可以在全国范围内为国王的远征征调"充足的马车"和用于制造新马车的木头、铁、木匠和小工。与此同时，他也要征召"足够多的"马以及能够驾驭它们的"足够多的"人。[33]（既然亨利的臣仆们努力去评估这位严厉的君主的需求并履行他的命令，那么在看到"所要求的数量"和"足够多的"这些词汇的时候，他们势必会感到无比害怕。）

现在，国王的命令下达得又快又多。负责管理国王的蹄铁工匠们的长官斯蒂芬·费鲁（Stephen Ferrour）接到了命令，要招募蹄铁匠，搜集铁、钉子与马蹄铁；石匠西蒙·刘易斯（Simon Lewys）和约翰·贝尼特（John Benet）则奉国王之命在伦敦及其周围各郡征召100名最优秀、最能干的石匠，让他们带着工具，为国王的远征而服务。铁匠威廉·梅尔什和尼古拉斯·绍金顿（Nicholas Shokyngton）则被要求在相同的条件下征召40名铁匠。同样，木匠托马斯·马修（Thomas Mathewe）与威廉·吉勒（William Gille）需要召集120名木匠与木工。马车夫约翰·索西米德（John Southemede）则需要提供62辆轮式马车、与马车相配的马匹和马具。[34]

在国王洞察一切的目光当中，没有什么细节是不重要的。为了给即将集结在南安普敦的庞大军队供给粮食，他命令肯特（Kent）、牛津（Oxford）、威尔特郡（Wiltshire）与汉普郡（Hampshire）的郡长每人从他们所在的郡购进200头牛，并且将它们带到指定的地点。"购买牛的钱由我们出，我们也会出一个合理的价格。"一个月后，两个位置最近的郡——威尔特郡与汉普郡的郡长则被分别命令再购置100头公牛、阉牛与奶牛。此后，另外一份下达给汉普郡郡长的令状显示,在温切斯特、南安普敦以及郡内其他的城镇、市场和小村庄,所有忠于国王的臣民都应该开始烤制面包并酿造啤酒,"以迎接国王、他的随从和他的封臣的到来"。[35]

无论是雇用木匠还是征调面包和麦芽酒,亨利在他所有的命令当中都反复强调,不要拿走教会的财产,也不要在没有支付合理的价钱的情况下就拿走东西。亨利为平等公正地对待所有人而感到自豪。他一直坚持这样的政策,但这并不是普遍的行为。征发官以糟糕的行为而闻名。他们强行征用货物,并不付钱。更常见的情况是,他们会以低价征购东西,然后以高价售出,为自己谋取利益。有些时候,他们也会用符木(tally)来付账,这在中世纪相当于一张支票。人们在一根木棒上面刻上划痕,以标示所欠的金额,然后再把它从中间劈开,一方各持一半。对于接受这些木棒的人来说,非常不幸的是,当他们拿着自己的木棒去换钱的时候,他们往往会发现这些木棒是毫无价值的。面对挥舞着国王的文书、倚仗着一群武装暴徒的征发官,很少有农民或者是小农场主胆敢反抗这些人的野蛮行径,从他们手中保护自己的谷物、豌豆、黄豆、牛、猪、绵羊、马车或马匹。

购买活着的牛并且将它们驱赶到启程的地点是一项创新的举措。它减轻了生活在附近地区的人们为军队提供肉类的压力。更为重要的是,国王坚持要公平合理地对待所有人,不仅包括他自己的官员,也包括他军队中的所有人(无论他们的等级如何)。7月24日,汉普郡郡长受命公开宣告,在接下来的三个月里,每一位随国王出征的领主、骑士、扈从、贴身仆人以及"其他人"都要自己解决食品和其他必需品的问题。在同一份公告当中,他也宣布，任何感到被军官及其士兵骚扰和侵害的人都应该向内廷财务大臣或内廷主计长提出获得补偿的要求。国王承诺，一到达某地，他就要践行完全的公平与正义。[36] 这是一个创举，在欧洲大陆并无相应的例子。在欧洲，人们已经把征发官的暴行视作理所当然。这标志着英格兰国王与他的臣民之间的关系进入了一个新纪元。

的确，亨利的正义感驱使着他去消除这种暴行。但是，这样做也有实际的好处。如果要发动一场结果无法预知的战争，那么他就需要得到他的臣民的支持。出于这个原因，他也注意确保这个国家的每一个人都知道他发动战争的原因。国王每颁布一条征集物资的令状，郡长就会在郡法院和当地的市场里大声朗读这一令状。这是一个说服他的臣民相信他行动的合法性和采取行动的必要性的机会。因此，每一个令状的前面都有这样的一段话："因为，正如你所知，在上帝的帮助下，我们即将远赴海外，以恢复我国国王的正当继承权。正如每一个人都知道的那样，不义之人窃取了这些权利，并一直将它们攥在手中……"[37] 这段话既是一种解释，又是一种呼吁。这场战争将会把国王的所有臣民都牵涉在内，而不单单是那些有能力举起武器的人。

第七章

金钱与人力

"当……人们必须发动战争并且战斗的时候,明智的君主……将会做些什么呢?"皮桑的克里斯蒂娜在她的《战士与骑士之道》中问道,"首先,他会考虑自己现有或可支配的力量,有多少人员可以利用以及有多少资金。除非他在人力和财力这两项基本要素上能够得到良好的供给,否则贸然发动战争便是愚蠢的。因为,要发动战争,他们就必须拥有上述的一切,尤其是资金。"[1]

亨利五世在威尔士战争期间的痛苦经历给他上了宝贵的一课。就此,他知道,如果要取得战争的胜利,就要得到适当的经济支持。仅仅通过削减欺诈与浪费、恢复中央控制、审查王室领地的租税以及密切关注支出,他便成功地增加了王室的传统收入。根据一些原始资料可知,他的可支配收入甚至比他父亲的两倍还多。他的父亲曾像大人给小孩发糖一样到处分发年金,以赢得支持,但在亨利五世的治下,这些赏赐被削减到原来的一半。而且,之前接受这些恩惠的领主们现在被迫在国王的远征中效犬马之劳,因为如果他们不这样做的话,他们就会失去所有的赏赐。[2]

如今,在准备阿金库尔远征期间,亨利五世命令他的财务大臣——阿伦德尔伯爵托马斯——审查国家所有部门的账目，并向他报告，他在未来能够有多少收入，又有多少债务需要偿还，"以便在他离开之前，国王就能够根据每项支出确定应供给的物资。如此一来，国王就会更加无愧于心。他将作为一位遵守上帝秩序的基督教国王出发，进而能够更好地完成他的征程。这让上帝感到喜悦，也让他的臣下感到安心"。[3]

这些话并不仅仅是说说而已。每一位王室官员，上至英格兰的财务大臣，下到国库最卑微的小吏，都知道国王在亲自审查他们的账簿。尽管还有其他的事情在占用他的时间，但没有任何细枝末节或是过于复杂的财务安排能够逃得过他的法眼。一张偶然保存下来的、枢密院书记官长所写的字条显示，即使亨利在1421年的博热（Baugé）惨败后的危机中重返法兰西，他仍然能够抽空检查一名4年前去世的锦衣库管理员的账目。不仅如此，他也亲自检查其中的数字运算，亲自签署他的名字，在书页的边缘处写上注释，以指明哪个款项需要国库审计官员进一步调查。这种亲身投入的程度和一丝不苟的对细节的关注都是史无前例的，并且反映了亨利在作为国王期间所投入的精力。[4]

这些措施的结果是，大笔现金开始源源不断地涌入亨利的国库。这是亨利的前辈们做梦也想象不到的。尽管如此，这仍然不足以支持国王在国外打一场重要的战役。因此，亨利需要向他的臣民征税，但是，他不能在没有得到议会同意的情况下就这样做。该项原则在1254年确立。在那之后，只要国王想向王国的所有人民征税，就必须得到他们的普遍同意，而不是只需要领主会议的同意就可以了。1407年，人们进一步确认，只有下议院才有权决定国王是否能够征税。"国家共同体"（下议院后来如此自称）的代表们一般是郡中的骑士和自治市的代表。他们在郡和自治市镇议会上被选举出来，每一个选区共两人。教俗领主们则是国王亲自单独召见的。上下两院同时在国王的威斯敏斯特宫举行集会，但两者会分开举行。有时，国王也会出席这些会议。他们会在会议上给冤情请愿、制定法令法规、批准条约、核准判决（比如给剑桥伯爵、斯克罗普勋爵和格雷爵士定叛国罪）以及批准征税。[5]

在亨利五世统治之前的40年间，国王与议会的冲突一直存在。有些时候，这种冲突是极为痛苦的。在新国王的治下，这一切都将被改变。当他还是威尔士亲王时，他就与下议院建立了极其良好的关系，在他成为国王之后，下议院也将会帮助他进行统治。在亨利统治期间，议会比在他父亲的统治时期集会得更加频繁，但会议的会期更短。而且，与国王本人一样，这些会议变得更具有事务性，办事也更有效率。亨利和议员们一起工作，并说服他们。他真诚并且积极地听取他们的建议，对他们所关心的事情做出回应。同时，他也像模范国王一样行事，促进了公平正义且提升了经济与行政效率，没有给议员批评他的机会。因此，亨利获得了议会的信任，这种信任的程度也几乎是前所未有的。王室书记官甚至为下议院起草了一些非常重要的请愿书，保证了这些请愿书能够迅速地按照国王的心意推行。[6]

这个合作所带来的最重要的结果是，下议院愿意授予亨利征收赋税的权利。在亨利统治的九年半的时间里，他得到了十又三分之一的协助金。除了两笔协助金，其他的协助金都是在1414至1420年的战争时期征收的。自从理查二世开始统治以来，如此繁重的税收负担就没有出现过了（理查二世的重税随后便引发了农民起义）。相较而言，亨利的命令几乎没有引发任何的抱怨：正如一名历史学家所指出的那样，与英格兰的其他国王相比，他获得的金钱更多，遭遇的麻烦却更少。在政治上，他也会运用自己的领导技艺。在召集议会的时候，亨利相信，议会在大体上会按照他的意愿行事。[7]

在这个时期，赋税是以直接和间接的方式征收的。直接的税收被称为协助金。这是一种动产税。在乡村，人们惯常会按照1/15的税率征税，在城镇，他们则会按1/10的税率征收这种税。无论处于何种等级，每个人都需要缴纳这笔税，只有那些动产少于10先令的人才能得到豁免。每个城镇和乡村都要缴纳固定数额的税，当地的资产评估员则决定摊派到每个居民头上的税额有多少。教士们也会纳税，而且他们将会按照较高的1/10的税率来缴纳。但是，要向他们征税，就必须要得到主教会议的同意。主教会议通常与议会同期举行。每一个主教教区都会分别举行主教会议，而这些会议都是由坎特伯雷大主教和约克大主教主持的。这些会议与议会征税的方式大体一致。间接税主要来自英格兰的羊毛出口贸易。英格兰商人要为每袋羊毛或者从240头羊身上剪下的羊毛缴纳43先令4便士的税，每海德（1海德约合0.5平方千米）则需缴纳100先令的税；外国商人缴纳的比例更高，分别要缴纳50先令与106先令4便士的税。为了给海上防务提供资金，亨利也征收了一些其他的税。他会对进口的葡萄酒征收每吨3先令的税，并对其他的出口货物征收每磅12便士的税。国王通常只在几年内享有这种征税权，一旦时间到了，国王就不得不重返议会，以再次得到议会的授权。

1413年，在亨利召开的第一届议会上，他得到了议会的授权，可以征收全额的十五分之一税和十分之一税。但是，在1414

年4月召开的第二届议会上,他拒绝了继续加征赋税,这一举动是为了让他的臣民感到惊讶,并让他受到臣民的爱戴。然而,这只是暴风雨前的平静。在同年12月召开的第三届议会上,他要求议会授予他征收双倍协助金的权利。也就是说,他要求征收的不是一倍而是双倍的全额十五分之一税和十分之一税。作为英格兰的大法官,国王的叔叔温切斯特主教亨利·博福特必须在上下议院发表传统的开场演讲,他负责说服他们同意国王的征税方案。这位杰出的演说家需要使出浑身解数以赢得众人的支持。博福特宣称,议会是根据国王的命令召开的,旨在为如何恢复国王的合法继承权提出建议。敌人们已经不法占据了这些权利太久了。每一件事都有适宜的时机,就像一棵树终究会经历萌芽、开花、结果、死去的过程一样,人也需要经历战争、和平以及辛勤劳作的时光。在看到他治下的整个王国处于和平的境况当中,而且他收复领地的主张是正当的之后(如果他想要发动海外战争,这两点都是必不可少的),国王认为,在上帝的帮助下,将雄心付诸行动的时机已经成熟了。因此,他需要三样东西:来自他的议会忠实而有益的建议、人民真诚而有力的援助以及他的臣民所提供的大笔协助金。但是,尽管说服力有些不足,博福特补充道,胜利将会减轻他的臣民的负担,并带来更大的荣誉。[8]

议会适时地批准了双倍的税收。以下的一个事实促成了下议院议员们的支持与赞成:下议院的议长不是别人,正是博福特的表哥——国王所信任的助手托马斯·乔叟。南方的主教会议与北方主教会议也表示愿意接受两倍的十分之一税。他们也有感激亨利五世的理由。当他们面临罗拉德派的威胁时,亨利五世坚决维护了教会。在确信大笔金钱很快就会流入他的国库之后,亨利终于可以加紧进行战争筹备了。[9]

尽管这笔协助金非常丰厚,但是,这么大笔的金钱难以一次就筹集起来。到1415年2月为止,国王已经得到了这笔款项中的一半,但是直到一年以后,另外一半才到了国王的手中。没能获得足够的钱在当时让亨利感到非常头疼。他必须找到现成的钱以支付他的军队开支。要解决这个难题,只有一个办法:那便是借款。为了支付对法战争中的款项,爱德华三世曾经向佛罗伦萨的银行世家巴尔迪(Bardi)与佩鲁齐(Peruzzi)家族借款,然后把这两个家族毁掉了,因为他拒绝偿还自己的债务。亨利五世无法做出这样的选择,因此,他转而寻求他的臣民的帮助,以资助即将到来的战争。

1415年3月10日,亨利将伦敦的市长与市政官召至伦敦塔。他告诉他们,他打算渡海作战,以收复本属于他的领地。为了做到这一点,他需要更多的钱。4天后,为讨论此事,坎特伯雷大主教亨利·奇切利、温切斯特主教亨利·博福特、国王的幼弟(贝德福德公爵约翰和格洛斯特公爵汉弗莱)、约克公爵爱德华以及城市的显贵们在市政厅见面了。伦敦是整个王国中最富庶的城市,其富裕程度远远超过了其他的城市。而且作为一个国际贸易中心,那里的商人比其他大部分城镇和城市的商人都更容易接触到现金。这一点十分重要。这是因为,在那个时代,无论是世袭的、教会的、贵族的还是商人的动产,大部分都是实物(尤其是珠宝和盔甲),而不是现金。国王实在是太需要从伦敦借款了,以至于伦敦市长被安排在荣耀的座位上。大主教在市长的右边落座,而王室公爵们则坐在他的左手边。这种奉承与抬举达到了意料之中的效果。6月16日,伦敦为国王提供了一笔1万马克(约合今天的276万英镑)的巨额贷款。作为抵押，伦敦从国王那里获得了一条重达56盎司的名叫"奥尔的普山"（Pusan d'Or）的金项圈。[10]选择这件抵押物具有很深的意味，因为这个"双S形项圈"一直是兰开斯特家族的标记。至少从冈特的约翰的时代起，他们最重要的家臣们就佩戴着这个项圈，以表现他们对这一家族的忠诚。这个饰物之所以叫这个名字是因为它由成串的41个S形的环圈组成，根据佩戴者的身份，这些环圈可以由金、银或者白镴制成。"奥尔的普山"可能是国王自己佩戴的项圈，因为它由黄金制成，并且饰以许多镶有宝石的、涂以瓷釉的王冠和羚羊。王冠暗示了王室身份，羚羊则是亨利五世的个人徽章之一。

尽管伦敦是第一个向国王提供贷款的城市，而且也是向国王提供贷款的城市当中最富有的，但它绝不是唯一这么做的城市。5月10日，亨利向他"十分亲爱的、忠诚的、挚爱的"臣民写了一封信。事实上，这封信就是一封用来筹款的信。信是用法语写的，并且盖上了国王最私人的印章——御玺。由于这封信是亨利本人口授的，他在信上留下了十分鲜明的、带有他个人性格特征的烙印。这封信十分坦率而且直奔主题。它十分有力地唤起了臣民的忠诚，但同时也暗含着一丝细微的威胁意味。再没有比这更好的用来洞悉亨利的统治之道的例子了。信的开头表明，国王即将踏上他的航程，他已经向他的将士们支付了第一部分的薪水，并且许诺他会在起航时向他们支付第二笔薪饷。他向其忠实的臣民收取的税金和所借的钱款仍不足以让他履行自己的承诺，"所以，如果凑不齐第二笔薪饷，我们上述的征程很有可能被推迟，我们所筹集到的第一笔薪饷将会被白白浪费。对于我们乃至整个王国来说，这都是一个巨大的创伤，而这是上帝所不愿看到的"。"既然你们渴望这一次远征获得成功,并且为了我们和整个王国的共同福祉",他要求每一个收信人按照信使的要求借钱,并以"尽可能快的速度"将这些钱寄送给他。"而且,你应该温柔地把我们的祷告铭记在心里,"亨利补充道,"不要让我们失望,也不要让我们对你们失去信心。"[11]

有谁能拒绝如此个人化且直白的请求呢?收信的城镇、宗教团体以及臣民个人显然都无法拒绝。诺里奇主教兼国王宫室的司库理查德·考特尼全权负责筹集经费。这也许是因为宫室负责收藏许多私人的珠宝和盔甲,而国王不得不用它们充当抵押品。例如,理查二世的金王冠被抵押给了诺福克郡的人们,以筹集1000马克的借款。诺里奇人给国王的借款从500马克(来自市长、郡长和诺里奇的公民)到10马克(来自某个叫作尼古拉斯·斯科菲特[Nicholas Scounfet]的人)不等。这座王冠价值800英镑,上面镶嵌着56颗红宝石、40颗蓝宝石、8颗钻石以及7颗大珍珠。一个原属于勃艮第公爵的、饰以大量珠宝的巨大黄金圣饼盒,现在也同样被抵押给德文郡的民众和教士们,以换取860马克的借款。这些人包括埃克塞特大教堂的总铎和全体教士;埃克塞特和普利茅斯的市长和市民;塔维斯托克(Tavistock)、普林普顿(Plympton)、朗塞斯顿(Launceston)和巴克法斯特(Buckfast)的修道院院长和小隐修院院长。[12]

加来的司库罗杰·萨文(Roger Salveyn)借给国王的钱最多,共价值10936英镑3先令8便士。在6年多以后,这笔借款才被还清。其他市镇也各尽其力。有趣的是,它们借款的数额反映了各自的财富状况。例如,布里斯托尔提供了582英镑;诺里奇提供了333英镑6先令8便士;金斯林(King's Lynn)和纽卡斯尔则各自贡献了216英镑13先令4便士；约克支援了200英镑；波士顿（Boston）借了80英镑；贝弗里（Beverley）、坎特伯雷（Canterbury）、埃克塞特、北安普敦（Northampton）和诺丁汉（Nottingham）各自贡献了66英镑13先令4便士；布里奇沃特借出了50英镑；格洛斯特、梅德斯通（Maidstone）、萨德伯里（Sudbury）各自出了40英镑；伯里圣埃德蒙兹（Bury St Edmunds）和法弗沙姆（Faversham）各自出资33英镑6先令8便士；普利茅斯借了20英镑，达特茅斯（Dartmouth）则借了13英镑6先令8便士。与协助金一样，借款的多少也由市长和他的手下们商量后决定，然后向当地居民征收。考文垂（Coventry）在1424年向国王借款100镑。这一记录显示，几乎没有人可以免于借款。每个人支付的金额从1英镑6先令8便士到最少的10便士（约合今天的17.25英镑）不等。[13]

如果国王筹集这么大笔的资金而没有遇到抗议的话，那么这件事将会令人感到非常吃惊。那些在1414年的双倍税收中已经支付了动产的1/5，现在又被要求"自愿"提供借款的城镇居民尤其有理由提出抗议。他们甚至不能指望以收取利息来获得安慰，因为高利贷是被教会严厉禁止的，所有基督教徒之间的借款都是免息的。索尔兹伯里人被要求提供100英镑的借款。但是，在经过一番艰难的讨价还价后，金额被减少到了原来的2/3，而这些钱也将由该城最重要的85位居民支付。尽管如此，在城镇最终呈上借款之前，他们仍有让国王感到不悦的危险。直到市长封了他的房子，托马斯·皮斯托（Thomas Pistour）才被说服支付了他需要支付的6先令8便士。当詹姆斯·哈林顿爵士（Sir James Harington）带着他的扈从——兰开夏（Lancashire）的重铠兵和弓箭手——

前往南安普敦集结，试图从索尔兹伯里大桥横渡埃文河（river Avon）的时候，他们被卷入了与当地镇民的全面冲突。在这场冲突之中，4名镇民被杀死，另有14名被从桥上扔入了河中。类似地，在伦敦，一位杂货商、一名服装商人以及一位监狱官吏均遭到了控告，因为他们错误地指控一名市政官向他们征收了比他们应付的城市贷款更多的钱。在认罪之后，他们被判处在纽盖特监狱（Newgate Prison）监禁一年零一天。但是，在支付一笔保证金之后，他们得以免除这次牢狱之灾。[14]

与穷人相比，富人更愿意挺身而出，提供巨额贷款，其中很多人之前就已经借过钱给国王了。伦敦的纺织品商人在这些人中尤为突出。比如，约翰·亨迪（John Hende）借出了单笔数额最大的款项——4666英镑13先令4便士（约合今天的200万英镑）；理查德·惠廷顿（Richard Whittington）借出了700英镑。在舞台剧里，他以迪克·惠廷顿（Dick Whittington）的名字为英格兰学童所熟知。作为格洛斯特郡贵族的旁系成员和家中的幼子，惠廷顿靠买卖一些昂贵的纺织品在伦敦发了家。由于每年为王室内廷提供价值超过1000英镑的金线织物和绣花的天鹅绒布，他成了伦敦的一名市政官。在1397至1398年，1406至1407年，1419至1420年，他曾经三度担任市长，还在1416年成了议员。在担任加来的斯泰普尔（Staple）市长期间，他成了全国最为富有的商人之一，并因此能够经常给亨利四世和亨利五世提供贷款。在亨利五世登基不久后，他随即便借给了他2000英镑。为他赢得传奇声誉的不是他的王室关系，而是他的众多慈善活动，包括重建纽盖特监狱，为穷人建立救济院，为司铎设立惠廷顿学院并资助一家为妓女设立的收容所。[15]

并不是所有的商人都和理查德·惠廷顿一样，愿意为国王以及即将到来的战争慷慨解囊。许多定居在英格兰的外国商人在包括法兰西在内的其他国家有相关的商业利益，这些人完全不乐意为战争捐款。威尼斯编年史家安东尼奥·莫罗西尼抱怨道，许多伦巴第商人和意大利威尼斯商人连同他们的货物一起被扣押了，为了获释，他们被迫向国王支付大笔赎金。尽管莫罗西尼的说法似乎并不可信，但是这一论断是正确的。1415年5月25日，10名意大利商会的合伙人被传唤到枢密院。当他们拒绝提供总计2000英镑的借款时，他们被投入了弗利特监狱。这是一个非常具有讽刺意味的举动，因为这个监狱是用来关押欠债者的。[16]

这种手段也许达到了理想的效果。因为，到了6月初，外国商人的钱财不断地流入了国库：来自佛罗伦萨的阿尔贝蒂斯家族（Albertis）和约翰·维克托（John Victor）分别拿出了将近800英镑和266英镑13先令4便士；来自卢卡（Lucca）的莫朗的保罗（Paul de Meulan）出资132英镑；来自威尼斯的马里恩的尼古拉斯（Nicholas de Muleyn）和他的伙伴们贡献了660英镑。也许是为了补偿他们所遭受的严苛对待，国王在一年内就偿还了所有借款。然而，国王此时的财政状况是很紧张的，阿尔贝蒂的劳伦斯（Laurence de Alberti）不得不接受一种新的还款方式——他可以在不交相应关税的情况下进口5船的货物。[17]

教会的财产也同样被置于国王的支配之下。毫不奇怪的是，仅仅在6、7月，英格兰最富有的神职人员温切斯特主教亨利·博福特就借给了他侄子将近2630英镑，坎特伯雷大主教亨利·奇切利和林肯主教菲利普·拉品顿（Philip Repingdon, bishop of Lincoln）也各自给他们的国王贡献了200英镑与400英镑。各地教会的修道院院长、小隐修院长和大教堂教士大会总铎也能够从他们的信众手里筹集大笔资金。(尽管如此，托钵僧亨利·克伦奈尔[Henry Cronnale]到底是如何获得那笔200英镑的借款的仍然是一个谜。)令人感到诧异的是，很多级别相对较低的神职人员，无论自愿与否，也贡献了相当多的金钱。达勒姆教区的13名堂区长每人借出了20英镑(约合今天的8280英镑)，诺福克郡霍尔特马尔凯特(Holtmarket)的教区长威廉·谢里蒙特(William Shyrymton)也交出了相同的数目。[18]

鉴于涉及这些借款的偿付的会计体系十分复杂，一些借款的偿付被延迟了(在某些情况下会延期很多年)，档案记载得也不完全，人们几乎无法统计出亨利到底筹集到了多少借款。唯一尝试对此进行估算的是勃艮第派编年史家蒙斯特勒莱的昂盖朗。他在战事发生30年后写作的史书中估算的借款金额是50万诺布尔(相当于今天的6900万英镑)，这一数据被大多数后来的英格兰和法兰西的编年史家们所接受。[19]尽管直接接受这一结论可能是权宜之计，但是唯一可以确定的是，这笔钱的数额十分巨大，不仅足以支付军饷，而且可以用来支持作战。如果说有什么因素左右了亨利在阿金库尔远征中的军事决策，资金短缺都不是其中之一。

相对于筹集足够的资金以支付士兵们的薪水而言，招募足够多的士兵就容易多了。事实上，人手太多反而给亨利带来了麻烦，因为他找不到足够的船只以装载所有集结在南安普敦的军队。即便他在最后关头重复了之前的命令，命人征用停留在伦敦港口的船只，并以"尽可能快的速度"把它们开到南安普敦，但是他依然不得不将部分部队留在后方。[20]尽管古老的封建体系中的那种用个人军役来换取特定土地的体制早已崩溃了，但是到了这个时候，它的影响还在。亨利国王依旧希望他的直接封臣们能够带着一定数目的军队与他一同出征。不可避免的是，其中的绝大多数都来自这些直接封臣的领地。然而，与之前不同，这些士兵并不是因为封建关系而联系起来的。无论其身份是高是低，这些士兵都与领主签订了服役契约。这些契约都是按照法律制定的，也是具有法律效力的。

在爱德华三世的统治时代，为了应对在法兰西连续作战所产生的需求，英格兰已经用这种方式建立起了一个十分复杂的军队招募体系。这套体系是建立在契约（indenture）的基础之上的。契约指的是包含了两份一模一样副本的文件。双方在两份副本上都签署了自己的名字，其过程都有证人的见证。在相关的地方，双方还会在这些副本上盖上印章。在那之后，人们就会把两份副本分别裁成两半。在分割文件的时候，人们不是直接把文件裁成两半，而是把分割的地方裁成波浪状或者锯齿状。在那之后，双方再各自拿走一份副本。如果双方对于服役的条件和条款起了争论，双方就必须取出他们所持有的副本，将它们拼在一起，以确保边缘的锯齿相互匹配，并证明这两个副本的确是原始契约的一部分。这种简单而精巧的策略令伪造文件变得十分困难，契约的其中一方也很难改变自己所持的副本中的条款。

当时有两种类型的契约。其中一种契约要求，无论是在战时还是和平年代，其中一方都要对另一方服役。这通常是终身有效的。另一种则是为了一场特定的军事战役而签订的，通常预先规定了服役的时长。许多参与阿金库尔战役的英军战士都是国王或者其他领主的家臣。正如他们在和平年代构成了领主家中的中坚力量一样，在战争时期，他们也是领主武装部队的中流砥柱。这个群体也是亨利首先召集的对象。亨利在1415年3月22日颁布了一道命令：任何骑士、乡绅、扈从或者是其他从爱德华三世、理查二世、黑太子、冈特的约翰、亨利四世或者他自己手中领有封地薪酬或者是年金的人都要在4月24日之前到伦敦觐见国王。[21]

4月19日，国王邀请大会议的成员们——4个拥有王室血统的公爵、9名伯爵、15名男爵、2名大主教、8名主教以及几个主要修道院的院长——在威斯敏斯特宫共进早餐，再次就对法兰西开战一事征求他们的同意。在得知国王已经采纳了他们早先的意见，重新在外交方面做出努力，并以温和的方式提出他的主张，而这一系列的努力最终失败了之后，会议正式同意开战，并落实了战争的胜利所必需的各种安排。[22]

10天之后，一大批关于阿金库尔远征的临时军事契约在威斯敏斯特签订。斯克罗普勋爵亨利是一个典型的例子，他在登陆前夜被处决，但这一事件并没有阻止他手下的士兵们继续前往法兰西。在与国王签订的契约当中，[23] 斯克罗普勋爵会率领着30名重铠兵和36名弓箭手为国王服一年的军役。"重铠兵"（man-at-arms）这一宽泛的术语最终取代了"骑士"（knight）一词成为对中世纪作战人员的标准描述。由于契约包含了社会中的所有等级，上至国王、公爵，下至刚刚能负担起给自己配备马匹、武器和盔甲的费用的最贫穷的扈从，它总是会提及这些重铠兵的社会阶层。在斯克罗普勋爵的例子当中，他所招募的30名重铠兵包括他自己（方旗骑士）、3名骑士以及26名扈从。与其他大多数支队一样，他的90名弓箭手也将骑马作战。尽管一些招募来的弓箭手没有马匹，这些人在作战时大概只能徒步了。无论哪种情况，弓箭手的数量几乎总会超过重铠兵，比例为三比一。这是一个英格兰所独有的、异乎寻常的高比例，也是决定阿金库尔战役胜局的关键。[24]

在大会议上，国王亲自制定了此次战役的薪饷标准。薪饷的标准按惯例制定，并根据交战地点的不同而进行调整。此时，尽管大会议已经决定要远征"阿夫勒尔和诺曼底地区"，但是亨利下定决心要让敌人捉摸不透，弄不清楚他想要发动进攻的区域，以保证军事上的优势。他自然无法掩饰他那大规模的军事备战行动，但是直到他的舰队起航时，他进攻法兰西的准确地点仍然是一个秘密。因此，人们故意没有在契约上写上作战的地点。服役地点可能会是"我们的吉耶讷公国或者我们在法兰西的领地"，服役期则是从到达集结地之日起开始计算的。薪饷将按天支付，按照公爵到弓箭手的顺序依次降低：13先令4便士（公爵）、6先令8便士（伯爵）、4先令（男爵）、2先令（骑士）、12便士（扈从）、6便士（弓箭手[无论是否骑马]）。每一支拥有30名重铠兵的小队都有权获得一份100马克的"津贴"（regard，又称额外给予的报酬），这实际上是对铠甲费用的补贴和对马匹损失的一种补偿。如果远征的目的地是阿基坦，则军士们将不会得到津贴，但是扈从与弓箭手的年薪将分别被上调至26英镑13先令4便士和13英镑6先令8便士。[25]

就比例而言，社会阶级较低的人前往法兰西地区服军役所获得的薪饷要高于上层阶级人士所获得的薪饷。贵族生来就是要战斗的，战斗是他们的天职与责任。谁也没有想过让他们仅靠军饷谋生。同样的评价也可以用于骑士。他们用于购置战马、武器和铠甲的花费可能比他们一年的军饷还要多。在中世纪，要成为一个骑士，他的土地年收入需要达到40镑，而这与一名骑士为国王服军役所能获得的年收入相差不大。对于扈从和弓箭手而言，军饷的吸引力则要大得多。他们是军队的主要组成部分。假如一名扈从在战争中每年都可以赚取18英镑5先令的军饷，那么他很有可能会过得比和平年代的扈从要好。1412年，在伦敦的协助金名册上，我们可以看到有42名自称扈从的市民，但其中只有12人的土地年租金超过了15英镑。对于一名弓箭手来说，战争能够更明显地改善他的生活：假设他在战争中一天的薪饷是6便士，那么他一年大概可以赚到9英镑，而且还不用支付他自己的伙食费。而在平时的生活当中，即使是有一定手艺的工匠，例如木匠、石匠和管道工，他们的日薪也大概只有3至5便士。更何况，他们还要自己找活干。[26]对于那些社会等级较高的人来说，日薪6便士也是有吸引力的。亨利五世麾下的很多弓箭手是农民或小地主。他们的土地年收入为5英镑，负担得起装配战马与盔甲的基本费用。在这些人当中，有一些人属于小贵族的支系。他们的家庭财力不够深厚，只能为国王的军队提供一个重铠兵。对于他们而言，在法兰西服军役为他们提供了晋升的前景。许多最初以弓箭手的身份被招募进军队的人随后都会以重铠兵的身份继续服役。[27]

远征的薪饷将会提前按季度支付：在签署契约的时候，国王将会支付第一季度的一半军饷，而在大军如数集结完毕并准备登船时，他就会支付这一季度军饷的另一半。（不出人们所料，在远征开始之前、期间以及之后，亨利五世都坚持定期清点每支部队的人数，扣除每一个失踪士兵的薪饷。）如果远征持续的时间不足一年，那么他将在将士们登上回程船的时候支付后一半的薪酬，还会支付他们8天的旅程津贴。正如我们已经看到的那样，用于支付这些薪饷的现金总额是极其巨大的。仅就斯克罗普勋爵的部队而言，第一季度所需支付的薪水便高达368英镑10先令6便士

（约合今天的152578英镑），而这一军队的规模还不过是与他身份等级相仿的贵族所率领的军队当中的平均水平。至少有11名贵族所率领的军队规模要比这支军队更大。克拉伦斯公爵托马斯的军队规模最大，麾下有240名重铠兵（包括他本人、1名伯爵、2名男爵、14名骑士与222名扈从）和720名骑着马的弓箭手。他的弟弟格洛斯特公爵汉弗莱的军队规模则居于第二位。他麾下有200名重铠兵与600名骑着马的弓箭手。至于约克公爵爱德华、多塞特伯爵托马斯以及阿伦德尔伯爵托马斯，他们各自率领着100名重铠兵和300名骑着马的弓箭手。[28]

为了保证自己会支付薪酬，亨利不得不再次从他的宝箱里掏出财宝。从名义上来说，斯克罗普勋爵收到的珠宝价值与第二笔应付款的价值相当。国王必须在19个月内将这些珠宝赎回。一旦逾期，根据契约的条款，斯克罗普勋爵和他的子嗣们便可以自由处置这些物品。无论是把它们据为己有，还是把它们卖掉，抑或是用别的什么处理方式，他们都不用担心国王的干涉与处罚。这是所有契约中的一项标准条款，但并不是每一方都认为有必要遵守这一条款。例如，克拉伦斯公爵获得了"亨利王冠"，但是必须使王冠保持完整与不被损坏。实际上，由于他负担不起他自己军队的薪饷，他不得不将王冠拆成几块，把一个镶嵌着珠宝的百合花饰和几个金尖端分给不同的骑士与扈从。直到他去世，他都没能把这些物件赎回来。[29]

约克公爵爱德华和索尔兹伯里伯爵托马斯也同样收到了用超凡工艺制作和具有不菲价值的物品。约克公爵得到了一个金钵。"这个钵被做成了船的形状，其底座是一只熊，上面还点缀着19颗巴莱（桃红色的红宝石）、12颗大珍珠以及14颗其他的珍珠，共重22磅1.5盎司"。索尔兹伯里伯爵则得到了"一艘镀银的大船。船上有12名重铠兵,都在甲板上作战。除此之外,船的两端各有一座城堡。这些物件的总重达到了65磅3盎司"。英格兰的金银工匠因为这些工艺而蜚声欧陆,但是他们的工艺与这些物品的价值没有什么关系。这些工艺品的价值只与珠宝的价值和贵金属被熔化之后的价值有关。那些身份地位较低的、拥有较少部下的人也会收到非同寻常的物品:托马斯·豪利爵士(Sir Thomas Hauley)得到了一柄装饰着鸵鸟羽毛的剑。在亨利五世还是威尔士亲王的时候,这把剑就是亨利五世的所有物了。约翰·拉德克利夫爵士(Sir John Radclyff)得到了一块镶嵌着珠宝的金质写字板,上面有关于耶稣无缝长袍的一段记述。扈从约翰·德韦德(John Durwade)得到了"一座黄金神龛,神龛里面有一幅圣母玛利亚的图画。图中,圣母坐在绿色的大地上,亚当与夏娃站在一旁。画面的四个角上都饰有一个天使"。在被用作抵押品的物件当中,最好的物品大多是查理六世、贝里公爵和勃艮第公爵赠给理查二世的,所以亨利事实上是在用他们赠予的礼物来支付对他们的战争。[30]

国王对他的战士们的经济许诺并不仅限于支付他们的薪饷和津贴。在签署的每一个契约中,他也承诺,要承担每支小队来往法兰西或者阿基坦的船费,也要为他们提供战马、马具以及补给。只有在看到斯克罗普勋爵被允许把16匹马留作己用的时候,人们才能感受到国王所支付的薪酬数额的庞大。正如薪饷的支付有等级之别一样,人们也根据每个人的身份地位预先定好了他们可以携带的马匹的数量。克拉伦斯公爵、格洛斯特公爵以及约克公爵每人都可以携带50匹马。每名伯爵则可以携带24匹马,每名方旗骑士或男爵可以携带16匹，每名骑士可携带6匹，每名扈从可携带4匹，每名弓箭手可携带1匹。如果我们再次把斯克罗普勋爵那120名成员的队伍作为研究对象的话，可以看到，按照国王提供的费用，他至少应当携带228匹马。想必如果他愿意的话，他可以自费携带更多的马。相应地，克拉伦斯公爵麾下那960人的队伍被允许携带1798匹马。[31]

为什么需要这么多的马呢？大军需要具有以较快的速度长途行军的能力，但是每名重铠兵甚至是扈从仍旧被要求具备在马背上作战和徒步作战的能力。人们十分重视战马，而它们的价格也十分高昂。这是因为，与那些用于马上比武的马匹一样，它们也需要经过高强度的训练才能够做出与它们的天性相违背的行动，例如坚定不移地冲向敌阵，或者在激烈的近身战斗中听从主人的指挥，不被激战中的声音与压力所惊扰。虽然英格兰与威尔士人也在培育战马，但最出色的战马通常是从西班牙、意大利或者是低地国家进口的，并且在法兰西盛大的香槟（Champagne）国际集市和伦敦的史密斯菲尔德（Smithfield）出售。[32]

从14世纪末到15世纪初，大部分中世纪骑士要在他们的战马上花费5到100英镑，平均需要花费25英镑。最贵的马称作速步马（courser）。它站立时有14至15掌宽高，能够负载一名全副武装的士兵。速步马的耐力与灵敏度都十分出色，是长途远征的理想选择，也是那些能够负担得起相应费用的人的首选。那些手头不甚宽裕者会选择较为便宜的普通马匹。然而，就算是这种马也要比弓箭手所骑的马好一些，这些人的马只适合骑行，但是不适合上战场，通常只价值1英镑（约合今天的414英镑）。[33]

一名骑士的6匹马可以被分为3个种类：战马、平常骑用马和驮马。他可能会用一匹速步马作为战马,再带上另一匹战马轮换使用。他还会带上一匹普通的马,可以供他在不是全副武装时骑乘使用。他的仆人们也同样会骑着这种普通的马,数量从一到两匹不等。为了运送物资,他们还会带上一两匹驮马。队伍领袖的地位越高,那么他所带的仆人与行囊也就越多。甚至是最为贫穷的扈从也理应带着一匹战马、一匹骑用马、一匹拖马和一匹驮马。这也就意味着他的随行人员中至少会有一两名负责照料这些马匹的仆人。这些仆人中的一部分可能是弓箭手,但毫无疑问的是,其他的人都是小男孩或者非战斗人员。尽管其他的原始资料中已经承认了这些仆人的存在,但因为他们不参与作战,无论是在契约中还是在集结名单中,他们的名字都不会出现。[34]

诸如斯克罗普勋爵和亨利五世签署的那种军事契约的最后一部分提及了有关战利品和俘虏的重要事宜。这些问题极其容易引发纠纷与误会,尤其是因为这些战利品并不总是自动归属于取得它们的人。由于所有的军队士兵都有薪饷,把他们的部分战利品上交给雇主这一点成了惯例。出于这一原因,自从14世纪70年代以来,契约都设定了战利品的固定分配比例。在斯克罗普勋爵的案例中,如果战利品的价值超过10马克(6英镑13先令4便士,约合今天的2760英镑),那么国王就要收取斯克罗普勋爵个人战利品中的1/3,并向他的扈从收取战利品的1/9;任何价值低于10马克的战利品都归战利品的获得者个人所有。此外,无论阶级高低,如果任何人捕获了法兰西国王,或者法兰西国王的儿子、侄甥、叔伯、堂表兄弟、副官或者统帅或者其他国家的国王,这些重要的俘虏都必须移交给国王。国王会把他们的全部赎金纳入囊中。在通常情况下,国王会给予原来的俘获者一些报酬，但是契约中并没有详细说明补偿的数额，这一数额完全取决于国王的慷慨程度。根据皮桑的克里斯蒂娜的说法，在法兰西，任何价值超过1万马克的囚犯或战利品都会被交给国王。无论这些囚犯和战利品的具体价值是多少，国王都会支付原先的捕获者1万马克。[35]

国王所持有的这些契约的副本都被保存在国库中。人们将这些契约装在一个用细绳缝制的皮质袋子中，袋子的外面写有每个签订契约的将领的名字。随着战事的进展，任何有关的文件都会被加入这个袋子中，包括花名册与各种薪饷要求。它有助于国库的书记官核算出应向每个支队支付的金额。通过这种方式，历经几个世纪征税事务的锤炼，国库杰出的行政机制为我们提供了独一无二的视角，以洞悉那些通常为编年史材料所忽略的、籍籍无名的重铠兵和弓箭手的命运。这一视角几乎是史无前例的。例如，关于托马斯·厄平厄姆爵士（Sir Thomas Erpingham，莎士比亚笔下"善良的年长骑士"）的档案记录了他契约当中的内容。包括他本人在内，他要与20名重铠兵和60名骑马弓箭手一同为国王服军役。他的两名重铠兵托马斯·热内（Thomas Geney）和约翰·考尔索普（John Calthorp）在科地区谢夫（Chef-de-Caux）登陆之后被册封为骑士，但因伤退役。他们被从阿夫勒尔送回国内，并最终在英格兰离世。另一名重铠兵约翰·安杰斯（John Aungers）死于加来。他手下仅有的两名骑士——哈莫·勒斯特兰奇（Hamon le Straunge）和沃尔特·戈尔丁汉姆（Walter Goldingham）——出现在了阿金库尔的战场上。两名弓箭手亨利·普罗姆（Henry Prom）和罗伯特·贝克尔斯（Robert Beccles）死于阿夫勒尔，另一名弓箭手博特里的约翰（John de Boterie）在围城期间受伤并被送回国内。最后，还有两名弓箭手在战争中死亡：理查德·查普曼（Richard Chapman）死于从阿夫勒尔前往阿金库尔的行军途中，斯蒂芬·格林（Stephen Geryng）死在了战场上，是厄平厄姆所部中唯一在阿金库尔战场上丧生的人。[36]

我们大约已经确认了250份涉及阿金库尔远征的个人契约。但是，这些契约可能只是所有契约中比例非常小的一部分，因为1416年，国库又添置了632个皮制袋子以保存契约文件。即使如此，250份依旧是一个前所未有的数字。无论是在阿金库尔远征之前还是之后，都没有出现过如此多的契约。与以往行事的惯例——将组织整个军队的任务分包给三四名贵族不同，亨利五世有意识地为他的军队招募来源更为广泛的士兵。就招募的人数而言，有很多契约似乎并不值得人们费心把它们写在羊皮纸卷上。例如，按照契约，一个名叫鲍德温·巴格（Baldewin Bugge）的扈从只会带上3名弓箭手为国王服役。同为扈从的约翰·托普克利夫（John Topclyff）、奥斯巴德斯顿的罗伯特·拉德克利夫（Robert Radclyf of Osbaldeston）和威廉·李（William Lee）都只能提供两名弓箭手。甚至有弓箭手直接以个人身份和国王签订契约。例如，理查德·肖尔（Richard Shore）、约翰·维默（John Wemme）以及托马斯·纽曼（Thomas Newman）都是以个人身份与国王签约的，尽管国库的书记官似乎更喜欢把服役的弓箭手编成小组（这些小组每组至少有4人，通常有12人），哪怕只是出于统计上的方便。[37]

在通常情况下，上述的这些人都会与大领主签订次级契约，并加入他们的部队。例如，威廉·贝狄克（William Bedyk）就与索尔兹伯里伯爵托马斯签约，进入了他的队伍。毕竟，这位扈从只能负担起他本人和2名弓箭手的费用,索尔兹伯里伯爵此前则与国王签订了契约,要为其提供40名重铠兵和8名骑着马的弓箭手。贝狄克与伯爵签订的契约中的条款与伯爵和国王所签订的完全一致。在某一处,贝狄克与伯爵的契约甚至明确写道,他将会按照"与他的社会状况同样的标准"得到酬劳,和"之前所提到的、我们的君主发放给我们的伯爵手下兵士的薪饷一样多"。这是一个十分必要的预防措施,因为领主也可能会从此类契约当中谋取利益。1380年,休·黑斯廷斯爵士(Sir Hugh Hastings)本应当支付每名重铠兵45镑3先令的军饷,但他实际只付给了他们40英镑,把剩余的部分据为己有。除了为他的几名部下支付薪水和船费,贝狄克以及他的一名贴身男仆还能够在海峡两岸享用免费的食物和酒水。作为回报,他有义务按照惯例将他的战利品的1/3上交给伯爵。[38]

对于国王来说,尽管直接同这些人数较少的队伍签订契约是十分费时且代价高昂的,但是它有几点好处。这意味着比起过去,被招募来的战士们与国王的个人联系更为直接。与此同时,它也暗示了国王对于他们在这场战争之中所做出的贡献(无论多小)的重视,这让他们对国王更加忠心。这也同样意味着,与之前的战争中的情况不同,亨利五世的士兵们不是来自各大领主的领地,而是来自整个王国的每一个地区。王国卷入这场战争的程度是前所未有的。这在整个王国中激起了异乎寻常的自豪感与民族热情,这些感情全都聚焦在具有个人魅力的国王本人身上。

第八章

大军集结

1415年6月16日，亨利五世离开了伦敦，骑马前往南安普敦，中途只在圣保罗座堂（St Paul's Cathedral）和萨瑟克座堂（Southwark Cathedral）做了短暂停留，以参加礼拜仪式和做供奉。与他同行的有4名王室大家族中的成员——约克公爵爱德华、多塞特伯爵托马斯·博福特、约翰·康沃尔爵士与约翰·霍兰爵士，还有阿伦德尔伯爵、剑桥伯爵和马奇伯爵。为了表达对国王的尊敬与爱戴，伦敦市长、市政官以及340名市民一路骑马将他们送到了金斯顿（Kingston）一带。直到那里，他们才转身离开，并祝愿他在接下来的航程中一路顺风。根据亨利五世的指令，他们随后回到了伦敦城中，一直等待他从法兰西回来。[1]

第二天，由资深外交官布尔日大主教纪尧姆·布瓦斯拉捷率领的一个法兰西使团在多佛尔登陆了。法兰西的使节们并不知道亨利已经离开了伦敦，于是前往伦敦城以和国王会面。而当亨利知道使者来访时，他已经抵达了温切斯特（南安普敦以北十二三英里处），并在那里的沃尔弗西城堡（Wolvesey Castle）安顿了下来。正是在沃尔弗西城堡中，亨利召唤法兰西人前来觐见。他知道,这将是这场外交游戏的终章,但是法兰西使节们却对此浑然不知。

亨利亲切地接待了他们,但他是以对他来说最像国王的方式接待他们的。他头上什么也没有戴,但身着镶金的王家礼服。他的周围簇拥着大会议的成员们,其中还包括他的3个兄弟。法兰西使节再次宣称,他们想要两国之间的"真正且完整的和平",并重申了他们的条件,即只要亨利解散他们所知的、正在南安普敦集结的大军,他们就愿意给亨利一个领土面积更大的阿基坦公国,同意将卡特琳公主嫁给他,并提供80万法郎的嫁妆。在经历了几天无意义的、三心二意的讨价还价之后,使节们再次来到国王面前,从大法官温切斯特主教亨利·博福特的口中听到国王的最终答复。博福特宣布,国王和他的大会议已经决定,如果法兰西人不将卡特琳嫁给他,也不把阿基坦、诺曼底、安茹、图赖讷等公国,普瓦图、曼恩和蓬蒂厄等伯国"以及一切曾经属于英王的祖先、理应属于他的其他领土"还给他,"那么他将不会推迟他的航程……而是以他的全部力量摧毁法兰西的国王和整个法兰西王国"。他会用剑收复他人以不公正的手段从他手中夺走的每一个地方。如果可能的话,他甚至会把他的敌人赶下法兰西的王位。在博福特宣言的最后,亨利自己补充道,在上帝允许的范围内,他将会如主教所说的那样行事,"他以国王的姿态向使节们做出了承诺"。

在意识到无论他们说什么或者做什么都无法使亨利回心转意之后,布尔日大主教最后一次发表了演说。在这一极具挑衅意味的演说中,他抗议道,法兰西已经提出了非常优厚的条件,这并非是出于对英格兰的畏惧,而是出于对和平的热爱,也是为了避免基督徒之间的流血冲突。法兰西国王将会把英格兰人驱逐出所有归他支配的土地。"你要么将在那里成为阶下囚,"他警告亨利道,"要么将在那里丧命。"具有讽刺意味的是,布尔日大主教为亨利所预告的命运最终降临到了同一使团中的两个世俗人士身上:旺多姆伯爵波旁的路易（Louis de Bourbon, count of Vendôme）和圣索沃子爵伊夫里的夏尔（Charles d'Ivry, viscount of Saint Sauveur）就在阿金库尔战役中被俘,后者还受了很严重的伤。[2]

面对着使命的失败,除了返回巴黎,法兰西的使节们也没有什么别的办法。他们向上级报告了亨利五世拒绝妥协的情况,并且汇报了他们所了解到的英格兰的备战情况。然而,即使到了现在,法兰西人似乎依然低估了亨利的力量与眼界。在此,他们似乎又被英格兰人故意误导了。诺里奇主教理查德·考特尼是英格兰国王的密友,并且深度参与了两国间的谈判。他私下向使团成员之一——来自巴黎圣母院的咏祷司铎让·夫索利（Jean Fusoris）——透露,如果使团能来得更早一点的话,那么英法联姻就有可能实现。他还宣称,他仍未完全放弃达成协议的希望。迟至1415年8月（在亨利已经航海前往法兰西之后）,威尼斯人仍然能听到和平协议可能达成的消息。法兰西方面似乎普遍认为,即使英格兰方面要继续入侵,也只会是一次短暂的突袭,就像1412年所发生的那次侵略行动一样。相比所得到的东西来说,英格兰方面所需要付出的代价更大。[3]

考特尼到底是真的相信自己对夫索利所说的话,还是只是在利用他？如果他不希望自己的话会被重复给使节们听,一个地位如此显赫的主教为什么要向一个地位低微的法兰西人吐露心声？后者甚至都不是使团的正式成员。夫索利在使团中扮演的角色十分可疑，甚至有叛国的嫌疑。他很有可能是一名英格兰间谍。虽然他以一名教士的身份示人，但他更为同时代人所熟知的身份是占星家和占星工具的制造者。夫索利声称，1414年秋和1415年春，主教在巴黎进行外交活动时与他相遇，并欠下他一大笔钱。也正是出于这样的原因，他喋喋不休地要求自己也被纳入外交使团当中。那时，考特尼就有意栽培夫索利了。他告诉夫索利，他也对占星术十分感兴趣，并向夫索利购买书籍和仪器。他还向夫索利请教一些专业问题，劝说后者用历书与星盘来占卜亨利与卡特琳联姻和当下他外交任务成功的可能性。考特尼也表达过对于亨利五世长期健康状况的担忧。他试图让夫索利解读国王出生时的天象，以预测亨利五世能活多长时间。[4]

尽管一名主教向一个占星术士咨询国事似乎是一件匪夷所思的事情，但是在法兰西，这绝不是一件不同寻常之事。在英格兰，作为一种预测未来的手段，占星术不但被人们视为一种巫术，而且被视作《圣经》中谴责的那种假预言。占星术的名声因为与理查二世的联系而进一步恶化——理查二世那不同寻常的大陆品味中便包含了他对占卜术的喜爱。关于理查二世再次降临的预言迫使亨利四世在1402和1406年颁布了反对预言的法律。在另一方面，法兰西的查理五世（Charles V）仍是占星术与探地术（类似于茶叶占卜，但用的是少量的土壤）的忠实信徒。他专门建立了一座令人印象深刻的图书馆以收藏所有神秘学的书籍。他的宫廷御用占星师是博洛尼亚大学（university of Bologna）的前任占星学讲师皮扎诺的托马索（Tommaso da Pizzano）。如今，他更为人们所熟知的身份是皮桑的克里斯蒂娜的父亲。皮扎诺的托马索以用法术将英格兰人驱逐出法兰西而闻名。他是这样施法的：首先，把5个铅制的空心人偶置于对应的星座之下，再分别给每一个人偶贴上英格兰国王与他手下4名主要将领的名字和星座；随后，他取了法兰西东南西北中5个方向的土壤，分别填满这些人偶；等到恰当的时候，他就把这些人偶的双手背在身后、脸部朝下地埋在取土的地方，并念诵咒语，以诅咒英格兰的国王和将领们死去，而就在他施法的同时，英格兰人也会被驱逐出法兰西的领地。尽管并不是瞬时生效，但结果令人非常满意，"在几个月以内，所有被提及的军队都逃离了这个王国"。这个例子完美地说明了占星术和巫术之间的细微差别，并解释了英格兰人对这一事物的担忧。[5]

夫索利也许没有意识到英法两国态度的差异。或许他仍然希望得到宫廷御用占星师的职位，或者至少希望向英格兰国王推销几本著作和几件占星仪器。无论是哪一种情况，对于像考特尼这样一位诡计多端的外交家而言，夫索利是一个很容易被拿下的目标。考特尼告诉他，亨利五世对占星术很感兴趣，希望能与他会面。在整个温切斯特谈判期间，考特尼一直在与夫索利接触。在此期间，这位占星术士因为出现在用餐场合并且频繁地与英格兰人会面和交谈而引起了法兰西使团官员们的怀疑。最后，在弥撒仪式举行之后，考特尼终于把他引荐给了亨利国王，他发表了一番明确的讲话，指出这个"认为有达成和平协议的希望"的法兰西人给国王带来了星盘、图表以及历书等礼物。如果夫索利希望从国王那里得到热烈的欢迎和充满感激与兴趣的回应的话，那么他就大错特错了。亨利以他一贯的作风，用拉丁语简洁地回答道："谢谢你，约翰先生。"随后又以不那么正式的方式用法语说了句"万分感激"。而且，亨利拒绝了夫索利的一本有关占星谜语的小册子。[6]

事实上，亨利对于占星术的兴趣或者微不足道，或者更像是一种伪装，方便他们与一个有用的潜在间谍公开会面。在夫索利的叛国审判当中，至少有两名法兰西使团的其他成员出庭作证，认为他与亨利国王有过另外一次会面。二人秘密地交谈了整整两个小时，但是夫索利对此极力否认。然而，在他离开英格兰之前，他再次拜访了考特尼，而且从后者那里得到了33英镑6先令8便士。他宣称，这是他应得的，主教是在清偿他所欠的债。但这些钱也有可能是他从事间谍服务所得到的报偿。在深思熟虑之后，夫索利所得出的对于亨利的印象是，亨利国王有君主的风度和威严，但是似乎更适合教会而不是战场。（这一印象可能并不可靠，因为这是夫索利在接受审判的时候于法庭上供述的。）在夫索利心中，就整体而言，克拉伦斯公爵更像是一个好战分子。[7]

亨利即将对法兰西展示他性格中尚勇的一面。他与法兰西使节们已经没有什么更多的东西可谈的了。于是，亨利将他们留在了温切斯特，并在1415年7月6日的晚上骑马离去，与他正在南安普敦附近集结的军队会合。他在波特切斯特城堡设立了他的指挥部。这座城堡宏伟的塔楼、幕墙以及每隔一定距离均匀分布的圆形瞭望塔，都受益于亨利最近的修缮计划而焕然一新。城堡矗立在朴次茅斯湾（Portsmouth Bay）天然港口的一个海岬上，正对着入海口，方便亨利经常视察在南安普敦、朴次茅斯和温切斯特集结的军队，并留意那支在南安普敦海域和索伦特海峡的舰队的组建进度。当时机来临的时候，它将会是亨利理想的起航地点：从波特切斯特出发，他可以直接航行到舰队的领航位置，并带领他的舰队驶入大海。

现在，关于远征最后的准备工作已经就绪。亨利26岁的弟弟贝德福德公爵约翰被任命为国王在英格兰的副官。在亨利远征在外期间，他将会在一个由坎特伯雷大主教、温切斯特主教、达勒姆主教和威斯特摩兰伯爵组成的小会议的辅佐下统治英格兰、威尔士和爱尔兰。约翰·蒂普托夫特爵士长期跟随兰开斯特家族，是一名经验丰富的王室和议会行政官。同样地，他被任命为阿基坦公国的总管，并在6月带领着一支庞大的军队前往阿基坦公国。[8]

在国王与国家通常依赖的大量作战部队在外远征期间，人们还采取了保卫国家安全的防御措施。大量增援部队被派去驻防苏格兰、威尔士和加来的边境，并帮助舰队守卫海岸。原则上，那些居住在最容易遭受攻击的区域——比如最北端的那些郡——的居民不会被招募入伍参与远征，而是被要求留在他们原来的地方。罗伯特·特怀福德（Robert Twyford）本来打算与国王一起远征，但是因为"留下来与格雷勋爵一同守卫苏格兰东部边境让［国王］感到高兴"，他的契约被取消了。在国王远征期间，加来所有士兵的军假都被取消了。[9]

各个郡也接到了征兵的任务：遴选出每一个能够参与战斗的男人，并确保配有适合他身份的武器装备。正如我们所看到的那样，按照法律规定，无论其身份、阶级如何，所有16至60岁之间的男子都要在弥撒之后的每个周日和宗教节日到靶垛那里练习射箭；那些土地收入在2至5英镑之间的人也需要自备弓、箭、剑与匕首，以便随时响应征召。然而，尽管这些人当中的许多人会进入国王的军队，那些太年轻、太老或者在某些方面失去正常行动能力的人会留在后方，相当于中世纪版的国民自卫军。[10]

阿金库尔远征对于人力的需求给王国造成的压力是如此之大，

以至于人们认为,上述这样的征兵方案仍不足以填补人力上的空白。尽管这一点看起来不可思议,但亨利再一次将目光投向了教会,指望教会人员为他补上差额。当时的法律观点就这一点产生了诸多分歧,但人们普遍认为,当神职人员遭到攻击时,他们能够进行防卫。根据这个原则,为了守卫王国,让教士们参军是合法的。因此,亨利给坎特伯雷大主教、约克的大主教以及所有主教签发了一份令状,要求每个教区的教士尽可能快地集结起来。无论身份如何,每一个可以拿起武器的人都要被囊括进来。这些人可能是世俗教士,例如堂区司铎,也有可能是生活在与世隔绝的修道院里的成员,就连那些享有官方授予的特权可以免服军役的人也要响应号召。这一次,教会的自由没有得到尊重。每个教士都要根据自身的地位和能力全副武装,并做好抵抗"敌人的恶意、粗鲁的行为与袭扰"的准备。为了让教会能够接受这份苦差事,令状的序言中暗示了教会自身的敌人——罗拉德派和其他异端——才是这些特殊举措的目标,而非到处抢劫的法兰西人和苏格兰人。它宣布,国王正在为"保卫王国、母亲般的英格兰教会以及天主教信仰"而战斗。[11]

国王必须于7月16日之前将征兵的结果告知大法官法庭。这一结果表明,国王沿着这条不寻常的路线走下去的决定是合理的。现存的11个教区的文献档案显示,当时,从11个教区募集的神职人员总人数超过了1.2万名;在庞大的林肯教区,人们一共找到了4500名合适的作战人选,其中有4000人是弓箭手;甚至在相对较小的巴斯教区和韦尔斯教区,人们也招募到了60名重铠兵、830名弓箭手与10名骑马弓箭手。[12]如果要加上已经丢失的其他8个教区的记录中所显示的人数,可以看到,教会集结了一支庞大的预备军，包括行剃发礼并且穿着僧服的僧侣、咏祷司铎、修士、司铎以及随军司铎。这些人来自修道院的圣所、主教座堂、大学的隐修院、堂区教堂以及附属小礼拜堂。更有甚者，这是一支比亨利在南安普敦集结的常规主力军规模更庞大的自卫队。

现在，这支军队的人数稍稍多于1.2万人。这些战斗人员几乎来自王国的每一个角落（包括阿基坦在内）。（尽管莎士比亚笔下有着麦克莫里斯［Macmorris］队长和杰米［Jamy］队长这样丰富多彩的角色，但这支军队中并没有苏格兰人和爱尔兰人的支队。）这意味着以个人身份征召随从的人付出了很多的努力。他们像国王一样面临着极大的经济压力，要承担起召集、装备以及供养他们部队的责任。作为司礼大臣，年轻的约翰·莫布雷第一次展示他的军事能力，正式带队进行远征。有关他的记录显示，即便他从国王那里只获得了1450英镑的酬劳，以支付他和他手下的薪饷，但为了这次战争，他所花费的钱财已经超过了2000英镑（约合今天的100万英镑）。[13]

莫布雷是第一批签署契约参加远征的人之一。4月29日，他与国王签订了契约，亲自带着4名骑士、45名重铠兵以及150名弓箭手为国王服兵役。在7月1日之前，当他向和他签约、为他服军役的战士们支付本季度的薪饷时，我们看到，他手下有55名重铠兵（其中只有2人是骑士）和147名弓箭手。尽管与其他直接签约为国王服务的同僚一样，莫布雷只领到了同期半数的军饷，但他所有的手下都领到了他们第一个季度（91天）的全额军饷，而且是按照远征法兰西的标准计算的。只有当他将所有人马集结起来，接受国王检阅官的检阅的时候，他才能拿到另一半军饷。因此，莫布雷也把7月1日定为他集结军队的日子。但是，由于大军集结的时间被推迟了两个星期,莫布雷不得不自己出钱补贴差额。[14]

莫布雷的记录显示,他手下的这支庞大的队伍是由许多特别小的支队组成的。其中,最大的次级支队是由一名扈从——珀西瓦尔·林雷(Perceval Lynlay)——招募的。除去林雷自己,他还带领着5名重铠兵和一支由15名弓箭手组成的小支队。尽管2名骑士与另外5名扈从也带来了人数相对比较多的支队,但是莫布雷手下有30名扈从是以个人身份签订契约的,每个人只带了两三名弓箭手。另外,还有40名弓箭手以个人名义被招入莫布雷的军队。在记录当中,他们的姓名有时会显示出他们的职业。从这些人的姓名当中我们可以猜测,这些弓箭手很有可能是司礼大臣内府中的人员:威廉·库克(William Coke,厨师)、尼古拉斯·阿穆尔(Nicholas Armourer,盔甲制造师)、威廉·桑德勒尔(William Sadelyler,马鞍工匠)、约翰·福特曼(John Foteman,侍从)以及约翰·费舍雷科(John Fysshelake,捕鱼者)。一名弓箭手甚至被专门标明为帐篷制造者。[15]

在记录当中,我们还能看到按士兵标准支付给一小部分人的薪饷。几乎可以肯定,这些人是非战斗人员。也正是因为他们的这一身份,这些人不能算在司礼大臣所征召的战士之列。这一小队人员中包括莫布雷的2名传令兵(每个传令兵必须给自己配备一名弓箭手)、3名军乐师以及莫布雷手下固定年薪为10英镑的号手"托马斯·特朗皮特"(Thomas Trumpet)。这引发了一个无法回答的问题:前往法兰西的英格兰军队中究竟有多少非战斗人员?在大法官法院卷轴里,我们可以看到一份名单,上面记载了在阿金库尔远征中得到王室的授权和保护令状的人的名字。这份名单中也提及一小部分人的职业。这些人中的很多人明显不是战斗人员：托马斯·鲍德温（Thomas Baudewyn），他是林肯郡斯威比的教区修道院长（rector of Swaby in Lincolnshire），追随克拉伦斯公爵出征；书记约翰·胡格（John Hugge），他是佛兰德骑士埃尔泰克·冯·克吕（Hertonk von Clux）的随从；约翰·库克（John Cook），他是国王随军司铎中的一员。其他的人来到这里可能纯粹是因为他们的专业技能。来自伦敦塔的御用铁匠约翰·梅尔什和尼古拉斯·莫布雷的队伍中的刀匠约翰·帕绍尔（John Persshal）的专业技能都比他们的作战能力重要得多。一些重要的商人被卷入战争中，可能仅仅是为了给不同的队伍提供补给。他们中许多人都是伦敦市民。但是，当我们看到队伍中出现两名裁缝、一名来自诺里奇的面包师、一名来自考文垂的羊毛商、一名来自佩特沃斯（Petworth）的屠夫、一名来自伦敦的牲畜贩子以及克拉伦斯公爵随从队伍中的一位名叫威廉·贝尔（William Belle）的酒馆老板（他的保护令状最后在11月被撤销，"因为他在伦敦耽搁了些时日"）的时候，我们又该如何理解他们的定位呢？[16] 他们到那儿是为了做生意还是参军呢？尽管这两个可能的答案并不一定是相互冲突的，但他们似乎更有可能是前去参军的。毕竟，在大约500个收到保护令状或者授权令状的人中，只有一个人将他的职业描述为"弓箭手"。而且，在按弓箭手的标准得到薪饷的人当中，有很多人是司礼大臣的内府成员。不可避免的是，一支规模庞大的部队需要吸收大量平民，以补充职业战士的不足。[17]

和国王一样，司礼大臣发现，为了给自己的随行人员提供装备，他花费了大量的金钱。他从许多不同的造箭师和商人那里购买弓、箭和弓弦等物件。最令人意想不到的是，他所购买的物件还包括弩。他把所有的物件都仔细地打包封装好，置于特地购置的箱子当中以便运输。然后，他再用涂蜡的布料把这些箱子包装好，以防止进水。[18]

尽管像司礼大臣这样的军队领袖似乎理应为他们的弓箭手提供一些军事装备，但是他们并没有类似的为重铠兵提供军事装备的义务。重铠兵应当自行承担一切费用。他们至少要为自己准备一整套板甲、武器以及契约所规定的四匹马。根据收入情况的不同，装备的质量也可能会有极大的不同。但是，在可承受的范围内购置最优良的装备是至关重要的，因为这事关装备拥有者的生命安危。昂贵的武器（特别是剑和匕首）可以从父亲传给儿子，或者由领主赏赐给最受宠爱的随从，因为它们的设计没有发生重大的改变，而且可以被重新锻造。长枪与箭一样属于消耗品，但是适应性更强。木制的枪杆要足够长，以便能在马背上使用。但一旦有需要，它也可以随时被截短：在阿金库尔战役中，当法兰西人做出下马步战的决定时，法兰西的重铠兵们收到了命令，将他们的长枪截短。[19]也许对于重铠兵来说，意义最为重大的武器是斧头或者长柄斧。为了回应板甲的引入，它们在14世纪晚期得到了发展。与它所取代的狼牙棒一样，这种斧头带有锤头，仅凭猛烈一击就可以击碎敌人的盔甲。它同时也有一个致命的尖端，可以用来刺穿板甲或插进几片铠甲之间脆弱的接合处。[20]

并不是每个重铠兵都能负担得起最先进盔甲的费用，但司礼大臣下定决心，要在他的第一次远征中崭露头角。6月和7月，单单在铠甲上，他的花费就超过了70英镑（约相当于今天的3万英镑）。当代有些人错误地认为，一套完整的盔甲是整套出售的。但是，司礼大臣颠覆了这一说法。为了搜寻盔甲的每一个部分，司礼大臣花费了很大的力气。一名伦敦铠甲工匠为他提供了一副用以保护躯干的板甲，另一名工匠为他制造了两顶头盔。第三名工匠则为他提供了用来保护腿、上臂和小臂的护甲（legharney、vantbrace 和 rerebrace），金属护手以及护脚（sabaton，用来保护骑士的脚）。另一名专家伦敦的约翰·弗伦奇（John Freynch）将一对镀金的马刺出售给他，并帮他修复了一对旧马刺。针对他所提供的优质服务，弗伦奇向司礼大臣收取了1英镑4先令3便士。那些完善最后细节的任务——例如，在铠甲里添置内衬，以防止铠甲的板片相互摩擦和确保铠甲的舒适度；为其中一顶头盔安上顶饰，并给另一顶头盔装上面甲或领饰；装配甲片间的带子（armyngpointe），并承担起确保每一片甲片都处于正确的位置上的这项繁重且对技能要求极高的任务——被留给了司礼大臣自己所雇用的铠甲工匠，那个名如其人的尼古拉斯·阿穆尔。尼古拉斯同样负责修理破损的护甲，有时候也会购买新的部件。例如，6月26日，他购买了一副米兰制造的护腿锁子甲，那里是公认的欧洲盔甲制造中心。锁子甲由环环相扣的金属环制成，战士们把它穿在板甲的下方，为自己提供第二层保护。在那些容易遭受攻击的地方（例如手臂的下方以及那些在移动时容易暴露在外的接合点），这种保护尤为重要。最接近皮肤的保护层是一件厚重的、带有装填垫料的布衣。当穿着盔甲的人受到击打的时候，这件衣服便可以起到缓冲的作用。"当领主横渡海峡，将要来到法兰西大地的时候，需要为他"量身定做一件新的软铠甲（armyngdoublett），它所使用的材料也及时地出现在司礼大臣的账目上。[21]

司礼大臣从头到脚都被包裹在板甲之中，就连脸也被隐藏在头盔的面甲背后。这样一来，他便被淹没在战士的队伍当中，很难被人认出来。因此，他在徽记和纹章上支付了另外一小笔费用，以便他和他的部队能够被辨认出来。莫布雷向一名伦敦的刺绣工人约翰·亨特（John Hunt）支付了一笔40英镑（约合今天的16560英镑）的巨款，购置了一件用金线和丝绸缝制的、覆盖在铠甲外面的无袖罩袍，并为他的战马购置了一件配套的马衣。两者上面的装饰都是莫布雷这位王室司礼大臣的纹章。制作这些罩袍涉及很多道工序，以至于马衣与罩袍都可能会制作不完，无法在远征当中使用。这促使莫布雷额外支付了一笔2先令8便士的小费，以"加快"这项工作的进度。他雇用了一名伦敦的画工，在他的罩袍、军旗、帐篷以及48个盾牌上画上纹章。盾牌也许只有装饰的意义，而没有军事的意义。这是因为，重铠兵从头到脚全都包裹在板甲里面。对于他们来说，盾牌已经成了一个不必要的累赘。[22]

尽管当时没有现代意义上的统一制服（uniform），但大领主的随从们习惯于穿着由领主出资提供的号衣（livery）。这种衣服的颜色是由领主选择的，上面还有领主的纹章或徽章。例如，约翰·法斯托尔夫爵士（Sir John Fastolf）给他的部下穿上了醒目的、红白相间的衣服。这些衣服是他的佃户们在威尔特郡的科姆城堡庄园（manor of Castle Combe）制作的。国王在威尔士和柴郡招募的弓箭手则戴着绿白相间的帽子，穿着同样颜色的无袖罩袍。在阿金库尔远征之前的几个月里，约翰·莫布雷也为他的内府成员购买了大量的红色、白色、黑色、绿色的衣服（尽管他的养鹰人更应该穿着赤褐色的制服）。他甚至还给他的部下们提供了圣乔治十字架。国王的法令规定，在国王的军队中服役的时候，人们必须要把前胸和后背位置有这种十字架的衣服穿在身上。[23]

司礼大臣把远征的准备工作拓展到了他自己的生活领域。他在自己的帐篷内配备了全套设施，包括一张新床、一张新床垫、一个新枕头、一个夜壶，还有一顶被改造成厕所的旧帐篷。他的厨师忙于购置大锅、炊具和瓶子，而这些物件将供他的主人在阿夫勒尔围城战当中使用。他的马车夫修理了搭载物资的马车，将一切整理得井井有条。他的马厩管家在伦敦购置了一顶新帐篷。它经受过特殊的改装，以充当远征时期的马厩。[24]

鉴于司礼大臣为准备远征的巨大开支与他有限的收入，他很快就花光了钱一事并不令人惊讶。因此，他被迫向阿伦德尔伯爵托马斯借钱。他绝不是唯一发现自己深陷债务之人。1415年7月12日，约翰·康沃尔爵士部队中的一名扈从约翰·切恩（John Cheyne）在南安普敦绝望地写下了一封信。他告知约翰·佩勒姆爵士（Sir John Pelham），"为了来到这里，我花费了大量的金钱"。"在我离开之前"，他需要"一笔数额不小的金钱"，因此命令他的仆人带去"我的一些物品"以作为这笔借款的抵押。他承诺，无论佩勒姆提出怎样的条件，他都会前去赎回自己的这些物件。甚至像约克公爵爱德华这样富甲一方的大贵族，在离开英格兰之前也不得不抵押他的部分地产，为他那支庞大的部队支付工资。[25]

绝大多数集结在南安普敦的部队都和司礼大臣的部队一样，但总有一些值得注意的例外。在某些情况下，这些例外反映了这些士兵被招募地区的特点。国王在南威尔士的掌礼大臣约翰·莫尔布里从卡玛森郡（Carmarthenshire）、卡迪根郡（Cardiganshire）以及布雷克诺克郡（Brecknockshire）招募了500名弓箭手。但是，在这些地区，他只招募到了20名重铠兵，其中至少有3人——梅雷迪思·阿普·欧文·阿普·格里菲思（Meredith ap Owen ap Griffith）、格里菲思·唐（Griffith Don）以及戴维·阿普·叶延·阿普·特拉海阿尔恩（David ap Ieuan ap Trahaiarn）——是与亨利五世和解的前叛军。他们将会在阿金库尔的战场上遇到一些同胞，而这些同胞并没有为法兰西人作战。圣佩威的让（Jehan de Seintpee）没能在他的故乡阿基坦招募到弓箭手，只能代之以100名弩手，其中80名是步行作战的。[26]

一些部队完全由技术工人组成。例如，约翰·格雷道尔（John Greyndor）带来了9名重铠兵和30名弓箭手，但他还招募了120名威尔士采矿工人，其中6人是技艺精湛的高级矿工，日薪为12便士，其余人的日薪为6便士。[27]与火炮战术的使用一样，挖掘地道也是攻城战役中的基本手段。亨利以个人的名义雇用了21名熟练炮手和5名炮手，他们每人拥有2名"火炮的仆从"。这些人组成了一支总共78人的小队。据说，最好的中世纪炮手都来自低地国家与德意志地区。非常有趣的是，我们可以看到，国王麾下绝大部分的熟练炮手似乎都来自荷兰，而为了让他们服役，亨利开出了最高的价格。即便是普通炮手，他们的薪饷水平也与重铠兵一样。可以看到，熟练炮手的薪饷异常之高，日薪可达20便士，这种差别可以从不同炮手仆人的薪水上看出来。相比之下，国王自己的炮手杰勒德·斯普龙克（Gerald Sprunk）的薪水只有10英镑，他还需要从中拨出一部分钱，以支付他手下4名弓箭手的薪水。[28]

除了最先进的火炮技术，亨利也会用诸如重力抛石机和扭力投石机等更为传统的投射攻城武器，并进一步测试，以找出最为有效的武器。亨利命令波尔多的市长与裁判官为这场战役捐出

"两台被称作'新娘'的最好的机械装置，以及一位合适且能够胜任自己任务的工程师和木匠以操纵它们"。[29] 亨利也带上了一些小型的移动攻城塔。车轮之上是二层塔楼，它们的框架是木制的，并且被牛皮所覆盖。它能够被推到攻城的地方，为破城槌、进攻部队以及搭在城墙顶端的梯子或者桥提供庇护之所。为了能够维护和修理所有这些机械，亨利雇用了124名木匠、25名皮匠（他们被招募的数量意味着他们不仅仅是被雇来制造和修理皮鞋的）、6名车轮修造工（英格兰人也需要他们修理随军征战的马车）以及120名普通劳工。[30]

与司礼大臣的军队一样，亨利的个人军队就是他内廷的扩大版。负责管理国王马匹的约翰·沃特顿（John Waterton）招募了60名马倌、1名马厩测量员、1名马厩事务官、1名书记官、12名负责为马购置燕麦的自耕农采买官、12名铁匠、9名马鞍工匠以及2名似乎只负责"引导国王在夜间行进"的引路人。沃特顿似乎总共需要照料233匹王室的战马，而到了战争的尾声阶段，这些马只剩下了98匹。这一事实提醒我们，马匹并没有免受战争所带来的影响。6名制弓匠、6名造箭师、1个名叫尼古拉斯·布兰普顿（Nicolas Brampton）的头盔匠以及以"铠甲制造者奥尔布赖特"（Albryght mayl maker）为首的12名盔甲制造师，负责为国王的内廷成员制造盔甲和武器。"负责管理营帐和大帐篷的军官"约翰·科奈（John Conyn）让4名画师与28名仆人负责照看王室的大帐篷。[31]

威廉·鲍恩（William Balne，他在阿金库尔战役中抓住了一名法兰西人，并以10英镑的价格出售了他）与他手下的2名事务员负责管理国王的厨房。在国王的厨房中，3名自耕农与1名事务员负责照顾和饲养家禽，8名自耕农与1名事务员负责管理面包房，

3名事务员负责保管国王的调味品，1名事务员负责管理桌布，还有1名事务员负责管理厅堂，另有1名事务员和15个工人负责清洗餐具。此外，还有156名自耕农和仆人没有被分配到任何指定的部门。亨利让"他宫室中的"3名侍从、"厅堂里的"木匠以及劳工负责传递信息。负责管理亨利礼仪和行头的事务员、2名施赈吏（负责分发国王的救济与布施）以及王室财务大臣威廉·金沃梅尔什（William Kynwolmersh）也随国王一起出征。亨利的虔诚充分体现在随他一起出征的宗教团体的规模上。在这个宗教团体中，最高级的神职人员是博尔迪乌的让（Jean de Bordiu，他是加斯科涅的一名法学博士，同时也是阿基坦的前大法官）和埃德蒙·莱西（Edmund Lacy，王家小礼拜堂的总铎）。此外，这一团体中还有3名司铎、15名随军司铎以及14名负责掌管法衣与圣坛祭器的僧侣。《英王亨利五世纪事》（Gesta Herici Quinti）的作者——那位不知名的随军司铎——也在这些神职人员当中。此书生动地记录了阿金库尔远征。当阿金库尔战役在这位随军司铎身旁爆发的时候，他坐在物资搬运车上，因为恐惧而瑟瑟发抖，但与此同时，他也在为英格兰祈求胜利。[32]

没有一位自视甚高的中世纪君主或者贵族会在不带吟游诗人的情况下出门远行。作为一名音乐爱好者的亨利当然也会带上他的吟游诗人们。随同他征战法兰西的士兵中有18名吟游诗人，每人每天可以领取12便士的军饷，与1名重铠兵的军饷相当。这些吟游诗人至少包括3名号手、3名笛手和1名提琴手。尽管余下的人演奏的是什么乐器记载不详，但是，在通常情况下，这里还会有几名号角手和至少1名鼓手。（在中世纪的手稿和雕刻中，鼓手往往会把一对小圆鼓别在腰带上，将其挂在腹股沟的位置，这也许能够解释俗语"睾丸"［knacker］一词的由来。）[33]

在这一时期，集体演奏这一形式还远未成熟，但吟游诗人会在行军途中、小圣堂里以及娱乐消遣时进行演奏：1420年，在围攻默伦（Melun）期间，亨利命令他的吟游诗人"在日落和日出的时候"用"6或8个英格兰号角和其他不同种类的乐器""悠扬地"演奏"整整1个小时"。在正式场合当中，号手们也派得上用场。例如，他们可以号角齐鸣，以宣告国王的到来；在发表公告的时候，他们可以用号声来吸引公众的注意。最重要的是，在军事远征中，中世纪的这些号手相当于现代的通信兵部队，能让命令快速而有效地沿线传达下去。[34]

然而，并非所有的吟游诗人都是乐师。在这18名吟游诗人当中，也不是所有人都会演奏乐器。这一词汇在中世纪时期的含义更为普遍。就其含义而言，它更类似于现代的艺人。几名吟游诗人讲述或吟唱骑士的故事；其他人跳舞、表演杂技或者是扮成小丑。12世纪，亨利二世实在是太喜爱一名吟游诗人所表演的聚会小把戏了，以至把位于萨福克（Suffolk）的一块30英亩（1英亩约合0.4平方千米）的地产赐给了他。作为这名诗人得到这片地产的条件，亨利二世只提出了一个条件，那便是这个吟游诗人和他的后代在每年圣诞节的时候都要在国王的面前表演他们的拿手绝活。当我们了解到，这位吟游诗人名叫罗兰·勒法特尔（Roland le Fartere），他的拿手好戏是在往前跳的同时吹口哨和放屁时，我们就不难理解，为什么他的后代在14世纪30年代之后就失去了那份地产。亨利五世的趣味也许没有这么粗俗，但他也雇用了一个名叫威廉的王室小丑和一个名为"约翰·赖肯尔"（John Rykell）的魔术师。至今，我们仍能在诗人约翰·利德盖特

（John Lydgate）的《死亡之舞》（Daunce de Macabres）里看到赖肯尔那令人眼花缭乱的魔术手法。[35]

正如罗兰·勒法特尔的子孙付出代价学到的那样，吟游诗人这一职业带有某种家族传承的倾向。亨利五世手下吟游诗人的管理者约翰·克利夫（John Clyff）就是冈特的约翰鼓手的后代。他曾代表他的同伴们与国王签订了契约，要在阿金库尔远征中为国王服役。在那些并不是简单地以自己的职业乐器为姓氏的其他人当中，3人出自哈利戴家族（family of Haliday）。托马斯和沃尔特有可能是威廉·哈利戴（William Haliday）的儿子。亨利五世在遗嘱当中赠给每位吟游诗人5英镑，他们也名列其中，并且也继续为亨利五世的儿子服务。大概另一代人中也有叫沃尔特·哈利戴和约翰·克利夫的吟游诗人。他们依然活跃于爱德华四世治下的王廷当中（尽管此时已经是约克王朝而不是兰开斯特王朝了）。后来，他们还在1469年获得了许可，得以建立起一个王家吟游诗人的行会。[36]

纹章官的职业同样在家族内部传承。这并不令人吃惊，因为纹章官这一职业生涯也起源于吟游诗人，只有当他们所需掌握的知识更为专业和有技术含量的时候，他们才获得了特殊地位。自12世纪以来，纹章式的标徽被用在骑士和贵族们的盾牌上，发展出了一套被每个人使用的独特的纹章构成与宣解规则，而纹章官被认为应当有立即辨认出这种纹章的能力。到了14世纪末期，纹章官也成了骑士世界规则的制定者与裁决者。作为公认的纹章制作和纹章历史的专家，他们被要求在马上长枪比赛、比武大会和战争中辨认打斗双方的纹章，裁定有争议的纹章，并确认社会等级秩序。他们所掌握的骑士习俗和行为准则的知识也让他们成了最合适的典礼主持人。他们的职责是向那些在战斗或比武场上有着英勇表现的骑士授予象征荣誉的棕榈叶,并组织与骑士身份相关的各种社会仪式,从比武大会到加冕典礼不等。最后,但也同样重要的是,他们也成了骑士纪事的作者,撰写了英格兰和欧洲大陆上有关纹章的参考书籍,保存了异常完善的马上长枪比武决斗与骑士事迹的记录。这样看来,至少有两份关于阿金库尔战役的目击记录是由纹章官撰写的,这一点绝非偶然。"你们所履行的职责非常公正,"在创作于1430年左右的《英法纹章官之争》(*The Debate between the Heralds of England and France*)这一广为流传的文本中,普鲁登丝女士(Dame Prudence)告诉纹章官,"根据你的记载,人们能对世间的荣誉做出判断。"[37]

在战争时期,纹章官扮演着十分重要的角色。他们的职责是记录骑士在战场上被册封的情况,并标注英勇善战者的名字和纹章,以便子孙后代能够认出它们。除此之外,他们还要承担确认和记载伤亡状况这一恐怖的职责。正如在阿金库尔的状况一样,他们有时还要根据情形判断谁赢得了最后的胜利。他们也被期望着充当交战双方信使的角色,做着传递战书、要求对方投降以及发出求和信号的工作。[38] 这种职责是从他们原有的职责演变而来的。他们原本就要在国内外传递比武挑战书。与骑士一样,纹章官被视为一个超越国家边界和效忠关系的官职。尽管纹章官们的无袖制服上有他们领主的纹章,但无论他们身处欧洲的哪一个地方,这套无袖制服和所持的节杖足以确保他们享有外交豁免权并受人礼遇。[39]

每个贵族都有自己的纹章官,但是到了15世纪,纹章官也被分为好几个等级,国王纹章官处于最顶端,而纹章属官则处于最下层。在英格兰，国王纹章官是由国王任命的，整个王国则被分为4个省。英格兰本土被划分为北方省和南方省，分别由兰开斯特和莱斯特国王纹章官执掌。除此之外，还有两个国王纹章官，一个负责管理爱尔兰，另一个负责管理阿基坦（吉耶讷）。尽管他们有着这样的官名，但这些人全都驻扎在王廷，并且全都被征召在阿金库尔远征中服务国王。[40]

兰开斯特国王纹章官理查德·布吕热（Richard Bruges）病了，不能出行，所以他的位置由北部省份赫里福德纹章官理查德接替。自1372年以来，理查德就一直担任王室纹章官。自1398年以来，布鲁日的儿子威廉一直担任切斯特纹章官。大约在亨利五世加冕的时候，他被封为吉耶讷国王纹章官，并在1417年被任命为第一位嘉德纹章官，权力在其他所有英格兰纹章官之上。莱斯特国王纹章官亨利·格里尼（Henry Genre）为冈特的约翰（那时，他是莱斯特伯爵和兰开斯特公爵）、理查二世、亨利四世以及亨利五世都效过力。关于爱尔兰国王纹章官托马斯·科利尔（Thomas Collyer），我们所知道的事实仅有他参加了阿金库尔远征和1417年亨利确认了已经在战斗中去世的约克公爵爱德华所授予科利尔的年金这两件事。[41]

在随同英格兰军队去往法兰西的纹章官当中，我们只知道其中的几个。羚羊纹章属官（这一官职是以亨利五世母亲的羚羊徽章命名的）托马斯·博伊斯（Thomas Boys）是国王在阿金库尔战役中作战的军队成员之一。他的父亲威廉·博伊斯（William Boys）是多塞特伯爵托马斯·博福特的纹章官。他的哥哥（也叫威廉·博伊斯）是布兰奇莱弗尔纹章属官（Blanchlyverer pursuivant）。所谓"布兰奇莱弗尔"，指的是爱德华三世的白色灵缇犬徽章。司礼大臣约翰·莫布雷随行带着诺丁汉和康沃尔的两名纹章官。在阿金库尔远征中，这两名纹章官都签订了契约，分别带着一名弓箭手为他们的主人服务。另一位为个人服务的纹章官是阿伦德尔纹章官约翰·科桑（John Cosoun）。在围攻阿夫勒尔期间，他待在阿伦德尔伯爵托马斯的军中。在伯爵去世后，他加入了司礼大臣的内府，成了莫布雷的纹章官。[42]

和纹章官一样，在每一支重要的部队中，医务人员同样是不可或缺的。国王自己就带了私人医生尼古拉斯·科尔内特（Nicholas Colnet）和23名外科医生。医生和外科医生之间有着很大的区别。医生位于医疗业务的顶端，只负责诊断和开处方，而缺乏学识、专注实践的外科医生则负责动手术、治疗骨折和伤口、打石膏和清洗创口。虽然二者经常为了竞争职位而发生争执，但在面对理发师兼职外科医生和赤脚医生（通常是女性）的时候，他们都会表现出鄙视的态度，认为从事这两种职业的人愚昧、迷信且缺乏技术。然而，当时的确有不少女性医生和女性外科医生。尽管这一点看起来不同寻常，但威斯敏斯特大教堂确实雇用过女性医生和女性外科医生。这意味着，她们会来到修道院的管辖区之内，并且要与修道院的僧侣发生身体接触。同样，她们也因为其服务而收到了丰厚的报酬。这表明，她们的工作卓有成效。[43]

大多数医生不仅是男性，还是大学毕业生。他们在医学院大约学习了14年，并获得了医学博士学位。他们非常依赖古典文本，把希波克拉底（Hippocrates）和盖伦（Galen）等人的著作奉为权威。在诊断方面，他们会验尿，即比照着一张图表来分析尿液的颜色。（这张表依次列出了从白色到红色每种可能的尿液颜色，其中甚至包括绿色。）尼古拉斯·科尔内特曾是牛津大学默顿学院的教师。早在1411年,他就以教士和医生的身份为国王服务,但是直到亨利五世登基,他才受到了提拔。1414年8月,在国王的要求下,科尔内特获得了教宗的特许,得以一直担任低级神职人员的职务。这样一来,他为亨利提供的医疗服务就不会因为教职的晋升或变更而中断。他是最早与亨利签订契约,要参加阿金库尔远征的人员之一。他所领取的薪饷与重铠兵一样,均为每天12便士,还带来了三名弓箭手和他一起服役。科尔内特的职责主要是为国王服务,但他似乎也照顾过一些法兰西的囚犯。这样说是因为,1417年,就在科尔内特第二次陪同国王前往法兰西之前不久,在他所制定的遗嘱中,他曾提到奥尔良公爵查理送给他的一个瓮。这很可能是为了答谢科尔内特的服务。[44]

亨利的私人外科医生托马斯·莫尔斯蒂德是阿金库尔远征中最有趣的人之一。他来自萨里的多金(Dorking in Surrey)附近的贝特奇沃斯(Betchworth)。1401年,他搬到伦敦,成了一名默默无闻的"水蛭"。作为一名年轻的外科医生,当约翰·布拉德莫从亨利脸上取出箭头的时候,他可能在场。这也是他后来能够描述这场手术细节的原因。与科尔内特一样,王室的支持促成了莫尔斯蒂德的快速升迁和财富的快速聚集。1410年,他被聘为国王的外科医生,年薪为40英镑。在刚刚登上王位之后,亨利五世便确认了对莫尔斯蒂德的任命,条件是国王可以独享他所提供的服务。与此同时,他也被亨利任命为关税征收吏。这是一个油水颇为丰厚的岗位,职责是向所有经过伦敦港的船只收税,而莫尔斯蒂德的实际工作是由他人代为处理的。1415年4月29日,与科尔内特一样,他也与国王签订了在阿金库尔远征中服务的契约。他成功地让国王同意了他的请求,与他亲自挑选的十二名外科医生和三名弓箭手一同踏上远征之路。不同寻常的是，他的薪饷与科尔内特一样。这不仅意味着他有高超的技艺，而且意味着他很可能会在战时扮演医生的角色。其他外科医生的日薪则与弓箭手一样，只有6便士。后来，他获得了使用一辆马车和两匹马的许可，以运送"履行其职务所必需的所有物品"。[45]

另一名王室外科医生威廉·布拉德沃丁（William Bradwardyn）也签订了契约，带着由九名外科医生组成的小队随国王一同踏上阿金库尔远征的道路。布拉德沃丁比莫尔斯蒂德年长。早在1394年理查二世远征爱尔兰的时候，他便已经在为理查二世效劳了，并一直侍奉国王，直到后者于1397年去世。政权的更迭并未影响到他的职业生涯，但他的确没能得到亨利四世的支持（后者更青睐外国医生），而是获得了威尔士亲王的庇护。直到1409年，在亨利亲王的要求下，他才获得了20英镑的终身年金，并可以每天从国库那里领到12便士。这笔钱在亨利登基时就得到了确认，前提是他不会为其他人服务。[46]

尽管布拉德沃丁年纪更大，但是国王军队中的首席外科医生是莫尔斯蒂德。显然，后者是一位思想开明、充满活力且雄心勃勃的人。他对于医生和外科医生之间传统的对抗关系感到沮丧，而且因为医疗行业中充斥着不称职的人而感到挫败。为此，他于1423年发起了一个项目，建立了第一所英格兰医学院。建立医学院的目的是为所有医疗从业人员提供更好的教育，并对他们进行更有效的指导，所采取的举措包括设立常规检查、检查药物储备、规范费用以及为穷人提供免费的药物治疗等。这所医学院被划分成两个自治的部分，一个属于医生，一个属于外科医生。医学院所有的事务都归校长管辖，而这位校长是每年由选举产生的。莫

1. 亨利五世（1386—1422年），一幅由不知名的画家绘制于15世纪的肖像画。

2. 这一插图来源于托马斯·霍克利夫的《君主的统治》(The Regiment of Princes [1411]),描绘了诗人屈膝向当时还是威尔士亲王的亨利呈上他的作品的情景。这本书就如何培养出一名未来的君主给出了建议,并被献给了亨利。这份抄本大约可以追溯到1413年,为在阿金库尔远征中作战的司礼大臣约翰·莫布雷所有。

3. 亨利五世的加冕仪式(1413年)。这是威斯敏斯特大教堂小礼拜堂(即亨利墓葬所在处)的石刻的一部分。虽然亨利死于1422年,但是根据他在1415年发动阿金库尔远征之前写下的遗嘱中的指示,这座礼拜堂是在1438至1450年建造的。

4. 两名德意志炮手正在为发射火炮做准备,这幅插图源自一名德意志熟练炮手的著作(1411年)。左侧的人物手持的是将膛室与炮管分隔开的木塞。人们将石弹放入炮管中,在被发射之前,它都由木楔固定在预备发射的位置上。

5. 一名女性铁匠正在为钉死耶稣的十字架铸造钉子,来源于一份创作于1325至1330年的手稿。在亨利五世统治的时代,玛格丽特·梅尔什曾在国王位于伦敦塔中的铁匠铺中工作。

7. 一条银制的双S形项圈,制作于15世纪上半叶。这条项圈由许多个相互连接的S形部件构成,佩戴者是兰开斯特家族的成员以及他们的部队成员。亨利五世把他的双S形项圈"奥尔的普山"抵押给伦敦市,作为偿付为发动阿金库尔远征而向这座城市所借的钱款的保证。

8. 邓斯特布尔的天鹅饰物(Dunstable swan jewel,约1400年)。这个饰物是制服徽章最为奢华的形式的一个体现。天鹅是亨利五世的个人徽章。这个小饰物只有3.3厘米高,2.5厘米宽,却是用黄金制成的,上面还涂有白色珐琅。佩戴它的人或者是王室家族的成员,或者是与王室有密切联系的大贵族。这件饰物还有一些廉价的版本,由白银、镀金的铜甚至是铅制成,佩戴它们的人则是亨利内廷中的成员。所有在阿金库尔远征中服役之人都被要求一直佩戴他们指挥官的制服徽章,目的是辨识其身份。

6. 圣埃斯普里骑士团(Order of St-Esprit)的圣物匣,可能制造于1390至1410年的英格兰。1412年,亨利五世的继母纳瓦拉的胡安娜将其赠送给她的儿子布列塔尼公爵约翰。这个圣物匣由黄金制成,并饰以珍珠、红宝石和蓝宝石,还有上帝、圣母玛利亚、基督和七圣徒的珐琅人像雕像。这个圣物匣是亨利五世给部队指挥官抵押品的一个范例。他把诸如此类的宝物抵押给他的手下,以保证他们在阿金库尔远征中所应得的薪饷。

9. 纹章官威廉·布吕热（约1375—1450年）。在阿金库尔远征期间，他是吉耶讷的国王纹章官，在1417年成了第一位嘉德纹章官。在这个约1430年创作的图画中，他跪在嘉德勋位的主保圣人圣乔治面前，后者的盾牌上绘有圣乔治十字架图案，身边两侧则是嘉德骑士的徽章。布吕热穿着饰有王室纹章的纹章官制服，头戴王冠，而这也表明了他英格兰首席纹章官的身份。

10. 这个白色的皮袋中装着托马斯·厄平厄姆爵士所签订的在阿金库尔远征中为国王服役的契约和为他的部队所提出的索要薪饷的要求。国库会为每支部队的指挥官购置一个像这样的袋子，而且这个袋子会被保存在国库当中，以便国王的官员们将所有必需的文件都放进里面。这些官员也将以这些文件为凭据来核查指挥官们的要求是否属实，并发放薪饷。

11. 一幅15世纪早期的手稿插图,描绘的是一名骑士在启程参加战争时告别妻儿的场景。他穿着"白色的甲胄"。这是一整套板甲,为了活动方便,制作者在板甲的膝盖和手肘处设置了接合处。在阿金库尔战役中,所有的重铠兵都穿着这样的铠甲。在他的脖颈和腹股沟处,我们可以看到用金属环扣制成的护甲。这两处都是比较容易受到攻击的地方。一些骑士甚至还在他们的铠甲上预先雕刻上神圣的话语——如"耶稣"(IHS)、"拿撒勒的耶稣"(Jesus of Nazareth)、"《圣母颂》"(Ave Maria)——以保护自己。战马也整装待发。它的马衣上有这名骑士的纹章图案,头颅上还戴着钢制的头甲。

12. 1390年,波旁公爵启航驶向巴巴里(Barbary),并向他们发动十字军东征。这一场景与阿金库尔远征当中入侵舰队的启航场景非常相似。注意画面前方的这艘平底划桨船,它载着重铠兵们前往他们的船只。船上展示着盾牌,上面绘有那些在船上的人的纹章。两名号手站在公爵船只的后部。

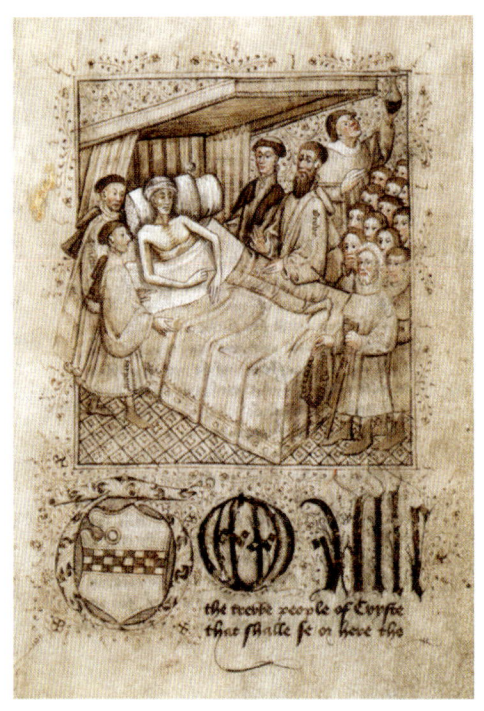

13. 1421年，临终病榻上的理查德·惠廷顿。他借给了亨利五世很大一笔钱，让他可以发动阿金库尔远征。举行临终礼的司铎、惠廷顿的三个遗嘱执行人以及他所创立的救济院里的居民都来到了他的病榻前。在这一场景的后方，一名医师正在检查装有濒死者尿液的烧瓶。这幅图片位于1442年英文版惠廷顿救济院管理条例的开头。

14. 亨利·奇切利（1362—1443年）引人注目的陵墓雕塑。他于1414年被亨利五世任命为坎特伯雷大主教。坎特伯雷大教堂中的坟墓按照惯例展示了他庄重的形象，但是相应地，下方的雕塑逼真地展现了他赤裸的尸身。下半部分的雕塑上刻有一句铭文"我生来贫穷"。

15. 伊夫舍姆修道院（Evesham Abbey）中的世界地图。这幅世界地图于1390年制作完成，并在1415年接受修订。它是按照《圣经》中地点的重要性而不是地理上的精准度来描绘世界图景的。地图的顶端是伊甸园，红海在它的右侧，耶路撒冷及其高塔则位于地图的中央。英格兰的政治影响力体现在地图的下半部分。在地图下方的三个岛屿中，最大的一个代表了英格兰，威尔士与爱尔兰在其下方。在英格兰右侧的两个更小的岛屿是苏格兰和位于外侧边缘的马恩岛（Isle of Man）。

尔斯蒂德本人是首位被任命为校长的外科教师（值得注意的是，布拉德沃丁只是一名助教）。在医生和外科医生之间敌意的压迫下，没过几年，这所医学院就解体了。但是，莫尔斯蒂德并没有放弃他的梦想。1435年，他推动了外科医生行会的建立，直到今天，外科医生的行会依然存在。[47]

秉着对医学行业的热情，莫尔斯蒂德培养了许多学徒，并将他馆藏丰富的图书馆中的书籍借给其他的外科医生。此外，他还经常慷慨解囊，资助囚犯和穷人们。1431年，他娶了一个富有的寡妇，她是前伦敦市市政官、郡长和市长约翰·米歇尔（John Michell）的女儿；1436年，莫尔斯蒂德当上了伦敦的治安官，并被授予了一枚纹章，对于当时的外科医生而言，被授予纹章一事是不同寻常的。到了1436年，他成了伦敦第四富有的人，每年从伦敦、萨里、埃塞克斯、萨福克、林肯郡的地产获得的收入为154英镑（相当于今日的63756英镑）。然而，让莫尔斯蒂德名留青史的是他的医学著作——《外科正典》（Fair Book of Surgery），该书成了15世纪的外科医学教科书。[48]

这本书是用英语写成的。因此，比起当时的那些拉丁语的小册子和汇编来说，这本书有着更为广泛的受众。《外科正典》是对莫尔斯蒂德追随亨利五世征战过程中数十年医学经验的总结，其中还有成功手术的插图，对人们很有帮助。这是一部非常实用的教学手册，也是一部不同寻常的道德著作。在其他同类型的论著当中，作者往往极端利己，而且不讲道义。例如，蒙德维尔的亨利（Henri de Mondeville）就建议外科医生使用一些魔术疗法，这并不是因为这些伎俩有用，而是"这样一来，如果它们生效了，人们便会确信，外科医生拥有不可思议的魔力。而如果它们没有生效，那么人们也不会指责外科医生遗漏了某些重要的步骤"。蒙德维尔还建议，外科医生应当收取医药费，因为治病费用越高，患者们就会对疗效更有信心。他还建议，所有的医生都应当用一些大话空话。如果有必要的话，他们甚至可以编造一些术语，以便给他们的患者留下深刻的印象："相较于那些他们能够理解的诊断，普通人更愿意相信那些他们所理解不了的诊断，认为它们更为有效。"疾病的名称越令人印象深刻，患者们就会觉得自己的病越严重。他建议道："如果你想要从那些无知的农民身上弄到钱，那么就给他们所患的疾病安上一些可怕的名字。"[49]

莫尔斯蒂德的态度和所采取的方法与蒙德维尔的亨利完全不同。他写道，"无论是在理论上还是在实践中"，外科医生都有义务透彻地理解外科手术的原理，"［而且］……他也有必要了解解剖学中的所有东西"。他应该接受过良好的训练，具备丰富的经验，拥有"纤细的手指。他的双手很稳，不颤抖，视力也应该很好"。最后，他还应该"富有教养，对患者和蔼可亲，对穷人充满怜悯，不过于贪婪，按照他所付出的劳动和病人的财力状况收取报酬，不使用那些他自己也觉得没有疗效的疗法"。[50]

以莫尔斯蒂德对解剖学重要性的强调，他在书中分步骤解释了解剖一具新鲜尸体的方法，"例如那些头被割下或被绞死的人的尸体"。从这一点出发，莫尔斯蒂德指出，实践经验和观察比书本知识更加重要。与所有其他的中世纪医生一样，他也许并没有意识到血液是在全身循环流动，而不是像树汁流入叶子那样流散在肉体当中的。但是，他了解人的内脏、骨骼、静脉、动脉、韧带以及肌腱。可以想象，当他没在忙于照顾伤员的时候，他便会用阿金库尔战场上的尸体来练习他的技能，增加他的知识，并训练他的助手。[51]

每一个前往法兰西的人都无法回避他们有可能会战死的事实。托马斯·厄平厄姆爵士手下的一名重铠兵哈莫·勒斯特兰奇为防止自己死后妻子埃莉诺（Alienor）的生活没有着落而做了精心的准备，于6月10日在他的遗嘱上盖上了印章。国王本人在7月24日起草了他的遗嘱，给他"最亲爱的弟弟"贝德福德公爵和格洛斯特公爵留下了丰厚的财产，从床到马一应俱全，但是亨利没有给克拉伦斯公爵留下任何东西，连一件个人的纪念物也没有，即便克拉伦斯公爵将会继承这个王国。亨利也以个人的名义留给了其他人一些东西。这些人包括"我们最亲爱的祖母赫里福德伯爵夫人（countess of Hereford）"、他内廷和宫室的侍从、他的医生尼古拉斯·科尔内特以及他的随军司铎们。亨利从他的遗产中拨出2000马克，平均分给他所设立的两所宗教机构——位于辛的加尔都西会修道院（Carthusian monastery at Sheen）和位于锡永的布里吉特会修道院（Bridgettine house at Syon）。他的尸体将埋葬在威斯敏斯特大教堂中。他准备在那里为自己建设一座墓，并由这座墓本身的祭坛供奉。[52]

不出人们所料，作为一位如此虔诚的国王，亨利也为他自己的灵魂做了妥善的安排。他坚信，在童贞玛利亚和许多天使、圣人和殉道者（包括他个人最喜欢的忏悔者爱德华［Edward the Confessor］、布里德灵顿的圣约翰［St John of Bridlington］以及瑞典的圣布里吉特［St Brigit of Sweden］）所组成的神圣队伍的介入下，他的灵魂能够得到救赎。国王为30名穷人提供了一年的衣食。条件是，他们每天都要在教堂里重复这样的祷告："圣母玛利亚，请记住你的仆人亨利，他全然信任你。"此外，亨利还要求人们在他死后要尽快举行2万次弥撒。以他通常对于细节一丝不苟的精神,每一次弥撒的名称和序数都被记录下来。尽管已经有人指出,2万次弥撒确实是过多了(反映了发动一场非正义战争所带来的内疚感),但是,这样的铺张浪费在中世纪时期并不罕见。也就是说,举行如此众多的弥撒并不是出于内疚,而是出于虔诚。遗嘱是用拉丁文写成的。在遗嘱的末尾,亨利签署了他名字的首字母,并用英语写下了他个人的祈祷:"愿耶稣赐予恩惠与怜悯。圣母玛利亚,帮帮我吧!"[53]

在写好遗嘱的4天之后,亨利最后一次给法王查理六世写了一封信。从表面上来看,这是为了避免战争而做的最后一次尝试:在良知和(特别是)避免流血冲突的愿望的驱使下,一个男人向另外一个男人发出了呼吁。亨利恳求搁置他们之间的争端,并且恢复两个"曾经团结在一起,如今分离"的伟大民族之间的和平。亨利表示,查理六世应该知道,"无论是乞求还是贿赂,都无法打动上帝。凭着良心,我们在上帝的面前说出这样的话语:在我们对于和平真挚追求的驱使下,我们已经尝试了每一种可能的方式。如果我们没有这样做的话,我们就会草率地让出我们的正当权利,并被子孙后代永远地唾弃"。[54]

对于许多现代历史学家而言,这封信只不过是亨利伪善的另一个例子:他装腔作势地说着关于和平与正义的陈词滥调,但实际上,"无论要付出什么代价,他都想要发动战争"。[55] 但这样的一种解读忽视了事情的重点。确实,到了最后,国王也无意放弃他的远征计划,而且这个"最后的请求"暗含着威胁的意味。它写于"我们启程横渡海峡的时刻",并且是在"海滨的南安普敦小镇"写成的。很明显,入侵行动正在迫近。事实上,他也并不打算从法兰西人那里索取任何更大的、足以让他取消远征行动的让步。这封信甚至也对战争宣传有利,因为它可以被复制和分发给双方的盟友们,以作为英格兰人愿意做出让步的证据。(那个时代的许多编年史著作都记载了这封信的内容,而这绝非偶然。)[56]

然而,这一"最后的请求"并不是利己且不讲道义的一种故作姿态。以亨利惯常的专注于细节的态度,他是在严格按照中世纪的战争法则行事。"为了一个正义的理由而发动战争就是在伸张正义。"皮桑的克里斯蒂娜论证道。亨利五世想要通过战争来恢复他在法兰西的权利,并且想要得到世人的承认。更重要的是,他也想要得到上帝的认可。他希望,无论是在世人还是上帝看来,他发动战争的举动都是合乎道德的。如果想要达成这一目标,那么他所走的每一步都必须准确无误,并且要按照规定的形式来。为此,他已经咨询了议会与他的大会议中的"智者"们。后来,他又进行了第二个步骤,即询问非交战国的贵族与王公,以获得对他出征原因的公正评价。他命令,将1412年《布尔日条约》(Treaty of Bourges)的副本加以公证,并盖上坎特伯雷大主教的印章。在这份协议中,阿马尼亚克派贵族们承认,英格兰在阿基坦享有最高主权。他将这些副本送往康斯坦茨(Constance)。在那里,宗教会议正在召开。同时,他也把这一协议的副本送交给欧洲的王公,包括神圣罗马帝国的皇帝,"这是为了让基督教世界里的所有人都知道,法兰西人对他造成了多少不公的伤害。对叛军举起他的旗帜是违背他的意愿的,他又是多么不情愿这样做"。[57]

在这种通向正义和正当战争的准司法程序中,第三步(也是最后一步)便是亲自在敌人面前陈述此种情形,并要求他们恢复他的权利。亨利给查理六世的信正是最后一步的体现。在信中,他引用了《申命记》(Book of Deuteronomy)第20章。这个篇章构成了中世纪战争法则的基础，并要求人们在"靠近一座城市并打算围攻它的时候，应先向对方提出议和"。[58]这句话将会在亨利的口中反复出现。在即将到来的对法战争中，这句话也将成为他的行动指导。

现在，除发动这场准备已久的战争以外，已经没有其他事情可做了。7月29日，亨利下令让每个为他服军役的人登上分配给他们的船只，并准备最迟于8月1日起航。剑桥公爵的阴谋叛乱与对犯人的审问耽搁了一段时间，这是亨利所没有想到的。但是，6日之后，亨利便离开了波特切斯特城堡，登上了一艘驳船。这艘船将他带到朴次茅斯与南安普敦之间的深水海域，他的旗舰"王家三一"号正在那里等他。只要他一登船，人们便向所有集结在王国南部海岸不同港口的舰队船只发出信号，让他们迅速赶来与他会合。现在，只需要一阵顺风，他便能扬帆起航，驶向法兰西。[59]

第二部分

阿金库尔远征

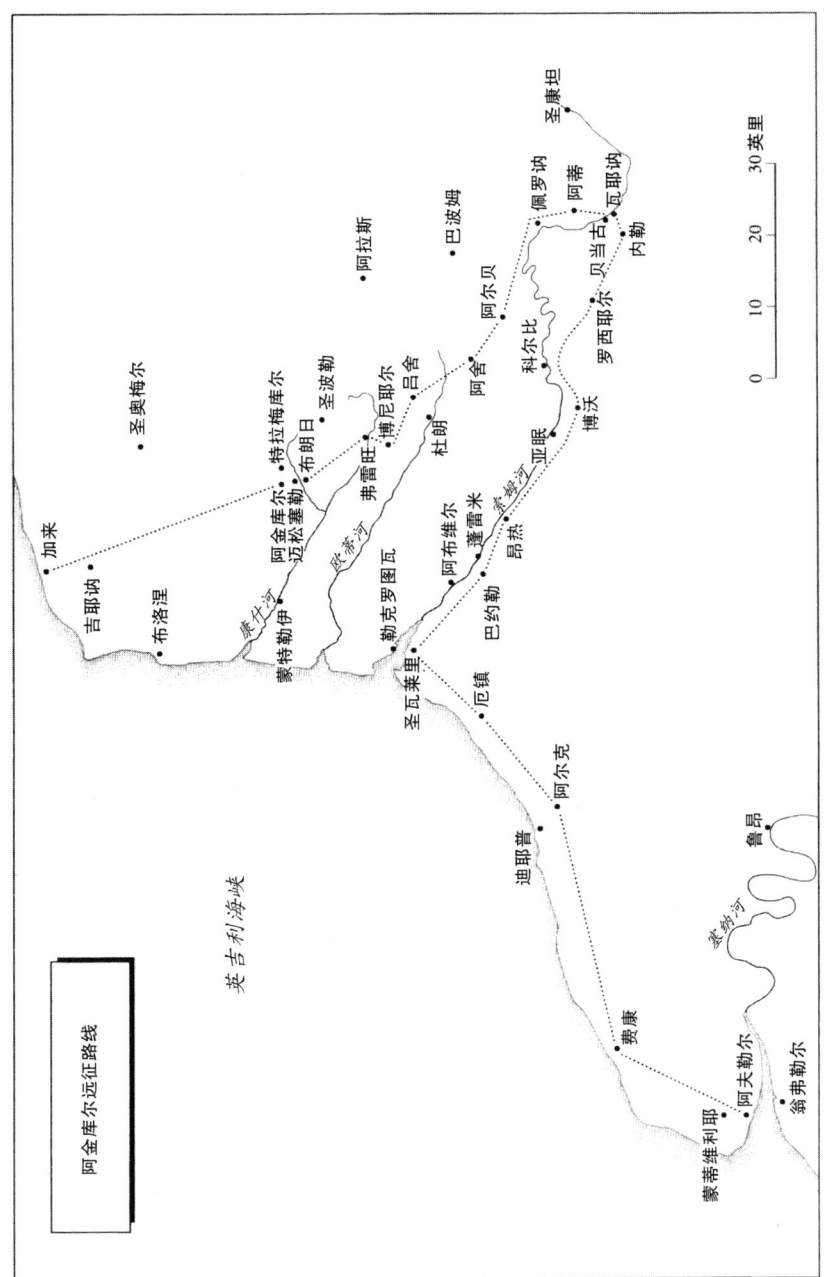

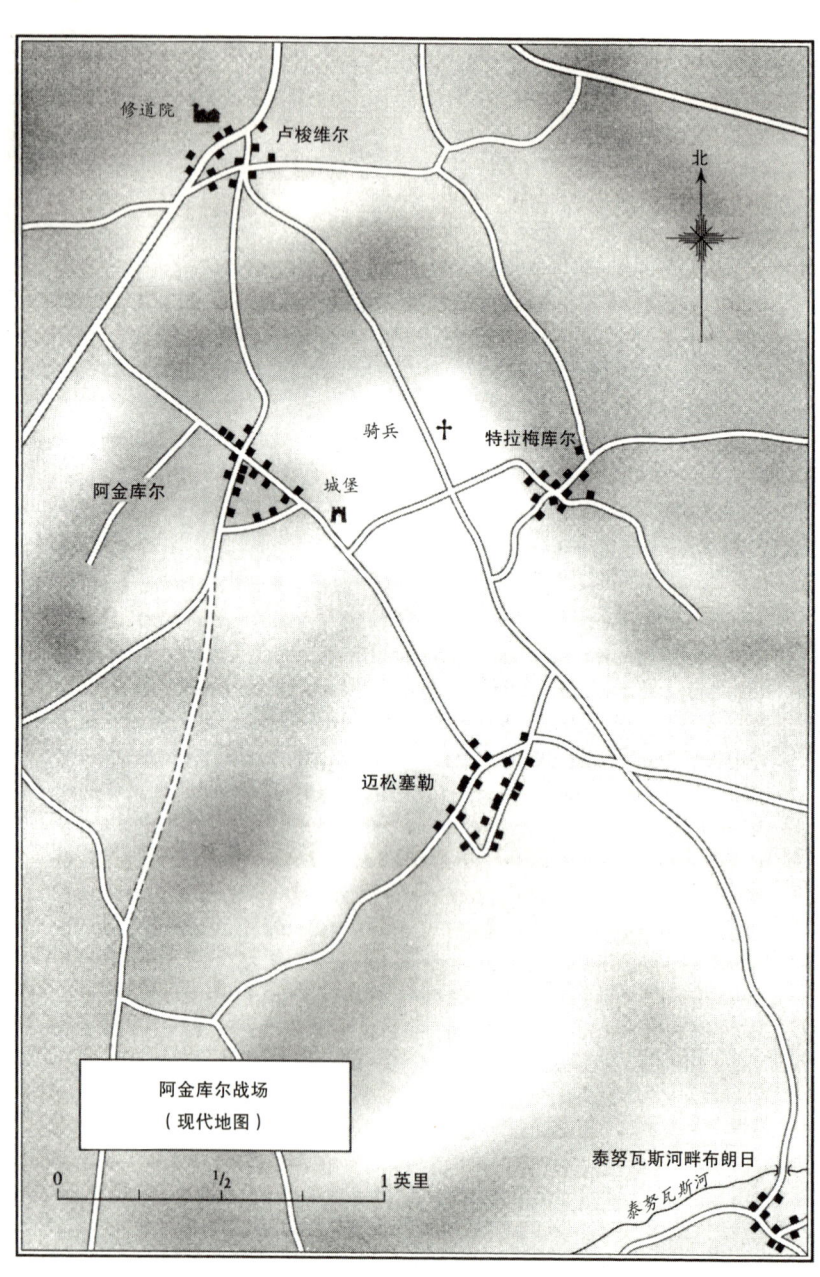

第九章

"顺风驶向法兰西"[1]

1415年8月11日（星期日）大约下午3点，亨利五世正式发出了远征法兰西的信号。1500艘船——这支舰队的规模是西班牙无敌舰队的12倍[2]——起锚扬帆，从南安普敦海域和索伦特海峡进入英吉利海峡。与16世纪巨大的西班牙大帆船不同，这些船只并不是特地为了战争而打造的，而是由很多私人商船组成的杂牌军。在它们之中，有穿越大西洋的大船，从阿基坦带回葡萄酒，然后将非常珍贵的厚重羊毛绒布运往大陆；也有较小一点的商船，从布列塔尼的布尔讷夫湾（Bourgneuf Bay）进口盐，并把腌制鲱鱼从雅茅斯（Yarmouth）运到低地国家和波罗的海（Baltic Sea）；甚至还有行驶在内陆水道的船只，它们会运送一切东西，从建造大教堂所需的大理石及其他石头到制造皮靴、手套和马鞍所用的兽皮不等。[3]

这是一些形状和大小各异的船：柯克船（cog）、克拉克帆船（carrack）、加莱桨帆船（galley）和巴林杰船（balinger）。大部分船都带有明显的北方风格，是用搭接式方法建造的。在龙骨之上，人们搭建了层层叠叠的木板，上面一层正好搭在下面一层的边缘上。这些船上只有一根桅杆，也只有一张方形或矩形的帆。但是舰队中也有一些轻型的、装有两根桅杆的地中海帆船。船上悬挂着三角形的帆，还有成排的划桨手。在那些被改装成战船的船只之上，人们还在船首与船尾上建造了小型的木质塔楼。另一些船则被装上了成排的马厩，以运载马匹。在那个需要运输2.5万匹马的时代，一艘像柯克船这样的小船能运载30匹马。[4]

很多船只的船身都被涂上了艳丽的色彩。船身两侧有成排的白色护盾，每一个护盾上都有英格兰的红色十字标识。飞扬的风帆和旗帜上都装饰有兽形纹章图案和纹章。其中，有些船是部队指挥官的私有船，例如约翰·霍兰爵士所有的4艘克拉克帆船。但是，大部分船只都是强征而来的，例如用来运送托马斯·卡鲁爵士（Sir Thomas Carew）所部180名战士的4艘船，其中2艘来自巴约讷，另2艘来自达特茅斯。令人沮丧的是，集结在南安普敦的一部分人由于船只数量不足而不得不留在后方。此外，还有大约100艘船没有如约加入舰队。它们或是因为没有赶上海潮，或者是因为没有做好出航的准备。此外，还有3艘船被火烧毁。火灾是登船时常见的危险。它可能只是一场意外，但也有可能与剑桥公爵的阴谋有联系，因为密谋者们曾经想过焚烧舰队，以阻止舰队出航。[5]

在舰队的最前端，海军大臣多塞特伯爵托马斯·博福特率领着一支由15艘载有150名重铠兵与300名弓箭手的战船组成的护航队，为"王家三一"号战船护航。这艘船排水量达540吨，是当时欧洲北部最大的船只之一。[6] 在经历了两年的维修之后，它刚刚再度返回大海。如今，站在它的甲板上的人是确定的，这个人对于此次航程也有着清楚的目标。它的船帆上画着王室纹章，这一四分盾面纹章上有象征着英格兰的三头狮子,有象征着法兰西的三朵金百合花。船只木质堡垒的顶端上装饰着一顶金王冠,饰有三朵百合花的镀金权杖则使绞盘生色不少。船舱的天花板上有一只戴着王冠的木质豹子——另一只与英格兰国王有关的野兽。人们给这艘船涂上颜料并镀了金。船上挂着六面盾牌,其中的四面盾牌上都饰有金色的圈,内有国王的纹章,剩下的两面盾牌上则饰有英格兰的主保圣人圣乔治的纹章。这一纹章的外围是英格兰嘉德骑士团的勋章。在桅杆上和后甲板处,四面旗帜在迎风飘扬,它们也会被带到阿金库尔的战场上。这些旗帜上面分别画有王室的纹章、圣乔治的纹章、忏悔者爱德华(亨利的王室先祖,后来被封为圣徒)的纹章以及一个代表着三位一体的奇特记号。[7]

这一纹章的展示并不单纯是国王的多重继承权身份的必然结果。它们是被有意挑选出来的一种具有深刻含义的视觉宣传手段。对于从事与纹章相关职业的人来说,它的含义就好像中世纪教堂中的宗教画作和工艺品的含义那样清晰。就连王室的纹章也带有挑衅的意味。从12世纪的狮心王理查开始,英格兰纹章就是红底的三只金狮子。只有在百年战争爆发之后,这个纹章才发生了改变。那时,爱德华三世对法兰西王位提出了象征性的主张。于是,他便将英格兰王室纹章四等分,并加上了法兰西王室的纹章——蓝底金百合花。[8]

大约与此同时,爱德华三世也单方面地把圣乔治奉为英格兰的主保圣人。这一举动的重要性在于,在此之前,全欧洲的人和信奉基督教的东方国家都已经把圣乔治当作骑士的主保圣人了。通过把圣乔治变成英格兰专有的主保圣人,爱德华三世把他和他的国家认定为这位圣人所代表的宝贵的骑士价值观的化身。在

1346年的克雷西与10年后的普瓦捷,英格兰都取得了奇迹般的胜利。这两场战役的胜利似乎说明,圣人无疑已经放弃了对法兰西(骑士精神这一概念的发源地)的支持,并成了英格兰人的支持者。[9]

在克雷西之战后,为了庆祝英格兰所取得的军事霸权,爱德华三世创立了嘉德骑士团,并把这一骑士团献给了圣乔治。全欧洲的人都羡慕和敬仰它的26名成员。1408年,当年轻的埃诺总管让·韦尔尚(Jehan Werchin, seneschal of Hainault,后来在阿金库尔战死)尝试为自己树立英勇的美名的时候,他向嘉德骑士们提出进行马上长枪比武决斗。从字面意思出发,他认为,这些人是亚瑟王圆桌骑士的继承人,因此也是第一流的英格兰战士。(他要同时与所有嘉德骑士作战的请求招致了亨利四世温和的斥责。后者说,在关于圆桌骑士的古代编年史当中,如此行为是闻所未闻的,因此也是不合适的;他应当与其中的一名代表单挑。)同样地,亨利五世所能授予神圣罗马帝国皇帝西吉斯蒙德(Sigismund)的最高荣誉便是嘉德骑士的勋位,在1416年的对法战争中,他寻求与皇帝结成同盟。与嘉德骑士团联系在一起的徽章和仪式受到了高度的推崇。人们认为,这些徽章和仪式象征着用杰出的勇气和忠诚的服务赢得的骑士声誉。嘉德骑士们会在阿金库尔远征中扮演重要的角色绝非偶然,因为他们会特意去践行最为危险的(因此也是最为光荣的)功业。这些人中的一个例子是约翰·康沃尔爵士(他曾单独接受了埃诺总管的另一次比武挑战)。正如加来副官理查德·阿斯顿(Richard Aston)告诉韦尔尚的那样,他认为,在战争时期,比起温文尔雅地进行马上长枪比武决斗,投身于战争能够更有效地表现出这名总管的英勇。[10] 他的口吻十分严厉，但也觉得情有可原。

"王家三一"号上所展示的纹章表明了亨利五世的王室身份、他对于法兰西王位的主张以及英格兰的军事霸主地位。那些宗教的旗帜则表明，这支尘世的军队也有神的庇护。至少有其他三条船的船帆上绘有亨利的个人纹饰。这些船都属于亨利正处于萌芽期的王家舰队。"拉图尔的凯瑟琳"号的帆上绘有羚羊，"拉图尔的尼古拉斯"的帆上则绘有天鹅，而第三艘不知名的船的帆上则绘有鸵鸟羽毛——那是亨利五世当威尔士亲王时所使用的徽章。这些徽章十分重要，而中世纪的人又十分迷信带有预言性质的事物。这样一来，一群天鹅游过舰队的景象势必能让每一个英格兰人的心灵都充满喜悦。此时，舰队正要离开怀特岛。英格兰人认为，这些天鹅正是国王即将取得成功的完美预兆。[11]

船上的大多数战士还不知道他们的命运。他们并不知道，自己会直接横渡海峡登陆法兰西，还是会经历更为漫长的海上旅程，最终前往阿基坦。当他们看到诺曼底海岸若隐若现的白色峭壁时，他们对于最终的目的地越发感到疑惑了。他们会和三年前的克拉伦斯公爵一样，在科唐坦半岛（Cotentin peninsula）上的圣瓦斯特-拉乌格登陆吗？又或者，他们会对东边的某座繁华的海港——布洛涅、迪耶普（Dieppe）或者费康（Fécamp）发动攻击吗？在他们离港出海两天之后，大约在下午5点的时候，这支庞大的舰队驶入了位于塞纳河河口的一处海湾。在那里，他们在科地区谢夫（今日的埃沃角［Cap de la Hève］）的背风处下了锚。科地区谢夫位于上诺曼底地区巨大白垩海角的最西端。上诺曼底地区状似人脸，这个白垩海角就是这张脸上的鹰钩鼻。

虽然这里的海岸比相邻海峡沿岸的悬崖起伏更小而且更容易

接近（那些悬崖更加险峻，而且岩块剥落），但很明显，这里也不是一个十分理想的登陆地点。这个海湾南面海岸上的缓坡树木林立，更容易遭到入侵，这也是法兰西王室统帅阿尔布雷带领一支1500人的军队在这个缓坡处守候多时的原因。[12] 几乎可以肯定，亨利五世没有发现他们的存在，但是他所选择的登陆地点——圣阿德雷斯（Sainte-Adresse）的小海湾——仍能反映出他的深思熟虑。亨利的目标距离登陆地只有几英里，被一处长满树木的断崖遮蔽在人们的视野之外。这个目标就是阿夫勒尔的王家城镇和港口。

在下锚之后，亨利做的第一件事就是展开他的旗帜。这是向他的船长们发出的信号，让他们到"王家三一"号上参加会议。亨利深知，他的骑士和扈从们会争夺第一个登陆法兰西的荣誉。于是，他下达了命令，任何人不得在他之前上岸，还命令所有人做好在次日早晨登陆的准备，违者以死刑论处。[13] 在这场战争当中，他都会严明军纪。

在夜色的掩护下，亨利派遣了一支先遣队前去勘察地形，并寻找适合驻扎的地点。领导这支先遣队的人是国王20岁的堂弟约翰·霍兰爵士，他也因此获得了第一个登陆法兰西之人的荣誉。国王对他委以如此重任具有重大的意义。这样说是因为，就等级和军事经验而言，克拉伦斯公爵、格洛斯特伯爵以及多塞特伯爵等其他人都是更合适的人选。对于霍兰而言，这是一个证明自己价值并且最终走出他的父亲的阴影的机会。（他的父亲因叛国罪而被亨利四世处决。）他紧紧地把握住了机会。尽管他很年轻，但霍兰在远征中证明了自己的卓越，并成了亨利远征法兰西期间最能干、最值得依赖的将领之一。

虽然霍兰是这支先遣小队名义上的指挥官,但亨利还是为他指派了同伴,以弥补他年轻和经验不足的缺陷。在接下来的远征行动中,这些人与霍兰紧密地团结在一起,形成了一个行动小组,屡次被委以那些特别需要勇气和军事技能的任务。在他们之中,最重要的一位是霍兰的继父约翰·康沃尔爵士。尽管他只有30多岁,但他已经成了那个时代最受尊敬的、具有骑士风度的人物之一。作为英格兰西部的一位骑士和布列塔尼公爵侄女所生的儿子,他在1400年开始有了名气。彼时,他在没有得到国王允许的情况下娶了亨利四世的姐姐兰开斯特的伊丽莎白(Elizabeth of Lancaster,霍兰的母亲),因此被打入监狱。尽管伊丽莎白比他年长不少而且已经两度成为寡妇,但据说这次婚姻确实是出于爱情。那一年,在约克举行的一次马上长枪比武中,当伊丽莎白看到康沃尔击败了一名法兰西骑士的时候,她就对他一见倾心。康沃尔的确在这类的决斗中表现出色,这些赛事的胜利也为他赢得了广泛的国际声誉。1406年9月,康沃尔在伦敦举行的马上长枪比武中击败了一些苏格兰的骑士。1409年6月,他接受了埃诺总管让·韦尔尚的挑战,与之进行武艺比武。这场比武是一场在里尔(Lille)举行的单挑,整整持续了三天,双方都竭尽全力(à outrance)。也就是说,他们所使用的都是战时的装备,"对于追求骑士技艺和骑士精神的人来说,完成这样的一场比试是无上的荣耀"。康沃尔在比武中表现突出。在几次比武当中,他轮番使用长枪、宝剑、匕首与战斧进行搏斗。在比武的最后,主持整场比武的勃艮第公爵无畏的约翰赠给他一个镶有珠宝的金项圈。1412年,他同样在伦敦的史密斯菲尔德与一名阿马尼亚克派骑士塔内吉·迪沙泰尔(Tanneguy du Chastel)进行了比武。1404年,此人曾在参加布列塔尼人对德文郡海岸的劫掠时被捕。[14]

康沃尔的行伍生涯同样充满了奇特的经历。其中的高光时刻包括：1404年，他在德文的布莱克浦海滩（Blackpool Sands）阻止了法兰西人的一次劫掠；1408年，在奥泰之战中，他指挥着一支由60名重铠兵和500名弓箭手组成的英格兰雇佣军为勃艮第公爵战斗；1412年，在一场失败的对法兰西的战争中，他作为军队的指挥官跟随克拉伦斯公爵托马斯远征法兰西。他已经签订了契约，要率领手下的30名重铠兵与90名弓箭手在阿金库尔远征中为亨利五世服役（相较而言，未来的伯爵——他的继子——只能负担得起带上20名重铠兵和60名弓箭手的花费）。而且，他在远征中的表现是十分出色的。他不仅是首批登陆法兰西的部队的一员，而且是首支从阿夫勒尔行进到阿金库尔的连队的领导人之一。几周之后，他成了横渡索姆河的第一人。1418年，在蓬德拉尔什（Pont de l'Arche），他又一次横渡了索姆河。他一生中最大的悲剧是，他17岁的儿子兼继承人在1421年对莫（Meaux）的围城战中丧生了。据说，当这个男孩的头被投过来的石头击碎的时候，康沃尔就在他的身边（康沃尔本人也受伤了）。据说，这件事情令他发誓，他再也不会对基督徒发动战争。的确，在法兰西连续服了6年兵役之后，他再也没有拿起剑，而这一直持续到1436年。[15]

威廉·波特（William Porter）是先遣部队的另一名成员。他是亨利四世和亨利五世两代国王宫室里的一名扈从，并为亨利五世执行过几次重要的外交任务，包括1413年被派去葡萄牙的若昂国王（King João）那里执行"秘密任务"。和作为考特尼主教使团的成员于1414至1415年冬出使巴黎。显然，他一直深得亨利五世的喜爱。在国王的遗嘱当中，国王以个人的名义馈赠给他1只金杯、1匹马以及6英镑现金。他还得到了从斯克罗普勋爵亨利那里罚没的一些英格兰东南部的土地。1422年，他成了国王第二份遗嘱的执行者与管理者。虽然在他签署的契约中，他是带领着8名重铠兵和24名弓箭手来为国王服役的，但至少在名义上，他是在萨福克伯爵的儿子兼继承人拉波尔的米歇尔（Michael de la Pole）的队伍中的。因此，他被选入先遣队的原因尚不明晰，但是也许和他是约翰·康沃尔在战斗中患难与共的兄弟有关。[16]

人们通常会认为，在战斗中患难与共的关系不过是一种文学的创造，但波特和康沃尔的关系说明，这种关系是有现实的基础的。正如杰弗里·乔叟的《骑士的故事》（The Knight's Tale）中的阿塞特（Arcite）和帕拉蒙（Palamon）一样，在战斗中患难与共的兄弟共同起誓，要互相扶持，"直到死亡将我俩分开"。尽管在战斗中患难与共的兄弟之情带有理想主义的色彩（这种色彩源自人们的这一想象，即一旦双方的血液混合在一起，誓言就生效了），但实际上，这是一种正式的法律关系。除建立在平等的基础上而非领主和臣仆关系基础之上以外，在战斗中患难与共的兄弟关系与契约关系十分类似。波特和康沃尔之间的协议并没有留存下来，但是一份于1421年在阿夫勒尔起草的协议却流传至今，为我们提供了此类型协议的范例。这份协议的签订双方是两名英格兰的扈从尼古拉斯·莫利纽克斯（Nicholas Molyneux）和约翰·温特（John Wynter）。他们宣称"要加深上述的莫利纽克斯和温特之间长期存在的尊重和兄弟情谊，以便从今以后两人的情谊更为牢固和长久。上述的两个人亲自宣誓，成为在战斗中患难与共的兄弟，也就是说，双方互相忠诚，不欺骗对方"。他们协议中的主要条款是，倘若他们中的一人被俘虏，另一人应当第一个站出来为他筹集1000英镑的赎金；如果两人同时被俘，则由一人充当人质，另一人去筹集他们的赎金；他们在战争中共同赢得的战利品应当被送往伦敦妥善保管，直到这些钱能被用于购置英格兰的地产为止；假如其中一个人死去，幸存者（在妥善地安排了已故者的遗孀和孩子之后）有权继承他们所共同拥有的全部战利品。[17]

鉴于康沃尔的军事才能和波特的外交与管理手段，这两人结成在战斗中患难与共的兄弟一事应当令双方都获利颇丰。虽然我们对波特的财政事务所知甚少，但是康沃尔却展示了堪比他的军事能力的商业头脑。早在1404年，他就从别人手里买来了在达特茅斯城中被俘的一名诺曼骑士与一些法兰西俘虏，以便获取他们的赎金。在阿金库尔战役之后，他做了同样的事，以2万克朗的价格从国王那里购得了分享旺多姆伯爵赎金的权利。1412年，为了赎回自己一方的人质，阿马尼亚克派向克拉伦斯公爵所率领的英格兰军队支付了21万金埃居的赎金，而这些人质就在康沃尔的手中。可以看到，整笔款项的1/10落入了他本人的腰包。据说，他用在战争中发的财建起了他那宏伟壮丽的新住宅——位于贝德福德郡的安特希尔城堡（Ampthill Castle）。他长期而忠诚地进行服役也让他晋升为贵族。据说，当他在1436年成为范霍普勋爵（lord Fanhope）的时候，其年收入超过了800英镑（约合今天的331200英镑）。[18]

因此，从表面上来看，康沃尔是那些从15世纪的法兰西战役当中谋利的英格兰人之一。但是，在这里，我们还需要注意一点。事实上，他的许多财产是他的妻子带来的。婚姻给康沃尔带来了大量的土地和租金，特别是在议会于1404年授予了他的妻子继承她第一任丈夫遗产的权利之后。为了得到他所应得的赎金，他不得不苦苦等待多年。为了得到1412年的那笔赎金，他足足等待了28年。在此期间，他不得不以他的那些贵族俘虏所习惯的礼遇去款待他们。虽然他个人逃脱了逮捕，但他不得不为他的继子约翰·霍兰爵士（当时已成为亨廷登伯爵）筹集巨额赎金。（霍兰于1421年在博热被俘虏。）为了募集这笔巨款，他只能在国王的帮助下交换他手中最有价值的囚犯之一，并汇回他所应得的一些赎金。在他于1443年12月去世时，人们发现，他持有价值2666英镑13先令4便士的、没有得到兑现的国库符木。这笔钱是国王欠他的。除此之外，还有其他人欠他的钱，总计超过723英镑。[19] 就像许多阿金库尔老兵一样，他很难通过服役来直接得到报酬。

带领这支先遣队的贵族团体的最后一名成员是另一名即将为他在法兰西的军事行动付出最终代价的骑士。吉尔伯特·乌姆弗拉维尔爵士是罗伯特·乌姆弗拉维尔爵士的侄子。罗伯特曾在苏格兰入侵事件中扮演着一个暧昧不明的角色，这一事件也是剑桥公爵阴谋的一部分。但吉尔伯特的忠心是毋庸置疑的：和波特一样，自亨利五世登基以来，他一直是亨利五世宫室里的骑士。1421年，当他在博热之战（Battle of Baugé）当中战死的时候，他仍然保留着这一身份。像康沃尔一样，他也签署了契约，要率领30名重铠兵与90名弓箭手服军役，这表明他有大量的财富可供支配。与同为嘉德骑士的康沃尔一起，在从阿夫勒尔前往阿金库尔的行军途中，他被委以指挥第一支队伍的重任。而且，和康沃尔一样，他也是首批跨过索姆河的将士之一。他们为后面的部队搭建了桥头堡，以确保大部队能够顺利渡河。[20]

1415年8月14日（星期三），这支先遣队在破晓前悄然上岸。他们肩负着几个任务。其中，最主要的两个任务是探寻可能遇到抵抗的地点和通往阿夫勒尔的最佳路径。很难相信,亨利五世的间谍没有在他起航前为他提供充分的地理信息。但是,无论是从友好的还是敌对的方向来考虑,中世纪人都缺乏现代旅行者所拥有的主要资源。我们今天所知道的地图在那时是不存在的。中世纪的世界地图(mappae mundi)(比如藏于赫里福德大教堂的、著名的13世纪晚期的世界地图)仅仅是对已知的、有人类定居的世界做了象征性的展示。地图上各地之间的相对距离并不能反映真实的地理情况,甚至不能反映时人的地理知识。它们的作用仅限于展示这些地点在历史重要性,尤其是与基督教有关的历史重要性。所有的地图都指向东方(因此,单词"oriented"也有了东方的含义),而不是像今天一样指向北方。作为耶稣基督诞生和死亡的城市,耶路撒冷的意义最为重要,因而处于地图的中心位置。科学界已经知道,除了亚洲、欧洲和非洲,还有第四块与它们正好相对的大陆。但教会拒绝承认这一点,并在14世纪早期烧死了两名来自帕多瓦(Padua)和博洛尼亚的大学教授,因为他们坚称科学界的想法是正确的。有些人认为,中世纪的人们对世界的看法是,世界是平的或者是圆盘形的,如果他们走到大地的边缘,那么他们就可能会跌下去。这种观念是现代人基于对中世纪世界地图概念的误解而形成的错误解读。自古典时代起,观察者们便能在月食期间观测到地球影子的形状。当船只驶过地平线的时候,他们也能够看到,船只的船体会在桅杆之前消失。那时,他们就已经知道地球表面是有弧度的了,而这一知识并没有失传。到了15世纪,天文学的研究强化了世界是球形的这一认知,这一点也被人们视作理所当然。所有的文本都把地球比作一颗苹果或者是一个鸡蛋。中世纪的插画也经常描绘耶稣用他的手握着整个世界

(一个圆形天体或是一个球体)的场景。[21]

中世纪的世界地图对于计划旅行的人而言没有任何用处。因此,对于中世纪的人来说,固定的路线是非常重要的。例如,十字军战士和朝圣者们往往遵循他人给的路线前进。当他们到达被提及的一个地方之后,他们就会询问预定要经过的下一个地点的方向。(这也是如此多的人在前往圣地的途中要经过威尼斯而非其他地中海港口的主要原因。)对于一支入侵的军队来说,他们显然无法按这一方法得到信息。军事目标明显与圣地不同。中世纪时期最为常见的旅行者是商人。与使者们一样,他们同样依赖固定的贸易路线。一旦有可能,他们就更倾向于选择水路、海路而非陆路。出于这个目的,早在13世纪,他们就已经绘制出了基本的航海图。事实上,垄断了航海图的是意大利人。在200年之内,他们已经画出了地中海和欧洲大部分地区的海岸线。相比于世界地图,他们的这种方式更能被现代人所接受。不幸的是,对于潜在的入侵者而言,这些国家的内部区域仍然是一片空白。大城市和商业中心被标注出来了,但意大利人只是标注出了一连串沿海城市的名字,并没有提及它们距离海岸线的距离。在知道目标城市的情况下,这种航海图可以大致指示需要攻击的国家。除此之外,对于军事目的来说,这些航海图是毫无作用的。[22]

那么,一支入侵他国的军队将会如何行动呢?毫无疑问,情报人员会做好基础工作。关于阿夫勒尔这一繁忙港口及其周边的情况,到过此地的英格兰及其盟国的商人们也能够提供某些细节。至于剩下的信息,他们就不得不依赖于先遣队所收集到的情报和通过武力胁迫、贿赂或者劝说的方式从当地人那里得到的信息。选择在科地区谢夫登陆似乎表明,英格兰人在先前并没有做过周密的情报工作。就连法兰西人也承认，他们本可以轻而易举地守住此地，并且阻止英格兰人登陆。和诺曼底其他的海岸一样，这里的海岸布满鹅卵石。在潮汐的冲击下，这个地方成了一片泥滩。根据这场战役的主要见证者亨利五世的随军司铎的说法，这里的海岸附近散落着巨大的石块，对运送军队、马匹和供给品的平底载货船和小艇构成了极大的威胁。在这片鹅卵石海滩靠近内陆的一侧，法兰西人构筑了一套海岸防御工事，包括厚土墙和一道道注满水的壕沟。这些土墙"配备有守望台和壁垒……就好像塔楼或者城堡的墙一样"。那些壕沟之间的"土地宽达1腕尺（1腕尺合0.4—0.5米），一次只允许一人出入"。除去这些人造的壕沟，要穿越这片土地，英格兰军队还要克服因为潮汐而形成的盐碱滩中的自然风险，要再次踏上危险的羊肠小道，而这也让他们暴露在极度危险的境地之中。[23]

  法兰西人要想阻止登陆绝非难事。即使在完全无人干涉的情况下，英格兰人也足足花了三天才成功登陆，此时的他们最虚弱，也最容易遭到攻击。更何况，法兰西人还有一个优势：他们有取之不尽的现成弹药——位于河床与沙滩上的石头。"然而，"这位随军司铎评论道，"由于他们的懈怠、愚蠢，或者至少是缺乏远见，当地一直处于完全无人防御的状态。据我们所知，但凡有少许抵抗，只要抵抗者充满了男子气概，他们就能把我们阻拦在海湾中很久，甚至让我们永远上不了岸。"[24]

  在这场令人难堪的失败中，法兰西人甚至没有做出一次象征性的抵抗，这似乎令人费解，即便是对于他们的同胞而言也是如此。自从考特尼主教的使团到访巴黎而没能达成协议之后，法兰西人就预见到了一场可能的入侵。1415年4月，法兰西人召开了一次王国大会。由于查理六世的无能，大会决定，应当任命18岁的王太子吉耶讷的路易（Louis de Guienne）为军队的统帅，来组织针对英格兰军队的抵抗行动。整个法兰西的重铠兵都要随时处于警戒状态，以便随时抵抗英军。沿海的城堡和城镇的守军力量得到了增强，法兰西人也在筹措可用于战争的资金。由此产生的结果之一便是，作为众多王室官员的一员，鲁昂的执行官埃兰的罗班（Robin de Hellande, bailli of Rouen）也接到了命令，要做好阻止英军登陆的准备。包括阿夫勒尔在内的科地区都被划入了他的辖区。而且，无论是在圣阿德雷斯海滨的防御工事是不是在他个人的监管之下建立起来的，他都要对这些防御工事负责。[25]

在布尔日大主教及他的使团成员出使温切斯特失败并返回巴黎之后，备战工作进入了新的阶段。7月28日，法兰西的王室统帅阿尔布雷的查理和元帅布锡考特分别被任命为国王的副官和总指挥，并被派往诺曼底。二人分别带领一支1500人的军队。由于不知道英格兰人会在何处发动进攻，他们只好分头行动。阿尔布雷将他的指挥部设立在塞纳河入海口南岸最坚固的设防城镇翁弗勒尔（Honfleur），而布锡考特则将指挥部设在距离塞纳河北岸大约25英里远、守卫着塞纳河第一个渡口的一座小城镇科德贝克（Caudebec）。这样一来，诺曼底的绝大部分领土就都处于他们的出击范围之内了。蓬蒂厄和阿图瓦的防务被阿尔布雷委托给了当地贵族朗比尔领主达维德（David, sire de Rambures）。他也是查理六世的议政大臣和国务重臣、布洛涅的长官以及法兰西弩兵大团长。[26]

最早发现英军舰队扬帆起航并正向法兰西驶来的是布洛涅的渔民。他们对外发出了警报。城镇官员们立即派出了一名被称为小雅克·罗莱坎（Jacques Rolequin the younger）的信使，去警告沿岸可能成为英军攻击目标的城市。这些城市包括位于康什河（river Canche）河口的埃塔普勒镇（town of Etaples）、勒克罗图瓦（le Crotoy）和圣瓦莱里（St Valery）。后两座城市是位于索姆河河湾两岸的卫戍城镇。在返程的路上，小雅克·罗莱坎还没等喘口气，就立刻被派去给更远处的阿布维尔（Abbeville）、迪耶普和翁弗勒尔传递英格兰人的舰队已经进入塞纳河的最新消息。尽管完成第二个任务足足花费了他十天的时间，但是很显然，其他信使们也纷纷踏上了与他相同的道路，通报英格兰人入侵这一事件的最新进展。[27] 在这个通信网络的作用下，该区域的所有沿海城镇均长期处于一种警戒状态，并做好了对英军进攻的防御工作。

这一点解释了人们在筑造科地区谢夫防御工事上所付出的努力，但无法解释那里最终无人驻守的原因。一种可能的情况是，当时有很多错误的警报，以至于当地居民认为并不会有真正的敌情发生，但是即使如此，英军登陆也是会被人注意到的。格拉维尔隐修院（Graville priory）的僧侣们居住在海湾的高处，可以鸟瞰敌人的所有举动，但他们没有派遣信使越过这座山丘前往阿夫勒尔报警。（在诺曼人的方塔和圣奥诺里讷［Ste Honorine］的格拉维尔的修道院教堂的高耸外墙上，人们可以清楚地看到英格兰舰队的情况。）就连在河对岸的翁弗勒尔的阿尔布雷王室统帅也一定看到了停泊在那里的英军舰队，并意识到将会发生些什么。那么，为什么没有人阻止英军登陆呢？答案很简单，这是不现实的。位于阿夫勒尔的小股部队本可以采取某些措施，但是如果这支部队这样做的话，它就必须放弃城镇的防务，将其暴露在被仍停泊在海湾中的敌船攻击的危险之中。阿尔布雷王室统帅同样要评估一下离开翁弗勒尔的风险,他的部队起码要花将近两天时间才能通过陆路赶到圣阿德雷斯,到那时候就已经太迟了。唯一能够击退英军的机会就是在他们开始登陆的时候击溃他们。在这个时间节点,如果遭到攻击,亨利五世就会轻易地下令让他的舰队调头转向其他地方,包括离这个海湾只有5英里的翁弗勒尔。从一个纯粹务实的军事观点来看,相较于在正面作战中赌上一切,一个更好的选择是撤往坚固设防的城镇,这些城镇只有在经受长期围困的情况下才会陷落。

尽管这种类型的防御战略在整个英法百年战争中属于标准的惯用政策,但不可避免的是,叛国罪的谣言出现了。记载了很多当时事件的圣德尼的僧侣(monk of St Denis)宣称,如果当地的老百姓认为集结在阿尔布雷王室统帅麾下的当地贵族们不会保护他们的话,毫无疑问,他们就会像他们之前多次做过的那样起来反抗。"我应当毫不尴尬地这样说,因为这就是事实,"这个僧侣写道,"在那些明智的人眼中,这一次,王室统帅损害了自己的名声。"在后来的一次作战会议上,波旁公爵的私生弟弟——"一个正值青春年华的年轻人,但是性格勇敢而又鲁莽"——有胆量说出了许多人心中所想的事情,并且控诉阿尔布雷没能阻止英军登陆,犯下了叛国罪。据说,作为在当年早些时候出使英格兰的法兰西外交使团的一名成员,阿尔布雷王室统帅曾向亨利五世保证,自己不会反对他。因此,尽管当英格兰人到来的时候他就在不远处,但他没有对此采取任何行动。更糟糕的是,人们指控阿尔布雷以法兰西国王的名义命令那些来到他身边、请求得到他领导的当地重铠兵返回家中,而不是抵抗英军的侵略。这些传闻显然都是无稽之谈——在1413年之后,阿尔布雷就再没有出使过英格兰了——但是,就算是他的辩护者,也只能给出一个没有说服力的理由:他下达不抵抗的命令的原因是他低估了英格兰军队的兵力。[28]

关于阿尔布雷的行动(或者更确切地说,这个时候的不作为),即便往最好的方向去想,人们也只能说,他被亨利五世弄得措手不及。在当时的情形下,他根本不可能守住靠近英吉利海峡的整条海岸线。阿尔布雷错误地认为,英军会在塞纳河南岸登陆。当英军到来时,他正在错误的地方等待,而因为距离英军实际的登陆地点太远,他根本无法纠正他的错误。这个可以理解但致命的错误刚好发生在这次远征的开端,将会造成一系列可怕的后果,严重地损害阿尔布雷的威望和在未来的军事行动中说服其他军队领导者的能力。

到了8月17日(星期六),亨利已经顺利地让自己的军队和军需品上了岸,并没有遭遇任何插曲。根据一份材料的记载,在第一天破晓之后不久,当国王上岸的时候,他虔诚地跪在地上,向上帝祈求,希望上帝能够帮助他制裁他的敌人们。按照这些场合的惯例,亨利抓住机会授予了几名扈从骑士称号。这些人包括约翰·康沃尔在战斗中患难与共的兄弟威廉·波特、在国王的官内大臣托马斯·厄平厄姆爵士的部队中效劳的托马斯·热内和约翰·考尔索普。国王本人驻扎在古老的格拉维尔隐修院中。这座隐修院坐落在能俯瞰登陆地点的山坡上,亨利因而能从这个有利位置上看到登陆的全过程。他的弟弟们也在附近找好了安营扎寨的地方。但是,军队中剩下的人只能随便在各种地方落脚,驻扎在海岸后面的小河谷的陡峭山坡上的"小村庄、圈起来的空地以及果园"里。[29]

在南安普敦经历了漫长的等待并且在船只上度过了束手束脚

的日子之后，士兵们不可避免地会产生一种强烈的冲动，想去制造骚乱，特别是洗劫附近的农庄和房屋。在亨利制定一系列的条例以控制他的军队之前，已经有好几处地方被焚毁了。这些条例最终成了这次远征中的行为准则。它们并没有留存下来，但亨利的随军司铎对它们进行了简洁明了的总结：禁止人们再纵火，违者以死刑论处；保证教会、神圣的建筑物及其财产完好无损；最后，"任何人不许对妇女、司铎或者教会的仆从动手，除非这些人手持武器、施行暴行或者对其他人发动了攻击"。[30]

发布这种条例是一种惯例，至少可以追溯到爱德华三世的时代。它们是控制一支军队的重要手段，对于一支靠契约募集起来的军队来说更是如此。实际上，每支由这种方式召集起来的军队都是一种新的造物，而且具有自身的特色，所以每当契约军集结起来时，都有必要颁布新的条例。在15世纪之前，它们都有一个标准的模式：那便是理查二世于1385年入侵苏格兰的途中在达勒姆颁布的条例。这一条例与亨利五世在1419年7月围攻芒特（Mantes）时拟定的军规或者1584年莱斯特伯爵在低地国家为他的士兵们所制定的条例如出一辙。这些条例总是以这样的语句开头："无论民族身份、财产与条件如何，人们全都应当服从我们的国王、宫廷长官与司礼大臣的指令，违者将会受到肉体上和财产上的处罚。"除了随军司铎所提到的一些条款，还有许多涉及军中纪律的条款。这些涉及军中纪律的条款指出，每名战士都要待在他所属的部队当中，并且佩戴其部队的徽章；无论身份等级如何，"在他受到伤害或者被杀害之前"，军队中的每一个人都要把"一个饰有大的圣乔治纹章的服饰穿在正面，并把另一个饰有大的圣乔治纹章的服饰穿在背后。如果他不这样做的话，那么那个伤害或者杀害他的人不会因此而受到任何惩罚"。(与之相对的情况是,如果一名穿着饰有圣乔治十字架的服饰的敌军士兵被俘虏了,那么这个士兵就将被处死。)不经允许就在战场上叫喊的人会被立即处决,因为这样会扰乱军纪,并危及整支军队。他们可能会对着战马嚷嚷"montez"(法语,意为上马)或者"havoc"(意为"杀啊",即解散队形去争抢战利品。这就是莎士比亚的著名台词"喊着'杀啊',让战争之犬出去蹂躏吧!"的由来)。[31]

规范着囚犯和赎金处理的条款最长且最复杂,而且一直是一个有争议的议题。这些条款再一次说明了写在每一份契约当中的原则,即所有的战利品会被三等分,一份归国王,一份归国王手下的长官,剩下的归捕获者。对于那些不领受工资而在军队中服役的捕获者来说,此条例也同样适用。捕获一名俘虏的具体规则如下:一名俘获俘虏的人应该得到这名俘虏的承诺(承认投降并且发誓不会逃跑),并且获取一些实物(例如一只手套或者一个头盔)作为抵押。然后,这名捕获者有义务保证他俘虏的人身安全。如果他不管他的俘虏,并且不保证俘虏的安全,那么其他人就可以抢走这名俘虏,并有权获取这名俘虏的赎金,因为第一个捕获者已经违背了他的誓言。(正如我们将要看到的那样,在阿金库尔出现了一个令人印象深刻的例子。)最后,每一名俘虏都需要被尽可能快地移交给捕获者所在部队的长官,这位长官则会继续将其移送给上级长官进行讯问。在经历了这些程序之后,俘虏的人身安全就会重新由捕获者和他所在部队的长官负责。但是,在没有从国王、宫廷长官和司礼大臣那里得到安全通行证的情况下,该俘虏不能够被释放,甚至也不能前去为自己筹募赎金。这一原则必须得到遵守,否则该俘虏就会被处死。正如所有违背条例的行为那样,所有在个人之间和部队当中发生的争议都将由宫廷长官和司礼大臣处理。[32]

虽然1415年的条例中并没有出现什么新内容，但是正如亨利五世之前曾多次展示的那样，他能够有效地执行惯例，并且以此赋予它们新的生命与活力。人们能够看到，正义将会得到伸张。例如，一名偷窃教堂财物的士兵立即就被公开绞死了。这不仅是为了处罚他，也是为了警告他人。英格兰军队严格遵守军纪的行为甚至赢得了对手的称赞。圣德尼的僧侣记载，英格兰人将在军营中养妓女视为几乎最不可宽恕的罪行。而且，比起法兰西人来说，他们对待法兰西人的态度更为宽容。英格兰人严格遵守军纪条例，并且一丝不苟地执行国王的命令。毫无疑问，这样军纪严明的状况是国王本人的功劳。为了证明他所发动的战争是正义之举，他需要确保他的士兵们遵守战争的一般法则。这并不仅仅是皮桑的克里斯蒂娜所提倡的那种利他主义。克里斯蒂娜曾宣称："在战争时期，一支被贪婪的欲望所驱动的军队是非常危险的。他们的动机应当是维护他们事业的正当性、骑士荣誉或者是获得赞扬。"从实用的角度上看，一支纪律严明的军队更强悍也更有效率，没有遭遇过不良对待的当地民众也不太可能会暴力抵抗或者故意捣乱。[33]

虽然亨利的条例的推行过程是缓慢的，这些条例还是发挥了实际作用。这可以反映在首批落入英军之手的一名法兰西俘虏身上。28岁的司铎拉乌尔·勒盖（Raoul le Gay）于8月16日被俘虏。那时，英军还在尝试登陆，而勒盖正尝试着追赶上他的雇主的步伐。他的雇主是一名富有的市民，生活在阿夫勒尔市郊。在得知英军登陆的消息后，这位雇主便逃到了鲁昂（Rouen）。当勒盖被七个不会说法语的侦察兵俘获的时候，这些人明显认为自己俘获了一名间谍。他们夺走了他的罩袍、小刀和钱包,把他的双手捆在背后,还向他索要他根本支付不起的100法郎赎金。几天之后,勒盖被带到了他们的上级长官——一名年长的骑士——面前。这位长官询问了他阿夫勒尔指挥官的名字,但当他宣称对此毫不知情之后,这位上级长官便对他失去了兴趣。一名年轻的英格兰人注意到了勒盖的困境并用拉丁语与他进行了交流。这表明,尽管勒盖穿着世俗的服装并用帽子隐藏他的光头,但这个年轻的英格兰人可能仍旧意识到了勒盖的司铎身份。这个年轻的英格兰人下令,将他带到多塞特伯爵的面前。伯爵用法语审问了他,并且又扣留了他7天。

在他被俘的第10天,勒盖被带到了亨利五世的面前。与国王手下的长官们不同,国王询问,在这名司铎被捕的时候,他有没有持有兵器。在得知他并没有持有兵器而且对他的抓捕违反了相关条例后,亨利依然没有让他离开。这表明,亨利也认为勒盖是一名间谍。因此,这名司铎被移交给诺里奇主教理查德·考特尼看管。主教答应释放他,但前提是,他要将一封信送给巴黎的占星术士让·夫索利。这封信写得相当露骨。信中所提到的"南瓜、甜瓜、杏子以及其他水果"很明显是暗号。夫索利将在巴黎的塞莱斯廷斯隐修院院长(prior of Celestines)那里拿到这封信,然后再把回信寄给考特尼,并为此得到一笔钱。夫索利被告知,不要在他的回信中提及他自己或是考特尼的名字,因为这件事对于亨利五世之外的所有人都是秘密,"他是最小心谨慎的,你是知道这一点的"。勒盖也被要求传一个口信。他要告诉夫索利,英格兰国王已经带领着5万名战士、4000桶小麦、4000桶葡萄酒、12门大炮以及足以包围阿夫勒尔6个月的物资在法兰西登陆了。他要向夫索利打听：查理六世的疯病是否还在发作，是否会反抗英格兰人；王太子、勃艮第公爵或者别的领主们是否会同他一起出征；如果他们一起出征的话，他们会带上多少人。

考特尼给了勒盖一张安全通行证，方便他穿过英格兰人的防线。除此之外，他还给了他一个装着20克朗与信的钱袋，后者把它藏在了衣服的下面。8月29日，勒盖正式获释，在此之前，他被英格兰人拘留了13天。由于缺乏直奔巴黎的勇气，他先逃回了蒙蒂维利耶（Montivilliers）。直到几个月之前，他还是那里的修女院院长的随行司铎。他没有直接去修女院或者地方政府报告他所得到的信息。相反，他偷偷躲在这座镇子上，直到被一名来自翁弗勒尔的本笃会僧侣揭发。这名僧侣也曾经是英格兰人的阶下囚，并且知道勒盖身上有敌人的信。勒盖承认了这一点，但他为自己辩护称，他并没有打算去送信。尽管如此，他和夫索利都被逮捕了，并且被监禁了起来。后者因为叛国罪而在巴黎高等法院受审。正如塞莱斯廷斯隐修院院长的无罪辩护一样，勒盖的无罪辩护最终被接受了。但是直到一年以后，夫索利才能够从巴黎的牢房中出来，被改为软禁，并被流放到乡村中。在这里，他度过了余生。[34]

按照那个时代的标准，当勒盖成为英格兰人的阶下囚的时候，他受到了比较好的对待。他一直抱怨没有吃的和喝的（他不喜欢英格兰啤酒），而且他被关押的时间太长了，但是他并没有受到肉体上和言语上的虐待，还在没有付出赎金的情况下被释放了。鉴于正在进行的军事行动的规模，他的存在必然会在指挥链的上报中延误很久，特别是当他不能或者不会透露任何有用的信息的时候。

8月17日（星期六），即勒盖被俘后的第一天，人们终于把所有作战所需要的物品从船上卸了下来。正如我们所看到的那样，在颁布了条例之后，亨利命令他的军队各就各位。按照惯例，军队会被分为三队（battle），分别被称为前锋（因为他们通常会最先出发）、中军和后卫。亨利身处中军的前排，并指挥军队行动。战士、马匹、火炮、围城器械和马车的大型队伍开始向山坡道路进发，他们将沿着这条道路翻过山丘，从格拉维尔一直到阿夫勒尔。[35] 可以想到的是，恐惧一定开始慢慢侵蚀城里人的心灵。当城里的人们抬头仰望的时候，他们便能看到数不清的旗帜在微风中飘扬，铠甲在阳光下闪闪发光。不可计数的军队聚集在山顶上，如雄鹰一般蓄势待发，准备扑向它的猎物。在用外交手段获取他的"正当继承权"失败后，英格兰国王要用刀剑来获取这些正当的权利了。战争即将正式拉开帷幕。

第十章

阿夫勒尔

当我们来到今天的阿夫勒尔的时候，我们很难相信，这里安静的一小潭死水曾经是欧洲北部最为重要的港口之一。事实上，亨利五世在1415年8月的那天所看到的阿夫勒尔已经完全消失了。现在，这个地方只是勒阿弗尔（Le Havre）的郊区。当阿夫勒尔的水域被淤泥充塞的时候，弗朗索瓦一世在1517年建造了勒阿弗尔这座新港口。曾是勒阿费尔的骄傲和荣耀的高大城墙如今已经被如迷宫般的道路系统取代，而组成这一系统的立交桥和环形交通枢纽几乎与中世纪防御工事一样坚固。位于这座城市靠海一边的盐碱滩已经变成一个布满烟囱的大片工业废墟、油港和集装箱的码头。如今，位于城镇上游的、塞纳河的支流莱扎德河（river Lézarde）的河谷已经是一个工业园区和商业中心，把勒阿弗尔与蒙蒂维利耶连接在了一起。古时候蜿蜒的河道也在19世纪30年代被法兰西工程师"改直"了，代之以笔直的运河和码头。这里的防御工事让这座港口成了中世纪欧洲的奇迹之一，但它在19世纪的时候被拆毁了，港口本身也被填平了。就连为庆祝1435年英军被驱逐而重建的圣马丁教堂（church of St Martin，它有着精美的尖顶,在方圆几英里以内都可以看到)也是一个充满伤感和衰败气息的历史纪念碑,而人们已经找不到开启这座纪念碑的钥匙了。[1]

不过,小镇的中心地带依旧风景如画:那是一颗被遗落在勒阿弗尔沼泽里的中世纪宝石。尽管亨利五世的炮火几乎摧毁了城墙里的所有建筑物,但是大多数在15世纪重建的建筑依然留存了下来。露明木架的房屋簇拥在狭窄的鹅卵石道路旁,小广场上仍然回响着脚步声。更为重要的公共建筑物也保留了下来,包括图书馆、修道院博物馆(尽管经过了大规模的重建)以及军事瞭望塔。在灌木丛的遮掩之下,人们依然能够发现巨型城墙和城门那令人印象深刻的遗迹。

中世纪的法兰西人为阿夫勒尔而感到自豪是理所当然的。对于那个藏身于巴黎郊外修女院的圣德尼僧侣而言,它是"诺曼底最值得称赞的港口,将船只派往世界的各个角落,带回各式各样的外国商品,让整个王国变得富裕"。军事将领蒙斯特勒莱的昂盖朗意识到了它的战略重要性。与亨利五世一样,对于他来说,这是"通往整个诺曼底海域的钥匙"。[2] 位于受到潮汐影响的塞纳河河口北岸,阿夫勒尔扼守着法兰西最重要的内陆水道的入口。距此地直线距离40英里处的上游地带坐落着鲁昂古城。10世纪,最早的诺曼底公爵们便葬于此地。1294年,法兰西卡佩王朝的国王们在此地建造了海军船坞。再沿河道上溯80英里,人们便可以到达首都巴黎——它也是王室所在地和王国行政中心,塞纳河横穿了它的心脏地带。如果英格兰人能够攻陷阿夫勒尔,那么他们就可以利用塞纳河控制军事和商业交通,并且封锁法兰西的一条交通干道。

不仅如此，拿下阿夫勒尔还可以达成另外一个战略目的。在法兰西北部海岸的各个城市当中，阿夫勒尔对英格兰的利益所造成的威胁是最大的。近些年来，它已经成了攻击英格兰南部海岸的首选基地。1400年，在洗劫了康沃尔的海岸之后，"战无不胜的骑士"唐佩罗·尼尼奥带着俘虏和战利品撤回了安全地带。1404年，奥尔良的路易则在此地集结了一支入侵英格兰的舰队。无论是前往威尔士支援欧文·格林杜尔的叛乱，还是帮助苏格兰人反抗英格兰的统治，法兰西的援兵都是从阿夫勒尔出发的。阿夫勒尔也以"海盗巢穴"之名为英格兰人所知。在英吉利海峡当中，法兰西和意大利的船只洗劫了很多过往的商船。它们在阿夫勒尔躲避搜捕，并在此地销售他们的战利品。[3] 在以上多种因素的作用下，亨利五世把阿夫勒尔选为他的首个出兵目标。占领此地可以达到双重目的，既可以让英格兰船只更加安全，也可以建立像加来一样的一个桥头堡，为在法兰西的下一步行动做好铺垫。

阿夫勒尔的战略重要性意味着它拥有中世纪最好的军事防御措施。[4] 巨大的石质城墙长达2.5英里，环绕着整个城镇及其著名的港口。在石墙的间隔处有24座瞭望塔，这些防御工事相对来说都较为新近，均建于1344至1361年。这座城是多边形的，每个角都连着一座半圆形的防御塔楼。比起传统的方形塔楼来说，它们更能抵御炮击与挖掘地道等战术的威胁。城墙的墙体上厚下薄，墙面向外倾斜，可以把由火炮和投石机发射的炮弹反弹到敌军当中。而且，这些塔楼提供了有利的位置，方便人们用侧翼的炮火来攻击任何试图逼近城墙的敌人。这个城镇一共只有三座城门，从北城门出城可到蒙蒂维利耶，从东南门出城可到鲁昂，从西南城门出城则可到勒尔（Leure）。今天，这里只剩下通往鲁昂的城门附近的一座塔楼遗址，俯瞰着这座港口（即法兰西人所谓的clos-aux-galées）。尽管只是一座遗址，但是从它高大厚重的石墙当中，我们依然能领略到它过去的宏伟。内部的拱门加强了城墙的防御能力。城墙的外表一点都不平整，上面还有很多高低不同的射击孔，方便人们使用弩和火器。三个城门都由一座棱堡（凸出城墙的一座防御工事）、一座闸门以及一座位于护城河之上的吊桥保卫着。人们也加固了这些永久性的防御工事，以抵御投射武器的攻击。在这些防御工事的外部，他们将粗壮的树干埋入地面，并将它们捆绑在一起；在内部，他们则用泥土和木头一起支撑和加固防御工事的墙壁。

阿夫勒尔天然的地理优势都被发挥到了极致。这座城镇距离塞纳河约有1英里远，位于塞纳河支流莱扎德河河谷的最下游。流淌过危险的盐碱滩的塞纳河保护着城镇南边的入口。在通往勒尔的城门和通往蒙蒂维利耶的城门的中间，莱扎德河流入了阿夫勒尔。经过很多沟渠和涵洞，河水部分改变了流向，形成了一条巨大的护城河。这道护城河从东北到西南包围了一半以上的城镇，保护它免受来自河谷上游的攻击。在水闸的控制下，河水能够为两座刚好位于城墙内侧的磨坊提供动力，以磨碎谷物。在那之后，河水继续流过很多涵洞，穿过城镇的中心。最终，河道变宽，形成了港口，河水则汇入塞纳河。从防御的角度而言，这些水闸具有巨大的优势——能够被完全关闭。当水闸关闭的时候，莱扎德河的河水会被阻截在城镇的入口处。这样一来，河水便会冲出河道，淹没整个河谷的底部，水深可没过一个男子的大腿。在预先得知英军会在附近登陆后，阿夫勒尔人就毁掉了河上的所有桥梁并关上了水闸，人为地创造了一个巨大的湖，以保护这座城镇的北部。[5]

阿夫勒尔港的防御措施甚至比这座城镇更坚固。14世纪60年代，通过围绕城镇南部莱扎德河的弯曲处建起一座高墙，人们创造了阿夫勒尔港。这座高墙的厚度超过6.5英尺，高出地面50英尺，在地下的部分也有36英尺。在建好了这座高墙之后，人们让河水泛滥，把此处变成了一座面积达12英亩的港口。这个港口既用于商业贸易，也是王室军队的兵工厂。阿夫勒尔的城墙护卫着它的北部，在它的其他方向上则由它自己的高墙（比城墙高）保护。人们还在这些高墙上建起了防御型的小塔楼。除了上述的防御工事，人们还在它向海的入口处建起了两座高大的塔楼。这两座塔楼之间还有链条相连，以拦阻不速之客。在英格兰人兵临城下的时候，法兰西人已经采取了应急措施，以进行进一步的防御。他们在入口周围和向海的墙根处布置了削尖的巨大木桩，这样当潮水上涨、敌舰刚好能够行驶到墙边发动进攻的时候，它们就有可能撞上木桩而沉没。[6]

查理六世将阿夫勒尔的布防任务授予了埃斯图特维尔领主让（Jean, sire d'Estouteville）。他拥有侍酒官的荣誉头衔。他的守军大约只有100名重铠兵。即便拥有平民的援助，其兵力也并不足以长期抵御英格兰人的进攻。若不是一名军人的英勇与足智多谋，阿夫勒尔围城战的故事将变得会非常不同。高库尔领主拉乌尔就是法兰西版的约翰·康沃尔爵士。和康沃尔一样，拉乌尔是一名被现代世界遗忘的中世纪骑士英雄。他来自一个长期光荣地为法兰西王室服役的高贵家族——皮卡德家族（Picard family）。和他的父亲一样，他坚定地支持阿马尼亚克派的主张，并与奥尔良的查理、阿尔布雷的查理以及布锡考特元帅有着亲密的私人关系。

更为重要的是，高库尔是一个立志践行骑士理想的人。他在 26 岁那年成了一名十字军战士。在尼科波利斯（Nicopolis）与土耳其作战的过程中，他被册封为骑士。他和布锡考特元帅一起在那场损失惨重的战役中被俘，并被索要了赎金。1400 年，他成了布锡考特元帅所组建的那个短命骑士团的 14 名发起成员之一，发誓"要守护和保卫所有贵族女性的荣耀、地产、财物、名声和赞誉"，并要"竭尽全力"地和欺压她们的人斗争。9 年之后，当布锡考特负责管理热那亚的时候，高库尔曾带领着一小支法兰西军队前来援助他。1409 年夏，二人在意大利并肩作战，包围并攻下了米兰。在布锡考特进城并举行凯旋仪式的时候，高库尔就在他的身旁。1411 年，在阿马尼亚克派与勃艮第派的武装冲突当中，高库尔代表奥尔良的查理攻下了圣克卢大桥（bridge of St Cloud），以此树立了自己的威名。但是，后来，在同样的地点，他被英格兰人和勃艮第派的联合军队击败了。作为奥尔良的查理的内侍，他在一场谈判当中表现得非常杰出，让克拉伦斯公爵的军队于 1412 年从法兰西撤出。除此之外，他还担任了几座阿马尼亚克派城堡的长官。[7]

1415 年 1 月 1 日，与波旁公爵让所选的另外 15 名骑士一起，高库尔成为另一个新的骑士组织——囚徒的枷锁骑士团（Fer du Prisonner）——的创始成员。根据这个组织的章程，高库尔发誓，在两年之内的每个星期日，他都要在左腿戴上金镣铐和锁链，"以期在这段时间里找到同等数量的有财产和才干的骑士和扈从们。他们都是无可指摘的人，希望和我们一起并肩战斗到底。他们都按照自己的喜好穿戴他们的盔甲，至少持有一杆长枪、一把斧头、一把剑和一把匕首，并带上一根自选长度的木棒"。在这个骑士团里，所有成员的武器装备都会被悬挂在一座小礼拜堂里。在两年的时间当中，他们会在这座教堂中的一幅巴黎圣母画像前点燃一支蜡烛，让它日夜燃烧，另外的一个金镣铐则会被用作烛台。如果他们完成了戴金镣铐的挑战，那么在日常的弥撒当中，这支蜡烛就会被永久地捐赠出去，骑士团的每个成员则会把他的镣铐和他的一幅画像捐赠给这座小礼拜堂，画像上的他们穿戴着当天的武器装备。只要在指定的星期日忘记佩戴金镣铐一次，他就要支付一笔400先令的罚金。与布锡考特的骑士团一样，波旁公爵的骑士团设立的目的也是为了维护出身良好的女性的荣誉：金镣铐及链条所指的不是犯罪活动，而是象征着把骑士与他的女主人捆绑在一起的爱情纽带。[8]

有趣的是，由于高库尔是这个骑士组织的成员，所以当他在8月18日（星期日）率领300名重铠兵驰援阿夫勒尔的时候，他很有可能是戴着他的金镣铐的。在英格兰人登陆期间，王室统帅阿尔布雷和布锡考特元帅并非完全无所事事。一旦他们明确亨利五世的进攻目标是阿夫勒尔以后，他们就向阿夫勒尔运送了一系列的军需品，包括武器、加农炮和弹药，以加固城防。他们深知，他们需要一名富有经验、值得信赖的骑士来加固城市的防御。这也是他们选择高库尔的拉乌尔来执行这一任务的原因。无论他是从翁弗勒尔还是科德贝克出发，假如要进入这座城镇，他都只有一条路可走，那就是从城东的路线经鲁昂方向的大门入城，但时间已经极其紧迫了。他必须赶在英格兰人之前抵达这里。他是在亨利开始包围阿夫勒尔西部的第二天赶到此地的，这意味着他在穿越诺曼底时感到了情况的危急。但幸运的是，守军关闸制造的泛滥区在阻止他从蒙蒂维利耶方向进入阿夫勒尔的同时，也暂时从驻扎在通往勒尔的城门前的小山丘上的英格兰军队手中保护了他。英格兰人只能无力地看着高库尔冷静地骑着马从山谷的另一边下坡并进入这座城镇，途中没有受到任何阻挡。[9] 亨利五世很少在谋略上处于下风，而且，正如高库尔付出惨痛的代价才发现的那样，亨利五世不是一个会饶恕或者忘记此类行为的人。

在无法阻止高库尔和他的军队进入阿夫勒尔后，亨利意识到，有必要阻止更多的法兰西援军从鲁昂方向驰援阿夫勒尔。他将这个重要的任务委派给了他的弟弟克拉伦斯公爵。随军司铎将他描述为"一名战场功绩和个人勇气同样杰出的骑士"。这一次，他对得起国王对他的信任和随军司铎对他的赞扬。在夜色的掩护下，克拉伦斯公爵带着大队人马和一支火炮队艰难跋涉，迂回10英里来到了莱扎德河的上游，包围了被河水淹没的莱扎德河谷。在他们绕道而行的过程中，他们甚至成功地阻击了更多来自鲁昂的增援部队，并且俘获了"敌军的马车，里面有大量的火炮、火药桶、投射武器和投石机"。第二天黎明时分，守军们惊愕地发现，克拉伦斯公爵和他的部队出现在了城镇另一面的谷坡上，与国王的军队遥遥相对。[10]

当英军正在准备从陆地上进攻阿夫勒尔的时候，他们也没有忽视海上。尽管有些被征用的商船会再次回来增援，以运输那些在舰队第一次启航的时候被留在后方的军队和更多的补给，绝大多数商船在到达法兰西之后就能够返回家乡了。[11] 战船与王家舰队并没有停止服役，它们继续前进，进而封锁阿夫勒尔。现在，英格兰的舰队封锁了这座城镇所有通往塞纳河或海洋的路途。很多较小的船经由陆路被运送过来，并被部署在泛滥的莱扎德河之上。它们从北方封锁了这座城镇。这样一来，在东西方向上，这座城镇受到了两支军队的夹击，而在南北方向上，它的通道又被河流封死了。阿夫勒尔完全被英军包围了。

在用大炮攻城之前，与以往一样，亨利拘泥于形式，给了这座城镇的人最后一次投降的机会。既然他所发动的是一场正义的战争，那么对于他来说，占据道德的高地就是非常关键的。而要做到这一点，他就必须确保自己是按照战争的法则进行战斗的。一旦偏离了这些法则，无论是在当时的人看来，还是在上帝的眼中，他的主张就不那么正当了。如果上帝认为他所发动的战争是不正义的，那么亨利将无法改变这一判断。因此，他派遣他的一名纹章官到城前宣布，根据《申命记》第20章（7月28日在写给查理六世的信中，亨利已经引用过这些字句了）的记载，如果他们向他自愿地、无条件地敞开城门，并且"按照他们的义务"向他归还这座城镇的话，他愿意和平解决争端，"根据英格兰王位和诺曼底公国所赋予他的神圣权利，这些地方理应为他所统治"。[12]

如果这项提议被拒绝，而阿夫勒尔也被武力强行攻克的话，那么根据《申命记》中的内容，亨利便有权进行残忍的报复："神把城交付你手，你就要用刀杀尽这城的男丁。惟有妇女、孩子、牲畜，和城内的一切的财物，你可以取为自己的掠物。耶和华你神把你仇敌的财物赐给你，你可以吃用。"尽管与亨利一样，高库尔和埃斯图特维尔深知，他们拒绝投降将会带来什么样的后果，但是责任感和荣誉感不允许他们做出其他选择。他们断然拒绝了亨利的提议，谅他也不敢做什么。[13]

接下来的围城战是一场教科书般的战役。亨利的一切行动都来自书本。他主要的依据是韦格蒂乌斯（Vegetius）的那本经典的、关于军事策略的著作《兵法简述》（De Rei Militari）。这本书写于4世纪,但几乎每一个涉及该题材的中世纪作家都会翻译它。这些人包括14世纪的埃伊迪乌斯·罗马努斯(Egidius Romanus)、与亨利五世同时代的皮桑的克里斯蒂娜及托马斯·霍克利夫。根据标准的军事实践,亨利下令,要将阿夫勒尔的城郊地带清理干净,以便在这里排布他的火炮和攻城器械,让城墙处于这些器械的射程之内。正如随军司铎所骄傲地指出的那样,国王"不会合上他的眼帘,哪怕是为了睡眠",而是日夜劳作,并把他的攻城武器部署到位。许多用于攻击城镇的"大型器械"是在阵地上就地建造的,那些用于保护军队的"独特装置"也是如此。大批木匠被雇来建造巨大的木制屏障,以保护火炮和投石机,让它们免受敌军的攻击。这是一种独创的、带有滑轮的装置,人们可以在装置的后方操作它。这样一来,炮手们便可以把木质屏障升起来,瞄准目标并射击。在火炮两侧挖出来的战壕和堆起来的壁垒保护着炮手们,而这些壁垒都是匆忙建造起来的。只是把挖出来的泥土堆在一捆捆的木条之上,这些壁垒就建成了。[14]

当英军发动了对阿夫勒尔的进攻,毁灭性的结果便出现了。接连好几天,78名火炮手都在持续地炮击。炮手们采用轮班作业的做法,一旦一组人累了,另一组人就会马上顶替他们的位置。因此,白天的守城者毫无喘息之机。英军的火炮和投石机集中向保卫通往勒尔方向的城门、塔楼与城墙的堡垒开火,这些地方是敌人抵抗的重点区域。而且,当他们带来的1万发石质炮弹发挥了致命作用的时候,阿夫勒尔的防御工事逐渐崩溃了。这些声响十分恐怖:火炮开火的爆炸声、石弹击中目标时的重击声、木头防御工事的崩裂声以及石壁崩塌的响声。圣德尼的僧侣听说,其中的一门火炮体形十分巨大,是前所未有的。当它开火时,它会射出和磨盘一般大的巨型石块，同时散发出很多的黑烟，有人惊恐地表示，"这些石块仿佛是从地狱之火当中冒出来的"。[15]

面对着英军压倒性的攻势，高库尔与他手下的战士们坚定而英勇地进行了还击，而这一点也赢得了英格兰随军司铎的敬意。只要在堡垒、塔楼和城墙还能用于防御的情况下，他们就会用火炮、投石机和弩持续地回击。（一名英格兰重铠兵托马斯·霍斯特尔［Thomas Hostell］被"一支弩箭射中。他的头部被贯穿，失去了一只眼睛，而且颧骨骨折"，但这次受伤并没有阻止他继续在阿金库尔作战。）[16] 当防御工事只剩下断壁残垣，不可能再依赖它进行防御之后，法兰西人便"从废墟的内部，从屏障的后面，从城墙残破的缺口处，还有其他再也不可能继续发挥作用的掩体的后方"走出来，继续顽强地作战。[17]

晚上，火炮变得沉寂，攻城器械停止运作，英格兰人也进入了梦乡，但城中的守军依然没有喘息的机会。他们竭尽所能地修理他们的防御工事。在高库尔的指挥下，人们用树木、成捆的木棒以及塞满了泥土、粪便、沙子和石头的木桶支撑起了摇摇欲坠的城墙。平民可能也为他们提供了帮助，城墙内部的街道和小巷被铺上了一层厚厚的黏土、泥土和粪土，以减轻石弹落入城中的冲击力，这些石弹砸毁了城镇，并导致守城者伤亡。守城者没有多余的时间和精力来整修民用建筑，它们在这次炮击中遭受了惨重的损失。正如随军司铎怀着惋惜的心情所写的那样，许多"非常精美的建筑"都被毁了，甚至那些位于市中心的建筑也被完全毁坏或者处在倒塌的边缘。圣马丁堂区教堂就失去了它的尖顶和钟楼。[18]

正当炮弹从天而降，不断造成破坏的时候，亨利的威尔士矿工们正奋力在阿夫勒尔防御工事的地下挖掘地道。他们把主要的精力花费在这座城镇靠近鲁昂的那一侧,即克拉伦斯公爵负责指挥攻势的一侧,因为那里没有护城河的保护。这边的城墙只有双层壕沟的保护,而且英军尚不清楚靠近内侧的壕沟的深度,因为没有间谍和侦察兵能够靠近到足够开展调查的地步。

在13世纪十字军东征期间,挖掘地道的战术从东方传到了欧洲。这一战术指的是在防御工事最脆弱的部分——通常在城墙拐角处或者城门处——挖掘单条巷道或者构筑一个巷道网络。与普通的矿道一样,地道的墙壁和屋顶都是用木头柱子支撑的。在适当的时刻,人们将会点燃这些木头柱子,以摧毁这个地道。为了挖掘煤矿或金属矿,普通矿道的方向必须与矿层的方向保持一致。在必要时,人们也可以手脚并用地在矿道中行进。军用地道则不一样。它们需要大到能够运送大量砖石的地步。这意味着军用地道必须要足够宽足够高,至少要能让一个成年男子直立。而在某些情况下,这些地道能够造就一个宽广的地下空间。

要破坏一次成功的地道挖掘行动,最行之有效的方法或者是在敌军的地道下方挖掘自己的地道,或是把地道挖进敌人的地道里面,让它们在触碰到城墙之前就发生坍塌。如果这样做并没有达到效果的话,人们就会把柴火和燃烧装置投入地道中,点燃支撑用的木头柱子,以浓烟熏赶矿工,并摧毁敌人的地道。(皮桑的克里斯蒂娜甚至建议在地道的入口处准备大桶的开水或者尿,并将它倾倒在不幸的矿工身上,以烫伤或弄残他们。)[19] 有时候,挖掘地道和反向挖掘地道的双方会在途中相遇,这就为双方提供了在地下进行武艺比武的机会。鉴于在地下比武所需要克服的困难,尚武的骑士和扈从们高度重视这种比武,并把它当成展示个人武艺的绝佳机会。

在地道那狭窄而阴暗的密闭空间里，只有火把摇曳闪烁的火光，两名重铠兵用他们手中所持有的任何武器——剑、匕首、战斧和钉头锤——来战斗，直到他们中的一方认输或者双方打成平手为止。这样的战斗十分危险而光荣，以至参与了这种遭遇战的人被认定拥有特殊的联系，即便他们来自对立的阵营，他们也可能结为在战斗中患难与共的兄弟。在文献记载当中，最引人注目的例子发生在1420年。那时，漫长的默伦围城战还没有结束。据说，在这次战役里，亨利五世亲自和卫戍部队的将领巴尔巴藏领主（sire de Barbazan）在地道中进行了骑马对决。当默伦最终被攻下之后，亨利宣布他打算将巴尔巴藏作为抵抗者处死。巴尔巴藏领主援引战争法则做出了回应，声称他们是在战斗中患难与共的兄弟，因为他们曾经在地道中骑马对战，而且亨利应该饶他一命。亨利承认了巴尔巴藏领主这一主张的合法性，然后收回了处死他的成命。[20]

人们无法想象，诸如约翰·康沃尔爵士和高库尔的拉乌尔这样有才干的人会对这一展示自我的机会视而不见。编年史家记载道，每天，地道里都会发生遭遇战，"那些最有男子汉气概的人在此处战斗，设想自己能够取得伟大的胜利。就这样，原本用于对城镇发动突然袭击的地道，现在成了展示骑士英雄行为的比武场"。尽管这些骑士行为分散了法兰西人的注意力，但是法军依然每一次都能成功粉碎英军破坏城墙的企图。亨利五世下令建造一顶活动庇护棚。这是一种可以起到保护作用的可移动掩体。在工作的时候，矿工们可以用它作为掩护。所有的军事教科书都建议，挖掘地道的时候要避开敌军的耳目，但是在阿夫勒尔，地形让英格兰人无法做到这一点。一看到活动庇护棚就位和地道正在施工的情况，法兰西人就会采取反制措施，即反向挖掘地道，他们雇用的还是比缺乏经验的威尔士矿工明显技高一筹的"其他技术工人"。英格兰人前两次破坏城墙的行动遭遇了失败，第三次则没能达成预期的目标。关于这一系列失败的举措，唯一的安慰是，这些举动成功地转移了守军的注意力，迫使法兰西人分散他们的兵力，以在城镇布防。[21]

克拉伦斯公爵也被迫放弃了填平鲁昂城门下的壕沟的计划。出于这个目的，他曾收集了成捆的木材，并把它们堆放在壕沟前。就在那时，他发现，法兰西人也忙着在城墙上贮存成桶的易燃粉末、油以及固态油脂。只要英格兰人开始穿过壕沟，他们便会点燃这些木桶，并把它们抛掷到城墙下的木材上，以活活烧死克拉伦斯公爵的士兵。但是，这一威胁并没能阻挡克拉伦斯公爵的士兵攻占外侧的壕沟。在占领了这一新阵地之后，克拉伦斯公爵便指派熟练工人来监督战壕的挖掘。克拉伦斯公爵所率领的每个重铠兵和弓箭手都要参与挖掘战壕的工作。他们将挖出的泥土高高堆起，垒成一道面对敌人的土墙，然后用树干和木桩加固它。火炮手和弓箭手可以在这个土墙之后相对安全地展开行动。在新的防御工事的掩护下，英格兰人能够用飞矢和石弹击退城墙上的守卫者。[22]

尽管这些操作都是在克拉伦斯公爵的指挥下执行的，但是在背后直接掌控着战局的是国王。他发布了命令，让自己的弟弟遵行。这是一个充满困难的处境。这样说的主要原因是，每当需要在两个队伍之间传递消息的时候，英格兰人都要借助行驶在泛滥的莱扎德河上的船只，或者绕过河谷的最下游，通过漫长的陆上道路进行传递。这个问题迫切需要得到解决，而亨利本人也通过努力找到了一个解决方法。根据博尔迪乌的让（他是王室内廷中最高级的神职人员之一）的记载，"我们的国王在蒙蒂维利耶前方切断了敌人的水源供给，不让河流流入海中"。尽管这些相当神秘的话语可以从不同的方向来解读，但它表明，就在莱扎德河上游、距离阿夫勒尔不足3英里、更靠近蒙蒂维利耶的地方，亨利筑了一座坝。这将会造成两个后果：其一，这会切断阿夫勒尔人与他们主要水源之间的联系，而水源是任何一支被围攻的军队都要优先考虑的东西；其二，它必定也会导致城镇上游的泛滥区逐渐干涸。没有编年史家提到过这项工程。另一种可能在于，在阿夫勒尔围城战期间，因为关闭阿夫勒尔水闸而冲出河道的河水或者在攻城期间蒸发了，或者逐渐被排干了。虽然我们找不到直接的证据，但我们确实很难为博尔迪乌那明确的陈述找到其他合理的解释。[23]

无疑，亨利国王在不知疲倦地亲自监督将士们攻城。就连他的弟弟也不知道，国王下一次会在什么时间或者在什么地点出现。"国王日夜走访各处，查看他的每支军队的哨防、秩序以及驻地，激励、感谢勤劳苦干者，惩戒、纠正疏忽怠工者。"那时，有关他乔装打扮以便不让人认出来的故事已经流传开来了，这个故事也是莎士比亚戏剧中"人们多少都在夜里与亨利有了一点接触"那一幕的灵感来源。佛兰德总管15岁的私生子让·沃林（他也参加了阿金库尔战役）认为，"亨利国王非常狡猾。他经常乔装打扮，并在城镇周围走动，以确定防御最虚弱和最适合下手攻城的地方"。[24] 无论可信与否，这些故事都是对亨利五世个性的一种称颂，它们的流传也能够有效地激励他的战士们。当围城战进行到第三周的时候，这一点的重要性逐渐凸显了出来，因为直到那时，针对阿夫勒尔的轮番攻击都没能迫使它投降。

亨利坚信，阿夫勒尔即将被攻陷。9月3日，博尔迪乌的让在由英格兰控制的阿基坦给家乡波尔多的市民写了信。作为高级神职人员，他能够很容易地得知国王的计划：

> 可敬的大人们，请你们知悉，在圣灵的帮助下，最多再有8天，阿夫勒尔镇就会落入国王陛下的手中。如今，城镇靠近陆地的一侧和它的两翼都被打开了缺口，城中的一切都被摧毁了……我听说，当他夺下这座城镇的时候，他并不打算进入城中，而是停留在战场上。在这座城镇被攻陷后不久，他便打算前往蒙蒂维利耶，从那里再前往迪耶普，然后是鲁昂，再然后就到巴黎。[25]

在同一天，亨利自己也给波尔多市民写了信。信中，他兴高采烈地通知市民，"我们自己和我们所有的同伴都很健康，状态正佳"：

> 为此，我们以最谦卑的姿态来感谢我们全能的上帝。希望承蒙他的恩典，在我们追求正当权利的过程之中，他会保佑我们完成我们的夙愿。这一点既是为了取悦上帝，也是为了让我们、你们以及我们所有忠诚的领主和臣民获得荣耀和宽慰。出于这个目的，我们应当履行我们的职责。这样一来，在上帝的帮助下，我们的敌人从今往后就更难给你们制造麻烦和带来伤害了。[26]

亨利还是低估了高库尔与他的部下们的决心与智谋。阿夫勒尔不是在第 8 天,而是在第 18 天才被英格兰人攻下的。而且,这额外的 10 天将给英军造成毁灭性的打击,并迫使国王改变他的计划。

这一次,国王所面临的问题是困扰着每支远征军队的疫病——痢疾。因为它的主要症状是出血性腹泻,它以"血痢"(bloody flux)之名为英格兰人所熟知。传染性痢疾[27]是由 1 型痢疾杆菌(Shigella dysenteriae type 1)引发的。这种极其致命的细菌主要通过人的排泄物传播。在通常情况下,这是食物和饮用水与病人排泄物接触所产生的结果。但是,痢疾可以通过手与手之间的接触来传播,因为只需要少数细菌便可以导致感染。在今天的非洲,特别是在诸如难民营等人流密集的地方,严重的痢疾感染病例仍然十分常见。卫生条件不佳、缺少安全的水源以及炎热潮湿的天气都是这些地方痢疾肆虐的原因。在疫区里,有 1/3 的人会被感染。尽管部分人在不经治疗的情况下能够在 7 日之内康复,但是通常有 10% 到 20% 的人口会在产生症状 13 天之内因为并发症而死去。这些并发症包括持续腹泻、败血症以及肾衰竭。

无论是在城中,还是在围城者的部队当中,阿夫勒尔都具备了疾病暴发的一切条件。这里的天气潮湿闷热,盐沼、河谷底部泛滥区中居高不退的积水正是滋生昆虫和细菌的温床。事实上,如果亨利确实成功地在莱扎德河的上游河段建起了大坝,那么,他自己的士兵可利用的淡水资源的量也会减少。沼泽地让人难以安全卫生地处理人和动物的排泄物,处理诸如动物尸体之类的有害物质也成了问题。这是维持一支人数如此众多的军队的必然结果。他们挖了一些用作厕所的壕沟,还挖了一些深坑以填埋废弃物。但是，人们无法给这些壕沟和深坑封口。围城战持续的时间越长，卫生环境所带来的问题就越多。不应该忘记的是，军中还有数千匹马，每匹马每天就要消耗4加仑（1加仑约合3.78升）的水，有可能会加重水污染的状况；我们知道，它们中也有不少死于瘟疫。[28]

国王军队中的医师和外科医生们并不是不知道与战争相关的疾病的危险性。国王的御用医师尼古拉斯·科尔内特拥有一本《百合药术》（*Lilium Medicinae*）。这是由贝尔纳·戈尔东（Bernard Gordon）所写的专著，十分流行而且具有影响力。在这本书里，作者提出了一些非常准确而且可行的建议：

> 但是，如果医师正在行伍之中，那么国王的帐篷和医师及外科医生们的帐篷都应该位于上风口，扎在地势较高的地方。在任何时候，这些营帐都不能处于垃圾集中的地势低的地方。同时，这里应当有新鲜空气，不能有任何尸体或其他东西散发出的恶臭。在夏季，帐篷应该面向南方，而医师们应该尽可能考虑到一切可能给整支军队带来疾病并削弱他们战斗力的因素。这些因素包括热量、雨量、腐烂的尸体、疾病、坚果、卷心菜、植物、爬行动物以及沼泽等。

根据这些建议，国王和他的弟弟都将营帐扎在了地势高于阿夫勒尔的谷坡上。[29] 然而，即便他们知道这些疾病是如何传播的，无论是他们还是军队中的其他人，都不能完全避免与病人接触。

当时的编年史家们也不知道传染病的真正起因。他们或将病因归结于缺乏补给，或者是自相矛盾地将其归结为英格兰人的贪婪。英格兰的士兵们用没有熟透的水果与海滩上的贝类充饥。这些东西在塞纳河入海口和阿夫勒尔之间的盐沼地上到处可见，随手可得。[30] 根据典型的中世纪思维，这种看似无法说明的事情总是可以用原罪解释的。

事实上，这样的食谱与痢疾的传播毫无关联。而且，英格兰人食物短缺这一说法也没有得到证实。7月24日的一条命令显示，除去每个人随身携带的3个月军粮，英格兰的士兵们还从英格兰（可能还有阿基坦）收到了源源不断的补给，其中包括鱼（包括新鲜的和腌制的）、小麦、牛肉、葡萄酒、麦芽酒以及其他的一些食物。王室司礼大臣用私人船只定期把食品从英格兰运送到阿夫勒尔。这些食物包括谷物、面粉、啤酒、葡萄酒甚至一桶鲑鱼。这意味着其他的军队领袖们也会这样做。除了定期来往海峡两岸的船只，在科地区谢夫附近侦察的征粮队也会定期带来大量的新鲜食物。他们所带来的大多是谷物，它们能够被研磨成粉以制作面包。仅以詹姆斯·哈林顿爵士手下的弓箭手为例，亨利国王在阿夫勒尔所存储的粮食就为他们提供了428磅面粉、2576磅牛肉以及4545加仑葡萄酒，并没有体现出粮食短缺的状况。[31]

保证食物供给是一个十分重要的问题，以至于国王会亲自关注此事。9月初，当亨利五世给波尔多人写信时，他催促他们"尽可能快地"给他寄送他们所能提供的葡萄酒和食物，"只许成功不许失败"。与此同时，他也要确保"那些运送补给的人……能收到令他们完全满意的报酬"。博尔迪乌的让附信称，亨利要求提供的葡萄酒数量为500至700桶。但是，他还增加了两个评论，而这两个评论表明，这场围城战役持续的时间出乎英军的意料，而且也开始引发他们的忧虑。"尽管到目前为止，周围的田野还能提供充足的谷物,然而,这并不能满足他手下这支庞大军队未来的需求。他们的需求每天都在增加。"也许更值得注意的是,他也发现"多塞特伯爵……这位军中的第二号指挥官"和他的部下们"都在大声地抱怨无法为这些食物付钱"。可能对于波尔多的商人来说,得知国王对于伯爵将会找到付钱的办法有着"极大的信心"可能并不能给他们提供巨大的动力。但是,与往常一样,亨利那种令人恼火的轻描淡写的态度是基于具有可行性的部署的。他正在向理查德·惠廷顿及其他人借款,"以保证我们围攻阿夫勒尔的行动能够继续进行"。[32]

痢疾病例首次出现在英格兰军队中(或者是在阿夫勒尔)的时间并没有记载。只有到了9月15日,这种疾病的存在才吸引了编年史家们的注意。那时,一位最杰出的患者因此而死亡。尽管理查德·考特尼是诺里奇主教,但他将自己的非凡才能全部奉献给了国王而不是上帝。作为大陆法与教会法的博士,他两次被选举为牛津大学的校长,还是这所大学慷慨而博学的庇护人。除此之外,他还是外交官、财政专家和亨利五世的近臣及顾问。他唯一没有时间顾及的事情就是拜访他的主教教区。在那里,士麦那大主教约翰·莱斯特(John Leicester, archbishop of Smyrna)住在考特尼的宅邸中,并代他行使他的职责。对于英格兰的随军司铎(他不知道这位主教所从事的间谍活动)而言,考特尼是"一位出身高贵、身材魁梧且智力超群的人。与其他天赋异禀的贵族相比,他在雄辩和学识方面的才能丝毫不落下风……人们一致认为,在国王的所有大臣之中,他的地位是最高的"。据随军司铎所说,他也是国王"最忠诚和最亲密的"朋友。这个关于他的评价也许更值得人们注意,因为没有几个人可以声称自己与亨利五世有这样的关系。考特尼与国王的关系是真的，因为国王亲自来到他的临终病榻之前，为他沐足。当他去世的时候，国王又亲自帮他合上双眼。那时，考特尼年仅35岁。他的遗体被送回伦敦，国王亲自下令将他埋葬在威斯敏斯特大教堂祭坛后面的王室墓地之中。[33]

3天之后，也就是9月18日，同样的疾病又夺走了国王另一名忠实的仆人——萨福克伯爵拉波尔的米歇尔的性命。这个人是"一名杰出的、有着良好声望的骑士"。他死的时候是54岁。他曾经随亨利的父亲参与讨伐普鲁士的十字军。在亨利的父亲成为国王之后，无论是"在海上还是陆地上"，他都鞍前马后地为他效劳。那场致使他过早去世的对法战争也将夺走他4个儿子（他一共有5个儿子）的生命。他的长子米歇尔战死于阿金库尔，死时还不满21岁。其他的人则死在圣女贞德（Joan of Arc）的手下。亚历山大在1429年6月12日的雅尔若之战（Battle of Jargeau）中战死。在同一场战役当中，他幸存的3个兄弟全都被俘。其中二人（约翰与托马斯）死于囚禁期间。为了效忠兰开斯特王朝的君主们，拉波尔家族付出了高昂的代价。[34]

9月15日，也就是理查德·考特尼去世的那一天，英格兰人经历了另一次严重的挫败。也许是因为考特尼的去世分散了他们的注意力，正在围攻通往勒尔的城门的英军遭受了法兰西人的突然袭击。更有可能的是，他们之所以会遭受袭击，是因为他们在对阿夫勒尔进行了将近一个月的围攻之后放松了戒备。很显然，那些应为此次玩忽职守的行为负责的人包括约翰·霍兰爵士、约翰·康沃尔爵士以及与康沃尔在战斗中患难与共的威廉·波特爵士。他们全都是第一批登陆科地区谢夫的人。抓住此次机会，法兰西人拼命地从城里发动突击，冲出了那座通往勒尔的城门。在遭受重大的损失并退回城里之前,他们成功地在英军的防御工事上点了火。人们倾向于认为,高库尔的拉乌尔是此次行动的幕后推手。这样推测的最大理由在于,这场失败的英勇的行动发生在周日。这一天正是他穿上金镣铐的日子,骑士的行为准则在他心中又是至高无上的。虽然在军事层面上,这次行动只给英军造成了较小的损失,但对于阿夫勒尔守军而言,这是一次意义非凡的提升士气的机会。他们辛辣地嘲讽他们的敌人睡眼惺忪、懒惰,连更好地放哨都做不到。[35]

对于这些侮辱,只有一种回敬的方式。第二天早晨,霍兰与康沃尔对城门发动了一次全面攻击。他们用粗麻布包裹箭头,蘸上沥青,并且点着它们。这些箭铺天盖地地落入棱堡里,击退了所有守军,并造成了进一步的破坏。在夜幕的笼罩下,亨利五世指挥着士兵们用成捆的木棍填满了那些把英格兰人和城门分隔开的壕沟。这样一来,他们便能够横跨壕沟,点燃被炮火击碎的、残存的外部城墙,并向法兰西守军发动进攻。霍兰的旗帜被插在了堡垒的中央。在那之后,他的部下们鱼贯而入。法兰西军队在随后的白刃战中拼死抵抗,但最终,所有扑灭火焰的尝试都徒劳无功,他们也因此而筋疲力尽。在浓烟和大火的包围下,法兰西人被淹没在大批战士的攻势当中,被迫放弃他们的阵地并撤到城墙后面。就算是到了这个时候,他们仍然没有放弃他们的努力,并迅速地用木材、石头、泥土和动物粪便堵住了他们身后的入口。这样一来,即便英格兰人已经夺取了棱堡,他们还是不能进入城镇。英格兰人花费了好几天的时间才把火焰扑灭,但是被毁坏的防御工事的残骸仍在冒着烟,直到14天之后才熄灭。[36]

亨利显然希望这次成功的军事行动能够摧毁法兰西人的意志。

次日，也就是9月17日的早晨，他便派遣一名纹章官前往阿夫勒尔，把安全通行证交给高库尔和城镇会议的代表们，以便他们能够到英军的营地中议和。亨利表现出了他最具魅力且最有影响力的一面。他亲自向他们致意，并且以最亲切的方式建议他们投降，让出这座城镇。他提醒他们，阿夫勒尔是诺曼底公国的一部分，自古以来就属于英格兰的君主。根据《申命记》里的内容，如果他们继续抵抗他的话，厄运就将降临到他们的头上。此时的高库尔已经快要饿死了。他筋疲力尽，还遭受着痢疾的折磨，脸上透露着死亡的气息。但是，他依旧保留着自己的骄傲和责任感。他拒绝投降。他轻蔑地告知亨利，他拒绝接受亨利的任命，不会担任阿夫勒尔的长官，也不会认可他的权威。他知道，法兰西国王不会再听凭英格兰人围攻阿夫勒尔了，这位国王随时会率领他的军队来到此地，并将英格兰人赶走。[37]

　　高库尔自己是否相信这些豪言壮语已经不得而知了。他可能盲目乐观地认为，他的国王不会在不进行一点反击的情况下就放弃阿夫勒尔这样的一个重要地点。另一方面，作为一名拥有丰富军事经验的将领，他必定知道，就战略方面而言，与其发动一场激战并承受其所带来的不可预测的结果，不如将阿夫勒尔拱手让给英格兰人，然后再在他们离开之后收复此地。

　　由于被敌军切断了与外界的联系，高库尔一定很难获得任何军事情报，更不用说援军的最新动向了。显然，阿尔布雷王室统帅与布锡考特元帅正在鲁昂集结他们的队伍。在那里，他们花费了超过300枚在图尔铸造的里弗尔（livres tournois）来购买一艘小船，在上面装满了食物和其他必需品。他们又让一名富于冒险精神的当地水手让·莱斯科（Jehan Lescot）驾驶着这艘船驰援阿夫勒尔。莱斯科(他可能当过海盗,并由此得到了丰厚的报酬)成功地突破了英格兰人的封锁,而且令人吃惊的是,他不是一次通过了英军的封锁线,而是两次。证据是,在他来到阿夫勒尔之后,高库尔又安排他秘密逃离了阿夫勒尔,让他能够向阿尔布雷汇报此地的情况。阿尔布雷也派鲁昂的执行官埃兰的罗班去巴黎,给国王、王太子以及御前会议的成员们带口信,告诉他们"英格兰人登陆此地以及袭击的情况。为了拯救阿夫勒尔的上述城镇及其周边的乡村地区,他们需要准备多少食物及必需品"。[38]

  高库尔可能也知道,除了阿尔布雷和布锡考特,一些当地贵族已经开始带着自己的人马来抗击英军了。这些人当中包括年轻的埃诺总管。他曾经渴望在马上长枪比武中战胜英格兰人,以展现他的英勇。由于官方组织的一切抵抗活动最终都失败了,这些当地贵族决定亲手解决这个麻烦。他们持续向英格兰的军队(特别是那些与克拉伦斯公爵一起驻扎在通往鲁昂的城门前的军队)发动小规模的袭击,并且对那些他们所发现的、离开大部队进行侦察和搜寻粮草的小股英军发动进攻。里尔亚当领主(sire de Lille Adam)和布里默的雅克(Jacques de Brimeu)所率领的一支由500至600名当地骑士组成的部队决定发动一次较大规模的军事行动。他们的计划是派一小队骑兵进入英军阵营的视线范围内,让英格兰人提高警觉,并驱马追击,从而把他们的弓箭手丢在后头。当这些英格兰人被吸引到距离大部队足够远的地方的时候,里尔亚当领主和布里默的雅克就会伏击他们,并把他们杀死。对于法兰西人来说,很不幸的是,里尔亚当领主过早地开始了动作,并且被英格兰的重铠兵们看见了。在意识到这是一个圈套之后,他们立即放弃了追赶,并返回营地。更不幸的是,里尔亚当领主和布里默的雅克双双被俘。[39]

当地方贵族在尽可能地抵抗英格兰侵略者的时候，拥有王室血统的高级贵族们却似乎无法采取果断的行动。直到8月28日，在阿夫勒尔被围困了一周半之后，御前会议才终于颁布了动员令，号召人们武装起来守卫国家。这是每一个能够拿起武器的人的责任所在。各地的执行官和总管们都收到了国王的信件。信中，国王批准他们在每座城镇里和每一次公众集会上召集军队，而这些召集而来的军队即将奔赴鲁昂。这些信也被直接寄往诸如凡尔登（Verdun）、图尔奈（Tournai）、亚眠（Amiens）等城镇（他们有自己的城市民兵组织），给当地人下达支援阿夫勒尔的命令。9月17日，50名弩手的确从图尔奈出发了，但这些迟来的支援者没有抵达阿夫勒尔，并且在两个月后就回家了，根本就没有遇上英格兰人。9月1日，国王派使节前往奥尔良的查理和勃艮第公爵无畏的约翰那里，要求他们每人分别派出500名重铠兵。尽管就在几个月前，二人已经握手言和，国王还是向这两位公爵提出要求，不让他们亲自带领军队出征。从这一点，我们能够看出，二人之间仍存有很深的积怨。[40]

9月1日，王太子与他的内府成员一起从巴黎出发。几天之后，他们便到达了韦尔农（Vernon）。这里距离鲁昂还有一半的行程，但他在那里一直逗留到月底。查理六世不能率领他的军队御驾亲征，但是在9月10日，他亲自前往圣德尼的王室大修道院（great royal abbey of St Denis）朝圣，并从祭坛上取得了金焰旗。然后，它被托付给了巴克维尔领主纪尧姆·马特尔（Guillaume Martel, sire de Bacqueville）保管。按照惯例，他在起程前去加入集结在鲁昂的国王军队之前，发下了要将其带到军中的誓言。当时，一个被这些事件深深刺激的巴黎人在他的日记中记载了法兰西人备战和出发的过程。他的日记大概反映了巴黎人的普遍情绪。引发他的愤慨之情的不是在遥远的阿夫勒尔的同胞所处的困境，而是为了支持这场战役而强加在他们身上的税。他抱怨道，这是前所未见的重税。[41]

随着阿夫勒尔的局势变得日益令人绝望，高库尔向王太子接连传递了好几次消息，请求他给予增援。"在英格兰人严密的包围下，您卑微的臣民陷入了巨大的不幸。我请求殿下，希望您能赶紧派人前来增援解除围困。如此一来，他们就不用被迫交出这座闻名于世且具有重要价值的港口城市，从而让国王陛下的威严蒙羞了。"王太子或者因为这些请求感到尴尬，或者只是对它们无动于衷。这样说是因为，报信者发现，他们几乎不可能得到觐见王太子的机会。当他们最终见到王太子的时候，他们只得到了"我们的父亲国王陛下会在一个合适的时机处理这些事件"的保证，就被打发了。他们只能回去报告，据说，有一支多达4万人的庞大军队正在鲁昂集结。[42] 但他们无法判断，这支军队是会及时到达并拯救英勇的阿夫勒尔守军，还是只会为他们报仇。

第十一章

"我们的阿夫勒尔镇"

高库尔的拉乌尔轻蔑的拒绝只不过坚定了亨利的决心。用随军司铎的话来说，他决定要"开始采取更严厉的手段，以对付那些软硬不吃的人"。当天晚上，亨利便让号手告知全军，明天一早就要发动最后的总攻，所有水手和陆军士兵都要做好准备。与此同时，他下令开始新一轮的炮击，力度比以往有增无减，令法兰西人夜不能寐并让他们在次日的战斗中更容易被击败。[1]

在法兰西人拒绝了亨利所开出的条件之后，英格兰人迅速做出了反应。这最终迫使阿夫勒尔屈服了。也许高库尔、埃斯图特维尔与他的将士们不愿投降，但城中的市民已经挺不住了。他们非常害怕敌人会武力夺取这座城镇，也害怕他们会采取《申命记》所允许的可怕报复行为。因此，镇委员会决定有条件地向亨利投降。9月18日（星期三，这一天也是英格兰人计划发动最后总攻的日子）破晓之前，14名市民代表把一个消息送到了克拉伦斯公爵那里。他们告诉他，如果在9月22日（星期日）之前，法兰西国王还没有前来救援的话，他们就会将这座城镇拱手让给他。[2]

关于此次投降有一些疑点。作为一名目击者，英格兰随军司铎仅仅提到，被围困者与国王展开了谈判，但他并没有提及克拉伦斯公爵或者市民在谈判中所扮演的角色。托马斯·沃尔辛厄姆（Thomas Walsingham）是写于15世纪20年代早期的《圣阿尔本斯编年史》（St Albans Chronicle）的作者。他描述道，市民代表向克拉伦斯公爵提出了条件，但这一条件是由高库尔和守军里其他领主们所委托的一名纹章官传达的。1415至1420年，圣德尼的僧侣曾记录道，这份协议的条款完全是在克拉伦斯公爵的调停下达成的。[3]但是，当国王本人也出现在围城战的战场上，并且只有他能够下令停止进攻的时候，为什么他们要向克拉伦斯公爵投降呢？正如圣德尼的僧侣所暗示的那样，这也许是因为克拉伦斯公爵更富有同情心：在法兰西，众所周知的是，在克拉伦斯公爵的父亲仍健在时，公爵本人更偏向于阿马尼亚克派。但事实上，事情可能还有另外一种完全不同的解释。

几份法兰西方面的原始档案暗示，这次投降中存在背叛行为。阿金库尔附近的卢梭维尔（Ruisseauville）的编年史家记载道："人们常说，出卖了这座城镇的是布拉班特的克利涅（Clignet de Brabant，他是一名阿马尼亚克派领袖，一度担任法兰西的海军大臣）、高库尔领主以及法兰西王室统帅。"就像有关阿尔布雷的查理暗中变节并与亨利五世达成一致、坐视英格兰人登陆而不加抵抗的谣言一样，这些可能只不过是恶意的流言蜚语。[4]

圣德尼的僧侣所提供的故事与之前的故事有一点不同，而他的故事增加了背叛存在的可能。他从高库尔和埃斯图特维尔那里获知，实际上，英格兰人是在9月18日"从南边"发动进攻的。守军英勇地战斗了整整3个小时，直到城镇的"另一边"有人向敌军打开了城门。如果这一叙述属实的话，那么我们就可以解释，为什么守军是向克拉伦斯公爵而不是亨利国王本人投降了。这样做更合适也更符合惯例。所谓"南边的城门"指的是通往勒尔的城门,那里也是高库尔与亨利五世所驻扎的地方。"另一边"的城门指的是,通往鲁昂的城门,代表团就是在那里提出条件的。可以看到,那里的攻城行动由克拉伦斯公爵指挥。城镇南边的战斗之所以持续了3个小时,是因为从克拉伦斯公爵接受守军投降到这个消息传到国王那里必定需要这么长的时间。[5]

对于这种解读,我们还能找到另外的证据。在正式接管阿夫勒尔的那天,亨利五世亲自给伦敦市长和市政官写了一封信:

> ……我们的目标是,要在9月18日(星期三)那天发动对这座城镇的进攻;但是,城里的人们已经察觉到了即将发生的一切,做出了重大的决定。他们采取了前所未有的方式,即与我们协商。为了避免无谓的流血,我们倾向于同意他们所提出的条件,并随即做出了相应的答复,告诉了他们我们最终的决定。他们同意了。关于这一点,我们同样真心感谢上帝。我们原以为他们不会这么轻易地同意我们的决定。星期三,在我们的要求下,高库尔、埃斯图特维尔、阿克维尔(Hacqueville)以及这座城镇的其他领主们和骑士们从城中走了出来,向我们交付了人质。所有人……都以救世主的圣体之名起誓说,他们会把我们所说的城镇完整地移交给我们……[6]

亨利国王要求高库尔出城投降这一事实,暗示了后者并没有主动提出投降。事实上,尽管高库尔是这座城镇的长官,也应该负责做出最终的决定，但他似乎事先并不知道阿夫勒尔市民的投降计划。从这个意义上来说，他确实被背叛了。然而，用背叛一词来形容阿夫勒尔市民的行为也许过于严重了。他们已经英勇奋战了很长的时间。在近5周的时间里，他们承受着巨大的艰难困苦，失去了他们的房子，失去了他们的营生，很多人甚至失去了他们的生命。他们不希望看到一大群英格兰人强奸他们的妻女或是杀掉他们的同伴。这些人正因为能够掠夺战利品而垂涎欲滴。与高库尔及其他的守军将士不同，他们不习惯出生入死，也不用去践行浪漫的骑士荣耀，甚至不需要在口头上表达对这些概念的敬仰。他们没有义务和守军一起死战到底。

当亨利收到克拉伦斯公爵的消息说，市民代表团已经提出投降时，他的第一反应是怀疑。对他来说，确定守军和镇民投降消息的真伪很重要。他不能冒着进入阿夫勒尔，结果却遭到一群绝望的武装人员的伏击或破坏的风险。因此，他任命他最信任的两个内廷成员和第二号指挥官多塞特伯爵托马斯来担任谈判代表。这两个最值得他信赖的内廷成员是他的总管托马斯·厄平厄姆爵士和他的内侍菲茨休勋爵亨利（Henry, Lord Fitzhugh），后者也是一位经验丰富的外交官。[7]

即使高库尔想要战斗到最后一秒，镇委员会的投降还是迫使他屈从了。在无法得到城内人支持的情况下，他不可能继续守住阿夫勒尔。他损失了1/3的部下，剩下的人则筋疲力尽、饥肠辘辘且饱受疾病的折磨。[8] 从一开始起，亨利五世就明确地宣称，他将阿夫勒尔的守军都视为反对他权威的叛贼，而不是抵抗外来侵略者的另一个国家的忠诚臣民。前一年，苏瓦松的勃艮第长官布农维尔的昂盖朗被自己人（阿马尼亚克派）处决了。就像他一样，阿夫勒尔的守军也不能指望得到任何怜悯。[9]根据战争法，他们将被看作叛国者，他们的生命和所拥有的一切都会被剥夺。在知道这一切的前提下，高库尔不得不在两种可能性中再三权衡：他可以选择蒙受个人名誉的损失，并可能会和其他的军事将领一起被送上绞架；他也可以选择继续进行无谓的抵抗，而这样做的结果必然是大规模流血。

无论高库尔有什么样的理由或者有多么不情愿，他还是决定投降了。与埃斯图特维尔、莱昂的纪尧姆（Guillaume de Léon）和阿克维尔领主（sire de Hacqueville）等人一起，他开始与亨利国王的代表谈判，并勉强用达成的条约挽回了一些颜面。直到9月22日（星期日）1点钟，双方才达成了一份停战协议。阿夫勒尔人可以最后一次向他们的国王或者王太子寻求支援，但如果在约定的时间内，这两人都没有用武力解除阿夫勒尔之围的话，那么这座城镇、它的居民以及他们所有的财产都将被无条件交给英格兰人。但如果是那样的话，那么至少投降就不完全是高库尔的责任。

随后，在同一天，一支庄严的队伍行进至城墙的墙脚下。领头的是威尔士的班戈主教本尼迪克特·尼古拉斯（Benedict Nicolls, bishop of Bangor）。他举着圣饼盒。与之同行的是穿着教士长袍的王室司铎（其中包括我们的编年史家）。多塞特伯爵、菲茨休勋爵以及托马斯·厄平厄姆爵士紧随其后，携带着他们已经签署的契约。当他们到达城墙脚下时，主教大声喊道："不要害怕！英格兰国王不是来破坏你们的家园的，我们是虔诚的基督徒，阿夫勒尔也不是苏瓦松！"

正如亨利所要求的那样，在高库尔的带领下，城镇代表与守军代表们一同出现了。双方都按着圣饼盒起誓，承诺要遵守协议，并在文件上签名。包括埃斯图特维尔在内的"更高贵和更重要的"24名法兰西人被移交给英格兰人作为人质。亨利把安全通行证给了阿克维尔领主和他的12名随从，让他们去为阿夫勒尔寻求援助。亨利国王没有出席这一系列活动。就连法兰西人质们被带到他的帐篷中时，他也没有现身。但是，他的确允许这些法兰西人在那里用餐。他也命令自己的手下们，在阿克维尔返回这里之前，要好生招待他们。[10]

在接下来的几天里，诡异的寂静笼罩着阿夫勒尔。致命的火箭攻击已经停止了。火炮不再怒吼，投石机也安静了。然而，即便到了这个时候，高库尔和他的部下们也无法真正地放松下来。根据停战协议，他们不能继续战斗，也不能修复残破的防御工事，但他们不得不为未来的军事行动做好准备。他们可能试过抓紧机会休息，但是，当他们的命运在刀刃上起舞的时候，他们又怎么能安然入睡呢？那面血色的王旗是否会突然出现在地平线上，并昭示着一支救援军队的到来？战斗还会爆发吗？他们会不会蒙受投降的耻辱，被关押在异国他乡，甚至被处决呢？

这个承载着阿夫勒尔全部希望的人以最快的速度向韦尔农进发。王太子仍然驻扎在那里。等到阿克维尔到了那里，他又一次动情地向王子请求支援。他无比辛酸地说，毫无疑问，阿夫勒尔正在等待着命运的裁决。如果法兰西的军队不能在三天之内到达的话，那里的人就只能投降了。王太子的答复十分简单，并且切中要害。他表示，国王的军队仍未完全集结完毕。他们还没有做好准备，无法及时前往支援。所以，阿克维尔只能两手空空地踏上归程，并怀着沉痛的心情告知高库尔，他的任务失败了，英勇守卫阿夫勒尔的所有努力都白费了。[11]

阿夫勒尔向英格兰人投降的消息在法兰西境内引发了震惊与羞愧之情。那些不了解情况的法兰西人迅速地开始责备和声讨高库尔及他的部下，指责他们守城不力。只有圣德尼的僧侣站起来维护他们，为他们写了一首慷慨激昂且富有同情心的赞美诗：

> 人们应当铭记，他们曾多少次英勇地从敌军中突围而出，他们如何尽全力阻止敌人每一次秘密挖掘地道的尝试和他们由此攻入城镇的企图。毋庸置疑，这些人在逆境面前坚韧不拔、忍辱负重，值得最崇高的赞美：即使建筑的屋顶在他们周围崩塌，他们依旧坚持全副武装，靠着最微薄的补给坚持着，度过一个个不眠之夜，以便于他们随时能够击退任何突然的袭击。[12]

双方约定的投降时间是9月22日（星期日）1点钟。在通往勒尔的城门外的山坡上，亨利五世坐在用金色布料覆盖的王座上，端坐在由同样材质制成的帐篷之下。一大群英格兰显要和贵族们穿着最雍容华贵的服饰，环侍在国王左右。站在国王的右手边的是吉尔伯特·乌姆弗拉维尔爵士。他托着国王带有金王冠的头盔。在国王的营帐和城门之间，人们开辟出了一条道路，让阿夫勒尔的代表们能够经由此路走到国王那里。路的两旁站着全副武装的士兵，为的是把在此处围观这幅景象的成群的英格兰人隔在道路的两旁。1点钟，城门打开了，高库尔出现在由三四十名骑士和市民领袖所组成的一个小队列的前面。更令他们感到羞辱的是，他们被迫将他们的马、武器、铠甲以及其他所有财物留在城中。因此，他们不得不自己攀爬这座山丘，身上只穿着衬衫与紧身裤。根据阿斯克的亚当的记载，他们也被迫在脖子上挂上绞绳。这是一个传统的标志，象征着他们的命运现在已经掌握在国王的手中。[13]

走完这段路程必然要耗费一些时间，因为山坡很陡，而且包括高库尔在内的许多人都患上了重病。当他们抵达国王所在的宝座的时候，他们便全都跪倒在地上。高库尔向国王呈递了城镇大门的钥匙，并说道："最伟大的君王，看看这把城镇的钥匙。我们遵守了之前的承诺，我和我的部下们将这座城镇呈交给您。"亨利没有屈尊去亲自接钥匙，而是让司礼大臣约翰·莫布雷代为接收。随后，他向高库尔承诺，"尽管他和他的部下为上帝所厌弃，还违背了所有的正义原则，但在他们离开的时候，他们也不应该完全得不到仁慈的对待。的确，他们占据了一座国王所有的、高贵的城镇，并以此与国王对抗。但是，即使并不干脆利落，他们还是亲自奉上了这座城镇，交由国王处置。然而，亨利也指出，在经过仔细考虑之后，他也许会改变主意"。后来，亨利国王下令，要把高库尔和人质带到他的帐篷里（更早一些的时候，他们被移交给英格兰人，作为停战条约的担保）。在以囚犯身份被分配给亨利的手下之前，这66个人将会受到"盛情"的款待。[14]

正如亨利五世一贯所做的那样，任何关于阿夫勒尔的正式投降仪式都是经过精心策划，也是有一个特定的目的的。他安排这样一个羞辱法兰西囚徒的仪式，是为了给其他胆敢抵抗他的城镇和守军看的。当这些人被迫走很长的一段路程，并从胜利一方所摆出的长阵前面走过之时，他们甚至不能穿象征着他们传统地位的服饰。国王威严地端坐在高处的王座上，四周围绕着他王国内的骑士。这一形象让他在接过城镇钥匙时所说的话语中透露出来的信息更具有说服力。他用刀剑贯彻了他的主张。而且,因为他的主张是正义的,他得到了阿夫勒尔;法兰西人则失去了它,因为他们的行为违背了上帝的意志和正义。就连亨利所展示出的仁慈,也是人们不能指望国王大发慈悲的有力证明。宽大对待只能是国王所赐予的特权,更何况,"在经过仔细考虑之后",国王可能会收回宽大处理的决定。

在高库尔正式投降之后,他和他所有同伴的旗帜都被取了下来。而在围攻阿夫勒尔期间,这些旗帜都飞扬在城门之上。伴随着观望的英格兰军队的欢呼声,人们把圣乔治和亨利国王的旗帜挂到了那些旗帜原来的地方。然后,亨利国王将城镇的钥匙交给了多塞特伯爵,委任他为阿夫勒尔的管理者和军队长官。

亲自进驻阿夫勒尔并不是国王原本的打算。他本来希望能够继续作战,将战火进一步烧到法兰西的腹地。但是,他并没有预料到,这场围城战会持续这么久,而席卷全军的痢疾则迫使他重新思考他的决定。在举行了豪华、壮丽的投降庆典之后,亨利决定不再举行传统的入城仪式。他做出这一决定是合乎情理的。在阿夫勒尔正式投降后的第二天,亨利骑马远行至城门附近,下马脱鞋。就像一名忏悔者或者朝圣者一样,他赤足前往已经化为废墟的圣马丁的堂区教堂。因为他所取得的胜利,他在此处虔诚地感谢了上帝。[15]

在环游了这个城镇并看到了火炮袭击所带来的破坏之后,亨利把他的注意力转移到了城镇居民的身上。所有的神职人员都能够自由地离开。那些准备好向亨利宣誓效忠的居民可以保留自己的动产,但是,与加来的法兰西居民一样,他们无法保留他们在阿夫勒尔的任何住宅或商业资产，还失去了公民权。在市集上，城镇的所有证书和当地居民的地契被公开焚毁了，标志着新的政权统治了这座城镇。至少有221名富裕人士不愿意接受亨利所提出的条件。他们被关押起来，只有支付了赎金才能离开。其中的一部分人被送去了加来。在那里，他们等待着被运送到英格兰。

与各阶层的妇女儿童一起，穷人和病人全都被赶出了这座城镇。尽管这看起来可能是一个过分严苛的举措，但是在对中世纪战争中的残忍做法习以为常的同时代人看来，这一举措的仁慈程度已经出乎他们的意料了。每个被赶走的人都得到了一小笔钱，用来在路途中购买食物。而且，"出于对她们的同情"，妇女们可以带走自己所能带走的所有私人财物。就这样，大约2000人被驱逐出了阿夫勒尔。"虽然他们的居所是不合法的，但那个地方确实是他们熟悉的家园。由于失去了他们的居所，他们感到不幸、悲痛，并流下了眼泪。"鉴于他们很容易遭到英格兰军队的劫掠，亨利又派出了一支武装护卫部队，以护送他们走出他的军队的势力范围，前往14英里以外的利勒博讷（Lillebonne）。在那里，布锡考特元帅正等着用船运送他们，沿着塞纳河而下，把他们送往安全的鲁昂地区。"尽管在他们看来，自己是这里的主人，"随军司铎记载道，"但上帝的公正裁决证明，他们不过是这里的旅居者。"[16]

亨利对那些最不指望得到仁慈对待的人同样表现出了宽宏大量的一面。在阿夫勒尔围城战之后，大约有260名法兰西重铠兵幸存了下来。他们大多是来自诺曼底和皮卡第贵族家庭的士绅，赎金的数目相当可观。但亨利没有把他们投入大牢或者送往英格兰，而是让他们获得了假释。这样仁慈宽厚的做法既是出于人道主义的又是出于实用主义的考虑。"因为我们中的大部分人都饱受疾病的折磨,"高库尔后来回忆道,"在我们发誓前往加来,并承诺会在即将到来的圣马丁节(day of St Martin)出现在他面前之后,英格兰国王便放走了我们。"放走他们要承担一定的风险,但是亨利自己的军队中也有不少人因伤残而需要被送回国内。在这样的情况下,他无法抽出兵力去照管如此众多的患病俘虏。他需要尽可能多身体强健的战士来保卫刚刚攻取的阿夫勒尔,以粉碎法兰西人夺回它的企图。另外,如果亨利将这些俘虏们带在身旁,一同前往加来,那么他们将会变成巨大的累赘,将会拖慢他的行军速度。更何况,这些人需要持续的武装看守和医疗保障。在被拘禁了5日之后,9月27日,这些人发誓会遵守国王的谈判代表写下的条款,还答应会在11月11日或之前抵达加来,再次成为亨利的俘虏。在那之后,他们便获准离开,并回到自己的家中。[17]

然而,亨利国王还不打算放过高库尔的拉乌尔。在暂时获得自由之前,高库尔还要完成一个额外的任务。亨利五世向这个被攻下的城镇的前任长官提出了要求,让他给他的领主法兰西王太子捎去一个消息。这个消息是一封要求单独决斗的挑战信,它将会决定法兰西的未来。这封信上盖了王玺,所附的寄信人地址是"我们的阿夫勒尔镇"。它的开头是这样的:"承蒙上帝的恩泽,亨利成了英格兰与法兰西之王以及爱尔兰的领主。我在此向最尊贵且有权势的王子——吉耶讷的王太子、我们的亲戚、最有权势的君主的长子以及我们法兰西的对手——提出建议。"带着对上帝的崇敬和避免两国人民流血牺牲的愿望,亨利继续写道,他之前也曾多次寻求多种途径,以期获得和平:

鉴于我们的战争所带来的结果是人的死亡、乡村的毁损、妇女儿童的悲戚和更多广泛意义上的罪恶，每一名虔诚的基督徒都应该为这一结果而感到悲伤，并表示同情，深深地卷入其中的我们尤其应当做到这一点。我们同样也应该尽一切努力来寻找人们所能够想到的所有方法和途径，以避免上述的罪孽和损失，以便能够得到上帝的喜爱和世界的颂扬。

由于本应接受挑战的查理六世没有能力对此做出回应，亨利便向法兰西的王太子提议，争端应当由"我们和你们的人"之间的决斗来解决。其中，胜利的一方就能够在查理六世死后继承法兰西的王冠。在给王太子寄去这封信的同时，亨利必然还给王太子捎去了口信，告诉王太子，亨利将会用8天的时间在阿夫勒尔等待他的回应。在此之后，这一要求就会自动失效。[18]

历史学者们往往会嘲笑亨利所发起的决斗。他们认为，这一决斗浮夸、荒谬、轻浮和陈腐。但事实并非如此。决斗裁判的传统古老而值得尊敬。几个世纪以来，它一直是审判程序当中的一部分。每当争论中的双方都无法提供证据以供陪审团或者法庭进行判决的时候，人们就会采取决斗的方式。当一人的说法与另一人的说法发生矛盾之时，唯一解决争端的办法便是进行神明裁判。上帝不会容许恶行的发生，也就是说，胜利将会被判给正义的那一方。这正是决斗裁判在中世纪时期也被称为神判（judicium dei）或者上帝裁决的原因。对于像亨利五世这样非常虔诚并且绝对确信自己站在正义一方的国王来说，决斗裁判具有非同寻常的吸引力。

尽管决斗裁判正变得越来越罕见，但是在1819年之前，英格兰人进行决斗裁判的权利在法律上并没有被废止。在中世纪,特别是对于骑士和扈从而言,这仍然是一个取得正义的重要方式。长期以来,亨利五世的家族一直都与司法决斗有联系。他的曾祖兰开斯特公爵亨利和爱德华三世都曾通过这种方式解决在法兰西的战争争端。作为英格兰宫廷长官,格洛斯特公爵伍德斯托克的托马斯(Thomas of Woodstock, duke of Gloucester,也是亨利的叔祖父)为这样的司法决斗起草过规则。1398年,当亨利的父亲还是赫里福德公爵的时候,他差点就和诺福克公爵莫布雷进行一场司法决斗。那时,理查二世禁止了这场决斗,并将亨利的父亲流放国外。[19]

由于决斗裁判要在严格的规则下进行,人们通常把它和比武大会及马上长枪比武混淆在一起。这也就解释了为什么有些历史学家会如此轻蔑地看待亨利五世向法兰西王太子发起的决斗。无论结局如何,诸如约翰·康沃尔爵士和埃诺总管之间的那种展示战斗技艺的决斗都能在骑士圈子中得到高度的评价。这是因为,单单参与此项决斗便能赋予参与者荣光。即使双方全力以赴,用战时的武器和盔甲进行战斗,其目的也不是杀死对手,而只是为了证明自己的勇气和技艺。在另一方面,决斗裁判肯定已经不是骑士间的比赛而是具有法律约束力的审判了。即便是没有在决斗过程中被杀死,战败的一方也会被人从骑士名册上除名,并被当成罪犯处决。那些参与决斗裁判的人都不愿落到这步田地,因为他们将会名誉扫地。失败不仅意味着死亡,还意味着耻辱。

对于亨利五世来说,决斗的要求不是摆摆姿态,而是非常认真而严肃的。无论采取什么方式,他都要把自己的命运交由战斗来审判。如果他能够在一场一对一的决斗而不是军队交战中证明他对法兰西王位的主张的话,那么他将会挽救双方将士的生命。如果王太子接受了这场决斗,那么毫无疑问,亨利将会亲自出战——并且赢下决斗。如果王太子不愿意应战,那么亨利就可以把他的挑战信的抄本分发给他的所有朋友和潜在的盟友们,以证明他主张的合理性和他不惜一切代价避免流血冲突的决心。[20] 亨利再一次向世人展示了他所精通的宣传艺术,打乱了王太子的步法,并占据了道德的制高点。延长战争的罪责将会落到王太子的头上,而因为人们指责王太子懦弱,他的名誉也会受到玷污。

9月27日,高库尔动身将这份挑战信送给法兰西王太子。王太子依然逗留在距离鲁昂以南约28英里、位于阿夫勒尔上游处约68英里的韦尔农。在完成此次任务时,吉耶讷的国王纹章官威廉·布吕热(William Bruges)也与高库尔同行。这不禁让我们怀疑,高库尔到底为什么要被派去送信。递交决斗书是纹章官的主要职责之一。威廉·布吕热的经验丰富,完全不需要任何保卫和帮助。这样一来,我们只能解释,被俘的高库尔之所以被迫一起前往,是因为亨利想要让王太子自己面对他不作为的后果。王太子将会从一名忠诚的副官——如今已经成为英格兰人的阶下囚——那里直接听到阿夫勒尔已经落入敌手的消息。亨利可能还希望,高库尔能够说服王太子接受决斗,或者至少做出一些和解的姿态,用一些代价换取和平。[21]

不管是什么原因,这位不幸的长官不得不承受一段痛苦的经历,因为他不得不把阿夫勒尔失守的消息报告给一个没能前来帮助他的人,如果他不指责这个人没有帮助他的话,他就没有人性了。看起来,就像高库尔之前派去王太子那里请求支援的信使一样,高库尔和国王纹章官也没能及时得到王太子的召见。他们都没有在亨利所设定的回复期限（8天）之内返回阿夫勒尔。（相比之下，阿克维尔只花了3天时间就完成了在阿夫勒尔和韦尔农之间的往返路程。）[22]

亨利提出的决斗让王太子陷入了两难的境地。他无意接受这场决斗，但是拒绝挑战会显得他像一个懦夫。既然他无法做出任何一种举动，他便像鸵鸟一样将头埋在沙子中，不做出正面答复。[23] 人们可以想象，一名像高库尔一样崇尚骑士理想的骑士必定会因为王太子这种缺乏尊严和礼仪的举动而感到羞愧。在对比了他自己领袖的缺点和亨利五世楷模一般的行为之后，他又一次蒙受了羞辱。现在，高库尔已经做了他所需要做的事情。而且，在把信带到之后，他至少省去了将王太子的回信带回去的麻烦。由于没法发动军事行动来对抗俘虏他的人，在前往加来投降之前，除安心躺在病床上之外，高库尔已经没有别的事情可以做了。对于他而言，这场战争已经结束了。

与此同时，当亨利在阿夫勒尔等待王太子的回复的时候，他并没有无所事事。正如我们之前所见的那样，在阿夫勒尔正式投降的那天，他给伦敦的市长与市政官们写了一封信，并通知他们，"凭借我们军队中忠实的臣民的辛勤努力、火炮的运用以及其他军械的巨大威力"，他已经成功地让这座城镇屈服了。他驱逐了部分居民，这也为英格兰移居者的入驻铺平了道路。可以看到，亨利准备把这里变成第二个加来。10月5日，一则公告传遍了伦敦与英格兰的其他各大城镇。这则公告说，假如有国王的臣民准备移居阿夫勒尔的话，他们将得到免费的住宅与特别的优待。这一公告的目的在于吸引粮食商和其他商人，以便让这座城镇不仅可以自给自足，还可以成为伦敦与大陆贸易网络的一部分。这一贸易网络是通过加来和巴约讷连接伦敦和欧洲大陆的。在得到财产赏赐的、这座城镇的居民当中，国王的教士博尔迪乌的让已经被推荐到阿夫勒尔的堂区教堂就职。同样得到赏赐的还有来自伦敦的大商人理查德·博科隆德（Richard Bokelond）。他在攻城期间支援了国王两艘船。作为奖励，他在这座城镇中获得了一座名叫"孔雀"（Peacock）的小酒馆。[24]

为了给这座城镇补充粮食，亨利还下达了紧急命令。10月4日，一名信使"以最快的速度"前往多佛尔城堡主管和五港同盟总督处，身上还带着盖有国玺的委任状。这份委任状让多佛尔城堡主管和五港同盟总督亲自前往所有临近的英格兰南部海岸港口，那里是"渔民的居住地。他强行命令和指挥所有的渔民……带着他们自己的渔船、他们的渔网、渔具以及其他捕鱼所必要的物品前往阿夫勒镇［原文如此］，并在上述城镇周围的诺曼底海岸捕鱼，以便为国王的军队提供补给，不得有任何耽搁"。两天之后，亨利的约翰·费舍尔（John Fysshere of Henley）接到了命令，要向阿夫勒尔运送小麦，为军队提供补给，而国王将会为他承担运送这批小麦的费用。6天之后，伦敦的杂货商人约翰·洛温尼（John Laweney）也收到了相似的命令，要给军队寄送"食品、武器以及必要的物资"。为了保证库存处于充足的状态，国王还颁布了命令，禁止英格兰人"把小麦或其他谷物卖往诺曼底的加来与阿夫勒尔城镇之外的海外地区，除非他们有国王的特别命令"。此外，那些向加来和阿夫勒尔运送供给的船只也必须提供运输证明。这样一来，他们就不能使用欺骗的手段，将他们的货物运往其他地方了。[25]

雷金纳德·柯蒂斯是加来之前的军需官。在当年的早些时候，他受命在荷兰和泽兰雇用船只，为入侵法兰西做准备。他被任命为阿夫勒尔的长期粮食供应商。从那以后，为守城军队和整座城镇筹措粮食补给便成了他的职责。在经历了几周的强制性军役之后，许多被强征来在围城期间运送军队和补给的船只都可以重返它们原来的岗位了。国王自己的两艘舰船正定期地来往于海峡两岸，忙于将啤酒和葡萄酒运送到阿夫勒尔的驻军部队中。[26] 其中一艘是"拉图尔的凯瑟琳"号，它此前已经随舰队出征了；另一艘"圣灵"号没有赶上远征，最近才被编入舰队。

但是，到了这个时候，真正困扰亨利的最大问题并不是补给，而是兵员。痢疾继续侵袭着他的军队，导致能够参战的人数锐减。即使在围攻结束之后，他手下人员的死亡率依旧惊人。更多的人因为生病而失去了战斗力。这些人员在军队中已经成了一种负担，还要消耗宝贵的资源。于是，亨利决定送他们回国。这本身就是一个巨大的后勤问题。当时大约有几千名患病或者奄奄一息的英军士兵。因此，国王要求每支部队的长官召集他的士兵，并统计那些无法继续为国王和他的部下效劳的士兵的姓名。随后，病人被从身体健康的人的行列中分离开来，并被授予了返乡回国的王室通行证。一些曾在海上封锁阿夫勒尔的船只也接受了委托，把这些人运回英格兰。在这座城镇正式投降的一周以内，撤兵工作也开始展开。

英格兰随军司铎估计，约有5000名亨利的士兵失去了战斗能力，并从阿夫勒尔回到家乡。尽管他通常对于这些事情有着充分的了解，但他所做的这个估计可能是有点夸张了。因病而获得回国通行证的人员名单流传了下来，但它们是不完整的。即便如此，它们至少记载了1687个人的名字。三名年轻的伯爵——阿伦德尔伯爵托马斯、司礼大臣托马斯·莫布雷以及马奇伯爵埃德蒙——的名字也在名单上。[27] 阿伦德尔伯爵是国王最为亲近的伙伴之一。

在之前的 10 年间，无论是在战时还是在和平年代，他一直辅佐着国王。而且，自亨利即位以来，他一直担任英格兰的财政大臣。那时，他患上了重病。尽管在 9 月 28 日便返回了英格兰，但他再也没有恢复。10 月 13 日，他在自己的阿伦德尔城堡去世，当天是他 34 岁的生日。他是英格兰最为富裕的人之一。由于他没有留下子嗣，这位英格兰人的大笔财产由他的三个姐姐继承，而他的爵位则归他堂弟的儿子所有。相比之下，莫布雷和马奇伯爵就要幸运得多。他们都从疾病中康复了。前者之所以能够康复，是因为他花了大价钱从一名伦敦的杂货商那里购买了各种各样的用于治疗瘟疫、痢疾和呕吐的药物。[28]

阿伦德尔绝不可能是唯一在攻城期间死于痢疾感染的英格兰人。但是，我们并不知道大部分人的命运，特别是那些地位较低者的命运。在他们的名字出现在通行证上面的同时，他们也从远征的记录当中消失了。证实究竟有多少人在阿夫勒尔死于疾病同样是一件非常困难的事情。除了诺里奇主教理查德·考特尼和萨福克伯爵米歇尔，至少还有 8 名带领着自己的队伍前来参战的骑士死于痢疾：来自德文郡的威廉·博蒙（William Beaumond），来自剑桥郡的罗杰·特兰平顿（Roger Trumpington from Cambridgeshire），来自诺福克的爱德华·伯内尔（Edward Burnell），来自萨默塞特的约翰·马兰（John Marland from Somerset），来自兰开夏的约翰·索思沃思（John Southworth）、休·斯坦迪什（Hugh Standish）与威廉·博提勒（William Botiller）以及来自伍斯特郡的约翰·菲利普（John Phelip from Worcestershire）。[29]

约翰·菲利普爵士与国王的关系同样非同寻常。当亨利还是威尔士亲王的时候，他就已经是亨利内廷中的一员了。1413 年，在亨利的加冕礼上,他是极少数被挑选册封为巴斯骑士(Knight of the Bath)的年轻人之一。他在1411年阿伦德尔伯爵远征法兰西的战争中扮演了重要的角色,并在盎格鲁-勃艮第联军中效力,于圣克卢击败了阿马尼亚克派。他带了30名重铠兵与90名徒步弓箭手这样多的随行人员前来参加阿金库尔远征。菲利普是国王总管大臣托马斯·厄平厄姆爵士的外甥。他迎娶了著名诗人杰弗里·乔叟的孙女——托马斯唯一的孩子——艾丽斯·乔叟(Alice Chaucer),但她11岁时就守了寡。菲利普死时也只有31岁。他的遗体被送回英格兰,并被安葬于基德明斯特(Kidderminster)。他的墓碑上有一行骄傲(而有些笨拙)的拉丁文:"亨利五世深爱着这位朋友;约翰英勇而强壮,曾在阿夫勒尔英勇战斗。"[30]

几乎没有不那么有名的痢疾受害者的名字被留存下来。即便有人的名字为人所知,也只是因为他们的死亡被记载在花名册上,以便国库不用再继续给他们发放薪饷。国库的官员们试图区分那些死于疾病的人和在战场上被敌军杀害的人,但是我们并不清楚,他们的这种做法有多少可信度。由于记载本身也并不完整,得出究竟有多少人死去的可靠结论变得非常困难。蒙斯特勒莱大胆地猜测,共有2000多人因为痢疾死去。这一数据被其他的编年史家多次引用,并认定为事实。这个数据可能比较准确。如果以现代未经过治疗的痢疾患者的死亡率作为参考的话,亨利很有可能损失了约10%—20%的士兵,也就是大约1200—2400人。无论真实的数字是多少,交战双方的编年史家们在一点上达成了共识:在阿夫勒尔死于疾病的人要比整场远征中死于战斗的人更多。[31]

偶尔,我们也能够一窥疾病给一些个人名下的部队所造成的损失。不出所料,阿伦德尔伯爵的部队因为传染病而遭受了严重的打击。在总数为 100 名的重铠兵中，2 人死于阿夫勒尔，12 人（也可能是 18 人）因病被遣送回国。在追随阿伦德尔伯爵的 300 名弓箭手当中，13 人阵亡，另有 69 人因病而被送回国内。与他们一同回国的还有 3 名吟游诗人。也就是说，这场围城战的受害者几乎占到了部队总人数的 1/4。莫布雷的军队所遭受的损失更为严重，死亡和患病的士兵数量几乎达到了总人数的 1/3。在他率领的 50 名重铠兵当中，3 人在阿夫勒尔围城战期间死去，13 人以及伯爵本人因为患病而被遣送回英格兰。在他所率领的 150 名弓箭手当中，47 人因病被遣送回国。相似的命运也降临到哈林顿勋爵约翰（John, lord of Harington）的部队头上。他拥有一支由 30 名重铠兵与 90 名弓箭手组成的部队。哈林顿勋爵本人在 10 月 5 日因患病而从阿夫勒尔返乡，与他一起的还有 10 名重铠兵和 20 名弓箭手。疾病对于较小的分队的影响同样是灾难性的。拉尔夫·谢利爵士（Sir Ralph Shirley）也失去了 1/3 的战斗力。他本来就只召集了 6 名重铠兵与 18 名弓箭手。而就在这支小队当中，包括他本人在内的 3 名重铠兵和 6 名弓箭手都被迫因病回国。罗兰·伦索尔爵士（Sir Roland Lenthale）是一名来自赫里福德郡的骑士。他集结了一支由 12 名重铠兵组成的队伍，其中 2 人死于阿夫勒尔，3 人因病回国。他手下 36 名弓箭手的情况则要好得多。在围城战的过程中，只有 2 人因病死亡。托马斯·乔叟带来了 12 名重铠兵与 37 名弓箭手。其中，有 2 名重铠兵在阿夫勒尔死于痢疾，乔叟本人也因病回国，但他的所有弓箭手都安然无恙。和人们预想的情况相反，痢疾这种疾病对底层士兵的影响并不是最大的。[32]

当然，每支队伍所受到影响的程度各有不同，肯定有遭受影响略大的支队，也有遭受影响略小的支队。如果以上的数据能够代表普遍的损失状况的话，那么我们可以估计，亨利在围攻阿夫勒尔期间总共损失了1/4至1/3的士兵。当然，也会有其他的人员损失，包括那些战死的和被俘虏的人。后者的代表是卡里城堡领主（lord of Castle Cary）的兄弟尼古拉斯·西摩（Nicholas Seymour）。12月底，他在阿夫勒尔被俘虏，而他依然活着，并成了法兰西人的阶下囚。此外，正如随军司铎所指出的那样，让国王非常愤怒的是，还有一些人"纯粹出于胆怯懦弱，在战场上就离开或者是抛弃了国王，事先就暗地里逃回了英格兰"。[33]

驻守阿夫勒尔也要耗费不少的兵力。既然英格兰人为了夺取城镇已经付出了如此大的代价，那么将这座城镇牢牢地控制在英格兰人的手中就显得尤为重要了。因此，他们十分有必要确保为阿夫勒尔配置充足的人手，以防止其在英军大部队离开的时候被法兰西人重新夺回。亨利决定让多塞特伯爵带领一支300名重铠兵与900名弓箭手的军队守卫此地。这支卫戍部队的规模相当于加来守军的2.5倍。守军人选是如何被确定的暂不清楚，但是很有可能是按照个人意愿来的。这样说是因为，亨利并没有采取最简单的方法，即指派某支部队来完成这项任务。相反，守军们来自许多不同的部队，而且就人数而言，他明显是在各个部队中随意选人。在拉波尔的米歇尔（他的父亲死于围困城镇期间）所率领的队伍中，有2名重铠兵和5名弓箭手入选。理查德·凯利爵士（Sir Richard Kyghley）所带领的55名兰开夏弓箭手中有8名入选，而卡莫伊斯勋爵托马斯（Thomas, Lord Camoys）这名以个人名义参战的重铠兵也被选中了。[34]

1415至1416年冬天的一份花名册显示，这300名守卫此地的重铠兵中包括了4名贵族——黑斯廷斯勋爵、格雷勋爵、鲍彻勋爵（Lord Bourchier）和克利顿勋爵——以及22名骑士（包括托马斯·厄平厄姆爵士和约翰·法斯托尔夫爵士）。这支队伍中的贵族成员比例出奇地高。这不仅说明亨利对于阿夫勒尔的守卫工作十分重视，也意味着留守的多塞特伯爵拥有了一个现成的、由可靠且经验丰富的士兵和军官组成的顾问团队，足以应对突发事件。对于他们中的一部分人而言，这次任命是他们生涯当中的一个转折点。例如，自此之后，法斯托尔夫活动的重心从英格兰转移到了法兰西。没过几个月，他便得到了阿夫勒尔附近的一座庄园和一片领地。这个庄园和这片领地曾经属于格拉维尔领主居伊·马莱（Guy Malet, sire de Graville）。而且，尽管法斯托尔夫错过了在阿金库尔大发横财的机会，他在战争中所获得的收益也非常可观，以至在接下来的30年里，他能够每年投资460英镑（比今天的19万英镑还要多）在英格兰与法兰西购买地产。[35]

英格兰卫戍部队也将受益于一小支受命在阿夫勒尔附近海岸线上巡逻和警戒的舰队所提供的保护。人们也在城镇中放置了相当多的火炮，并配备了18名炮手。此外，42名木匠与20名石匠也留在了后方，以修复被损毁的城墙和塔楼等防御工事。直到12月，他们才额外招募了石匠与瓦匠，以恢复城镇中的房屋及其他建筑。可想而知，全部开销将会十分惊人。据阿夫勒尔的新任司库宣称，仅计算前5个月的工资，这些工资的总额便已经超过了4892英镑（比今天的2025300英镑还要多），这里面还不包括额外的开支，例如他们向来自索四沃克的一名为他们移走一个土堆并在城墙外面挖筑壕沟的"挖掘工"（dyker）托马斯·赫勒姆斯特德（Thomas Henlemsted）所支付的800英镑。[36]

一旦完成了对阿夫勒尔的布防，就有几种不同的选择摆在亨利的面前了。既然亨利已经在诺曼底建立了一座桥头堡,为未来采取进一步行动提供了方便,那么他就可以带着一场短暂而重大的胜利返回英格兰。他也可以追随他的弟弟克拉伦斯公爵的脚步,发动一场持械劫掠(chevauchée),即对法兰西西南部地区发动一场武装抢掠,一路抢夺和放火,直到抵达阿基坦公国为止。他也可以围攻其他临近的城镇,如蒙蒂维利耶、费康或迪耶普,以扩大他所征服的区域。无论从费康还是迪耶普出发,只要沿着海岸线一路向北,他都可以抵达加来。亨利甚至可以征服鲁昂。这样一来,他就能沿着塞纳河,进一步深入内陆地区了。

亨利有很多不选择其他选项的理由。就算最终攻占了一个像阿夫勒尔这样重要的城镇,一场为期5周的远征都不足以抵偿他之前所花费的金钱、精力以及时间。这场远征也无助于亨利登上法兰西的王位。如果他想要迫使法兰西人做出更大的让步,或者要得到他的子民对他发动进一步战争的支持,那么他必须要采取更大的举措。

向波尔多发动骑兵扫荡行动具有非常大的吸引力:在途中,他的士兵可以搜刮大量的战利品;行程的终点波尔多是一个安全的避风港;能够为亨利到访他的公国提供一个机会,或许也方便他在这个地区发动远征。事实上,博尔迪乌的让在9月3日写往公国的信中直截了当地指出,"在返回英格兰之前",国王有前往波尔多的"打算"。[37] 而在另一方面,这封信写于阿夫勒尔即将被攻破的时刻,早于痢疾在他的军队中出现的时间。当亨利准备好出发的时候,时间又已经过去了一个多月。波尔多远在350英里之外,而对于一支并不处于最佳状态而且筋疲力尽的军队来说,这段距离实在是太过漫长了。鉴于战争时间的延后、亨利军队的减员状况以及他手下士兵不确定的健康状态，他们已经不可能再发动一场围城战了，所以他们要么就把火炮与攻城器械留在了阿夫勒尔，要么就通过船只运回了国内。

尽管关于国王意图的谣言传遍了整个欧洲，但是亨利已经决定好自己的目标了。他当初在南安普敦集结的庞大军队如今已经化为了它昔日的一个残影。正如随军司铎所记载的那样，除去那些留守阿夫勒尔的人马，在亨利的手下，也许只有900名重铠兵与5000名弓箭手有能力拾起武器进行战斗了。[38] 即使是规模这么小的一支军队，在阿夫勒尔，亨利也没有足够的船能够直接把他们送回家。这是因为，在这座城镇投降之前，他就解散了入侵舰队中的大多数船只。[39] 亨利也没有足够的粮草，让他们能够无限期地停留在阿夫勒尔。

亨利原先计划在11月11日的加来与他的俘虏们会面。加来才是他计划当中的目的地。他本可以通过海路轻松且安全地到达加来，但是他没有这样做。相反，亨利决定沿着他曾祖父的足迹，经由他所谓的"他的"诺曼底公国和"他的"蓬蒂厄伯国，抵达"他的"加来城。他甚至计划在同样的地方横渡索姆河，因为他很清楚，在1346年的那次类似的远征中，爱德华三世在克雷西战胜了法兰西人，取得了一场举世闻名的胜利。虽然亨利将沿着一条靠近海岸的路线行军，但他将不可避免地处于鲁昂的法兰西军队的攻击范围之内。他可能认为，之前几年的外交努力能够保证勃艮第公爵无畏的约翰和布列塔尼公爵让都不会采取反对他的举措。在这种情况下，"法兰西"军队实际上只是一支规模小得多而且更为虚弱的阿马尼亚克派军队。他没能成功地将王太子卷入阿夫勒尔的战争风波当中，也没能亲自与王太子决斗。也许这个故意的挑衅举动最终会刺激王太子采取行动。

第十二章

向加来进军

亨利做出了经由陆路向加来进军的决定,而可以预见的是,这一决定具有一定的风险。这一决定在很大程度上也是亨利个人意志的体现。他的议政大臣们大都建议他不要这样做。他们担心,兵力减少的英格兰部队将会成为法兰西大部队的瓮中之鳖。早在一个多月以前,后者就已经开始在鲁昂集结了。[1]亨利坚持要采取这一行动,他一意孤行的举动甚至引发了他与其弟弟之间的争吵。

在阿夫勒尔陷落之后所举行的会议上,克拉伦斯公爵认为,英军应当采取的"下一个举措(同时也是最为稳妥的举措)"便是立即通过海路打道回府。由于痢疾和为守军补充兵力,他们已经失去了太多的人手,无法再承担经由陆路向加来行军的风险。"特别是,敌人的军队规模巨大。那时,他们已经集结起来,试图在陆上阻止国王。他们的间谍已经探听到了国王的行军路线。"在其他人口里,这番话似乎都显得十分合理(更何况,这些言论得到了很多人的支持),但当这些从克拉伦斯公爵口里说出来的时候,他这种不情愿与敌人交战的态度就会引发多种猜测。众所周知,他同情阿马尼亚克派的主张,而这也使他的动机、他的建议以及他的行动都蒙上一层可疑的阴影。

克拉伦斯公爵肯定没有公开反抗他的哥哥并拒绝前往加来，因为那就等同于叛国行为。但是，他依然鲁莽到把自己的情绪表现了出来。他可能没有做好冒险向加来进军的准备，并因此与国王形成非常危险的对峙。他也可能并不情愿出发，这会影响军队的士气，并且成为军中不满的焦点。如果是这样，让克拉伦斯公爵体面地离开便成了所有人都想看到的结果。10月初，克拉伦斯公爵的名字适时地出现在了伤员名单上，他获准离开军队并返乡。虽然克拉伦斯公爵的部队确实受到痢疾的严重困扰，但是从他的表现来看，他似乎并没有患上这种会令人变得虚弱的疾病。他没有直接回国，而是先乘船前往加来。他"带着大队人马"登陆加来的举动引起了附近的布洛涅人的恐慌。他们立即派遣了一名信使前往阿布维尔，把这个消息告诉阿尔布雷王室统帅。对克拉伦斯公爵将从加来发动第二次入侵的恐惧并没有什么根据。但是，《国王亨利五世的第一部英语传记》(*The First English Life of King Henry the Fifth*)的作者并不知道克拉伦斯公爵本来应当患病一事，他还以为克拉伦斯公爵被派遣回英格兰是为了接管舰队。他之所以会产生这种想法，或许是因为海军大臣多塞特伯爵被留下来执掌阿夫勒尔了。[2]

克拉伦斯强硬地反对向加来进军并不令人感到惊讶。这是因为，这一行为与他的军事和政治直觉相悖。虽然克拉伦斯公爵缺乏他哥哥亨利的聪明才智，但他是一名真正的战士。人们会记得，让·夫索利将克拉伦斯公爵那好勇斗狠的性格与亨利五世进行比较，并认为后者更适合教会，而不是战场。这个观点必然引起了许多建议取消向加来进军计划的王室议政大臣的共鸣。为了反驳他们关于双方军队规模悬殊的抗议,亨利沉着冷静地做出了回应。他"依仗着神的恩典和他主张的正义性,虔诚地表示,胜利并不在于人多势众,而在于要与上帝的意志保持一致。对于上帝来说,让多数人进入少数人的掌控之中并不是不可能的。无论人数是多还是少,上帝只会将胜利赐给符合他意愿的人"。[3]

亨利此前已经提出过这个论点,[4]而且,在那个信仰的时代,这些陈词是无可辩驳的。此外,这并不只是不动脑筋的虔诚。亨利熟知,在古典时代以来的每一部兵书当中,都详细阐述过这样的观点:一支小型的、训练有素的军队能击败一支庞大的军队。例如,皮桑的克里斯蒂娜已经在她的著作《战士与骑士之道》中花了很大的篇幅来论述这个主题:

> 人们不难发现,许多军队不是被敌军而是被他们自己众多的人员扰乱了阵脚。为什么会这样呢?这当然是有很多原因的。在规模庞大的军队中维持良好的秩序比在小型军队中维持秩序要难。因为需要更多的粮食补给,它们也常常会处于麻烦之中。它们的内部纠纷更多,在行进路上也更容易被耽搁……因此……那些在战争中掌握了这些有用知识的古人,从经验中得知了聚集大量兵马所带来的危险,并认为训练有素且得到良好领导的军队要比规模庞大的军队更有价值。[5]

正如维吉提乌斯自己所说的那句更为简短的话一样:"勇气比人数更重要。"[6]

会议上的讨论或许非常热烈,但是国王的意见最终还是占据了上风。亨利命令那些被选中向加来进军的士兵自行备好8天的军粮。人们往往认为，这是一个非常严重的错误估计，亨利对于他们前往加来所需要的时间过于乐观了。从事后来看，情况的确如此。从另一方面来看，在并不知道这一点的情况下，亨利与他的议政大臣们必须合理计划，并充分考虑各项事宜。拥有足够的兵粮补给以便能到达加来固然很重要，但是他们也需要精简行囊、轻装前行，以免被不必要的物资拖累。

8天这个数字并不是凭空得出的。在随军司铎的印象中，加来距离这里只有100英里（实际距离为150英里）。但是，估算错误的人是他而不是国王。尽管当时的亨利没有使用地图来计算行军路线，但是他显然知道，要赶到加来需要花费8天的时间。为了达成这一目标，他每天需要行军大约19英里。鉴于每日行军19英里是公认的中世纪时期陆上行军的标准速度，这个速度预期是十分合理的。永远可靠的维吉提乌斯曾经论述，在夏天，一支军队在5小时内应该至少能够行军20英里。如果亨利能达到这个速度，那么他在8天内完全能够赶到加来，而且时间还绰绰有余。英格兰军队纪律严明，并且大多是骑马行进的。但他们并不是古罗马军团，不习惯于长途行军，而且其行军速度是由军中速度最慢的人决定的。即使如此，假如每天增加行军的时间，他们也应该能够在8天之内赶到加来，特别是在能够沿途补充粮草的情况下。[7]

在行军开始之前，亨利再一次依照传统惯例和战争法则制定了一系列的条例。其中最重要的一条就是，他的这支小部队必须待在一起。无论是个人还是小支队都不应为了战利品、俘虏甚至是与敌人正面遭遇的骑士理想而离开大部队。亨利下定决心，要在他自己的队伍中维持严明的军纪。更何况，这将不会是一次传统的骑兵扫荡行动。他的目标是挑战法兰西的军事力量并安全抵达加来，并不希望在路上抢掠、屠杀或是压榨平民百姓。他的军队横扫了法兰西的北部，其存在本身就足以在生活在那里的人们心中植入恐惧了。用更为长远的目光来看，不在他自己和那些他希望并且相信会成为他未来臣民的人之间制造隔阂是非常重要的。为此，他还颁布了法令，不许焚烧或者损毁法兰西居民的财产或者土地。"除了食物以及行军过程中的必要的军用物资"，军队不应索取任何东西。除非"反叛者"做出了抵抗，否则他们不应抓捕对方，违者以死刑论处。[8]

关于军队从阿夫勒尔出发的实际时间，人们有一些疑问。当时的英格兰人众说纷纭（这些人所留下来的材料也是最容易得到的），说10月6日、7日、8日或者9日的都有。国库为参与此次行军的将士支付了薪饷，它的账目则似乎提供了确凿的证据，证明军队出发的时间为10月6日。"那一天，国王带领着他们离开了阿夫勒尔，前往阿金库尔的战场。"尽管在有关留守阿夫勒尔的士兵薪饷的账目之中，有一部分开始于10月8日，但其中的大部分记录均开始于10月6日。在1422年之前的三名英格兰编年史家当中，托马斯·沃尔辛厄姆拒绝给出任何具体日期；托马斯·埃尔门（Thomas Elmham）则认为军队出发于10月9日，即圣德尼的节日；英格兰的随军司铎——唯一一个参与了这次行军的编年史家——却因为计算错误而给出了两个互相矛盾的日期。[9]

日期的记载之所以会出现矛盾，是因为中世纪没有一个统一的历法系统。当时只有两套计时系统。第一种是罗马儒略历，是尤利乌斯·恺撒（Julius Caesar）于公元前45年制定的。它将1年分为12个月或365天。此外，每过4年，人们就会给2月底加上1天，以补上用算数方法计算的1年和天文学家所观测到的回归年之间的差距。第二种历法是"耶稣纪年"（year of grace），是罗马教会于535年制定的。它在异教徒的时代和耶稣基督的时代之间划下了明确的界限，将年代划分为耶稣道成肉身之前的年代（在基督之前［Before Christ］）及之后的年代（我们的主的时代［Anno Domini］）。在可尊敬的比德（Venerable Bede）的示范下，英格兰于8世纪采用了这套历法系统。到了15世纪，这套历法传遍了葡萄牙以外所有的西欧国家。而葡萄牙直到1420年还坚持将公元前38年作为纪元的起点。[10]

尽管耶稣纪年（或者公元纪年）的引入在某种程度上统一了西欧诸国的纪年方式，并给它带来了某种确定性，但它也有一个基本缺陷，即没有为一年制定一个固定的起始日期。这就导致了混乱，因为人们可以用任何一个日期作为一年的开始。有些起始日期的选取方式是比较合乎逻辑的，例如圣诞节（基督诞生的日子）。另一个合乎逻辑的起始日期是圣母领报节（Lady Day）。这一天又称天使报喜节（Feast of the Annunciation），即每年的3月23日。这一天，天使告知玛利亚她将拥有一个孩子。其他的起始日期的选取则是完全不合理的。例如，有些人会以复活节为岁首，但这个节日每年的日期都不一样。在整个中世纪时期，教会更偏向于以一个重大的基督教节日作为一年的开始。这一举动成功地阻止了人们恢复异教传统，即以罗马人所习惯的1月1日为岁首。虽然新教在16世纪的广泛流行增加了以1月1日作为岁首这一做法的可信度，但直到1752年，1月1日才正式被英格兰人接纳，成为新年的第一天。[11]

除此之外，还有其他计算年份的方法。这让问题变得更复杂了。就像我们现在以1月1日作为日历年度的开端，而以4月6日作为财政年度的开端一样,在中世纪,每一个新年的开始日期是由当地的惯例或者是专门计算日子的人决定的。在英格兰,法定年度与财政年度分别被节日划分为四个季度。这四个节日为米迦勒节、圣希拉里日(Hilary)、复活节和三一主日(Trinity)。新年的岁首是从10月6日(即米迦勒节)开始计算的。就和现在的税务年度一样,它扰乱了最流行的纪年方式。在最流行的纪年方式中,人们会从新国王即位的那天开始计算新一年的日期,称统治年(regnal year)。统治年的使用者是教宗、主教、国王和贵族们。因此,不同地区统治年的起始日期往往并不相同。例如,亨利五世的统治年就开始于1413年3月21日,即他父亲驾崩后的第二天。[12]

既然大部分的日期并不是简单的连续数字,基督教历与罗马儒略历这两套并行的体系当中的日子也难以相互匹配,那么人们就可以大概理解,为什么中世纪的历史学家和年表制作者们有时候会犯一些错误。在基督教的历法中,日期是以教会节日或者圣徒纪念日命名的。这些日期不仅包括节日本身那天,还包括节前一天(pridie和vigilia)和"节后一天"(crastinum)。在罗马儒略历中,每个月被不均匀地分为三个时期,分别以朔日(calend)、上弦日(none)以及望日(ide)为分界点。而在这三个时期里,日期都是按照降序排列的。根据这个历法系统,那么我们所说的10月25日就是11月朔日之前的第八天,而10月30日则是11月朔日之前的第三天。

假如一位中世纪作家想要记载阿金库尔战役的爆发日期的话,他可以有好几种选择。骑士作家倾向于选择那个容易的选项。例如,蒙斯特勒莱简单地将这一日期记载为"星期五,1415年10月的第25天．"¹³也许是因为更精通计数并且有义务遵循教会的管理，包括编年史家们和受王室管辖的教士在内的教会作家会使用一个更为复杂的历法体系。由教会训练出来的英格兰和法兰西的编年史家会使用不同的术语来描绘相同的事件。他们都不会记载战役发生于10月25日，而会记载战役发生于克里斯宾节。英格兰编年史家也许会认定这场战争发生在"诺曼征服之后，我们的国王亨利五世统治的第三年"。他以查理六世的名义记录历史的法兰西同行则会将这个日期描述为"我们的国王统治的第35年的克里斯宾节"。这便是为什么每当要计算一个日期时，中世纪的编年史家或者教士都必须手持一整套年代表，以便查阅。

在试图确定国王离开阿夫勒尔的时间时，我们可怜的随军司铎也不得不面对中世纪日历中这些相互矛盾的元素所带来的困扰。尽管他为了算出准确时间的努力值得称赞，但他只是把水搅得更浑了。他决定这样表述他们动身出发的日期："那是一个星期二，即圣德尼节的前一天、10月的上弦日。"圣德尼节是10月9日，而且，由于1415年的圣德尼节是星期三，所以这一天之前的一天的确是个星期二。不幸的是，按照古罗马的历法，10月的上弦日是10月7日。这既有可能只是一个笔误，也可能是随军司铎在核对历法表时出现的一个失误。¹⁴

更难以解释的是，在国库账目明确指出军队的出发日期是10月8日（星期二）离开阿夫勒尔的。这个问题没有明确的答案，但国库很可能是为了方便管理才随意选取了10月6日这一财政季度的起始日来给这次行军拨款的。毕竟，在按季度支付工资的时候，更简单的做法是，把那些随国王离开阿夫勒尔和无论出于何种原因没有离开的人的工资分开来计算。唯一可以确定的是，随军司铎亲身经历了此事,而且从他职业的角度来看,他当然会知道他们是否是在一个星期日动身的。既然我们没有充分的理由可以做出决定,那么在遵从随军司铎说法的同时,我们应该牢记在心的是,在计算日子的时候,他有可能出现了两天的误差。[15]

因此,10月8日(星期二),国王带着900名重铠兵、5000名弓箭手以及大量从事各种职业的平民取道蒙蒂维利耶,离开了阿夫勒尔。这些平民之中包括王家外科医生、吟游诗人、纹章官以及随军司铎等。按照惯例,大军分为三个大队,以便进行战斗。领导前锋部队(第一个大队)的荣誉再次落到了不屈不挠的约翰·康沃尔爵士与吉尔伯特·乌姆弗拉维尔的身上。主力部队由国王本人亲自率领。与国王一同率领主力部队的还有一些缺乏经验的年轻贵族们,其中包括他24岁的弟弟格洛斯特公爵汉弗莱、20岁的约翰·霍兰爵士(曾在他继父军中效劳,并且已经在登陆战和围城战中崭露头角)以及在前一年已经继承了他的父亲的地产、当年只有十八九岁的鲁斯勋爵约翰(Lord Roos)。如同率领前锋部队的人一样,率领后卫部队的人同样经验丰富。这一次,率领后卫部队的是老将约克公爵爱德华和牛津伯爵维尔的理查德(Richard de Vere)。[16]

在三个大队中,士兵的组织单位很可能仍旧是他们原来被招募时的小队。换句话说,重铠兵并没有和弓箭手分开。然而,当时的军中一定发生了规模庞大的重组活动。很多部队都失去了他们的指挥官,其中就包括克拉伦斯公爵手下那支近千人的部队。在战争开始的时候,这支部队是人数最多的部队之一。更多的部队失去了大约三分之一的战斗人员。为了维持指挥体系和军纪,任命一些新的指挥官是非常重要的。在一些情况下,这意味着部队中的其他人会接替指挥官的职责。当司礼大臣因病回国的时候，托马斯·罗克比爵士（Sir Thomas Rokeby）就接替了前者指挥官的职位。在那之后，当凯利的罗伯特（Robert de Kyghley）的兄弟理查德爵士在阿金库尔战役中战死的时候，他也采取了同样的行动。而在其他的情况下，这些部队里的士兵将会被重新分配到其他的部队，以构建新的作战单位，当减员的部队中有众多的弓箭手时，士兵们就更有可能被重新分配了。[17]

鉴于行军的距离以及它即将面临一场战斗的事实，绝大多数人可能都是骑马行进的。在阿夫勒尔，战马还有盈余。这是因为，被优先运回国的是那些患病的人，而不是他们的坐骑。在经历了行军和战斗之后，司礼大臣的24匹备用马全部被从加来运回了英国。在离开加来时，牛津伯爵维尔的理查德只带走了他个人马匹中的一半和另外6匹用来拉他的马车的马。尽管他的84名弓箭手中只有37名带着他们的马回来了，但他的39名重铠兵还有69匹马可以使用。克拉伦斯部队里幸存下来的742名士兵带回了1225匹马；约克公爵爱德华的283名士兵则带回了329匹马。[18] 再加上等级在弓箭手之上的每个人所携带的备用马匹和用来运载物资的驮马，当时的英军至少有1.2万匹马，而真实的马匹总数甚至可能是这个数目的两倍。虽然马匹可以保证军队行进的速度和机动性，但是，如此多的马也表明，远征途中的军队很难为所有马提供充足的食物和水。

英格兰人势必会在行军途中遭到抵抗。他们也并不指望自己的远征能够一帆风顺。10月7日，加来的代理副官威廉·巴多尔夫（William Bardolf）就给亨利留在英格兰的副官贝德福德公爵约翰写信，并向他发出警告。他告诉约翰，从法兰西和佛兰德两地，他都打听到了这样的情报，即国王"无疑"最迟会在15天之内与他的敌人交战。大约有5000名法兰西人已经集结完毕。"一名著名的法兰西骑士"则带领着500人前去守卫法兰西的前哨阵地，以阻止英格兰的加来行军。巴多尔夫并不愿意传播坏消息，并为自己开脱："我认为我应当告诉您这些情况。"[19]

巴多尔夫的情报是完全准确的。8月2日，英格兰和法兰西有关这个地区的停战协定刚刚终止。自那时以来，在入侵和围城期间，加来的卫戍部队就派出一些小分队四处骚扰劫掠，以转移法军对阿夫勒尔的注意力。朗比尔领主达维德受命前往加来，以阻止守军对这一地区的破坏。他也是布洛涅的长官和法兰西弩兵大团长。正如我们将要看到的那样，尽管朗比尔在加强他所保护的地区一事上十分积极，但他并没有足够的人手来阻止英格兰人的劫掠。虽然布洛涅方面不停地传来焦急的求救信，城镇居民也在费康和鲁昂附近寻找他，但一直到阿夫勒尔即将投降时，朗比尔才被允许派出阿德尔的指挥官洛里领主（sire de Laurois, commander of Ardres），让他率领500人的队伍前去保卫布洛涅。[20]

洛里领主和他的部下的到来严重地阻碍了亨利的计划。亨利原计划从加来派出一支300人的部队前往布朗什塔克（Blanche Taque），以确保索姆河渡口的安全，为他的到来做好准备。加来海峡（Pas-de-Calais）附近的防御措施越发严密，让这支小部队失去了抵达索姆河的可能。在最终出发之后，他们遭到了一队皮卡第人的伏击。皮卡第人杀死了其中的一部分人，并俘虏了剩下的人，打算用他们换取赎金。这次冒险行动的失败将会对英军渡过索姆河的行动产生重要的影响，而索姆河正是他们与加来之间最大的阻碍。[21]

早在亨利围攻阿夫勒尔时，阿尔布雷的查理和布锡考特元帅就已经猜到了他的下一步行动。作为回应，他们毁掉了所有主要河流上的桥梁和堤道，并在诺曼底和皮卡第全境的城镇与城堡范围内加强守卫、补充供给。布洛涅靠近加来海峡，有遭到来自国王从西南方向和加来守军从东北方向联合进攻的可能。布洛涅的布防工作是非常典型的。早在9月15日，该城的守夜人就已经接到了严厉的命令，要在巡逻的时候配备犬只。除此之外，到了夜里，人们也必须在壕沟之外挂好灯笼。而在白天，哨兵就要在高于城市的山丘上站岗，以便在英军逼近的时候尽早给出警示。城镇城墙与塔楼上的垛口都被加宽，以便施放弩箭。法兰西人还雇用矿工清理了城镇周边地区，以防敌人围攻。朗比尔领主达维德提供了一门"远程射石炮"（long bombarde），并将它架设在城墙上。人们也把城镇自己的火炮抬出市政厅。炮手们前去操作这些火炮，人们则从圣奥梅尔购买用于制造火药的硝石及其他原料。[22]

在保护乡间居民方面，人们没有太多的办法。但是，这是一个曾经被侵略并且多次饱受战争摧残的地区。因此，它的居民在很久以前便已明白，他们的人身安全取决于他们在当地的树林和洞穴中躲藏的能力。在一些情况下，山洞能够成为非常巧妙的避难所。在亚眠以北的纳乌尔（Naours），[23]人们曾扩建地下的白垩岩石坑。几个世纪以来，这些石坑都被当成避难所使用。白垩岩层被夹在无法穿透的硅石之间，而人们就是沿着这些岩层施工的。一座能够同时容纳2000人和他们的绵羊、牛、马及骡子的地下城市就这么被创造出来了。28条地道连接着300个石室，每个石室都大到足以容纳一个八口之家。沿着这些地道，人们也可以走到一些公共场所，包括一座小教堂、一座法庭和一座监狱。这座地下城一共有三层，都位于地下100—140英尺的地方。洞穴系统本身很干爽，常年保持着9摄氏度，还有通往河流入口的地方，方便人们获取水源。这里还有6个烟囱可供通风，也方便人们在此烹调食物。为了不让炊烟暴露躲藏在地下的居民的位置，洞穴的排气口都被安排在130英尺之外。其中的两个排气口直接通向位于山顶的、当地矿工的房屋之中，营造出炊烟是从他们的室内壁炉中升腾而出的假象。任何偶然发现入口的入侵者们都会觉得自己进入了一个迷宫。这个迷宫的通道不但狭窄，而且弯曲。这里地下的两道入口都被故意设计得十分低矮。一旦有入侵者进入，当他们弯腰通过的时候，这些人就会遭到伏击。

由于这座地下城极为隐蔽与安全，从罗马时代到17世纪末，人们一直在使用这座城市。在时光流逝了将近200年之后，它于1887年重新被发现。在20世纪的血腥杀戮当中，它获得了新生。在第一次世界大战中，它成了英格兰、加拿大以及澳大利亚军队的指挥部。而在第二次世界大战期间，这里又成了隆美尔的指挥部。无论如何，在最底层的石室和通道中发现的15世纪早期的涂鸦与可以追溯到查理六世统治时期的钱币均表明，纳乌尔地区的人们在亨利五世入侵诺曼底的时候逃到了这里。

即便是远如布洛涅，亨利准备率领他的军队向加来进军的消息也在10月6日就传到了那里。但是，直到10月11日，该城镇的居民才确信，亨利真的离开了阿夫勒尔，并正在向布朗什塔克进发。布洛涅并不是唯一派遣哨兵关注亨利动向的城市。自从亨利出发之后，法兰西方面就一直监视着英格兰军队的行军进度。骑着马的法兰西的信使会接替把有关英格兰行军的重要信息传到阿布维尔，报告给阿尔布雷王室统帅和布锡考特元帅。英格兰人无法出其不意地攻占一座城堡或城镇这一点充分说明了他们的军事领导和组织能力。

在距离阿夫勒尔只有两英里的地方，英格兰军队遭遇了第一次袭击。在它经过蒙蒂维利耶半英里以内的地方时，维勒基耶领主科拉尔（Colard, sire de Villequier）和二十五名弩手发动了一次伏击。虽然这次伏击很轻易地就被粉碎了，但并不是没有人员伤亡。杰弗里·布莱克（Geoffrey Blake）战死，一名扈从、两名弓箭手以及三名皮匠则被俘虏。[24] 在经过蒙蒂维利耶之后，英军取道北行，然后略微向东穿过科地区的高原，朝着位于诺曼底海岸线上的费康镇进发。这并不是最直接的行进路线，但是在缺乏准确的地图并且在敌对国家领土上行军的情况下，海岸线就是最好的通往加来的向导。只要有可能，他们就会在距离海岸线两英里的范围内行军。

和蒙蒂维利耶一样，费康也是一座小城镇。与现在一样，它的标志性建筑是一座建于11世纪的、气势恢宏的修道院教堂。在这座教堂的中央，有一座与众不同的、矮而宽的、诺曼风格的方形塔楼。蒙蒂维利耶和费康都与英格兰王室及亨利五世对于诺曼底公国的主张有着密切的关系。征服者威廉的父亲在维京人摧毁了蒙蒂维利耶修道院之后重建了它，并让他的妹妹担任修道院院长。征服者威廉则在费康的修道院教堂中庆祝了自己在黑斯廷斯战役中所取得的军事胜利。根据至少一名编年史家的说法，亨利也曾表达了一种强烈的欲望，想要去"看看那些本该属于自己的土地"。而现在，他即将实现他的愿望。[25]

精力充沛的朗比尔领主达维德料到了亨利会对费康发动袭击，

并抢先一步赶到那里。5年前,这座城镇曾遭到英格兰人从海上发动的袭击。在那次劫难中,400多幢房子被焚毁,超过半数的居民被驱逐。也许是那次袭击的缘故,这里的城堡一直处于失修状态。因此,朗比尔优先考虑了军事需要而不是宗教虔诚,让一支大型的卫戍部队进驻了这座著名的修道院。这座教堂和军事堡垒一样坚固。它的外墙粗糙,拥有宏伟的飞扶壁,四周是修道院的高塔和城墙。费康修道院院长很有可能是支持这一做法的,因为他是埃斯图特维尔领主让的兄弟,而让曾经和高库尔的拉乌尔一起指挥过阿夫勒尔的保卫战。9月,这位修道院院长草拟了一份关于修道院所有物品的清单,为英格兰人的进攻做好了自己的准备。他白忙活了一场,因为亨利五世根本不打算再围攻一座城市或者发动进攻。当亨利在10月9日出现在这座城镇前方的时候,他仅仅带兵绕着费康转了一圈,然后便继续向东赶路,朝着迪耶普前进。法兰西守军再次获得了抓捕几名掉队者的机会。他们俘虏了重铠兵威廉·布拉姆舒夫(William Bramshulf)和两名分别名为爱德华·利(Edward Legh)和里德的约翰(John de Rede)的弓箭手。[26]

10月11日(星期五),英格兰人来到了迪耶普的近郊。他们在3天里走了55英里。假设按这个速度行进下去,他们便有望完成自己的目标,在8天之内到达加来。就在5周之前,博尔迪乌的让刚刚告知他阿基坦的同乡们,迪耶普是亨利国王在拿下阿夫勒尔后要征服的下一个主要城镇。[27]然而,现在亨利避开了迪耶普城,并向内陆前进。他沿着阿尔克河南岸向前进军,以寻找渡口。在4英里之外,一座建于12世纪的雄伟城堡扼守着位于贝蒂讷河(river Béthune)与瓦雷讷河(river Varenne)交汇处的那个宽阔的河谷。这座城堡的附近坐落着阿尔克小镇及其桥梁。此处的守军提前采取了预防措施，封堵了这些狭窄的桥。但是，他们并没有摧毁这些桥，所以它们还是可以使用的。

如此雄伟的城堡表明了该地的战略重要性，而且它理应抵抗得住任何外来的攻击。然而，亨利这位拥有丰富战斗经验的士兵和战术大师对于强行在守军的眼皮底下开辟出一条通路没有丝毫的不安。他深知，虽然这座城堡本身固若金汤，但是阿尔克镇却是它的防御弱点。与诺曼底和皮卡第地区其他大型商业城镇（阿夫勒尔、迪耶普、阿布维尔、亚眠、佩罗讷［Péronne］和布洛涅）不一样的是，阿尔克难以保全自身。它既没有城墙，也没有壁垒。如果城堡守军在人数和智谋上都居于劣势的话，那么他们就可以撤退到城墙后面或者堡垒内部的安全地带。对于平民来说，或许城堡可以容纳他们，但是这些人的财产将任由侵略者处置。

对于英格兰军队来说，过河是绝对有必要的。因此，亨利这一次并没有避免冲突。在能够看见城堡的时候，他就命令他的部下全部进入战斗位置。他自己也出现在军队前排，让自己变得显眼。（即使他并没有戴上他那带有王冠的头盔，他的旗帜与他胸前的纹章也会表明他的特殊身份。）守军对反抗一事缺乏热情。他们发射了一些石制炮弹，以阻止亨利进一步前进，但是没有造成任何伤亡。关于阿夫勒尔所发生的一切的消息已经传遍了诺曼底公国，阿尔克的守军并不希望成为英格兰国王实现其主张的牺牲者。亨利向这一守卫部队派出了一个代表团，威胁他们如果不让他自由通过此处，他就会焚毁这座城镇及其周边的乡村。受到威胁的守军放弃了一切表面上的抵抗行动，迅速地与亨利达成了协议。

为报答亨利放过这个地区，在达成协议的那一天，他们就移交了人质，并在亨利的要求下，为他的军队提供了面包和葡萄酒。他们还移开了堵在桥上和城镇入口处的树干，让国王和他的军队在没有遭受任何阻拦的情况下通过阿尔克到达城镇的另一边。[28]

在接下来的行军中，亨利将会不断重复他在阿尔克所做的一切。他会小心避开那些有城墙保护的重要城镇，但无论一座城堡多么令人生畏、防御多么坚固，都不能阻止他按原定计划路线行军。

10月12日，在阿尔克附近的原野过夜之后，英格兰人再次沿着海岸线开始行军，向着厄镇进发。这座镇子被称作"诺曼底境内最后一座城镇"。当他们的侦察兵逼近城镇时，城中的一些守军冲出城来迎击他们。接下来发生的是一场值得历史学家弗鲁瓦萨尔（Froissart）大书特书的、富有骑士精神的遭遇战。在法军中有"一名非常英勇的重铠兵"，名叫朗瑟洛·皮埃雷斯（Lancelot Pières，他的名字与他这种英勇的行为十分相配）。他急切地想向侵略者展示自己高超的武艺。于是，他将长枪夹在自己的手臂下，作为发起决斗的信号。英军中有一名扈从（或者骑士）接受了挑战，做出了同样的动作。两人都冲向了对方。但是，在朗瑟洛击中对方之前，对手的长枪已经插入了他铠甲之间的缝隙，刺中了他的腹部。尽管知道自己遭受了致命的重创，但朗瑟洛没有退缩畏惧，而是奋力杀死了对手，为自己报了仇。那些见证了这场致命的马上长枪比武的观战者都能够看到，二人奋力冲击，力道大到他们的长枪都洞穿了对方的身体。这一英勇的行为为朗瑟洛在有关法兰西骑士的编年史上赢得了一席之地，他那同样值得尊敬的对手却没能留下姓名。因此，对于这位对手本人而言，他死得毫无价值。在这次个人间的遭遇战之后，英军的侦察兵们成功地将其他出击的法军士兵赶回了城中。在这个过程中，他们给法兰西人造成了更多的伤亡，但他们自己也负了一些伤。[29]

与一队侦察兵进行遭遇战是一码事，与大军进行战斗则是另一码事。当英格兰人的主要军队向厄镇进发的时候，法兰西的卫戍部队谨慎地决定躲在厄镇的巨大城墙背后。有了在阿尔克的成功经验之后，亨利决定故伎重施。当他的人马在附近的城镇和村庄驻扎下来过夜的时候，他派信使进入厄镇，要求法兰西人提供一定数量的食物和葡萄酒，作为他们没有完全摧毁整个地区的回报。此举达到了预期的效果，法兰西人很快便交出了人质，并制作了葡萄酒和面包。当第二天英格兰人准备离开的时候，法兰西的守军就在一旁看着，没有做出任何举动。[30]

到目前为止，去往加来的行军一直在精准地按照原计划进行。尽管法兰西编年史家们反复强调了传统的说法，即英格兰人在他们所行经的路上大肆地纵火，毁坏一切东西[31]（在传统的骑兵扫荡行动中，英格兰人就做过这样的事），但很明显，这并不是事实。只是威胁就足以迫使当地居民对英军保持顺从了。法兰西人的表现和他们之前面对英格兰骑兵的扫荡行动的时候一样。他们撤退到城堡里，并且进行最低限度的抵抗。这样做的目的是让敌军继续前行，尽快地离开他们所在的地方。

但是，这次行军不是一次普通的骑兵扫荡行动。它的本意是想挑起一场会战。而且，那些沿途被俘获的俘虏向英格兰人报告，有一支法兰西大军已经准备就绪，即将在接下来的两天内开战。"但是，对于在何时打响战役，军中有一些不同的看法。"随军司铎这样评论道。有些人认为，阿马尼亚克派的领袖不敢轻易离开鲁昂来寻找英军作战，因为他担心勃艮第公爵会抓住这个机会，不是从后方对他们发动进攻，就是以胜利者的姿态回归巴黎。另一些人则认为，无论他们过去有什么争执，奥尔良公爵与勃艮第公爵都会尽弃前嫌，联合起来迎战英军。[32]

英格兰人的阵营中出现意见分歧并不令人感到惊讶，因为法兰西上上下下对如何应战这一议题也有着类似的困惑。不确定的是，勃艮第公爵究竟会如何行动。阿马尼亚克派与勃艮第派在1414年9月达成了《阿拉斯和约》。1415年2月，这一和约在巴黎正式签订。为此，双方也在巴黎庆祝了一番。但是，无畏的约翰显然对它的条款不太满意。2月2日发布的一条王室法令本应对所有卷入党派斗争的人都实行大赦，但是，它却单方面地将无畏的约翰的500名巴黎支持者——卡博什派（Cabochien）——排斥在赦免的名单之外。这些人曾在1413年被放逐出了巴黎。当公爵得知他派出的使者们接受了这一条款的时候，他勃然大怒，声色俱厉地谴责了他们。他愤怒地说道，法兰西王太子随行人员中的阿马尼亚克派"正试图用一切他们所能想到的办法彻底毁灭我们和我们所拥有的一切"。"我们有必要告知你们，无论在现在还是在未来，你们现在所做的一切都让我们感到很不愉快……我们不希望你们用任何方式继续推进这些事情……如果［王太子］违背上帝的意愿……固执地坚持他的主张，而且对于我们和我们的人来说，不存在另一种体面的安排的话，我们希望你们离开，并向王太子告别。"[33]

当其他的法兰西贵族和他们在全国上下的党羽都在发誓遵守和约的条款之时，勃艮第公爵表现得非常冷漠。他坚持认为，在他宣誓之前，那500名卡博什派人士应该被列入获得大赦的名单当中。直到7月30日，即离英军发动入侵只有几天的时候，公爵才最终发了誓。即便到了这个时候，他的发誓也是有附加条件的。关于这个誓言，教宗的公证人秘密地起草了一份正式文件。在这个文件中，公爵是否遵守誓言取决于王太子能否赦免包括卡博什派在内所有公爵的支持者。在他写给王太子的信件中，他纳入了一个表明自己态度的条件，即只有阿马尼亚克派诸侯履行条约中与他们相关的那部分条款，他才会认为该条约是有效的。[34]

整个8月，当英格兰人在围攻阿夫勒尔的时候，公爵和王太子一直在誓词问题上争执不休。王太子认为宣誓应该是无条件的，公爵则要求王子宽恕所有支持公爵的人。如果不是亨利五世和他的军队出现在了诺曼底，这个僵局也许还会维持下去。阿马尼亚克派开始怀疑公爵与英格兰人结成了同盟，但是他们又无力承担公然将他推向英格兰人怀抱的后果。8月31日，王太子最终做出了让步。他颁布了一道王室赦令，同意宽恕除45名卡博什派人士之外的所有人。公爵于9月做出了回应，在信中移除了充满攻击性的条件性条款。然而，在接下来的一整个秋天，公爵仍在坚持为那45名卡博什党人寻求赦免，并继续在他自己的土地上为这些被放逐的人提供庇护。从表面上看，《阿拉斯和约》最终得到了所有派别的正式认可。但任何对公爵有一点了解的人都认为，公爵并不会完全遵循这一和约。[35]

当然，关于无畏的约翰与英格兰人结盟的流言一直存在。虽然在去年夏天，无畏的约翰的提议并没有产生效果，并没能与亨利五世结成攻守同盟，但是公爵很有可能已经在暗中与亨利五世签订了条约，答应在英格兰人入侵法兰西的时候不做抵抗。正如我们之前所见的那样，英格兰使者们获得了在荷兰和泽兰为这次远征招募船只的许可,而这两个地区正是勃艮第公爵的势力范围。[36] 1414年,在勃艮第派被阿马尼亚克派围攻的时候,英格兰雇佣军(据说是弓箭手)曾帮助勃艮第派保卫阿拉斯和苏瓦松。出于中世纪人典型的仇外情绪,勃艮第派指控在苏瓦松的英格兰弓箭手们打开了其中的一座城门,向阿马尼亚克派出卖了城池。这些弓箭手中的40人随后被绞死。但是,他们被处死更有可能是因为他们的英格兰人和雇佣兵身份,而不是因为真实存在的或者是想象当中的背叛行为。[37]

除了这些间接证据,毫无疑问,在1415年的整个夏天与秋天,勃艮第公爵一直在和英格兰人秘密接触。7月,勃艮第派的使节在英格兰度过了16天,为的是与英格兰人商谈结盟事宜。那时,阿马尼亚克派的布尔日大主教达成和平协议的计划破产了。当这个最后的使团离开的时候,他们中有人看到,一个身穿勃艮第号衣的纹章官出现在温切斯特的人群之中。(另一名勃艮第纹章官——未来的编年史家让·勒菲弗——在整场阿金库尔远征当中一直是与英格兰军队一起行动的。)8月10日,即入侵舰队起航的前一天,亨利指派技艺高超的律师菲利普·摩根前往勃艮第,为与公爵结盟做最后的安排。这一定是亨利在离开之前所采取的最后行动之一。摩根于8月19日离开了伦敦,直到12月19日才回来。国库的记录称他为"前往勃艮第公爵那里执行一项秘密任务的使者"。他显然不辱使命。10月10日,国库收到了"盖有勃艮第公爵自己的印章的、关于达成和平协议的信件"。此时正是阿金库尔战役爆发的15天前。[38]

与一些阿马尼亚克派人士所怀疑的不一样,在阿夫勒尔,无畏的约翰并没有帮助亨利五世。然而,这个谣言却传遍了整个欧洲，即当王太子和阿马尼亚克派忙于举兵对抗英格兰人的时候，勃艮第公爵就会召集他自己的人马向巴黎进军。正如我们刚刚所看到的那样，英格兰军队中也有一些人相信，一旦王太子率领的法军离开鲁昂与他们作战，勃艮第公爵便会尝试占领巴黎。在巴黎，勃艮第公爵一直很受欢迎，市民怀着非常兴奋的心情，盼望着他的归来。在阿夫勒尔陷落的那个星期，一名被放逐的卡博什派人士的妻子收到了一封来自她丈夫的信。她的丈夫让她提前准备20克朗，并于10月20日与他在某座城镇会面，因为勃艮第公爵和一支庞大的军队将会出现在那里。由于她自己拿不出这些钱，她不得不向一个亲戚借款。她的亲戚立即向官方报告了此事。出于对另一次血腥暴乱的恐惧，这座城镇没有等到国王的命令就采取了行动。他们立即更换了所有的城镇官吏，堵住了城门，并为即将到来的围攻做好了准备工作。虽然这只是一场虚惊，但是这一威胁仍然足够可信，以至于当这一谣言被传到威尼斯的时候，公爵进驻巴黎一事就被当成了事实。[39]

王太子及其顾问试图说服勃艮第公爵和奥尔良公爵派遣他们的军队前往鲁昂集结，他们本人则留在家乡。在这种高度紧张、充满着极度不信任的氛围之中，王太子及其顾问的做法并不令人感到奇怪。就在高库尔的拉乌尔和阿夫勒尔的守卫者焦急地等待阿克维尔，希望他能够带回王太子对他们请求支援的回复的同时，无畏的约翰在招待自己的弟弟布拉班特公爵安托万。同时在场的还有几名王室的公使。他们带来了王太子自己的求援消息。在阿夫勒尔投降后两天，无畏的约翰写了一封尖刻的回信。这封信是写给国王而不是给王太子的。尽管它在措辞上采取了一名忠实的封臣所应有的谦恭姿态，但是其间暗含着威胁。虽然公爵仍对王室十分忠诚，但是他宣称自己不会忘记这样的侮辱，即当其他贵族都被召集起来为法兰西而战的时候，他却被要求待在家里。他把荣耀看得胜过世上其他一切东西，这个要求却质疑了他的荣耀。然而，由于在危急关头伸出援手是所有品行良好的盟友与臣属的义务，他决定承担起作为法兰西第一公爵的责任，拯救王国于危难之中。他所派出的士兵数量要远远超出王太子所要求的500名重铠兵和300名弓箭手。与此信一同送达的还有另外两封信。它们是由公爵手下的主要封臣们所写的，腔调则与公爵的信类似。[40]

与此同时，公爵还写信给他在皮卡第及其他地区的全体臣民，命令他们要准备好，以便随时响应他的召唤。但他也明确地禁止他们响应"任何其他领主的号召。无论这个领主是谁，他们都不能响应号召"。[41]这条命令具有两层含义。这个命令旨在限制那些效忠于勃艮第公爵的人，确保他们不会参战。即便他们确实要参战，他们也只能服从于公爵个人的指挥。如果公爵真的和亨利五世签署了互不干涉的协议，那么他就需要阻止自己的部下奋起保卫他们的家园。无论出于何种动机，他的命令都让皮卡第地区的贵族处于一个绝境。他们必须在忠于他们的公爵和忠于他们的国王之间做出选择。

由于没有响应全国性的武装动员号召，一些来自皮卡第地区的贵族也收到了王室给个人的命令，要求他们带领全部人马前去支援王太子，违者将会招致法王的怒火。[42]收到这一命令的贵族包括克罗伊（Croy）、瓦兰（Warin）、福瑟（Fosseux）、克雷基（Créquy）、埃尔尚（Helchin）、布里默（Brimeu）、莫梅斯（Maumes）、拉维沃维尔（la Viefville）、安希耶（Inchi）、博福尔

(Beaufort)、努瓦耶勒(Noyelle)和纳夫维尔(Neufville)的领主。当此举也不能使他们就范的时候,王室再次于9月20日颁布命令,让那些接收命令的人明白,他们的举动毫无疑问已经引起了国王的巨大不满。"由于你们和其他人在执行我们的命令时的疏忽和拖延,再加上支援的匮乏,我们在阿夫勒尔城内的那些高贵、品行良好而且忠实的臣民投降了。尽管他们已经付出了很多的努力,但最终在暴力的胁迫下交出了这座城镇,因为他们无法继续抵抗敌人的压迫与武力。"阿夫勒尔投降的罪责就这样被直接归到了这些贵族的头上。然而,这样的断言忽视了一个令人悲痛的事实,即那时的阿夫勒尔还没有正式投降。它的守卫者们依旧在徒劳地期盼对于他们最后发出的援助请求的答复。

"基于你们对我们应尽的忠诚义务,也基于你们能够被罚没的所有东西,"国王提出要求,要把这一新的命令传达到各地,"要重复传播这一命令,以至于没有人能假装对此视而不见。"任何拒绝立刻加入王太子的军队、武装起来并时刻准备好作战的人都要被投入监狱。他们的财产将被没收,部队扎营的费用也应当由他们承担。对于各个城镇来说,如有多余的"攻城器械和火炮",人们就应将它们运来此处。与参军一样,运送这些物资也不得有延误。[43] 阿夫勒尔的投降做到了连英格兰人的入侵都没能做到的事情:它让法兰西官员们行动了起来。那些在忠于国王还是公爵的问题上犹豫不决的人,现在都拿起了武器,共同为保卫他们的祖国而战。当英格兰人穿过诺曼底到达皮卡第的时候,传闻终于变成了现实——真的有一支法兰西大军在鲁昂集结了起来。

第十三章

横渡索姆河

亨利曾打算在他的曾祖父当年渡河的地点横渡索姆河。这个古老的、罗马征服时代的浅滩位于布朗什塔克，坐落于索姆河河口与阿布维尔镇之间，距离海岸线有9英里。虽然此处河水有涨有落，但这片浅滩最大的优势在于，它十分宽阔，足以让12人同时通过。对于英格兰人而言，不走运的是，法兰西人也熟知他们的历史，并预料到他们的对手可能会采取这个行进路线。在英格兰人到达布朗什塔克之前两天，他们正在往这里行进的消息就已经向北传播，一直传到了布洛涅。当地的人们也已经为他们的到来提前做好了准备。[1]

10月13日（星期日），当亨利的军队行进至距离布朗什塔克6英里远的地方时，英军的先头部队捉到了一名法兰西俘虏。他被带到约翰·康沃尔爵士面前进行审问。这个人原来是一名为阿尔布雷的查理效劳的加斯科涅绅士。在那天的早些时候，他在阿布维尔与阿尔布雷分道扬镳。通过进一步的审问，英格兰人得知，阿尔布雷手下有一支6000人的军队，正等着阻截他们。此外，法兰西人还在浅滩处布置了削尖的木桩，让英格兰人无法从那里渡河。[2]

很快，这名法兰西俘虏又被带到国王面前，再次进行审问。他以性命担保，保证他所述的一切都是真的。在确定了他所说的是实话之后，亨利便立刻命令大军停止前进，并召集他手下的贵族们开了一场紧急会议。在经历了两小时的讨论之后，他们决定放弃从布朗什塔克渡河的计划。他们必须要往上游前进，以寻找一个更安全的、无人防御的渡口过河。如果有必要的话，他们将不得不一直行进到该河的源头之处。据说，那里距离英格兰人的所在地有60英里远。

这是英格兰人在整场行军当中遇到的第一个重大的阻碍。当他们丝毫不受阻拦地穿过诺曼底，进入皮卡第地区的时候，他们士气高涨。到了这个时候，他们开始动摇。自从英格兰人离开费康以来，沿着诺曼底海岸排列、一直延续到格里内角（Cap Gris-Nez）的白色悬崖就一直吊着他们的胃口。他们知道，他们离安全的加来只有13英里的路程了。但是现在，他们无法迅速而直接地抵达他们的目的地。相反，他们将面临一段漫长而充满了不确定性的旅程。他们的补给可能已经难以为继，而在此期间，发生战争的可能性也会越来越大。不难想象，索姆河河湾的景象一定在英格兰人心中注入了绝望的情绪。这并不仅是因为他们见识到了索姆河的宽度（就是在勒克罗图瓦和圣瓦莱里之间这个最狭窄的河段渡河，他们所需要渡过的距离也超过1英里），而且是因为他们看到了广阔而荒凉的沼泽地带。在西方、北方和东方，他们目力所及之处都是沼泽。正如他们即将发现的那样，这些沼泽地和索姆河都是不可逾越的障碍。[3]

在布朗什塔克附近逗留没有任何意义。于是，亨利下令继续行动。英军再次出发，转向东方，并沿着索姆河南岸向着阿布维尔前进。为了充分应对英军，蓬蒂厄的古老首府（曾于1340年和1369年先后两次被英格兰人占领）极大地加强了它的城防。守军们准备了12门火炮、近2200发石质炮弹以及大量的火药。与此同时，他们还得到了集结在鲁昂的大军的支援。后者派遣了一支庞大的分队前去援助他们。驻守在这里的军队与阿夫勒尔的不同。一些法兰西历史上的伟大人物都出现在了阿布维尔。其中，领头的是阿尔布雷王室统帅、布锡考特元帅、王室大总管旺多姆伯爵、法兰西海军大臣当皮埃尔领主沙蒂永的雅克、布列塔尼公爵的弟弟里什蒙伯爵阿蒂尔以及阿朗松公爵让（Jean, duke of Alençon）。由于他们的加斯科涅俘虏预先提出了警告，英格兰人保持着一定的距离，绕过了阿布维尔，并在城南3英里处的巴约勒昂维默（Bailleul-en-Vimeu）扎营过夜。[4]

次日早晨，他们改变了行动方针，向着东北方向行军，希望能够用蓬雷米（Pont Rémy）的桥渡河。在那里，他们不仅失望地发现，索姆河上的桥梁与堤道都已经被当地的守军拆毁，而且还头一次看见了河对岸所聚集的数目庞大的法兰西军队。尽管英格兰人对此并不知情，但是他们所面对的这支军队正是高库尔的拉乌尔的父亲和兄弟们率领的，他们非常渴望洗刷英格兰人给高库尔带来的耻辱。正是出于这种渴望，他们列好了阵形，"好像现在就要与我们开战"。然而，就连生性胆小的随军司铎也能看得出来，法兰西人只是做做姿态罢了："在此处，河的两边都有宽阔的沼泽，无论是我们还是他们都无法再向河流靠近一步。即使有人立誓要伤害对方，我们中也没有人能对另一方造成伤亡。"[5]

两军开始玩起了一场致命的猫鼠游戏。当英格兰人不断深入法兰西腹地，在日益增加的绝望之中寻找可以渡过索姆河的地点时，河对岸的一支法军正在尾随他们。统率这支法军的是布锡考特元帅和阿尔布雷王室统帅。他们下定了决心，一定要阻截英格兰人。随军司铎写道：

> 当时，大家只专注于一件事，别的什么也不想。计划用来行军的8天过去了，我们的补给已经耗尽。敌军则狡猾地赶在我们的前面，提前摧毁了乡村地区，自然计所有人陷入了饥饿的境地。我们急需食物。而且，在索姆河的源头处，如果上帝没有提供其他的援助，他们就会依靠数不清的士兵和他们可以调动的武器装备来击溃我们。我们的人数非常少，劳累让我们晕倒，缺少食物则让我们变得虚弱。

疲倦、饥饿且意志消沉的英格兰人只能向神圣的圣母和圣乔治祈祷，希望他们能替自己向上帝求情，将他们从敌人的剑下解救出来。（英格兰人正是在圣母和圣乔治的旗帜和保护下行进的。）获得荣誉、征服以及战利品的梦想早已被他们全都抛在脑后。他们心中只有一个希望：那便是最终能够安全到达加来。[6]

10月15日，即英格兰人开始行军的第8天，他们本应抵达加来。而事实上，此时的英格兰人已经偏离了原定的沿海岸线行军的路线35英里。那一天，他们又绕了一次远路以避开勃艮第派控制之下的、皮卡第地区的首府亚眠。在那里，小运河纵横交错，交织成网状，花园般的郊区则坐落在沼泽地的中央。在看到亚眠高耸的白色城墙和13世纪所建的那座荣耀显赫的大教堂的尖塔时，不知亨利五世是否会想起，他的曾祖父爱德华三世曾在这个地方向法兰西的腓力六世宣誓效忠，受封阿基坦？如果他想起了这件事，那么他一定会体会到事情的讽刺意味：正是这一未能解决的争端在86年后把他带到了亚眠。

在接下来的一天，他们继续向前推进到了位于亚眠中心东南面约5英里处的博沃小镇（town of Boves，也有人说，这是一座村庄）。这座镇子位于一片悬崖的脚下，它那非常重要的横跨阿夫尔河（river Arve，索姆河的一条支流）的桥梁也在这片悬崖的下方。悬崖上面高耸着一座拥有白墙的、建于12世纪的巨大城堡。这座城堡属于洛林公爵（duke of Lorraine）的幼子沃代蒙伯爵费里（Ferri, count of Vaudémont）。尽管从效忠关系来看，他是一名勃艮第派，但他也是迟来的、响应国王号召的地方贵族之一。与布锡考特元帅的大军一样，他和手下那支300人的部队也驻扎在索姆河的另一边。就像他的很多同胞一样，他这种将爱国主义置于派别利益之前的高尚做法并没有给他带来好处，因为他在阿金库尔战役中不幸阵亡了。[7]

博沃很小，小到亨利五世能够通过威胁迫使博沃人做他想要做的事。这也是他在阿尔克镇和厄镇做过的事。同样地，迫使博沃按亨利的心愿办事具有军事上的必要性，因为他需要用这座城镇的桥梁渡过阿夫尔河。他再一次派出了他的使节前去谈判。无论沃代蒙的费里对法兰西国王有多么忠诚，他留下来驻守城堡的守军长官似乎更倾向于支持英格兰人而非他的主人。他同意满足英格兰人惯常的需求，为他们提供葡萄酒和面包，从而让村庄及其附近的葡萄园免受焚毁。不仅如此，他甚至还允许英格兰军队在村庄里过夜。

当地守军只能为这6000人提供8篮子面包，但每个篮子都非常大，大到需要两个人合力才能抬起来。当时正值葡萄丰收的季节，当地到处都是葡萄美酒。如果英格兰人能够抵挡这样巨大的诱惑，那么他们就不属于人类了。他们径直冲向了葡萄压榨机和装满了新鲜葡萄酒的酒桶，开始享用这意料之外的丰盛赠品。尽管一些英军指挥官们也认同这些放纵的行为，并认为这是他们历经了所有艰难困苦之后应该得到的奖赏，但国王最终还是制止了这种行为。有的人问他为什么这样做，并说这些人只是试图重新装满他们的瓶子。亨利回复道，他并不在意人们重新装满瓶子的行为，但大多数人把酒装进了自己的肚子，这才是让他担心的事情。在这片充满敌意的敌国腹地，他们每天（甚至每小时）都可能被攻击，他不能接受自己的军队因为饮酒而丧失战斗能力。他们本来就足够脆弱了。[8]

在他们离开博沃的前一天，即10月17日（星期二），亨利与城堡长官进行了一次深入的谈话。他的两名重铠兵如今已经病重，无法继续行军。亨利不希望就这样抛下他们，让他们自己听天由命。长官有礼貌地同意了亨利的请求，答应将他们留下并照料他们。为此，亨利赠给他两匹马作为答谢。在那之后，他集结了剩余的军队，再次踏上了征途。[9]

在博沃渡过了阿夫尔河之后，英格兰人返回了索姆河河畔，重新开始寻找无人把守的桥梁或者浅滩。但事实上，能找到这种地方的希望渺茫。布锡考特和阿尔布雷一直在河对岸巡逻，所有的城镇与城堡都处于高度戒备状态。在英格兰人经过位于亚眠城中心以东约10英里的科尔比镇（town of Corbie）时，那里的守军突然杀出城门，发动了一次袭击。在接下来的一场小规模战斗中，由鲍彻勋爵休·斯塔福德（Hugh Stafford, Lord Bourchier）执掌的阿基坦旗帜被对方夺去了。对于任何掌旗者而言，这都是最大的耻辱，因为誓死守护旗帜是他应负的骑士职责。虽然鲍彻勋爵自己可能并没有恢复自己家族的荣耀（他被派往驻守阿夫勒尔了），但他的一个年轻的亲戚则完成了这一任务。这个人名叫约翰·布罗姆利（John Bromley），在国王宫室中担任侍从官。这位年轻的扈从重新夺回了旗帜，并成功地将法军赶回了科尔比。除此之外，他还杀死了两名法军士兵，同时俘获了两名重铠兵。[10]

这个小小的胜利仍不足以让英格兰人夺取索姆河上的任何桥梁。法兰西人死死地把守着这些桥梁，让这些桥梁难以通行。但是，对于英格兰人来说，俘获这两名重铠兵却具有深远的意义，让他们交上了好运。在这两名重铠兵被审问的时候，他们透露，法兰西的指挥官们已经采取了谨慎的措施，以对付亨利国王军队中为数众多的弓箭手。他们已经组织了由"数百名"重铠兵组成的特别骑兵中队。这些人将骑上披着战甲的马匹，而他们的特殊任务便是向英格兰弓箭手冲锋，以破坏英格兰人的阵形和他们大规模火力的效果。在得知这样的情况后，亨利便对全军发布了一个公告。每名弓箭手应立即自行准备一根长6英尺的木桩，将两头削尖，并随身携带。一旦法军试图接近并与他们交战时，弓箭手们就应当交错站位，让后排的弓箭手恰好站在前排二人的间隙处。在列好战阵之后，每一名弓箭手都要将木桩的一端插进前方的土地里，让另一端指向敌人，恰好位于成年人腰部的位置上方。在发动冲锋的法兰西骑士看到这些木桩时，他们或者被迫撤离，或者要冒着被刺穿的风险发动进攻。[11]

这种战术早就不新鲜了。至少从14世纪早期开始，"刺猬"（hedgehog）已经是欧洲步兵反制骑兵的一种典型战术了。那个时候，步兵们用的是做工精良的钢制尖头长枪，而不是临时赶制的木桩,从而创造出令人毛发竖立的刺猬效果。然而,专门用木桩保护弓箭手的例子在文字记载中出现依然是比较晚近的事情,而且,这种做法是一项东方的创造。1396年,一支法兰西和勃艮第联合的十字军军队在尼科波利斯(在今天的保加利亚一带)与入侵的奥斯曼土耳其人展开了苦战。土耳其人将他们的弓箭手隐藏在了一个凹陷处,并让一队轻骑兵为他们做掩护。由于自认在人数上和装备上有优势,十字军战士对土耳其骑兵发起了冲锋,后者则让开了道路,显露出他们背后的、用于掩护弓箭手的木桩阵。由于无法停止冲锋,十字军战士被轻易地打败,并且惨遭屠戮。在这场战役中被俘虏但在缴纳赎金后获释的三名老兵不是别人,正是当时的十字军领袖。他们分别是当时的讷韦尔伯爵(count of Nevers)兼未来的勃艮第公爵无畏的约翰、阿夫勒尔的守卫者高库尔的拉乌尔以及指挥军队反抗亨利五世的布锡考特元帅。[12]

如此众多的法兰西高级贵族在尼科波利斯被杀或被俘的事实让有关这场灾难的消息迅速传遍了欧洲大地。在这些消息中,人们也获知了这一灾难是如何发生的。无论使用临时制作的木桩来保护英格兰弓箭手到底是亨利还是约克公爵爱德华的主意,正如一些编年史家所暗示的那样,这个主意的创造性并不在于它是一个完全的革新,而在于它将两种已被确认而截然不同的先例——土耳其人为保护他们的弓箭手而使用的木桩和欧洲矛兵紧密排布的阵形——结合了起来。

在科尔比被俘虏的那两个法兰西人可能还告诉了亨利另一条信息,这条信息与促使亨利运用木桩保护弓箭手的消息同等重要。在国王离开科尔比之前,他已经知道,在索姆河对岸巡视渡河情况的法兰西部队正在赶往佩罗讷。该城防守严密，位于索姆河一段和缓的河道的弯曲处。因此，他几乎不可能在佩罗讷和科尔比之间找到一处无人防守的渡河通道。即使他们找到了这样的渡口，法兰西人也会及时赶到，或者趁他渡河的那个最脆弱的时刻发动攻击，或者迫使他再一次前行，做出防御姿态。战场的选择权将会落入法兰西人的手中。

此时此刻，亨利做出了另一个有一定风险的决定。在他能够掉头向西方和北方、再次向加来进军之前，他很可能将不得不沿着河流朝上游走，一直走到它的源头处。因此，他决定直接穿过科尔比和内勒（Nesle）之间的开阔乡村地带，而不是继续沿着蜿蜒曲折的索姆河前行。尽管这样做可能会错过一次潜在的横渡河口的机会，但是可以减少至少10英里的行程，并绕开守候在佩罗讷的法兰西部队。此外，通过这次出其不意的行动，他有可能趁法兰西人不备发动攻击，并且在更上游处找到一个无人防守的渡口。这样说的主要原因是，如果他穿过乡村地带的话，他就有可能在法兰西人的视野中消失24小时。

因此，英军转向东南方前进，开始了攀登桑泰尔高原（Santerre Plateau）的漫长征程。在走了好几英里之后，旅途变得越发艰辛。科地区起伏平缓的半岛和索姆河下游的平原消失了，取而代之的是树木葱茏的小山丘和狭长、陡峭的山脉。后者现在与第一次世界大战的战场和壕沟紧密地联系在一起。索姆河那易于通行、开阔且平整的河谷仍然是难以抵达的目标。10月的雨水让河水上涨，并让河流附近的沼泽地变得更加危险，迫使军队不得不在地势较高、地面坚硬的地方行军。当英格兰人抵达了科尔比上方的高原地带之后，周围的景观发生了急剧的变化。他们来到了一片非常广阔的平原上，似乎一眼望不到头。除了在他们身后的如幽灵般的亚眠大教堂的微微发光的白色高墙、村庄教堂那时隐时现的尖塔以及在地平线上显示出轮廓的一片林区，这里没有能够引导他们前进的地标。对于普通战士而言，这必然是一次令人疑惑和恐惧的经历。在这片充满敌意的异国土地上，他们完全依赖于国王和他的军官们的领导，而眼前的一切与他们在故乡的一切迥然不同。这一次行军也考验了他们对这种领导能力的信任。

到了10月17日（星期四）的晚上，英军又从科尔比向前行进了12英里。他们在阿尔博尼耶尔（Harbonnières）和沃维莱尔（Vauvillers）的村庄之间安营扎寨。[13] 在这里，阿金库尔远征期间最为著名的事情之一发生了。那天早上，在科尔比外面的旷野上，一名英格兰士兵被带到国王面前。他被指控犯下了从乡村教堂中盗窃圣饼盒的罪行。该容器中装着圣餐中的神圣面包。虽然在发现他盗窃的时候，人们没有来得及处理这件事，但他现在已经被移交审判了。在审判的过程中，人们展示了那个他藏在衣袖里面的圣饼盒。对这类物品有所了解的随军司铎记载道，它只是用廉价的鎏金铜皮制作的，这个小偷却误以为它是由金子制成的。这个错误让他付出了生命的代价。他因为"蔑视上帝以及违抗王室法令"而被判有罪。而且，在国王的命令之下，他立即在众目睽睽之下被吊死在一棵树上。[14] 值得注意的是，这是唯一有记载的在远征期间违抗国王条例的例子。

在这次行军的最后几天里，越发疲惫的英格兰人每天只能前进13至14英里。随身携带木桩不可避免地会拖慢行军的速度，但是疲劳和饥饿同样是他们没能快速行军的理由。他们被迫压缩每日的饮水量，并以从灌木篱墙中收集来的榛子和最后的风干肉勉强果腹。10月18日（星期五）晚上，他们来到了内勒附近，并决定在被加固的城墙外的各个分散的村庄里扎营过夜。亨利故伎重施，再次放出了同样的消息，但是第一次遭到了拒绝。这座城镇的军民不仅拒绝提供面包和葡萄酒，而且还在他们的城墙上挂了红布。虽然人们并不能确定这一神秘方式的起源，但它的含义十分明确。如此强烈的侮辱性举动是不能免于惩罚的。亨利命令他的士兵们于次日早上将内勒附近的所有小村庄全部烧毁。[15]

在天色破晓之前，奇迹发生了。圣母玛利亚与圣乔治用一条好消息回应了英格兰人的祈祷——一处适合横渡索姆河的渡口在内勒东北方向3英里处出现了。人们尚不清楚，亨利五世是如何得知这一信息的。一种可能是，英格兰侦察兵在他们的一次突袭中发现了它的存在。但是考虑到时间因素，更有可能的情况是，一位村民为了在焚烧的火焰中保全自己的家当而将这一情报告诉了英军。侦察骑兵立即前去查看这个渡口，了解那里的水深和水流的速度等情况。他们发现，虽然那里的情况并不十分理想，但从那里渡河是有可能的。

事实上，在附近2英里之内的索姆河畔贝当古（Béthencourt-sur-Sommes）和瓦耶讷（Voyennes）附近的村庄中也有两个渡口，而且都是浅滩。人们可以通过长而狭窄的堤道前往这些渡口，但在似乎无处不在的布锡考特和阿尔布雷的命令下，这堤道已经被法军破坏了，"在这样的道路状况下，人们几乎不可能排成一行纵队穿过这个被损坏的路段。即便可以的话，使用这条道路也十分困难"。在最深的地方，这两个浅滩的水位只是稍高于一匹马的腹部。但是，如果从这两处浅滩渡河，在抵达索姆河之前，他们还要跨过一个一英里宽的沼泽地。这些地方无人把守的事实掩盖了它们的所有缺点。来自圣康坦（St Quentin）受命守卫此地的人意外地被抓住了。此外，没有任何迹象表明，法兰西军队尾随英格兰人来到了这么远的地方。亨利走捷径的冒险举动获得了回报。[16]

10月19日（星期六）的早上，在约翰·康沃尔爵士和吉尔伯特·乌姆弗拉维尔爵士警惕的注视之下，前锋部队的弓箭手们排成一个纵队，开始徒步通过被损毁的堤道。他们高举着弓和装满了箭矢的箭袋，以防它们被水打湿。当他们抢占了对面的河岸并且占据了保护其余人的阵地之后，康沃尔爵士、乌姆弗拉维尔爵士以及他们的掌旗官才跟着一起过河。在这些人之后过河的是重铠兵。重铠兵们也是排成一列纵队，徒步前进。只有等他们全部安全抵达了对岸，他们的马匹才得以加入他们的行列。

当前锋部队正在完成这一危险而又困难的军事行动的时候，其他的英军士兵正忙于拆卸附近的房子，并取走了他们能够找到的一切梯子、门板以及遮光板。一旦一个安全的桥头堡在索姆河的对岸建立起来，并能够在必要的时候提供掩护火力，他们又用他们已经找到的木材来修理已经损毁的堤道。除此之外，他们还利用了成捆的木棍、稻草以及他们能够找到的任何其他材料。到了下午1点，这个堤道已经可以容纳三人骑马并排通行，大规模横渡索姆河的行动开始了。这并不是一个理想的渡河方法，因为这样一来，军队就会被分成两个部分，并且在前后之间保持将近2英里的距离。尽管如此，他们仍有必要让大军尽可能快地渡过此处。因此，国王下令，一处堤道（很有可能位于地形更为平坦的贝当古）将被专门用于运送较重的辎重，而他的战斗人员则从另一处渡河。[17]

如此众多的士兵使用一个如此狭窄的堤道显然是非常危险的，

可能会造成混乱：他们紧紧地挤在一起，都急于过河。如果在半途中遇到敌人的攻击，拥挤的人群可能就会因为恐慌而乱作一团。在预见到了这些危险之后，国王亲自守在浅滩入口的一侧，并让他亲自挑选的几个人站在入口的另一侧，以维护秩序。事实证明，他严厉的姿态足以震慑住士兵，把混乱控制在萌芽状态，并保证军队的主体和后卫部队在不出意外、没有重大损失的情况下到达索姆河的对岸。然而，当渡河完成、最后一批人马安全地上了河岸的时候，夜幕已经降临了。[18]

如此兴师动众的渡河行动不可能没有引起敌人的注意。根据随军司铎的记载，渡河的士兵还没有到100人的时候，一小支法兰西骑兵队伍便已经出现在北部的小村庄中。这些法兰西人派出了先头部队前往评估形势，剩余人员则试图集结起来，组成抵抗部队（这种努力有些迟了）。在能够进行有效抵抗之前，他们遭到了英格兰前锋部队巡逻骑兵的攻击，让他们变得更加混乱了。当这些法兰西人集结起足够发动攻击的士兵之时，英格兰人已经建立了牢固的桥头堡，大队人马则正在渡河，以加固此处的守备。"出于这个原因，"随军司铎非常满意地评论道，"也鉴于我们已在此处站稳了脚跟，他们自己又无力抵抗，在远处扎营的法兰西人放弃了这个地方，并且消失在我们的视野当中。"[19]

英格兰人在阿蒂（Athies）和蒙切-拉加什（Monchy-Lagache）的几个村庄里或周围安营扎寨，度过了一个愉快的夜晚。由于凭借胆魄和效率出乎意料地完成了渡河，他们的精神也为之一振。"我们认为这是一件值得庆祝的喜事，"随军司铎这样写道，"正如许多人所认为的那样，我们省去了大约8天的行程。我们也非常希望，那支据说要在河流的源头处等候我们的敌军也会因此而放弃跟着我们并与我们交锋的打算。"[20]

第二天早上，即10月20日（星期日）的清晨，他们的希望就破灭了。那时，三名纹章官来到英军军营中，带来了波旁公爵、奥尔良公爵还有阿尔布雷王室统帅的消息。尽管那支法兰西骑兵部队没有成功地阻止英格兰人渡过索姆河，但很显然，他们成功且迅速地将这一情报上报给了他们的主人。在纹章官交给亨利的信当中，波旁公爵、奥尔良公爵还有阿尔布雷王室统帅的措辞合乎尊严而有礼貌，就像是要求进行比武一样。一如他们往常的风格，这三人说道：

> 自从亨利离开了他自己的王国，他想要的便是与法兰西人进行一场战斗。所以，这三位拥有高贵的法兰西王室血统的贵族已经做好了满足他欲望的准备，让国王做符合他心意的事情。而且，如果亨利希望指定决斗的时间和地点的话，他们将会乐意赴约。假如此事已经得到了三位贵族的最高领主（即国王）的许可的话，那么双方的代表们将会决定并公开宣布［实际的地点］，以便选取一个对双方来说都公平的地点。[21]

这个挑战从各种意义上来说都很有意思。以现代人的眼光来看，这一做法似乎是奇怪的，甚至是荒谬的。一个受到侵略的国家居然会把至关重要的军事优势拱手相让，不自己选择交战时间和地点。在他们的敌人很虚弱的情况下，这种行为就更加令人难以理解了。他们的敌人被迫偏离了行军路线，人困马乏，并且给养紧张。但和亨利五世向王太子发出挑战的举动一样，这是那个时代光荣的骑士传统。同样地，尽管这封信的措辞与发起一场马上长枪比武或者武艺比武决斗的措辞几乎一样，甚至提到了亨利战斗的欲望和法兰西贵族满足这一欲望的意愿，但这并不意味着这封信所说的是一场比赛，或者只是做做样子。

比决斗身更有趣的是，这封挑战书是以奥尔良公爵、波旁公爵和法兰西王室统帅的名义发出的。这三个人都享有杰出的骑士声誉。奥尔良的查理之前公然拒绝了王室让他把军队派上前线而他本人留在家中的命令。现在，他20岁了，既是有名的比武场斗士，也是宫廷爱情诗的天才作者。波旁公爵让此时已经有三十四五岁了。与奥尔良公爵一样，他也在最近的战争中积累了一些宝贵的军事经验。仅仅在几个月前，他才组建了囚徒的枷锁骑士团，抒发了他的骑士理想，高库尔的拉乌尔就是该团的成员之一。[22] 阿尔布雷的查理已经46岁，是所有挑战者中最年长的。正如之前讨论过的那样，作为法兰西的王室统帅，他是一位军事经验丰富的指挥官。但在他年轻一些的时候，他也曾是一名勇敢的比武场斗士。1400年，他还是布锡考特所发起的骑士团的创始成员之一。[23]

具有如此品质的人在战争中发起决斗并不令人感到惊奇。但是，这一职责本该是属于王太子吉耶讷的路易的。他不仅是法兰西王室更高级别的代表，而且是国王正式指定的总司令。这三名贵族代替王太子联名发出决斗书，几乎可以被视为是对王太子的公开谴责。他们之所以谴责王太子，是因为他没有亲自发起决斗，也因为他胆小懦弱，抛弃了骑士的职责，不敢对亨利亲自发出的决斗做出回应。现在，为了维护法兰西的荣誉，他的指挥官们替他承担了回应亨利的决斗的责任。

亨利对于这场决斗的回应与王太子正好相反。他不但没有让纹章官久等，而且以"隆重而体面的"方式接待了他们。他"怀着极大的喜悦"阅读了他们所带来的书信，并向他们赠送了厚礼。虽然他没有让他们带回明确的答复，但他向法兰西王公们派出了自己的两名纹章官，告诉他们："自从离开了阿夫勒尔城，他每天都在竭尽全力，试图回到他的英格兰王国，而不是一直龟缩在由高墙守卫的城镇或者城堡中。所以，如果这三位法兰西的贵族希望能与他决战，那么他们并不需要挑选日期和地点。无论是哪一天，他们都可以毫不费力地在开阔的旷野上找到他。"[24] 这一回应堪称谦恭回应的范本，而法兰西王太子显然没有学会这项技艺。

随着法兰西纹章官的到访，亨利不得不做好随时展开一场血战的心理准备，最早可能就在明天。自从他们离开了阿夫勒尔，他的士兵们一直在全副武装地行军。重铠兵们穿着全套铠甲，弓箭手们则穿着带有衬垫的无袖短上衣，戴着壶形的头盔。现在，亨利下令，让那些有资格佩戴纹章的人在第二天离开宿营地之前就佩戴好他们的纹章。这是在向潜在的对手释放信号，告诉对手他们已经武装了起来，随时准备开战，而且不会撤退。正如他在阿夫勒尔时所做的一样，他将四处巡视军队视为己任，监督他们的备战工作。当他看到井井有条的事物时便加以称赞，为需要鼓励的士兵打气。[25]

10月21日（星期一），英格兰大军从阿蒂和蒙切-拉加什一带出发了。他们已经做好了在前往加来的途中随时会遭遇法兰西全副武装的军队阻拦的心理准备。军中的气氛十分紧张。当他们行军到佩罗讷附近的时候，他们感到很不舒服，紧张的气氛也尤为浓烈。这座城镇守备森严，周围还环绕着又深又窄的壕沟和厚重的红砖城墙。城镇的中间坐落着一座带有巨大圆形石塔的、令人敬畏的城堡。这些在12世纪末期由腓力二世修建的石塔切断了城堡古老的红砖城墙。在从阿布维尔出发并尾随英军之后,布锡考特和阿尔布雷便驻守在了此地。

当英格兰人绕开这座城镇,并且与他们左边的城墙保持一定的安全距离行军的时候,他们还是遭遇了惊险一刻。一队法兰西骑兵冲出城外,发动了一次突然袭击。他们也许是想把自己当成诱饵,吸引英军进入他们火炮的攻击范围之内。英格兰军队的严格军纪阻止了英格兰人对此做出反应。而且,他们当中的一小支骑兵队就足以赶跑法兰西人了。但是,英格兰人也遭受了损失:萨福克伯爵手下的一名重铠兵就被敌人俘虏了。

在佩罗讷另一边行进了1英里之后,亨利的军队看到了一幅恐怖的图景。泥泞的路途上满是车辙,而且泥土几乎完全被翻过来了。这意味着,有成千上万的法军在他们之前曾从这里经过。很明显,阿尔布雷王室统帅和布锡考特元帅并没有停留在高墙耸立的佩罗讷,而是往前进发以寻找适合战斗的地点了。可怜而胆怯的随军司铎彻底被这一幕景象吓住了。"在军队中,剩下的人(我不会对指挥官们做评价)都很担心战争迫在眉睫。我们仰望天空,大声哭喊,说出我们内心深处的想法,希望上帝能够怜悯我们,出于他那应避讳的仁慈,让我们免受法兰西人暴力的侵害。"[26]

英格兰人继续向加来行进了整整三天。他们转而朝着西北方向行进,[27] 因为他们为了渡过索姆河而被迫绕了远路。在这段时间内,他们没有看到任何敌人的踪影。即使食物与水稀缺,地形越发起伏不平,下个不停的雨和凄苦的风也让他们步履维艰,他们依然顽强地向前跋涉。10月22日(星期二),他们在米拉蒙（Miraumont）渡过了昂克尔河（river Ancre），然后在博凯讷（Beauquesne）转向北方，在第二天绕过了杜朗（Doullens，毫无疑问，这里的村民被他们吓得躲进了附近纳乌尔地下城的避难所中）并在圣波勒伯爵（count of St Pol）位于吕舍（Lucheux）的雄伟城堡底下渡过了格鲁什河（river Grouches）。当天夜里，他们在博尼耶尔（Bonnières）和弗雷旺（Frévent）之间的几个小村庄里露营。此前，弗雷旺已经被前锋部队占领，方便英军在次日早晨渡过康什河。然而，国王不小心错过了侦察兵为他选定的驻扎村庄。他一直向前骑行，进入了敌方弓箭手的射程之内，但是他拒绝往回走。即使是出于一个如此无伤大雅的原因（他已经戴上了他的纹章），撤退对他来说也是一个耻辱。[28]

次日，10月24日（星期四），英格兰人来到了圣波勒镇（town of St Pol）的西方，并且沿着陡峭的河谷来到位于布朗日（Blangy）的下一个渡口。在那之后，侦察兵和巡逻骑兵给国王带来了他期盼已久的消息。或许，在英格兰全军当中，只有国王一个人期待得到这一消息。一支几千人的法兰西部队就在河的对岸，距离他们只有3英里。如今，一场战斗已经是不可避免的了。如果英格兰人不想在处于劣势的时候遭到攻击，那么他们应该尽快渡过泰努瓦斯河（river Ternoise）。前锋部队中的6名骑士被派去侦察布朗日的浅滩是否有敌人把守，当他们报告那里无人守卫后，亨利下令全军全速前进，奔赴渡口。

在渡过了河之后，英格兰人不得不越过他们面前的陡峭山丘。在这一过程中，他们也没有遭受什么困难。然而，当他们越过了山顶，并登上他们面前的高原的时候，他们看到了他们当中很多人非常害怕的景象。被编成战斗队伍的法兰西大军举着随风翻飞的三角旗与燕尾旗，从英格兰人右边的河谷中涌了出来。他们"像数不尽的蝗虫一样"在旷野上列阵，这片旷野距离英军只有半英里。前往加来的道路被封堵了。"他们的人数，"随军司铎严肃地记载道，"实在是太多了，我们的人数根本无法与他们相比。"出现在他们眼前的这支法军不再是那支从阿布维尔出发、沿着索姆河一路尾随他们的小规模部队了。那一小队人马已经加入了这支部队的行列。这些人是后来才响应动员的军队，即法兰西人于好几周之前在鲁昂种下的种子所结出的果实。在鲁昂聚集的那些人代表了法兰西的全部军事力量。[29]

然而，只有再加上另一些人，这里的人马才真的是法兰西的全部兵力。虽然查理六世的许多臣民最终都响应了他的号召，但无畏的约翰还在几百英里以外的勃艮第。从9月初开始，他便这样按兵不动。长期以来，人们一直在期待，无畏的约翰很快就会到达佛兰德。例如，他的儿子沙罗莱伯爵腓力在10月10日便已经给佛兰德的城镇里尔去信，直截了当地写道："我的父亲最近告知我，他正率领着他的全部兵力为国王服役，前往前线抗击英格兰人。"无论伯爵是否知道这一点，他的这个说法都不是真的。这封信的目的是安慰里尔那些不幸的居民（里尔位于英格兰人从阿夫勒尔向加来进军的必经之路上），试图向他们说明，他们的公爵并没有完全地抛弃他们。两天以后，无畏的约翰向查理六世派出了一名使者，再次宣布勃艮第军队已经被动员起来，即将赶赴战场。事实情况却与公爵的说法正相反。公爵仍旧在勃艮第逗留，不但在亨利五世的秘密使节菲利普·摩根的陪伴下坐观其变，而且希望能够抓住机会，向巴黎进军。[30]

没能来到阿金库尔战场上的不止无畏的约翰一人。他那唯一的婚生子兼继承人沙罗莱伯爵腓力也没能出现在战场上。勃艮第编年史家（特别是在腓力统治下的文学黄金时代进行创作的编年史家）承担起了一项艰巨的任务，即解释他们父子为什么都没有在阿金库尔作战。为了回应对于公爵变节行为的指控，大多数编年史家都宣称，无畏的约翰已经被"禁止前来"，[31]而为了不让他那"全心全意想要参战"的19岁儿子参加法兰西军队，人们限制了沙罗莱伯爵的人身自由。这些编年史家说，他的父亲命令他不准前去，并命令尚泰维尔（Chanteville）、鲁贝（Roubaix）以及拉维耶维尔（Laviéville）的领主这三名骑士监督他。当国王第一次召集士兵前来作战时，伯爵正在阿拉斯，距离潜在冲突地区不远。因此，他的监护人迅速将他带到圣奥梅尔附近的艾尔城堡（castle of Aire）。在那里，他们试图不让他知道法兰西人已经决定作战的消息。（应该指出的是，在那些怀疑无畏的约翰的动机的人看来，从艾尔出发，很容易就能到达英格兰人所控制的加来海峡。）当消息最终传到艾尔的时候，伯爵的随从（他们是来自佛兰德和皮卡第的贵族）大多都在他不知情的情况下溜走了，把伯爵留在了自己的房间里，为不能前去作战而羞愧和沮丧地哭泣。"我曾经听过有关沙罗莱伯爵的事，"勒菲弗记载道，"当他67岁的时候，他仍旧在为没有运气参战而感到悔恨，无论他是否能在这场战役中存活下来。"[32]这个解释显然十分有效地粉饰了伯爵的行为，如果没有这个解释，伯爵的行为就会被看作对责任的逃避，根本无法原谅，而且令人感到羞耻。

当菲利普·摩根确信，勃艮第公爵会遵守他与亨利五世的互不干涉协议的条款的时候，其他英格兰的秘密公使也在布列塔尼公爵面前起到了类似的作用。7月28日，在他启程前往法兰西之前不久，亨利便让约翰·霍温厄姆和西蒙·弗莱特前去与公爵"秘密商议"。随后，在阿夫勒尔围城战的第一周，英格兰与布列塔尼便宣称，双方签署了休战协议。8月23日，霍温厄姆和弗莱特离开伦敦，启程前往布列塔尼。而且，与摩根一样，二人直到12月才正式返回。[33]

可见，在入侵法兰西的同时，亨利向他仅有的两个法兰西盟友派遣了使节。这一巧合实在是太惊人了，不容忽视。虽然霍温厄姆和弗莱特最终成功地说服了布列塔尼公爵，让他在战争中保持中立，但相较于菲利普·摩根而言，他们的任务更为艰巨，因为与无畏的约翰相比，布列塔尼公爵从保持中立这一举动中能够得到的并不多。他野心有限，只是想增加他公国的独立性，而不是要控制法兰西的国王。他不能无视王室保卫王国、抗击英格兰侵略者的号召，但他迟迟没有回应。在阿夫勒尔投降后的14天里，他一直徘徊在几英里外的法莱斯（Falaise）。这个城市位于布列塔尼控制范围内的诺曼底。据说，当他最终把6000人的军队带到鲁昂时，他提出了要求，假如要他进一步为国王服役的话，王室就要承认他为圣马洛（St Malo）的领主（这一点此前存在着争议）。直到10月21日，他才最终离开鲁昂前往亚眠。而即便当他到达那里，并得知其他法兰西贵族打算与英军开战时，他也没有急于加入他们的行列，而是在镇上又徘徊了三天。我们很难断言他还能这样拖延多久，但这足以让他在没有拒绝提供援助的情况下巧妙地避免在阿金库尔的战场上出现。[34]

另外两名法兰西公爵也同样没有出现在这场战役中。他们是贝里公爵让（Jean, duke of Berry）与安茹公爵路易。他们两人都留在了鲁昂，并没有随剩余的法兰西军队一起前往亚眠。贝里公爵让已经75岁了。他年事已高,不再适合在战争中扮演一个积极而活跃的角色,但作为查理六世的叔叔,他的资历与辈分让他在他争吵不休的侄子和侄孙面前有非同寻常的威望,一定能够在战场的会议里发挥自己的作用。安茹的路易就没有这么好的借口了,但随后似乎没有人像责备勃艮第公爵和布列塔尼公爵一样责备他。

贝里公爵和安茹公爵留在鲁昂也有可能是为了充当后卫。他们手下各有一支小规模的部队。如果英格兰人在北边更远的地方遭遇了法兰西大军,单单是他们的存在就足以阻止英格兰人向后撤退。但他们留在鲁昂似乎更有可能是为了保护查理六世与王太子。在鲁昂召开并决定派兵与英格兰人交战的御前会议,也决定不让国王与他的长子前往战场。贝里公爵应当不会忘记他的父亲约翰二世的命运。他的父亲于1356年在普瓦捷战役中被英格兰人俘获,并被关押在英格兰多年,所以他强烈反对与英格兰人开战。根据贝里公爵手下纹章官的说法,他对于奥尔良公爵、波旁公爵以及阿尔布雷的查理向亨利五世发起决斗的行为感到非常愤怒,并反对国王离开鲁昂。"他说,与其同时输掉国王与战争,不如只输掉战争。"[35]

鉴于查理六世的精神状况,他显然不用作战。然而,即使只是在名义上,18岁的王位继承者也应当是统领军队的人物。毕竟,十几岁时亨利五世便已经活跃在对威尔士的战争当中了。在他17岁生日之前,他就参与了一场会战。但是,吉耶讷的路易并不是一个能够鼓舞人心的人物。无论找谁领导他们,法兰西的贵族们都不会去找王太子。"他长着一张讨人喜欢的面庞,"巴黎高等法院的记录员评价道,"他的身材足够高大,但身体却很肥胖,行动缓慢,一点也不灵敏。"根据圣德尼的僧侣的说法,王太子之所以身材臃肿，是因为他向来懒散，疏于武艺训练。他喜欢穿戴珠宝和华美的衣服，与其他的领主关系不佳。与他的父亲不同，他一点也不和善，甚至对待他自己内府中的成员也是如此。他有很多毛病，却不能容忍任何批评。这些毛病包括喜欢颠倒昼夜，在下午三四点的时候起床进餐，在午夜喝酒，然后在黎明时分入睡。那些了解他的人都说，如果他活得更久一些的话，在生活奢侈程度上，他将会超越同时代的其他所有君主。他把大量的钱花在衣物上，拥有极多的马匹和随从，还对教会极端慷慨。总而言之，他简直就是亨利五世的反面，任何同族的贵族领主都不愿意尊重他并服从他的指挥。[36]

即使王太子是一个更为武勇的人，御前会议依然有两个让王太子远离战场的理由。第一个理由是极高的风险。勃艮第公爵和贝里公爵分别用了这个讲求实际的观点来阻止沙罗莱伯爵和王太子上战场。皮桑的克里斯蒂娜承认："毫无疑问，如果骑士们和重铠兵们在战斗中看到他们的领主，并且打算要与他们生死与共，那么整支军队就会士气大振。"但是，就连她也认为，王太子缺席战斗是一个更好的选择，因为"没有人能够预见，上帝将会把胜利的好运带给哪一方"。如果一位国王或者王子战死、被俘虏或是逃跑，受到侮辱和损害的不仅仅是他个人，还有他的臣民及整个国家。[37]

让王太子与他的父亲一起安全地待在鲁昂的第二个理由是，御前会议中的阿马尼亚克派不希望他俩落入龙潭虎穴。对于他们来说，给王太子和国王带来威胁的人并不是亨利五世，而是无畏的约翰。一旦亨利五世渡过了索姆河，并且继续向加来进军，他便会来到勃艮第公爵领地的心脏地带。每个人都知道，勃艮第公爵一直在招募一支军队，而他时刻都有可能率领这支军队出征。许多人都认为，他已经和英格兰人结盟，并且担心他将会带领军队加入英格兰的队伍。如果英格兰人用击败由法兰西国王和公爵自己的女婿（王太子）带领的阿马尼亚克派军队的前景来诱惑公爵的话，他就更有可能与英格兰人合作了。更何况，由于任何冲突都将发生在公爵的土地上，公爵与英格兰人合作的可能性大大增加了。这片土地仍然没有走出去年的那场残酷的、由阿马尼亚克派发动的战争所带来的创伤。没有人知道会发生什么事。将国王和王太子留在相对安全的鲁昂是更为明智的选择。一旦盎格鲁-勃艮第联盟诞生，他们就可以沿着塞纳河顺流而下，迅速地返回巴黎。

因此，那些愿意响应号召、拿起武器保卫国家的数千名法兰西人发现，尽管他们的军队在人数和军备上都具有压倒性的优势，但缺乏一件至关重要的东西，那就是指挥官。而他们即将面对的军队唯一的优势便是它拥有一名非常优秀的领袖。

第十四章

战役前夕

一发现法兰西人列好了阵形,亨利五世便"十分镇定而不顾危险地"命令全体士卒下马,并让他们列阵,"就好像要立即投入到战斗之中"一样。每个将领都分配到了阵地和指令。国王亲自穿行在队列当中,鼓励着这些战士。"他嘱咐他们,要为战争做好准备,并用无畏的行动和令人感到安慰的语句来鼓舞他们的心灵。"他的司铎们也忙得不可开交,倾听那些自认为他们即将要死去的士兵的忏悔。"在那里,你可以看到那些认为他们即将在那天进行战斗的英格兰人所表现出的极大虔诚。他们跪在地上,朝天举起他们的双手,向上帝祈祷,希望上帝能够保佑他们。"记载此事的勃艮第纹章官圣雷米的勒菲弗并不指望他的读者们相信他,因为他又挑衅般地加了一句,以说明他所说的话是真实的:"我当时就在现场,亲眼见证了这些情形。"来自与之完全不相关的材料证明了他说的话确有其事。两名威尔士人——加的夫的托马斯·巴斯格勒(Thomas Bassegle of Cardiff)和约翰·威廉·阿普·豪厄尔(John William ap Howell)——后来在剑桥郡的索斯顿(Sawston)被拉波尔的埃德蒙爵士(Sir Edmund de la Pole)

的手下逮捕了，"当时，他们正在向沃尔辛厄姆进行朝圣之旅的路途上，以兑现在战场上许下的诺言"。[1] 除他们之外，一定有很多人许下类似的诺言，即如果他们能够在战争中活下来的话，那么便要进行一次朝圣之旅。

随军司铎也对这种不同寻常的宗教热忱做了评论。实际上，他见证了这些举动。"在我上述提到过的、那时发生的其他事当中，"随军司铎记述道：

> 一位名叫沃尔特·亨格福德爵士（Sir Walter Hungerford）的骑士曾当着国王的面表达了自己的愿望，即再加上他自己的小部队，他本可以率领英格兰境内1万名最好的弓箭手，而这些人则会非常乐意来到这里。"这种说法太愚蠢了，"国王回答道，"这是因为，以天堂的上帝之名（我仰仗他的恩惠，也坚信他会庇佑我取得胜利），即使我可以，我也不会多要任何一个人。这是因为，在这里与我同舟共济的都是上帝的子民，是上帝在此时此刻赐予我的人。""难道你不认为，"亨利问道，"带领着手下这些平凡的人的、全能的上帝能够战胜对面高傲的、自恃人多且吹嘘他们自己力量的法兰西人吗？"[2]

现在，这两支敌对的大军在那片即将成为阿金库尔战役战场的土地上对峙着。今天，拜访这座古战场遗址的人们很容易就能辨认出这个目击者所描绘的那些主要特征。通往加来的主要道路依旧从布朗日的渡口方向向前延伸，笔直地穿过高原，将西北方向的阿金库尔、东北方向的特拉梅库尔以及南边的迈松塞勒

（Maisoncelle）三个小村庄之间所形成的呈三角形、平坦且适宜耕种的地带一分为二。所有的村庄彼此相隔不超过1英里，每个村庄都有自己的堂区教堂、在不同程度上遭到损坏的传统阿图瓦村舍以及周围的小片森林。特拉梅库尔附近的一个十字路口的附近立着一个耶稣受难像，标明了法军将士的长眠之地。雄伟的阿金库尔城堡（这场战役就是因为这座城堡得名为阿金库尔战役的）早已消失了。缺乏历史意识的当地农民在古战场上种满了谷物。它们长得很高，行人与之相比则显得很矮小。这样一来，人们便难以看到战场的全貌。而在另一方面，人们也非常容易产生这样错误的印象，即自从1415年的那个决定宿命的日子以来，阿金库尔的旷野就毫无变化。

这一错误吸引了无数的历史学者和游客来到这个地点。[3] 然而，即便是三个村庄中历史最为悠久的教堂，其建立日期也只能追溯到16世纪下半叶。直到19世纪，这座耶稣受难像才被建造起来，可能是为了标示法军将士坟坑的位置，也可能并非如此。隐藏在特拉梅库尔郁郁葱葱的树林里的是一座建于18世纪的、宏伟的法兰西红砖庄园。通往这座庄园的道路两旁各有一排树，这一道路也改变了周边的环境。最为重要的变化是，600年前对限制军事行动起到重要作用的树林已经消失不见了。尽管庄园的外围还留有许多树，但是这些树都是在相对晚近的时候生长起来的，不能标记原来的战场边界，甚至也不是那些15世纪的树的直系后代。在开展精准的航空测绘与考古发掘之前，我们无法对1415年10月24日和25日的阿金库尔战场做出准确的描绘。

与流行的观念相反，两军并未马上交战。部分原因是，双方还需要一些时间来到他们最终的阵地。根据两支军队初步接触的唯一目击者（英格兰随军司铎）的记载，法兰西人先抵达战场。起初，当英格兰人从布朗日出发，出现在小山丘的山顶上的时候，他们在距离英格兰人半英里多的一片开阔旷野上扎营。法兰西人的阵地恰好与通往加来的道路平行。"我们与他们之间只隔着一个小谷地。"这位随军司铎担忧地写道。当亨利让他的军队列好战阵的时候，法军才意识到，他们面对的是一支多么小的军队，而且：

> 法兰西人向后撤退到了一片旷野上，挡住了我们去往加来的路。这片旷野在一片树林的远端，树林靠近我们的左侧，把我们和敌军隔开。我们的国王认为，敌人此举要么是为了绕过这片树林，以便向他发动一场突然袭击，要么是为了绕到附近某处稍微远一点的林地，以便全方位地包围我们。于是，他立即再次拔营，调整位置，以便让大军总是正面对着敌人。[4]

法兰西人现在在特拉梅库尔和阿金库尔之间的开阔地带选取了一个非常有利于防守的位置。他们身后几英里是比较平坦的乡村开阔地带。但是，在他们所处的高原面前地势猛然降低，而环绕着两个村庄的林地保护着法军的侧翼。[5]如果英格兰人希望继续向加来进军的话，除了跨上战马再一次正面交锋，他们别无选择。

既然法军拥有人数优势，为什么他们不及时在那里发起攻击，然后将英格兰人赶出这片高原、赶进泰努瓦斯河谷呢？双方都已经做好了战斗准备。重铠兵们都已经全副武装起来，戴上了他们的纹章，扬起了他们的旗帜。但是，阿尔布雷王室统帅[6]和布锡考特元帅都具有丰富的战争经验，绝不会落入轻率发动攻击的陷阱。事实上，他们在御前会议上强烈建议，根本没有必要与英军战斗。亨利应该在不受阻拦的情况下来到加来,并且进行骑兵扫荡行动。一旦他返回英格兰,法兰西人就可以围攻并收复阿夫勒尔,英格兰人的此次冒险活动则会一无所获。所有的军事教科书都教育人们要避免倾其所有的战斗,因为"没有人能够预见,上帝会把胜利的好运带给哪一方"。[7]

把持着是否实际开战决定权的那些头脑更加发热的会议成员否定了阿尔布雷和布锡考特的提案——这两位将领应该不会犯下在战场上低估自己对手的错误。在英格兰人寻找能够渡过索姆河的渡口的时候,他们尾随了这些人很长时间。这两位将领意识到,英格兰人不仅意志坚定、足智多谋,而且十分危险。"一小支背水而战的军队往往会击败一支规模庞大且力量强大的军队,"皮桑的克里斯蒂娜写道,"因为他们宁愿战死也不愿落入残忍的敌军之手。因此,与这种人组成的部队作战有着很大的风险,因为他们的战斗力会加倍。"面对即将到来的战役,她建议,除非尽可能充分了解敌人的状况,一名明智的指挥官不应该贸然发动进攻:

> 他应当知道,这些人战斗的欲望有多么强烈,他们是否有充足的补给和军饷。这是因为,饥饿也是一种武器,能够不战而屈人之兵。所以,他应当与他的参谋们商量,决定是提前发动攻击,推后发起攻击,还是应该等敌方发动攻击之后再攻击。他可能会发现,敌人正处于粮草不济的困境或者受到薪饷欠付的困扰,很多士卒因为不满而逃离,还抛弃了他们的指挥官。他可能会发现,在这些在场的人当中,有人过惯了锦衣玉食的宫廷生活。他可能会发现,其中有人不能再忍受战场以及军旅生活的严苛,渴望能得到休息,不想匆

忙赶赴战场。一旦遇到这些情况，他就会按兵不动，就好像他没有注意到这些事情一样，并尽可能不动声色地切断他们逃跑的后路。这样一来，他将会使敌人们大吃一惊。[8]

布锡考特和阿尔布雷深知，在这样的一场等待游戏中，他们不会有任何损失。过去的每一小时不仅将给他们带来更多的援兵，而且将进一步折磨英格兰人那已经紧绷许久的神经。英格兰人已经十分疲惫、饥饿和绝望了。

随着10月末那个夜晚的降临，显然，交战双方都知道，当天不会发生战斗了。法兰西人对于他们在战斗力和人数上的优势感到非常自信。他们认为，这足以让敌方打消发动进攻的计划。因此，他们解散了战斗队形，并开始在阿金库尔和特拉梅库尔找地方过夜。英格兰人则依然担心对手发动突然袭击。在日光消失后，他们依旧保持着他们的战斗阵形。他们全副武装，直到天色昏暗、再也看不到远处的敌人为止。只有到了那个时候，他们才获准解散阵形，并找地方过夜。这两支军队的距离实在是太近了。当英格兰人准备扎营过夜的时候，他们可以清楚地听到法兰西人的声音："每个法兰西人都像往常那样吆喝着，呼唤他们的同伴、随从以及战友。"

见法兰西人如此放松，部分英格兰人以为，他们也可以做同样的事情。此时，国王迅速地站了出来，扑灭了纪律松弛的势头，命令全军保持安静。违反这一命令的人将会受到处罚。如果违背军令者是一名绅士，那么他将被没收马匹和马具。如果违背军令者来自更低的社会阶层，那么他将会失去他的右耳。保持绝对的安静并不仅仅是一种残酷的压抑举动，而且是为了让敌军难以在夜里发动突然袭击。既然如此众多的法兰西骑士和扈从都渴望洗刷阿夫勒尔的耻辱,并希望在一次遭遇战中证明他们的勇气,英格兰人就更不能放松他们的戒备了。事实证明,英格兰人的确采取了一个明智的举动。在里什蒙伯爵阿蒂尔的带领下,一支由法兰西重铠兵和弓箭手组成的大部队接近了英军的营地,并与英格兰人交锋。尽管他们很快就撤回了自己的战线,但是他们可能已经成功地俘获了一些英格兰士兵。据英格兰国库的账目记载,有七名来自兰开夏的弓箭手在那天被俘。[9]

不出所料,英军营地那不同寻常的寂静让双方都感到非常紧张和不安。法兰西人开始怀疑,他们的对手打算趁着夜色逃跑,所以他们点起了火把,在旷野和道路上设置了重兵把守。英格兰人则不能用任何放纵战友情谊的活动来打起精神。他们得到了命令,要低声耳语。这样做的后果是,他们能清楚地听见从对面法兰西营地里发出的欢快的声音。在那里,食物和葡萄酒都十分充足。在特拉梅库尔附近,双方阵地之间的距离最短。这里的英格兰人甚至可以看见敌人被火光照亮的脸庞,并且听到他们的谈话。随军司铎在军队营地中四处走动,给士卒们一些心灵上的慰藉。他听到了有关法兰西人的谣言:"法兰西人以为,他们已经胜券在握。当天夜里,他们已经在用掷骰子的方式,决定由谁来俘虏我们的国王及其贵族们了。"国王本人对这一念头漠不关心。他指出,没有英格兰人将为他支付哪怕一便士的赎金,因为按照他的打算,他要么赢得战争的胜利,要么在战场上死去。[10]

国王和他的一些近臣们在迈松塞勒的村庄中找到了住处。但是,在亨利开始休息过夜之前,他便下令释放军中所有的法兰西战俘。无论这些战俘身份如何,他们都将得到释放。正如在阿夫勒尔一样，此举是为了避免耗费宝贵的资源，并让他手下有尽可能多的士兵由他支配。和以前一样，这种释放是有条件的，而且是建立在战俘们誓言的基础之上的。如果他能够赢得明天的战役，那么这些俘虏一定要再次成为他的俘虏；如果他失败了，那么他们的假释宣誓将得到解除，并完全取得自由。[11]

那天晚上，英格兰军队中的所有人都没有得到多少休息与睡眠。只有少数的幸运儿住进了屋子里，绝大多数人只能在野外露宿。他们躺在地上，尽可能地在树篱下或者迈松塞勒的园地之中寻找一个安身之所。英格兰人已经忍受这种"肮脏、潮湿、多风的天气"好几天了。现在，在这漫长的黑夜当中，雨还在下。这场雨不仅持续不断，而且下得很大。[12]尽管英格兰人在营地的周围点燃了数十堆营火，但是凭此取暖或者烘干衣物都是不可能的。就连那些最富有的人穿着的厚羊毛斗篷也不能抵御这种天气。夜色渐深，羊毛斗篷也湿透了。

武器与盔甲必然会受到影响。生锈是任何穿着铠甲的人所要面对的最大的问题之一。在通常情况下，如果把铠甲放进一桶沙子里，并定期擦亮抛光和上油，那么它就不会生锈。然而，在剧烈活动过后，骑士的头盔仍然会在他的脸上留下锈迹。[13]在这为期三周的行军中，无论天气如何，人们都要穿着盔甲。这样一来，生锈就是不可避免的了。铠甲部件的接合处因为生锈而卡住，武器的锋刃因为生锈而变钝。在让他们的弓、弓弦和箭矢保持干燥的过程中，弓箭手也一定会遇上不少麻烦，尽管他们的生命还要靠这些东西保护。在令人麻木、失去知觉的那个寒冷且潮湿的夜里，他们的手指与手早已被冻僵。他们笨拙地试图扣上那不合用的鞋带和搭扣，挣扎着整修各种棘手的、已经被腐蚀的金属物件。

当英格兰军中衣衫褴褛的士兵们为他们的身体和灵魂寻求帮助，以迎接将要到来的战斗的时候，盔甲制造师、造箭师、制弓匠一定和司铎一样抢手。

尽管亨利的头顶上有屋顶遮风挡雨，但他并没有在睡梦中浪费这个夜晚。为了做出合理的决定，他需要尽可能多地收集有关战场的信息。因此，他大约在午夜时分派出了一支经过精心挑选的骑士小队（也许是约翰·康沃尔爵士及他的队员），让他们借着月光去侦察战场的地形。当他们返回的时候，这些人所带回的情报能够帮助他制定最终的作战策略。[14] 显然，英军在人数上处于绝对的劣势，法军比他们多拥有数千名重铠兵。鉴于这一优势，法兰西人很有可能会率先发动进攻。为此，他必须做好准备。

尽管按照通常的军事策略，亨利应该按顺序把他的三个大队排成一个坚固的战阵。事实上，这样的阵形更适合由重型步兵所组成的军队。无论怎么计算，英格兰军队的人数都太少了。如果采用这一种阵形会让他们迎敌的战线变得过短，假设在这种情况下迎击一支数量极其庞大的敌军，他们就有可能会被敌军包围，并被彻底打败。另一种替代性的布阵战略是将三个大队一字排开。这样一来，他们就能排出一个更长的阵形。阿金库尔战场的地形更适合采取这种战术。这是因为，假如摆出这种阵形，英格兰军队的两翼就都能得到迈松塞勒和特拉梅库尔附近树林和树篱的保护。它们可以阻止骑兵和步兵的大规模冲锋。

正如侦察兵所发现的那样，这场给露天宿营的战士带来悲惨境况的暴雨也创造了一个令人意想不到的机会。即将成为战场的那片土地刚刚被翻耕过，人们还在上面种了冬小麦。这些土壤并不是法兰西葡萄庄园中优质的轻型壤土，而是索姆河的那种厚实沉重的黏土，具有非同寻常的留住水分的能力。甚至在被无数的人马踩踏之前，这里就已经变成一片泥潭了。正如亨利很快意识到的那样，这可以延缓骑兵与步兵的进攻，让他们更容易成为弓箭手们的靶子。与那些无论是步行还是骑马都不得不穿越战场与敌人展开近战的重铠兵不同，在进入重铠兵的长枪、剑和战斧的攻击范围之前，弓箭手便能够展开他们致命的箭雨攻势。

在关于亨利究竟是如何在这场战役当中安排他的弓箭手们的问题上，人们耗费了许多笔墨，也对此争论不休。这名随军司铎（他了解维吉提乌斯，也不是完全不了解军事）非常清楚这一点："鉴于人手的短缺，他将他手下的队伍呈一字形排开，把他的前锋部队……布置在右翼，把后卫部队……布置在左翼。然后，他将他的弓箭手们像一个个'楔子'一样安插在每一个'大队'之间，并命令他们将随身携带的木桩插在他们前方的土地上，就像之前为了防御骑兵冲锋而做的安排那样。"无论这些"楔子"是什么形状——这位随军司铎所用的拉丁语词汇的古典含义确实是楔子——这位司铎都清楚地知道，弓箭手们被安插在三队重铠兵的间隔当中。然而，在他关于这场战役的记载中，他同样明确地说明，还有弓箭手被布置在两翼，描述了"位于左右两翼的法军骑兵是如何向我们战线两侧的弓箭手们发动冲锋的"，然后又是如何"从弓箭手的队伍和树林之间骑行穿过"。[15]

英格兰军队中的第二位目击者——同样对此事十分了解的纹章官让·勒菲弗——也没有完全消除人们对于弓箭手是如何布置的疑惑。他只是简单地提及，国王"手下只有一个大队，并把所有的重铠兵安排在队伍的中央。所有的旗帜都被集中在一起，彼此之间非常接近。在重铠兵两侧的是弓箭手……"[16] 让·勒菲弗的描述似乎更加符合逻辑。根据随军司铎所述的那样，如果只把5000名弓箭手分成两组，安排在三队重铠兵之间，就可能会让步兵部队彼此之间的距离过大。对于英军来说，这是一个巨大的弱点，因为每队步兵都只有约300人。正如我们所即将看到的那样，勒菲弗的描述也同样得到了法兰西人草拟的作战计划的证实。他们计划摧毁位于两翼的英格兰弓箭手。[17]

尽管我们的两名战役目击者对于弓箭手被安排在何处的问题有不同的意见，但是他们两人都一致认为，三个大队是一字排开的。从中可以看出，亨利军队中的重铠兵十分稀缺，以至不能按照军事惯例保留一个预备部队。这么做是有巨大的风险的。弓箭手们很难一直逼退前进的法军，假设没有一支预备部队的支持，那么在某些时候步兵就有必要在没有支援的情况下维持住阵线。因此，每一个大队统帅的选择都是至关重要的，特别是在亨利国王还打算亲自上阵的情况下。这是因为，他不能像爱德华三世在克雷西时那样在一个有利位置上观察战斗的情况，并且直接指挥他的军队。如果国王没有亲自参与全军冲锋，那么这种安排不会有什么问题。然而，现在，国王继续指挥方阵中央的主力部队，但是前锋部队和后卫部队的领导权将会发生变更。先前率领前锋部队从阿夫勒尔行军到此处的约翰·康沃尔爵士和吉尔伯特·乌姆弗拉维尔爵士现在由约克公爵爱德华接任了。根据至少一份16世纪史料的记载，约克公爵曾向国王屈膝，请求获得这一荣耀。但是，真正让他获得这一机会的是他的年龄、军事经验、身份以及作为在场的嘉德骑士中资历最深的成员的事实。公爵放弃了的后卫部队的指挥权被交给了卡莫伊斯勋爵托马斯。这也是一名老将，曾在苏格兰、威尔士与法兰西征战了35年。[18]

法兰西方面做出关于作战部队部署的决定也并非易事。这个任务应该自然而然地落在国王或者他所任命的军事统帅身上，但是查理六世和王太子都不在此处。同样缺席的还有贝里公爵、勃艮第公爵、安茹公爵和布列塔尼公爵等人。没有在场的拥有王室血统的高级贵族可以担此指挥大任。奥尔良的查理在某种程度上符合这样的条件。但是，他只有20岁，而且没有参与大战的经验。在正常情况下，部署作战部队决定权应该从国王那里转移到他的官员们身上。但是阿尔布雷王室统帅和布锡考特元帅都没有接受委托，没有对贵族们发号施令的权力，也无法在他们不反抗的情况下指挥他们。此外，这两人都曾在奥尔良的查理的父亲路易的麾下效劳。这让他们难以在他的儿子的面前维持他们的威信。

在大众的印象当中，法军不假思索地发动冲锋，展开了战斗。令人惊讶的是，他们提前制订了详细的作战计划。就在鲁昂的御前会议做出开战决定的同时，法兰西方面就已经起草了一份作战计划，将全军按照传统分为三个队伍。前锋部队将由波旁公爵、布锡考特元帅和王室大总管吉夏尔·多芬（Guichard Dauphin）指挥；主力部队将由阿尔布雷王室统帅、奥尔良公爵、阿朗松公爵和布列塔尼公爵指挥；后卫部队则将由巴尔公爵、讷韦尔伯爵、沙罗莱伯爵和沃代蒙伯爵指挥。法军两翼部队的指挥官将由里什蒙伯爵阿蒂尔和巴黎督察塔内吉·迪沙泰尔（Tanneguy du Chastel）担任。此外，一支经过精心挑选的、骑着全副武装的战马的骑士精英部队将由布拉班特的克利涅（他是两名法兰西海军大臣之一）和富有骑士精神的年轻勇士埃诺总管让·韦尔尚统率，肩负着向英格兰弓箭手发动冲锋的特殊任务。正如记录了这份作战计划的法兰西编年史家于尔森的朱韦纳尔（Juvénal des Ursins）

所挖苦的那样："这样的安排没有起到任何成效。"布列塔尼公爵和沙罗莱伯爵（无畏的约翰的儿子）都不会参战，更别提带领军队对抗英格兰人了。[19]

计划必然要修订。非常偶然的是，详细说明了新的部署情况和即将采取的战术的书面文件仍然存在。这一文件的留存是非常罕见的。在这一历史时期，只有两个作战计划流传了下来，这份文件就是其中之一。[20] 这一修订过的计划似乎是在阿金库尔战役爆发几天前草拟的，也许就是在奥尔良公爵、波旁公爵和阿尔布雷的查理向亨利五世送出决斗书的时候。这是因为，该作战计划是为沿着索姆河追踪英格兰人的一支小分队设计的。

新计划只将大军分成两个大队。前锋部队由布锡考特和阿尔布雷带领。在它之后的是主力部队，由阿朗松公爵让和厄镇伯爵阿图瓦的查理（Charles d'Artois, count of Eu）指挥。取代后卫部队的是位于主力大队两侧的两支规模更小的侧翼部队。如原计划一样，在经过修改的计划当中，右翼部队由里什蒙伯爵阿蒂尔指挥，左翼部队则由波旁公爵的兄弟旺多姆伯爵波旁的路易指挥。这些部队都由步行作战的重铠兵组成。而所有"可发动远距离攻击的人"（gens de traict，即弓箭手和弩手）则将被分成两支队伍，分别被安排在两支侧翼部队的前面。除此之外，在大军的后方将会有两支骑兵部队。第一支队伍由1000名重铠兵和500名武装侍从（后者骑着他们主人最好的战马）组成。这些人将由朗比尔领主达维德率领。[21] 他们的任务是迂回到英军的侧翼发动进攻，"冲向弓箭手，并击溃他们"。第二支队伍由布尔东的路易（Louis de Bourdon）指挥，[22] 并仅由200名重铠兵和100名武装侍从（骑着比他们主人所骑的战马次一等的战马）组成。他们的任务是绕到英格兰军队的后方,袭击辎重马车,目的是夺取那些没有上马作战的重铠兵的马匹,以防止他们在战败时溃逃或是重新集结。

该计划特别令人感兴趣,因为它构成了法军在阿金库尔部署的基础。它表明,编年史资料中描述的许多旷日持久或单独进行的行动本应是同时进行的。一旦朗比尔命令他的骑士们进攻英格兰弓箭手,法兰西的弓箭手就会开始射击,步兵方阵也会开始向敌人进军,布尔东则会对英格兰军队的后方发动突然袭击。这个计划旨在发动一场毁灭性的联合攻击,以便一次性击溃英格兰人,让其再也不能恢复元气。这个计划甚至将战场上的可变因素都考虑在内了。例如,如果英格兰人没有分列自己的军队,那么前锋部队和主力大军就可以合并成一支部队。该计划同样给了骑兵部队较大的活动自由,以便他们能够抓住当天所有的战机。[23]

既然法军对他们早先的计划产生了如此多的看法,那么我们很难相信,他们没有花同样多的时间和精力来为第二天即将发生的战役准备一套战术。他们现在所遵循的战斗方案是在之前战斗计划的基础上改进而成的,重新评估了战场的状况并且考虑到了法军人数呈几何级数上涨的事实。当时的行政档案印证了编年史家关于英格兰军队规模的估算——大约有6000名战斗人员。然而,与英格兰方面不一样,法方并不存在这样的证据。因此,人们难以准确地估算法军人数。[24]

在亨利五世的时代,英格兰编年史家们往往会认为,法兰西军队共有6万人。但在一些原始史料当中,这个数字会变为15万人。同样地,出于对自己有利的目的,法兰西人给出了8000至15000人不等的数据。(14世纪三四十年代,狂热的反英格兰和反勃艮第分子于尔森的让·朱韦纳尔甚至认为,法兰西先锋部队和主体部队总共有8000人，但击败他们的英军共有2万—2.2万人！）[25]三名阿金库尔战役的目击者给出的估算值也有很大的出入。英格兰的随军司铎表示，尽管他也不太确定，但"根据他们自己的估算"，法军有6万人。在英格兰军队中的勃艮第纹章官圣雷米的让·勒菲弗则表示，法军有5万人。法兰西军队中的一个勃艮第人让·沃林则表示，当时的法军有3.6万人，因为他断言法兰西军队的人数是英格兰军队的6倍。鉴于他列出了每一个位置上法军的人数，沃林所提供的数字似乎更加接近真实情况。前锋部队中有8000名重铠兵、4000名弓箭手和1500名弩手。主力部队的构成与前锋部队相近。两翼分别有600名与800名骑马作战的重铠兵，"剩下的人"则充当后卫部队。然而，就算是沃林这一相对保守的估计，我们也不能完全相信。这是因为，法兰西方面很难募集到如此众多的士兵。在缺少勃艮第公爵和布列塔尼公爵帮助的情况下，他们就更难募集如此多的人了。[26]

双方编年史家所给出的数字差异太大了。除非现代人对这些数字进行修订，否则人们就无法利用这些数字。有人认为，当时只有1.2万名法兰西人苦战9000名英格兰人，而这一修改的结果也缺乏可信度。[27]如果我们不考虑于尔森的朱韦纳尔的证词，那么无论是过去还是现在，历史学家的普遍共识仍然是，即使多出的数量仍有争议，法兰西人的数量明显是多于英格兰人的。毋庸置疑，双方作战士兵类型存在差异。这一点也许比人数上的不同更为重要。重铠兵是中世纪军队中的精英：与普通士兵相比，他们所骑的马等级更高，武器装备更精良，也被盔甲保护得更好。英格兰人是按照1名重铠兵对应3名弓箭手来招募士兵的。但是，那些来自威尔士、柴郡和兰开夏的专职化小队是按照1名重铠兵对应10名弓箭手的标准来招募士兵的。法国人则是按照2名重铠兵对应1名弓箭手招募的。当亨利的军队到达战场时,亨利手下每名重铠兵的身边都有至少5名本方的弓箭手。更重要的是,法兰西军队中的重铠兵人数远比英格兰军队中的重铠兵多,大约是后者的13倍。[28]

除去那些著名的缺席者,在阿金库尔战役前夕,法兰西军队中的贵族名单读起来就像是一份法兰西骑士的花名册。其中有4名王室公爵:奥尔良公爵、阿朗松公爵、波旁公爵和巴尔公爵(布拉班特公爵将会在第二天早上抵达)。名单上的伯爵则有旺多姆伯爵、厄镇伯爵、里什蒙伯爵、讷韦尔伯爵、沃代蒙伯爵、布拉蒙伯爵(count of Blammont)、萨尔姆伯爵(count of Salm)、格朗普雷伯爵(count of Grandpré)、鲁西伯爵(count of Roussy)、达马丁伯爵(count of Dammartin)、马尔勒伯爵(count of Marle)和福康贝格伯爵(count of Fauquembergue)。除了公爵和伯爵,还有数不胜数的领主。所有伟大的法兰西军事将领都聚集在这里:阿尔布雷王室统帅、布锡考特元帅、海军大臣布拉班特的克利涅和沙蒂永的雅克、弩兵大团长朗比尔的达维德及王室大总管吉夏尔·多芬。北方省份的执行官也都来到了此地。他们都带着集结起来的领主,还有能够从他们的城镇中抽调出的所有民兵、弩手和炮手。

有人认为,法军的人数实在是太多了,这正是他们战败的原因。但是,人数多并不是法军的战术制定者们所面对的最大困境。让他们感到最为棘手的问题是,太多的将士想要在征服英格兰人的过程中扮演领导角色了。当拥有能够在前锋部队中赢得荣耀和名望的机会的时候,哪一位具有王室血脉的贵族会愿意指挥后卫部队呢？此外，如果这真的是第三次改变作战计划的内容的话，不难理解为什么那些在之前的计划当中被指派充当一个特别光荣角色的人会心怀怨恨，因为他们在最新版的计划当中所充当的角色变差了。

王公贵族之间不仅有个人层面上的摩擦，还有政治和领土上的纠纷。比如，既然里什蒙伯爵阿蒂尔是布列塔尼公爵的弟弟并且是这个公国的唯一代表，为什么他和他手下的500名布列塔尼人需要屈居侧翼？他不应该在前锋部队中占有一席之地吗？讷韦尔伯爵腓力又应当处于什么位置呢？（他在原计划中被置于后卫部队中。）作为无畏的约翰最小的弟弟，他违抗兄命并参加此次战役，这不应该得到嘉奖吗？既然布锡考特元帅在战斗的那天晚上的早些时候刚刚封他为骑士，难道他不该在前线作战并赢得他的奖励吗？在另一方面，人们可以预想到，那些彻头彻尾的阿马尼亚克派（例如阿尔布雷的查理、吉夏尔·多芬，当然还有奥尔良的查理本人）肯定不希望看到布列塔尼人或者勃艮第人在前锋部队里占据一席之地。他们不会在非常关键的时刻前去投靠他们的英格兰盟友吗？

虽然我们并不清楚最终阵形是怎样排布的——这一点本身就表明军队内部目的不一而且引发了混乱，但就基本情况而言，它似乎与几天前所制定的计划很类似。法军又一次分为一个前锋部队和一个主力部队，均由步行作战的重铠兵组成，部队的两翼也均有重铠兵坐镇。他们再一次部署了一支骑兵部队，让他们在战役开始的时候就发起冲锋，并踩蹋英格兰弓箭手。唯一明显的变化是弓箭手的位置。他们之前被部署在两翼阵形的前方，现在则被置于后方。这让他们在战役当中难以发挥作用。这一次，法军也有了一支真正的后卫部队。这支后卫部队将会骑马作战，其中的成员包括那些技艺不精、不足以和精英一同作战的重铠兵和在主力部队中步行作战的那些大领主的随从们。[29]

每一位有地位的领袖都坚持认为，领导前锋部队是他们应有的权利。在经历了许多争执、宣泄完许多负面情绪之后，他们终于得出了一个公平而愚蠢的结论。他们中的所有人都将在前线阵地中拥有一席之地。前锋部队将由阿尔布雷王室统帅、布锡考特元帅、所有其他的王室官员（布拉班特的克利涅除外）、奥尔良公爵、波旁公爵、厄镇伯爵、里什蒙伯爵（他在之前的安排中处于侧翼的步兵分队里）以及亚眠执行官当皮埃尔领主欧克西的腓力（Philippee d'Auxy, sire de Dampierre）组成。主力部队的指挥权属于阿朗松公爵和巴尔公爵，协助他们的有讷韦尔伯爵、马尔勒伯爵、沃代蒙伯爵、布拉蒙伯爵、萨尔姆伯爵、格朗普雷伯爵和鲁西伯爵。达马丁伯爵和福康贝格伯爵将共享后卫部队的领导权，与他们一起指挥后卫部队的还有阿德尔的长官劳罗伊斯领主（sire de Laurois, captain of Ardres）。正是他把布洛涅边境上的人手带到了这场战役中。[30]

关于在前锋部队两端侧翼部队的兵力构成与功能，编年史的记载有一些混乱。绝大多数人认为，其中的一翼（贝里公爵的纹章官说那一翼是左翼）将再一次被交给旺多姆伯爵指挥。他手下的队伍是由 600 名王室内廷官员组成的，其中包括当年夏天早些时候曾经作为使节之一出访英格兰的法兰西水域与森林大总管伊夫里的夏尔，金焰旗掌旗官巴克维尔领主纪尧姆·马特尔，王太子的内侍拉罗什-居永领主居伊（Gui, sire de la Roche-Guyon），"还有所有的内侍，负责管理马厩、配膳室和酒窖的仆人及国王的其他官员们"。如果国王和王太子都将缺席战斗，那么至少他们各自的忠实仆从会代表他们出战。没有任何明确的记载表明，旺多姆伯爵所指挥的那一翼是骑马作战的。他们仍有可能是按照计划步行作战的。[31]

更大的谜团笼罩着法军的另一侧翼。贝里公爵的纹章官告诉我们，右翼部队也是由600名重铠兵组成的。在修订过与没有修订过的作战计划里，这支部队都是由里什蒙伯爵阿蒂尔统率的，他也是再一次担任侧翼部队的指挥官。但是，圣德尼的僧侣认为，这支部队的指挥权属于吉夏尔·多芬。大多数原始材料都显示，这两人都是前锋部队的成员。所以，这一侧翼部队有可能位于前锋部队的一个末端，并成了更大队伍的一部分。无论这支侧翼部队是由谁领导的，它的作战方式都没有疑问——那就是步行作战。[32]

所有的编年史家都一致认为，此时存在一支800至1200人的精锐部队。这支部队由骑马的重铠兵组成。他们是从军队中最优秀的骑兵里特意选拔出来的，目的是追击敌军的弓箭手并消灭他们。毫无疑问，它的领导权归布拉班特的克利涅所有。早在鲁昂的御前会议上，他就已经是这一角色的最佳人选了。这一次，他的副指挥官不是埃诺总管，而是布尔东的路易。后者原先负责率领部队袭击英格兰的辎重马车，后来则被提拔到了这一职位上。这两人都是经验丰富的阿马尼亚克派士官，经常合作。1413年，在一起活动的时候，他们被指控带领一支武装队伍抢掠了巴黎附近的乡村。他们因为这一暴行而声名狼藉，被勒令停止活动，并且马上回家。虽然他们是经验丰富的职业军人，但在阿金库尔战役中，他们所扮演的角色并不会提升他们的骑士声誉。[33]

然而，关于骑兵部队的位置，我们的文献来源却不一致，尽管这一点对于我们理解战斗期间所发生的事情至关重要。我们的目击者沃林和勒菲弗遵循了蒙斯特勒莱的说法，认为这些人位于与旺多姆所率领的侧翼部队相对的那个侧翼部队里。作为被攻击一方的英国随军司铎明确表示，"位于侧翼的法兰西骑兵对我们队伍两侧的弓箭手发起了冲锋"。沃林在他的描述中支持了这一说法。与他早先的说法相矛盾，他描述了王室统帅和元帅是如何将精锐部队一分为二，一支部队从阿金库尔一侧进攻，另一支部队从特拉梅库尔一侧进攻的。这样一来，他们就能够摧毁英国军队中两个侧翼的弓箭手。[34]

一种可能是，正如早些时候的作战计划所设想的那样，骑兵部队被安排在法军战线的后部。一旦接收到攻击信号，这支部队就会沿着预先分配好的队列分开，绕开步兵部队，向英军两翼的弓箭手发动进攻。而且，正如我们已经看见的那样，法兰西人希望这一举动能够开启这场战役。

某些证据表明，和英格兰人不一样，法兰西人并没有按照地域这种自然标准来划分战斗单位。英格兰军队的优势之一在于，每个人都由召集他们的人直接指挥，并和他一同征战。在他们开始战斗的时候，他们便已结成了关系紧密的作战单位。正是团队精神赋予了他们一大战斗优势。每一名士兵都知道他在团队中所处的位置，也知道他们在一直通到国王那里的指挥链条中所处的位置。

法兰西人则没有如此正规的军队架构。尽管有一些人会结合成一个行动单位并肩作战（例如，王室内廷的人员或者城镇的民兵），但是大部分的小贵族不仅独立而且各怀鬼胎。来自同一个家族的成员们也不一定是一起战斗的：例如，隆格瓦勒领主让（Jean, sire de Longueval）在主力部队中同马尔勒伯爵罗贝尔（Robert, count of Marle）一同作战，并最终战死，然而，他的兄弟阿兰（Alain）与沃林领主让（Jean, sire de Waurin）一同战死在前锋部队中。[35] 沃林领主让是编年史家沃林的父亲。持续赶来的新的增援力量让情况变得更加复杂。不出所料，指挥链条变得越来越长，而在巨大的压力下，这一指挥链条断裂了。

英格兰随军司铎提到，法兰西前锋部队是"由步行作战的贵族和他们的手下组成的"。这一判断在阿图瓦编年史家皮埃尔·费宁（Pierre Fenin）的记录中得到了证实。他在15世纪30年代写道："所有的王公贵族都被安排在前锋部队当中，他们自己的人马则失去了领袖。"此外，精锐骑兵中队还征用了大约1000名"从各个分队中［抽调］"的重铠兵。[36] 这些被抽调的士兵必然是久经沙场、装备最为精良的重铠兵，很可能是小贵族手下的职业军人。那么，这些重铠兵的手下和那些没有被抽调的战士的命运又如何呢？后卫部队很可能成了倾倒多余士兵的垃圾场。勒菲弗提道，"所有多余的士兵"都被安置在后卫部队里。如果事情真的如此，那么这很可能让法军后卫部队在整个战役期间变得更加缺乏指挥、混乱和优柔寡断。[37]

确实，法兰西人看起来有"充足的兵源"，以至于他们在战斗开始前遣返了一部分人。圣德尼的僧侣讲述了一个高度片面的故事。巴黎的市民组织了一支6000人的武装部队，并加入了王家军队。他们这样做的前提条件是，他们要在一线应战。（如果这些人真的提出了加入王家军队的要求的话，他们不太可能附上这样的一个条件。）然而，这个要求被轻蔑地拒绝了。"工匠的协助肯定没有多少价值,"据说,一个名叫让·博蒙(Jean Beaumont)的人这么说过,"我们的人数已经是英格兰人的三倍了。"[38] 这位僧侣用这条难以确定真实性的逸闻作为借口,对法兰西贵族的骄傲进行了虔诚的反思。这些贵族认为,接受平民百姓的帮助毫无意义,并且已经忘记了科特赖克(Courtrai)、普瓦捷和尼科波利斯的惨痛教训。然而,如果这个故事属实的话,那么拒绝巴黎市民的帮助更有可能是因为担心他们会直接倒向勃艮第公爵一方,而不是与英格兰人作战。

无论如何,还有其他证据表明,"平民武装"在战役开始之前真的已经被拒绝或者被抛弃了。根据这位僧侣的记载,4000名最优秀的弩手本应该开启对英格兰人的攻击。但在需要他们的时刻,人们并没有在他们的作战位置上看到他们的身影。他们表示,贵族们说不需要他们的帮助,因而把他们派走了。如果不是战场上的实际情况与沃林的说法相悖的话,我们也有可能会怀疑这一故事的真实性。根据沃林的记载,前锋部队里有4000名弓箭手和1500名弩手,但这些人在战役期间不知所踪。沃林关于他们不在场的解释印证了圣德尼僧侣的说法:位于阿金库尔和特拉梅库尔树林地带之间的狭窄战场上已经没有多余的空间可以留给重铠兵以外的其他人了,所以弓箭手们就派不上用场了。此外,根据记载,50名在9月17日离开了图尔奈、响应王室号召驰援阿夫勒尔的弩手,既没有抵达阿夫勒尔,也没有出现在阿金库尔的战场上,而是在11月18日返回了家乡。如果法兰西人选择让更多的弓箭手加入他们的军队,并把在场的那些弓箭手安排在更有利的位置上的话,战争的结果可能会很不一样。[39]

在几乎下了整夜之后,大雨终于停了。伴随着寒意和湿气,黯淡而潮湿的清晨降临了。那是1415年10月25日的早晨。当天是教会年历中圣克里斯宾兄弟的节日。兄弟二人是鞋匠、马具商人和制革工人的主保圣人。尽管当时的法兰西军中不太可能有人认为，这一天不适合发动战争，但那些有着后见之明的年代史编者都不约而同地摇头哀叹。

根据传说，克里斯宾兄弟来自罗马。为了传播基督教，他们在公元3世纪初来到了法兰西，并在苏瓦松一带定居。他们在那儿辛勤工作，以做鞋为生，直到马克西米安皇帝（Emperor Maximian）下令杀死他们。按照中世纪殉教故事的惯常套路，尽管经受了严酷的刑罚，这两兄弟还是奇迹般地活了下来：行刑者的各种刑具不能伤害他们，埃纳河（river Aisne）不能淹死他们，油也不能烫死他们。最后，刽子手不得不诉诸更为平淡无奇但更为有效的方式——斩首。在他们的节日发动战争之所以不吉利，是因为在1414年5月，一支阿马尼亚克派军队残忍地洗劫了两名圣徒的家乡苏瓦松，并杀死了当地备受尊敬的长官布农维尔的昂盖朗。这支军队的领袖就是波旁公爵让，此时正在阿金库尔战役的前锋部队之中担任领袖。[40] 苏瓦松的殉教鞋匠们将会以特殊的方式复仇。

在第一缕阳光照耀大地之际，法兰西人便开始部署军队，让士兵们进入被分配到的战场位置。"他们的人数真的十分令人害怕"，英格兰的随军司铎评价道，法军前锋部队中"长枪如林，无数的头盔在闪闪发光，这还不算两侧骑兵部队的头盔……大致猜测一下，对方前锋部队的人数是我们总人数的30倍"。（随军司铎可能把数字3误抄成了30。但即便如此，法兰西前锋部队的人数仍然至少有1.8万人。尽管这一说法带有夸张的色彩,但是在光是法兰西前锋部队的重铠兵就要比整个英格兰军队的人数多这一点上,他毫无疑问是正确的。)"与我们的人相比",他沮丧地补充道,就连法军后卫部队"都异常庞大,其中的士兵不可计数"。[41]

在黎明到来之前,亨利就已经起床了。在组织他的军队面对敌人之前,他要自己做好心理准备。除了头盔,他把其他所有的铠甲都穿在了身上。和他的手下那锈蚀的甲胄不同,他的铠甲"闪闪发光"。亨利还在盔甲的外面罩了一件华美的无袖罩袍,上面有英格兰和法兰西的联合纹章。就这样,他做好了发动那场决定他对法兰西王位继承权的战争的准备,在那之后,他便前往临时小教堂聆听赞美诗。这是当天的第一个宗教仪式。接着,他又按照日常惯例,做了三次弥撒。在履行了对上帝的义务之后,他便开始做上战场的准备。他戴上了他的王家头盔。那是一顶装饰有昂贵的黄金王冠的中头盔。和皇帝的小冠冕一样,这顶王冠上面也镶嵌着珠宝。更具有挑衅意味的是,上面甚至装饰着漂亮的百合花图案,象征着亨利对法兰西王位的继承权。在战场上,他将会成为独一无二的角色。而且,无论是对于自己人还是敌人来说,他都十分显眼。对于自己人来说,这是一种激励;而对于敌人来说,这可能是一种震慑。[42] 只有亨利会把王者的尊贵与信徒的谦卑混合在一起。带着这种奇异的特质,他随后并没有登上一匹时髦健美的高头大马,而是骑上了一匹瘦小的灰马。(假如骑上高头大马的话,他可以让这种马用后腿站立或是打转,以展示自己的身体以及骑士技巧。)他静静地骑行,没有使用马刺就来到了战场。在战场上,他四处巡行,没有按照惯例让号手吹号以宣布他的到来,也没有用号声把他的战士们聚集在一起,并按照自己的想法对他们进行作战部署。[43]

包括国王本人在内的每个英格兰人都将步行作战。所有的战马、辎重、因为太过年轻而不适合战斗的骑士和侍从以及无法拿起武器保卫自己的伤病人员都被安置在战线的后方，其安全则交由一位指挥着一支由10名重铠兵和20名弓箭手组成的小队的绅士负责。[44] 任何能够拿得起刀剑或者拉得开弓的人都按照国王的作战计划进入了作战位置。据说，法兰西军中有太多的军旗，以至于人们不得不取下其中的一些，因为它们会造成妨碍。与法兰西军队不同，英格兰军中只有少数旗帜，而且很容易就能被辨识出来。国王的近卫队举着四面战旗。在亨利入侵法兰西的时候，这些战旗就在他的旗舰之上。这些旗帜分别是带有他个人纹章的旗帜、带有圣乔治纹章的旗帜、带有忏悔者爱德华纹章的旗帜和绘有三位一体图案的旗帜。[45]

在英格兰重铠兵们所组成的单薄战线上，还飘扬着亨利的弟弟格洛斯特公爵汉弗莱、亨利的叔叔约克公爵爱德华、马奇伯爵、亨廷登伯爵、牛津伯爵、萨福克伯爵、吉尔伯特·乌姆弗拉维尔爵士、约翰·康沃尔爵士以及鲁斯勋爵约翰的旗帜。数量五倍于己方重铠兵的弓箭手已经占据了队伍的两翼和各队伍之间的阵地。他们用铅制的槌棒捶打木桩，把它们插进泥泞的土地。事实证明，这些木桩与他们的弓箭一样致命。[46]

正如亨利在战役要爆发前一天下午所做的那样，他骑上了战马，在他的阵线前来回巡行，告诫、鼓励他的战士们要竭尽所能。[47] 他手下的一些人必然会担心，亨利所发动的战争是否是正义的，因为他们即将为之赌上性命。亨利并没有逃避这一问题，因为他知道，这并不只是一个道德困境，而且还直击每个人得到永恒救赎希望的核心。按照战争法则,"如果争端是非正义的,那么使自己陷入其中的人的灵魂则是有罪的。如果他在这样的情形中死去,那么他将走向地狱的深渊"。亨利提醒他们,他来到法兰西是为了恢复他的正当继承权,他发动战争的理由是善良而且正义的。因此,在这场争端中,他们能够问心无愧地进行战斗,而且必然会得到救赎。然后,他直接唤起了他们的爱国情感。他们应当记得,他们出生于英格兰的国土上。他们的父亲和母亲、妻子和孩子们在那里生活,并等待着他们归来。为了这些人,他们应该全力以赴,以在荣耀与赞扬当中凯旋。英格兰的先王们在过去多次打败了法兰西人;今天,每个人都应该为保卫国王和王室的荣耀而尽自己的一份力。他以一个可以谅解的谎言结束了他的演讲,为的是点燃他军队的义愤。尽管所有人都知道,纹章是佩戴者有能力承担赎金的标志,任何没有佩戴纹章而被抓的人都只能面对死亡的命运,国王还是告诉他的将士们,法兰西人扬言要从每一名英格兰弓箭手的右手上剁下两根手指,这样他们中的任何人都不能再一次拉动长弓。这一鼓舞人心的演讲达到了预期的效果。行伍之间爆发出巨大的呼声:"陛下,我们向上帝祈祷,他将保佑你长命百岁,击败我们的敌人并取得胜利!"[48]

如果亨利要想做到问心无愧,并且在世人眼中维护自己公正的声誉,那么,在战争开始之前,他还有最后一件事要做。他必须再做最后一次尝试,以避免这场战争。为此,他派出纹章官,要求与法兰西人进行谈判,并指派了几名可信赖的公使在法方势力的注视之下与法军代表在战场的中央会面。尽管我们并不知道牵涉其中的英格兰人的姓名,但是那些法兰西代表的名字都被记录了下来。法兰西方面的人员选择无疑具有挑衅意味。除了王室大总管吉夏尔·多芬之外，其他人都有要在战场上向英格兰人寻仇的个人原因。例如，托尔西领主埃斯图特维尔的科拉尔（Colart d'Estouteville, sire de Torcy）是阿夫勒尔的守卫者让的兄弟。后者是英格兰国王的囚犯，如今获得了假释。格拉维尔领主让·马莱（Jean Malet, sire de Graville）同样和亨利五世有私人恩怨：由于英格兰人的入侵，他失去了阿夫勒尔周围价值500里弗尔的土地。

然而，最富有争议的决定是，法兰西人让吉耶讷元帅埃利领主克雷基的雅克（Jacques de Créquy, sire de Heilly, marshal of Guienne）担任法兰西方面的代表。他是这支阿马尼亚克派军队中唯一的勃艮第派，但他的政治倾向并不是让他备受争议的原因。让他备受争议的是，他曾经是英格兰人的阶下囚，却违背了他的假释誓言。1413年夏，那时仍担任亨利在阿基坦公国副官的多塞特伯爵发动了一场野心勃勃的远征，试图重新占领公国以北的土地。作为吉耶讷元帅，埃利领主从巴黎赶来，奉命带领着一小支军队"向英格兰人发动进攻，并将他们驱逐出国土"。然而，他不但没有完成这个任务，还受到了伏击。他的人马被屠杀，他本人也在战斗中被俘，成了伯爵手下的俘虏之一，并被送到了英格兰。当他在狱中得知阿夫勒尔沦陷的消息时，他再也不能忍受被强制囚禁的命运了。埃利领主与其他的俘虏们一道成功地逃出了威斯贝奇城堡（Wisbech Castle），并逃回了法兰西。[49]

埃利领主的确已经违背了他的骑士誓言，但他是出于爱国才这么做的，而且现在他想利用这个机会来洗刷他名誉上的污点。"高贵的国王陛下，经常有人对我和我的国人说，我会避开您，这一举动不是骑士所为，"据说，他是这样和亨利说的，"现在，我已经做好准备,以证明这样的说法不是真的了。如果您的手下中有人敢用此事来羞辱我的话,那么请让他做好和我进行一场单人决斗的准备。我将会在您面前向他证明,这个关于我的想法是错误的。"国王忽略了他的要求。比起观看埃利挽回他荣耀的单人比武决斗,国王的心中有更为重要的事情。"此时此刻,不应该有任何基于这种理由的打斗",他回应道,严厉地命令埃利领主返回他的部队当中,并准备真正的决战。"我们信任上帝,"他补充道,"当时,你不顾骑士的荣誉,从我们的身边逃离。今天,要么你将会被再次带到我们的面前,要么你将会在刀剑下结束生命。"[50]

正如让·勒菲弗所承认的那样,除埃利领主公开发的一通牢骚之外,没有人知道英法双方的谈判者讨论了些什么,或者达成了什么协定。法兰西的编年史家随后宣称,亨利已经意识到,他的人数太少,不可能赢得这场战役。因此,他提出,只要他和他的手下被允许自由返乡,他就可以归还阿夫勒尔(根据一些原始材料的说法也包括加来)、释放他手下的所有俘虏并赔偿损失。[51]这种说法明显有违常识。亨利已经做了如此多的努力,不可能为了保全自己的性命就放弃已经得到的一切。他对于自己的主张拥有坚定而不可动摇的信念,因而绝不会这样做。勒菲弗的版本更为可信,但他坦承,他的这一说法是基于道听途说:

> 正如我所听说的那样,法兰西人表示,如果他放弃他自认的对法兰西王位的继承权,永远不再提出这样的要求,同时归还他最近窃据的阿夫勒尔镇的话,法兰西国王[查理六世]将会对此感到非常满意,将允许他持有阿基坦和因为早先对皮卡第的征服而获得的[加来]。英格兰国王(或者他的

人民）回应道，如果法兰西国王放弃阿基坦公国、名义上属于（事实上也应该属于）公国的5座城市以及蓬蒂厄郡，并且将法兰西国王的女儿卡特琳公主许配给亨利……并为她准备80万埃居用来置办首饰和衣服的话，那么亨利就可以放弃他对于法兰西王位的要求，并且归还阿夫勒尔镇。[52]

无论开出条款的是哪一方，也无论他们开出了怎样的条款，谈判过程都非常简短，双方也都并不认可这些条款。出于交战的法则和正义的要求而走的形式都已经走完了。现在，只剩下一件事情了。这里将会上演一场决斗裁判，但这场裁判既不是发生在埃利领主与他的指责者之间的，甚至也不是发生在亨利五世和法兰西王太子之间的，而是发生在欧洲军事最强大的两个国家之间的。他们互相冲突的结果将交由上帝裁决。

第十五章

"伙计们，冲啊"

然后，僵局出现了。"在各个地方和各个情况下，步兵都应该正面向他们的敌人们进军，"军事教科书这么论述道，"发动进攻的一方会输，而不发动进攻而且固守阵地的人则会获得最终的胜利。"[1]所以，双方都在徒劳地等待另一方率先采取行动。然而，双方都按兵不动。随着时间一分一秒地过去，一个小时过去了，这变成了一场对双方的神经与纪律的考验。谁会率先打破僵局？

两军军容之间的反差不能更明显了。其中一侧是一排接着一排的、岿然不动的法兰西重铠兵。他们从头到脚都被打磨光亮的铠甲包裹，配有剑和截短后适合步战的长枪，头顶上则飞舞着颜色鲜艳的三角旗、燕尾旗和军旗。那些被雇用来服役的弓箭手和弩手站在重铠兵的身后和军队的两翼，与身边从附近的城镇运来的火器、投石机和其他战争器械一样，等待着向敌军开火。唯一的动静来自军队的后方。在那里，战马正因晚秋清晨的寒冷和潮湿而感到焦躁不安，重铠兵和他们的随从则不得不驯服它们。法兰西军队给养充足、装备精良，人数上的绝对优势也能够确保他们的安全。这是一支充满自信的军队。他们急切地想要碾碎那支吊着他们胃口的小部队。后者鲁莽地入侵了法兰西,并攻下了它最好的城镇之一。

位于另一侧的是英格兰人。他们看起来同样令人生畏,却是出于不同的原因。他们被困住了,并且深感绝望。他们知道,只有奇迹才能将他们从死亡的阴影中拯救出来,因此下定决心放手一搏。他们已经在充满敌意的敌国土地上行进了几乎三周,食物和水逐渐消耗殆尽。他们无法洗澡或是修面,铠甲也失去了光泽。由于长期受到风吹雨打,他们的罩袍和旗帜变得破烂不堪、满是污迹。据说,甚至有些人在长途跋涉中磨坏了鞋子,只能打赤脚。他们的肠胃早已饱受痢疾和饥饿的折磨。如今,因为恐惧,他们开始腹泻。许多弓箭手为了方便排泄而剪下了他们那被弄脏的裤子和内衣。对于重铠兵们来说,这是一个无法采用的选项,因为他们被包裹在厚重的钢盔铁甲之中。尽管他们看起来肯定非常糟糕,但是他们的气味可能更糟糕。[2]

最后,英格兰人的神经首先绷不住了。经过了大约几个小时的静默对峙之后,亨利意识到,正如他所预料的那样,法兰西人并不打算发动第一波攻势。而且,只要有可能,他们就会挡在英格兰人前进的道路上。他们并不需要发动进攻,因为饥饿与恐惧将会帮助他们摧毁英军。事实上,在商讨应该采取何种作战方案的时候,有人就在鲁昂的御前会议上提出,只要看见那么多的法兰西贵族站在军队的第一线,英格兰人的心中就会产生深深的恐惧之情,并掉头就跑。显然,到了这个时候,这依然是法兰西人所期待的事情。[3]

由于知道这个僵局持续得越久,他的士兵们的士气便会丧失得越多,亨利决心打破常规,率先出击。他下令让辎重、马匹、王室随军司铎和所有被留在迈松塞勒及其周围的人员向军队的后方前进。这样一来，在战斗开始的时候，他们便不会被置于孤立无援的境地，也会免于被劫掠的命运。在绝大多数的辎重马车就位之后，国王便命令军队中的所有司铎为战事祈祷。"事实上，不只是在那时，在这场冲突持续的过程中，司铎们一直在为它祈祷。"这也许是整场远征中最能唤起感情、最具有人性的时刻。我们那胆小的随军司铎这样写道：

> 现在正在记录此事的我，当时正坐在队伍后方的一匹马上，身旁都是辎重。与在场的其他司铎一起，我在上帝面前表现得虔诚谦恭，并……发自内心地说道："哦主啊，请记得我们！我们的敌人集结在一起，吹嘘他们的卓越之处。请您摧毁他们的大军并驱散他们，这样他们才可能明白，因为是您在为我们而战啊，我们的上帝。"最后，在恐惧与颤抖之中，我们也将目光投向天空，大声请求上帝怜悯我们和英格兰王室……[4]

就在司铎祈祷的话语还在国王耳边回荡之际，他就为军队下达了准备出击的命令。无论其等级如何，每一个人都按他的命令跪倒，亲吻脚下的土地，还从他的脚下捧起一块泥土并将其放进自己的嘴里。这种离奇古怪的仪式就像真正的基督教圣礼一样庄严肃穆。这一仪式结合了最后的晚餐及其纪念仪式（圣餐礼）中的元素。在圣餐礼中，基督徒会得到面包，以纪念救世主耶稣为他而死的举动。人们在葬礼上所说的悼词中的元素也被包含在这个仪式之中。在葬礼上，人们会说："尘归尘，土归土。"就这样，人们只用一个举动就表现了肉体的死亡与精神的救赎。[5]

至关重要的弓箭手的指挥权被交给了亨利手下经验最为丰富的军事将领之一，即王室总管大臣托马斯·厄平厄姆爵士。他今年58岁，是一名诺福克绅士。早在11岁时，他就开始了自己的戎马生涯，在阿基坦为黑太子效劳。1380年，23岁的他已经受封为一名骑士，成为冈特的约翰的一名侍从。在接下来的10年中，他都在法兰西和西班牙征战，以确立冈特的约翰对卡斯蒂利亚和莱昂的统治。他曾在1390—1391年陪同冈特的约翰的儿子（后来的亨利四世）参加前往普鲁士的十字军。随后，他又在1393年陪同未来的亨利四世参加前往圣地的十字军远征。1398—1399年，他与亨利一起被流放。他伏击并俘虏了理查二世，把他羁押在伦敦塔中，从而帮助亨利胜利地回到国内。作为废黜理查二世的奖励，他被封为多佛尔主管和五港同盟总督。在亨利的加冕礼上，在把剑交到亨利手上之前，他为亨利持剑。1401年，他还被封为嘉德骑士。亨利五世在登基之时任命他为王室总管大臣。亨利五世还指命他为遗嘱的见证人，并让他前去商议阿夫勒尔的投降事宜。[6]

如今，托马斯·厄平厄姆爵士肩负起了责任，他要确保亨利将他的所有战线前移的决定不会对弓箭手的部署产生不利影响。国王的决定给军队带来了巨大的风险，对于弓箭手们来说，他们需要冒的风险尤其大。他们不得不先把之前埋下的木桩拔出来。这本身就是一个十分困难的任务，因为它们已经被深深地砸进泥泞的土地当中，以抵抗战马的冲击力。为了让木桩对着敌军，木桩都是以一定的角度插入泥土当中的。正是因为这一点，弓箭手们无法从它们的后方将它们拔出来，要拔出木桩，他们就只能绕到它们的前面。当弓箭手们这样做时，这些人很容易受到敌军的攻击。一旦他们进入新的作战位置，他们就不得不再重复一遍这个危险的举动。弓箭手们不得不把他们的背部暴露给敌人，以便再次将木桩砸入地面。而且，这一次，他们还在敌人炮兵的射程之内。

对于法兰西人而言，这明显是一次发动进攻的时机。此时，英格兰弓箭手们正处于最容易遭受袭击的时刻，因为他们正在执行他们的任务，并且没有木桩的保护。然而，本应攻击弓箭手的法兰西骑兵部队甚至没有做一次发动冲锋的尝试，弩手们和炮手们也没有开火。相反，整支法兰西军队似乎都在驻足观望。他们眼睁睁地看着亨利下达行军的命令，也看着他大声呼喊："以全能的上帝以及圣乔治的名义，扬起旗帜，向前进发！这一天，圣乔治会助我们一臂之力的！"（或者，他用的可能是更没有诗意的话语："伙计们，冲啊！"）他的士兵们大声呼喊着，乐师们吹响了喇叭，敲起了鼓，整支军队则以战斗队形向法军的战线挺进。尽管这似乎令人难以置信，但英格兰人确实在没有遇到任何反抗的情况下占据了新的阵地，并且将弓箭手们的木桩再次插进土地中。法兰西人现在则处于敌人长弓的射程范围之内了。[7]

在这个至关重要的关头，法兰西骑兵在哪里呢？我们并没有明确的答案。关于这场战役的编年史的记述令人困惑，有时甚至相互矛盾。在通常情况下，这些记述也受到了极度的民族优越感或者党派政治的影响。布列塔尼的纪尧姆·格吕埃尔（Guillaume Gruel）宣称，在骑士队伍当中，有大量的"伦巴第人和加斯科涅人"，并指控这些"外国人"在英格兰弓箭手发动第一轮齐射的时候就逃跑了。包括圣德尼的僧侣和吉勒·勒布维耶（Gilles le Bouvier）在内的其他人则直截了当地将罪责归咎于布拉班特的克利涅和布尔东的路易。这两人统率着骑士精锐部队。唯一能让大多数法兰西编年史家都同意的事情是，在骑着马的法兰西重铠兵本应该向英格兰弓箭手们发动骑兵冲锋的时候，许多重铠兵都不在他们的作战位置上，不知去向。例如，吉勒·勒布维耶声称，这些人只是没有预料到英格兰人会发动进攻罢了。他们中的一些人在漫步闲逛、暖暖身子，其他人则在遛马或者给战马喂食。[8]

换句话说，这是被敌人打个措手不及的典型案例。在这个案例当中，法军的庞大规模成为他们采取有效行动的一个巨大障碍。如果法军将骑兵布置在后方而非两翼的话，他们就看不到英格兰人的动向，也就无法快速做出反应。而且，在传递信息并试图集结和动员他们分散的兵力的时候，法兰西方面就失去了宝贵的时间。当他们组织起足够多的重铠兵，可以发动骑兵冲锋的时候，一切都已经太晚了。英格兰人已经占据了新的阵地。他们不仅再次躲在了坚固的木桩阵后面，而且进入了阿金库尔与特拉梅库尔的树林之间的狭窄间隙之中，让这两片树林保护他们的两翼。[9]现在，法兰西人已经不可能按照他们的既定计划，以钳形阵势从侧面向英格兰弓箭手发动进攻了。相反，他们将不得不去做他们一直在尝试避免去做的事情：迎着英格兰弓箭手的火线发起一次正面冲锋。

集结在布尔东的路易和布拉班特的克利涅麾下的本应有800至1200名重铠兵，但到了最后，集结于此的可能只有420人。这种减员是灾难性的，因为一次骑兵冲锋的效果取决于冲击力的大小。法兰西人不仅没有足够的骑兵去冲击大量英格兰弓箭手组成的队形，也无法维持自身的密集队形，而这是一次成功的全军突击所应具备的另一要素。这一结果不仅仅是缺乏纪律（编年史家们很快就对他们提出了这种指控）所造成的，而且和战场的状况有很大的关联。亨利早在半夜就派遣侦察人员勘察了战场状况，而现在，这一明智的举动获得了回报。正如法兰西骑士们在付出了代价之后才发现的那样，大雨让新耕过的土地变成了一片满是泥泞和积水的沼泽地。这不仅降低了他们马匹的行进速度，而且让它们打滑，跌跌撞撞，甚至跌倒。在这样的情况下，要维持一个紧密的阵形是非常困难的，甚至是不可能的。也正是因为这一点，他们无法发动一场本应难以抵御的猛攻。[10]

最终，从法军前锋部队的两翼向英格兰军队中的弓箭手发动冲锋的重铠兵分别只有120名和300名。由于法军的战线要比英军的战线长得多，而两侧的树林又迫使他们向中间集中，战场上的法兰西人不得不以直线方式前进。那些紧跟着骑兵部队出发的法军前锋部队中的重铠兵发现，他们越接近敌军，就越会觉得行动困难。这是因为，他们被迫经过已经被骑兵们踩踏过一遍的土地。披着厚重铠甲的战士和全副武装的战马使已经非常泥泞的地面下陷得更深了，以至于那些步行作战的人不得不在能够淹没他们膝盖的泥泞中苦苦挣扎。而且，排列紧密的重铠兵们也必须踏着前排战士的足迹前行，这让事态进一步恶化了。由于受到他们自身穿戴的铠甲的拖累，当他们试图在这不平而危险的地面上保持平衡的时候，他们包裹着铠甲的脚一直打滑，每走一步都要和泥水的吸力做艰苦的斗争。不出所料，他们难以维持在出发时所有的良好秩序。

当法兰西骑兵快速逼近英格兰弓箭手，并以"蒙茹瓦（Montjoie）！蒙茹瓦！"回应英格兰士兵的呼喊之时，托马斯·厄平厄姆爵士将象征其官职的权杖抛向空中,作为弓箭手开始射击的信号,并且大声下达命令:"放箭!"[11](他在此前就已经下马,和国王一同在主力部队的前方战斗。)随后,至少5000名弓箭手举起他们的长弓,发射出一连串的箭矢。箭雨是如此密集、迅速而猛烈,以至于天色阴沉了下来,就如同一片乌云在太阳面前经过、遮蔽了日光一样。人们可以想象,在箭划过空气的时候,英格兰人就站着听弓弦的回声和羽毛划过空气的声音。在经过了令人心跳停止的瞬间之后,紧接着,他们既能听到箭头穿过铠甲、刺入皮肉的声音,也能听到受伤和濒死的人所发出的喊叫声。受惊的战马因为弓箭所造成的痛苦而狂乱挣扎。它们用后腿直立、跃起又倒下,将它们的骑手摔到翻飞的马蹄之下,让他们滚进令人窒息的泥淖里。那些能够冲到前线的马匹要么被木桩刺穿,要么为了躲避木桩而掉转方向,因而失去了控制、四散奔逃。只有极少数的马匹能够成功地逃入附近的树林,但是绝大多数的惊马要么被夺命的箭雨击倒,要么往回飞驰,直接冲进己方正在前进的阵线,冲散了阵形,并且在其中四处逃窜,造成相互踩踏的事件。[12]

有三名骑兵将领死于第一轮进攻之中。沙吕的罗贝尔(Robert de Chalus)、拉图尔的蓬雄(Ponchon de la Tour)和沙弗兹的纪尧姆(Guillaume de Saveuses)全都遭遇了同样的不幸:他们的马匹在木桩前倒地,他们自己则跌入英军弓箭手的队伍之中,后者迅速结果了他们的性命。[13]然而,有人歪曲了这个故事,暗示骑兵部队的指挥官之间的矛盾可能是导致他们表现得如此屈辱的原因之一。沙弗兹的纪尧姆("一名非常勇敢的骑士")一马当先,冲锋在部队的前方,期待其他人跟上他的步伐。但是,他部队的成员们并没有这样做。这可能是因为他们被密集的箭雨和木桩阻拦，但也有可能是因为，沙弗兹和他的两个兄弟埃克托尔（Hector）及腓力是勃艮第派。在一支主要由阿马尼亚克派组成的部队中，他们非常显眼。埃克托尔曾经是一伙声名狼藉的重铠兵的头领。埃克托尔和他手下的重铠兵们威慑并洗劫过皮卡第的大部分地区，并且他可能是在前往巴黎的朝圣旅途中被阿马尼亚克派抓捕的。在埃诺伯爵夫人（countess of Hainault）和两个被迫为他说情的阿马尼亚克派人士的调停下，他才得以避免被处决的命运。（这两名阿马尼亚克派人士是他的兄弟腓力的俘虏，作为埃克托尔被抓的报复。）在他们的兄弟死后，埃克托尔和腓力都没有继续参与这场战争。而且，他们很快就以个人的名义接受征召，参加了勃艮第公爵为了进军巴黎而募集的军队。兄弟二人都在无畏的约翰对巴黎的攻击和1418年这座城市最终被占领的过程中起到了重要的作用。[14]

人们完全可以想象，诸如沙弗兹兄弟之类的人与那些忠于阿马尼亚克派主张的人根本不会相互同情。他们之间几乎没有信任，可能还会有一些仇恨。他们与名义上的指挥官布拉班特的克利涅关系中的问题尤其严重。布拉班特的克利涅是彻头彻尾的阿马尼亚克派、奥尔良的查理的一名内侍，也是一名享有美名的武者。在当年早些时候的一次与一名葡萄牙骑士的比武当中，他颇有风度地主动放低了自己的长枪，因为他的对手的面甲是敞开的。和沙弗兹兄弟一样，他也曾率领一支武装部队在巴黎周围的乡村地区游逛、恐吓当地居民、损毁他们的土地。尽管他这样做是为了阿马尼亚克派，但是他也有厌恶勃艮第派的个人原因：4年前，勃艮第派在围攻并攻克了穆瓦姆镇（town of Moismes）之后，以叛乱者的罪名处决了这个城镇的长官,这个人正是布拉班特的克利涅的兄弟。[15]

除了更加明显的政治争端,这支部队的指挥官之间还有私人纠葛。在此之前不久,布锡考特的热弗鲁瓦(Geffroi de Boucicaut)和格拉维尔领主让·马莱曾经有过一次公开的争吵。他们都爱上了同一位女士——王后内府中的侍女拉克凯蒂的夏洛特(Charlotte de la Cochette)。布锡考特的热弗鲁瓦(他是更有名的布锡考特元帅的弟弟)因嫉妒而暴怒,袭击了让·马莱。让·马莱发誓,一定要在当年结束前报仇雪耻。因此,当年最后一天晚8时左右,他在巴黎的街道上袭击了布锡考特的热弗鲁瓦,并且重伤了他。无论是布锡考特的热弗鲁瓦还是让·马莱,都不会忘记或者原谅他们所受到的侮辱,当时的编年史家们(那个时代的小报记者)则兴高采烈地记录了这段不堪的历史,并让这个故事流传至今。[16]

的确,他们出色的马术技巧和精良的装备是他们入选这支著名的骑兵部队的理由。但是,无论他们的技巧怎样出色,装备如何精良,这些可能都不足以超越指挥官之间的政治和个人纷争。为什么沙弗兹家族的成员应该听命于布拉班特的克利涅?布拉班特的克利涅有什么理由冒着生命危险去救援沙弗兹的纪尧姆?为什么布锡考特的热弗鲁瓦应该和在大庭广众之下羞辱过自己的人并肩作战?无论他们有多么憎恨英格兰人,这些人彼此憎恨的程度都要略胜一筹。

关于这支骑兵部队的指挥官们,最令人吃惊的不是他们没能成功地在战场上完成他们的军事目标,而是他们几乎全都躲过了战死的命运。布拉班特的克利涅、布尔东的路易、沙弗兹的埃克托尔和腓力（Hector and Philipe de Saveuses）、布锡考特的热弗鲁瓦、格拉维尔领主让·马莱、拉特雷穆耶领主乔治（Georges, sire de la Trémouille，这是另一个令人讨厌的家伙。几年之后，他把贾克领主［sire de Giac］赤身裸体地从他的床上揪下来，溺死了他并娶了他的遗孀）、[17]安热纳斯的让（Jean d'Angennes）、加帕纳斯的阿洛姆（Alleaume de Gapannes）以及迈利的费里（Ferry de Mailly）[18]全都幸存下来并且避免了被俘的命运。这让他们在当天为法兰西而战的队伍中变得独特，也使当时人们的抱怨更有说服力，即在他们消灭英格兰弓箭手的尝试失败后，他们没有再多做任何努力，以和他们战斗中的同胞会合。[19]正是这一过失引发了法兰西编年史家的怒火。用吉勒·勒布维耶的话来说，除了少数战死的人，"剩余的所有人都亵渎了他们的职责，因为他们可耻地逃跑了，从未向英格兰人击出过一拳"。作为一名纹章官和一名相关事务的记录者，他适时地把这些指挥官的名字永久地钉在了耻辱柱上。[20]

相较于那些实际上参与其中的人，骑兵攻势的失败给那些在骑兵进攻之后采取行动的法兰西人所造成的影响更加恶劣。当他们在被践踏得稀烂的泥淖中艰苦跋涉并且试图躲避逃窜的马匹的时候，他们的命运就完全处在英格兰弓箭手的支配之下，而弓箭手们也对他们展开了一轮接一轮的致命攻势。箭雨是如此地密集而迅速，以至于法兰西人确信，亨利一定在特拉梅库尔的树林里安排了一支由200名精心挑选的弓箭手组成的秘密伏兵部队，从侧面同时对他们发动进攻。几位编年史家都复述了这一看法，圣雷米的勒菲弗却直截了当地否认了这一点："我曾听说过这个说法，并向一个诚实的人求证。那一天，和我一样，他正在英格兰国王的军队中。事实是，他并没有做过这样的事情。"[21]

面对这种猛烈的攻势，公认的反击战术是用相同的火力进行还击。然而，法兰西人做不到这一点。绝大多数的法兰西弩手和弓箭手都在队列的后方，因而不能清晰地看见敌军。实际上，他们也难以在不伤及己方士兵的情况下对英格兰人发动同等规模的齐射，因为法军战士正处于弓箭手和他们的攻击目标之间。那些位于侧翼的弓箭手处于一个更适合射击的位置，但是他们不能维持与英格兰长弓手同等的射速和火力水平。法军的火炮部队（操纵着投石机和一些火炮）正断断续续地试图展开炮击，但是出于对英格兰人箭雨打击的恐惧，他们在瞄准的时候过于草率，几乎没有造成任何伤害。而且，如同随军司铎满意地描述的那样，这些人仓皇地撤退了。他们也成功地制造了一些伤亡。国库的文献就记载了兰开夏骑士詹姆斯·哈林顿爵士的部队中的一名弓箭手罗杰·亨特（Roger Hunt）的命运。他不幸"在阿金库尔战役里中炮（cum uno gune）身亡"。[22]

当英格兰人的箭雨浇在他们身上的时候，法军前锋部队的重铠兵们仍然在不屈不挠地向敌军进发。紧随其后的是大军中的主力部队。那些没有携带盾牌（这在当时并不常用）的战士只能被迫拉下他们头盔的面甲以保护眼睛和脸部，让它们免受致命箭雨的伤害。即便如此，这也不足以完全保护他们。观察缝和通气孔都是容易遭受箭头攻击的地方。因此，他们不得不低着头前进。[23]

在放下面甲之后，重铠兵的头盔就和潜水员的头盔没有什么区别了。只不过，这种头盔没有人工制造的供氧装置。它使佩戴者陷入了一片人造的黑暗环境当中。佩戴者的视野要么受限于其中仅有的一道半英尺宽的缝隙（它提供了一个狭窄但不受阻碍的水平视线），要么受限于一个长度相似但是稍宽的开口。后一种头盔开口上还有垂直的条棍，让它免受刀剑的攻击，但也制造了几个视觉上的盲点。尽管面甲向外突出，像是一个猪的鼻子，上面还有方便佩戴者进行呼吸的孔洞，但是头盔内部的空气循环仍然受到限制。在佩戴着它进行活动的时候，一位气喘吁吁的重铠兵必然会因为氧气不足而感到窒息。如果他胆敢或者绝望到打开他的面甲，他就可能会像亨利五世在什鲁斯伯里之战中的遭遇那样，被箭矢击中面部。

具有讽刺意味的是，如果重铠兵是职业步兵或者等级较低的步兵（例如佛兰德和皮卡第地区附近城镇的民兵）的话，他们所承受的伤害可能会更少。普通的步兵的装备更轻便、更有弹性。他们板甲之间的接合部件都是锁子甲或者煮过的皮革。这让他们一方面更容易受到英格兰长弓射出的箭矢的伤害，但另一方面则能够更迅速地移动，行动自由度也更大。法兰西贵族们从头到脚都包裹在整套的板甲里，更容易在暗藏危险的地形中陷入泥淖。在其他情况下，对他们来说，50至60磅的铠甲轻如无物，就像一名现代士兵携带着他的全套武器装备一样。在全副武装的情况下，布锡考特不仅能够跳上他的战马，而且还能够从梯子的下方爬上去。与一般人的描述不同，法兰西人并不是那种自负的、把战争当儿戏的业余战士。是坚毅且久经沙场的战士，把他们的生命献给戎马生涯：在十字军东征中，在意大利、西班牙和葡萄牙的战斗中，还有最近，在他们自己的内战中。对于他们来说，穿着铠甲就像穿着他们的日常便服一样。[24]

然而，在阿金库尔，这片由几百匹战马在新翻耕过的、雨水浸泡过的土地上踩踏出来的泥沼正是披着银白甲胄的法兰西人的死亡陷阱。法兰西的重铠兵在他们那贴身的金属牢笼的局限下汗流浃背。当他们挣扎着从沉重的、令人厌烦的泥沼中拔出脚、小腿,有时甚至是膝盖的时候,光是迈步前行就已经让他们筋疲力尽了。展现着他们高贵地位与财富的厚重板甲曾经让他们所向无敌,如今却成为他们最大的累赘。

法兰西的重铠兵们低着头,跌跌撞撞地穿过战场。他们看不见前进的方向,其中的许多人已经受到了猛击在身上的箭矢的重创,在战场上蹒跚前行,并滑倒在泥泞中。当他们挣扎着维持阵线的稳固时,他们不得不与前进道路上的障碍做斗争:在那次失败的骑兵冲锋中倒下的人员与马匹中,其中有些已经阵亡,另一些则奄奄一息或因为受伤而倒在泥地里;在那些逃过一劫的疯狂的战马中,有些已经无人骑乘,失去了控制,径直地向他们冲来;还有一些他们倒在泥泞当中,无法在向前冲的人流中再次站起来的同伴的躯体。

如此多的法兰西人克服这些困难并接近敌军阵线一事表明,他们有着极大的决心和极强的纪律性。他们巨大的人数优势迫使英格兰人在第一波冲击中后退了6到12英尺。见战事受挫,留在辎重车队里的随军司铎和"武装教士"全都"脸朝下伏在地上,在上帝的施恩座面前祈祷,因心生苦恼而大声叫喊,乞求上帝记起我们和英格兰国王,并用他伟大的财富来施加恩典,把我们从这座钢铁熔炉和威胁着我们的可怕死亡境地中解救出来"。[25]

尽管相比之下人数非常少(重铠兵们背后的教士们还在沮丧地哀号),但阵线单薄的重铠兵奇迹般地承受住了法兰西人的猛攻。他们不仅稳住了战线,而且很快地从中缓过神来,并开始再次向前推进，收复了他们此前失去的阵地。当他们接近敌军，并展开激烈的白刃战时，弓箭手们也在不断地对着法兰西人一轮又一轮地放箭。在近距离交战时，箭矢攻势甚至要比之前更为致命。它们可以刺穿面甲并且割裂钢板，就好像这些东西是布料制成的一样。当箭射完了的时候（他们一定很快就用完了所带的箭），弓箭手们便将他们的长弓丢在一边，拿起他们的刀剑、匕首和之前他们用来锤打木桩的铅锤。他们从掩体后方蹿了出来，就好像那些不指望自己能够得到救赎的人一样，带着狂怒展开了攻击。在用他们的铅锤击倒了重铠兵们之后，他们便将利剑与匕首插入倒地者的面甲之中。[26]

此时，大战进入了高潮阶段。这位随军司铎只能惊叹于英格兰人的转变。"两军一交手，战斗一开始，无所不能而又仁慈的上帝……就增强了我方士兵的力量。此前，可怕的食物短缺让他们变得虚弱和消瘦。他也带走了他们心中的恐惧，给予他们无畏的心灵。在我们这些更为年长的人看来，在此之前，英格兰人从没有如此勇敢无畏地与他们的敌人战斗过，也没有以更加顽强的意志战斗过。"战况是如此惨烈，以至于杀红了眼的士兵们没有抓俘虏的时间。"无论是什么身份"，只要是法兰西重铠兵，就会在倒下的地方被杀死。[27]

数以百计的法军正在倒下。击倒他们的不仅仅是英格兰人的武器，还有他们自身的人数。对于法军来说，阿金库尔的悲剧在于，在这样一个狭窄的战场上，他们中有太多的人想要证明自己的勇气和才能了。他们的阵形实在是太紧密了，而在各个方向上，重铠兵们都被裹挟着前进，以至于他们发现，挥动武器是一件非常困难的事情。更糟糕的是，当前排的战士因为受到英格兰

16. 一名艺术家所绘制的设防严密的中世纪港口城镇阿夫勒尔的想象图。这个海港的海路入口位于图中前部两座塔楼的中间;城镇靠海的一侧被英格兰舰队封锁了。阿夫勒尔的居民制造了洪水,淹没了城镇上方的山谷,迫使亨利分散他的兵力。亨利在画面最左方的勒尔门前排好了阵形,并派遣克拉伦斯公爵围攻城镇另一侧的鲁昂门。

17. 一幅15世纪的插图,描绘的是对一座设有城墙的城镇发动围攻的场景。画面左侧是一座望楼。这是一种装有轮子的木制塔楼。在那里,弓箭手们可以在相对安全的情况下射箭。这座望楼也为重铠兵提供了掩护,方便他们靠近城墙,并用云梯发动进攻。插图的前部是两门火炮。其中一门已经安装在炮架上准备开火。在插图的中央,城中的弓箭手们受到了木制栅栏的保护,而它正是基于这个目的而架设起来的。

18. 克拉伦斯公爵托马斯（1387—1421年）在坎特伯雷大教堂中的雪花石膏陵墓雕塑。克拉伦斯公爵在亨利四世四个儿子中排行第二，是亨利四世最喜爱的一个儿子。作为战死的人，克拉伦斯公爵被刻画成身披全套板甲的样子。他还在铠甲的外面穿着带有他纹章的罩袍，戴着象征着兰开斯特家族的双S形项圈。

19. 亨利四世的第三子贝德福德公爵约翰（1389—1435年）跪在圣乔治面前。圣乔治的斗篷上带有嘉德骑士团的标记。这幅插图出自公爵委托写作的一本著名的祈祷书。在亨利五世所有的弟弟里，贝德福德公爵是与国王最为亲近的。在阿金库尔远征期间，他受国王所托，在英格兰摄政。

20. 格洛斯特公爵汉弗莱（1390—1447年），亨利五世最小的弟弟。和他的哥哥们一样，他也已经被册封为骑士，并由他的父亲授勋成为嘉德骑士团的成员，但是阿金库尔远征是他第一次接触到战争，他还在阿金库尔战役中负伤了。

21. 法兰西的查理六世（1368—1422年）的陵墓雕塑，位于巴黎附近的圣德尼修道院教堂中。他以"可爱的查理"而为他的臣民所知。间歇性的疯病为他漫长的统治染上了污点。在他发疯期间，他认为自己是由玻璃制成的。他无力行使统治权这一点导致了阿马尼亚克派和勃艮第派之间的内战，这一内战又让亨利五世得以趁机入侵法兰西。

22. 勃艮第公爵无畏的约翰（1371—1419年）的一幅15世纪的肖像画。这位勃艮第派的领袖想要控制法兰西国王。正是这一野心让他试图暗杀他的对手奥尔良公爵路易，把法兰西拖入了内战。但是，他在阿金库尔远征中所扮演的角色十分暧昧。他并没有出现在阿金库尔战役当中，而且在英格兰人取胜之际向巴黎发动进攻。他本人于1419年被暗杀。

23. 15世纪围城战中的弓箭手。图中央的这名男子正在使用一张弩。他不得不把他的武器立在地面上，并用他的脚抵住它，以方便上弦。他腰间的布袋是用来装弩箭及支撑装置的。在他两侧的两名弓箭手正在使用长弓。他们并没有用箭袋，而是将他们的箭矢插在土地上，以便随时取用。这三人都是轻装上阵。他们戴着头盔，穿着有装填垫料的铠甲。右边的弓箭手还穿了一件短袖铠甲，弩手则穿了用来保护腿的铠甲。

24. 一件1400年前后的齿轮形马刺,由镀金的铜合金制造。各个等级的重铠兵都在用这种类型的马刺(见彩插11),并且经常出现在陵墓雕塑中。一个装饰得如此精致的马刺的主人很可能是一个等级较高的重铠兵。

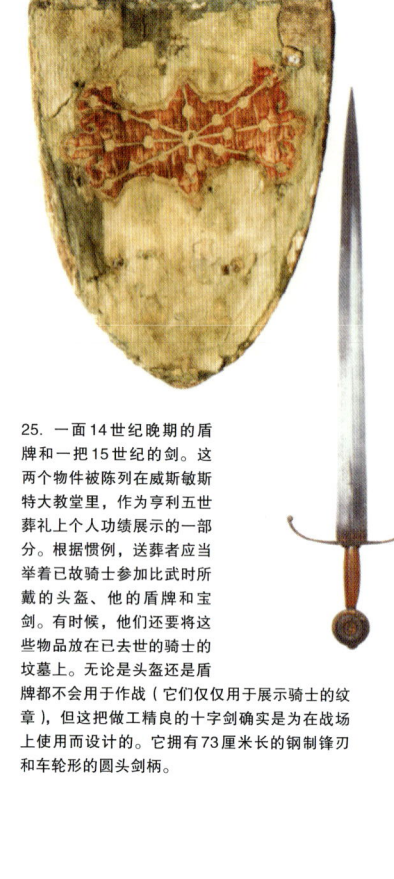

25. 一面14世纪晚期的盾牌和一把15世纪的剑。这两个物件被陈列在威斯敏斯特大教堂里,作为亨利五世葬礼上个人功绩展示的一部分。根据惯例,送葬者应当举着已故骑士参加比武时所戴的头盔、他的盾牌和宝剑。有时候,他们还要将这些物品放在已去世的骑士的坟墓上。无论是头盔还是盾牌都不会用于作战(它们仅仅用于展示骑士的纹章),但这把做工精良的十字剑确实是为在战场上使用而设计的。它拥有73厘米长的钢制锋刃和车轮形的圆头剑柄。

26. 一个15世纪早期的锡镴弓箭手徽章。这名弓箭手将他的长弓拉满,还用一根穿过肩膀的绳索将一个装着备用箭矢的箭袋系在他的身后。

27. 一名弓箭手往往会在他的左前臂的内侧佩戴一个护臂,以防放箭时长弓的弓弦刮到他的衣服或者皮肤。在阿金库尔的战场上,绝大多数弓箭手都不可能拥有像这样做工精良的护臂。这一16世纪的护臂十分稀有。它由坚韧的皮革制成,上有像树叶和橡树子的装饰图案及"耶稣助我"的铭文。

28. 两名法兰西重铠兵在阿金库尔战役中被俘虏，在一名胸部绘有圣乔治十字架的英格兰人的引领下离开战场。我们并不清楚，把他们带离战场的是一名重铠兵还是一名弓箭手。尽管这并不是战场上的常见做法，但俘虏们的双手还是被绑着。这个场景是一幅典型15世纪风格的插图的一角，出自奥弗涅的马夏尔（Martial d'Auvergne）的《查理七世的守夜人》（Vigiles de Charles VII）。

29. 这幅不寻常的图画描绘了中世纪战役后的一般情形（约1483年）。1476年，瑞士人在莫拉塔（Morat）对勃艮第人取得了胜利。在将死者集体埋葬于乱葬岗之前，人们通常都要剥掉死者所穿的铠甲和衣服。显而易见，正如在阿金库尔战役中战死的人一样，这里的许多死者的头部和喉咙都受到了创伤。

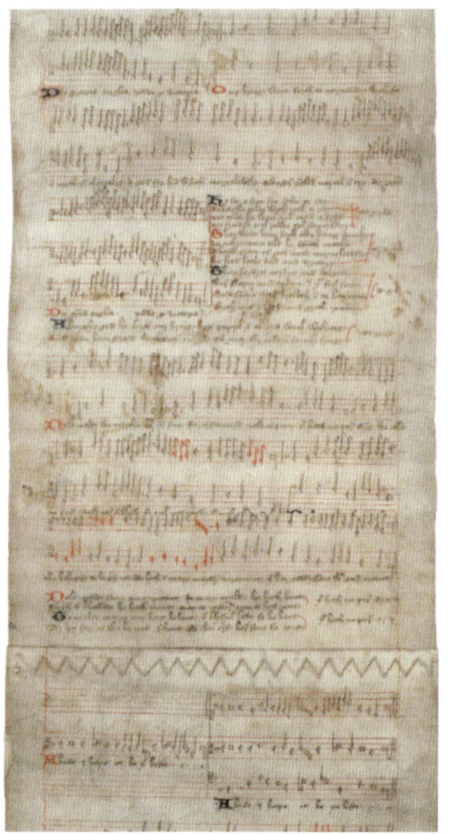

31. 来自皮卡第的贵族蒙斯特勒莱的昂盖朗（约1390—1453年）曾在勃艮第统治这个地区的时期担任士兵和政官。他所创作的关于法兰西和英格兰的编年史是关阿金库尔战役最为重要的资料之一。1447年，他将他作品献给了勃艮第公爵腓力。这幅15世纪的插图就出这部模仿了弗鲁瓦萨尔风格的作品的一份手抄本。它样包含了一个战争的场景，但是其中的盔甲和武器并是那个时代的产物。

30. 一份15世纪的手稿，上面写了著名的《阿金库尔颂歌》的歌词与曲调。此歌可能是在战役结束后就创作的，用于庆祝英格兰人的胜利。然而，这首歌的副歌坚定地将此次胜利归功于上帝。

32. 一枚价值6先令8便士的诺布尔。它铸造于亨利世的统治时期。这枚金币描绘了国王站在甲板上的情景他正戴着他的王冠，身着盔甲，左手持有刻有他的王纹章的盾牌，右手持剑。金币周围一圈的拉丁文刻印字为"蒙上帝的恩惠，亨利成了英格兰与法兰西的国王爱尔兰的领主"。

33. 让·勒曼格尔（Jean le Meingre，约1366—1421年，人们更加熟悉他的另一个名字，即布锡考特元帅）是中世纪法兰西的骑士英雄之一。这幅插图出自他委托他人制作的一本祈祷书，描绘了布锡考特和他的妻子在他们的每日礼拜中跪下祈祷的情形。布锡考特在阿金库尔战役中被俘，并在英格兰囚禁期间去世。

34. 阿夫勒尔的保卫者高库尔领主拉乌尔（约1370—1461年）。在阿金库尔战役结束后，他向亨利五世投降，并在英格兰当了10年的俘虏。他一获释便在法兰西人收复英格兰人占据的领地的过程中扮演了重要角色。一份15世纪的手稿描绘了他参与1429年远征的场景，这一远征让法兰西人夺回了多菲内。

35. 当他在阿金库尔战役中被俘的时候,奥尔良公爵查理(1394—1465年)还不到21岁。在接下来的35年中,他在英格兰度过了漫长的囚徒岁月。这份手稿(约1487年)描绘了公爵(他戴着一个白色皮毛领)被监禁在伦敦塔的情形。图中,他正在写作他的诗歌,在一个铁窗前日渐憔悴,向为他带来赎金的人致意。在他获释之后,他就躲藏了起来。画面的背景是伦敦桥及其房屋和商铺。

军队的阻截而向后退的时候，他们就会碰到后方的战士。后者正奋力向前，发誓要与敌军决一高下。这些战士也被他们后方的队列推搡着前进，他们后方的队列无法看到前方发生了什么。数千名战士所形成的向前的推动力是如此巨大，以至于前排阵线的战士被困在他们和一支不可撼动的敌军部队之间，被人潮淹没、推倒并踩在脚下。很少有人会像阿伊的拉乌尔（Raoul d'Ailly）一样幸运。他是亚眠主教氏理官的儿子，因为比内·帕潘（Binet Pappin）的施救而逃脱了被踩踏致死的命运。后来，这位救人的扈从因为英勇行为而得到了阿布维尔的一座房子作为奖励。[28]

在一片混乱之中，生者与死者一同倒下。在表明亨利五世、约克公爵和卡莫伊斯勋爵在场的旗帜前方，大堆的尸体开始堆积。那些旗帜的前方正是法兰西军队攻击的重点。许多负伤的战士和那些只是在人流中摔倒的士兵，或者因为他们的同胞的重压而窒息，或者因为无法解下他们的头盔而在泥水中溺死。穿得破破烂烂的弓箭手们四处游走，给那些遭到袭击的人和无助者最后一击（coup de grâce）。其他的人则拾起倒下的人的武器武装自己，加入重铠兵的行列，努力地登上由尸体堆积而成的小丘，去残杀法兰西人。这些法兰西人仍在继续向前，不断地奔赴鬼门关。[29]

英格兰人并非一帆风顺。如果重铠兵们没有从第一次进攻中迅速地恢复过来并稳住战线的话，英军阵地就会立即崩溃，并带来灾难性的后果。在那之后相当长的一段时间内，英格兰人仍面临着真正的危险，即法军会用绝对的人数优势压垮他们。在近战肉搏中也有令人绝望的时刻。每一个堪当其任的法兰西重铠兵都想得到击杀英格兰国王的荣誉。而且，按照大骑士传统（grand chivalric tradition），克罗伊领主让（Jehan, sire de Croy）的部队高贵教养的。"皮桑的克里斯蒂娜在几年前曾这样写道。战争法则也规定，投降的俘虏应该得到宽大处理。"也就是说，他理应被饶过一命。而且更重要的是，他的主人（也就是俘获他的人）有义务保证他的人身安全，以防别人伤害他。"从这些条文看，违反骑士义务的不仅是国王本人，那些接受俘虏投降的人都违反了他们的骑士义务。然而，从军事角度考虑，亨利这么做是完全合理的。他和手下士兵的人身安全是他首要考虑的事情。就连皮桑的克里斯蒂娜也承认，如果一位君主确信，释放被抓住并被交到他手上的敌人将会给他自己及他的人民带来巨大的灾难的话，那么他就有权处决他们。[34]在被俘虏时，俘虏们可能会取下他们的头盔并卸下武装，但是战场上到处都是已经倒下的人的盔甲和武器。当俘虏他们的人在接下来的战斗中忙于作战的时候，被俘的法兰西人并不需要耗费很多的气力就可以重拾武器。对于势单力薄的英军来说，腹背受敌意味着覆灭与死亡。

我们不可能知道，在亨利的命令下，有多少法兰西俘虏被就地处决，相当重要的原因是，我们不知道英军在战役的这个阶段一共俘虏了多少人。目击者关于处决俘虏的描述是自相矛盾的。这也给我们增加了困难，因为按照他们的叙述，这个过程所需要花费的时间很长，在这种危急时刻，英格兰人几乎不可能有时间处决他们。随军司铎写道："除了奥尔良公爵、波旁公爵、某些与国王'交战'的杰出人士以及其他极少数人，所有的俘虏都死于俘虏他们的人或者其他跟随者的刀剑之下。"[35]谁来决定哪一位俘虏足够显赫杰出，并能够保有一命呢？他们和"其他极少数人"与余下那些被处死的人又有什么区别呢？

我们的另一位目击者圣雷米的勒菲弗写道，当亨利下达这一命令的时候，那些捕获了俘虏的人并不愿意杀掉自己手下的俘虏。勒菲弗毫无慈悲地认为，这些人之所以不愿杀掉俘虏，是因为他们不想失去他们的赎金，而不是因为他们对于这些俘虏负有骑士义务。在部下们不愿服从的情形下，国王被迫指派1名扈从和200名弓箭手前去大规模地处决俘虏。"前述的那名扈从履行了国王的命令。这是一件非常令人遗憾的事情。在这里，所有法兰西贵族就这样被残忍地杀死了，他们的首级被砍下，脸皮也被剥下。这一血淋淋的场面令人震惊。"[36]这一话语再次引发了疑问：英格兰人集结200名弓箭手以执行屠杀任务的速度有多快？他们又是如何免于即将来临的战争的？倘若真如一些现代评论者所暗示的那样，[37]英军手中有数千名俘虏的话，那么将他们全部斩首需要耗费多少时间？如果俘虏的人数真的那么多的话，当他们被逼到绝境的时候，他们为什么不进行反抗呢？

有关这一特定的事件，我们还有第三位目击者。他对于这场杀戮的记述更加令人毛骨悚然。拉努瓦的吉耶伯特的军事生涯始于1399年。那一年，他参加了法兰西人对怀特岛的袭击。随后，他于1400年参加了法兰西人对法尔茅斯（Falmouth）的劫掠。1403—1408年，他曾为埃诺总管让·韦尔尚效力，陪伴他参加十字军东征、在巴伦西亚（Valencia）的一次比武大会以及在西班牙与摩尔人的战斗。尽管他在1408和1412年曾参加了勃艮第公爵的远征，但是他再次参加了前往西班牙的远征，并在远征普鲁士的十字军中作战。当他在围攻马索（Massow）的战役中身负重伤之后，他被册封为骑士。他在英格兰度过了一段被羁押的时光，刚刚才得以返回。在那里，他在前往圣帕特里克主教座堂的朝圣之旅中被英格兰人抓住了。在支付了赎金之后，他才得以重获自由，而勃艮第公爵也为支付他的赎金出了钱。[38]

对于拉努瓦的吉耶伯特而言，第二次被俘虏是非常不幸的。尽管他对于这场战役本身没有什么可说的（他把这一战称为"卢梭维尔之战"[Battle of Rousseauville]），但他对于这一战役是有记述的。他记述道，他的膝盖与头部受了伤。在被那些搜寻俘虏的人发现之前，他一直和死人躺在一起。在被俘并被短暂地扣押之后，他被带到附近的一间小屋里，和另外10—12名俘虏关押在一起，"所有人都很无助"。当喊叫声传来，指示人们要杀死他们的俘虏的时候，"为了尽可能快地完成这件事，他们把火把投进无助的我们所在的小屋中。但是，承蒙上帝的恩典，我手脚并用地爬了出来，逃离了漫天的大火……"没走多远，他就被返回此处的英格兰士兵再次俘获了。他们从他的纹章中识别出他的高贵身份，便把他出售给了精明的赎金收集者约翰·康沃尔爵士。[39]

拉努瓦的吉耶伯特没有提到与他一起被关押的难友们的命运，但是可以推测，他们已经被烧死在房子里了。与随军司铎或者圣雷米的勒菲弗的记述相比，拉努瓦记述中随便的暴行听起来更真实，因为这是一种能够更加快速、更加高效地处理数目众多的俘虏的方式。即使如此，人们必然会怀疑，用这种方式被处决的人究竟有多少，因为并不是所有的俘虏都被带离了战场，而且正如其他目击者所证实的那样，部分人已经被就地处死。一些现代历史学家认为，[40]这种大规模的处决便是如此众多的法兰西贵族死于阿金库尔的原因。这一判断忽略了以下的事实：在战争进程当中，如果不像当时的编年史家所绘声绘色地描述的那样，他们的对手在作战的时候就遭受了重创的话，那么一支规模如此小的军队是无法取胜的。不可否认，处死俘虏的做法是非常残忍的。然而，如果亨利放过了他们，而他们又建立起了第二条战线的话，那么那天的结局将会非常不同。亨利本人则会受到谴责，因为他出于软弱的同情心或是不合时宜的仁慈而毁掉了自己的手下。耐人寻味的是，同时代的人没有一个人诟病亨利的决定，甚至法兰西人也不例外。[41]

那时真的有必要杀死那些俘虏吗？一些历史学家认同圣德尼的僧侣的看法，认为法兰西人并没有发起新一轮进攻的可能，整个恐怖的插曲完全是基于英格兰人对一个错误的警报所做出的慌乱反应。拉努瓦的吉耶伯特则认为，布拉班特公爵安托万重整军队的企图促成了悲剧的发生。[42]这是有可能的，因为公爵在当天很晚的时候才抵达阿金库尔。和他的兄长无畏的约翰一样，安托万没有在鲁昂与其他的法兰西王公会合。安托万一直保持着冷淡的态度，直到英格兰人渡过了索姆河、战争一触即发之前。在那一刻，他对国家的忠诚胜过了他对自己兄长的忠诚。10月23日，他匆忙地从布鲁塞尔进发，穿过他的公国。公爵日夜兼程，速度非常快，以至于他的有些手下没能跟上他的步伐。

到了10月25日早晨，安托万到达了位于贝蒂讷（Béthune）和圣波勒中间的佩尔内斯（Pernes）。在继续行军之前，他听了一场弥撒。正当他在鼓舞部队的士气的时候，前方传来了阿金库尔战役将会在中午之前打响的消息。由于距离目的地还有大约15英里的路程，安托万和他的部下们又跳上了马，向阿金库尔飞驰而去。等到他们到达时，他们发现，战役已经打响了。在匆忙之中，公爵没有足够的时间披上他的全套铠甲，也没来得及披上他那带有纹章的罩袍。因此，他只好借用他内侍的盔甲，并从他的军号上扯下了两面带有他的纹章的燕尾旗，把其中一面围在自己的脖子上，作为临时的纹章，又把另一面绑在一支长枪上，作为他的旗帜。在做了这些事情之后，他便投入了战斗之中，他的部下们则紧随其后。只是一瞬间的工夫，他便被击倒和杀死了，这些临时拼凑的纹章并没能保护他。[43]

拉努瓦的吉耶伯特声称，正是布拉班特公爵的到来促使囚犯被杀，这一说法至少得到了另外两名法兰西编年史家的支持，这两个人分属不同的政治阵营。[44] 但另外一些人也同样坚称，战线后面真的有军队在集结。在一些消息来源中，组织重新集结的是布拉班特的克利涅。这一事实表明，这里可能就是记述上的混乱出现的地方，因为第一次提醒英国人注意到新的危险的是一声声"布拉班特！布拉班特！"的呼喊。这一战斗口号可能指的是布拉班特公爵，也可能指的是布拉班特的克利涅。随军司铎对他的所见所闻毫不怀疑："有人喊叫着，说敌人的骑兵后卫部队（其人数不可计数，而且都是新上战场的）正在重新占领阵地和建立战线，以便向人数少且疲惫的我们发起进攻。"[45]

显然，在整个战役当中，负责后卫的法军骑兵部队无所事事地袖手旁观。当时的编年史家们把这一点归咎于后卫部队的指挥官们，认为他们擅离职守，离开了手下的士兵并加入了步行作战的行列当中，致使没有人带领后卫部队加入战斗，也没有人给他们下达前进的命令。[46] 平心而论，我们不得不说，这些指挥官可以做的事情并不多。按照原先的计划，在法军的前锋部队和主力部队击溃英军的战线，而英格兰人开始逃跑的时候，这些指挥官就会负责追击和剿灭败兵。在这件事没有发生的情况下，他们就无法有效地介入战斗，因为己方的重铠兵们阻断了他们与敌人接触的可能。只有等他们自己的部队被屠杀殆尽，或者混乱地向后撤退之后，他们才有可能发动骑兵冲锋，而到了那个时候，胜利的希望已经极其渺茫了。

一旦后卫部队的指挥官明白，战斗将要朝着不利于他们的方向发展之后，那些负责指挥后卫部队的人——达马丁伯爵、福康贝格伯爵和劳罗伊斯领主——就努力将他们的人马集结起来，并试图维持秩序。尽管他们无法阻止许多人临阵脱逃，但是他们还是集结起了一支数目不小的队伍。这些人扬起了军旗，似乎要发起一次骑兵冲锋。无论布拉班特的克利涅本人是否参加了这支部队，这支由法兰西人、加斯科涅人、布列塔尼人、普瓦图人所组成的杂牌队伍的确在最后一次试图挽救法兰西荣光的英勇尝试中团结在了一起。但是，这一尝试注定是要失败的。和他们的战友一样，他们遭遇了一连串箭雨的攻击，并倒在了战场上。除达马丁伯爵和布拉班特的克利涅之外，所有的指挥官都以身殉职。然而，他们所展现出来的高贵品格和自我牺牲的精神并没给他们带来什么，只给他们引来了同胞的轻视。后者直截了当地将亨利下达的屠杀俘虏的命令归咎于"这支被诅咒了的法兰西军队"。[47]

法兰西人指责的矛头还对准了第三群人。战争的最后阶段，当英格兰人在别处奔忙的时候，他们的后方正遭受攻击的警报响起了。如果此事属实，那么英格兰人将会受到前后夹攻，处在一个足以致命的危险境地当中。这再次给了他们充分的处决俘虏的理由。事实上，尽管此时确实存在一次袭击，但是攻击目标并不是军队本身，而是他们的辎重车队。同时代的编年史家指出，这一强盗行径是当地人犯下的。他们还表示。这是一时冲动所引发的事件。他们被那些丰厚的不义之财蒙住了双眼。据说，三名勃艮第人及他们所率领的军队应当对此事负责。这三个人是阿金库尔的伊森巴尔特（Ysembart d'Azincourt）、布农维尔的罗比内（Robinet de Bournonville）和帕拉麦斯的里夫拉尔（Rifflart de Plamasse）。他们所率领的军队则是由少数重铠兵和大约600名来自埃丹（Hesdin）的农民（或者"地位低的人"）组成的。[48]

这也有可能是法军官方作战计划当中的一部分。正如我们所看到的那样，在布锡考特元帅原先的作战方案当中，在英军战线背后对"侍从和他们的运货马车"发动一次进攻的设想就已经存在了。在这个计划中，布尔东的路易将指挥着一支几百人的骑兵部队前去发动进攻。[49]尽管在战役爆发的那天，布尔东被重新分配了一份更为重要的任务，但是这并不一定意味着人们放弃了这个想法。特别是，此时的法兰西军队并不缺少人手。还有把这一任务交由更加了解当地的地形、可以在英格兰人战线的周围秘密展开行动的当地人执行更合理的事吗？

然而，英格兰随军司铎暗示，就总体而言，此事带有更多机会主义的成分，劫掠是其唯一的目的。他处于了解此事的最佳位置上，因为他本人就在辎重车队里。他记载道："几乎在每一个方向上，法兰西劫掠者们都在注视着它，企图在两军交战之时对其发动进攻。"根据他的说法，此次攻击并不是发生在战役的最后阶段，而是发生在战斗打响的时候。此时，辎重车队刚刚从其初始位置出发，还处于迈松塞勒及其附近地区。劫掠者们"向辎重车队的末端发动了进攻。由于王室仆人们的疏忽，那儿正好是国王的装备所在之处"。这种说法可能更符合事实，后来发生的一件事也更加印证了这一点。国王配膳室的一名仆人约翰·哈格罗夫（John Hargrove）在阿金库尔丢失了国王的珠宝和御用餐盘，而他的罪过后来得到了王室的宽恕。但是，它确实表明，这场攻击不可能是囚徒被杀的原因。[50]

无论这场袭击发生在什么时候，抢劫者们都成功地取得了意料之外的收获。他们得到了219英镑16先令的现金、珠宝（其中包括一个镶满宝石的、价值超过2166英镑的黄金十字架和一块真正的十字架的碎片）、王冠、御用宝剑以及英格兰大法官法庭的印章。这把御用宝剑很快就获得了曾为亚瑟王（King Arthur）本人所有的名声。随后，阿金库尔的伊森巴尔特和布农维尔的罗比内就把它献给了沙罗莱伯爵腓力。他们希望，假如他们的劫掠行为造成了任何影响的话，沙罗莱伯爵也可能会念在这把宝剑的分上为他们出面调停。但是这是徒劳的。他们的行动促使法兰西俘虏被杀的谣言一传开，腓力被迫把这把剑交给了他的父亲无畏的约翰。后者逮捕了两人，并将他们囚禁起来。不说别的，他们是非常好的替罪羊。惩罚他们不仅可以平息法兰西人的强烈抗议，还能安抚勃艮第公爵的英格兰盟友。[51]

回到战场本身，人们很快便发现，集结法军的计划失败了。他们的将领已经死去，而英格兰国王又在向他们步步逼近。最后剩下的后卫士兵们意识到，再负隅顽抗也是徒劳的。那些依然拥有坐骑的人放弃进攻，转身逃跑，抛弃了那些步行作战的同伴，让他们听天由命。除此之外，他们还将阵地拱手让给了英格兰人。尽管胜利明显属于亨利五世，但是他仍然有最后一道礼节需要遵守。在战役开始之前，他命令他的纹章官"一丝不苟地履行他们自己的职责"，而不是亲自拿起武器。正如圣雷米的勒菲弗所解释的那样，那时，英格兰纹章官加入了法兰西纹章官的行列，一起观看这场战斗的过程。[52]基于官职的原因，他们脱离了派别纷争，并且成了公平、中立的国际观察员。就像是正在参加一场马上长枪比武或是一场比武大会一样,他们的职责是记录英勇的事迹,并向胜者送上象征胜利的棕榈叶。

正是出于这个原因,此时的亨利五世才将纹章官们召集到他的眼前。他正式要求法兰西的国王纹章官蒙茹瓦告诉他,这场胜利到底是属于英格兰国王,还是法兰西国王。在承认上帝在事实上已经将胜利授予了亨利之后,蒙茹瓦还被迫承认,英格兰国王已经在他的决斗裁判中获得了胜利,这一胜利也已经证明,亨利对法兰西王位的主张是正义的。随后,亨利询问他战场附近的城堡的名字,并得知它叫阿金库尔。"而且,国王说,由于所有战役都应该用距离他们战斗的地点最近的堡垒、村庄或城镇的名字命名,从现在直到永远,这场战役将被称作阿金库尔战役。"[53]

第三部分

战后余波

第十六章

死亡名单

英格兰人取得了一场著名的胜利。这场胜利将获得与亨利的祖先在克雷西和普瓦捷所取得的胜利类似的地位。他们赢得这场胜利是由他们自己的勇气、决心和专业精神所决定的。毫无疑问，弓箭手的技术是胜利之路上的基石，他们愿意用手头上的任何武器近距离与敌人交战这一点帮助他们达成了这一胜利。但是，重铠兵在坚定地对抗压倒性的困难方面也做出了至关重要的贡献。毫无疑问，国王鼓舞人心的领导也发挥了作用：他从未动摇过自己的信念，相信上帝会战胜他的敌人，而且，他还亲自带兵上阵。那一天，无论是作为一名指挥官还是战术家，他都证明自己优于他的法兰西对手。

无论如何，法军阵亡人员的规模之大确实令人感到耻辱，甚至恐慌。数千名法兰西人横尸在阿金库尔的战场上。由于同时代编年史材料的出入巨大，并且缺乏可以利用的全面官方行政记录，法军阵亡的准确人数已经不可考了。例如，托马斯·沃尔辛厄姆给出了非常精确的伤亡人数：3069名骑士与扈从以及将近100名男爵。但是他承认，纹章官并没有计算普通士兵的伤亡情况。随军司铎则计算出，级别在方旗骑士之上的阵亡将士有98人，"他们的名字被记录在一卷名册中"。这卷名册或许和沃尔辛厄姆所使用的参考材料是同一卷。他还说，"根据他们自己的统计"，法兰西人至少损失了1500名骑士。除此之外，他们还失去了4000到5000名其他的绅士，几乎是"法兰西军中所有的贵族"。另一方面，威尼斯人安东尼奥·莫罗西尼引用了一封于战役之后第五天（10月30日）写于巴黎的信。那时，还没有人能够准确知道法兰西人的伤亡情况。他（不准确地）列举了26名被杀男爵和13名被俘男爵的名字，并将最终死亡人数确定为1万—1.2万。但是，我们并不清楚，这个数据是否包括了普通士兵。[1]

尽管人们并不清楚法军伤亡的具体规模有多大，但确定无疑的是，无论以哪种标准衡量，相对应的英军伤亡人数都非常有限。只有两名显贵（约克公爵爱德华和年轻的萨福克伯爵拉波尔的米歇尔）在战争中死去。就在几周之前，萨福克伯爵的父亲在阿夫勒尔死于痢疾。绝大多数编年史家认为，大概还有30人被杀，另有四五名绅士与他们遭遇了同样的命运。在这四五个人中，只有理查德·凯利爵士和达菲德·阿普·卢埃林爵士（Sir Daffyd ap Llewelyn）两人被经常提及。正如我们将要看到的那样，尽管真实的情况似乎不可能是勒菲弗所说的那样，[2] 有1600名"各个阶级的战士"阵亡（这个数字已经超过了整个英格兰军队人数的1/4，就连最激进的宣传者都不可能宣称这样的损失是无关紧要的），但这些数字还是远远低于真实的人员阵亡数。

在所有的英格兰阵亡者当中，最有趣的是约克公爵爱德华——那个饱受后人诟病的人。作为理查二世和亨利四世的堂弟，他总被描绘为一个"不安分和奸诈的"人。[3] 在任何经历过理查二世那动乱的统治并在篡位阴谋和王朝更迭中幸存下来的人身上，人们都能轻易地贴上这样的标签。公爵的不幸在于，他必须在两个政治派别中寻求一种平衡，并且成为理查三世支持者和都铎王朝宣传者（包括莎士比亚在内）的牺牲品。他深得理查二世的恩宠。在逮捕上诉派贵族的过程中，他发挥了主导作用。在担任英格兰宫廷长官的时候，他又以叛国罪起诉了这些贵族。另一方面，他对理查越来越专横暴虐的行径感到不满，并对他流放未来的亨利四世的决定有异议。而最终，正如除少数理查二世的死忠之外的大多数人一样，他在亨利四世起兵时抛弃了理查。

尽管约克公爵因自己参与谋杀上诉派贵族格洛斯特公爵还有自己的妹妹与弟弟对兰开斯特家族策划阴谋而受到牵连，但是他的共犯身份一直没有得到证实。在约克公爵妹妹的反叛阴谋败露后，他在佩文西城堡（Pevensey Castle）中被囚禁了17周。但是，那里的人对他的罪行持怀疑态度，亲切友好地对待他。在随后的很多年中，他一直牢记着他们对他的友好待遇。在他的遗嘱当中，他把20英镑赠送给了当年看管他的人。虽然约克公爵的部分领地仍在国王的手里，但他又恢复了先前的职位，而且在阿基坦与威尔士的征战中为亨利四世效力。在两场征战当中，他表现突出。由于他在远征威尔士时所发挥的作用，他赢得了当时的威尔士亲王的友谊。后者在1407年召开的议会上亲自站出来为他的忠心做担保，并且在自己的统治期间对他委以要职。[4]

与通常被描绘的形象不同，约克公爵爱德华既不是狡诈的野心家，也不是粗野的职业士兵。和亨利五世内部圈子中的许多人——包括国王本人——一样，爱德华也笃信宗教并拥有一种自我贬低式的虔诚，即一种可被接受的、主流版本罗拉德派的做派。在围攻阿夫勒尔期间，当约克公爵立下遗嘱的时候，他把自己称作"最邪恶的、罪孽最为深重的罪人"。他同时要求，如果他死在异乡，带回他尸体的仪式应当尽可能简单，只需要他的两名随军司铎、六名扈从以及六名贴身侍从参加。在他的棺材周围，人们只需要点燃六支蜡烛，而他将被埋葬的圣玛丽和诸圣徒教堂中，那是他于三年以前在北安普敦的福瑟林黑（Fotheringhay）建造的。[5]

约克公爵和同时代的许多人一样，也具有文学品位。他熟读杰弗里·乔叟的作品，并能够引用其中经典的语句。令他与众不同的是，他也是一本关于狩猎的专著的作者。在亨利五世还是威尔士亲王的时候，他就写了这本书，并把它献给了亨利五世。在他的序言中，他将此书描述为一本"简单的回忆录"，[6] 但是从许多方面来说，这都是一本非凡的书。和绝大多数的中世纪贵族一样，公爵对打猎充满了热情。对于他而言，这并不仅仅是一个令人愉悦的消遣方式，甚至也不仅仅是为餐桌提供新鲜肉食的一个切实可行的途径。它是一场与受尊敬的猎物斗智斗勇的战役，也是一次对于习性、栖息地和地形知识的深入考验。一切狩猎行动都要遵守严格的行为和礼仪准则，避免猎杀那些正在繁殖的动物和那些太过于幼小或者不适于食用的动物，而且要确保不浪费任何一个猎杀的动物。

不寻常的是，虽然这本书是为贵族量身定做的，它所用的却不是骑士的语言。也就是说，它不是用法语，而是用英语写成的。其中的不少内容译自富瓦伯爵加斯东·菲伯斯的一部著名的狩猎著作。他因打猎时突发中风而死于1391年。这一死因与他十分相称。但是，约克公爵并不仅仅是一个翻译者。他也是掌管亨利四世猎鹿犬[7]的官员，而且精通猎鹿这一活动。因此，他得以大量使用自己的知识以补充英格兰所特有的信息，并用基于经验而做出的评论来丰富原著。就为人们提供关于中世纪狩猎实践的实用信息而言，《狩猎大师》是无可匹敌的，其中既有基础知识，例如如何按任务挑选合适的猎犬，也有高级知识，例如如何正确地肢解一具动物尸体。这并不是一部乏味枯燥的学术著作，而是一个男人对于他所热爱事务的颂扬。其优美而抒情的语言堪比乔叟。对于公爵而言，地上的任何愉悦都不及狩猎带给他的快乐。这是天堂情景的预演。"现在，让我来证明，猎人的生活是如何比世界上其他任何人的生活更快乐的吧。"他写道：

> 当猎人醒来的时候，清晨芳香且美丽，晴空万里。他听到小鸟在歌唱。它们的歌声甜美，旋律悦耳，充满了爱意。每一只鸟都在用自己最好的语言放声歌唱……当太阳升起的时候，他应该会看见落在细枝和小草之上清新的露水，太阳的光辉应该会使它们闪闪发光。这就是猎手的内心所体会到的巨大的愉悦……当他吃饱喝足的时候，他就会感到非常高兴和自得，并感到十分自在。然后，因为感到热，他会在夜晚的时候到户外透透气，散散心……穿着新衣服躺在床榻上，他应该整夜都会睡得很安稳踏实，不会被任何罪恶的想法侵扰。因此，我说猎人们死后会到达天堂，他们在这个世界上生活得比其他任何人都要快乐。
>
> ……人人都想要在这个世界上健康快乐地长命百岁，也希望死后的灵魂能够健康。猎人们享有这一切。因此，你们都应该成为猎人，并且要像聪明人一样打猎。[8]

希望公爵死后到了猎人的极乐世界，因为他死在地上的地狱里，即阿金库尔的前线。相传，他身体肥胖，因而被踩踏并且窒息而死。这一说法是都铎王朝晚期的杜撰。但是，现代历史学家仍在重复这一说法，并不对这个说法加以分辨。[9]

没有同时代的人记载过公爵死亡的方式，但他部队中高得出奇的伤亡率引发了人们的猜测。尽管约克公爵的原计划是带上100名重铠兵和300名弓箭手，但他最后带了340名弓箭手。（在他从南安普敦起航之前，他还抵押了他的地产以支付他们的薪水。）[10] 10月6日，就在国库开始记录第二个财政季度的财政状况，距离英军离开阿夫勒尔还有两天的时候，约克公爵手下的重铠兵减少到80人，弓箭手则减少到296人。4名弓箭手之所以被除名，是因为他们无法达到每分钟精准射出10支箭的最低要求，而不是因为他们死了或者病了。在行军期间，他又损失了至少3名重铠兵和3名弓箭手。所以，参战的人数只有370人。关于那些再次从加来被运送回国的人的记录显示，在这些人中，只有283人从这场战役中幸存了下来：公爵的扈从和弓箭手中有86人——几乎是总人数的1/4——与他一起死在了阿金库尔。[11]

这一较高的伤亡率与我们所知的战斗过程相吻合。约克公爵本人指挥着英格兰的前锋部队，在战役中，其所部组成了部队的右翼，承受着法军左翼部队的冲击。法军左翼由旺多姆伯爵率领，他们也蒙受了巨大的损失。[12] 随军司铎告诉我们，在英格兰军队三个队伍的旗帜周围，战斗是最为激烈的，那里也有成堆的尸体。这也意味着公爵和他的部下是承受法军主要冲击的人。留存下来的信息表明，相比于其他英格兰部队，公爵在阿金库尔的损失异乎寻常地惨重。尽管英格兰左翼部队的统帅托马斯·卡莫伊斯勋爵本来只需要召集30名重铠兵和60名弓箭手，但他实际上多召集了2名重铠兵和9名弓箭手。他的5名重铠兵在阿夫勒尔或是战死，或是因为伤病而被遣送回国。另有1人留下来充当守军。剩下的26人则在阿金库尔作战。这26名重铠兵都安全地回家了。同样安全回到家乡的还有他手下55名在阿金库尔作战的弓箭手。[13]根据契约，未来的亨廷登伯爵约翰·霍兰要带领20名重铠兵和60名弓箭手前去作战。他在阿夫勒尔损失了2名弓箭手，另有4名在战斗中丧生，1名后来在加来阵亡。在他手下，只有1个名叫亨利·斯特雷特（Henry Strete）的重铠兵在阿金库尔阵亡。[14]

在有关其他可以确定在战斗中阵亡的重铠兵的事实中，一个重要的事实或许是，他们与在兰开夏和威尔士召集的大量弓箭手有关。死在了阿夫勒尔的理查德·凯利爵士是一名来自兰开夏的骑士，也是威廉·博提勒爵士（Sir William Botiller）的朋友。他手下有一支由6名重铠兵和18名弓箭手组成的小部队。其中，有一个名叫托马斯·凯利（Thomas Kyghley）的重铠兵。光从这个姓就能推断，他与理查德有亲属关系。他死在了阿夫勒尔，另有两名重铠兵因为伤病而从阿夫勒尔回国。理查德爵士本人和他的4名弓箭手（霍兰的威廉［William de Holland］、约翰·格林博格［John Greenbogh］、布拉德肖的罗伯特［Robert de Bradshaw］和吉尔伯特·豪森［Gilbert Howson］）都在这场战役中被杀死了。在他依照契约另外招募的50名兰开夏弓箭手当中，6人死在了阿夫勒尔围城战中，8人留下来驻守阿夫勒尔，10人因伤病回国，7人在战争开始之前就被捕了。只有19人在阿金库尔作战，而且都活了下来。[15]

尽管我们不知道凯利具体是在何时何地战死的，但做出这样的推测仍让人感到有趣：他可能指挥着来自兰开夏的弓箭手们,而这些人可能处于英格兰军队的右翼并与约克公爵的军队相邻。从国库的记录中,我们了解到:詹姆斯·哈林顿爵士的50名兰开夏弓箭手中有4人阵亡;约翰·索思沃思爵士(Sir John Southworth)也失去了4名手下,他手下还有两人伤势严重,在加来阵亡。这两位骑士都不在阿金库尔。哈林顿在出海前就被重新指派前去处理国内事务。索思沃思则在阿夫勒尔死于痢疾。把他们的人调到理查德·凯利爵士的队伍中是合乎逻辑的,因为他们都来自同一个地方。这是否能够在一定程度上解释理查德爵士的死亡?比起其他任何支队(除了约克公爵的部队),兰开夏的队伍所遭受的损失必然最为严重。这同时表明,他们身处侧翼部队中交战最为激烈的位置。[16]

另一个被几份文献提及的死者是达菲德·阿普·卢埃林,即同时代的人所熟知的戴维·加姆(Davy Gam)。这位威尔士人是莎士比亚笔下的弗鲁艾伦(Fluellen,卢埃林的误写)的原型,并由此获得了某种程度的传奇地位。据说,他也是反叛贵族欧文·格林杜尔所作的一首诗的主人公。该诗把他描述为一个身材矮小、红发而且斜视的人(在威尔士方言中,"加姆"是斜眼的意思)。虽然这两个形象都不佳,但卢埃林一直是一名忠心耿耿的兰开夏人。他的土地是亨利四世(先是作为赫里福德伯爵,后是作为国王)赐予他的,主要位于布雷肯(Brecon)。在威尔士叛乱期间,卢埃林的忠诚让他成为叛军的攻击目标。1412年,他被出卖,落入了欧文·格林杜尔的手中。在被最终赎回之前,他一直被当作人质。[17]

有一个说法是,由于卢埃林在阿金库尔战场上作战英勇,他在战场上被册封为骑士。与他一同受封的还有他的两名女婿罗杰·菲尚（Roger Fychan，又名赫里福德郡的布拉德沃丁的沃恩[Vaughan of Bredwardine, in Herefordshire]）和布雷肯的沃特金·劳埃德（Watkin Lloyd of Brecon）。这个说法大概是一个16世纪的创造。与之同为16世纪创造的还有他的女婿们都和他一起战死的说法。病患名单显示，劳埃德完全错过了这场战斗，因为他已经从阿夫勒尔被送回家；如果菲尚在阿金库尔，那么他一定活了下来，因为两年后，他将作为沃里克伯爵手下的一名重铠兵，应征参加亨利第二次入侵法兰西的战斗。[18]如果说，一些重铠兵被他们骄傲的后人们错误地描述为战场上的牺牲者，那么，其他人似乎没有引起任何人的注意。例如，来自伍斯特郡马特利的约翰·莫蒂默爵士（Sir John Mortimer of Martley, in Worcestershire）在战斗中阵亡，死时年仅23岁。关于他的记录只存在于死者遗产调查中。他是马奇伯爵的远亲，只当了11天的骑士。在法军进攻迫在眉睫时，他与一群扈从一起在蓬雷米被国王封为骑士。[19]

尽管由于可利用的材料并不完全，战场的情况不可避免地会有瑕疵，但可以看到，英格兰一方大约有112人在这场战役中死去，这一数字并不包括后来因伤死去的人。其中，大部分人都是弓箭手。没有一部当时的编年史记录过他们。这些人的名字只存在于国库的记录当中。当我们把注意力转向法兰西一方时，没有相应的行政记录能够告知我们，有多少非贵族人员死了，甚至一点线索也没有。我们确实有一些名单记录了部分人名，但这完全只是因为他们有资格佩戴纹章。这些名单通常是由纹章官所编制的，但是就连他们也无法做到无所不包。有时，这是因为缺乏当地的知识：诸如阿兰·布沙尔（Alain Bouchart）之类的布列塔尼编年史家就能够在名单里加上几个被勃艮第派和阿马尼亚克派文献忽略的布列塔尼骑士的名字。(布沙尔还提及,"除了极少数人",孔布尔领主沙托日龙的让[Jean de Chateaugiron, sire de Combour]所部300名布列塔尼弓箭手几乎都和他一起在这场战役中阵亡了。)[20]

法兰西阵亡者名单不全的主要原因是,他们的阵亡人数实在是太多了,就连一向不知疲倦的蒙斯特勒莱也不得不承认这一点。他用了整整一个章节来记载那些被杀或被俘的人,但在成功地记录了超过300个死者的名字之后,他也不得不表示:"此外,还有很多人。出于行文简洁的考虑,我省略了许多人。这样做也是因为我不知道怎样才可以记录所有人的名字,他们的数量实在是太大了。"[21] 我们永远也无法知道,最终版本的伤亡人员名单会是怎样的。但这个名单可能包括3名公爵(阿朗松、巴尔和布拉班特公爵),至少8名伯爵(布拉蒙、福康贝格、格朗普雷、马尔勒、讷韦尔、鲁西、沃库尔[Vaucourt]和沃代蒙伯爵)和1名子爵(帕萨依子爵[viscount of Pulsaye],即巴尔公爵的弟弟)。[22]

令人震惊的是,法军的死者中还包括一名大主教。桑斯大主教让·蒙泰居(Jean Montaigu, archbishop of Sens)并不是一名普通的司铎。与他的英格兰同行们——诺里奇主教和班戈主教——不同,他在法兰西军队中并不承担外交和牧众的任务。同样地,与当年夏天早些时候被召集的英格兰人不一样,他甚至也不是在极端危险的境地被召集起来守卫家园的教士。他是一名武装司铎(militant priest)。这是一个罕见且逐渐在消失的群体。与使用香炉一样,他们也善于挥舞宝剑。在担任沙特尔主教的时候,蒙泰居还曾是1400年成立的"爱的法庭"(Court of Love)的一名成员。这一法庭本来是用来处理查理六世的风流韵事的,后来则成了"起诉"冒犯贵族妇女这种有违骑士精神的行为的地方。[23] 1405年，他对阿马尼亚克派的忠诚让他获得了法兰西大法官的职位。但是，在他的兄弟——王室大总管蒙泰居的让（Jehan de Montaigu）——于1409年被巴黎暴民处死之后，他就逃走了。不久后，他便在亚眠被捕，被捕时还戴着头盔、穿着胸甲。然而，被捕是暂时的。他在1411年再度出山，在圣克卢战役中指挥着400名骑士对抗英格兰人和勃艮第派，守卫了圣德尼。圣德尼的僧侣显然十分敬佩这个健壮的基督教徒。根据他的说法，当桑斯大主教死于阿金库尔的时候，他还在"用赫克托耳（Hector）的力量，奋力地击打周围的敌人"。于尔森的让·朱韦纳尔则少了些对他的称赞。这位大主教之死并"没有得到很多哀悼"，他写道，"因为战斗不是他的职责所在"。[24]

即便是那些最粗心的读者，也会立刻注意到法兰西的死亡名单中的三个特点。首先是这样一个看似无意义的事实：在这个名单中，竟有如此多的、拥有骑士故事中英雄名字的人。在他们当中，有一大群兰斯洛特（Lancelot）、一些海克托（Hector）、几个欧文（Yvain）和几个弗洛里德斯（Floridas）、一个高文（Gawain）、一个珀西瓦尔（Perceval）、一个帕拉米迪斯（Palamedes）、一个崔斯坦（Tristan）以及一个亚瑟（Arthur）。[25] 即使英格兰和法兰西享有相同的文化与文学背景，但这是法兰西特有的现象。通常来说，英格兰人不会给自己的子嗣取故事中的名字。在众多的约翰、威廉、罗伯特、托马斯、亨利和尼古拉斯们中，没有一个人与英雄重名，而这些人占据了国王手下430人中的大多数。[26] 法兰西贵族流行用英雄的名字来为自己命名，表明法兰西人仍异常热衷于亚瑟王传奇，这些故事所蕴含的宫廷价值观和志向则在骑士制度的发祥地流传。

死亡名单的第二个惊人的特点是,它读起来就像是一本阿金库尔附近的城镇和村庄地名的词典。随机选取几个例子,我们就可以看到,阵亡的将士中有:阿金库尔领主雷诺(Renaud, sire d'Azincourt)和他的儿子瓦勒朗(Wallerand);特拉梅库尔的让和雷诺(Jean and Renaud de Tramecourt);贝亚莱库尔领主拉波特的科拉尔(Colart de la Porte, sire de Béalencourt);克雷基领主拉乌尔(Raoul, sire de Créquy)以及他的儿子腓力;于米埃尔的马蒂厄和让(Mathieu and Jean de Humières,于米埃尔领主[seigneur de Humières]被俘了);万德多讷的阿兰(Alain de Wandonne);森皮的科拉尔和让(Colart and Jean de Sempy);安布林斯的厄斯塔什和让(Eustache and Jean d'Ambrines);巴约勒的让(Jehan de Bailleul)。[27]

这告诉我们,战争对附近的人民产生了多么灾难性的影响。和那些来自更广大地区的人一样,这些人都是小贵族。整个王国的军事、财政、司法和其他公共事务的执行都要仰仗他们。亚眠、卡昂(Caen)、埃夫勒(Evreux)、梅肯(Macon)、莫(Meaux)、鲁昂、桑利斯(Senlis)、桑斯(Sens)、韦尔芒杜瓦(Vermandois)的执行官全都被杀死了。许多人是和儿子一起被杀死的。还有一些人和他们所带的士兵(这些人都是从他们的管辖范围内抽调的)一起被杀死,无一生还。(巴黎的市民记载了此事。)[28]这些人大都是地主、城堡主和地产的经营者,与经济生产有着密切的联系。无疑,既然他们有作战能力,那么他们必然正值壮年,处于最活跃的状态。阿金库尔战役收割了阿图瓦、蓬蒂厄、诺曼底、皮卡第等地法兰西社会天然领袖的性命。没有人可以取代他们。

这样的情形在全国范围内不断重复,但其中一个显著的不同便是，许多人正在等着接替那些死去的人的职务。这些等待的人大多是勃艮第派。绝大多数的王室官员都在阿金库尔战死或被俘了。法兰西军队遭受到了异常严重的打击。除了王室统帅阿尔布雷的查理，法兰西还失去了海军大臣沙蒂永的雅克和弩兵大团长朗比尔的达维德。法兰西宪兵司令富热尔的加卢瓦（Galois de Fougières）也战死了。至今，人们仍然记得他，因为他启发了人们创建法兰西宪兵队（gendarmeire）。人们在战场上找到了他的遗体，并将他埋葬在位于欧希（Auchy）的修道院教堂的中殿里。1936年，在法兰西国家宪兵队的要求之下，他的遗体被挖了出来，重新葬在凡尔赛-勒谢讷（Versailles-Le Chesney）的陵墓中。[29] 布锡考特元帅被俘，后死于英格兰的监狱中。[30]

王室内廷官员的减员规模也是巨大的。其中，有两名最高级官员被杀。这两个人是王室大总管吉夏尔·多芬和金焰旗掌旗官巴克维尔领主纪尧姆·马特尔。后者的两个儿子也一起死去了。正如圣德尼的僧侣所哀叹的那样，多芬（他是与阿尔布雷的查理同族的后辈）和巴克维尔二人并不是年轻鲁莽的贵族，而是"经验丰富的骑士，因为高贵的出身和军事经验而闻名。他们用明智的建议为王国指引方向"。在所有人当中，他们的牺牲最令人遗憾。这是因为，尽管他们曾经反对过贸然开战，但是无论最终结果如何，他们都选择参加这场混战，而不是不体面地撤退。[31] 旺多姆伯爵布尔东的路易和原来的驻英格兰使节伊夫里的夏尔也被俘虏了。然而，根据报告，后者已经死亡。与他一起死去的还有他同样名叫伊夫里的夏尔的长子，后者的确战死于阿金库尔。[32]

法兰西死亡名单的第三个最为引人瞩目的特点便是，许多的人不仅来自同一个阶级，而且来自同一家族。单是从那些死于阿金库尔的当地人来看，这一点就已经非常明显了。从最伟大的家族到最渺小的家族，法兰西北部所有与贵族沾亲带故的家庭都至少失去了一名成员。在一些特别不幸的情况中，整个家庭就此覆灭了。就连法兰西国王也未能幸免。查理六世在这场战役当中失去了7名血亲。这些人包括阿朗松公爵让、巴尔公爵爱德华、帕萨依子爵巴尔的让（巴尔公爵的弟弟）、马尔勒伯爵罗贝尔（巴尔公爵和帕萨依子爵的侄子）、46岁的法兰西王室统帅阿尔布雷的查理（他身经百战，但发现自己很难控制法兰西的年轻贵族）。最后，也许最具有讽刺意味的是，无畏的约翰的两个弟弟也在查理六世所失去的血亲之列。这两个人分别是30岁的布拉班特公爵安托万和26岁的讷韦尔伯爵腓力。[33]

这份名单一次又一次地记载了一起战死在阿金库尔战场上的兄弟或者父子。这样的例子太多了，无法一一列出。但是，值得特别指出的是，人们经常会看见，两兄弟或是三兄弟同时丧生于这场战役。勃艮第公爵的一名内侍努瓦耶勒的让（Jehan de Noyelle）本人、他的兄弟皮埃尔和朗瑟洛都在阿金库尔战死了。朗蒂领主乌达尔（Oudart, sire de Renty）及他的兄弟富尔克（Foulques）和让也同样罹难。兰斯大主教兼法兰西大法官沙特尔的勒尼奥（Regnault de Chartres, archbishop of Reims and chancellor of France）的三个兄弟同样在死者名单当中。[34] 更为悲惨的是，格里博瓦尔的昂盖朗（Enguerrand de Gribauval）和玛丽·基耶雷（Maire Quiéret）在阿金库尔失去了他们所有的4个儿子，只留下女儿让娜。作为唯一的幸存者，她成了他们在阿布维尔附近地产的女继承人。基耶雷家族的苦难很可能没有到此为止，因为他们还失去了其他几名家族成员，包括基耶雷的于坦（Hutin de Quiéret,

被杀死）和被俘的厄尚领主博霍特·基耶雷以及拉默库尔领主皮埃尔·基耶雷（Bohort Quiéret, sire de Heuchin and Pierre Quiéret, sire de Ramecourt，这两个人都被俘虏了）。只有一个名叫让·基耶雷（Jean Quiéret）的家族成员活着逃了出来。[35]

另一个类似的、承受了不可想象的损失的故事发生在法兰西的弩兵大团长朗比尔的达维德身上。他来自蓬蒂厄的一个古老家族，其祖先可以追溯到在11世纪末参加第一次十字军东征的一名骑士。作为效忠于勃艮第派的人，自1402年起，他便成为御前会议的一名成员，并在1413年协助与英格兰人议定了《勒兰冈和约》（Leulinghen truces）。正如我们所看见的那样，他在整顿地方防务、备战英军入侵中表现得非常活跃。1412年，他开始着手实施一个宏大的计划，想要修建一座朗比尔城堡，作为他自己及其继承人未来的家族宅邸。当朗比尔被召集并协助组织对英格兰人的抵抗行动的时候，建筑工作被暂时地搁置了；重新开工就是半个世纪之后的事情了。在阿金库尔失去性命的不只朗比尔的达维德本人。他五个儿子中的三个（让、休和腓力）也战死了。他另一个名叫让的儿子是一名教士，因而没有投入到这场战役中。他的长子安德烈（André）虽然活了下来，但是失去了他继承的遗产，因为那些遗产在英格兰人征服诺曼底地区时被没收了。直到1450年英格兰人撤退，这个家族才得以收复那座初具雏形的城堡和他们的土地。和格里博瓦尔家族一样，朗比尔兄弟母亲的家族也失去了不少成员，其中包括当皮埃尔领主欧克西的腓力以及他的儿子。[36]

对于一个家族而言，失去两代人已经是非常可怕的事情了。然而，有一些非常不幸的家庭失去了三代人。布瓦塞领主罗贝尔（Robert, sire de Boissay）是法兰西骑士中的老前辈之一。他曾经是贝特朗·迪盖克兰（Bertrand du Guesclin）的一名同伴。贝特朗·迪盖克兰就是一个头脑简单的、晋升为法兰西王室统帅的布列塔尼扈从。他后来成为一名民族英雄。这是因为，在法兰西人于普瓦捷战役中战败后，正是他率领着法兰西人反攻。1380年，当迪盖克兰在围攻朗东新堡（Châteauneuf-de-Randon）期间去世的时候，罗贝尔曾陪伴在这位伟大的人的身边。9年以后，罗贝尔成了在圣德尼为国王进行马上长枪比武的22名骑士之一。后来，他成为国王的议政大臣和内侍。他的名声如此好，以至于当他在1404年被捕，并被控告与巴黎督察和王室大总管之间的权力冲突有关的时候，他得以与那些坏事撇清关系："上述的那位布瓦塞，他的高尚举世皆知。他尽心尽力地为国王服务。他智慧、富有，是一位杰出的骑士，忠贞不渝……永远不会被控告或证实犯下任何罪行。"[37]

布瓦塞不可避免地被卷入了阿马尼亚克派和勃艮第派之间的政治斗争。在1413年叛乱期间，卡博什派从王太子内府中暴力抓捕了一些阿马尼亚克派人士，并把他们投入监狱，罗贝尔和他的儿子们就在其中。尽管他年事已高，但布瓦塞的罗贝尔再次拿起了武器，以抵御英格兰人的入侵。他在阿金库尔战役中丧生，和他一起死去的还有他的两个孙辈科拉尔和夏尔。他的女婿尚特梅勒的蒂博（Thibaut de Chantemerle）在这场战役中被俘。显然，他再也没能回家，[38] 并在英格兰囚禁期间去世。和朗比尔家族一样，布瓦塞家族的地产也在亨利五世征服诺曼底期间被剥夺了。直到许多年以后，布瓦塞的另一个孙子布瓦塞的洛朗（Laurent de Boissay）才恢复了家族在梅尼耶尔（Mesnières）的领地。[39]

这只是隐藏在法兰西死亡名单背后个人悲剧之中的几个。有很多故事都是类似的，但还有一个故事值得一提，因为它罕见地提及在这场战役中失去了许多东西的女性。拉里维埃的佩雷特（Perrette de la Rivière）是查理五世的知己和心腹拉里维埃的比罗（Bureau de la Rivière）的第四个孩子。她的两个兄弟夏尔和雅克都站在阿马尼亚克派一边。雅克还是王太子的内侍。他在1413年的卡博什叛乱中被逮捕，并被投进监狱。和布瓦塞家族成员不同，他没有被释放。人们通常认为，他在狱中自杀了。但事实上，他是被新任勃艮第派巴黎长官谋杀的。这位长官把他的尸体悬挂在绞刑台上，并将其被斩下的首级公开示众。佩雷特的姐姐让娜是一位远近闻名的美人，她嫁给了阿马尼亚克派海军大臣沙蒂永的雅克。1409年，佩雷特也嫁给了一个阿马尼亚克派成员——查理六世的内侍拉罗什-居永的居伊。他的世袭职位便是在战争中擎举诺曼底公爵的龙旗（Draco normannicus）。[40]

在阿金库尔战役之中，佩雷特的丈夫和她姐姐的丈夫沙蒂永的雅克、她丈夫的兄弟拉罗什-居永的腓力（Philippe de la Roche-Guyon）全都战死了。居伊是旺多姆伯爵麾下左翼部队的指挥者之一，这支部队的伤亡尤为惨重。作为诺曼底公爵龙旗的掌旗者，在英格兰人面前寸步不退是令他感到自豪的职责。可以理解，他会为守卫这面旗帜而死。沙蒂永的雅克与高库尔的拉乌尔都是波旁公爵囚徒的枷锁骑士团的创始成员。作为法兰西海军大臣，沙蒂永的雅克参加了前锋部队，并在战斗中死去。[41]佩雷特的哥哥达马丁伯爵拉里维埃的夏尔（Charles de la Rivière）在这场大屠杀中幸免于难，但是他的生还没能给她带来宽慰。这是因为，有人指控，作为一名后卫部队的指挥官，夏尔还没有拿起宝剑就逃离了战场。[42]

由于佩雷特的家族失去了几乎所有的男性成员，她如今不得不接管丈夫的地产，并独自抚养四个婴孩。她替代丈夫，成为拉罗什-居永城堡（"诺曼底最坚固的、最难以接近的城堡"）的女主人。1417年，当亨利五世第二次入侵诺曼底的时候，他最先占领的地区之一便是龙切维尔（Roncheville）。半个世纪以来，它一直属于拉罗什-居永家族。就在诺曼底公国的其他城堡和城镇相继被亨利占领的时候，拉罗什-居永城堡却屹立不倒。这是因为，佩雷特已经提前在堡垒内部储备了人员、武器与给养。在鲁昂于1419年1月落入英格兰人之手之后，亨利五世就再也不能容忍拉罗什-居永仍在敌人手里这一事实。于是，他派出沃里克伯爵理查德·比彻姆前去攻下此处。

尽管沃里克伯爵是亨利麾下最能干的指挥官之一，但是他遇到了十分坚决的抵抗，以至于难以取得任何进展。变节的鲁昂长官居伊·勒布泰耶（Gui le Bouteiller）是"一个足智多谋、经验丰富之人"。面对这一状况，他建议伯爵从城堡周边密布的坑洼处下手，以挖倒城墙。在坚持了几个月后，为了保全城堡中军民的生命，佩雷特被迫屈服。根据圣德尼的僧侣的记载，居伊·勒布泰耶垂涎城堡和它的女主人（châtelaine）。作为对他献计献策的奖赏，亨利五世授予了他和他的继承人对这座城堡和它的附属地的永久持有权，并允许他和佩雷特结婚。但两人都低估了这位女士的勇气和倔强。她断然拒绝嫁给勒布泰耶，不仅是因为她认为他是"一个不忠诚的叛徒"，在鲁昂沦陷之后就向亨利五世宣誓效忠，而且也是因为她不希望让拉罗什-居永的居伊夺走自己两个儿子的继承权，其中较大的那个尚不满8岁。

1419年6月2日，在获得了国王的安全通行证之后，佩雷特和她的两个儿子带着他们的所有动产离开了拉罗什-居永,并被带到了芒特以面见国王。亨利表示,如果佩雷特接受居伊·勒布泰耶做她的丈夫,并向他宣誓效忠,承认他为"法兰西王位的合法继承人",他就宽恕佩雷特反抗他的叛乱行为。佩雷特再一次拒绝了他。她宣称,对她来说,与"最卑鄙的叛徒"结婚要比死亡更令人厌恶,而且她只认可法兰西王太子为法兰西的真正继承人。不寻常的是,亨利五世不但没有因为她的蔑视而惩罚她,还准许令人敬畏的佩雷特及其孩子自由地离开诺曼底,前往他们想去的任何地方。[43]

从一个令人毛骨悚然的意义上来说,比起其他一些也在这场战役当中失去丈夫、父亲、儿子和兄弟的女人来说,拉里维埃的佩雷特要幸运得多。至少她知道,他们已经阵亡了,因为拉罗什-居永的居伊和沙蒂永的雅克的随从们辨认出了他们的尸体,并把他们带回了家乡。[44] 但对于许多女人来说,这种确定性是不存在的。在战后的几个月里,她们处于地狱的边缘,不知道所爱之人的命运究竟如何,她们到底是仍为人妻,还是已经成了寡妇。在悲痛之余,她们还要处理经济问题,这些问题则让情况更加复杂了。

例如,诺维昂领主夏尔(Charles, sire de Noviant)的姐妹们确知他已经在这场战役中阵亡,因为人们找到了他的尸体。然而,到了12月初,他的兄弟和继承人让的命运仍不得而知。她们没有收到任何索要赎金的要求,但是让仍然有可能活着,并被囚禁在英格兰的某处。而到了让的死讯也同样被确认之时,他的姐妹们却无法合法地继承家族的财产。尽管她们得到了管理和使用这些财产的许可,但是她们不能处置这些财产,就连最基本的交易也因为无法准确地说明法律上的所有权而变得非常复杂。

夏尔那没有生下孩子的遗孀伊莎贝尔·拉马雷沙尔（Ysabeau la Mareschalle）甚至不得不依靠她丈夫的姐妹过活。[45]

不幸的盖洛维尔的让娜（Jeanne de Gaillouvel）的遭遇更加悲惨。她是诺曼底地区埃夫勒执行官埃朗维利耶的皮埃尔（Pierre de Hellenviller）的妻子。迟至1416年的5月9日，几乎是在战役发生的6个月之后，她依然不知道，自己的丈夫身上究竟发生了什么事情，她和7个孩子也处于严重的经济困境当中。埃朗维利耶的皮埃尔的大部分地产、贵族头衔以及税收收入都是从国王那里获得的，但是王室官员已经将它们都收回了国王的手中，宣称她的丈夫必定已经不在人世。让娜坚信，她的丈夫仍在人世，并费尽心力地打听他的消息。"有人告诉她，她的丈夫是一位名叫康沃尔的英格兰骑士的俘虏。在听到这个消息之后，她希望得到上帝保佑，能够很快得到确切的好消息，希望她的丈夫仍在人世而不是已经死去。"她恳求道，如果只是推断她的丈夫已经死亡便剥夺她应享有的她丈夫庞大的收入，这将"给她带来困难，让她花费巨额的金钱，并造成巨大的灾难"。让娜要求，在她得到丈夫的确切消息之前，她能够继续领有她丈夫的税收收入。人们暂时同意了她的这个要求，但是她的这一努力似乎注定要失败。的确，约翰·康沃尔爵士在不知疲倦地搜集那些可以换取赎金的俘虏的人，但是埃朗维利耶的皮埃尔并不在其列。他很有可能躺在阿金库尔的战场上，没有人辨认出他的身份。[46]

确认死者身份的问题之所以变得更为困难，是因为这些人遗体上的物件被彻底地搜刮过。作为胜利者，英格兰人取走了尸体上一切有价值的物品，包括铠甲、珠宝、衣物等财物。这些都是合法的战利品。他们会保留其中的一些物品（他们尤其会保存武器和铠甲，用来替代那些被重铠兵们遗失或损坏的武器和铠甲），但其中大部分的战利品都会被出售获利。他们所缴获的战利品实在是太多了。亨利甚至担心，他的部下装载了过多的战利品，无力应对法兰西军队的反击或者伏击。因此，他命令他们，不得获取超过自己所需的物品。[47]

在英格兰人结束了他们的劫掠行为之后，当地的村民又搜刮了一遍尸体上的财物。不夸张地说，村民把他们剥得一丝不挂。"无论他们如何杰出或高贵，在我们离开的时候，没有一个人身上有任何蔽体之物，就像刚刚来到这个世界一样。"随军司铎写道。[48]这并不只是有关人人在本质上都是平等的虔诚的陈词滥调。没有军旗、燕尾旗、罩袍或者纹章，纹章官和其他纹章专家们是不可能确定死者的身份的。一旦有人抢走了他们的盔甲和罩袍，人们甚至不可能区分出一个贵族和一个城镇民兵。

许多人的头面部受伤也让确定死者的身份变得更加困难。一个编年史家宣称，在五六百名阵亡的布列塔尼人当中，只有18人的身份可以被辨认出来，"其他的遗体残缺不全，没有人能够认出他们到底是谁"。这一点与这场战役的特点有一定的关系：那些跌落在拥挤的人群和泥泞中的重铠兵都是被弓箭手杀死的。他们会趁重铠兵们无助地躺倒在地的时候掀起他们的面甲，用匕首或是铅锤将其击杀。其中的一些死者可能是亨利在面临法军增援的威胁时下令处决的俘虏。对于俘虏来说，头部的创伤很有可能是一个常见的致死原因，因为这些人都没有佩戴头盔。这一点对于解释布拉班特公爵安托万之死可能是十分重要的。当他的遗体在战役后两天被发现的时候，安托万正浑身赤裸地躺在距离战场不太远的地方。他的头部受了伤，喉咙也被割断了。有人猜测，他是一位如此重要的俘虏，本不至于被处决，但是在战斗的白热化阶段，他那临时凑合的短罩袍显然不足以显示他的身份并保护他。[49]

卢梭维尔当地的编年史家也声称:"英格兰国王命令500名装备精良的士兵前去把死者身上的纹章和大量的铠甲剥下来。他们手中持有小型斧头和其他的利器，专门用于破坏死者与其中还活着的人的面容，让人们辨认不出他们的身份，就连已经死去的英格兰人也得到了同样的待遇。"尽管他的叙述并不以准确性著称，但他的故事也许大体上是真实的。圣雷米的勒菲弗也记载了这样一个事实，即亨利五世下令将他的士兵无法带走的所有铠甲都堆在一个单独的房子（或者谷仓）里，并放了一把火将其烧掉。人们可以想象，在剥去铠甲的过程中，许多尸体就已经被损坏了，特别是他们是在匆忙之间剥掉这些人的盔甲的，而剥去盔甲并不是行动的目的。他们的真正目的是防止大量的铠甲和武器落入敌军之手。这样一来，在英格兰人再次开始向加来行军的时候，法军就无法对英军的后方发起攻击。[50]

在重新踏上前往加来的征途前，他们还有其他的事务要处理。在战场上躺着的遗体实在是太多了，以至英格兰人无法想象出给所有人都举行基督教葬礼的场景。我们甚至不知道，他们是否也给自己的同胞举行了这样的仪式。当然，一些身份更为显赫的遇难者的遗体——尤其是约克公爵爱德华和萨福克伯爵米歇尔的——被运回了英格兰。鉴于运输他们的遗体所需的时长，当时的英格兰人也没有必需的、可以把尸体浸入铅中的器具，因而无法防止尸体腐烂。鉴于这种状况，中世纪人通常会把尸体分成几块，然后把这些尸体放在火上煮，直到血肉与骨头分离。这种实用而令人不悦的程序意味着，这些遗骨随后可以被置于一个箱子或者棺材之中，然后可以被轻易地运回英格兰。这样一来，在他们的最终安息之地，他们就可以享受应有的全套礼仪。我们并不知道，负责用此种阴森可怕的方式处理贵族遗体的人究竟是谁，但我们可以猜测，只要托马斯·莫尔斯蒂德和他的外科医生们并没有过度忙于照料生者的话，他们就可能会参与到这项工作中。[51]

在剩余的死者下葬之前还有几天的时间。地位较高的领主家族派出他们的仆人和司铎前往战场，以搜寻他们所爱之人。阿朗松公爵、布拉班特公爵、巴尔公爵的遗体都是以这种方式被找到的。同样以这种方式被找到的还有阿尔布雷王室统帅、沙蒂永的雅克、富热尔的加卢瓦、桑斯大主教、讷韦尔伯爵和鲁西伯爵的尸体。就是在这么晚的阶段，人们仍然会在成堆的尸体下面发现生还者。例如，在战役之后的第三天，凯斯特加特领主昂格勒贝·范埃丹热（Englebert van Edingen, sire de Kestergat）被发现身负重伤地躺在战场上。但是，即使他被运送到圣波勒抢救，他也没能恢复过来，不久便死去了。为了把死者带回他们的家乡并将他们安葬在祖先身旁，人们费尽了心思。例如，他们对讷韦尔伯爵腓力的遗体进行了防腐处理，然后把他的尸体运到位于阿登（Ardennes）的梅济耶尔（Mézières）附近的、埃兰的西多会修道院（Cistercian abbey of Elan）里。他的哥哥布拉班特公爵安托万的告解神父在战后两天发现了公爵的尸体。人们当场就对他的尸体做了防腐处理，一支正式的葬礼队伍则护送着他的尸体穿过悲痛的公国来到布鲁塞尔，以供人吊唁。随后，他的尸体被运往特武伦（Tervueren），葬在他的第一任妻子的身旁。人们也对阿朗松公爵的遗体进行了类似的防腐处理，以便把他的遗体运到塞镇的圣马丁修道院教堂（abbey of St Martin at Sées）中下葬，但是他的内脏却被埋在位于埃丹的方济会教堂的大祭坛附近。迪耶普长官隆格伊的纪尧姆（Guillaume de Longueil）的遗体被运回了城镇，以他应该享有的荣耀葬在了圣雅克教堂（church of St Jacques）。与他一起下葬的还有与他一起在阿金库尔战死的两个儿子之一。另一个同他一起在阿金库尔战斗的儿子的遗体也许已经找不到了。[52]

许多地方贵族的其他成员在阿图瓦、皮卡第、佛兰德的教堂和修道院里找到了最终的长眠之地。由于路途遥远、无法回乡安葬的人也在这些地方长眠。据说，运到卢梭维尔和阿金库尔教堂墓地的遗体数量实在是太多了，以至于当地人的安葬活动都不得不暂停。埃丹的两座教堂距离战场只有大约7英里远。这意味着它们也接纳了过多的尸体，不得不把多人葬在一个墓穴之中。远离故乡加斯科涅的阿尔布雷王室统帅被葬在了方济会教堂（Franciscan church）的大祭坛前那个荣耀的地方。其他13名贵族被埋葬在这座教堂里的其他地方，其中还包括两名"无名氏领主"。这两个人被一起埋葬在教堂中殿圣水钵的旁边。埃丹的欧希-莱斯-蒙尼斯大修道院教堂（great abbey church of Auchy-les-Moines）为15名贵族提供了最终的安息之所。这些贵族们包括沙蒂永的雅克、他妻子的兄弟拉罗什-居永的居伊和腓力（他们共享一个墓穴）以及吉夏尔·多芬。尽管富热尔的加卢瓦和鲁昂执行官之子"小奥朗德"（le petit Hollandes）等4人被埋葬在了一起，但是空间还是非常紧张，以至于其他的12具尸体（沙特尔的执行官莫兰维利耶的莫内特［Symmonet de Moranvilliers］也在其中）不得不被葬在唱经席背后的公共墓地当中。作为对他们的这种有伤尊严的埋葬方式的小小补偿,在蓬蒂厄和科尔比的国王纹章官、众多的纹章官和纹章属官以及战死者的仆人们的协助下,蒙茹瓦国王纹章官事无巨细地记载了他们的名字和埋葬的地点。[53]

最终,为那些身份未经确认的死者安排下葬的任务落到了当地神职人员的身上。泰鲁阿讷主教卢森堡的路易(Louis de Luxembourg, bishop of Thérouanne,阿金库尔位于其主教教区内)同意对战场的一部分进行祝圣。在卢梭维尔和布朗日的修道院院长的主持下,人们挖了很多壕沟。在这些无名墓坑中,大约有6000具尸体得到了安葬。这些人的葬礼虽然简单,但符合基督教的礼仪。每一个集体墓地上都竖起了一个巨大的木头十字架,但是直到19世纪,人们才在此地建立了永久性的纪念物,而且直到今天,这些纪念物的具体位置依然存在着争议。[54]阿金库尔的战死者不是第一批在欧洲的巨大坟场(即索姆河)的无名角落长眠的人,也不会是最后一批。

第十七章

国王归来

在穿过这个战场并目睹"大量被杀的人和尸体堆成的小山"之后,为这场规模巨大的屠杀哭泣的不只英格兰的随军司铎一个人。但是,随军司铎的反应十分有意思。这是因为,和他的国王一样,他坚信英格兰人的行动具有正义性,而他关于这一观点的狂热也让他对其他的(或者事实上相反的)观点视而不见。因此,他不能够简单地认定,法兰西的遇难者们是为了抵抗外来侵略才失去了自己的生命的。他也意识不到,为了抵抗外来侵略,他们中有多少人将令人痛苦的党派冲突放在一旁,这一利他精神也令他们的牺牲显得更为崇高。虽然对于那些并不认同随军司铎的信念的人来说,他表达同情心的方式会引发不适,不过他的感情完全是真实的。他不能自制地被这样的想法触动:

数量如此众多的著名勇士(只要上帝与他们同在,他们就会十分勇敢)以这样的一种方式在我们的手中自寻死路,这是违反我们的意愿的,这种方式也会完全摧毁他们自己国家的荣耀与光荣。如果这幅景象会引发我们这些局外人的内疲和怜悯的话,那么对于满怀期待地等候着他们祖国的勇士,随后却目睹他们支离破碎且毫无还手之力的人民来说,这又是多么大的悲痛和哀伤啊。并且,正如我所真诚地相信的那样,假设看到如此多的基督徒所遭受的可怕和惨痛的伤亡,并对此加以深思的话,任何一个心是血肉做成的人,甚至是内心坚硬如石的人,都不得不因悲痛而屡次落泪。[1]

在这场证明了奇迹存在的胜利面前,就连英格兰军队中最不虔诚的士兵也要踌躇和思虑一番。事实上,很快就有传言称,奇迹真的发生了。有些人保证,他们看见了勇士般的英格兰的主保圣人圣乔治代表英格兰人而战,正如他在1063年的切拉米之战(Battle of Cerami)当中帮助诺曼人一起对付撒拉森人那样。[2] 即便圣乔治真的出现了,随军司铎和我们的其他目击者也都没有注意到他。所有人都把这场胜利归功于上帝。"我们的英格兰……既有理由高兴,也有理由悲伤,"这位随军司铎所写下的话语再次回应了国王的情绪,"她有理由为自己获得的胜利和她的子民获得救赎而感到高兴,也有理由为死去的基督徒所遭受的痛苦和灾祸而感到悲伤。但是,我们的人民不敢将这场胜利归功于他们自己的荣耀或者力量,而是将每一场胜利都归功于上帝,唯恐上帝因我们的忘恩负义而震怒,并把他的胜利之手从我们身上移开。"[3]

几乎所有同时代的人都持有这种观点,就是法兰西人也不例外。一些勃艮第派迅速将矛头指向阿马尼亚克派。他们在参加康斯坦茨公会议(council of Constance)的国际代表处传播谣言,称阿尔布雷的查理和奥尔良的查理在战役中背叛了自己人,与英格兰人串通一气。但是,这不过是一个特别令人反感的尝试,为的是避开人们对勃艮第公爵缺席这场战役的批评。甚至有传言说,当法兰西在阿金库尔战败的消息传到巴黎的时候,那里的人还为此感到高兴,因为这是阿马尼亚克派的一场惨败。[4]

无论政治派别如何,另一些编年史家则认为,战争失败的罪魁祸首是法兰西军队的指挥官们。有人指责他们行事过于鲁莽,还没等他们的弓箭手和弩手们抵达战场便开始作战。这显然是有悖于事实的。也有人指责他们过于自大傲慢,拒绝比自己社会等级低的人的军事援助。这种说法有一些道理。还有人指责他们没能维持军纪。在小规模的骑兵部队中,这种现象是存在的,但在大规模的步兵队伍中,破坏军纪的现象并没有发生。在战役开始前一天的晚上以及战争开始的当天早上,他们曾耐心地在他们的作战位置上等了几个小时。无论有多少实际因素可以解释这场灾难,法兰西的评论者们都认为,这些因素都只是次要的。他们毫不怀疑,此次战败的真正原因是,上帝对他们自己犯下的罪孽进行了惩罚。这里所谓的罪孽既指个人的道德败坏,例如在前锋部队中争抢位置的贵族们所表现出的骄傲和导致多人逃离战场的怯懦,也指让阿马尼亚克派反对勃艮第派的政治野心和冲突。正是这些政治野心和冲突把这个国家拖入了内战当中,为英格兰人的入侵行动创造了前提条件。[5]

据说,亨利在很早的时候便抓住了机会,就这个话题教导了他的法兰西俘虏们一番。他告诉他们:"他其实并没做什么,英格兰人也没有。一切都是上帝、圣母以及圣乔治的意愿,是对你们罪过的惩戒。他们说,你们以骄傲自满、不讲求实际的方式参加战斗。你们亵玩少女和妇人,横行乡里,抢夺教会。既然你们做下了这等事,那么上帝永远不会帮助你们。"此事的另一个版本是，亨利国王告诉奥尔良的查理，上帝本人反对法兰西人，"如果我听到的传闻都是真的，那这就毫不令人惊诧。据说，再没有哪个地方会像今天的法兰西一样，有如此多的因贪图享乐、不可饶恕的罪孽以及罪恶而导致的不和与无序"。[6]

与法兰西军队中的战士人数一样，究竟有多少俘虏落入了英格兰人手中这一问题引发了广泛的争论，而且也没有得到解决。托马斯·沃尔辛厄姆所估算的人数是同时代人所估算的最少的。这个英格兰人表示，共有700人在这场战役中被俘。勒菲弗给出的数据则是1600人，并说他们"全都是骑士或扈从"。鉴于社会等级较低的人没有换取赎金的价值，这个论述有可能是真实的。圣德尼僧侣所记录的人数是1400人，而附近卢梭维尔修道院的编年史家记录中的人数是2200人。递交给康斯坦茨公会议的报告则显示，法兰西俘虏的人数为1500人。这三个数字都与勒菲弗所给出的数字相近。[7]

无论法兰西俘虏的实际数量是多少，无疑，这个王国中最伟大的一些人——奥尔良公爵查理、波旁公爵让、厄镇伯爵查理、旺多姆伯爵路易、里什蒙伯爵阿蒂尔以及法兰西骑士的完美典范布锡考特元帅——都被俘虏了。对于阿马尼亚克派而言，这是一场史诗般的灾难。除了战役发生之后两个月（即1415年12月）便在无人吊唁的情况下去世的王太子、以75岁高龄在战争次年去世的贝里公爵以及安茹公爵（他的600名士兵并没有及时赶赴这场战役。当他们遇到从战场中溃逃的部分法兰西人时，这些人掉头就跑，没有发动任何攻击便返回了鲁昂），所有有一定地位的阿马尼亚克派领袖要么被杀，要么被捕。

当夜幕降临，就连天空都在为浸透鲜血的阿金库尔战场而哭泣的时候，亨利认为，现在要前往加来已经太迟了。无论在如此靠近尸体堆的地方过夜会引起多大的争议，他的士兵们都太缺乏休息与睡眠了。他们需要聚集他们的力量，而在经历了先前几周的食物补给紧缺的状况之后，法兰西人遗弃在战场上的辎重车救了他们的急。国王回到了他先前在迈松塞勒的临时驻地。在那里，根据先前签订的契约，他的部将们要将所有被俘虏的法兰西王公和指挥官交给他。根据一份在战后大约1/4个世纪写作的材料（这份材料是格洛斯特公爵汉弗莱庇护下的一名意大利人写就的），在当天的晚宴中，亨利要求身份最为高贵的法兰西俘虏服侍他。尽管都铎王朝的历史学家们反复征引过这段故事，它也因此而广为流传，但是这个故事并没有出现在任何同时代人的记述中，似乎只是人为创造的。毕竟，正如圣雷米的勒菲弗所指出的那样，绝大多数的俘虏都负伤了，因此健康状态不佳，难以为他们的征服者提供服务。无论如何，此时并不适合用亨利在阿夫勒尔投降仪式中所展现出来的无情的方式来羞辱俘虏。相反，他以优雅的风度和周到的礼节接待了他们，客气且亲切地和他们交谈，确保负伤者能够得到治疗，并给所有人提供了食物和美酒。[8]

第二天（10月26日，那一天是星期六）一大清早，国王便离开了他的驻地，陪着他的战俘们一起穿过战场，让他们表达最终的悔罪之情。"看到如此多的法兰西贵族为他们的最高领主法兰西国王在这里战死，实在是令人同情，"勒菲弗评论道，"他们已经被扒得浑身赤裸，正如他们刚出生的那天一样。"即使是在战争结束后的几个小时，人们仍然能在成堆的尸体下发现生还者。那些能够证明自己具有高贵出身的人成为俘虏，包括那些伤势过重以至于无法行走的人在内的其他人则被就地处死。[9]

现在，国王命令自己的军队继续向加来前进。虽然他们依然会以他们所习惯使用的战斗队形行军，但是佩戴纹章的命令已经被撤销了。这意味着，前些天降临在他们身上的巨大命运转折起到了作用。英格兰人不再期待新的战斗。蒙斯特勒莱告诉我们，他们中3/4的人都是步行前进的。尽管所有的英格兰人和绝大多数的法兰西人都是步行战斗的，但毫无疑问，双方的许多战马都在这场战役中被杀死了。有案可查的是，根据王室的记载，光是国王本人就损失了25匹战马，此外，还有20匹马死在行军途中。然而，尽管损失重大，但是在远征的末期，用船运回英格兰的马匹的数量仍然要比人员的数量多，就连人员伤亡率特别高的约克公爵的部队在返回时依然携带了329匹战马。与此同时，约克公爵手下返回家乡的士兵却只有283人。如果英格兰军队中3/4的人真的不得不步行继续他们的行程的话，那么原因只可能是，他们的马匹被用来运载伤员、俘虏以及（可能的）战利品了。但是，更有可能的情况似乎是，蒙斯特勒莱的说法只不过是一种夸张。[10]

无论如何，英格兰人前往加来的速度异乎寻常地缓慢。在花了整整3天之后，他们还需要再走大约45英里才能抵达他们的目的地。在经历了前往阿金库尔的充满戏剧性和紧张情绪的路途之后，剩余的行军路途是如此平淡无奇，就连随军司铎都懒得在这段路程上耗费笔墨。这并不能完全反映军队领导者的真实情绪。亨利至少知道，尽管他取得了胜利，但是他的战士们还处于危险之中。布列塔尼公爵让和他的布列塔尼军队就在离亚眠不远的地方。在洛尼领主（sire de Longny）的指挥下，安茹的路易手下的600人甚至距离亚眠更近。在他们开始逃跑之前，他们就已经来到了距离战场只有3英里的地方。没有人确切地知道，无畏的约翰人在哪里，是否会带着他一直宣称要召集的勃艮第军队姗姗来迟。他们也同样不能确定，现在，他们与布列塔尼公爵和勃艮第公爵的联盟是否还在存续。他们在阿金库尔抓住了前者的弟弟里什蒙伯爵阿蒂尔，并杀死了后者的两个弟弟布拉班特公爵安托万和讷韦尔的腓力。在抵达加来海峡省的安全地带之前，英格兰人都不能放松警惕，以防备可能存在的伏兵。

最终，接下来的征程平安无事。按照布洛涅镇的记录，那里的守城部队抓住了一些掉队的英格兰士兵，并将他们囚禁于钟楼之中。[11]但除此之外，英格兰军队没有遭受什么损失。到了10月28日（星期一）的晚上，英军已经到达了筑有防御工事的城镇吉耶讷。此城位于加来海峡地区，是仅次于加来的第二重要的城市。他们受到了守城长官隆重的欢迎，亨利与他最尊贵的俘虏们就是在吉耶讷过夜的。军中剩下的人马继续向位于此地以北几英里的加来前进。如果他们期待受到英雄般的欢迎，那么他们就大错特错了。可以理解，对于要让大约6000名半饥半饱的、历经战争的武装人员通过城门一事，加来的市民感到十分紧张。为了迎接这支军队的到来，人们已经准备了补给。大量的食物、啤酒和药品被从伦敦运到这里，但是，面包的短缺几乎是不可避免的。城镇当局十分急切，试图避免士兵和市民之间的冲突或者更糟糕的情况——成群结队的武装人员在大街上扫荡，用武力夺取他们所无法买到的物品。为此，城镇当局下令，只有英格兰军队的领袖们才能进入城里。包括没那么重要的法兰西俘虏在内的其他人都将在城镇外面安营扎寨。[12]

这种做法的明智之处很快就显现了出来。经历了阿金库尔战役的士兵们与不讲情面的加来商人之间爆发了激烈的讨价还价。

士兵们十分需要食物和水，商人们则一直盯着战利品。前者向来非常讨厌后者，控诉他们利用现在的状况迫使他们以极低的价格卖掉战利品和俘虏，以获取生活必需品。[13] 事实上，交易俘虏是无法避免的。并不是每一个俘虏了法兰西人的士兵都能无限期地供养他。除了要支付他的生活开支，他们还要考虑把他带回英格兰所需的开支。俘虏中的许多人都负伤了，需要治疗和照料。即便是在光景最好的时候，这也是一笔不小的开支。但是如果要让俘虏活着以换取赎金的话，这笔投资也是必要的。更何况，在未来获取大量的金钱的希望可能抵不过立刻拿到钱的诱惑。

遗憾的是，我们并不知道赎金到底是怎样计算的。我们只知道，捕获者和他的俘虏必须就赎金数额达成一致。假设赎金少于10马克（约合今天的2760英镑），那么无论捕获者的身份如何，他都可以把这笔钱完全纳入囊中。可以想见，把这一数额定为赎金的最高数额必定具有很大的诱惑力。另一方面，上级官员会要求捕获俘虏者尽可能得到最高的赎金。根据所签订的契约，一旦俘虏了一名赎金价值超过10马克的俘虏，任何一名英格兰士兵都要将赎金的1/3支付给他自己的长官。无论这位长官是一个小支队的头目还是国王本尊，他们都要这样做。假如这名长官是国王的直属封臣，他便有义务向国王缴纳他所获得的1/3赎金的1/3。[14] 既然国王的目光牢牢地锁定在他们的身上，而国王又命令他在加来的书记官草拟一份关于所有俘虏的详细名单，压低赎金数额不可能是一个非常普遍的现象。

亨利本人只在吉耶讷逗留了一夜。10月29日（星期二），他便举行了一场凯旋仪式，经由尼约莱桥（Nieulay bridge）进入加来（这座桥是被匆忙修复的，"为了迎接在阿金库尔取得胜利后的国王"），并沿着通往城门的堤道前进。在那里，他受到了城镇长官——他的老朋友沃里克伯爵理查德·比彻姆——和一大群兴高采烈的市民的欢迎。亨利在城镇教职人员的簇拥下穿过大街。教职人员披着他们的教士长袍，举着从他们各自的教堂中带来的十字架和旗帜，还吟唱着《赞美颂》(Te Deum)。男人、女人和孩子们从各个方向朝他喊着："欢迎国王，我们至高无上的领主！"在前往城堡的道路上，他只在途中停留了一会儿，为的是在圣尼古拉斯教堂（church of St Nicholas）为他所取得的胜利做感恩祷告。在返乡行程安排妥当之前，他都将在这座城堡落脚。具有讽刺意味的是，11年前，同一座教堂见证了理查二世和年幼的法兰西公主伊莎贝尔的婚礼。二人的通婚意在结束数十年的冲突，亨利则重新点燃了这场战争的火苗。[15]

亨利下定决心，一直在加来停留到1415年11月11日。那一天，所有在阿夫勒尔陷落的时候和在向阿金库尔进军的时候向他投降的人都要履行他们的誓言，再次向他投降，成为他的阶下囚。他们都这样做了。对于更加见利忘义的现代人来说，这可能是不可思议的。这些人是自愿前来的，除了骑士精神的力量，没有任何强迫他们的东西。他们本可以选择无视他们的义务：他们在自己的国家里，而且是自由身。英格兰人并没有围捕他们，也没有把他们投入监狱。他们本可以以被强迫为由宣称他们的誓言无效，他们也可以以患病和家庭的需要为理由而违背誓言。然而，在不光彩面前，他们选择了荣誉；在背信弃义面前，他们选择了守信。在这样做的时候，他们也知道，自己即将面临财政上的困境和长达数年的国外监禁，甚至可能还有处决。

阿夫勒尔的前任长官高库尔的拉乌尔是到加来向亨利五世投

降的人之一。他是从位于亚眠附近的阿日库尔（Hargicourt）的病床上爬起来的。自从围城战的最后几天起，他便被传染上了痢疾。尽管因痢疾缠身而变得虚弱，他仍然选择前往加来，向亨利五世投降。与他一同前往的至少有25名他之前的同伴，包括埃斯图特维尔领主让、克莱尔的乔治（Georges de Clère）和科拉尔·布洛塞（Colard Blosset）。正如高库尔随后所讲述的那样，当他和埃斯图特维尔领主来到亨利面前的时候，他们要求，既然他们已经履行了包含在阿夫勒尔投降的协议内属于他们的职责，那么亨利如今也应该兑现他所许下的诺言。我们并不知道这些承诺是什么，但高库尔似乎相信，既然他已经遵循他的誓言来到了加来，他现在就应该再次得到假释，以便筹集他的赎金。但是，无论国王的谈判代表们——托马斯·厄平厄姆爵士亨利、菲茨休勋爵和多塞特伯爵——许下过什么承诺，亨利本人都拒绝遵守之前的承诺。"他回应道，无论这些人之前对我们许诺过什么，现在在我们所有人都要留下，成为阶下囚。"[16]正如高库尔和他的同伴们付出惨重代价才了解到的那样，国王既不会忘记他们长久地据守阿夫勒尔并抵抗他进攻的行为，也不会原谅他们的这一举动。在绝大部分在阿金库尔被俘的囚犯都被释放以后，他们仍旧被羁押了很长的时间。

运送如此众多的俘虏所涉及的后勤方面的问题意味着，只有最重要的人才会被带回英格兰。在许下在某个特定期限内筹集款项的誓言后，那些价值不太高和能够为他们的赎金提供担保的人都被释放了。其他人（包括那些患重病或是负重伤以至于不能够前行的人在内）都被分散到加来海峡省内不同的地方羁押看管。并不是所有人都能存活下来。例如，鲁昂执行官埃兰的罗班就在 1415 年 12 月 15 日死于狱中。在黑姆斯长官拉尔夫·罗奇福德（Ralph Rocheford, captain of Hammes）所关押的 11 名囚犯中，有二人死于 1416 年。[17] 罗奇福德的囚犯们死亡的一个可能原因是，他只给每人每周 3 先令 4 便士（约合今天的 69 英镑）的生活费。虽然这个数额与一名熟练技工在这个时期所能赚取的工资相当，但是，对于一名骑士出身的囚犯来说，这一数额是维持他们生活的最低数额。相比之下，伦敦塔中每一名阿夫勒尔的保卫者作为囚犯都能拥有 10 先令 9 便士的生活费。医疗费用是一个额外的负担。埃斯图特维尔领主让长期抱病在身。光是 1418 年，从王室医师彼得·阿尔托巴斯（Peter Altobasse）处购买"不同种类的药物"便花费了国王 40 先令（约合今天的 818 英镑）。[18]

所有拥有俘虏的人都有义务向国王支付部分赎金。这笔钱款的数额有可能是非常大的。他的家臣亨利·修斯爵士（Sir Henry Huse）要为 9 名来自博斯（Beauce）、厄镇、维默（Vimeu）、博让西（Beaugency）和阿布维尔的俘虏支付赎金。1416 年 1 月 16 日，他同意在仲夏之前支付 200 马克给国王的财务大臣。这意味着，他有 5 个月的时间向俘虏的家人筹集这笔钱款。国王的扈从威廉·特拉塞尔（William Trussell）则在阿金库尔战役中俘虏了 9 名俘虏。他们的赎金从 6 镑 13 先令 4 便士到 17 英镑 6 先令 8 便士不等。根据契约，特拉塞尔需要向国王支付 40 英镑。[19]

尽管修斯和特拉塞尔所收到的赎金数额是他们个人上交给国王赎金的两倍，但是与其他人从他们的俘虏处收取的赎金数额相比，这个数目依然少得可怜。从国库所保存的 49 个契约当中，我们能够分别看到价值 48 英镑 6 先令 8 便士、55 英镑 11 先令 4 便士甚至还有 163 英镑 6 先令 8 便士（约合今天的 67620 英镑）的个人赎金数额。然而，相较于那些在阿金库尔被俘的王公贵族惊人的个人赎金，这些数字还是相形见绌了。按照法律，这些人属于国王，国王也没有任何补偿那些俘获他们的人的法律义务。然而，国王还是补偿了俘房的捕捉者。根据契约，里辛的约翰·格雷爵士（Sir John Grey of Ruthin）手下只有一支由15名重铠兵和45名步行作战的弓箭手组成的小队，[20] 而在捕获了厄镇伯爵查理并将其交给国王之后，格雷爵士收获了1000马克（约合今天的27.6万英镑）作为报酬。这并不是国王的一次投机活动，因为他并不打算用伯爵换取赎金。与奥尔良公爵、波旁公爵、布锡考特元帅、里什蒙伯爵阿蒂尔和高库尔的拉乌尔一样，伯爵作为俘房的利用价值更大。

11月16日，也就是高库尔和他的阿夫勒尔守城同伴在加来投降之后的第五天，国王和他的俘房们（包括在阿金库尔被俘的王公贵族在内）登上了船只，起程前往英格兰。[21] 和开始出征时的盛况相比，返乡是一件更为安静和低调的事情。在几个星期之前，把英格兰人带到法兰西的巨大舰队便已经解散了。尽管国王同意支付返航回家的费用，但是他没有办法把他的全体军队一同带回英格兰。相反，参与这场征战的老兵们都不得不自己想办法渡过海峡。每个人都得到了2先令的交通费用，而且，为了运送马匹，他们还额外得到了一些钱（每匹马2先令）。支队的长官们则负责私下与造访港口的船主和工匠商量，做出必要的安排。

就这样，没有任何声势地，这支凯旋军队中的大部分战士从加来返回了英格兰。他们零零星星地、悄悄地溜进了五港，然后各自回到遍布于整个国家的城镇和村庄中。英雄般的欢迎仪式是留给他们的君主的。他在返乡的路途上遇到了冬季猛烈风暴的袭击。据说，两只搭载着约翰·康沃尔爵士手下士兵的船沉没了，其他运载俘虏的船只则迫于风暴，在泽兰的海岸抛锚。无论国王在风暴中表现出来的镇定自若与优雅风度是否真的令他船上的法兰西俘虏羡慕、钦佩不已，在持续了几个小时的渡海过程中，这些俘虏（尤其是那些仍然身患痢疾的人）必然遭受了巨大的痛苦。就在夜幕降临之前，他们冒着巨大的暴风雪在多佛尔登陆了。[22]

亨利归来的消息迅速地传播开来。当他第二天早晨踏上回伦敦的路程时，他发现，道路两旁早已排列着欢呼的人群。他自然要穿过坎特伯雷。但是，很难相信如此虔诚的一位国王没有在这座英格兰最重要的大教堂中停留，从而为远征的胜利向上帝致谢。很明显，人们在等待他的到来。这样说是因为，他在一支长长的神职人员队列的前列遇见了坎特伯雷大主教亨利·奇切利。这些教职人员在此欢迎国王，并簇拥着他前往大教堂。

亨利的这次到访具有双重意义。在官方名义上，亨利此行的目的是要在教堂的祭坛背后的圣三一礼拜堂中的圣托马斯·贝克特的圣骨盒面前做敬拜和供奉。然而，亨利的两位先人的坟墓就在圣骨盒的旁边。其中一侧是伟大的勇士黑太子爱德华的坟墓。坟墓的上面有他宏伟壮丽的镀金披甲的塑像。他的短罩袍上是象征着英格兰和法兰西的纹章，脚上则是在克雷西之战中所赢得的马刺。如果说还有什么能够作为他在克雷西和普瓦捷所取得的胜利的象征的话，这个坟墓的上面还悬挂着他下葬时的纪念品，分别是他在战役中戴过的带有狮子装饰的头盔、持有的盾牌以及穿过的盔甲。[23]

圣骨盒的另一边是亨利的父亲亨利四世的坟墓。他刚好于两年半之前下葬于此。虽然这个坟墓同样非常壮观，但是这个坟墓与那位好斗的太子的非常不同。墓上的雕像是用大理石雕刻而成的，生动地描绘了亨利四世穿着平民百姓的服装，脸上带有忧愁的样子。这个形象必然取材于他的生活。唯一能够表明他王室身份的是他的镀金王冠，即"亨利王冠"（又名"兰开斯特王冠"）。他的儿子已经将其原物典当给他的弟弟克拉伦斯公爵，以作为后者在阿金库尔远征薪饷的担保。[24]

鉴于黑太子和亨利四世的坟墓就在圣托马斯·贝克特圣骨盒的两侧，亨利的举动就不再只是为了表达虔敬和感恩之情，而是转变成了一件具有重大意义的事件。作为阿金库尔战役的胜利者，亨利五世赢得了位列于克雷西之战和普瓦捷之战的胜利者身旁的权利。更为重要的是，他已经证明了自己是上帝选出来的，所执行的也是上帝的意志。这样一来，他父亲的篡位罪行和因此而笼罩在兰开斯特王朝头上的阴影也就一笔勾销了。尽管他对于法兰西王位主张的正义性仍有争议，但没有人能够再去怀疑，亨利五世的确是承蒙上帝恩典的英格兰国王。

在拜访了坎特伯雷大教堂之后，亨利又前往附近的圣奥古斯丁修道院（St Augustine's Abbey）进行了第二次朝圣。在那里，他在这座教堂的建造者首任大主教的坟墓前进行了感恩祈祷。作为修道院院长与他的僧侣们的客人，亨利在这里度过了一个（也有可能是两个）夜晚。在那之后，他再一次出发前往伦敦。他走得很慢，直到在多佛尔登陆的 6 天之后，王室一行才最终抵达国王在伦敦城郊的埃尔特姆庄园（manor of Eltham）。他们是刻意行进得如此之慢的，因为这给了市民充足的、可以用来准备国王的凯旋典礼的时间。伦敦人一直紧张地关注着亨利五世的远征。伦敦人的这种精神紧张是可以理解的，因为他们在财政、船只和人员等方面为国王的远征做出了巨大贡献。在远征军离开阿夫勒尔继续行进的期间，由于接收不到消息，伦敦城内的气氛异常地紧张，特别是从阿金库尔战役打响的那一天开始。那一天，"一条令人悲伤的战报给整座城市的人都提了醒，引发了人们无尽的忧伤"。英格兰人胜利的消息花了4天才传回伦敦。那个时候，国王已经抵达了加来。[25]

英军获胜消息传来的那一天（10月29日）也是伦敦新市长就职的日子。按照惯例，新当选的伦敦市长应当骑着马来到威斯敏斯特宫，并在国库的贵族们面前宣誓就职，正式成为市长。在听到国王获胜的喜讯之后，伦敦新市长尼古拉斯·沃顿（Nicholas Wottone）决定打破先前的惯例。"如同朝圣一般"，他与市政官和"大量市民"一起"步行"前往威斯敏斯特大教堂。亨利的继母纳瓦拉的胡安娜、许多宗教和世俗的领主，以及一些地位较为显赫的市民都出现在那里。当着他们的面，沃顿"以应有的庄严的姿态，衷心地表达感恩之情"。在将他们应供奉的东西献给上帝和他的圣徒们（特别是把"躯体埋葬在威斯敏斯特的、光荣的忏悔者爱德华"）之后，他才继续向威斯敏斯特宫进发，以完成他的就职典礼。市长和市政官们总是不遗余力地维护他们的城市特权。这一次，他们也记载了打破传统的原因，以确保后来的市长不会形成这样的误解，即他一定要谦卑地步行前往威斯敏斯特，而不能盛装骑马前往那里。[26]

与那些迎接胜利归来的国王的庆典相比，为欢庆阿金库尔传来的消息而自发举行的庆典简直不值一提。人们经常在伦敦举行盛大的节日庆典：王室游行、加冕礼、比武大会、迎接来访贵客或者对他们示以敬意的庆典。在这些庆典中，人们会走上街头，教堂里也会响起钟声。人们还会演出寓言剧,展示纹章。在这样的场合里,人们通常也会让水管和喷泉流淌着葡萄酒。毫无疑问,这营造了一个快活的氛围。市民已经花了一个多月精心准备这场典礼。结果是,这场典礼的复杂程度和华美程度都达到了中世纪的顶峰。11月23日,天一亮,市长和24名市政官便骑马来到城外。他们一直骑了4英里到布莱克希思(Blackheath)的高地上,以朝见国王。他们穿着最好的猩红色衣服,穿着红色长袍、戴着红白相间或者黑白相间兜帽的众多市民簇拥着他们。每个人都非常自豪地戴着独一无二的、"带有许多装饰的徽章",标志着他们作为大伦敦行会成员的身份,并把他们与一般的工匠区分开来。大约上午10点,国王带着一小队私人随从抵达了。尽管这一队伍人数不多,但显眼的是,这支队伍里有国王的法兰西俘虏。"由于国王已经取得了胜利,又为他所代表的民众的普遍福祉做出了努力",市民正式地向他道了贺,并表示感谢。在那之后,市民便排成了一列长队伴随着号角的声音,他们骑马护送国王,一起胜利地进入王国首都。[27]

在距离伦敦约1英里的地方,即索思沃克城外的圣托马斯·沃特林斯(St Thomas Waterings),贝尔蒙萨伊修道院院长(abbot of Bermondsey)和一支由伦敦神职人员组成的队伍正等着迎接国王。他们携带着圣物、十字架以及教堂的旗帜,唱着赞美颂,(用拉丁语)欢迎他,并高呼:"万岁,英格兰和世界之花,基督的骑士!"[28]随着欢迎队伍中的人越聚越多,亨利接近了位于伦敦桥(London Bridge)入口处的塔,这座桥标志着这座城市的边界。两个带有王室纹章的巨大雕像并排耸立在此处,"像是城门外的守卫"。男性人物一只手握着斧头,另一只手拿着骑士长枪,长枪上还悬挂着这座城的钥匙。女性人物则披着猩红色的斗篷,还戴着"适合她性别的装饰物"。看到这一场景的随军司铎丝毫不掩饰自己的惊讶之情:"他们如同一对盛装打扮的夫妇,专心致志地张望着,热切盼望能够看到他们领主的面孔,用热情的赞美迎接他的归来。"(更具备尚武精神的阿斯克的亚当则只是对它们的尺寸感到惊讶。他十分欣赏这个巨斧的宽度,"人们用它……可以屠杀一整支军队"。他也很欣赏这位女性人物的体格,"确实不只适合生下巨大的恶魔,而且适合给我们带来地狱的顶梁柱"。)城门塔楼的每一座墙上都悬挂着王家的纹章,前面的城墙上则刻着"正义的国王之城"的文字。号手和号角手站在塔楼的里面和顶上,用嘹亮的号角声欢迎国王的到来。[29]

当王家队伍行进到桥中央的吊桥处时,他们看见,那里竖起了两座巨大的木制塔楼,上面还挂着亚麻布。人们巧妙地在塔楼上面粉刷,让它看起来和大理石没有什么差别。一座塔楼的顶部是一头羚羊(国王的个人纹章)雕像。它的脖子上挂着一个王室纹章,它的一只前脚则演变为王室的权杖。另一座塔楼柱子的顶端上站着一只用爪子擎举着王室旗帜的英格兰雄狮。在吊桥的远端,还有一座类似的塔楼。它的中央是一座圣乔治的雕像。除了用于庆祝胜利的头盔和盾牌外,他全副武装,这两件东西则分别位于他的左右两侧。他用右手握着他的利剑的剑柄,左手则握着一个卷轴,上有"一切的荣耀及尊荣归于上帝!"的字样。他的头顶上戴着古老的胜利象征物——桂冠。在国王靠近的同时,天使唱诗班唱起了《赞美颂》:"他以上帝的名义而来,是受上帝保佑的。"[30] 所谓的天使唱诗班是由一些小男孩组成的。他们穿着白色的袍子,戴着小翅膀,并把脸涂成了金黄色。月桂树的叶子穿插在他们的头发里面。

除了天使唱诗班，还有一个由《旧约圣经》中的先知组成的唱诗班，"他们都是值得敬重的白发尊者，穿着短祭袍和金色法衣，头上还包裹着金黄色和猩红色的头巾"。他们在康希尔（Cornhill）等待着国王的到来。人们用猩红色的布包裹着那里的储水塔，并把它巧妙地装饰成了一顶巨大的帐篷。在这里，保佑他们发动这场远征的圣徒们（圣乔治、圣爱德华、圣埃德蒙）的纹章再一次被摆在了显眼的位置。同样被摆出来的还有英格兰和国王本人的纹章。就在亨利国王经过的时候，"先知们"齐唱《诗篇》第98篇，"你们要向我们的主唱新的歌，因为他行过奇妙的事"。他们还放出了一大群小鸟，"其中有的落到了国王的胸前，有的落到了他的肩上，有的则在空中盘旋"。[31]

齐普赛街（Cheapside）入口处的储水塔同样覆盖着布料，并以带有城市纹章的盾牌作为装饰。它的遮篷下方站着12名装扮成使徒样子的人和12名装扮成英格兰王室的殉教者和圣徒的人（后者并不那么容易辨认）。他们"系着金色的腰带，手持权杖，头戴王冠。他们神圣的象征则清晰可见"。他们也通过甜美地吟唱《诗篇》第44篇中恰当的诗节来迎接国王，"唯你救了我们，让我们脱离敌人，让恨我们的人羞愧"。然后，他们巧妙地运用了一个带有《圣经》意味的暗示（这个暗示一定会影响到亨利五世），向亨利提供了和银饼混在一起的圣饼，还有从水管和喷泉口中流淌下来的葡萄美酒。他们所做的一切与撒冷王麦基洗德（Melchizedek, king of Salem）对所多玛（Sodom）和蛾摩拉（Gomorrah）的国王亚伯拉罕所做的事一样。那时，后者刚刚凯旋。[32]（尽管亨利已经就民族的罪孽与道德的沦丧的话题教导过这些法兰西俘虏，但是我们还是很好奇,他的法兰西俘虏们对于被公开等同于《圣经》中最臭名昭著的罪人做何感想。)

齐普赛街上还有一座为埃莉诺王后竖立的石质十字架。这个十字架是国内一系列十字架中的一座。在1290年前往威斯敏斯特教堂的最后旅途中,她的棺材曾在这些十字架所在的地方停留。一座精心制作的木质城堡完全遮蔽了齐普赛街上的这座十字架。它有三层楼高,包括塔楼和通往门楼的一座桥。城堡两侧均建有巨大的、把城堡和两边街道的建筑连接起来的拱道。两个拱门上都题刻着这样的话语,"在上帝之城,你的荣耀将被诉说"。在国王接近此处的时候,一队由穿着白衣的少女组成的唱诗班从城堡中出现了。正如那些前来迎接打败了歌利亚(Goliath)之后返程的大卫(David)的少女一样,她们和着音乐声翩翩起舞。随军司铎给了这种表演极高的评价。他满意地指出,歌利亚是骄傲自大的法兰西人最合适的代表人物。少女们吟唱着一首特别创作的祝贺之歌向亨利致意。歌曲是这样开头的:"欢迎亨利五世——英格兰和法兰西的国王。"这个场景具有特殊的意义,其原因有二:在整个庆祝典礼中,只有这个环节是用英文吟诵的,也只有这个环节称呼国王本人为盖世英雄。其他场景都脱胎于《圣经》中的拉丁语引文(尤其是《诗篇》),并将胜利当作上帝的恩赐。然而,这些对国王所表现的一些适度的赞扬也可能会被认为是在亵渎神明。为了调和这一点,人们安排了第二群装扮成天使和大天使的小男孩吟唱《赞美颂》,并向国王抛撒金币和月桂叶。[33]

这座"城堡"里还藏着为国王准备的另一个惊喜。"6个盛装的市民从它铁制的城门中走出来,捧着两个由金子制成的盆,其中盛满了金子。这也是要献给国王的。"据说,这两个金盆本身就价值500英镑，盆里盛着的黄金则价值1000英镑。这是伦敦人为国王准备的最为令人满意的礼物。对于这位国王来说，远征为他带来了很多的荣光，但也让他的金库变得十分空虚。[34]

更多的少女恭候在齐普赛街的另一头。她们站在环绕着另一个蓄水池的储水塔外面的壁龛里。这些少女戴着桂冠，系着金腰带，手持着金色的圣餐杯，轻柔地将杯中金色的叶子吹到国王的头上。这座塔楼的顶端立着一尊金质的大天使雕像。他的脚下就是顶篷，上面绘制着由云彩点缀的天空。云朵的下方还绘有一个太阳，人们将其描绘得光彩壮丽，并且正在释放耀眼的光芒[35]：

> 而且……齐普赛街上的人实在是太多了。无论是在街道的哪一端，人数都极其众多。虽然骑士们能够骑马从中穿行，但是都要费好一番力气。道路两侧房屋上层的房间和窗台上都站满了王国中最为高贵的妇女和具有巨大声望的男人。他们聚集起来，前来观看这场令人愉快的盛大场面。他们盛装打扮，穿上了织金的、细麻布的、猩红色的以及其他不同种类的名贵服饰。在先前的伦敦，再没有哪一个集会比这个的场面更宏大、出席的高贵人士更多了。

位于这个充满了欢声笑语的壮观庆典的中心的是骑着马的国王。他非常安静，几乎安静到与周围喧闹的环境非常不协调的地步。正如他正式进入阿夫勒尔那天那样，他特意舍弃了与凯旋典礼和王室阵仗相配的所有服饰。他没有佩戴王冠，也没有手持权杖。他向他的国王身份所做的唯一妥协便是他的紫色长袍。这是只有皇帝、国王和教长才能穿戴的一种颜色。他的身边只有一小支私人部队。地位最为显赫的法兰西俘虏们则跟在亨利的身后，其中还包括奥尔良的查理（第二天就是他的21岁生日）、波旁公爵与布锡考特元帅。如果让他们处于亨利的地位，他们中没有一个人会（或者能够）采取和亨利类似的谦卑态度。只要受到人群的兴奋与感激之情的感染，一个修养较低的人就很容易会被引诱，并加入庆典的行列当中。但是，在此次庆典之中，亨利自始至终都表现得很冷淡。"事实上，从他平静的举止、悠闲的节奏、清醒的步伐来看，国王可能正在安静地思考这件事情，将所有的感激与荣耀单独献给上帝，而不是人类。"[36]

在圣保罗座堂与威斯敏斯特大教堂里举行的礼拜为盛大的庆祝活动画上了一个圆满的句号。在回到位于威斯敏斯特的宫殿之前，国王分别在圣厄康沃德（St Earconwald）和忏悔者爱德华的圣骨盒前供奉了祭品。第二天，也就是11月24日（星期日），根据国王的旨意，圣保罗座堂为英法双方所有在阿金库尔战役中阵亡的人举行了一场庄严的安魂弥撒仪式。[37]随后，约克公爵的遗骸被运到了北安普敦郡的福瑟林黑。而且，正如他所要求的那样，在公爵新修建的圣玛丽和诸圣徒教堂之中，人们将会伴着唱诗班的歌声将其下葬。但事实上，教堂的修建工作才刚刚开始，监督工程进度的是国王的首席石匠斯蒂芬·洛特（Stephen Lote）。公爵的过早离世意味着他的教堂将会围绕着他的墓地建造。当他下葬时，人们不过在这里覆盖了一块大理石板，并在上面放了他的黄铜雕像，以标志他的最后安息之地。在几十年之后，公爵的后代才最终重新建成了公爵计划修筑的教堂。[38]

在整个法兰西的城镇和村庄、教堂和修道院中，人们都在举办类似的葬礼。尽管这是一场空前的灾难，但是战败的消息传播至这些地区的速度相当缓慢。怀疑心理必然在其中起到了部分作用。例如，阿布维尔的居民非常确信，法兰西将取得胜利。他们甚至提前准备了一场城市庆功盛宴。一旦他们所期待的消息传来，他们就将开始庆祝。然而，在城镇的账目上，人们后来在那笔钱的记录附近加了一个令人悲伤的旁注，即传闻"并非是真实的"。在几周之内，整个布洛涅一直处于高度紧张的状态，并且派出侦察兵去战场附近打探他们所能够获取的任何消息。他们知道，战斗已经于10月25日打响，但是只有到了第二天，他们才能知道它的结果。他们的第一反应是保护自己。这是因为，布洛涅就位于英格兰人前往加来的路线上，而且守城部队的兵力严重不足。这是因为，根据阿尔布雷王室统帅的命令，劳罗伊斯领主已经带了一大部分兵力驰援法兰西军队。他们立即给邻近的城市蒙特勒伊写信，恳请他们派出弩手加固城防。与此同时，他们也给在鲁昂的国王、王太子和贝里公爵寄信，请求提供保卫前线的物资，并且寄信给在根特（Ghent）的沙罗莱伯爵腓力，寻求"庇护与援助"。可能令人吃惊的是，增援部队如同潮水一般地涌向布洛涅。不仅是蒙特勒伊，远至亚眠、埃丹、圣里基耶（St Riquier）和圣拉勒（St Laleu）的援兵都出动了。在亨利起航渡海回国之后的几天里，还有援军不断地赶到布洛涅。[39]

其他地方对于法兰西战败的反应就没有这么无私了。例如，在位于巴黎与鲁昂之间的芒特，守卫们守在城门口。这样一来，"除非组成20或30人的团体，那些从国王的军队中逃跑或返回的人都无法通过这座城镇"。亚眠城在寻求自保的问题上也显得十分务实。他们派遣信使去战场上搜寻，尽可能多地带回属于这座城镇的物品。这些东西先前被征用以供军队使用。在这个过程中，他们成功地找回了三门大型火炮、两门小型火炮、一些原属于他们的弩手的破损的盾牌以及帐篷的碎片。根据传统，他们将于10月28日举行城镇选举，而在伤者和濒死之人的涌入所导致的普遍混乱中，他们不得不放弃这一活动。[40]

在经历了这场灾难之后，这个区域所有的城镇都指望着国王和王太子能够以某种方式领导他们。这两个人仍然在鲁昂。安茹公爵、贝里公爵以及一大股用于保护他们的后备兵力也与他们在一起。与其他任何时刻相比，此时都更需要王太子发挥作用，为那些在这场战役中幸存下来的人安排一个重新集结的地点。但是，当这个令人震惊的消息传到他那里的时候，他并没有做出任何果断的决策。王太子的不作为没有帮到这些城镇，但他的不作为是可以理解的，因为在他得到确切的消息，确定亨利五世已经离开了法兰西之前，后者仍有可能采取进一步军事行动。而且，他的议政大臣们还在极力促使他收复阿夫勒尔。这不只是为了重塑法兰西的荣耀，而且可以在阿夫勒尔管理者多塞特伯爵进攻鲁昂之前先发制人。[41]另一方面，没有人知道，无畏的约翰会在此次危机中做出何种反应。

最终，事实证明，王太子对勃艮第派的忌惮程度超过了他对英格兰人的忌惮程度。在战后的第10天，公爵终于从第戎（Dijon）出发了，还带着他原本承诺要用于抗击英格兰人的军队。他无意为他死在阿金库尔的两个弟弟报仇，甚至也不愿前去支援他的国家。他的目的地是巴黎。英格兰人已经为他除掉了阿马尼亚克派的领袖。现在，已经没人能够阻挡他控制法兰西了。这是一个不容错失的机会。在进一步的公开反抗中，他带走了1413年发起流血政变的亲勃艮第派巴黎领导人，这些领导人还包括西蒙·卡博什本人。他们中的所有人依然受到王室禁令的约束。作为回应，王太子下令禁止任何有王室血统的王公贵族带领军队进入巴黎，拆除所有通往这座城市的桥梁，并且禁止渡船通行。[42]

11月21日，公爵率领了一支军队，抵达了位于巴黎东南方向约80英里处的特鲁瓦（Troyes）。他的队伍吸收了参加过阿金库尔战役的勃艮第老兵，因而规模迅速扩大。王太子无法再对这个威胁视而不见了。于是，他放弃了鲁昂及其北部的地区，任其自生自灭，然后带着他的父亲与贝里公爵逃回了巴黎。现在，这个倒霉的年轻人甚至又成功地冒犯了他天然的支持者。在他经过圣德尼的时候，他并没有按照惯例在修道院朝拜。他的大多数阿马尼亚克派参谋和庇护者们都在阿金库尔的战场上战死或被俘。在失去了他们之后，他向奥尔良的查理的岳父阿马尼亚克伯爵贝尔纳发出了一封紧急号召令，邀请他前往巴黎，接替已故的阿尔布雷的查理来担任法兰西王室统帅。由于确信拥护者很快就会带领一队经验丰富的加斯科涅重铠兵从阿基坦赶过来，王太子断然回绝了无畏的约翰进行私人会面的请求，并且宣布他要亲自统治法兰西。

但是，他并没有实现这一愿望。尽管阿马尼亚克的贝尔纳立即启程，但是当他在12月27日来到巴黎的时候，18岁的王太子已经离世了。而且，早在他到来之前的一周多，王太子就下葬了。尽管在临终病榻上，王太子已经被说服，与被他遗弃的妻子做出表面的和解，但是她几乎立即就离开了巴黎，返回她的娘家。直到听到巴黎为王太子的离世而敲响的钟声，勃艮第公爵才得知自己女婿的死讯。[43]

在阿金库尔发生的令人震惊的灾难并没有让法兰西人团结起来。因此,人们似乎并不感到惊讶,吉耶讷的路易的死亡并没有对正在将整个王国撕得四分五裂的内部争端造成任何影响。新继任的王太子是前任王太子17岁的弟弟图赖讷的让(Jean de Touraine)。他在勃艮第公爵的姐姐(埃诺伯爵夫人玛格丽特[Margaret, countess of Hainault])的宫廷里被抚养长大,并于近期迎娶了她14岁的女儿。勃艮第公爵坚信,这位王太子不会挑战他的权威。无畏的约翰没有理会巴黎方面关于新的王位继承人应该被送回首都的要求。他暂时解散了他的军队,并撤退到了布拉班特和佛兰德。在那里,他可以密切关注新的王太子,并以王太子的名义颁布命令。[44] 然而,他这样做仅仅是为了争取时间,以便向巴黎发动另一场更为致命的袭击。在阿马尼亚克的贝尔纳这一方,他已经从奥尔良的查理手中接过了阿马尼亚克派的领袖大旗。他发现,他的对手和他自己一样,十分记仇,残酷无情,而且是一个机会主义者。从任何意义上来说,勃艮第派和阿马尼亚克派之间的内战都没有停息,就好像阿金库尔战役从来都没有发生过一样。

第十八章

胜利的奖赏

对于亨利五世而言，阿金库尔战役只是一个开始。由亨利的胜利引发的兴奋之情并没有随着伦敦的庆典开始或是结束。早在国王返回英格兰之前，作为他的副官，他的弟弟贝德福德公爵约翰在威斯敏斯特宫召集了一次议会。由于许多本应参加上议院和下议院会议的人都与英格兰军队一起留在了法兰西，在1415年11月4日（星期一）的威斯敏斯特宫绘厅（Painted Chamber）举行的集会出现了严重的缺席情况。国王父亲同父异母的弟弟温切斯特主教亨利·博福特发表了激动人心的开幕演讲。这一演讲的主题是，"因为他是这样对待我们的，所以让我们也这样对待他"。他提醒在场的人们，亨利曾为了维持和平、法律和公正而持续地做出了种种努力，但是他仍然不能够重获他在法兰西的合法权利，只能诉诸战争。上帝已经赐予了他胜利。这一胜利提升了他作为国王的声望，宽慰了他的臣民，让敌人心怀恐惧，他的王国也获得了长久的利益。现在，他的臣民有义务为他的下一次远征提供帮助，让他能够完成他所开创的事业。[1]

议会以空前大方的态度做出了回应。1414年，议会批准国王在1416年2月征收第二次十分之二税和十五分之二税，而现在，这一日期则被提前到1415年12月。这样一来，国王便能够支付军队的返程费用，并赎回他已经典当出去、用作军饷抵押品的珠宝。1416年11月，议会批准国王可以再征收一次十分之一税和十五分之一税。而且，最不寻常的是，下议院还批准亨利向包括羊毛和葡萄酒在内的所有进出口商品征收关税。在他生命剩下的日子里，他都可以行使这一征税权。这是对亨利王权的信任和支持的公开证明，因为批准征税权一直是下议院与国王讨价还价、迫使君主让步的一个筹码。在此之前，下议院一直牢牢地把守着批准征税的特权，只有理查二世有权终身向羊毛征税，而这也是专制独裁的他运用胁迫的手段获取的。尽管亨利的大臣们可能会在幕后施压，这个残缺议会也因为不能代表大部分英格兰地区而可能缺乏合法的权威，但不可否认的事实是，下议院是自愿将这个终身征税权授予亨利的。他们十分确信，亨利五世会明智地使用这笔款项，以促进他们自身的利益。事实上，这是给继续对法兰西作战投下了赞成票。[2]

和议员们一样，亨利治下的教士们也急于称赞国王的成就，并向国王表明他们的忠心。经过投票，北部的教士大会批准了亨利向该地区的全部封地征收十分之一税，更为富裕的南部教士大会则把税率提升到了十分之二。他们也采取了重要的措施，以确保亨利的胜利不会被遗忘或忽略。在国王个人的要求下，坎特伯雷大主教亨利·奇切利宣布，从今以后，4月23日（圣乔治的节日）将会成为教会年历中的双重节日，"在圣乔治这位［英格兰］民族的特别庇佑者和保护者……的介入下，我们坚定不移地相信，在战争时期，英格兰军队是被引领着与敌人作战的"。这意味着，与其他圣徒的节日一样，它仍然是一个公共假日，但是除此之外，它将会变得和圣诞节一样，成为一个人们应当前往教堂的日子。相较于英格兰的主保圣人的地位得到提升，更加鲜为人知的是，他们还下发了一个类似的命令，让三名威尔士圣徒威妮弗雷德（Winifred）、戴维和查德的节日成了公共假期。这一举动不但仁慈，而且在政治上非常明智，承认了威尔士的弓箭手们和他们的主保圣人在阿金库尔战役取胜过程中所发挥的作用。[3]

亨利和他的大主教们还规定，在这场战役的周年纪念日，他们还要举行特殊的弥撒礼和礼拜以示庆贺。由于苏瓦松的补鞋匠圣徒克里斯宾兄弟在阿金库尔并没有站在法兰西人一边，因此，人们可能会认为，他们将他们的祝福给予了法兰西的对手。他们的节日也被英格兰人不知羞耻地占为己有了。国王本人立刻就将一场向他们致敬的弥撒礼纳入了他的日常宗教仪式当中，但是，随着第二场远征准备工作的开启，大主教规定，整个王国的人都要以更为崇敬的态度来庆祝他们的节日。此后，在阿金库尔战役的每一个周年纪念日，人们都将分别为这两名圣徒举行三场弥撒。此外，他们还要为地道的英格兰圣徒贝弗里的圣约翰（St John of Beverley）举行三场弥撒。[4]

从盎格鲁-撒克逊时代开始，位于约克郡的贝弗里大教堂（Beverley Minster）中的圣约翰的圣骨盒就已经是朝圣的中心了。而且，自1138年起，就像法兰西的金焰旗一样，他的旗帜也被王室军队中的约克郡士兵带上了战场。（我们并不知道，它是否在1415年和亨利五世一起前往了法兰西。）在更近的几年，也许是为了平衡约克人对被处决的斯克罗普大主教与日俱增的崇拜，本人曾任约克主教的圣约翰被擢升成了兰开斯特家族的主保圣人。

据说，当亨利四世带兵登陆英格兰以推翻理查二世的时候，他的圣骨盒里流出了圣油。奇切利大主教在教士会议上宣称，10月25日，就在阿金库尔战役的过程之中，这一奇迹再次出现了，而且流出圣油的景象更为壮观。由于这一天恰好也是圣约翰的圣骨被转移到约克的纪念日，不言而喻的是，这位圣徒为英格兰人斗争过了，因此也应该得到人们的崇拜。[5] 阿金库尔战役已经成了英格兰教会年历中的一部分。没有英格兰人或者威尔士人会遗忘这场战役的周年纪念日，也没有人会遗忘上帝与他的圣徒在确保他们的胜利中所起的作用。

具有深刻含义的是，在阿金库尔战役胜利之后，人们并没有马上进行这些改革，而是等到几个月之后，也就是在人们准备第二次远征的期间，他们才开始庆祝这些圣人的节日。第二次远征的目的是征服诺曼底。因此，这些庆祝活动并不是单纯的、旨在为圣人过去的支持表示感谢的虔敬举动，而是成了更具野心的长期远征之前的重要宣传工具。这不仅仅提醒了亨利的臣民，上帝与他的圣徒们将会支持他的事业，同时也告诉他们，履行神圣旨意、恢复英格兰失去的权利不但是国王的宗教职责，也是他们的宗教职责。

英格兰的随军司铎关于阿金库尔远征的回忆录也是这种宣传攻势的一部分。这部著作写于第二次远征开始之前的那个冬季，即1417年7月之前。它将亨利国王描绘为执行上帝意志的谦卑工具，并且将他的胜利视为上帝计划的最终成果。全书以对一次成功的新征程的祷文作结，而这无异于向国王自己的臣民和他在欧洲大陆的盟友发出号召，希望他们集结起来：

希望最为仁慈和良善的上帝可以第三次把胜利赐给我们的国王,就像他之前两次所做的那样。在上帝的保护和对国王敌人的裁决之下,国王已经两度取得了胜利。他这样做的目的是,让法兰西之剑和英格兰之剑都归于一位统治者的合法统治之下,停止他们各自的毁灭,并尽快地将矛头指向异教徒那未经驯化的血腥面孔。[6]

校订者们对随军司铎所写的《英王亨利五世纪事》做了恰当的总结,认为它是对亨利五世目标的"一种诠释与一种辩护"。它十分严格地遵守着政治派别的界限,以至于它频繁地应和官方文件的论点和措辞。亨利正是运用这些文字来让其他统治者支持他进行对法战争的主张的。例如,英格兰与法兰西的联合有助于再推动一次十字军东征是一个吸引亨利本人的想法。但是,在这个特殊时期,这一想法也会产生额外的反响,因为康斯坦茨公会议仍在召开。来自整个欧洲的神职代表和世俗代表聚集在此的主要目的是,让互相为敌的教宗候选人下台,并且结束为期30年的、给教会带来严重损害的分裂。[7]基督教大团结就是此刻的主题。

这次会议也为亨利提供了一个舞台,让他可以提出自己的要求。在发动对阿金库尔的远征之前和再次筹备对诺曼底的征服的时候,亨利不但分发了《布雷蒂尼条约》和《布尔日条约》的副本,而且分发了在他统治期间所进行过的外交谈判的记录,以便"整个基督教世界的人都知道法兰西人表里不一,让他受到了如此多不公正的对待"。1416年2月,加盖了御玺的、写着"与国王密切相关的事件"的信被送至神圣罗马帝国皇帝西吉斯蒙德(Sigismund)与许多德意志公爵、伯爵和领主们的手中。亨利知道，选派一个合适的送信人十分重要。他新近任命了阿金库尔纹章官，又让这名纹章官带着信件穿行欧洲大陆。这显然不是一个巧合。[8]

尽管亨利在他完成第一次远征回国之前就宣布了再次入侵法兰西的打算，但是完成准备工作还需要再花费 18 个月的时间。从这个方面来说，阿金库尔远征的组织工作为一场规模大得多的军事行动奠定了基础，而这场军事行动在 1417 年入侵诺曼底的行动中达到了高潮。对于这位国王来说，尤为重要的是，他需要得到两年前集结在他的旗号下的那些人的持续支持。在这场新战争的筹备过程中，他不能让阿金库尔的老兵们失望或者感到受了委屈。在封爵授衔这一问题上，亨利向来并不大方，但是他的两名忠诚的仆人的确因为他们卓越的贡献而获得了提拔。约翰·霍兰爵士在战争中表现出了超越其年龄的勇气，并做出了卓越的贡献。为此，国王奖励了他，并免除了其父所犯下的叛国罪给他带来的影响（国王曾以此罪名剥夺了他父亲的财产）。[9] 在阿金库尔战役发生后的一年里，承蒙国王的恩惠，霍兰恢复了亨廷登伯爵的头衔，并被册封为嘉德骑士，成为舰队的副官。亨利对于他的信任将会得到充分的回报。作为英格兰在法兰西的利益的主要捍卫者之一，他数十年如一日，忠心耿耿地进行军事服役，并取得了成效。国王父亲同父异母的弟弟多塞特伯爵托马斯·博福特被擢升为埃克塞特公爵（duke of Exeter）。[10] 在英军入侵期间负责指挥舰队。而且，尽管法兰西人在 1416 年试图收复阿夫勒尔，但博福特还是守住了它。

薪饷的支付是国王和他的士兵们的一个潜在的争论焦点。这是因为，不可避免的是，会计流程是非常复杂的。根据契约，所有的薪饷理应提前一个季度支付。但是，事实上，国王在远征之前就支付了第一笔薪饷的一半，并且对其目的地进行了保密。这一点让事情复杂化了。国王以前往加斯科涅的价格向他的军队指挥官们支付了薪饷。这些钱是那些前往法兰西的人薪饷的1.5倍。因此，另一半的第一个季度的薪饷不得不做出相应的调整。让情况变得更加混乱的是，用于保证第二个季度薪饷的抵押品是金银珠宝，而不是现金。更何况，军队中的绝大多数人都在那个季度结束之前就返回了英格兰，他们返回的时间还不一样。各队指挥官们不仅给他的手下支付了第一季度的薪饷，而且，在绝大多数情况下，他们还从他们自己的资金中拨出了一些钱款，以便提前支付第二季度的薪饷。

为了收回这些钱，军队指挥官们必须向国库提交资料。这样一来，国王的官员们便能够比较指挥官们在契约中所允诺的士兵人数和他们实际带来的人数。这些资料包括在战争的不同阶段所起草的人员名单及获准从阿夫勒尔返乡的病人们的官方名单。除此之外，还有得到确认的、每一位长官所起草的名单，其中标注了战死、被俘、患病或者留驻阿夫勒尔的人员。理论上，人们可以凭借这些名单，按比例计算每个人应当得到的薪饷。[11]

为了解决如何公正且友善地分发薪饷这个令人烦恼的问题，国王在伦敦塔密室中召开了一次会议，与他一同商议的是他的财务大臣、掌玺大臣、坎特伯雷大主教以及沃尔特·亨格福德爵士。为了回答以国库之名向他提出的一系列问题，国王决定忽略关于军队集合、解散日期不同的争论，将远征的起止日期定为1415年7月6日—1415年11月24日。这样一来，会计周期便为140天。这就变得极为方便了。这意味着，每一名重铠兵都会因为他在这次战役中所服的兵役而将收到大约 7 英镑的薪饷，每一名弓箭手则能得到 3 英镑 10 先令的薪饷。所有在第一季度中战死、病死或者因患病而回国的人（只要他们获得了王室的许可）都会收到整个季度的军饷。与之相似的是，那些在阿金库尔战役中战死的人都将收到全额的薪饷，就像是他们全程参与了远征一样。只有那些在英格兰集结但却因为船只短缺而被留在后方的人没有得到报酬。[12] 尽管人们很容易就会觉得，这种做法是强行用一个简单的会计方案来解决一个复杂的财政问题，但毫无疑问的是，国王这样做也是为了厚待那些为他效犬马之劳的人。毕竟，有些人甚至为他付出了自己的生命。

尽管如此，那些已经直接与国王签订契约的人马上就会发现，国王并不总是能够及时支付他们在服役过程中所花费的所有的钱财。直到战役结束后的第八年，也就是亨利五世去世后的第二年，尽管得到了国王的厚爱，约翰·霍兰爵士依旧没有得到在阿金库尔远征中所应得的全部薪饷。他被拖欠的薪饷多达 8158 英镑（约合今天的 3377412 英镑）。而且，他绝不是唯一被欠薪的人。例如，1427 年，格洛斯特公爵和索尔兹伯里伯爵就向议会请愿，表示他们遭受了"巨大的个人损失与伤害"，因为他们给自己的手下全额支付了整个第二季度的薪饷，而国库则按照国王的决定，认定该场远征提早结束了，因而有 48 天的薪饷需要他们自己偿付。[13] 换言之，这个损失将由他们自己承担。

的确，地位更高的贵族会在一定程度上为国王的军事远征提供资金。但是，地位较低的贵族有时候也会发现，他们也得不到应有的薪饷。在阿金库尔战役中，托马斯·斯特里克兰爵士（Sir Thomas Strickland）是圣乔治旗帜的护旗手。后来，他在 1417 至

1419年间继续在法兰西服役。他宣称,除了第一个半年,他根本没有收到任何薪饷。因此,他只好卖掉国王抵押给他的银器,来支付他继续服兵役所需要的费用。1424年,他请求国王"看在上帝的面子上,发发善心",让他得到价值为14英镑4先令10.25便士的银器,以抵偿拖欠他的款项,而这一请求得到了准许。10年之后,约翰·克利夫的遗孀也要求得到33英镑6先令。这是她的丈夫及其部队中的17名吟游诗人参与阿金库尔远征期间所应得的报偿。和斯特里克兰不同,她已经归还了国王的珠宝,这些珠宝至少价值53英镑。然而,作为她要求的回应,她只得到了10英镑。[14]

问题沿着指挥链向下进一步扩大。在弄不清谁应该承担发放薪饷的责任的情况下,问题尤为严重。根据与部下所签订的契约,每支部队的长官具有发放薪饷的法律责任。但是,对那些在战争之前并没有犯下什么过错却失去了自己长官的士兵来说,他们又该找谁要酬劳呢?例如,那些与剑桥伯爵理查德、斯克罗普勋爵亨利签订契约服役的人就无法从他们已经被处决的领袖的财产中得到经济补偿,因为这些都被王室没收了。确定薪饷支付的责任是很困难的,这一点充分体现在亨利·英格罗斯(Henry Inglose)的身上。这名重铠兵与约翰·蒂普托夫特签订了契约。1417年3月,英格罗斯被迫在骑士法庭上控告蒂普托夫特,控诉他拒绝支付他本人及其部下们在阿金库尔远征中所应得的薪饷,"既违背了他自己明确许下的诺言,也违背了整套贵族军事惯例"。乍一看,依据契约,蒂普托夫特的义务是十分明确的。但问题在于,在招募了30名重铠兵和90名弓箭手之后,蒂普托夫特被任命为阿基坦总管,而且在远征之前就动身前往波尔多。亨利·英格罗斯、约翰·法斯托尔夫爵士在内以及蒂普托夫特部队中的其他人并没有和他同去，而是按照国王的命令，加入了入侵法兰西的队伍。在这种情况下，谁应该负责支付他们的薪饷呢？英格罗斯本可以在普通法庭起诉，却选择了骑士法庭。那是由英格兰宫廷长官和司礼大臣主持的、对所有军事纠纷的案件拥有审判权的机构。虽然这个选择可能是由这个案件的性质所决定的，但为了这个决定，英格罗斯也冒了极大的个人风险。如果他无法找到目击者和相关证据，那么宫廷长官就可以让他亲自进行一场至死方休的司法决斗，以证明他的主张。[15]

如果说，获得薪饷有时是困难的，那么也有其他的补偿方式。格洛斯特公爵汉弗莱得到了兰斯蒂芬的城堡及领地（castle and lordship of Lanstephan）。这个地方是从威尔士叛徒亨利·格温（Henry Gwyn）的手中没收而来的，"他与国王的法兰西敌人一起死在了阿金库尔"。由于国王无力赎回抵押给他的朋友菲茨休勋爵亨利的珠宝，他便将洛弗尔勋爵约翰（John, lord Lovell）的儿子兼继承人所有直属封地的占有权都给了勋爵。在这位继承人未成年期间，菲茨休勋爵对这些土地具有占有权，以便他能够用这片土地的收入来抵偿他和他的军队所未领到的军饷。另一名王室骑士吉尔伯特·乌姆弗拉维尔爵士也得到了宝贵的监护权，以代替他在这场远征中应得的军饷。"鉴于他在国王最近一次远征中所花费的巨额金钱"，罗兰·伦索尔爵士则得到了约翰·莫蒂默爵士的儿子兼继承人的监护权与婚姻决定权。（相反地，可能已经收到应付薪饷的沃尔特·比彻姆爵士［Sir Walter Beauchamp］与约翰·布莱克特［John Blaket］却因为没有及时归还国王所抵押的珠宝而遭到了起诉。而在比彻姆几次都没有对法庭的命令做出回应的情况下，当地的郡长便得到了命令，去从他手中夺取与珠宝价值相当的土地。)[16]

虽然另一种奖赏忠实追随者的方式代价不那么高昂,但被众人吹捧,并受到了高度的赞扬。这就是授予嘉德骑士的勋位。这个声名显赫的骑士团的成员永远不会超过26名。然而,在阿金库尔战役结束后的5年里,新近得到这一称号的人中有13人都参与过这场战役。其中5人——约翰·霍兰爵士、指挥了左翼部队的卡莫伊斯勋爵托马斯、牛津伯爵、索尔兹伯里伯爵和威廉·哈林顿爵士——都是在1416年得到这一爵位的。[17]

绝大多数的骑士与扈从并没有获得如此高的骑士荣誉的志向,但还有一种同样行之有效的、可以奖赏他们勇气的方式。那就是对阿金库尔的老兵们未经授权便私自使用纹章的行为睁一只眼闭一只眼。1417年6月2日,亨利命令他的郡长们下发公告,"无论一个人的财产、阶层和条件如何",在不是通过继承或者没有获得官方许可的情况下,任何人不得佩戴纹章出现在新的远征队伍当中。违者一律被剥夺纹章,并且被禁止参与这次远征。但"那些与我们一起在阿金库尔披甲征战过的战士"可以不用遵守这一命令。人们围绕着这句话的含义进行了大量的讨论。而且,多年以来,人们都认为,在阿金库尔战役中作战的所有人都自动晋升为贵族了。这也是莎士比亚著名台词的由来。亨利五世在战役之前向他的战士们许诺:

> 今天与我一起挥洒热血的人,
> 将成为我的兄弟。无论他的出身如何低贱,
> 今天他将成为绅士。

虽然在阿金库尔远征期间有许多扈从被册封为骑士，但纹章使用者的人数并没有出现激增，也没有很多野心勃勃的弓箭手进入贵族阶层。因此，我们大可放心地不去理会上文的这一解读。关于这一豁免令，最有可能的解释是，它让那些由于参与这场战役而非正式地更改他们的纹章的人获得了正当地佩戴这些纹章的权利。例如，沃德豪斯的约翰（John de Wodehouse）将他的纹章上的纯白色V字（用纹章学的术语来说，这叫作奥尔[or]）改成了点缀着血滴的金色V字，后来又加上了"阿金库尔"的格言。类似地，罗兰·伦索尔爵士在他的纹章上加上了"阿金库尔"的格言。更有想象力的是，为了纪念俘虏了奥尔良的查理的功绩，理查德·沃勒（Richard Waller）在自己的家族纹章核桃树上加上了奥尔良公爵的徽章——盾。[18]

至于奥尔良的查理本人，他和其他重要的法兰西俘虏们都要忍受战败和被俘的屈辱。他们在伦敦的大街上游行示众，供伦敦人取乐。在那之后，他们便被囚禁在伦敦塔中，等待着国王对他们命运的裁决。这引发了一场特别令人心酸的重逢：里什蒙伯爵阿蒂尔与他的母亲英格兰王太后胡安娜相见了。在阿蒂尔还是一个10岁的孩子的时候，胡安娜就离开了布列塔尼，嫁给了亨利四世。此后，阿蒂尔就再也没有见过他的母亲。如今，里什蒙伯爵已经22岁了，令他的母亲感到恼火和悲哀的是，当他被带到她的面前的时候，他并没有在一众贵妇当中认出她。在辨认她的儿子的过程中，她必然也经历了一些困难。这是因为，在阿金库尔战役中受到的创伤让他面目全非。这并不是一场令人愉快的重逢。尽管胡安娜掩饰住她心中的失望之情，给了阿蒂尔一些衣物和一大笔钱以分发给他的狱友和守卫们，但是在被羁押的7年当中，阿蒂尔再也没有见过他的母亲。[19]

就是按照现代的标准而言，阿蒂尔在监禁期间得到的待遇也不算差。由于要与他们的贵族身份相称，在捕获他们的人的内府中，这些法兰西俘虏可以按照贵宾的标准生活。只要他们乐意，他们便可以自由地骑马、狩猎和猎鹰。年纪更长者可以待在国王在埃尔特姆、温莎和威斯敏斯特的王室宫殿当中，那里有专供他们使用的豪华床榻。他们并没有被分开或者孤立起来，而通常是成群地待在一起，或者至少可以彼此保持联系。他们甚至被允许把他们自己最喜爱的仆人、马匹和物品带来，让他们的监禁时光变得更为舒适。布锡考特元帅就是和他的私人告解神父弗雷尔·奥诺拉·迪朗（Frère Honorat Durand）、理发师让·莫罗（Jean Moreau）一同度过监禁的时光的。波旁公爵首先对英格兰人所提出的要求之一便是，将他的4个养鹰人接到他的身边来。英格兰人给了他们大笔的金钱，供他们生活开销。但是，这样做并不是无条件的。这些花费都将计入他们所需要支付的赎金当中。[20]

只有在特别危险的时刻，英格兰人才会剥夺这些法兰西俘虏的自由。1417年6月，当亨利即将第二次入侵法兰西的时候，他的所有法兰西贵族俘虏们都被暂时送到了更为安全的地方进行羁押。奥尔良的查理被遣送到了约克郡的庞蒂弗拉克特城堡（Pontefract Castle，这个选择实在是考虑不周，因为奥尔良公爵第一任妻子的第一任丈夫理查二世便是在那里被谋杀的），布锡考特元帅、厄镇伯爵和里什蒙伯爵被转移到了北安普敦的福瑟林黑城堡（Fotheringhay Castle），特鲁西领主克莱尔的乔治（Georges de Clère, sire de Trocy）和一些其他的俘虏则被送到了北威尔士的康威城堡与卡那封城堡（Caernarvon Castle）。即使是在这些更为偏远的关押地，俘虏们通常也有在城堡外面活动的自由。当奥尔良的查理和布锡考特元帅被拘留在庞蒂弗拉克特城堡的时候，负责看守他们的罗伯特·沃特顿经常会允许他们前往他6英里外的梅斯利庄园（manor of Methley），那里是绝佳的狩猎场所。然而，1419年，在无畏的约翰被谋杀之后的危机当中，有流言称，奥尔良的查理与苏格兰的奥尔巴尼公爵展开了接触。亨利迅速采取了措施，取消了奥尔良的查理的特权。在任何情况下，他都不能离开这座城堡，就连"罗伯特的庄园或者其他娱乐场所"都不准去，"因为让他失去娱乐机会总比我们被蒙骗要好"。[21]

与其他国家的人相比，英格兰人以善待囚犯著称。西班牙人"不知道如何礼貌对待他们的囚犯"。而且，就像德意志人一样，他们也有为了获得更高的赎金甚至会给贵族俘虏戴上镣铐的恶名。在1417年的诺曼底，不幸被英格兰、勃艮第和法兰西军队接连逮捕的法兰西商人纷纷抱怨，勃艮第人对待他们比英格兰人更恶劣，法兰西人比撒拉森人还要残忍。[22]

无论这些法兰西俘虏的监禁环境有多么舒适，他们终究还是处于监禁之中。那些不太重要的俘虏并没有横渡海峡来到英格兰。在战役过后的几个星期和几个月中，他们陆续缴纳了赎金，然后便被释放了。在布洛涅，城镇当局到处分发葡萄酒，以庆贺那些被英格兰人俘虏的人的归来。从11月初开始，几乎每周都有俘虏被释放，被释放的人包括勒克罗图瓦的市长和让·万科特（Jehan Vinct，布洛涅前任市长的儿子）。到了第二年的6月，一些在英格兰的俘虏也开始踏上回家的路途。1416年6月3日，利涅领主让（Jean, sire de Ligne）得到了一张安全通行证。他是一个在阿金库尔战役中被牛津伯爵俘虏的埃诺人。与他一起被俘的是他的长子普瓦的热内（Jennet de Poix）和普瓦的达维德（David de Poix）。（普瓦领主让［Jean, sire de Poix］、他的叔叔埃凯讷子爵罗歇［Roger, viscount of Equesnes］和家族里的另外两名成员都已经被杀死了。）有了这张安全通行证，利涅领主便能够有条件地获得释放，以便为他自己筹措赎金。他于6月14日抵达了布洛涅，并受到当地人的祝贺，但这为时尚早，因为按照誓言，他要在9月29日之前返回英格兰。如果他筹措到了必需的钱，那么他就能够获得自由。否则，他就将不得不继续过着俘虏的生活。[23]

按照惯例，这些获得安全通行证而被释放的俘虏往往会留下人质，以之作为他们将会遵守诺言归来的保证。然而，对于他们来说，一去不返的诱惑势必是相当之大的。偶尔也会有人打破他们的誓言。正如我们已经看见的那样，道格拉斯伯爵和埃利领主克雷基的雅克都违背了他们的誓言，以便保持自由身。[24]来自阿夫勒尔和阿金库尔的俘虏们更令人尊敬。1420年，当里什蒙伯爵阿蒂尔获准在萨福克伯爵的陪同下前往诺曼底的时候，他拒绝与计划营救他的人串通一气："他回答道，他宁可死，也不愿打破他对英格兰国王许下的誓言。"两年后，当亨利五世去世时，他对这一义务非常个人化的解读及极端狭隘的定义便显现了出来。在被国王囚禁了7年后，里什蒙立即回到了布列塔尼。他不仅认为自己已经不用遵守誓言了，而且认为自己没有支付赎金的义务。[25]无论以什么标准来衡量，这种对战争法则的解释都是极具争议性的。

同样在1416年获得假释的还有高库尔的拉乌尔。而且，1417年，他又一次获得了假释。尽管感觉到亨利五世并不尊重他的承诺，他还是每一次都坚持如约回到英格兰。难能可贵的是，因为高库尔后来在巴黎高等法院与埃斯图特维尔的让的继承人对簿公堂，我们得到了相关的一手材料，从中，我们可以了解到高库尔是如何尝试保证自己的自由的。他首先与国王谈判。国王并没有简单地要求得到一笔钱作为高库尔和埃斯图特维尔的共同赎金，而是宣称，140名（或160名）英格兰臣民"在法兰西当俘虏的时候一直受到严苛的对待。如果这两个法兰西人想要得到自由，他们就应该努力争取这些人的自由"。由于这些英格兰人的身价不如阿夫勒尔的两名守城人的高，亨利暗示，他将会接受两名英格兰骑士和两名法兰西骑士的意见，以确定这两名守城人应当多支付多少钱，用来补偿他们的身价与那些英格兰人身价之间的差值。他也提及，他在阿金库尔的辎重车队遭到了攻击，并损失了部分的珠宝，"如果这些东西能失而复得，那就再好不过了"。除此之外，他还向两位守城人索取了200桶波恩红葡萄酒，而这也将会被计入最后的账单。

高库尔和埃斯图特维尔受到了这个不同寻常的安排的困扰。为此，他们寻求了奥尔良的查理、波旁公爵、里什蒙伯爵、厄镇伯爵、旺多姆伯爵以及布锡考特元帅的建议。这些人一致认为，即便只是为了不被长期关押在英格兰，他们也应该同意亨利五世的条件。即使高库尔"还没有从严重的疾病中康复"，但是他在1416年4月3日从国王那里获得了安全通行证，并启程前往法兰西。在那里，他成功地让除20名一直被关押的英格兰"绅士、商人和士兵"之外的所有人都获得了自由。尽管那些珠宝"已经散落在不同的人的手里"，但高库尔成功地找到了国王的王冠、加冕时用的宝球和包含着真正的十字架的碎片的金十字架，"同时还有国王急着要寻回的几件其他物品，尤其是所谓的国王大法庭法官的印章"。他购置了葡萄酒，带着印章返回了英格兰。他相信，他已经完成了国王所需要他完成的所有事情。[26]

然而，亨利是个极难伺候的人。他宣称，他对于高库尔所表现出来的努力非常满意，但是在释放他之前，他所要求的所有物品和人都应该被运到伦敦。于是，这名法兰西人雇了一艘船，付清了英格兰俘虏们仍未偿付的赎金，给他们换上新衣裳，并将他们和国王的珠宝一起运到伦敦塔。一周之后，另一艘满载着成桶的葡萄酒的船也抵达了。高库尔和埃斯图特维尔再一次认为，他们已经达成了国王的全部条件，并希望亨利可以释放他们。但是，在离开伦敦之前，亨利并没有给他们一个回复。四个半月后，在没有与高库尔和埃斯图特维尔商量、没有得到他们的同意也没有补偿他们的情况下，亨利下令，释放那些由于高库尔才在伦敦塔中生活的英格兰人。[27]

1417年1月25日，也就是高库尔收到他的船（船上有"12或14名船员"，负责运送英格兰俘虏和葡萄酒）的安全通行证的同一天，他也得到了返回法兰西的许可。这确实是为了让他完成对他的安排，但是，他之所以获得这一许可，也是因为他受委托前往法兰西宫廷，以完成一个特殊的使命。在波旁公爵和亨利五世进行的一次秘密会晤当中，国王称，他已经准备好放弃他对于法兰西王位的要求了，前提是查理六世同意接受《布雷蒂尼条约》，并且宣布放弃他对于阿夫勒尔的所有权利。波旁公爵认为，这个条件非常合理。他表示，如果查理六世拒绝上述条款，那么他甚至愿意向亨利效忠，承认他为法兰西的国王。高库尔的拉乌尔被选中去传达亨利所提出的条件，并敦促查理六世和他的大臣们接受它。这又是一项徒劳无功的任务，因为第二次入侵法兰西的行动即将开始。正如亨利在授予高库尔通行证的同一天告知约翰·蒂普托夫特爵士的那样,"无论他们做出什么样的让步,我都不会放弃我的第二次远征"。[28]

高库尔所做的所有努力都白费了。尽管他为波旁公爵和奥尔良公爵节省了4万克朗(约合今天的276万英镑),但是英格兰和法兰西之间的和平并没有更进一步。(这些钱是亨利五世向他们索取的保证金,为的是确保高库尔会在3月31日前返回。)在尝试让国王释放他和埃斯图特维尔的过程中,他已经自行支付了1.3万克朗,然而,他们还是国王的阶下囚。更过分的是,亨利五世在他的临终病榻上下令,除非他年幼的儿子达到法定年龄,否则不准释放某些法兰西俘虏。高库尔正是这些俘虏当中的一员。当他最终重获自由的时候,阿金库尔战役已经过去了10年。这是因为,直到那时,英格兰人才需要用他的赎金来抵销法兰西人所要求的赎金。[29]

高库尔的经历表明,他的确蒙受了冤屈。他后来的职业生涯也证明,亨利在因禁他的这件事上表现得多么明智。高库尔一回到法兰西,便为王太子效劳,并在每一次对抗英格兰的军事行动中英勇作战。他被任命为奥尔良的长官和多菲内(Dauphiné)的管理者,在战场上下都表现得非常出色。他还是圣女贞德的一名早期追随者,与她一起打破了英格兰人对奥尔良的包围,并出席了王太子在兰斯(Reims)举行的凯旋加冕礼。他活得足够长,看到了诺曼底和阿基坦的光复。而且,在他以80多岁或者刚过90岁的高龄去世之前,他满意地得知,他在将英格兰人从法兰西土地上驱逐出去这件事上发挥了重要的作用。[30]

亨利的另一名俘虏在随后恢复法兰西君权的过程中也发挥了主导作用。他便是里什蒙伯爵阿蒂尔。在他于阿金库尔战役被俘之前，他就支持阿马尼亚克派。而且，尽管他的哥哥布列塔尼公爵与英格兰人有盟约，但他仍旧坚定地维护阿马尼亚克派的主张。在被俘期间，他在亨利五世的劝说下改变了效忠对象，并且变成了盎格鲁-勃艮第同盟的积极拥护者。他一度同意成为英格兰国王的封臣与盟友。正如我们已经看到的那样，他因此获得了假释，可以返回法兰西。条件是，他要一直待在萨福克伯爵的部队当中。在亨利死了之后，他逃走了，并在一年之后娶了无畏的约翰的女儿——王太子吉耶讷的路易的遗孀——勃艮第的玛格丽特。1425年，当时仍未加冕和行涂油礼的王太子查理为他提供了法兰西王室统帅的职位。在第二次政治派别大转向中，里什蒙伯爵转回了阿马尼亚克派。他改革了法兰西军队，并在帕泰之战（Battle of Patey〔1429〕）和福尔米尼之战（Battle of Formigny〔1450〕）中击败了英格兰人，这些努力都为收复诺曼底铺平了道路。[31]

波旁公爵的兄弟与继子——旺多姆伯爵波旁的路易和厄镇伯爵阿图瓦的查理——分别在1423年与1438年获释。在那之后，他们也拿起了武器，以对抗英格兰人。在度过了23年的囚徒生涯之后，为了夺回失去的青春年华，已经45岁的阿图瓦的查理成了法兰西国王在诺曼底和吉耶讷的副官。[32]波旁公爵本人则永远没有这样的机会了。尽管高库尔的拉乌尔的经历并不是一个好的预兆，但公爵在1420年7月得到了可能会让他获释的条款。他得到了返回法兰西的许可，以筹集1万克朗的赎金。他获得假释的条件是，他也要说服他的儿子克莱蒙伯爵改投盎格鲁-勃艮第同盟，并向英格兰方面提供一些重要的人质，其中就包括他的次子。他为了履行这些条款而付出的所有努力都是徒劳的。尽管在亨利五世去世的时候，公爵还在假释期内，但与里什蒙伯爵不同，他并不认为他的义务终结了。他回到了英格兰。在那里，他的监禁生涯并没有阻碍他成为一名私生女的父亲。1434年，波旁公爵死于博林布鲁克（Bolingbroke）。即便是死后，他都没有回到家乡，因为他被埋葬在伦敦的方济各会教堂中。[33]

布锡考特元帅也永远没能再回到法兰西。当他在阿金库尔被俘的时候，48岁的他便已经是最年长的俘虏之一了。从12岁起，他就一直过着戎马生涯，但他现在被迫退休，结束了这样的日子。这个最虔诚的人每天都要留出几个小时用来祈祷，每个星期五都要身穿黑衣、斋戒禁食以悼念耶稣的受难。他在1405至1408年托人编写了一本祈祷历书，对他的一生有着特别意义的27名圣徒的袖珍画让这本书生色不少。具有讽刺意味的是，第一幅（也是最为重要的一幅画像）被献给了圣伦纳德（St Leonard），即囚徒的主保圣人。尽管在尼科波利斯作战之后，布锡考特曾短暂被俘并体会过囚徒的生涯，但这仍称得上一个有先见之明的选择。布锡考特为了获释而付出的所有努力都以失败告终。他向亨利五世提供了6万克朗的赎金，但立即就被拒绝了。教宗也试图干预此事。他派遣使节前往英格兰，呈上4万克朗的赎金，并许诺让布锡考特发誓永远不再与英格兰人作对。但是，亨利依旧坚持己见。眼见重获自由无望，在去世之前几周，布锡考特便在遗嘱中添加了一份附录，将少许纪念物留给了他的狱友，并将剩余的一小笔财产留给了他的弟弟热弗鲁瓦。1421年6月25日，这个举世闻名的骑士楷模默默无闻地死在了罗伯特·沃特顿位于约克郡的梅斯利庄园的房子中。属于他的时代和一世英名就此消逝。元帅的妻子在他被囚禁期间便已去世。没有留下孩子的不只是布锡考特元帅，他的两个继承了父亲地位的侄子死后也没有留下子嗣。无论如何，他的遗体还是被运回法兰西光荣地下葬了。布锡考特就葬在图尔的圣马丁教堂（church of St Martin at Tours）唱经席后面的圣母礼拜堂中，身边就是他的父亲第一代布锡考特元帅的坟墓。[34]

亨利五世所俘获的最重要的囚犯的命运也同样悲惨。从法律意义上说，奥尔良的查理在阿金库尔被俘的时候仍未成年。在抵达英格兰的那几天里，他度过了21岁的生日，在接下来的25年里，他也将在囚禁当中度过。他的弟弟腓力死于1420年，唯一的孩子让娜死于1432年，妻子阿马尼亚克的博内（Bonne of Armagnac）大概也是在同一时期死去的。当亨利五世入侵法兰西并征服诺曼底的时候，奥尔良的查理既不能为自己，也不能为法兰西出力，只能无可奈何地袖手旁观。王太子在1419年刺杀了谋杀他父亲的凶手无畏的约翰，这可能会令他感到高兴，但这种喜悦是短暂的。正如16世纪的一名隐修院院长在向弗朗索瓦一世（François I）展示无畏的约翰的头骨的时候所评论的那样，"英格兰人从这个洞进入了法兰西的"。[35] 这次谋杀促使勃艮第公爵的儿子和继承人腓力公开与英格兰人结盟，并直接促成了《特鲁瓦条约》（Treaty of Troyes）的签订。在这份条约里，王太子因为他的罪恶而被剥夺了继承权，亨利五世则实现了他长期以来的愿望，迎娶了法兰西的卡特琳公主。亨利五世还得到了查理六世的承认，成为他王位的合法继承人。

具有讽刺意味的是，亨利五世永远没能成为法兰西的国王，因为查理六世比他的女婿多活了近两个月。但是，这两个人的死都没有改变奥尔良的查理的命运。这是因为在继承英格兰和法兰西的王位的时候，亨利五世的儿子只有9个月大，让奥尔良的查理获得自由既不符合英格兰人的利益，也不符合勃艮第派的利益。

1435年，勃艮第公爵腓力背弃了与英格兰人的盟约并与王太子议和，承认后者为查理七世（Charles Ⅶ）。到了这个时候，积极推动释放奥尔良的查理的只剩下查理同父异母的弟弟迪努瓦伯爵让（Jean, count of Dunois）和圣女贞德了。又过了5年，各方才达成共识，认为比起当一个落魄的俘虏，查理作为潜在的英格兰和法兰西之间的和平缔造者价值更大。1440年10月28日，他在威斯敏斯特大教堂正式获得了自由。

一个月后，时年46岁的奥尔良的查理结了第三次也是最后一次婚。他那14岁的新娘将会生3个孩子，其中的一个最终将会登上法兰西的王位，成为路易十二（Louis Ⅻ）。但查理本人已经失去了对政治的兴趣。他退隐了，在位于布卢瓦的城堡中平静地生活着。在那里，他度过了一段与他被羁押在英格兰时同样长的时光。他在他那馆藏规模令人难以置信的图书馆里阅读哲学、神学和科学著作，把他的兴趣都寄托在钟表与其他机械装置上，写一些文雅且诙谐的爱情诗歌。在他被迫过上的闲暇生活期间，他已经成了爱情诗的大师。[36]

尽管奥尔良的查理的绝大多数诗歌都坚定地遵循宫廷爱情诗的传统，并且不是自传类型的诗歌，但是，他的字里行间仍会偶尔浮现出他个人的悲惨遭遇。例如，在前往多佛尔的旅途中，他看到了法兰西的海岸线，而这激发了他对于和平的吁求。这样的和平能够让他回到家乡：

　　　　和平这份珍宝，人们怎么赞美都不嫌多。
　　　　我痛恨战争，它不应被珍惜。
　　　　无论正确与否，长久以来，它一直阻止着我，去看望我内心深爱的法兰西。[37]

在他的另一首诗《悲歌》(Complainte)里面,他回忆了法军在阿金库尔失利的原因,为法兰西堕落为骄傲、死气沉沉、荒淫、自负和不义的代名词而感到痛惜。毕竟,此前的法兰西因为荣耀、忠诚、礼貌和英勇而成了其他国家的楷模。他敦促他的同胞们再次拾起那些曾经激励着它的伟大基督教英雄(查理曼[Charlemagne]、罗兰、奥利弗[Oliver]和圣路易)的宝贵美德,让这些圣徒对他们既往不咎,并再一次支持他们的主张。[38]

奥尔良的查理的诗作是在阿金库尔战役的刺激下所产生的众多文学作品中的一个。这次战败是一次灾难性的事件。同时代的人们往往无法把它的名字说出口。15世纪,在法兰西人的理解中,"la malheureuse journée"(不幸的日子)指的就是阿金库尔战役,并不需要更多的说明。

例如,阿兰·夏蒂埃(Alain Chartier)的长诗《四位女士之书》(Le Livre des Quartre Dames)就是在这场战役之后的两年里写的。它是对这场战役的直接回应,但是一直没有提及战役的名字。夏蒂埃把这首诗伪装成宫廷爱情抒情诗的样子,但事实上,他在用这首诗露骨地抨击那些应当对这次战败负责的人。在这首诗中,他描绘了遇见四名女子的场景。她们全都痛哭流涕,让他来评判她们当中的哪一位才是最不幸的。她们四人都在阿金库尔失去了她们的爱人。第一位女子的爱人死在"那个被诅咒的日子"里,而第二个人的爱人被俘虏,并在英格兰的监狱里受苦。第三位女士宣称,她的命运更为悲惨。她悬着的心就像一座被破坏了的高塔,在一段时间之后就会倒下。由于她不知道她的爱人遭遇了什么，不知道他是已经遇难还是仍在人世，她一直在等待。每一个人都在谴责那些因为战败和个人损失而从战场逃离的人。因此，很显然，第四个女子是最为不幸的。虽然她的爱人幸存了下来，但她哀叹，她将一颗心给了"一个无耻且懦弱的逃兵，他应该为这耻辱的行径而接受谴责"。他自私的心驱使着他保全自己，抛弃他的同伴，任由他们战死或者被俘。"他擦亮了他的头盔，穿上了铠甲，却只是为了逃走。"她控诉道。"唉，多么糟糕的一天啊！"[39]

夏蒂埃是一名诺曼底教士。终其一生，他都是阿马尼亚克派。他在1417年成了新任王太子查理的秘书。和奥尔良的查理一样，他也写了大量的作品，公开抨击法兰西骑士的道德沦丧，并敦促他们践行古老的骑士美德，以便总有一天将抗击英格兰人的胜利揽入怀中。人们很容易就会把这种想法当作对从未存在的过去的一种浪漫的怀念，但在《四人互责录》(*Le Quadrilogue Invectif*) 中，夏蒂埃笔下的骑士同样倡导一种新型的实用主义：

> 一个人应当更看重荣誉，并赞扬那些知道什么时候有必要撤回他的军队并保存实力的指挥官。他们不会冒着全军覆没的风险而忽视危险，也不会为了获取骑士威名而忘记了谦虚和谨慎。我并不需要寻找古代的例子以证明我所说的观点；我们最近目睹的一些事情给我们上了一堂更好的课。让我们将不幸的阿金库尔战役的情况牢记心中吧！我们为之付出了高昂的代价，并且仍然在为我们的悲惨遭遇而悲伤。那场巨大灾难带来的所有压力都压在我们的身上，我们不能让自己释怀。我们所能做的只有迅速行动起来，展现出充满智慧的、不屈不挠的精

神，谨慎地克制我们那鲁莽轻率的冲动。"[40]

在写于1417年1月20日的《关于人类生命的囚笼的一封信》（*Letter Concerning the Prison of Human Life*）中，皮桑的克里斯蒂娜也建议，要保持忍耐和刚毅。她用简短且谨慎的话语安慰了波旁公爵的夫人玛丽（Marie）。这位夫人的女婿和堂兄弟都死于阿金库尔，她的丈夫、儿子以及丈夫的兄弟则全都成了英格兰人的阶下囚。皮桑的克里斯蒂娜宣称，所有死去的法兰西人都是上帝的殉道者，"他们顺从地走向死亡，既是为了维护正义，也是为了维护他们至高无上的主和法兰西王权的正当权利"。在亨利五世发动了第二次远征而英格兰人入侵法兰西的势头似乎变得不可抵挡之后，克里斯蒂娜不再顺从，而是表现出一种义愤和民族主义精神。对于这位意大利出生的作家来说，她的这些感情非常热烈，几乎把自己当成了法兰西人。她对英格兰人日渐增长的敌意在她提前对圣女贞德所取得的胜利的祝贺中达到了顶点。"所以，你们这些英格兰人……你们已经彻底失败了，"她欢呼道，"你们以为你们已经征服了法兰西，她必然会落入你们的手中。事态已经朝着相反的方向发展了，你们这些狡诈的东西！"[41]

在英格兰，欢庆阿金库尔战役的胜利的喜悦之情也出现在许多政治歌曲和流行民谣中。例如，阿斯克的亚当把一首八行的精妙短诗写进了他的编年史，并附言："这是一位诗人为了赞美国王而写的。"虽然这首诗明显出自学者之手，但是它的腔调明显带有平民主义倾向：

为了圣克里斯宾节那光辉的胜利，

> 英格兰的人们，停止你们的工作与祈祷吧。
> 虽然他们在嘲讽英格兰人的名望，
> 但可恶的法兰西力量已经被打倒。[42]

这首拉丁语短诗是许多在这场战役后创作的诗歌之一。在编年史中，已经有创作这种短诗的悠久传统了。然而，这首诗与其他诗歌有着显著的不同。这不仅是因为它被保存在一份配有乐谱的独立的手抄本里，而且是因为这首诗是用英语写作的。《阿金库尔颂歌》（Agincourt Carol）是在亨利五世生活的时期创作完成的，它分为三个声部。主歌是由两个声部齐唱的，但拉丁文副歌（"感谢上帝，英格兰，为了胜利"）的情况很不相同。起初，它只有一个声部，到了第二阶段则变为两个声部的和声。在那之后，三个声部都将加入，按照改变后的旋律再唱一遍副歌。就像在伦敦庆典上所唱的英语歌曲一样，在将胜利归功于上帝的同时，它也给了国王极高的赞誉：

> 感谢上帝，英格兰，为了胜利
> 吾王前往诺曼底，带着骑士的优雅与力量；
> 在那里，上帝为他显现奇迹，
> 因此，英格兰人疾呼呐喊：
> 感谢上帝，英格兰，为了胜利。
> 感谢上帝，英格兰，为了胜利。
> 的确，他发动了一场围攻，
> 带着王室大军前往阿夫勒尔城。
> 他攻下了城镇，取得了胜利，

法兰西人会为此感到后悔，直到世界末日：
感谢上帝。

然后，我们的国王勇往直前，仪容俊美，
在阿金库尔的战场上，他英勇战斗。
在上帝最不可思议的恩泽下，
他同时赢得了战场与胜利：
感谢上帝。

在那里，领主、伯爵和男爵，
转眼间就被屠戮或者俘虏，
有些被带到伦敦。
带着喜悦、极乐以及巨大的声望：
感谢上帝。

全能的上帝守护着我们的国王，
他的臣民和他所有美好的意愿，
并赐予他们无尽的恩泽。
这样一来，让我们高呼和平安地吟唱：
英格兰感谢上帝。[43]

《阿金库尔颂歌》可能是亨利的王家小礼拜堂或者修道院里的教士创作的，并且被保存在教会档案里。[44] 毫无疑问，许多英语或法语的流行歌谣都是为满足各个等级的阿金库尔老兵而创作的。许多跟随着大领主的吟游诗人们都和英格兰军队一起前往了法兰西，理应歌颂他们的庇护者的功绩，对于宫廷与骑士集会来说，阿金库尔战役又是一个十分理想的主题。[45] 对于那些通过来往于各个骑士内府、依靠表演来维持生计的吟游诗人来说，阿金库尔战役也是一份礼物。因为歌谣本身的性质，这样的作品往往是昙花一现：它们是口头创作传统的一部分，其中大多数歌谣都没有文字版本。尽管没有歌谣存世，但是它们对于大众想象的影响是不能被忽略的。它们确保国王胜利的消息传到了更为偏远的乡村聚落，激发了一种民族自豪感与团结的意识，也成为亨利五世新征战的一个强有力的号召工具。事实上，我们或许可以说，在接下来的几个世纪里，这些歌谣让阿金库尔这个地方在民族意识里深深地扎下了根。

当英格兰在法兰西的最后一股残余力量缓慢而不可避免地被消灭的时候，人们便开始怀念阿金库尔的光辉岁月。为受到越来越多教育的中产阶级而创作的英文歌谣、编年史和戏剧保留了人们对胜利的记忆。日后，在法兰西发生的战争当中，这些歌谣成了英格兰士兵的集结号。正如英格兰随军司铎为亨利五世第二次入侵诺曼底所写作的《英王亨利五世纪事》一样，《国王亨利五世的第一部英语传记》是在亨利八世即将对法兰西发动战争的时候创作的。迟至20世纪40年代，时任首相温斯顿·丘吉尔（Winston Churchill）要求劳伦斯·奥利弗（Lawrence Olivier）将莎士比亚的《亨利五世》制作成一部电影（它忽略了剑桥阴谋，因为它暗示了这点仍存在争议），为盟军在诺曼底登陆做好心理准备，而这一登陆行动会将欧洲从纳粹的统治下解放出来。[46]

经常有人声称，阿金库尔战役对于历史进程的影响很小或者几乎没有。它并没有导致土地易手或是政治格局的急剧转变。而且，从长远的角度看，英格兰人对于法兰西王位继承权的迷恋代价高昂，且最终徒劳无功，分散了本应用于解决更重要的问题的注意力。在重燃与法兰西的战火之后，亨利五世让他的国家陷入了数十年的战争冲突之中，并承担了沉重的赋税。人们甚至可以指责，他播下了内战的种子，而在玫瑰战争当中，这些种子将会把英格兰弄得四分五裂。尽管这些陈年往事都有属实的部分，但它们绝不是故事的全部。

举例来说，推测亨利输掉阿金库尔战役（正如国王以外的所有人都期望看到的那样）之后可能会发生的事情就是很有用的。如果法兰西骑兵成功地突破了他们的阵线、摧毁了他的弓箭手部队的话，那么他那些数量较少的重铠兵将难以抵挡步行前进的法军。英格兰军队将会被迅速包围和歼灭，亨利、他的弟弟汉弗莱以及英格兰贵族和绅士中的精英们则会战死或者被俘。无论是哪种情况，这种结果对于他自己的国家而言都将是灾难性的。

亨利的胜利为英格兰帝国在法兰西大地上的复兴奠定了基础。[47] 如果不是如此众多的法兰西王室官员（包括地方执行官和城堡主）以及职业军人（从王公贵族到普通民兵）都战死于阿金库尔的话，英格兰人在1417至1419年对诺曼底的征服就不可能完成得如此迅速。按理说，亨利在战场上的成功不如法兰西王太子在1419年刺杀无畏的约翰这件事重要，后者促成了盎格鲁-勃艮第同盟，最终迫使查理六世剥夺自己儿子的王位继承权，将女儿嫁给英格兰国王，并且将新女婿认定为自己的继承人。然而，在从道德上建立亨利对法兰西王位的继承权这一点上，阿金库尔战役发挥了至关重要的作用。上帝以令人惊叹的方式支持了亨利，让他恢复正当继承权。通过这场战役，他赢得了这次审判。

也许更为重要的是，亨利无疑也已经证明了自己是英格兰真正的国王。虽然他是篡位者的儿子，但是上帝依旧选择用在阿金库尔的一场大捷表明了自己对他的垂青。除此之外，可能没有更有效的方式能够向整个世界证明，父亲的罪孽不会延续到这个儿子的身上。亨利五世显然享有上帝的恩赐。既然上帝都站在他这一边，那么还有谁能够反抗他呢？

附录 1

关于人数的一个问题

安妮·柯里的专著《阿金库尔战役：一部新的历史》于 2005 年出版，为阿金库尔战役的研究带来了巨大的变革。根据柯里平生对于英格兰和法兰西的行政和财政档案中手稿的研究，她发掘了一大批材料，其中大部分都未曾出版。这批材料是关于这场战争的后勤情况的，尤其凸显了英格兰部队的招募及其人员构成状况。在这批材料中，我们还能看到数千名重铠兵和弓箭手们的名字。材料细节的广度与深度甚至让最接近她的对手——不知疲倦的詹姆斯·汉密尔顿·威利——于 1914 至 1915 年创作的著作《亨利五世时代》(*The Reign of Henry V*) 也黯然失色。这样一来，她的书就成了任何对阿金库尔战役本身与中世纪战争感兴趣的读者不可或缺的参考资料。

柯里教授对编年史的叙述的分析和比较同样全面，而且总是经过深思熟虑的。她小心地把读者的注意力吸引到他们的政治派别和法兰西战败所引发的、高度政治化的"责备文化"(blame culture) 上来。但是，她没有在目击者的记载与几十年后他人的叙述之间做出区分。这就引发了人们对她一些判断的质疑。例如，她不加质疑地接受了勃艮第派编年史家们后来的论断，即亨利五世于战役开始前在特拉梅库尔附近埋伏了200名弓箭手，从侧面向前进中的法军射箭，以分散他们的注意力。然而，这样设伏会面临重重困难。更重要的是，一名国王军队中的目击者断然否定了这一说法。[1] 柯里教授也宣称，亨利五世"甚至有过违背骑士精神的行为"。她做出这样的判断的原因是，据说，亨利接受了由法兰西纹章官发出的挑战，要在10月24日的欧比尼昂纳图瓦（Aubigny-en-Artois）发起一场战斗，但随即食言，并改道前往加来，以避免和法军遭遇。尽管柯里教授确实承认，唯一能够证明支撑这一故事的原始资料是查理七世一名忠心耿耿的仆人于几十年之后写作的，"因此，这个故事很有可能"是这名仆人杜撰的，目的是把亨利五世描绘为一个不践行自己诺言的懦夫，但她仍然对这个故事信以为真，并表示，在亨利五世没有遵循诺言的情况下，法兰西人阵脚大乱，无法集结足够的人手来面对24英里外阿金库尔战场上的亨利，而这也是他们失败的原因之一。[2]

这种方法所带来的部分后果是，柯里教授对亨利五世本人的描述出现了奇怪的前后矛盾。她恰当地把他描绘为一个心无旁骛的人，他确定他的继位主张具备正义性，并坚信上帝会站在他的一边。然而，她又表示，他时不时地受到"犹豫与恐慌"的困扰，并断定，他在战场上下令杀死法兰西俘虏是由于"他慌了"，而且并没有给出任何证据来证明这种现代解释。[3] 她缺乏对那个时代骑士文化的了解，这也让她对某些行为进行了误读。例如，在研究亨利五世在佩戴了他的纹章之后拒绝往回走一事的时候，她表示，这是因为，国王不能穿着铠甲面对平民，"这样做是不合适的"。此外，关于亨利五世问纹章官蒙茹瓦是谁赢得了战役的胜利一事，她也认为,这种做法是"非常做作的"。[4]

除此之外,在柯里教授的论述中,还有其他有问题的例子。例如,在对战役本身的叙述当中,柯里教授的结论也有问题。她解释道,法兰西的弓箭手之所以被安排在重铠兵阵营的后面,是因为他们并没有穿全套铠甲,很容易遭到英格兰人箭矢的攻击。出于同样的原因,他们在同英格兰重铠兵的近身肉搏中也显得十分脆弱。但是,同样的论点也可以被用在英格兰弓箭手的身上,而他们的确被安排上了前线。柯里教授引用了一段关于法兰西的重铠兵们在战役开始之前截短了他们的长枪的文字(实际上,所有步行作战的战士都会这样做),并展开了想象,认为这让英格兰人具有了优势。她断言,因为"英格兰人的长枪更长",他们便能够在他们的对手靠得足够近并进行回击之前将其击倒。[5]

在一部具有如此深度和细节的作品当中,人们很容易就历史事实及其解读等更宽泛的问题展开讨论,但是质疑细节本身则要困难得多。原因很简单,没有人和柯里教授一样,对关于这场战争的行政与财政档案中的细节内容有着如此多的了解。因此,挑战这些由柯里教授运用她的专业知识所得出的结论,似乎是既失礼又莽撞。但是,即便只是因为她的中心论点——尽管阿金库尔战役中的法军人数比英军的多,但双方人数比只有4∶3——正在被越来越多的人接受,我们就有必要这样做。这一比例让英军的胜利显得不那么令人吃惊。

编年史家关于对战双方军队规模不同的论述的差别实在是太大了。[6]尽管历史学家已经竭尽全力,但人们仍然无法用这些编年史家的记述作为证据,甚至无法利用它们推算出合理的总数。这也是统计数据如此有诱惑力的原因。根据柯里教授的数据,至少有

11248名（有可能是11791名，甚至可能不止12000名）作战人员在远征开始时离开了英格兰。[7] 在军队离开阿夫勒尔之前，战斗人员减少至约9000人。这些人继续向加来进军，并最终出现在阿金库尔的战场上。他们中只有不到1/4的人是重铠兵。另一方面，法兰西人只成功地召集了大约12000名士兵，其中有2/3是重铠兵。[8]

我们首先来看英格兰的人数。柯里教授的计算方式是，用最初的11248人减去2568人。她表示，在这2568人当中，1200人留守阿夫勒尔（300名重铠兵和900名弓箭手），[9] 37人在围城期间死去（15名重铠兵、21名弓箭手以及1名裁缝），[10] 1330人因为伤病而被遣返回国（"至少有183名重铠兵和753名弓箭手，其他人的身份无法识别"）。实际上，把这些数字加在一起所得到的减员总数是2567人而非2568人。[11] 在这些数据的基础上，柯里教授直截了当地指出，"我们可以证明，在他的行军途中以及战役当中，亨利国王的身旁仍然至少有8680名士兵（准确来说是8681名士兵）"。对于历史学家来说，宣称要去"证明"任何事情都是鲁莽的，但就在50页之后，按照柯里教授的计算，同一个数据就已经上涨到"最少"8732人（1593名重铠兵与7139名弓箭手），而总人数可能为9275人（1643名重铠兵和7632名弓箭手）。[12] 人们尚不清楚，这个"最少"人数的结论是从何处得出的，[13] 但鉴于亨利在最初招募军队的时候是按照一名重铠兵搭配三名弓箭手的比例的原则招募的，把394名身份未明的病人均等地划分为重铠兵和弓箭手（每一方各197人）是不合逻辑的。更何况，这些人中还有从威尔士、柴郡、兰开夏赶来效命的士兵。在来自这些地区的部队中，每支部队都有几百名弓箭手。这样一来，重铠兵和弓箭手的人数比更接近4∶1，计算离开阿夫勒尔军队的人员构成成分的方法因此而失效了。更糟糕的是,这些数据本身就无法自圆其说。[14]

更成问题的是,柯里教授的计算有一个隐含的前提,即无论以何种方式,英格兰军队在离开阿夫勒尔之前最多减员2568人(准确来说应为2567人)。诚如柯里教授所指出的那样,获得国王发放的许可而回国的病人包括诸如吟游诗人和教士这样的非战斗人员,假如只计算回国的人数的话,军队的实际损失就会被夸大。在两份保存至今的官方名单上至少有1693个名字。柯里教授认为,其中只有1330人是"士兵"或者"前线作战人员"。[15]然而,毫无疑问,在贵族内府中担任"仆人"的那些人当中,至少有部分人在服军役。在战争进行到第二季度时(阿金库尔战役就是在此时爆发的),约克公爵的部队里就有他内府里的79名仆人。这些人扮演着弓箭手的角色。同样的情况也出现在国王本人所率领的部队当中。厨房仆役威廉·鲍恩在这场战役当中充任了一名重铠兵,并活捉了一个法兰西俘虏。同样的情形还出现在司礼大臣的部队当中。毫无疑问,许多规模较小的部队中也存在这样的情况。[16]

更为重要的是,从那些因为失去作战能力而被遣返回国的人员的名单当中所搜集到的大量证据无法掩盖这一非常重要的事实,即名单本身是不完整的,其中的一份名单还是破损的。从各支部队的指挥官战后上交给国库的账目来看,很明显,并不是所有由国王在阿夫勒尔签发的归国许可都能留存下来。现存的病人名单也无法反映出战后记录中所反映的那种大得多的伤亡情况。此外,尽管关于许多部队的大量档案被保留了下来,但是仍有一些部队的信息不完整或者存在遗漏,另有一些支队的全部记录都遗失了。[17]毫无疑问,尽管可能并不像随军司铎所暗示的那样,国王损失了5000名士兵，但因为疾病，国王的确损失了比现存的行政证据所显示的更多的人手。[18]

围城战役中战死或病死的人数也不准确。但令人沮丧的是，在官方记录以外的资料中，我们只能偶尔见到没有被官方统计的相关证据。例如，威廉·埃勒威克（William Ellewick）的遗孀请求将她已故的丈夫在诺森伯里亚的领地交付给她，这说明，埃勒威克在阿夫勒尔为国王效力时死去了。另一个寡妇基灵沃思的艾丽斯·理查德（Alice Richard of Kylyngworthe）则申请救济，以支持她自己及三个孩子的生活。当她的丈夫在阿金库尔战死之后，人们便夺取了她所有的财物，以抵偿她丈夫的债务。[19]在围城战期间，仅有37人死亡，且其中还有15人是重铠兵（包括贵族和骑士）似乎是不可能的。即便只是随手翻阅刚好在手边的原始材料，我们只用5分钟就能证明，有关重铠兵的数据必然是有误的。将不参与作战的诺里奇主教理查德·考特尼排除在外，仅计算5支部队（司礼大臣、阿伦德尔伯爵、罗兰·伦索尔、托马斯·乔叟和理查德·斯克罗普的部队）当中的伤亡情况，我们便可以看到，有10名重铠兵丧命。另外12名拥有重要社会地位的重铠兵的名字也可以被加到死亡名单里。此外，身份地位尚不明确的威廉·埃勒威克和约翰·休斯（John Huse）也有登上这个名单的可能。[20]在仅仅4支部队当中，便有19名弓箭手战死在阿夫勒尔。[21]这再一次暗示，在参与围城战的8982人当中，只有2人死于疾病或者敌军的炮火是绝对不可能的事情。

另一些同样没有被算进离开阿夫勒尔和在阿金库尔作战的人员名单中的人承担了将病员和死难者的尸体护送回英格兰的任务。细节往往已经湮没在历史的尘埃中，但是我们仍能知道一些事情。

例如，2名重铠兵和4名弓箭手得到了护送萨福克伯爵米歇尔的遗体回国的许可。[22]虽然这些人的数量不多，但是正如军队在前往战场的途中遭受的损失一样，这种减员让亨利在远征下一阶段可用的人变少了。现存的远征记录显示，在与蒙蒂维利耶的守军发生的一场小规模冲突之中，有5个人被俘，另有1人被杀。1名重铠兵和2名弓箭手在费康被杀。另有1名重铠兵和至少2名弓箭手在另外的冲突中死去。在开战的前一天，一共有7名兰开夏的弓箭手被俘虏。除此之外，疾病也必然造成了减员。例如，2个不能继续他们的行程的人被亨利留给了博沃的长官照看。再如，托马斯·厄平厄姆部队中的弓箭手因病死在了从阿夫勒尔到阿金库尔的道路上。[23]尽管在围城战和行军途中被俘虏的英军人数可能并没有高库尔的拉乌尔随后受命寻找、支付赎金和放他们自由的160人那么多，[24]但我们不能忽略另外一群可作战人员的损失，这些人并没有被柯里教授算进战场上的英格兰总人数之中。

如此多的数据遗漏动摇了柯里教授数据的权威性。她认为，英格兰新招募来的士兵的抵达填补了英军在围城战期间所遭受的损失。这一论点并不能令人信服。例如，尽管阿伦德尔伯爵手下19名重铠兵中的13名和全部68名弓箭手都因伤病而被遣返回家，他也为他们寻得了"替补"，但这并不必然意味着，"无论是增援部队还是其他额外的士兵起初是为了加入作战部队才横渡海峡的"。[25]我们知道，那里并没有充足、可以一次性运载所有的军队的船只。因此，一些部队很有可能会被迫等待。这样一来，他们可能在围城战之后抵达海峡对岸，但是他们的人数不会被计入原先军队的人数当中。[26]鉴于很多人因为失去了战斗力而被遣送回国，那些筋疲力尽的部队或者已经失去了指挥官的部队中的士兵更有可能直接被编入了其他的部队，有真凭实据显示，这才是真正的历史。[27]

如果说，证据的缺乏让我们无法像柯里教授那样，对她关于战场上的英格兰军队数目的计算有信心，那么证据的缺乏对她有关那天法兰西军队规模的计算造成了更加负面的影响。尽管有一些瑕疵，但是英格兰的记载非常详尽，假设和法兰西王室记录相比，英格兰档案的这个特点就体现得更加明显了。由于1737年审计法院的大火，法兰西王室记录遭受了重大的损失，后来的法兰西大革命则让情况雪上加霜，幸存下来的材料都是零碎且不完整的。人们不可能从中得出任何有意义的、有证据支撑的结论，以获知这场远征或战役期间法兰西军队准确的人员构成。[28]然而，正如柯里教授所恰当评论的那样，法军并没有在阿金库尔的战场上排布出他们原计划中的庞大部队，因为勃艮第公爵、布列塔尼公爵以及安茹公爵的部队并没有按时到达战场。据称，勃艮第公爵接到命令，要派出500名他最为精锐的重铠兵和300名弓箭手参战。布列塔尼公爵部队的规模不得而知。我们只知道，在公爵的弟弟里什蒙的阿蒂尔领导下的500名布列塔尼重铠兵参加了沿着索姆河追踪亨利部队的行动。据称，安茹公爵手下有一支由600名重铠兵组成的作战部队并没有及时抵达战场。年迈的贝里公爵同样没有参战，他同国王和王太子一起留在了鲁昂。然而，到了9月，他已经派出了1000名重铠兵和500名弓箭手前去作战。[29]贝里公爵的部队是出现在法兰西王室记录中的部队之一。在此处，我们同样可以得知，8月，利涅领主手下有120名重铠兵和60名弓箭手在作战。9月，旺多姆伯爵的300名重铠兵和150名弓箭手参与了战斗。此外，王室记录还零星地提到了一些10—15名重铠兵的小支队。它们也许已经被吸收进较大的部队当中，也许并没有。除此之外，记录中还有若干城镇民兵分队，其规模极少超过50人。这就是我们用来估算阿金库尔战役法军规模的全部证据。[30]

基于对这些零散的审计法院记录做出的判断，柯里教授告诉我们，在10月8日之前，作战的法军部队超过了230支。而且，在亨利离开阿夫勒尔的时候，"可能至少有6000名法军士兵在领取王室军饷"。[31]这一估算刚好与巴黎的御前会议于8月31日下达的命令中的数目相契合。这一命令要求，为那支由6000名重铠兵和3000名弓箭手组成的部队额外筹集款项。[32]尽管柯里教授认为，沿着索姆河追踪亨利的正是这支军队，但是她也承认，她并不知道这支军队的具体组成，也不可能说清楚一些事情。例如，它是否包括了一些规模最大的公爵部队，勃艮第公爵的弟弟布拉班特公爵和讷韦尔伯爵手下的部队是勃艮第公爵本应派遣来的军队的一部分吗？他们是御前会议计划招募的9000人的一部分，还是这9000人以外的人员？[33]这些问题是没有答案的。柯里教授指出，我们甚至没有直接证据可以证明，御前会议确实能够招募到如此多的人。就算能招到如此多的人，也没有直接证据证明，所有被招募来的士兵在战役发生的时候仍在服役。在假设他们都服役，而且"不可能超过2500人"的支援部队也于10月抵达，其中还包括奥尔良公爵、布拉班特公爵和波旁公爵的部队的情况下，柯里教授得出了法军总人数大约有1.2万人的结论。[34]

这个问题的关键在于，它是依靠猜测得出的。证据间的偏差是如此之大、如此之多，以至于我们无法做出一个有根据的判断。只有从于尔森的朱韦纳尔在15世纪三四十年代的记载当中，我们才能知道，勃艮第公爵被命令派遣500名重铠兵和300名弓箭手，而他和奥尔良公爵都被禁止亲自前往战场。从朱韦纳尔的记载当中，我们也能看到，勃艮第公爵曾提议派遣比要求的人数"多得多"的人手。编年史家是从信中得到这些信息的。这些信包括据称是公爵本人对于这个命令的回复和一封来自勃艮第贵族的信。勃艮第贵族在信中既表达了支持，也表达了他们的惊愕之情。令他们感到惊讶的是，国王对公爵的要求来得如此之迟，而且在公爵显然有能力提供一支更加庞大的军队的时候，国王向他要求的兵力又是如此之少。[35]

尽管这些信也有可能是伪造的，[36]但它们带来了两个重要的问题。第一点是，对于勃艮第公爵及勃艮第贵族而言，800名勃艮第人似乎是一个小得令人发笑的数字。第二点是，尽管他们也清楚，奥尔良公爵同样已经被明令禁止亲自带兵上前线，但这些信并没有提到奥尔良公爵需要召集多少人马。柯里教授的假设是，奥尔良公爵需要提供的人手与勃艮第公爵所需要提供的人手一样多，但是没有独立的证据可以证实这一假设。如果奥尔良公爵能够无视不插手这场战斗的命令，那么他也可以像勃艮第公爵一样集结到更多的人马。正如我们已经看到的那样，在10月初之前，贝里公爵手下有1000名重铠兵和500名弓箭手可以参与作战，安茹公爵（王室贵族中最为贫困的）也显然能够召集至少600名士兵。[37]这样看来，奥尔良公爵手下的士兵数量是否有可能超过要求中的800人？（特别是，他需要亲自上阵，因而会带上他的内府成员。）巴尔公爵、波旁公爵和阿朗松公爵（他在诺曼底战争中担任王室总司令）又带领了多少人上战场呢？王太子和王室内廷派出了多少人？（他们中的很大一部分战死于阿金库尔，这意味着他们很可能没有留在后方的鲁昂守卫国王。）再想想厄镇伯爵、讷韦尔伯爵、沃代蒙伯爵、布拉蒙伯爵、萨尔姆伯爵、格朗普雷伯爵、鲁西伯爵、达马丁伯爵、马尔勒伯爵和福康贝格伯爵,这些人部队的规模有多大呢?北方地区的执行官所带来的(其中至少有9人死去了)士兵数量又有多少呢?那些城镇民兵又经历了些什么?由于缺乏必要的证据,我们不可能得出任何关于在阿金库尔的法军规模的有说服力的结论。

那么现在,一个历史学家应该怎么做呢?柯里教授聪明地退回到其他战役的有关数据上,声称她有关法军战斗人员的总数有1.2万人的假设"似乎是一个小数目,但和我们所知的那个年代的法军规模并不矛盾"。[38]然而,她用来做类比的部队——国王在前一年夏天计划召集的1万名重铠兵和4500名弓箭手——远比她所估计的、在阿金库尔作战的法军士兵要多。不仅如此,这被用作对比的士兵还只是与勃艮第公爵展开内战的士兵。至于勃艮第公爵本人的部队规模,她提出了公爵在1414年夏天"可能已经召集"的2250人,而这些人是用来保卫他的土地的。然而,实际上,这支部队是勃艮第公爵在1405—1417年部署的9支军队里规模最小的一支(规模最大的一支是1417年的一支10500人的队伍,但那是例外情况)。更能说明问题的一点是,这2250人只是阿图瓦的防军,并不包含勃艮第公爵的盟军,甚至不包括他的弟弟布拉班特公爵的增援部队。[39]我们无法断定,勃艮第公爵手下有多少战士加入了这场反对英格兰人的战争,但从在这场战役当中阵亡的人员的记录来看,我们知道,很多士兵来自勃艮第势力范围内的法兰西东北部地区。

柯里教授认为,14世纪80年代,法兰西有能力集结1.5万—1.6万人的军队,但她指出,这些人是从整个王国的范围内征调的。而且，1415年，"除了波旁公爵和奥尔良公爵的部队"，法军从卢瓦尔南部地区招募不了多少人马。[40]然而，卢瓦尔南部地区受到那些公爵的影响最大，也是他们招募绝大多数士兵的地方。同样地，人们可能会预料到，王太子将会从他位于法兰西东南部的祖传封地中带来一些人手。[41]但是，由于没有关于勃艮第派的行政档案可以利用，更不用提英格兰方面的了，我们又一次陷入了在黑暗中摸索的境地。

在如此不完整的证据的基础上，得出参与阿金库尔战役的法军有1.2万人这一结论似乎是可疑的。它也完全违背了时人（无论他们的政治立场是什么）所告诉我们的关于这场战役的一切。同时代的人一致认为，英格兰人的胜利是令人意外的，也是引人注目的，因为他们的人数要比对手的少得多。尽管我们可以选择仅将这个说法作为成功的政治宣传（没有人会怀疑亨利是政治宣传的大师），但这并不一定意味着这一说法从根本上就是虚假的。在试图证明编年史家远远高估了法军的人数时，柯里教授似乎犯下了一个情有可原的错误：对可能出现在战役当中的英军人数取最大值，而对法军的可能人数取最小值。4∶3的人数比在一场中世纪战役当中很常见，但它并不能解释，当时的人为什么这样理解英格兰人的胜利，也不能解释编年史家（包括那些出现在双方阵营中的编年史家）所描述的在作战过程当中发生的事情。即便考虑到人数差距很大的只有重铠兵，人们也很难解释时人与编年史家对阿金库尔战役的那种解读。[42]尽管时人关于牵涉其中的人数的估计大相径庭，而且常常不合情理，但是他们都认识到了一个不容忽视的事实，即法军人数远远超过英军，而这正是他们战败的一个促成因素。而且，尽管他们所计算的人数有巨大的差异，但是他们也承认，法军的伤亡率非常高。尽管如此，他们之中也没有一个人到了这样的地步，即认为参与阿金库尔战役的法兰西军队中有半数的人在这场战役中阵亡。而从柯里教授所提供的数据来看，我们就不可避免地要得出上述的结论，因为她接受了法军死亡人数大约有6000人的说法。[43]

柯里教授发掘出了如此大量的关于英格兰军队人员构成的信息和细节，为所有研究阿金库尔战役的学者做出了难以估量的贡献。她也令人信服而明确地证明了两军规模之间的差距远不如编年史家让我们所相信的那样大。然而，她没有给我们可以用来取代这些编年史家所提供的数据的令人信服的数据。尽管她的数据显然是非常精确的，但是遗漏了太多的重要信息，以至于我们不能不加选择地接受它们。历史学家们总是想找到答案，但有时候我们不得不承认，我们也不知道答案是什么。

附录 2

对阿金库尔战役的纪念

英格兰人在阿金库尔的胜利不仅在英格兰的土地上,而且也在民族精神上留下了永久性的记号。至少从罗马时代起,征服者一方的将军们就喜爱建立房屋或雕像。尽管没有类似的纪念建筑,但是人们仍有很多不那么显眼的、纪念阿金库尔战役的方式。其中的两个纪念方式聚焦于国王本人的形象。1420年,亨利五世与他的王后踏上了一次宣传旅程,意在鼓动对《特鲁瓦条约》的支持,并且继续宣传对法战争。作为这次旅程的一部分,他们拜访了约克大教堂(York Minster)。就在这座大教堂里,人们开始建造新的教堂内栏,上面罗列着从征服者威廉开始的历代英格兰国王真人大小的雕像。原本的计划是,让亨利五世本人的雕像位于中间拱门的上方,而这座雕像的两侧分别列有七个国王的雕像。但是,亨利五世在1422年的英年早逝意味着人们不得不加入第八个雕像,即他的儿子亨利六世的塑像。这就造成了拱门两侧一种古怪的不平衡。[1] 选择英格兰国王而非圣经人物的雕像一事就十分值得注意,将兰开斯特王朝的国王加入其中则更加引人注目。在阿金库尔战役爆发的10年之前,亨利五世的父亲处决了约克大主教理查德·斯克罗普，因为这位大主教参与了反对他的珀西叛乱。斯克罗普是英格兰第一个被依法处决（在一场合法性值得怀疑的审判之后）的高级教士，也是一位得到很高评价的大主教。他在大教堂里的陵墓很快便成了一处广受朝圣者欢迎的目的地，殉教者崇拜也逐渐以他的陵墓为中心发展了起来。这一崇拜让应对他的死亡负责的兰开斯特王室深感不安。人们之所以选择在圣坛屏这一教堂中的焦点处建造三个亨利国王的雕像，是为了公开展示他们是被认可的合法君主，是可以回溯到诺曼征服时期的国王世系的一部分。正是亨利五世在阿金库尔的天赐大捷为他们赢得了这样的位置，并促成了这个新圣坛屏的建造。

亨利五世的长眠之地——威斯敏斯特教堂中的小礼拜堂——也是对他执政合法性的公开肯定。尽管这个小礼拜堂的建造工作主要是由国王的叔叔枢机主教博福特负责的，而且直到1438年，这个小礼拜堂才动工，但是国王本人在他的遗嘱中留下了有关如何建造它的指示。作为自我贬低的一种典型体现，亨利五世陵墓上的雕像不是用大理石制成的，也不是用雪花石膏制成的，而是用镀银的木头制成的。而且，和与他一同在远征中战斗过的许多人不同，他并没有选择身披铠甲的戎装像，而是选择了穿着普通的平民服饰的形象。与他的禁欲苦行形成鲜明反差的是，环绕着他的陵墓的巨大的小礼拜堂中满是惊人的哥特式雕塑，用来彰显亨利五世军事上的成就。这里有三位一体的雕像，也有圣乔治、圣爱德华和圣埃德蒙的雕像。亨利五世曾在阿金库尔的战场上用过后三者的旗帜。他个人的纹章图案——羚羊和天鹅——也一再出现。此前，这两个纹章也出现在远征当中。在拱形门廊之上的焦点，人们可以看到这位国王在加冕仪式中戴着王冠的形象，也可以看到他全副武装的形象——他骑在马上，戴着带有王冠的头盔，并挥舞着一把剑。[2] 这不仅是一种对于令亨利声名远扬的虔诚的宣告，也是对这位盖世英雄的一种颂扬。

在全国的其他地方，曾经全力支持亨利在法兰西野心的教会也从随同亨利作战的人的许多其他虔诚举动中受益。例如，在德比郡的阿肖尔（Ashover in Derbyshire），托马斯·巴宾顿（Thomas Babington）为诸圣堂区教堂（parish church of All Saints）建造了一座高128英尺的八角尖塔，以庆祝他自己及其部下从阿金库尔远征中平安归来。类似地，曾带领6名重铠兵和18名弓箭手服役的、瑟尔兰德城堡的托马斯·坦斯特尔爵士（Sir Thomas Tunstall of Thurland Castle）也于1415年着手重建他家乡的教堂。这一教堂位于兰开夏的坦斯特尔（Tunstall）。[3] 在诺福克的南克里克的圣玛丽教堂（St Mary's church in South Creake）中，人们建造了雄伟壮丽的托臂梁房顶，并在上面雕刻和画上了天使，来庆祝阿金库尔战役的胜利。[4] 北约克郡的一扇更为简朴的彩绘玻璃窗表现了博尔顿城堡的理查德·斯克罗普爵士（Sir Richard Scrope of Bolton Castle）与詹姆斯·梅特卡夫（James Metcalfe，在阿金库尔远征中，后者曾是前者手下的十五名重铠兵之一）的关系。[5] 这一玻璃窗原本位于艾斯加斯（Aysgarth）的教堂里，但是，现在这一玻璃窗已经被转移到乌尔肖布里奇（Ulshaw Bridge）的罗马天主教礼拜堂里了。梅特卡夫在阿金库尔为他的长官提供过一些特殊的服务。一年以后，也就是1416年，斯克罗普把靠近沃顿（Worton）的一处房屋与一片地产授予了梅特卡夫。后来，梅特卡夫的儿子在那里建设了纳帕会馆（Nappa Hall）。那是一座俯瞰文斯利代尔谷（Wensleydale）的要塞式庄园。[6]

阿金库尔远征带来了许多社会进步和利益。据说，就在阿金库尔远征之后，许多房屋在英格兰境内建立了起来。并非所有这样的说法都可以得到证实，但是法兰西俘虏们提供的赎金必然改善了英格兰绅士们的财政状况，其中很多人用这些钱美化或者扩建了他们的住宅。据说，最为著名的赎金交易者约翰·康沃尔爵士用他的许多法兰西俘虏们所带来的收益在贝德福德郡的安特希尔（Ampthill）建造了他的新城堡与宏伟的庭院。尽管那里成了爱好打猎的亨利八世非常喜爱的一个住处，但在16世纪末，这座庭院逐渐衰败。到了18世纪70年代的时候，他的城堡和庭院就完全消失了，没有任何城堡的遗迹留存到今天。[7]沃尔特·亨格福德爵士在阿金库尔战役中俘虏了七个十分重要且身价不菲的俘虏。据称，他也用这笔意外之财扩建了位于萨默塞特的法利亨格福德城堡（Farleigh Hungerford Castle），并把城堡附近的堂区教堂变成了他的私人礼拜堂。在那里，他在墙上装饰了描绘圣乔治与龙的传说的壁画。[8]罗兰·伦索尔爵士在这场战役中也至少俘虏了两名法兰西俘虏。自从那时起，他就把"阿金库尔"当作了他的格言。后来，他在赫里福德郡建造了一座雄伟壮丽的新住宅——汉普顿馆（Hampton Court）。为此，他还在1434年获得了修筑城垛的许可。[9]

或许，人们与阿金库尔战役的胜利者们最为亲密的接触都来自位于英格兰各地的大教堂、小礼拜堂、教堂中许许多多的坟墓雕塑和铜制纪念牌。但是，由于命运离奇的转折，这场战役当中最为著名的两个英格兰死者的最终安息之地都找不到了。约克公爵爱德华的坟墓位于北安普敦郡的福瑟林黑。那座教堂是他于1412年着手修建的，而他的坟墓就位于教堂的祭坛附近。但是，在宗教改革期间，这座坟墓被毁了。萨福克伯爵米歇尔的长眠之地则没有明显的记号。他的坟墓也许位于萨福克郡温菲尔德（Wingfield）的教堂里。关于萨福克伯爵的墓，有一件事尤其令人吃惊。那就是，他那在阿夫勒尔围城战中去世的父亲的坟墓被安置在拱顶下的圣坛这一显眼的位置之上。这一拱顶上雕饰着石质的家族徽章，还精心装饰着精工雕刻的伯爵本人及其妻子的木制雕像。[10]

大量的贵族和乡绅都参加了阿金库尔远征，他们中的一大部分人后来都继续在对法远征之中服役。这样看来，有如此多的阿金库尔战争参与者的陵墓雕像和铜制纪念碑流传下来，这一点并不令人感到吃惊。其中，最有名的是卡莫伊斯勋爵托马斯的陵墓雕像和铜制纪念像。他在阿金库尔战役中指挥英军的左翼部队，他的坟墓则位于萨塞克斯郡特罗顿（Trotton）的圣乔治教堂（St George's church）祭坛的前面。他的坟墓上有着这个时期最为精美的铜制纪念像，展示了卡莫伊斯本人全副武装并戴着他的兰开斯特家族双S形项圈的形象，象征着嘉德骑士地位的吊袜带被绑在他的膝盖以下。但是，与此同时，他也挽着妻子伊丽莎白（热马刺的遗孀）的手。对于这样一个好战分子来说，这是非同寻常的。尽管这两座铜像锻造得非常精美，但是在这座教堂中，给拜访者留下最深刻印象的还是那令人难以置信的一系列壁画。卡莫伊斯本人再次出现在这里，跪在祈祷用的矮台上。在他身后的是他的儿子和儿媳。他们几乎已经成了纹章一样的存在，和卡莫伊斯家族的纹章一样反复地在壁画当中出现。这种对家族世系的强调与两个主题结合在了一起，即为国王的效力和服兵役。这两个主题不但在壁画和铜制雕像上有所体现，而且在卡莫伊斯坟墓上的铭文中得到了明确的阐释。在铭文当中，他被描述为"一名贵族、英格兰国王和王国的一位审慎的议政大臣以及一名英勇的嘉德骑士"。[11]

位于萨福克郡登宁顿（Dennington）的圣玛丽教堂（St Mary's Church）中的巴多尔夫勋爵（Lord Bardolph）及其夫人的坟墓同样宏伟壮丽，但其展现的方式不同。1437年，巴多尔夫从他的妻子那里获得了头衔。年轻时的勋爵名为威廉·菲利普爵士（Sir William Phelip）。那时的他在他的舅舅托马斯·厄平厄姆爵士的部队中服役，并且在阿金库尔远征及战役当中作战。[12]他的哥哥约翰·菲利普爵士也应征加入了厄平厄姆的部队。然而，在围攻阿夫勒尔期间，约翰死于痢疾。他精美的铜制纪念碑位于伍斯特郡基德明斯特的圣玛丽与诸圣教堂中，[13]但是和弟弟弟媳显赫的安息之地相比，他的坟墓就显得黯然失色了。巴多尔夫的坟墓坐落在圣玛格丽特小礼拜堂的中央。一座分隔屏障将其与教堂的主体分隔开。这些带有精美窗花格的屏障依旧保有其被加高的走道和原有的木门，对于中世纪的遗存来说，这是相当稀有的。菲利普和他妻子的雪花石膏雕像并肩坐落在他们的坟墓上。和卡莫伊斯一样，菲利普也在盔甲外面佩戴兰开斯特家族的双S形项圈和嘉德骑士的吊袜带，以自豪地展示他对君主的忠诚与他的军事才能。[14]

尽管卡莫伊斯和菲利普的坟墓是由于他们的个人品质才如此突出的，但是，在英格兰的教堂中，我们还可以找到更多这样的纪念碑。有关牛津伯爵十一世维尔的罗伯特（Robert de Vere）在这场远征和战役当中服役的记载极为完整。与之前提到的两个人类似，在位于埃塞克斯伯爵厄尔斯科恩的科恩小修道院（Colne

Priory, Earl's Colne）的家族墓地中，他的箱墓上也有一尊华美的雪花石膏骑士像。然而，20世纪30年代，它和其他家族成员的陵墓雕塑一起被迁移到了萨福克郡比尔斯圣玛丽（Bures St Mary）的圣斯蒂芬礼拜堂（St Stephen's Chapel）里。但在这一过程中，这个雕像上的大部分盔甲都丢失了。地位较低之人也能有一个简单的雪花石膏雕塑。[15]罗杰·菲尚（也就是人们所知的沃恩）就是一个极好的例子。他的长眠之地位于赫里福德郡布拉德沃丁的圣安德鲁教堂（church of St Andrew）中。这座教堂闻名于世的主要原因是它纪念了一个战死于阿金库尔的威尔士人。尽管这一点已经被证实与事实不符，但是菲尚很可能参加了这场远征，就像他参加了亨利于1417年所发动的针对诺曼底的入侵一样。[16]另一个阿金库尔的老兵克利福德勋爵约翰后来死于1422年的莫镇围城战（siege of Meaux）中。他的陵墓雕塑则没能保存得很好。如今，只有少数碎片被保存在北约克郡的博尔顿小修道院（Bolton Priory）里，而他的坟墓曾经位于这座修道院教堂的祭坛前。令人备感心酸的是，其中的一块碎片上还刻有象征着他嘉德骑士地位的记号。[17]威廉·布吕热的陵墓雕塑也遭受了同样的命运。作为首位受封嘉德骑士的国王纹章官，他陪同亨利参与了阿金库尔战役，并负责在国王与法兰西王公们之间传递消息。作为林肯郡斯坦福德（Stamford in Lincolnshire）的圣乔治教堂的庇护人，他捐赠了大笔金钱，以改造教堂里的圣坛。那是他本人死后被埋葬的地方。虽然他的坟墓下落不明，但是他的彩绘玻璃像大部分都被保留了下来，上面还刻着嘉德骑士的格言。[18]

也有一些为纪念在阿金库尔战役中做出贡献的非战斗人员而制作的雕像。例如，在位于西约克郡梅斯利（Methley）的圣奥斯瓦尔德教堂（St Oswald's church）里，有一些平放的箱墓雕像。其中就有一件带有这样的铭文："为罗伯特·沃特顿及其妻塞西莉（Cecily）的灵魂祈祷。上帝会带着他们可怜而没有尽头的生命前往他的王国。"亨利让沃特顿负责拘押国王手下最重要的阿金库尔俘虏，其中就包括奥尔良公爵查理和布锡考特元帅。布锡考特是他的那个时代最著名的骑士之一。1421年，这位骑士在囚禁他的梅斯利庄园里辞世之际，仍是一名阶下囚。[19] 位于西约克郡黑尔伍德庄园（Harewood House）的使徒教堂里也有6个带有夫妻雕塑的箱型坟墓。下议院议长理查德·雷德梅因爵士（Sir Richard Redmayne）的坟墓也在这里。1415年，他曾引导议会授予国王在羊毛与葡萄酒上的终身征税权，以欢迎国王凯旋。[20] 他的儿子理查德·雷德梅因和继子布赖恩·斯特普尔顿爵士（Sir Brian Stapleton）也都参加了亨利的远征。尽管后者在两年之后（即亨利入侵诺曼底期间）阵亡了，他们还是俘虏了一些有价值的俘虏。王家小礼拜堂的总铎埃德蒙·莱西曾陪同亨利作战，并且出现在这场战役当中。他活得很久，并成了德文郡埃克塞特的一名受人爱戴的主教，死后则被尊奉为一名圣徒。如今，我们仍然可以在大教堂的唱经席看到他那简朴的石质箱墓，而这里也成了一个朝拜他的非正式中心。那些和他一样承受着肢体病痛的朝圣者会在那里留下腿和手臂形状的蜡制供奉品。[21]

综上，我们仅仅对留存到今天的英格兰和威尔士的一些与阿金库尔有关的纪念物做了一个简要的描述。本文既无法完全涵盖它们的种类，也不能确定它们的准确数量，这二者也并非本文的目的。然而，毫无疑问，对这些物件进行鉴别、拍照和记录是一项非常有价值的尝试。这将帮助学者们查找相关材料的位置并为那些想要拜访与阿金库尔有联系的地点的人提供具有吸引力的资源。除此之外，这也将帮助人们建立一座合适的纪念碑，以纪念这场战役的600周年。我想在此附上我的网站的链接www.julietbarker.co.uk。在这些材料被传到纪念网站www.agincourt600.com之前，我将在自己的网站上集中上传这些资料。如果有人想要把与阿金库尔有关的纪念物（无论是当地的还是了解到的）的详情或照片发给我的话，请通过邮箱juliet@julietbarker.co.uk联系我。我将及时对您的贡献致以极大的谢意。

注 释

2015年版序言

1. Juliet Barker, *Conquest: The English Kingdom of France in the Hundred Years War* (Little, Brown, 2009), esp. pp. 79-80, 82-4.
2. 引自 Curry, p. 384。这些语句是亨利五世的自夸。他认为，阿金库尔战役的故事可以父子相传。"克里斯宾节永远不会消失，从今日到世界的终结。但我们在此应被铭记。"（*Henry V*, Act IV, scene 3,ll.60-2）
3. Guillaume Gruel, *Chronique d'Arthur de Richemont, Connétable de France, Duc de Bretagne (1393-1458)*, ed. by Achille le Vavasseur (Société de l' Histoire de France, Paris, 1890), p. 126. 类似地，查理七世向亨利五世学习并学会了他的方法。Barker, *Conquest*, p. 402.
4. Charles Ross, *Edward IV* (Yale University Press, 1997), p. 228; Curry, p. 278 and nn. 38-9.

序 言

1. 我选用了英格兰随军司铎所提供的数据。他了解事情发展的诸多细节。见下文第308—310页以及附录1。
2. *GHQ*, p. 93.
3. *St Albans*, p. 96.

第一章 "正当继承权"

1. Monstrelet, iii, pp. 78-80; *St-Denys*, v, pp. 526-8.
2. Anna Comnena, *The Alexiad*, ed. and trans. by E. R. A. Sewter (Penguin, Harmondsworth, 1979), p. 416.

3. 关于阿基坦的地图（英称加斯科涅），见上文第3页。
4. M. G. A. Vale, *English Gascony 1399–1453* (Oxford University Press, Oxford, 1970), pp. 2–3.
5. John Palmer, 'The War Aims of the Protagonists and the Negotiations for Peace', in Fowler, p. 51.
6. Maurice Keen, *The Pelican History of Medieval Europe* (Pelican Books, Harmondsworth, 1969 repr. 1976), pp. 202, 122, 217; Barbara W. Tuchman, *A Distant Mirror* (Ballantine Books, New York, 1979), pp. 42–4. 尽管圣殿骑士团在整个欧洲都受到镇压，而且它的财产都被转移到了医院骑士团的名下，但这种迫害现象是法兰西所独有的。
7. Peter S. Lewis, *Later Medieval France: The Polity* (Macmillan, London and St Martin's Press, New York, 1968), pp. 39–41; Kenneth Fowler, 'War and Change in Late Medieval France and England', in Fowler, p. 1. 迟至1522年，波旁公爵查理还宣称，他会严肃地考虑英格兰人对法国王位的主张。直到1802年的《亚眠条约》（Treaty of Amiens），英格兰人才最终宣布放弃对法兰西王位的要求。
8. Anne Curry, *The Hundred Years War* (Palgrave, London and New York, 1993), pp. 66–7; Maurice Keen, 'Diplomacy', *HVPK*, pp. 182–4.
9. 因为爱德华三世在那时候还未成年，他的这一举动可能会被认为是无效的。
10. Palmer, 'The War Aims of the Protagonists and the Negotiations for Peace', pp. 54–5.
11. Vale, *English Gascony*, pp. 5, 27–8; *ELMA*, p. 289; Curry, *The Hundred Years War*, pp. 83–8.
12. G. L. Harriss, *Cardinal Beaufort: A Study of Lancastrian Ascendancy and Decline* (Clarendon Press, Oxford, 1988), pp. 23–5; Curry, *The Hundred Years War*, pp. 90–1.
13. McLeod, pp. 30–1, 56.
14. Vale, *English Gascony*, pp. 48–9, 53; *ELMA*, p. 320.
15. 关于查理六世疯病的讨论开始于1392年。参见 Bernard Guenée, *La Folie de Charles VI Roi Bien-Amé* (Perrin, Paris, 2004)。
16. Lewis, *Later Medieval France*, p. 114.
17. Vaughan, pp. 44–7, 67–81; McLeod, pp. 33, 38–40.
18. Vaughan, pp. 81–2; McLeod, pp. 58–66.

19. K.B. McFarlane, *Lancastrian Kings and Lollard Knights* (Oxford University Press, Oxford, 1972), pp. 103–4.
20. *ELMA*, p. 321; Vaughan, pp. 92–4.
21. Ibid., pp. 94–5; Vale, *English Gascony*, pp. 58–62.
22. Capgrave, p. 124 n. 2.
23. Monstrelet, i, pp. 451–2.
24. *St Albans*, pp. 65–7.
25. *ELMA*, pp. 322–3; Christopher Allmand, *Henry V* (Yale University Press, New Haven and London, new edn, 1997), pp. 56–8; Vale, *English Gascony*, p. 67. 加来账目的一名审查员为亨利洗清了嫌疑。
26. 康沃尔的名字在现代文本（包括*ODNB*）中通常会被转写为"Cornewall"，但是我更喜欢中世纪文献中那种古体拼写方式。
27. Vale, *English Gascony*, pp. 62–8; *ELMA*, pp. 321–2; McLeod, pp. 82–6, 275.

第二章　国王的学徒岁月

1. *ELMA*, pp. 322–3; W&W, iii, p. 427; Vale, *English Gascony*, p. 67.
2. Thomas Hoccleve, *The Regiment of Princes*, ed. by Charles R. Blythe (Western Michigan University, Kalamazoo, Michigan, 1999), pp. 97ff.
3. Christine de Pizan, *Le Livre du Corps de Policie*, summarised in Edith P. Yenal, *Christine de Pizan: A Bibliography* (Scarecrow Press, Metuchen, N.J. and London, 1989), pp. 65–6.
4. Kate Langdon Forhan, *The Political Theory of Christine de Pizan* (Ashgate, Aldershot, 2002), pp. 13, 30, 74. 克里斯蒂娜让她的儿子待在索尔兹伯里伯爵约翰·蒙塔古的内廷中。后者是一个亲法的诗人和诗人的庇护者，深受理查二世的宠幸。索尔兹伯里伯爵在1400年1月反对亨利四世的叛乱中被杀。在那之后，亨利便将这个男孩带到了自己的内廷中。
5. McFarlane, *Lancastrian Kings and Lollard Knights*, pp. 233–8, 117.
6. *First English Life*, p. 17; Nicholas Orme, *Medieval Children* (Yale University Press, New Haven and London, 2001), p. 190; Nicolas, p. 389; John Southworth, *The English Medieval Minstrel* (Boydell Press, Woodbridge, 1989), pp. 113–14; Richard Marks and Paul Williamson (eds.), *Gothic Art for England 1400–1547* (V&A Publications, London, 2003), pp. 121 (illus.), 157.
7. Orme, *Medieval Children*, p. 182.

8. John Cummins, *The Hound and the Hawk: The Art of Medieval Hunting* (Weidenfeld and Nicolson, London, 1988), p. 4.
9. Ibid., p. 53.
10. Juliet Barker, *The Tournament in England 1100–1400* (Boydell Press, Woodbridge, repr. 2003), pp. 33–40, 132–3; *St-Denys*, i, pp. 672–82.
11. Barker, *The Tournament in England*, ch.7 *passim*; Philippe de Commynes, *Memoirs: The Reign of Louis XI 1461–83*, ed. and trans. by Michael Jones (Penguin, Harmondsworth, 1972), p. 71.
12. Geoffroi de Charny, *The Book of Chivalry of Geoffroi de Charny: Text, Context, and Translation*, ed. by Richard W. Kaeuper and Elspeth Kennedy (University of Pennsylvania Press, Philadelphia, 1996), p. 89.
13. 当时的文献中并没有记载亨利的出生日期。而且，人们还就亨利的出生日期有着许多的争论。但是，从有关他的占星结果来看，我们可以推测出，他的出生日期是1386年9月16日。See Hilary M. Carey, *Courting Disaster: Astrology at the English Court and University in the Later Middle Ages* (Macmillan, London, 1992), p. 129.
14. James Hamilton Wylie, *History of England under Henry IV* (London, 1884–98), i, pp. 42–3; Maurice Keen, *Chivalry* (Yale University Press, New Haven and London, 1984), pp. 7, 65, 78; Charny, *The Book of Chivalry of Geoffroi de Charny*, pp. 167–71. 到了15世纪，在这种仪式中受到册封的骑士被称为"巴斯勋章骑士"（Knights of the Bath）。根据一份那个时代的法兰西原始资料记载，在那年的早些时候，也就是远征爱尔兰期间，理查二世就已经将亨利册封为骑士了（See Desmond Seward, *Henry V as Warlord* [Sidgwick and Jackson, London, 1987], pp. 9, 11）。但是，一个人是不可能两次受封为骑士的。
15. Allmand, *Henry V*, pp. 16–17.
16. Ibid., p. 27; *ELMA*, pp. 306, 313.
17. Nigel Saul, *The Batsford Companion to Medieval England* (Barnes and Noble Books, Totowa, NJ, 1982), pp. 264–7; R. A. Griffiths, 'Patronage, Politics, and the Principality of Wales, 1413–1461', in *British Government and Administration: Studies Presented to S. B. Chrimes*, ed. by H. Hearder and H. R. Loyn (University of Wales Press, Cardiff, 1974), pp. 74–5.
18. *ELMA*, p. 309; Allmand, *Henry V*, p. 21.

19. John de Trokelowe, 'Annales Ricardi Secundi et Henrici Quarti', *Johannis de Trokelowe & Henrici de Blaneford ... Chronica et Annales*, ed. by Henry Thomas Riley (Rolls Series, London, 1866), pp. 367–71; Ken and Denise Guest, *British Battles: The Front Lines of History in Colour Photographs* (HarperCollins, London, 1997), pp. 47–9.
20. C. H. Talbot and E. A. Hammond, *The Medical Practitioners in Medieval England: A Biographical Register* (Wellcome Historical Medical Library, London, 1965), pp. 123–4; Strickland and Hardy, pp. 284–5. 在阿金库尔为国王效劳的托马斯·莫尔斯蒂德必定目睹了这场手术,或者读到过布拉德摩尔关于它的记载。关于他对这场手术的记述,可参见 R. Theodore Beck, *The Cutting Edge: Early History of the Surgeons of London* (Lund Humphries, London and Bradford, 1974), pp. 75–6, 117, 13.
21. 见彩插1。我将这一发现归功于英格丽德·罗斯科博士。
22. *Original Letters Illustrative of English History*, 2nd series, ed., with notes and illustrations by Henry Ellis (Harding and Lepard, London, 1827), i, pp. 11–13, 39–40.
23. ODNB; McFarlane, *Lancastrian Kings and Lollard Knights*, pp. 68, 108, 125; *The Beauchamp Pageant*, ed. and introduced by Alexandra Sinclair (Richard III and Yorkist History Trust in association with Paul Watkins, Donington, 2003), pp. 25–30.
24. Griffiths, 'Patronage, Politics, and the Principality of Wales, 1413–1461', pp. 76–8; Ralph Griffiths, ' "Ffor the Myght off the Lande ... ": the English Crown, Provinces and Dominions in the Fifteenth Century', in Anne Curry and Elizabeth Matthew (eds.), *Concepts and Patterns of Service in the Later Middle Ages* (Boydell Press, Woodbridge, 2000), p. 93 and n. 48.
25. *ELMA*, pp. 308, 315–16; Margaret Wade Labarge, *Henry V: The Cautious Conqueror* (Secker and Warburg, London, 1975), pp. 19, 23, 25.
26. G. L. Harriss, 'Financial Policy', *HVPK*, pp. 168–9, 169 n. 10.
27. *ELMA*, pp. 316–18, 338–40; G. L. Harriss, 'The Management of Parliament', *HVPK*, p. 139.
28. *ELMA*, pp. 124, 130.
29. Harriss, 'The Management of Parliament', pp. 140–1.
30. ODNB. 乔叟是凯瑟琳·斯温福德的姐姐菲莉帕·罗伊特(Philippa Roet)的

儿子。

31. Harriss, *Cardinal Beaufort*, pp. 1–2, 4, 7–8, 16, 18, 24–5, 29–31, 33, 45, 47–8, 58, 68–9. 这位枢机主教是被临时任命的。为了任命他，教宗还签发了通谕。但在任期结束时，他的头衔和权力就失效了。
32. Harriss, 'The Management of Parliament', p. 143.

第三章　最像基督徒的国王

1. Usk, p. 243. 关于这个预兆的不同解读，可参见 Capgrave, p. 125; *St Albans*, p. 69。
2. Trokelowe, 'Annales Ricardi Secundi et Henrici Quarti', pp. 297–300. 关于贝克特的圣油传说是仿照瓦卢瓦王朝有关他们的国王的说法而创造出来的。后者认为，法兰西的国王们将会在他们的加冕礼上被涂抹上天赐予的克洛维的圣油。John W. McKenna, 'How God Became an Englishman', *Tudor Rule and Revolution: Essays for G. R. Elton from his American Friends*, ed. by Delloyd J. Guth and John W. McKenna (Cambridge University Press, Cambridge, 1982), p. 28.
3. Powell, pp. 129–30; Harriss, 'The Management of Parliament', pp. 139–40.
4. Powell, p. 57; Monstrelet, iii, p. 94; *GHQ*, pp. 52–3; le Févre, i, pp. 228–9.
5. *St-Denys*, vi, p. 380.
6. 例如，可参见 A. J. P. Taylor, *A Personal History* (Hamish Hamilton, London, 1983), p. 180; Vaughan, p. 205 和 Seward, *Henry V*, *passim*。
7. W&W, i, p. 200 and n. 8.
8. Powell, p. 130.
9. W&W, i, p. 3; *ODNB*. 在加冕仪式中被册封为骑士的另外四名叛军士兵是马奇伯爵的哥哥罗杰·莫蒂默、勒德斯潘塞勋爵理查德（Richard, lord le Despenser）、未来的亨廷登伯爵约翰·霍兰以及他的兄弟。
10. W&W, ii, p. 21; *ODNB*; *ELMA*, p. 353.
11. W&W, i, pp. 1, 13–14; *The Beauchamp Pageant*, pp. 30–1.
12. *Register of Henry Chichele, Archbishop of Canterbury, 1414–1443*, ed. by E. F. Jacob (Clarendon Press, Oxford, 1943) i, pp. xvi–clxx; Peter Heath, *Church and Realm 1272–1461* (Fontana, London, 1988), pp. 291–2, 294–5.
13. W&W, i, pp. 119–20.
14. Ibid., i, pp. 119–20, 324–5.
15. 见下文第 90 页。

16. D'A. J. D. Boulton, *The Knights of the Crown: The Monarchical Orders of Knighthood in Later Medieval Europe 1325–1520* (Boydell Press, Woodbridge, 1987), p. 15. 关于在战斗中患难与共的兄弟，见下文第181—182页、第190页。
17. W&W, i, pp. 507–8. 令人感到悲哀的是，克拉伦斯在1421年的死亡方式证明，他不会以符合国王或者王国的最佳利益的方式行事。由于急切地想要超越他的哥哥在阿金库尔战役中取得的功绩，他拒绝听从经验更为丰富而且更加充满智慧的战士的建议，不等他的弓箭手部队到位，就向人数比他多得多的法军发动进攻。结果，博热之战成为亨利统治期间发生的最大的军事灾难：克拉伦斯公爵本人、鲁斯勋爵、希顿的格雷勋爵和吉尔伯特·乌姆弗拉维尔战死，亨廷登伯爵、萨默塞特伯爵、萨默塞特伯爵的兄弟埃德蒙·博福特（Edmund Beaufort）以及菲兹沃尔特勋爵（Lord Fitzwalter）则全都被俘房了。Ibid., iii, pp. 301–306.
18. Ibid., pp. 134–5 and n.88; *CPR*, p. 331.
19. Powell, pp. 197–9.
20. Ibid., pp. 199–200; W&W, i, pp. 109–10.
21. Chapman, pp. 51–2, 54. 这本书提及，523名威尔士人应召出征阿金库尔。在这些人当中，大约40人从未离开南威尔士，以捍卫家园的和平。这个部队中一半的重铠兵都是曾经的叛乱者。
22. 值得注意的是，人们经常凭空制造法律诉讼，以向对手施压，让事件得到快速解决。在接下来讨论法律与秩序的时候，我完全依靠爱德华·鲍威尔（Edward Powell）在 *Kingship, Law, and Society: Criminal Justice in the Reign of Henry V* (Clarendon Press, Oxford, 1989)中具有典范性的研究和他在此之前发表的文章，'The Restoration of Law and Order', in *HVPK*, pp. 53–74。
23. 这个数据也包括斯塔福德郡在内。在那里，相似的问题出现了，人们也采取了相同的解决方法。Powell, 'The Restoration of Law and Order', p. 65.
24. 这6名远征阿金库尔的士兵是约翰·伯利（John Burley）、理查德·莱肯（Richard Lacon）、约翰·温斯伯里（John Winsbury）、拉尔夫·布里尔顿（Ralph Brereton）、罗伯特·科比特（Robert Corbet）和罗杰·科比特（Roger Corbet）。奥斯沃斯特里警卫长约翰·韦莱（John Wele, constable of Oswestry）留在后方守卫什罗普郡的疆界。Ibid., p. 72.
25. *Brut*, ii, pp. 595–6. 有一次，他将斯塔福德郡的两兄弟威廉·迈纳斯（William Mynors）和约翰·迈纳斯（John Mynors）召集到他的面前，历数他们的罪状，然后又让他的法官们赦免他们。两兄弟中的威廉后来分别参与了远征阿金库尔和诺曼底的行动。Powell, p. 66.

26. Quoted in Powell, p. 275.
27. ODNB.
28. *Heresy Trials in the Diocese of Norwich, 1428–31*, ed. by Norman P. Tanner (Camden Fourth Series, vol. 20, London, 1977), pp. 10–22, 142.
29. Anne Hudson, *The Premature Reformation: Wycliffite Texts and Lollard History* (Clarendon Press, Oxford, 1988), pp. 110–11, 115.
30. *St Albans*, p. 71; Saul, *Batsford Companion to Medieval England*, pp. 273–5; Heath, *Church and Realm 1272–1461*, pp. 258–9; Hudson, *The Premature Reformation*, pp. 114–15, 339–40. 奥尔德卡斯尔原本希望在英格兰推行一个类似的计划,即在1410年引进一份法案,没收最为富有的主教和修道院院长的土地。这样做的目的是为国王每年额外提供2万英镑的收入,以保卫这个王国。但是,这个计划失败了。当时的威尔士亲王亨利五世正是御前会议的领袖。他听取了教会的抗议,并且强烈谴责了这个主意。
31. Ibid., pp. 116–17; Powell, pp. 146–8; *GHQ*, pp. 4–5.
32. 关于奥尔德卡斯尔叛乱的后续,可参见W&W, i, pp. 258–80; *ELMA*, pp. 244–6; Heath, *Church and Realm 1272–1461*, pp. 274–9; Powell, pp. 149–66.
33. Ibid., p. 150; W&W, i, p. 264 nn. 10, 11. 一个名叫伯格的约翰(John de Burgh)的木匠和托马斯·肯特福德(Thomas Kentford)分别被授予10马克的年金,作为他们揭露了某些罗拉德派成员的身份及其叛乱阴谋的奖励。在大约同样的时间,"一名王家间谍"托马斯·伯顿(Thomas Burton)也因为提供类似的信息而得到了奖赏。
34. 1415年3月,就在人们在为战争做准备的时候,奥尔德卡斯尔的赦免令被撤销了。他最终在威尔士浦(Welshpool)附近被抓获,并遭到了其议会同僚的谴责。1417年12月14日,他接受了双重的刑罚。作为一名叛国者,他被判绞刑;作为一名异教徒,他被处以火刑。Powell, p. 164.
35. *ELMA*, pp. 245–6; Powell, pp. 161–2, 165–6.
36. Ibid., p. 166.
37. 法兰西瓦卢瓦王朝的国王们通常被称呼为"très-Chrétien"(最为虔诚的基督徒),以将他们和其他国王区分开来。其他的国王中就包括英格兰国王们。这些法兰西国王们认为,英格兰国王并不那么受到上帝的垂青。McKenna, 'How God Became an Englishman', p. 26.

第四章　外交努力

1. *Bourgeois*, pp. 29–31; W&W, i, pp. 170–1.
2. *Bourgeois*, pp. 32–3.
3. Vaughan, p. 100.
4. *Bourgeois*, p. 44; Vaughan, p. 101.
5. McLeod, p. 94; *Bourgeois*, p. 46.
6. Ibid., pp. 47–50.
7. 根据法兰西传说，这面金焰旗曾不可思议地出现在君士坦丁堡皇帝的梦境中。在这个梦里，这面旗帜化作了一柄燃烧的长枪，握在查理曼的手中。因此，这面旗帜具有神圣的性质。从它几次在战场上丢失的情况来看，这面旗帜似乎也具有转世再生的神奇能力。
8. Vaughan, pp. 194–6, 197, 247–8; *Bourgeois*, p. 48; W&W, i, pp. 412–13 and n. 3.
9. Oliver van Dixmude, quoted in Vaughan, pp. 146–7.
10. *Bourgeois*, p. 53.
11. W&W, i, p. 397.
12. Vaughan, pp. 198–204.
13. 卡特琳的母亲是卡斯蒂利亚的康斯坦萨（Constanza of Castille），即冈特的约翰的第二任妻子。
14. W&W, i, pp. 84–5, 90–7, 93 n. 3; Christopher Allmand (ed.), *Society at War* (Boydell Press, Woodbridge, new edn, 1998), pp. 129–30; Anthony Goodman, 'England and Iberia in the Middle Ages', in *England and her Neighbours 1066–1453: Essays in Honour of Pierre Chaplais*, ed. by M. Jones and M. G. A. Vale (Hambledon Press, London, 1989), pp. 86–8.
15. Michael Jones, 'The Material Rewards of Service in Late Medieval Brittany: Ducal Servants and Their Residences', in Curry and Matthew (eds.), *Concepts and Patterns of Service in the Later Middle Ages*, pp. 120–3; A. R. Bridbury, *England and the Salt Trade in the Later Middle Ages* (Clarendon Press, Oxford, 1955), p. 80.
16. *Foedera*, ix, pp. 80–7; W&W, i, pp. 102–4, 103 n. 6, 104 n. 4.
17. Powell, pp. 203–6; Charles Lethbridge Kingsford, *Prejudice and Promise in XVth Century England* (Clarendon Press, Oxford, 1925), pp. 83–4, 85–7; Felipe Fernández-Armesto, 'Naval Warfare After the Viking Age, *c.*1100–1500', in Keen, *MW*, p. 235.

18. 在1414年的莱斯特议会中，亨利又采取了另一项特殊的举措，拓宽了叛国罪的定义，将打破和约、撕毁一份安全通行证以及协助其他人有以上行为的人等行为都纳入其范围之内。就像其他的叛国罪一样，对于这些罪行的处罚也是吊剖分尸刑。将这些过失纳入叛国罪范畴之内的合理性在于，和约和安全通行证是由国王签署、下发或者担保的。因此，违背它们将有损国王的荣耀，伤害他的威严，与其他叛国行为的效果相同。关于和约的条例非常不得人心，因而国王不得不在1416年对其进行修改，并把捕押特许证考虑进去，但是这一和约对于抑制英格兰臣民的海盗行为非常有效。*Rotuli Parliamentorum*, iv, pp. 22–3; John G. Bellamy, *The Law of Treason in England in the Later Middle Ages* (Cambridge University Press, Cambridge, 1970), pp. 128–9.

19. *Foedera*, ix, p. 84.

20. *Foedera*, ix, pp. 35, 56–9; W&W, i, p. 152 and n. 2; Jean Juvénal des Ursins, *Histoire de Charles VI*, ed. by J. A. C. Buchon (Choix de Chroniques et Mémoires sur l'Histoire de France, iv, Paris, 1836), p. 478; *St-Denys*, v, p. 353.

21. W&W, i, pp. 153–5; *Foedera*, ix, pp. 58–9.

22. *Foedera*, ix, pp. 91–101.

23. Ibid., ix, pp. 102–4.

24. *St-Denys*, v, pp. 158, 228; Juvénal des Ursins, *Histoire de Charles VI*, pp. 487, 493. 于尔森的朱韦纳尔见证了在巴黎所发生的这些事件。他评论道："就是英格兰的王公贵族们也因为勃艮第派和奥尔良派之间的冲突而产生了分歧。约克公爵以及国王的两个弟弟——克拉伦斯公爵和格洛斯特公爵——支持奥尔良派，而国王本人和他的另一个弟弟贝德福德公爵则倾向于支持勃艮第派。" Ibid., p. 497.

25. Vaughan, p. 206.

26. *Foedera*, ix, pp. 136–8. 公开商谈其他婚事并没有违背亨利对于法兰西人的保证，因为他只给出了他不会订婚的承诺。这个区别很细微，却是一个法律上的区别。

27. Ibid.; 霍温汉姆已经与卡斯蒂利亚和布列塔尼方面进行了谈判，以达成和约。

28. Vaughan, p. 207; *Foedera*, ix, p. 138. 1414年6月4日，国王获得了权力，可以接受勃艮第公爵向他宣誓效忠。那一天，国王也获取了很多其他的指令。

29. *POPC*, ii, p. 141.

30. *Foedera*, ix, pp. 131–2, 208–11.
31. Shakespeare, *Henry V*, Act I, Scene 2, ll. 261–3.
32. *St Albans*, p. 83; Usk, p. 253. 例如，关于网球的故事，可参见*Brut*, ii, pp. 374–5; Capgrave, pp. 129–30; Thomas Elmham, 'Liber Metricus de Henrico Quinto', *Memorials of Henry the Fifth, King of England*, ed. by Charles Augustus Cole (Longman and Co., London, 1858), p. 101.
33. Monstrelet, iii, pp. 59–62; *Bourgeois*, pp. 58–61.
34. *Foedera*, ix, pp. 212–14.
35. *Letter-Books*, p. 135; *Memorials of London and London Life in the XIIIth, XIVth, and XVth Centuries*, ed. by Henry Thomas Riley (Longmans, Green and Co., London, 1868), pp. 603–5.

第五章　苏格兰人与阴谋

1. W&W, i, pp. 94–9.
2. 见上文第73和75页。
3. *ELMA*, pp. 305–6; E. W. M. Balfour-Melville, *James I, King of Scots, 1406–37* (Methuen, London, 1936), p. 22.
4. Ibid., pp. 25–6.
5. Ibid., pp. 26, 31–3.
6. Ibid., pp. 34–5; Patricia J. Bradley, 'Henry V's Scottish Policy—a Study in Realpolitik', in *Documenting the Past: Essays in Medieval History Presented to George Peddy Cuttino*, ed. by J. S. Hamilton and Patricia J. Bradley (Boydell Press, Woodbridge, 1989), pp. 179–80.
7. W&W, i, pp. 34–6; Powell, pp. 136–7.
8. 然而，这一原则还是在近期被打破了。1378年，有两个人从伦敦塔中逃了出来，逃进威斯敏斯特大教堂以寻求庇护。他们之所以被关押在塔里，是因为他们拒绝将11年前在纳杰拉之战（Battle of Najera）中俘获的一名俘虏交给冈特的约翰。伦敦塔的长官以及50名武装人员追赶着他们，强行闯入威斯敏斯特大教堂，杀死了其中一人和一名教堂看守人，并抓住了另外一个人。9年以后，也就是1387年，首席大法官罗伯特·特里西利安爵士（Sir Robert Tresilian）被上诉派贵族指控犯下了叛国罪（未来的亨利四世就是这些上诉派贵族之一），要求在威斯敏斯特避难。他也被强行抓获，接受审讯并被处决。Heath, *Church and Realm 1272–1461*, pp. 209–11.

9. Ibid., p. 211.
10. W&W, i, p. 36; Powell, p. 138. 尽管这一套术语现今通常被称为"吊剖分尸刑",但这并不是刑罚进行的顺序。在被证明有罪之后,犯人往往先被囚车押解到行刑的地点,处以绞刑,然后再分尸。有时候,这些叛国者还一息尚存,那么他将会被从绞刑架上放下来。行刑人员会挖出他的内脏(并在他的面前焚烧他的内脏),将其斩首,最后分尸。无论采取的是哪一种刑罚,行刑人员都会向公众展示他的尸块,以震慑其他叛徒。
11. W&W, i, pp. 207–8. *St Albans*, p. 77 暗示亨利非常尊敬理查,把后者当作自己的父亲,但是,据说这段文字是在迁移理查墓葬的时候所做的,因此也只适用于这一仪式本身。对于我来说,这似乎并不能证明后来的编年史家和历史学家有关二人情同父子的论述。
12. Devon, pp. 325, 326–8, 332; *St Albans*, p. 77; *Brut*, ii, p. 373.
13. Balfour-Melville, *James I, King of Scots, 1406–37*, p. 55; Bradley, 'Henry V's Scottish Policy—a Study in Realpolitik', pp. 180–1.
14. Ibid., pp. 178, 181.
15. G. L. Harriss, 'The King and his Magnates', in *HVPK*, pp. 31–51。默多克对珀西做了部分补偿。Balfour-Melville, *James I, King of Scots, 1406–37*, p. 65.
16. *St Albans*, p. 86; W&W, i, pp. 517, 520(在此处,塔尔博特被错误地称呼为亨利); Balfour-Melville, *James I, King of Scots, 1406–37*, pp. 62–3; Bradley, 'Henry V's Scottish Policy—a Study in Realpolitik', pp. 182–3; T. B. Pugh, 'The Southampton Plot of 1415', in *Kings and Nobles in the Later Middle Ages: a Tribute to Charles Ross*, ed. by Ralph A. Griffiths and James Sherbourne (Alan Sutton, Gloucester and St Martin's Press, New York, 1986), p. 66; *CPR*, p. 339.
17. Balfour-Melville, *James I, King of Scots, 1406–37*, p. 63; *CCR*, p. 278; Bradley, 'Henry V's Scottish Policy—a Study in Realpolitik', pp. 183–4.
18. *Original Letters Illustrative of English History*, pp. 45–6; Pugh, 'The Southampton Plot of 1415', p. 65; 'The Conspiracy of the Earl of Cambridge against Henry V', 43rd Report of the Deputy Keeper of Public Records (HMSO, London, 1882), App I, §5.
19. Pugh, 'The Southampton Plot of 1415', pp. 83, 64.
20. 剑桥伯爵依靠他哥哥的救济在约克郡唐克斯特(Doncaster)附近的科尼斯伯勒城堡(Conisburgh Castle)过活。
21. 'The Conspiracy of the Earl of Cambridge against Henry V', p. 582; W&W, i, p. 518.

22. Bradley, 'Henry V's Scottish Policy—a Study in Realpolitik', p. 183; W&W, i, p. 519.
23. Nicolas, pp. 373–4, 385; James Hamilton Wylie, 'Notes on the Agincourt Roll', *Transactions of the Royal Historical Society*, 3rd series, vol. v (1911), pp. 136–7.
24. *ELMA*, p. 324.
25. *Brut*, ii, pp. 375–6; *St Albans*, pp. 87–8; W&W, i, pp. 507–8. 剑桥伯爵可能是私生子。他没有从他名义上的父亲那里继承任何东西，经济上则完全依赖于他的兄弟约克公爵爱德华的恩惠。因为无法支付债务而已经两次违法的格雷在1415年5月从国库收到了一笔120英镑的钱款，作为他放弃班堡城堡统帅（constable of Bamburgh Castle）这一职位的补偿。他可能是被迫进行这一交易的，因为他需要履行他与国王签订的契约，为阿金库尔远征召集24名重铠兵和48名弓箭手。*ODNB*; Pugh, 'The Southampton Plot of 1415', pp. 71–3, 79; W&W, i, p. 517 n. 3.
26. Pugh, 'The Southampton Plot of 1415', pp. 62–4, 67–9, 83–4; W&W, i, pp. 523–33; *CPR*, p. 409; Powell, p. 131; Bellamy, *The Law of Treason in England in the Later Middle Ages*, p. 222.
27. *Original Letters Illustrative of English History*, p. 48.
28. *CPR*, p. 349.
29. Hardynge, quoted in David Morgan, 'The Household Retinue of Henry V and the Ethos of English Public Life', in Curry and Matthew (eds.), *Concepts and Patterns of Service in the Later Middle Ages*, p. 74. 然而，哈丁（Hardynge）的观点可能是片面的，因为在1403至1437年期间，他都在乌姆弗拉维尔的部队中效力。

第六章 "如果你想要和平，那就准备作战吧"

1. Vegetius, *De Re Militari*, quoted by Pizan, *BDAC*, p. 27 n. 23.
2. W&W, i, pp. 38, 39 n. 9.
3. Ibid., pp. 45–6, 39 and nn. 1, 3–7.
4. Ibid., i, p. 41 and nn. 4–6."Scuratores"是加来人特有的对侦察兵的称呼，而非W&W所转译的"scourers"。参见R. E. Latham, *Revised Medieval Latin Word-List* (published for the British Academy, Oxford University Press, London, repr. 1980), p. 170。
5. John Kenyon, 'Coastal Artillery Fortification in England in the Late Fourteenth and Early Fifteenth Centuries', in Curry and Hughes, pp. 146–7; Michael Hughes,

'The Fourteenth-Century French Raids on Hampshire and the Isle of Wight', ibid., pp. 133–7.

6. *Rotuli Parliamentorum*, iv, p. 53; Kenyon, 'Coastal Artillery Fortification in England in the Late Fourteenth and Early Fifteenth Centuries', p. 146.

7. W&W, i, pp. 161, 160 n. 1.

8. 在普瓦捷之战（1356年）的一个间歇当中，英格兰弓箭手跑到前方，将插在地面、受伤或死去的人和马匹上的箭矢拔出来。这样一来，他们便能够使用这些箭矢，以应对法兰西人的下一次进攻。Strickland and Hardy, p. 301.

9. Paul Hitchin, 'The Bowman and the Bow', in Curry, *Agincourt 1415*, pp. 44, 46–7. 英格兰人在阿德尔（Ardres [1351]）被击败，因为弓箭手们过早地用完了他们的箭。Strickland and Hardy, p. 231.

10. Hitchin, 'The Bowman and the Bow', pp. 45–6 and illustration. 但是，图片里的说明有误，"16号"箭头实际上在图中的第三排，而不是第二排。

11. Strickland and Hardy, p. 313; Robert Hardy, 'The Longbow', in Curry and Hughes, p. 168.

12. Andrew Ayton, 'Arms, Armour, and Horses', in Keen, *MW*, p. 205 and illus., p. 72; Jim Bradbury, *The Medieval Archer* (Boydell Press, Woodbridge, 1985, repr. 2002), pp. 146–50. Strickland and Hardy, pp. 34–48 消除了对短弓的误解。事实上，这一名词是19世纪军事历史学家杜撰出来的。

13. W&W, i, p. 159 n. 7; Ayton, 'Arms, Armour, and Horses', p. 204; *Foedera*, ix, p. 224.

14. Hitchin, 'The Bowman and the Bow', pp. 42–4; Ayton, 'Arms, Armour, and Horses', p. 204; Bradbury, *The Medieval Archer*, p. 107. But see Strickland and Hardy, p. 227.

15. Ibid., pp. 17–18, 199, 30; Hardy, 'The Longbow', p. 179.

16. Maurice Keen', The Changing Scene: Guns, Gunpowder, and Permanent Armies', in Keen, *MW*, pp. 274–5 and illus. p. 156; Clifford J. Rogers, 'The Age of the Hundred Years War', ibid., pp. 156–8; Richard L. C. Jones, 'Fortifications and Sieges in Western Europe, *c*.800–1450', in ibid., pp. 180–2; Pizan, *BDAC*, pp. 122–3; Robert D. Smith, 'Artillery and the Hundred Years War: Myth and Interpretation', in Curry and Hughes, pp. 156–7; Richard L. C. Jones, 'Fortifications and Sieges in Western Europe, *c*.800–1450', in Keen, *MW*, p. 182.

17. Nigel Ramsey, 'Introduction', in John Blair and Nigel Ramsay (eds.), *English*

Medieval Industries: Craftsmen, Techniques, Products (Hambledon Press, London and Rio Grande, 1991), p. xxxii; Pizan, *BDAC*, pp. 117–19; Jones, 'Fortifications and Sieges in Western Europe, *c*.800–1450', p. 181.

18. *Foedera*, ix, pp. 159, 160; *CPR*, p. 292.
19. W&W, i, pp. 161 n. 2, 265 n. 2; Henrietta Leyser, *Medieval Women: A Social History of Women in England 450–1500* (Weidenfeld and Nicolson, London, 1995), p. 162; Jane Geddes, 'Iron', in Blair and Ramsay (eds.), *English Medieval Industries: Craftsmen, Techniques, Products*, p. 187.
20. Ibid., pp. 168, 170–2, 174–5.
21. Ibid., pp. 186 and 187 (fig. 86). 参见彩插5。
22. C. F. Richmond, 'The War at Sea', in Fowler, pp. 111–12, 108.
23. Ibid., pp. 112–13; W. J. Carpenter-Turner, 'The Building of the *Holy Ghost of the Tower*, 1414–1416, and her Subsequent History', *The Mariner's Mirror*, 40 (1954), p. 270; W. J. Carpenter-Turner, 'The Building of the *Gracedieu*, *Valentine* and *Falconer* at Southampton, 1416–1420', ibid., p. 56.
24. Ibid., pp. 62–3; Carpenter-Turner, 'The Building of the *Holy Ghost of the Tower*, 1414–1416, and her Subsequent History', pp. 271, 273. 以现代货币计算，所支出的数额相当于近84万英镑和186.3万英镑，但几乎可以确定的是，这并不是全部的支出。
25. Carpenter-Turner, 'The Building of the *Gracedieu*, *Valentine* and *Falconer* at Southampton, 1416–1420', pp. 65–6; Richmond, 'The War at Sea', pp. 112–13, 104–7.
26. Ibid., 'The War at Sea', pp. 121 n. 55, 113–14.
27. *CPR*, pp. 294–5; W&W, i, p. 448 and n. 2.
28. Fernández-Armesto, 'Naval Warfare after the Viking Age, *c*.1100–1500', pp. 238–9; Ian Friel, 'Winds of Change? Ships and the Hundred Years War', in Curry and Hughes, pp. 183–5.
29. *Foedera*, ix, pp. 215, 216; W&W, i, pp. 45, 104. Stratford, p. 157 指出，阿金库尔远征的特殊之处在于，在这场远征当中，国王可能第一次（也是仅有的一次）将王室珍宝直接抵押给服役的长官，为他们的薪金做担保。
30. Vaughan, pp. 241–4.
31. *Registres de la Jurade: Délibérations de 1414 à 1416 et de 1420 à 1422: Archives Municipales de Bordeaux* (G. Gounouilhou, Bordeaux, 1883), iv, p. 193.

32. *Foedera*, ix, p. 218; Antonio Morosini, *Chronique d'Antonio Morosini 1414–1428*, ed. by Germain Lefèvre-Pontalis and Léon Dorez (Librairie Renouard, Paris, 1899), ii, pp. 20–5, 34–5, 44–5.

33. *Foedera*, ix, pp. 224, 238–9, 248–9; *CPR*, pp. 325, 329, 343; *CCR*, p. 232.

34. *Foedera*, ix, pp. 250–1, 261; *CPR*, pp. 327, 346.

35. *Foedera*, ix, pp. 251–2, 253; *CCR*, pp. 214, 217, 218.

36. Ibid., p. 278; *Foedera*, ix, pp. 288–9; H. J. Hewitt, 'The Organisation of War', in Fowler, pp. 81–2.

37. 例如，可参见亨利在1415年5月26日向肯特的郡长所发布的令状。*Foedera*, ix, p. 251.

第七章　金钱与人力

1. Pizan, *BDAC*, p. 19.

2. Harriss, 'Financial Policy', in *HVPK*, pp. 163–74. See also Edmund Wright, 'Henry IV, the Commons and the Recovery of Royal Finance in 1407', in R. E. Archer and S. Walker (eds.), *Rulers and Ruled in Late Medieval England: Essays Presented to Gerald Harriss* (Hambledon Press, London and Rio Grande, 1995), pp. 65–81.

3. Harriss, 'Financial Policy', p. 163.

4. Ibid., p. 177.

5. Harriss, 'The Management of Parliament', pp. 137–8, 156; Saul, *The Batsford Companion to Medieval England*, pp. 200–2.

6. See, for example, *Rotuli Parliamentorum*, iv, pp. 3, 15, 34; Harriss, 'The Management of Parliament', pp. 143, 145.

7. Ibid., pp. 145–6, 158.

8. *Rotuli Parliamentorum*, iv, p. 34.

9. Ibid., iv, p. 35; W&W, i, p. 434.

10. *Memorials of London and London Life*, pp. 603–5; *Letter-Books*, pp. 135, 143; Nicolas, p. 14; Marks and Williamson (eds.), *Gothic Art for England 1400–1547*, p. 206 and fig. 71a.

11. *Foedera*, ix, p. 241. 御玺是一个相对较新的印章，由理查二世引入，以绕过更为呆板的国玺的管理机构（也就是大法官法庭）和王玺管理机构。Saul, *Batsford Companion to Medieval England*, pp. 112–13.

12. *CPR*, p. 329; Nicolas, pp. 13, 14; *Foedera*, ix, pp. 285–6.
13. W&W, i, pp. 472–4; *Foedera*, ix, pp. 268–9; Allmand (ed.), *Society at War*, pp. 136–40.
14. W&W, i, pp. 477–9; *Letter-Books*, p. 144.
15. *Webster's Biographical Dictionary*, p. 1570; *Foedera*, ix, p. 310; Sylvia L. Thrupp, *The Merchant Class of Medieval London (1300–1500)* (University of Chicago Press, Chicago, 1948), pp. 55, 374; W&W, i, pp. 147 and n. 5, 360–1, 365. For Hende, see Thrupp, op. cit., p. 127.
16. Morosini, *Chronique*, pp. 20–3; Jeremy Catto, 'The King's Servants', in *HVPK*, p. 82; W&W, i, p. 474.
17. Ibid., i, p. 474 n. 4; *Foedera*, ix, pp. 271, 284, 312.
18. W&W, i, pp. 472 nn. 1–6, 473 n. 6.
19. Monstrelet, iii, p. 71.
20. *CPR*, p. 344.
21. Maurice Keen, *Origins of the English Gentleman* (Tempus, Stroud and Charleston, SC, 2002), p. 95; *Foedera*, ix, p. 216; *CCR*, pp. 270, 271–2. 关于签订终身服役契约的例子（包括亨利还是威尔士亲王的时候签订的契约），可参见 Michael Jones and Simon Walker, 'Private Indentures for Life Service in Peace and War 1278–1476', *Camden Miscellany xxxii* (Royal Historical Society, London, 1994), pp. 1–190, esp. pp. 139–43。
22. *POPC*, ii, pp. 150–1; Curry, p. 414.
23. MS E101/69/5, TNA; MS E101/47/29, TNA. 关于其他已经整理出版的于1415年4月29日所签订的契约，可见 *Foedera*, ix, pp. 227–38; Nicolas, Appx ii, pp. 8–10. MS E101/45/5, TNA 总结了阿金库尔战役中士兵所签订的210份契约中的条款。
24. 在阿金库尔战役中，这一比例上升到了5:1，因为有很多重铠兵因伤病而从阿夫勒尔被遣返回国。
25. MS E101/69/5, TNA; *Foedera*, ix, pp. 223, 230. 1355年，威尔士徒步弓箭手每天只有3便士的收入（Strickland and Hardy, p. 204）。关于这一点的更多信息可见 Ayton, 'English Armies in the Fourteenth Century', in Curry and Hughes, pp. 24–5.
26. Ayton, 'Arms, Armour, and Horses', in Keen, *MW*, p. 188; Thrupp, *The Merchant Class of Medieval London*, pp. 276–7, 224; Christopher Dyer, *Everyday Life in*

Medieval England (Hambledon Press, London and Rio Grande, 1994), pp. 148, 167, 188; D. Knoop and G. P. Jones, *The Medieval Mason* (3rd edn, Manchester University Press, Manchester, 1967), pp. 72, 86–7.

27. Strickland and Hardy, pp. 204–5. 14世纪，出于战争（尤其是持械劫掠）的需求，越来越多的弓箭手开始骑马作战，而这让他们的社会地位稳步上升。在实行惩罚的时候，理查二世的《战争条例》(ordiances of war［1385］) 将他们等同于重铠兵，并且将他们和徒步弓箭手区分开来。Ibid., p. 204.

28. Nicolas, pp. 373–4.

29. Ibid., p. 15.

30. Ibid., pp. 16–18; Stratford, pp. 160, 166. 她估计，亨利至少能够募集到相当于一份全额协助金的钱（3.3万英镑）。而且，依靠向军官们抵押王室珠宝以承诺付给他们酬劳，亨利"很可能"募集到了"更多"的钱。Ibid., p. 168.

31. *Foedera*, ix, pp. 227–8. 关于类似的契约，参见 ibid., pp. 228–30, 233–5, 244, 250。

32. Ayton, 'Arms, Armour, and Horses', in Keen, *MW*, p. 191.

33. Ibid., pp. 191–2, 188, 195.

34. Ibid., p. 197. 关于1419年国王在鲁昂向"那些不从我们的手中领取薪金，但在我们的军中或者举着我们的旗帜的人"所发布的条例，可见 Allmand (ed.), *Society at War*, p. 82。

35. MS E101/69/5, TNA. 1416年1月，约翰·格雷爵士从国王那里获得了1000马克（合666英镑13先令4便士），用来支付他在阿金库尔战役中俘虏的厄镇伯爵的部分赎金。Devon, pp. 344–5.

36. Anne Curry, 'Sir Thomas Erpingham: A Life in Arms', in Curry, *Agincourt 1415*, pp. 74–5 and pls. 23 and 24. 关于乔叟的记录，可参见 MS E101/47/29, TNA。

37. Ibid., p. 66; MS E101/45/5, TNA. See also Wylie, 'Notes on the Agincourt Roll', pp. 107–8, 140, 111; Nicolas, p. 383.

38. *Foedera*, ix, p. 258; Nicolas, pp. 10–11; Maurice Keen, 'Richard II's Ordinances of War of 1385', in Archer and Walker (eds.), *Rulers and Ruled in Late Medieval England*, pp. 35–6.

第八章　大军集结

1. W&W, i, pp. 484–6; *Letter-Books*, p. 138.

2. *St-Denys*, v, pp. 512–27; Monstrelet, iii, pp. 73–4.

3. W&W, i, pp. 505–8; Morosini, *Chronique*, ii, pp. 34–7.
4. W&W, i, pp. 500–1.
5. Carey, *Courting Disaster*, pp. 93–6, 106–9; Christine de Pizan, *The Writings of Christine de Pizan*, selected and edited by Charity Cannon Willard (Persea Books, New York, 1994), pp. 17–21; Lewis, *Later Medieval France: The Polity*, pp. 24–5.
6. W&W, i, pp. 500, 502, 503–5.
7. Ibid., i, pp. 506–7, 505 n. 6.
8. *Foedera*, ix, pp. 223, 239–40, 243, 262; *CPR*, p. 353; *POPC*, ii, pp. 157, 168; *Public Record Office, London: Lists and Indexes Supplementary Series*, no. ix, vol. ii (Klaus Reprint Corporation, New York, 1964), Appx, p. 382.
9. *Foedera*, ix, p. 223; *CCR*, pp. 268, 280; Nicolas, p. 385; *POPC*, ii, pp. 145–7, 165.
10. *Foedera*, ix, pp. 255–6; Hitchin, 'The Bowman and the Bow', p. 40.
11. Pizan, *BDAC*, p. 214; *Foedera*, ix, pp. 253–4; *CCR*, pp. 213–14, 218.
12. Ibid.; Heath, *Church and Realm 1272–1461*, p. 284. 神职人员所组成的部队往往来自约克主教教区。他们同样在1417年被召集了两次，于1418年再度（与坎特伯雷主教教区的神职人员一起）被召集。1419年，他们也接受了几次征召。只有索德和马恩（Sodor and Man）主教教区不受亨利令状的影响。直到大约1387年的时候，这个地方还是一个苏格兰教区。当地神职人员们先是在贝弗里集结，然后在内维尔十字路口战役（Battle of Neville's Cross[1346]）中抗击苏格兰人，"他们脱去鞋子和兜帽，露出他们在腰间别着的利剑与箭矢以及手臂下面夹着的长弓"（Strickland and Hardy, p. 190）。See also ibid., p. 259.
13. Mowbray MS; *ODNB*; Harris, 'The King and his Magnates', in *HVPK*, p. 41.
14. Mowbray MS, fo. 21. 伯爵所收到的第一笔收入是按照前往加斯科涅的标准计算的。而第二笔薪饷则是按照前往法兰西的标准计算的。伯爵以法兰西的标准给他的手下支付薪饷可能表明，他已经做出了在7月1日前出发前往法兰西而非阿基坦的决定。另一方面，这可能只是他囊中羞涩的一个表现，他本可以在后来再作调整的。
15. Mowbray MS, fo. 21. 另外14人的地位尚不清楚。他们所得到的薪饷为21—38先令不等。他们的名字位于一个标题的下方，而这个标题的意思恰好是"关于在这场远征当中的威尔士人"。在这些名字之中，至少有两个是威尔士人的名字。

16. Mowbray MS fo. 21; *Forty-Fourth Annual Report*, pp. 561–3, 565–70; *CPR*, p. 370.
17. *Forty-Fourth Annual Report*, pp. 566, 561. 这名弓箭手是在约翰·法斯托尔夫爵士的部队中的约翰·里格尔（John Riggele），又名鲍尔（Power）。
18. Mowbray MS, fo. 13.
19. Le Févre, i, p. 253. 在普瓦捷之战（1356年）中，法兰西人也削短了他们的长枪，以便步行作战。Strickland and Hardy, pp. 234, 249.
20. Barker, *The Tournament in England*, pp. 23, 157–8. 有关16世纪的例子可参见 Marks and Williamson (eds.), *Gothic Art for England 1400–1547*, p. 198。
21. Mowbray MS, fos 13, 15, 14.
22. Mowbray MS, fos 12, 11. 这些盾牌可能是为莫布雷的弓箭手们配备的，但是这48面盾牌甚至不够他部队中1/3的士兵使用。
23. *ELMA*, p. 181; Strickland and Hardy, p. 201; Mowbray MS, fo. 9. 伯爵从盔甲匠尼古拉斯那里购买了38个"十字架"。Ibid., fo. 13.
24. Mowbray MS, fos 14–16.
25. Harriss, 'The King and his Magnates', in *HVPK*, p. 41; Nicolas, Appx. xvii.
26. Wylie, 'Notes on the Agincourt Roll', p. 135; Powell, p. 235: MS E404/31/315, TNA. 只有一小部分威尔士弓箭手是骑马的。
27. MS E404/31/386, TNA; MS E101/45/5, TNA. Curry, p. 414, 把他们描述成来自迪恩森林（Forest of Dean）的战士，但是格雷道尔（Greyndor）是一名来自南威尔士的盎格鲁/威尔士骑士。
28. MS E101/45/5, TNA; Nicolas, p. 386; *Public Record Office: Lists and Indexes*, no. ix, vol. ii, pp. 390–1. 赫拉德·范菲林根（Gerard Van Willighen）、汉斯·茹瓦（Hans Joye）、弗雷德里克·范里特（Frederick Van Heritt）、克劳斯·范罗斯特提（Claus Van Roosty）和马丁·范奥斯凯特（Martin van Osket）这些名字都是例子。
29. 贝内戴·斯皮纳（Benedeyt Spina）是负责将新娘接过来的使者。1415年6月8日，他还在伦敦，但是他当时显然并没有接到任务。一直到了当年10月30日，他们还停留在阿基坦。波尔多当局认为，已经来不及在这个季节把他们派出去了。*Calendar of Signet Letters of Henry IV and Henry V (1399–1422)*, ed. by J. L. Kirby (HMSO, London, 1978), p. 197 no. 962; *Registres de la Jurade*, pp. 194, 232, 254, 279.
30. Nicolas, pp. 386, 388–9; Jim Bradbury, *The Medieval Siege* (Boydell Press, Woodbridge, 1992), pp. 197, 241–2, 270; MS E404/31/409, TNA 只列出了

由熟练皮匠乔治·贝内特（George Bennet）领导的25名皮匠，而不是像Nicholas, p.388所说的那样，总共有26人。

31. MS E101/45/5, MS E404/31/437 and MS E404/31/416, TNA; Nicolas, pp. 387-9; W&W, ii, p. 186 n. 2.
32. Nicolas, pp. 387-9; Wylie, 'Notes on the Agincourt Roll', p. 139. For Bordiu, see *Henrici Quinti, Angliae Regis, Gesta*, ed. by Bernard Williams (English Historical Society, London, 1850), p. vii. 关于这名随军司铎的身份，人们有着不同的讨论，但是由于缺乏明确的证据，*GHQ*, pp. xviii–xxiii没有得出一个确定的结论。
33. 例如，可参考14世纪的敲小铜鼓的舞者勒特雷尔·帕萨特（Luttrell Psalter）。BL MS Add 42130 fo. 176.
34. *Foedera*, ix, pp. 255, 260; Southworth, *The English Medieval Minstrel*, pp. 113-14, 115, 174 n. 47.
35. Ibid., pp. 47 and n. 21, 117, 15.
36. *Foedera*, ix, pp. 255, 260; Southworth, *The English Medieval Minstrel*, pp. 113-14, 119, 143-6, 174 n. 47, 187. 1433年，阿金库尔老兵克利夫的遗孀仍在为她丈夫随从参与远征的酬劳奔走，要求得到那没有得到支付的33英镑6先令。
37. Maurice Keen, *Chivalry* (Yale University Press, New Haven and London, 1984), pp. 126-7, 134-7, 138.
38. Ibid., p. 134.
39. 然而，1438年，在横穿法兰西前往沃里克伯爵处的时候，肩负着王家使命的嘉德纹章官还是被"俘虏了……他身上的东西［被］国王的敌人洗劫一空"。Devon, p. 436.
40. Nicolas, p. 387.
41. Elizabeth Armstrong, 'The Heraldry of Agincourt: Heraldic Insights into the Battle of Agincourt', in Curry, *Agincourt 1415*, pp. 133-5.
42. Ibid., p. 135; Mowbray MS, fo. 21.
43. Nicolas, p. 387; *Foedera*, ix, pp. 235-6, 237-8, 252-3; Barbara Harvey, *Living and Dying in England 1100–1540: The Monastic Experience* (Oxford University Press, Oxford, 1993), pp. 83, 85-6, 232-4; Talbot and Hammond, *The Medical Practitioners in Medieval England: A Biographical Register*, p. 100.
44. Ibid., pp. 220-2; MS E404/31/359, TNA; *Foedera*, ix, pp. 235-6.
45. Beck, *The Cutting Edge*, pp. 85, 92, 79; *Foedera*, ix, pp. 237-8, 252-3.

46. Beck, *The Cutting Edge*, pp. 76–8; Talbot and Hammond, *The Medical Practitioners in Medieval England: A Biographical Register*, pp. 387–8.
47. Beck, *The Cutting Edge*, pp. 63, 67–8.
48. Thrupp, *The Merchant Class of Medieval London (1300–1500)*, pp. 260, 267 n. 75; Beck, *The Cutting Edge*, pp. 81–2.
49. Marie-Christine Pouchelle, *The Body and Surgery in the Middle Ages* (Rutgers University Press, New Brunswick, NJ, 1990), pp. 68–9.
50. 出自Thomas Morstede's *Fair Book of Surgery*，转引自Beck, *The Cutting Edge*, pp. 105ff, esp. p. 108。
51. Ibid.; Pouchelle, *The Body and Surgery in the Middle Ages*, pp. 165–6.
52. Will of Hamon le Straunge: MS LEST AE 1, Norfolk Record Office; *Foedera*, ix, pp. 289–92.
53. Ibid.; Morgan, 'The Household Retinue of Henry V and the Ethos of English Public Life', p. 65. 著名的加斯科涅骑士布赫领主格拉伊的让（Jean de Grailly, Captal de Buch［1369年卒］）在他的遗嘱中要求，在他死后的那些年里，人们要为他举行5万次弥撒。Keen, *Chivalry*, p. 155.
54. *St-Denys*, v, pp. 526–8.
55. Seward, *Henry V as Warlord*, p. 63.
56. *St-Denys*, v, pp. 526–8. See also Monstrelet, iii, pp. 78–81; le Févre, i, pp. 219–21; and Waurin, i, pp. 174–6.
57. *GHQ*, pp. 17–19.
58. Deuteronomy, ch. xx, v. 10.
59. *Foedera*, ix, p. 298; *CCR*, p. 278; W&W, ii, p. 1; *GHQ*, pp. 20–1.

第九章 "顺风驶向法兰西"

1. 这是迈克尔·德雷顿（Michael Drayton）于17世纪所作的《阿金库尔歌谣》（*Ballad of Agincourt*）开头的第一行。
2. *GHQ*, p. 21; *St Albans*, p. 89; Robert F. Marx, *The Battle of the Spanish Armada 1588* (Weidenfeld and Nicolson, London, 1965), p. 53.
3. Vale, *English Gascony 1399–1453*, pp. 13–14; Blair and Ramsay (eds.), *English Medieval Industries: Craftsmen, Techniques, Products*, p. 341; Bridbury, *England and the Salt Trade in the Later Middle Ages*, pp. 80, 110–11, 114; Knoop and Jones, *The Medieval Mason*, pp. 46, 48. 在亨利五世于1417年第二次远征法

兰西时，他们在约克郡的唐河（river Pon）上使用了一艘船。因此，我们可以合理地提出猜想，亨利在1415年使用了类似的船只。Friel, 'Winds of Change? Ships and the Hundred Years War', p. 189.

4. Ibid., pp. 183–5; Ayton, 'Arms, Armour, and Horses', p. 198. 根据国库记录，1370年，罗伯特·诺利斯爵士（Sir Robert Knollys）的远征军共带了8464匹马前往法兰西。他们所签订的契约显示，这个部队里有2000名重铠兵和2000名骑着马的弓箭手。

5. *Calendar of Signet Letters of Henry IV and Henry V (1399–1422)*, p. 161; Richmond, 'The War at Sea', p. 114; *GHQ*, pp. 20–1; le Févre, i, p. 224; W&W, i, p. 525. 后来，国王决定，他不会给那些已经集结起来，但是不得不留在后方的人马发放薪饷。*Foedera*, ix, p. 52.

6. Carpenter-Turner, 'The Building of the *Holy Ghost of the Tower*, 1414–1416, and her Subsequent History', p. 271.

7. W&W, ii, p. 2; Armstrong, 'The Heraldry of Agincourt', p. 130.

8. Elizabeth Danbury, 'English and French Artistic Propaganda during the Period of the Hundred Years War', in Christopher Allmand (ed.), *Power, Culture and Religion in France c.1350–c.1550* (Boydell Press, Woodbridge, 1989), p. 82. 当法兰西的查理五世将法兰西王室盾形纹章上的百合花数目减少到三朵的时候，爱德华三世也同样减少了自己纹章上百合花的数量。Ibid., p. 87.

9. Richard Barber, *The Knight and Chivalry* (Sphere Books, London, 1974), p. 40.

10. Ibid., pp. 304–6; Keen, *Chivalry*, pp. 191, 184. 关于韦尔尚对嘉德骑士所发起的挑战和单独向约翰·康沃尔爵士发起的挑战（后者引发了阿斯顿的回应），可见 MS Additional 21370 fos 1–14, esp. fo. 7v, British Library; Barker, *The Tournament in England*, pp. 41–2, 157。

11. W&W, ii, pp. 3–4; Armstrong, 'The Heraldry of Agincourt', p. 130; *GHQ*, pp. 120–1.

12. Bacquet, p. 109, 引用了布洛涅人的记录，他们向翁弗勒尔派去了信使，"那里是王室统帅大人的驻地"。

13. Ibid., pp. 22–3.

14. Trokelowe, 'Annales Ricardi Secundi et Henrici Quarti', p. 333; A. C. Reeves, *Lancastrian Englishmen* (University Press of America, Washington, DC, 1981), pp. 143–4; MS Additional 21370 fos 4v–14, esp. fo. 10, British Library. 在康沃尔这一边，与总管的决斗相关的通信由威廉·布吕热负责，他那时是威尔

士亲王的切斯特纹章官。

15. Catto, 'The King's Servants', pp. 89–90; Reeves, *Lancastrian Englishmen*, p. 168; W&W, ii, p. 17 n. 2; Wylie, 'Notes on the Agincourt Roll', pp. 136, 128–9.
16. *GHQ*, p. 23 n. 3; W&W, i, pp. 98, 344 and nn. 8 and 9, 345 and n. 2, 435, 536; W&W, ii, pp. 16–17; *CPR*, p. 359; Nicolas, p. 340.
17. Geoffrey Chaucer, *Canterbury Tales*, ed. by A. Kent Hieatt and Constance Hieatt (Bantam Books, New York, 1971), p. 54, l. 276; Barber, *The Knight and Chivalry*, pp. 208–9. A transcript of the agreement is given in Allmand (ed.), *Society at War*, pp. 32–4.
18. Reeves, *Lancastrian Englishmen*, pp. 153, 151, 148; McLeod, pp. 85, 177, 186.
19. Reeves, *Lancastrian Englishmen*, pp. 147, 169–70, 182; McLeod, pp. 252, 275; Michael Stansfield, 'John Holland, Duke of Exeter and Earl of Huntingdon (d.1447) and the Costs of the Hundred Years War', in *Profit, Piety and the Professions in Later Medieval England*, ed. by Michael Hicks (Alan Sutton, Gloucester and Wolfeboro Falls, 1990), pp. 108–9.
20. Morgan, 'The Household Retinue of Henry V and the Ethos of English Public Life', p. 74; W&W, ii, pp. 17 n. 2, 88, 119; Wylie, 'Notes on the Agincourt Roll', p. 109 n. 1.
21. Rudolf Simek, *Heaven and Earth in the Middle Ages: the Physical World Before Columbus*, trans. by Angela Hill (Boydell Press, Woodbridge, 1996), pp. 41–4, 51–5, 20–1, 29–31, 37–8. 见彩插15。
22. Ibid., pp. 42–3. 关于中世纪航海地图的复制品，可见 Gabriel Marcel, *Choix de Cartes et de Mappemondes des XIV et XV Siècles* (Ernest Leroux, Paris, 1896), esp. the Cartes de Dulcert (1330), de Mecia de Viladestes (1413) and de Saleri (1385).
23. *St-Denys*, v, pp. 532–3; *GHQ*, pp. 24–5.
24. Ibid., p. 25.
25. http://val-soleil.org/hellandes/histoire_du_fief_de_hellande.htm; Monstrelet, iii, pp. 70–1, 117; W&W, i, p. 447 n. 1.
26. Bacquet, pp. 109, 110; Bouvier, p. 64.
27. Bacquet, p. 109.
28. W&W, i, p. 447 n. 1; *St-Denys*, v, pp. 532–4.
29. W&W, ii, pp. 17, 19 and n. 9; Monstrelet, iii, pp. 82–3; *GHQ*, pp. 22–5, 22 n. 1.

30. Ibid., p. 27.
31. Keen, 'Richard II's Ordinances of War of 1385', pp. 33–43; Shakespeare, *Julius Caesar*, III.i. 273. 关于亨利五世的《芒特法令》(Mantes ordinances)，参见 F. Grose, *Military Antiquities Respecting the History of the English Army* (London, 1801), ii, pp. 65–79。
32. Keen, 'Richard II's Ordinances of War of 1385', pp. 44–5.
33. *GHQ*, pp. 68-9; *St-Denys*, v, pp. 556-7; Pizan, *BDAC*, p. 41. 莎士比亚选用了士兵盗窃圣饼盒的故事。在经过艺术加工之后，他塑造了小偷巴多尔夫(Bardolph)——国王从前的同伴之———的形象。Shakespeare, *Henry V*, III.vi.
34. W&W, ii, pp. 25–9 and n. 28; i, pp. 508–10.
35. *GHQ*, pp. 26–7.

第十章　阿夫勒尔

1. 尽管于2004年夏天我曾多次到访这座教堂，但我始终无法进入它的大门。游客咨询办公室与市政厅的非常乐于助人的女士们尽了最大的努力，但都无法找到钥匙持有人或者钥匙在何处。
2. *St-Denys*, v, p. 532; Monstrelet, iii, p. 225.
3. Allmand (ed.), *Society at War*, p. 130; W&W, ii, p. 10; Allmand, *Henry V*, pp. xii, 67.
4. 我接下来对于中世纪的阿夫勒尔以及鲁昂clos-aux-galées的绝大多数描述都源自当地的Parcours du Patrimonie信息板上非常有帮助的信息和Bernard Perrot的一篇文章, *Le Havre Livre*, Sunday, 4 January 2004, p. 6。
5. *GHQ*, pp. 32-4. 人们把蒙蒂维利耶的铺路石运送到阿夫勒尔。一旦受到攻击，这些石头便可充当弹药。Monstrelet, iii, p. 83; Waurin, i, pp. 181–2.
6. *GHQ*, pp. 26–31; W&W, ii, pp. 13–16; Jones, 'Fortifications and Sieges in Western Europe *c*.800–1450', p. 175.
7. Bouvier, pp. 64, 35 and n. 3, 38–9, 46, 52; Denis Lalande, *Jean II le Meingre, dit Boucicaut (1366–1421): Étude d'une Biographie Héroïque* (Librairie Droz, Geneva, 1988), p. 94; McLeod, pp. 84–5, 121. See also Aubert de la Chenaye-Desbois et Badier, *Dictionnaire de la Noblesse* (Paris, 1866, repr. Kraus-Thomson Organisation, Liechtenstein, 1969), ix, pp. 33–5 and *Dictionnaire de Biographie Française*, ed. by M. Prevost, Roman d'Arnot and H. Tribout de Morembert (Libraire Letouzey et Ané, Paris, 1982), xv, p. 689. 这两部书里都包含有非常显

眼的事实性错误。而且，在编年史当中，人们难以分辨高库尔的拉乌尔六世和他的父亲拉乌尔五世。一些更早的文献可能提及的是拉乌尔五世。直到1417年被勃艮第派的支持者暗杀于鲁昂之前，他在军事方面都相当活跃。

8. Allmand (ed.), *Society at War*, pp. 25–7.
9. Bouvier, p. 64; *GHQ*, pp. 32–3. Monstrelet, iii, p. 83 and le Févre, i, p. 225 都认为高库尔在守军当中，而这一守军应该有400名重铠兵（也就是说，包括高库尔的部队），但是，他们并没有提及高库尔及这支军队是如何到达那里的。
10. *GHQ*, pp. 32–5.
11. 1415年9月3日，博尔迪乌的让写道，国王大军的人数"与日剧增"。Curry, p. 445; *Registres de la Jurade*, p. 257.
12. Forhan, *The Political Theory of Christine de Pizan*, p. 136; *GHQ*, p. 35. 关于亨利写给查理六世的那封引用了《申命记》的信件，见上文第167页。
13. Deuteronomy, ch. 20, vv. 13–14; *GHQ*, pp. 34–7.
14. *St-Denys*, v, pp. 536–7; *GHQ*, pp. 36–7; Curry, p. 445; *Registres de la Jurade*, p. 257.
15. *GHQ*, pp. 38–9; *St-Denys*, v, p. 536.
16. *Original Letters Illustrative of English History*, i, p. 95. 人们通常都将霍斯特尔描述为一名弓箭手，但是，Curry, p. 435认为，他是约翰·拉姆利爵士（Sir John Lumley）部队中的一名重铠兵。
17. *GHQ*, p. 39.
18. Ibid.
19. Pizan, *BDAC*, pp. 116, 136.
20. Barber, *The Knight and Chivalry*, p. 209; Seward, *Henry V as Warlord*, pp. 149–51.
21. *First English Life*, p. 38; *GHQ*, pp. 40–1. 当亨利五世再次入侵诺曼底的时候，他雇用了来自列日的矿工。这表明，对于威尔士人来说，缺乏军事经验是一个问题。
22. Ibid., pp. 42–3.
23. Curry, p. 445; *Registres de la Jurade*, p. 257.
24. *First English Life*, p. 38; Waurin, i, p. 182.
25. Curry, p. 445; *Registres de la Jurade*, p. 257.
26. Curry, p. 444; *Registres de la Jurade*, p. 256.

27. 下文所有关于痢疾的临床信息都是从全球健康链接（Healthlink Worldwide）的在线通讯 *Dialogue on Diarrhoea* 中摘录下来的。人们可以通过 www.rehydrate.org/dd/su55.htm 访问这一通讯。用肥皂洗手是唯一被证明可以阻止痢疾传播的方法，但是抗菌药物可以治愈它。

28. 在远征期间，亨利自己便因为瘟疫而失去了33匹马。W&W, ii, p. 186 n. 2.

29. Talbot and Hammond (eds.), *The Medical Practitioners in Medieval England: A Biographical Register*, p. 222; *First English Life*, p. 36.

30. Monstrelet, iii, pp. 84–5; le Févre, i, p. 226; Waurin, i, p. 183.

31. *Foedera*, ix, pp. 288, 310, 312, 314; MS Mowbray, fos 22–4; William Beamont, *Annals of the Lords of Warrington* (Chetham Society, 1872), i, p. 239. 这么多东西都被记在了哈林顿的账上。除此之外，他还借了两罐葡萄酒。

32. *Calendar of Signet Letters of Henry IV and Henry V (1399–1422)*, p. 196 no. 964; Curry, pp. 444–5; *Registres de la Jurade*, pp. 256–7; *Foedera*, ix, pp. 310–11.

33. ODNB; *Calendar of Inquisitions Post Mortem, xx, 1–5 Henry V (1413–1418)*, ed. by J. L. Kirby (HMSO, London, 1995), nos 460–1; *GHQ*, p. 45. 与克拉伦斯公爵一同作战的菲兹沃尔特勋爵汉弗莱于9月1日死于围城战之中，享年16或17岁。Curry, *AANH*, p. 61. ODNB. 他的死因未知，但要将其归结为痢疾还为时过早。

34. ODNB; *Calendar of Inquisitions Post Mortem*, nos 441–51, 452–9; Wylie, 'Notes on the Agincourt Roll', p. 130. 伯爵自己带领了一支由40名重铠兵和120名弓箭手组成的部队。MS E101/45/5, TNA.

35. *GHQ*, pp. 44–5, 47 n. 1.

36. Ibid., pp. 48–9.

37. *St-Denys*, v, p. 538; *GHQ*, pp. 48–9.

38. W&W, ii, pp. 52, 49 n. 1; Perceval de Cagny, *Chroniques*, ed. by H. Moranvillé (Société de l'Histoire de France, Paris, 1902), p. 95 n. 4. 让·拉居特（Jehan La Guette，又被称作莱斯科［Lescot］，他也是一名苏格兰人吗？）得到了一艘被称为"galiotte"（一个通常被用来称呼海盗船的名词）的船，并得到了一份薪水，但是他要自己经营这份事业，"自己担负风险，依仗自己的运气"。

39. Monstrelet, iii, p. 84; le Févre, i, pp. 230–1. 里尔亚当和布里默都将会于1430年成为勃艮第金羊毛骑士团（order of the Toison d'Or）的创始成员。唯一记载了这个故事的编年史家勒菲弗是金羊毛骑士团的纹章官，所以他一定是从他们那里听说了这个故事的。他们显然从这一事实中得到了些许安慰：

俘获他们的人——刘易斯・罗布萨特爵士（Sir Lewis Robsart）这位亨利五世内廷中的老臣——来自埃诺。

40. W&W, ii, p. 53 n. 1; Monstrelet, iii, p. 93.
41. W&W, ii, pp. 52–3; *St-Denys*, v, pp. 538–41; *Bourgeois*, p. 77.
42. *St-Denys*, v, p. 540. 有一些于1415年9月和10月在鲁昂集结的军队的花名册流传了下来。其中绝大多数都是人数少于15人的支队，而且并没有给出任何关于整支部队规模的提示。关于集结的士兵总数，可见 René de Belleval, *Azincourt* (Paris, 1865), pp. 300–36。

第十一章 "我们的阿夫勒尔镇"

1. *GHQ*, p. 49.
2. *Brut*, ii, p. 376; *St Albans*, pp. 90–1; W&W, ii, p. 49.
3. *GHQ*, pp. 48–51; *St Albans*, p. 90; *St-Denys*, v, p. 540.
4. Bacquet, p. 91. 这个谣言也传到了威尼斯。See Morosini, *Chronique*, p. 62 and n. 6.
5. *St-Denys*, v, pp. 540–3. 这位僧侣认为，这场持续3小时的进攻发生在9月22日的早上，也就是城镇易主的那一天。这显然是不可能的。这是因为，一旦约定的时间过去，如果阿夫勒尔方面再有任何的抵抗，亨利就会处决人质。
6. *Memorials of London and London Life*, p. 619. 这封信在 *Letter-Books*, i, p. 131 和 *Calendar of Signet Letters of Henry IV and Henry V (1399–1422)*, p. 197 no. 965 中的删减本都具有误导性。后者也将投降日期错认为9月15日。
7. *St Albans*, p. 90.
8. *GHQ*, pp. 54–5; Nicolas, Appx vi, p. 24.
9. 见上文第63—65页。
10. *St Albans*, pp. 90–1; W&W, ii, p. 50; *GHQ*, pp. 50–1; *St-Denys*, v, pp. 540–3. 关于人质的名字，可见 *Chronicles of London*, ed. by Charles Lethbridge Kingsford (Alan Sutton, Gloucester, 1977), pp. 116–17。
11. Monstrelet, iii, p. 85; *First English Life*, p. 39.
12. *St-Denys*, v, p. 538.
13. *GHQ*, pp. 52–3; Usk, p. 255.
14. *First English Life*, p. 40; *GHQ*, pp. 52–3; Elmham, 'Liber Metricus', p. 112. *First English Life* 认为，说出这些投降话语的是利昂内尔・布拉克蒙爵士（Sir Lionell Braquemont）"这位城镇的管理者"，但是按照目击者随军司铎的说

法，交出了城镇钥匙的是高库尔。

15. Curry, p. 445; *Registres de la Jurade*, p. 257; *GHQ*, pp. 54–5; Monstrelet, iii, p. 94; *First English Life*, p. 40.
16. *GHQ*, p. 55; *Brut*, ii, pp. 377, 554; *St-Denys*, v, p. 544; le Févre, i, p. 229; W&W, ii, pp. 58–60. 不太可信的 *Chronique de Ruisseauville* 宣称，在负责保护难民的英格兰军离开他们之后，许多难民都遭到了同胞的抢劫和强奸。Bacquet, p. 91.
17. Nicolas, Appx vi, p. 24; *GHQ*, pp. 54–7.
18. Ibid., pp. 56–9; Elmham, 'Liber Metricus', p. 113; *Foedera*, ix, p. 313. *Foedera* 错误地将这封信件的日期追溯到9月16日（它实际上写于9月26日，也就是高库尔获释的前一天），并且错将"Guienne"抄写为"Vienne"。
19. Barker, *The Tournament in England 1100–1400*, pp. 158–61; Francis Henry Cripps-Day, *The History of the Tournament in England and in France* (Bernard Quaritch, London, 1918), p. 67 n. 4.
20. 很显然，这位提供了这场远征"官方"版本的随军司铎看到了这封挑战信的内容，而且在自己的书中几乎完整地转述了这封信。*GHQ*, pp. 56–9.
21. 这位随军司铎说，亨利之所以释放法兰西的重铠兵，"是希望通过他们的鼓动和居中调停，尽早恢复他所急切盼望的和平"。Ibid., pp. 54–5.
22. *GHQ*, pp. 58–9.
23. Ibid.; Capgrave, p. 131; Elmham, 'Liber Metricus', p. 113.
24. *Memorials of London and London Life*, p. 619; *Letter-Books*, i, p. 159; *Forty-Fourth Annual Report*, p. 576.
25. Devon, pp. 341–2; *Foedera*, ix, p. 314; *CPR*, p. 364; *CCR*, p. 236.
26. W&W, ii, pp. 64, 65 n. 3. 来自赫尔（Hull）、金斯林、温奇尔西和伦敦的船长们自从8月1日起开始服役，并且为此而得到了一份薪饷。关于这一点，可见 *Foedera*, ix, pp. 315–17。
27. *GHQ*, pp. 58–9. Allmand, *Henry V*, p. 211 中至少有1687个名字。
28. W&W, ii, p. 66 n. 5, 67–8; *ODNB*; *Calendar of Inquisitions Post Mortem*, nos 654–71; MS Mowbray fo. 23. 药物全都是在1415年10月供给的。
29. W&W, ii, pp. 45–6; *Calendar of Inquisitions Post Mortem*, nos 302–5, 359–69, 441–51, 452–9, 460–1, 654–71. 沃林顿勋爵威廉·博提勒卒于9月26日，约翰·索思沃思卒于10月5日。*Abstracts of Inquisitions Post Mortem, made by Christopher Towneley and Roger Dodsworth*, ed. by William Langton (Chetham Society, Manchester, 1875), pp. 112–14, 117.

30. Wylie, 'Notes on the Agincourt Roll', p. 136; W&W, i, p. 3 n. 10; ii, p. 46 n. 6; *Calendar of Inquisitions Post Mortem*, nos 359–69. Ken Mourin, 'Norwich, Norfolk and Sir Thomas Erpingham', in Curry, *Agincourt 1415*, pp. 80–1.

31. Monstrelet, iii, p. 85.

32. W&W, ii, p. 67 and n. 7; Wylie, 'Notes on the Agincourt Roll', pp. 131–2, 139. 乔叟自己就在航行之前病倒了，所以他的部队丢下了他，没有让他参与远征。ODNB, www.historyofparliamentonline.org/volume/1386-1421/member/chaucer-thomas-1367-1434.

33. *Calendar of Inquisitions Post Mortem: 1413–1418*, no. 343; *GHQ*, pp. 58–9. 亨利因为痢疾失去了1/4到1/3的士兵，这一感染率与现代痢疾暴发时的感染率大体相当。

34. Wylie, 'Notes on the Agincourt Roll', pp. 128, 130; Allmand, *Henry V*, p. 212.

35. Wylie, 'Notes on the Agincourt Roll', p. 112 n. 1; *Forty-Fourth Annual Report*, p. 577; Anthony Smith, '"The Greatest Man of That Age": The Acquisition of Sir John Fastolf's East Anglian Estates', in Archer and Walker (eds.), *Rulers and Ruled*, pp. 137–8.

36. *GHQ*, pp. 58–9; W&W, ii, p. 62 n. 8; Devon, pp. 345, 349.

37. Curry, p. 445; *Registres de la Jurade*, p. 257.

38. *GHQ*, pp. 58–9. 诸如炮手和矿工等参与围城的技术工人很可能没有参与这支军队。因此，军队士兵的数量减少了。关于这支军队的规模，见本书附录1。

39. 一些船只在服役6周后（9月12日，阿夫勒尔有条件投降的10天前）便被解散了。例如，可参见 *Foedera*, ix, p. 315。

第十二章　向加来进军

1. *GHQ*, p. 60.

2. *GHQ*, p. 58 n. 5; le Févre, i, p. 229; *First English Life*, pp. 42–3; Curry, pp. 429–30; Bacquet, p. 110.

3. *GHQ*, p. 61.

4. 见上文第34页。

5. Pizan, *BDAC*, pp. 37–8.

6. Ibid., p. 38 n. 50.

7. *GHQ*, pp. 60–1; Norbert Ohler, *The Medieval Traveller*, trans. by Caroline Hillier

8. *GHQ*, p. 61.
9. W&W, ii, p. 88 n. 3; *St Albans*, p. 93; Elmham, 'Liber Metricus', p. 114; *GHQ*, pp. 60-1. 试图为这一事件确定一个日期的法兰西编年史家通常会说它发生在"10月的第一周",参见 Cagny, *Chroniques*, p. 97。
10. C. R. Cheney (ed.), *Handbook of Dates for Students of English History* (Royal Historical Society, London, 1978), pp. 1-2. 1582年,在基督教世界里,罗马儒略历均被格里高利历取代。
11. Ibid., pp. 3-6.
12. Ibid., pp. 12-13, 65-9. 使用统治年所造成的另外一个复杂情况是,如果一个节日日期不定(例如复活节),那么这个节日可能一年都不会出现一次,也有可能一年出现两次。
13. Monstrelet, iii, p. 103.
14. *GHQ*, p. 61; Cheney (ed.), *Handbook of Dates for Students of English History*, p. 80.
15. W&W, ii, pp. 88ff. 认为,开始的日期是10月6日,但根据确认,这一日期应当为10月8日,见本章注释24。
16. W&W, ii, pp. 88-9. 英格兰军队能够夺取蒙蒂维利耶道路的事实表明,莱扎德河谷中的洪水已经完全退去了。亨利必定已经毁掉了他的大坝,并打开了阿夫勒尔的水闸。这是因为,在夺取了这座城镇之后,他需要恢复阿夫勒尔的供水。
17. Beamont, *Annals of the Lords of Warrington*, p. 245.
18. Curry, pp. 433-4. 根据他们所签订的契约,如果克拉伦斯公爵与约克公爵的部队按照分给他们的定额带上战马,那么克拉伦斯公爵的部队中就会有1789匹战马,约克公爵的队伍里则会有646匹战马。约克公爵损失了几乎一半的战马,与克拉伦斯公爵快到1/3的损失比例相比,约克公爵损失战马的比例较高。
19. *Foedera*, ix, pp. 314-15. 巴多尔夫认为,这位"高贵的骑士"(也就是洛里领主)正在拉维耶维尔领主的麾下效力。他也许是弄错了。
20. Bacquet, pp. 109-10; Monstrelet, iii, p. 78.
21. *St-Denys*, v, p. 550; Bacquet, p. 101.
22. Ibid., pp. 110-11; W&W, ii, pp. 110-11.
23. Nicholas Wright, *Knights and Peasants: The Hundred Years War in the French*

Countryside (Boydell Press, Woodbridge, 1998), pp. 57, 97. 如今，游客已经能够在导游的带领下参观纳乌尔的地下城了。我接下来的描述就是基于这样的一次参观和人们在游览现场所提供的信息的。

24. *GHQ*, pp. 60-1; Nicolas, p. 361; W&W, ii, p. 90 nn. 9-10. 这些弓箭手中的一人叫作罗伯特·罗杰（Robert Roger）。另外一人与这名扈从都来自已经死于阿夫勒尔围城战的萨福克伯爵的部队。根据国库的记载，这次伏击发生于10月8日。这就表明，这一天才是英格兰人向阿金库尔进军的实际日期。

25. *First English Life*, p. 42.

26. *Chronicles of London*, pp. 117, 304; Nicolas, p. 361; W&W, ii, pp. 91-2, 91 nn. 4-7, 92 n. 3. 根据这座修道院教堂中的一块纪念匾，埃斯图特维尔的埃斯托尔德（Estold d'Estouteville）在1390至1423年间任费康修道院院长，并被埋葬于教堂的中殿。

27. *Registres de la Jurade*, p. 257.

28. *GHQ*, pp. 60-3.

29. Le Févre, i, pp. 231-2; Monstrelet, iii, pp. 95-6; *First English Life*, pp. 43-4; *GHQ*, pp. 62-3.

30. Ibid.

31. See, for example, le Févre, i, p. 231; Thomas Basin, *Histoire de Charles VII*, ed. and trans. by Charles Samaran (Société d'Édition 'les Belles Lettres', Paris, 1933), i, p. 38.

32. *GHQ*, p. 65. Curry, *AANH*, p. 110. 柯里认为，将亨利向加来的远征视作他对战争的渴望的结果这一说法是"不可信的"。但是，她并没有考虑到，亨利坚信上帝是站在他这一边的，也没有考虑到他特意选择了和他的曾祖父同样道路的这一事实。此前，他的曾祖父就是沿着这条路线前往克雷西的。在她没有考虑到的观点中，可能最具有说服力的一点是，亨利本可以选择远离那些聚集起来的法军士兵的、更加安全的道路以前往阿基坦公国。在那里，他的士兵可以过冬或者搭船回国。

33. Vaughan, pp. 203-4.

34. Vaughan, p. 204.

35. Ibid.

36. 见上文第109—110页。关于在1414年提议的盎格鲁–勃艮第联盟，见上文第73页。

37. Vaughan, pp. 147, 199; W&W, ii, p. 394 and n. 4. 死于阿金库尔的阿马尼亚克

派的巴尔公爵也雇用了英格兰雇佣兵。在这场战役过去了3个星期之后，仍有100名弓箭手在名义上享有他所支付的薪饷。Ibid., ii, p. 180 n. 1.

38. W&W, i, p. 416; le Févre, i, p. 251; Waurin, i, p. 205; *Foedera*, ix, p. 304; W&W, ii, p. 106 n. 1.
39. W&W, ii, p. 101; *Bourgeois*, pp. 62–4; Morosini, *Chronique*, i, p. 64.
40. W&W, ii, p. 103; Juvénal des Ursins, *Historie de Charles VI*, pp. 510, 516–17.
41. Monstrelet, iii, p. 90.
42. W&W, ii, pp. 52–3, 52 n. 11, 53 n. 1; Monstrelet, iii, p. 90.
43. Ibid., iii, pp. 90–3. 被拿出来当作例子的这封信是写给亚眠执行官欧克西的腓力的。他、他的儿子和他的两个兄弟都死于阿金库尔。Ibid., iii, p. 113.

第十三章　横渡索姆河

1. Bacquet, p. 110.
2. Le Févre, i, pp. 232–3; *GHQ*, p. 64–5; Waurin, i, p. 189 告诉我们，接下来关于加斯科涅俘虏的故事是勒费夫雷告诉他的，"他见证了整场战争"。
3. Ibid.; le Févre, i, p. 232. 在圣瓦莱里－昂卡与沃勒莱罗斯（Veules-les-Roses）之间的道路上和厄镇与欧村（Ault）之间很长的一段路程当中，远至格里内角的海岸清晰可见。
4. Ibid.; *GHQ*, pp. 64–7; W&W, ii, p. 112; Cagny, *Chroniques*, pp. 97–8.
5. *GHQ*, p. 67; Monstrelet, iii, p. 96.
6. *GHQ*, p. 67.
7. Ibid., pp. 68–9; Bouvier, pp. 69–70, 69 n. 5.
8. *GHQ*, pp. 68–9; le Févre, i, p. 234.
9. Ibid.
10. W&W, ii, pp. 115–16; Nicolas, pp. 351, 374; *GHQ*, pp. 68–9; Monstrelet, iii, pp. 96–7. 关于鲍彻勋爵被指派到阿夫勒尔一事，见上文第218页。Curry, *AANH*, p. 147认为，这个故事是都铎时期的创造，为的是延长布罗姆利家族（Bromley family）的世系表。但是，Bennet, 'Henry V and the Cheshire Tax Revolt of 1416', pp. 176–7 表示，有足够的理由可以相信，1417年鲍彻勋爵颁给布罗姆利的证书是真实的。在这份证书中，作为对布罗姆利"重大贡献"的奖赏，他可以得到40镑的年金。这一文献解释道，布罗姆利之所以不在鲍彻的部队里，是因为他那时正陪伴在国王的左右。参见www.medievalsoldier.org。

11. *GHQ*, pp. 68–71. 随军司铎认为，在地上插木桩是国王的主意，他的这一说法似乎是最有道理的。但是，后来的英格兰史料则认为，这个主意是约克公爵想出来的。See *First English Life*, p. 55; Brut, ii, pp. 378, 554–5.

12. Rogers, 'The Age of the Hundred Years War', in Keen, *MW*, pp. 137–42; Matthew Bennett, 'The Development of Battle Tactics in the Hundred Years War', in Curry and Hughes, pp. 15–16; Lalande, *Jean II le Meingre, dit Boucicaut (1366–1421)*, pp. 58–72.

13. W&W, ii, p. 116. 亨利绕道前往内勒的决定必定是在他抵达科尔比之后做出的，因为直接从博沃前往日的地将会更快且更容易。

14. *GHQ*, p. 69.

15. *St Albans*, p. 93; *GHQ*, pp. 70–1; le Févre, i, p. 234.

16. *GHQ*, pp. 71–3.

17. Ibid.; le Févre, i, p. 235; Waurin, i, pp. 193–4; 维吉提乌斯提醒道，辎重车所造成的延误往往会让渡河的部队陷入伏击当中。Pizan, *BDAC*, p. 38 n. 49. 在瓦耶讷，北侧的河岸非常陡峭，一直向上延伸至一小块高地。很明显，这里将会成为前锋部队搭建他们的桥头堡的地点，以便观察渡河行动。在贝当古，两岸的土地并没有高出河流的水平面。这意味着，对于辎重车来说，这将会是一个理想的行进路线。与河流平行的索姆运河（Canal de la Somme）已经排干了沼泽，减少了索姆河本身的流量。尽管如此，索姆河依旧宽阔，深不可测，水流湍急。在贝当古，这一状况尤为明显。在那里，两岸的池塘和被淹没的树也预示了原有的沼泽的范围。这告诉人们，想要渡河必然是非常困难的。

18. *GHQ*, pp. 72–3; le Févre, i, p. 235.

19. *GHQ*, p. 73.

20. Ibid., p. 75.

21. Le Févre, i, p. 236.

22. 见上文第202—203页。

23. Lalande, *Jean II le Meingre, dit Boucicaut (1366–1421)*, p. 94.

24. Le Févre, i, pp. 236–7. *GHQ*, p. 74 n. 4, following W&W, ii, p. 125 确认了这两名纹章官的身份。一个是埃利领主雅克，另一个则是格拉维尔领主让。但是，关于他们在10月25日的早上分别出使并来到亨利五世面前一事，仍然存在着一点疑惑。Le Févre 和 *GHQ* 认为，10月20日来给英军传信的三个人的身份是"武装军官"和"纹章官"，而埃利和格拉维尔两人都是平民。

Curry, *Agincourt: A New History*, pp. 158-9, 161, 170-1, 248-9 认为，亨利五世同意在1415年10月25日在欧比尼（Aubigny）进行一场战役，随后食言了。但是这个故事只出现在Bouvier, pp. 66-7之中。Bouvier是查理七世忠实的仆人，他的著作写于这件事发生之后40年。在遵守战争法则这件事情上一丝不苟的亨利是不可能犯下一个如此明显的违背礼仪的错误的。他同时代的人们也不可能略过这样的一个背信行为而不做任何评价。

25. *GHQ*, pp. 74-5; le Févre, i, p. 237.
26. *GHQ*, pp. 74-7, esp. p. 77; W&W, ii, p. 127 n. 2.
27. 今天，沿着这条路线行进会让人产生难以忍受的心酸感觉。1916年那场战役的前线就位于佩罗讷、阿尔贝和米拉蒙之间。在每一个山脊上、村庄里和路边，似乎都有英国、澳大利亚、加拿大和新西兰死难者的墓地和纪念碑。
28. Le Févre, i, pp. 240-1. W&W, ii, p. 128完全错误地解释了亨利拒绝回头的原因（它同时也错误地认为，10月23日的晚上，亨利在布朗日）。Curry, *Agincourt: A New History*, p. 166同样误解了这一点。
29. Le Févre, i, p. 242; *GHQ*, p. 77.
30. Vaughan, pp. 207-8. 然而，他相信，公爵并没有打算加入这场抗击英格兰人的战争。关于公爵在9月1日和10月24日之间的行程（那时，他正在乌什河畔弗勒里［Fleury-sur-Ouche]），参见W&W, ii, p. 106 n. 2。
31. 关于这个要求的合理性，见上文第221页、第268—269页。
32. Gilles de Roye, 'Chronique, avec les Additions d'Adrien de But', *Chroniques Relatives à l'Histoire de la Belgique sous la Domination des Ducs de Bourgogne*, ed. by Kervyn de Lettenhove (Académie Royale des Sciences, des Lettres et de Beaux-Arts de Belgique, Brussels, 1870), i, p. 168; le Févre, i, pp. 238-40; Waurin, i, pp. 197-8.
33. *Foedera*, ix, pp. 297, 309; W&W, ii, p. 122 n. 9.
34. Cagny, *Chroniques*, pp. 101-2.
35. Waurin, i, p. 197; Bouvier, p. 67.
36. Nicolas de Baye, *Journal de Nicolas de Baye*, ed. by Alexandre Tuetey (Société de l'Histoire de France, Paris, 1888), ii, pp. 231-2; *St-Denys*, v, pp. 586-8.
37. Pizan, *BDAC*, pp. 21-2.

第十四章　战役前夕

1. *GHQ*, p. 79; Curry, p. 69; le Févre, i, p. 242; MS C1/68/213, TNA.
2. *GHQ*, p. 79.
3. 就连受人尊敬的 W&W, ii, pp. 131–2, 207–10 在把注意力放到先前历史学家们更具想象力的描述的同时，也相信战场并没有发生改变。现代的军事历史学家们和电视纪录片制作者频繁地犯下同样的错误。十分有趣而又非常依赖莎士比亚的阿金库尔中世纪历史中心（Centre Historique Médiévale）也犯了这个错。Sutherland, pp. 245–63 重新确定了战场的位置，认为战场比之前推测的还要靠近卢梭维尔，而这一观点也有一定的道理。
4. *GHQ*, pp. 74, 79.
5. Waurin, i, p. 211 声称，林地之间的空间过于狭窄，以至于只有法兰西的重铠兵能够展开阵形。这里没有留给弓箭手的空间。
6. Le Févre, i, p. 242 说，阿尔布雷直到那天晚上随后才抵达，暗示在此阶段布锡考特独自掌控局面。在法军中的沃林甚至没有提到阿尔布雷的到来。
7. Bacquet, p. 102; Pizan, *BDAC*, p. 22.
8. Ibid., pp. 55, 53–4.
9. Monstrelet, iii, p. 102; W&W, ii, p. 130 n. 3.
10. *GHQ*, p. 81; le Févre, i, p. 243; Brut, ii, pp. 377–8; Elmham, 'Liber Metricus', p. 121.
11. Le Févre, i, p. 243. W&W, ii, p. 141 and n. 1 将这一点错误地翻译为，俘虏们应该"与他们的主人一起"回到国王处。这句话真实的含义是除了到国王那里，"他们也会回到他们的主人那里"。这里的主人指的是俘虏他们的人。
12. Bacquet, p. 93; Waurin, i, p. 244.
13. See, for example, Wolfram von Eschenbach, *Parzival*, trans. with an introduction by Helen M. Mustard and Charles E. Passage (Vintage Books, New York, 1961), pp. 94, 125, 139, 166 and 127.
14. Curry, p. 69.
15. *GHQ*, pp. 83, 87. 长期以来，人们一直针对弓箭手的位置争论不休。参见 W&W, ii, pp. 148–50; Bradbury, *The Medieval Archer*, pp. 129–30; Matthew Bennett, 'The Battle', in Curry, *Agincourt 1415*, pp. 24–32; Strickland and Hardy, pp. 306–10.
16. Le Févre, i, pp. 244–5; Waurin, i, p. 203.
17. 见下文第306页、第307—308页、第311—314页。

18. Brut, ii, p. 378; *GHQ*, pp. 82–3 and 82 nn. 3 and 4. Waurin, ii, p. 199 采纳了 Monstrelet, iii, p. 100 的说法，认为早在10月22日，公爵便开始掌管前锋部队了。但是，Le Févre, i, p. 241 并没有犯这个错误。他叙述了同样一件事情，而且曾经在英军中待了一段时间。卡莫伊斯娶了马奇伯爵埃德蒙的女儿伊丽莎白。她也是热马刺的遗孀。卡莫伊斯是一名备受信任的兰开斯特外交以及行政官员。1414年9月，他被授予嘉德骑士勋章，而这也构成了他指挥后卫部队的另一个理由。Saul, 'Chivalry and Art', pp. 104–10. 也可参见本章注释17。

19. Bacquet, p. 104.

20. C. Philpotts, 'The French Plan of Battle During the Agincourt Campaign', *English Historical Review*, xcix (1984), pp. 59–66; Allmand (ed.), *Society at War*, pp. 194–5. 另一份现存的计划是由无畏的约翰在1417年9月17日接近阿马尼亚克派所把持的巴黎的时候所制订的。该计划全文可见 Vaughan, pp. 148–50。

21. 尽管朗比尔是法兰西弩兵大团长，但他并没有亲自带领他们冲锋陷阵。1411年，前任弩兵大团长已经被迫把集结和检阅弓箭手和炮手的权力让给了布锡考特元帅，并承认后者对这些人具有管辖权（Strickland and Hardy, p. 330）。在阿金库尔，朗比尔与其他王室官员一起在前锋部队中作战。

22. 布尔东的路易（Louis de Bourdon）的名字在不同的原始材料里被写作 Bourbon、Boisredon 和 Bosredon。人们不会把他和旺多姆伯爵波旁的路易混淆成一人。

23. Bradbury, *The Medieval Archer*, p. 124.

24. Curry, *AANH*, p. 131 表示，她"现在可以证明"，亨利手下的士兵"至少有8680人"。但是，在 ibid, p. 187 中，她又指出，亨利"至少有"8732名士兵，而这一数字可能会增长到9275人。她的分析是基于不完整的证据的。关于阿金库尔战役中双方士兵数量的一个完整的讨论，见本书附录1。

25. Bacquet, pp. 101, 104. 在 Curry, p. 12 中有一份非常有用的表格。它给出了不同的编年史家对双方军队的人数以及战死者的人数的估算结果，但是我们应当小心使用这些数据，因为她的数据并不精确。例如，她在说明英格兰人拥有10万名士兵的时候引用了莫罗西尼的数据，却忽略了他对于法兰西死者的估算结果。莫罗西尼指出，不算贵族，光是阵亡的其他法军士兵就达到了1万—1.2万人。Morosini, ii, 85. 她还忽略了其他的数据，其中的一些数据并没有区分发动入侵的英军人数和实际出现在阿金库尔战役中的英军人数。

26. *GHQ*, p. 94; le Févre, i, p. 247; Waurin, i, pp. 206–7. 沃林所计算的总人数为2.84万

人，后卫部队有7600人。鉴于他对其他队伍人数的估算，这个后卫部队的人数可能是合理的。关于对人数的完整讨论，见本书附录1。

27. Curry, *AANH*, p. 192. 见本书附录1。
28. 参见 Monstrelet, pp. 421–2 以及本书附录1。Curry, *AANH*, p. 99 提到了几个法兰西军队2∶1构成的例子。
29. Bradbury, *The Medieval Archer*, pp. 127–8; le Févre, i, pp. 247–8; Monstrelet, iii, pp. 103–4.
30. *St-Denys*, v, p. 558; Monstrelet, iii, pp. 103–4; Bouvier, p. 69; Bacquet, pp. 103–4.
31. Waurin, i, p. 206; le Févre, i, p. 248; *St-Denys*, v, p. 562; Bouvicr, pp. 68–9. 只有 Monstrelet, iii, pp. 103–4 认为吉夏尔·多芬是这一侧翼的指挥者。但是他的文本显然是漏洞百出且不可靠的。沃林和勒费夫雷都将其修正为旺多姆。
32. Bouvier, pp. 68–9; *St-Denys*, v, p. 560.
33. *St-Denys*, v, p. 560; Monstrelet, iii, p. 104; le Févre, i, pp. 85, 102, 105, 248, 288.
34. Waurin, i, pp. 206, 213; le Févre, i, p. 248; Monstrelet, iii, p. 104; *GHQ*, p. 87.
35. Bacquet, pp. 112–13. 在一个1460年的案件当中，这份关于阿金库尔的论述证明了 Bouvier, p. 69 所言是正确的。他说，马尔勒伯爵（count of Marle）和他的部队位于主力队伍中，而不是如 Monstrelet, iii, p. 104, Waurin, i, p. 206 and le Févre, i, p. 248 所说的位于后卫队伍当中。
36. *GHQ*, p. 81; Fenin, *Mémoires*, p. 64; Allmand (ed.), *Society at War*, p. 195.
37. Le Févre, i, p. 248 使用了"tout le surplus des gens de guerre"这句话。Gens de guerre 是一个常用的术语，意指全体士兵。它与 gens d'armes 或者 hommes d'armes 不同。这两个词特指重铠兵。
38. *St-Denys*, v, p. 548.
39. Ibid., v, pp. 558–60; Waurin, i, p. 206; W&W, ii, p. 53. 这个决定是有先例的。约翰二世在普瓦捷之战（1356年）之前也解散了绝大多数"由贵族所召集的装备较差、目无纪律的步兵"，因为他们在克雷西之战（1346年）中妨碍了更加专业化的军队的前进，成了这场战役失利的一个原因。可见 Strickland and Hardy, p. 234.
40. 见上文第63—65页。
41. *GHQ*, pp. 81–3.
42. Curry, *AANH*, p. 222 表示，亨利用了两个替身来迷惑敌人，不让他们知道他究竟在哪里。作者认为，这是"亨利使用计谋的另一个实例"。然而，正如她自己所指出的那样，这件事仅见于纪尧姆·格吕埃尔于1458年所著的

Chronique d'Arthur de Richemont。在他写作这本书的时候，里什蒙伯爵已经死了。除此之外，没有任何文献为这一事件提供证据。况且，这件事也与亨利的决心相悖。他坚信，和自己的士兵一起作战能够提振他们的士气。

43. *GHQ*, pp. 82–3; le Févre, i, p. 244.
44. 常见的做法是，将马车在战线后方围成一个圆圈，形成只留一个通道的围场。这样一来，人们就更容易进行防卫，以应对敌军的攻击。所有步行人员和非战斗人员的马匹都在临时防御营地当中避难。See Strickland and Hardy, p. 225.
45. Le Févre, i, p. 245 and n. 1. 这份编年史的某些手稿也加上了童贞玛利亚的旗帜。这一点在 *GHQ*, pp. 66–7 中也有暗示。它提到，这支军队处于"荣耀的童贞玛利亚和受到祝福的乔治"的保护之下。
46. Le Févre, i, p. 253. 约翰·霍兰爵士得到了使用亨廷登伯爵旗帜的许可，但是他仍未完全恢复这一伯爵爵位。
47. 战前演讲是一种常见的文学手段，旨在简明扼要地总结发动战争的原因。虽然亨利可能会按照编年史家所说的那样，分别向一排排的士兵们发表讲话，但一旦他的部队按战斗顺序集结起来，他就不可能发表一个让全体士兵都能听到的演说。Hansen, pp. 46–63.
48. Pizan, *BDAC*, pp. 152–3; Le Févre, i, pp. 245–6, 251. Curry, p. 158 错误地将此句翻译为"对你们的敌人的胜利"而非"对我们的敌人的胜利"。这里强调重点的差别很细微，但是很重要。中世纪的弓箭手们与现代弓箭手们不一样，只用两根手指拉弓。布鲁斯罗伯特（Robert the Bruce）的副官詹姆斯·道格拉斯爵士（Sir James Douglas，卒于1330年）因砍掉所有被俘获的敌军弓箭手的右手或者戳瞎他们的右眼而闻名，但是处决弓箭手已经成为几个世纪以来的标准做法。See Strickland and Hardy, pp. 181, 79.
49. Bouvier, pp. 67–8; Elmham, 'Liber Metricus', p. 118; Capgrave, p. 132; Baye, *Journal*, pp. 224–5; W&W, i, pp. 135–6, 136 n. 1; ii, p. 125 n. 6. 1415年10月26日，国王下达了命令，开始调查这次逃亡行为。*CPR*, p. 410. 埃利先前在霍米尔顿山（Homildon Hill [1402]）为苏格兰人作战的时候被俘，但在缴纳了赎金之后获释。Wylie, *History of England under Henry IV*, i, p. 293; ii, p. 61.
50. *First English Life*, pp. 57–8.
51. Le Févre, i, p. 251; *St-Denys*, v, p. 554; Basin, *Histoire de Charles VII*, i, p. 41. W&W, ii, pp. 132–3 认为，这次谈判发生在战役开始的前夜，并被法兰西人的说法迷惑了。

52. Le Févre, i, p. 251.

第十五章 "伙计们，冲啊"

1. Bennett, 'The Development of Battle Tactics in the Hundred Years War', p. 11. See also Jean de Bueil, *Le Jouvencel*, ed. by Léon Lecestre (Société de l'Histoire de France, Paris, 1889), ii, p. 63, 在此，Bueil将这句格言应用于阿金库尔战役。
2. Le Févre, i, pp. 252–3; Bacquet, p. 93.
3. *GHQ*, p. 82; *St-Denys*, v, p. 558.
4. *GHQ*, pp. 85–7.
5. Curry, p. 72; Brut, ii, p. 555.
6. 关于厄平厄姆的职业生涯，参见 Curry, 'Sir Thomas Erpingham: A Life in Arms', in Curry, *Agincourt 1415*, pp. 53–77。
7. Brut, ii, pp. 378, 555, 596; le Févre, i, p. 253; *An English Chronicle of the Reigns of Richard II, Henry IV, Henry V, and Henry VI. Written Before the Year 1471*, ed. by Rev. John Silvester Davies, Camden Society, 64 (1856), p. 41; Allmand, *Henry V*, p. 91 n. 17.
8. Guillaume Gruel, *Chronique d'Arthur de Richemont, Connétable de France, Duc de Bretagne (1393–1458)*, ed. by Achille le Vavasseur (Société de l'Histoire de France, Paris, 1890), p. 17; *St-Denys*, v, p. 560; Bouvier, pp. 70–1.
9. Waurin, i, p. 213; *GHQ*, pp. 86–7.
10. Waurin, i, pp. 206, 213; Monstrelet, iii, p. 255. Curry, *AANH*, p. 206 指出，人们无法得出骑士的总数，是因为"法兰西军队总数并不如我们想象的那么多"。但是，无论是在英方还是法方，这一观点都得不到证人或是编年史家的支持。
11. 这个单词在法兰西的原始材料中被记载为"nesciecque"、"nestrotque"和"nestroque"。它的译法有很多种，例如"我不知道什么"（也就是说记录这件事的蒙斯特勒莱并不知道厄平厄姆说了些什么）和"屈膝，拉弓"。W&W, ii, p. 156 支持后一种说法，并将其作为命令弓箭手们进行射击的指令，因为他们在射击的时候需要屈膝。我自己更倾向于把它翻译成"现在发动进攻！"。这似乎是最为合理的指令。厄平厄姆的诺福克口音显然给听的人带来了麻烦。See Monstrelet, iii, p. 106 and n. 1; Waurin, i, p. 212; le Févre, i, p. 253; W&W, ii, p. 156 n. 6. 这三名编年史家全都认为，在英格兰人移动到他们的新位置之前，厄平厄姆便已经发出了信号。所以，这可能是一个命令士兵前进的普通指令，而不是射击的命令。

12. *St-Denys*, v, p. 560; *GHQ*, pp. 86–7; Gruel, *Chronique d'Arthur de Richemont*, p. 17; Alain Bouchart, *Grandes Croniques de Bretaigne*, ed. by Marie-Louise Auger and Gustave Jeanneau (Éditions du Centre National de la Recherche Scientifique, Paris, 1986), ii, p. 253; 'Chronique de Normandie de l'an 1414 à 1422', in *Henrici Quinti, Angliae Regis*, Gesta, p. 219.
13. Bouvier, p. 70 and n. 3; Monstrelet, iii, pp. 116, 118 n. 5.
14. Le Févre, i, pp. 198–9, 248, 309, 323, 330; Monstrelet, iii, p. 128. 纪尧姆可能是沙弗兹的埃克托尔和沙弗兹的腓力的父亲而非兄弟。
15. Le Févre, i, pp. 205–6, 42. 1402 年, 在阿基坦的蒙唐德尔（Montendre in Aquitaine），布拉班特也参加了 7 名法兰西人与 7 名英格兰人的打斗。皮桑的克里斯蒂娜为之创作了 3 首歌谣。Bouvier, pp. 9–10 and 9 nn. 1 and 2.
16. Ibid., p. 21 and n. 3.
17. Ibid., p. 124 and n. 3. 贾克的皮埃尔（Pierre de Giac）的遗孀卡特琳是战死于阿金库尔的勒伊勒布沙尔领主让（Jean, sire de l'Île Bouchard）的女儿（女继承人）。她的第二任丈夫托内尔伯爵沙隆的于格（Huges de Chalon, count of Tonnerre，贾克的皮埃尔是她的第三任丈夫）在 1424 年的韦尔讷伊之战（Battle of Verneuil）与英格兰人作战的过程中被杀死了。
18. 迈利的费里是勃艮第派，也是沙弗兹兄弟们的亲密伙伴。Le Févre, i, pp. 248, 271, 275–6, 297, 327; Monstrelet, iii, p. 128.
19. 但同时参见下文第 346—347 页。
20. Bouvier, p. 70. 他们中有如此多的人逃过了被俘或战死的命运的事实似乎与这位僧侣的说法相悖。他声称，逃跑的是他们的手下。这些人抛弃了他们的指挥官，让他们自生自灭。*St-Denys*, v, p. 560.
21. Monstrelet, iii, p. 105; le Févre, i, pp. 250–1.
22. *GHQ*, pp. 86–7; W&W, ii, p. 159 n. 4. 在 Beamont, *Annals of the Lords of Warrington*, i, p. 244 中，他被称为罗杰·哈特（Roger Hart）。
23. Le Févre, i, p. 154.
24. David Nicolle, *French Armies of the Hundred Years War* (Osprey, Oxford, 2000, repr. 2002), pp. 18, 21; *The Beauchamp Pageant*, p. 65. 实验表明，与躯干上携带同等重量的装备的现代士兵相比，中世纪的军人在移动时必须花费更多的能量。板甲的重量分布在全身（特别是下肢，移动腿部所需的机械功增加了 63%），增加了行走的代谢成本，也增加了呼吸能力受限所带来的问题。

Askew, Formenti and Minetti, pp. 640–4. 然而，这些实验没有充分考虑到这样一个事实，即军人与现代演员们不同，他们习惯于定期穿着盔甲。就像携带着全套战斗装备的现代士兵一样，要轻松和快速地移动有赖于定期训练。

25. *GHQ*, p. 89. 这座"铁炉"指的是《圣经》(《申命记》4.20)中的埃及。在那里，以色列人遭受着奴役。

26. Ibid., pp. 88–9; le Févre, i, p. 256. Curry, *AANH*, p. 211 错误地假定，英格兰人占了上风的原因是，和法兰西人不一样，他们的重铠兵并没有把他们的长枪削短，以适应步行作战的需要。因此，英格兰人可以"在法兰西人近身并用长枪反击之前击倒他们"。将长枪削短以适应步行作战的需要是一个惯例。

27. *GHQ*, pp. 89, 91.

28. Belleval, *Azincourt*, p. 329.

29. Ibid., pp. 90–1. 在和英格兰人作战的达普林沼泽之战（Battle of Dupplin Moor [1332]）中，窒息是苏格兰人伤亡的主要原因。正如在阿金库尔那样，伤亡损失几乎完全由一方遭受，死者"以一种引人注目的方式倒在一大堆人身上"。See Strickland and Hardy, pp. 184–5, 266.

30. Le Févre, i, pp. 249–50. 克罗伊的让（Jehan de Croy）是勃艮第派的领袖，也是法兰西侍酒官。他和他的儿子让和阿尔尚博（Archembaut）都死于阿金库尔。Bacquet, pp. 77–8.

31. *GHQ*, p. 98; Curry, p. 62; *St-Denys*, v, pp. 570, 572; Monstrelet, iii, pp. 119–20. 正如 W&W, ii, pp. 165–6 所指出的那样，阿朗松家族的编年史家并没有把这些英雄壮举都揽到他的身上，但人们需要创造一名与法兰西的骄傲相称的英雄。

32. Beamont, *Annals of the Lords of Warrington*, p. 246; Gruel, *Chronique d'Arthur de Richemont*, p. 18; Waurin, i, pp. 217–18; le Févre, i, p. 260. 一名法兰西骑士让·瓦朗坦（Jean Walentin）在试图前往援助奥尔良的查理的时候负了伤。Belleval, *Azincourt*, p. 335.

33. *GHQ*, pp. 90–3.

34. Pizan, *BDAC*, pp. 169–70.

35. *GHQ*, pp. 91–3.

36. Le Févre, i, p. 258.

37. Seward, *Henry V as Warlord*, p. 80 显示人数可能会达到3000人。

38. Ghillebert de Lannoy, *Oeuvres de Ghillebert de Lannoy: Voyageur, Diplomate et Moraliste*, ed. by Ch. Potvin and J.-C. Houzeau (P. and J. Lefever, Louvain,

1878), pp. xii–xiv.

39. Ibid., pp. 49–50.
40. W&W, ii, p. 172 and n. 11; Curry, p. 472; Curry, *AANH*, p. 249.
41. Curry, *AANH*, p. 249错误地断定，"除去阿金库尔战役，人们再也找不出这样的一场中世纪战役了：在双方都确信可以用赎金赎回自己人的时候，出现如此大规模的屠杀"。在阿尔茹巴罗塔战役（Battle of Aljubarotta［1385］）当中，在面临一支卡斯蒂利亚部队的时候，葡萄牙人也处决了他们的俘虏。在哈利顿山战役（Battle of Halidon Hill［1333］）中战胜了苏格兰人之后，爱德华三世就处决了他所有的俘虏。这可能是因为，他从一开始就禁止他的手下俘虏敌人。Strickland and Hardy, p. 254; Taylor, 'Henry V, Flower of Chivalry', p. 235 n. 102.
42. *St-Denys*, v, p. 564; Lannoy, *Oeuvres,* p. 50. Curry, *AANH*, p. 250 起初认为，亨利"慌了"，但是就在同一段的另一个地方，她提出了一个自相矛盾的表述，即"亨利是故意用这种野蛮的行径来迫使剩余的法兰西人撤退"的。她认为，"在杀掉俘虏之前，亨利必然向法兰西人派遣了纹章官，告诉他们，假如他们再不撤军的话，他就会杀掉那些俘虏"。关于这一观点，我根本找不到任何可以支撑它的证据。正如柯里教授自己所观察到的那样，在受到一支出其不意的法兰西大军的威胁的情况下，英格兰人需要杀掉他们，以防他们反击。在这样一个危机的笼罩下，双方不可能有时间或理由去协商，法兰西人也不可能仅仅为了俘虏的生命就撤军。
43. Serge Boffa, 'Antoine de Bourgogne et le Contingent Brabançon à la Bataille d'Azincourt (1415)', *Revue Belge de Philologie et d'Histoire*, 72 (1994), pp. 259–62; Curry, pp. 172–3; Bacquet, pp. 93, 103.
44. Basin, *Histoire de Charles VII*, p. 45; 'Le Livre des Trahisons de France envers la Maison de Bourgogne', in *Chroniques Relatives à l'Histoire de la Belgique sous la Domination des Ducs de Bourgogne*, ed. by M. le baron Kervyn de Lettenhove (Académie Royale des Sciences, des Lettres et des Beaux-Arts de Belgique, Bruxelles, 1870), ii, p. 129.
45. *GHQ*, p. 91.
46. See, for example, *St-Denys*, v, p. 564; Pierre de Fenin, *Mémoires de Pierre Fenin*, ed. by Mlle Dupont (Société de l'Histoire de France, Paris, 1837), p. 64.
47. Le Févre, i, p. 258.
48. Monstrelet, iii, p. 109; Waurin, i, pp. 215–16; le Févre, i, p. 257; Fenin, *Mémoires*,

pp. 64–5; Bacquet, pp. 93–4.

49. 见上文第307—308页。

50. *GHQ*, p. 85; *Foedera*, ix, pp. 356–7.

51. Ibid.; Bacquet, p. 94; Fenin, *Mémoires*, pp. 64–5; Monstrelet, iii, pp. 109–10.

52. Curry, p. 72; le Févre, i, pp. 267–8.

53. Monstrelet, iii, p. 111. W&W, ii, p. 178 误解了蒙茹瓦在场的原因，认为他是一名英格兰的俘虏。

第十六章　死亡名单

1. *St Albans*, p. 96; *GHQ*, pp. 95–7; Morosini, *Chronique*, ii, p. 85. 莫罗西尼实际上列出了27名死去的男爵，但是他的名单是混乱的，甚至显然弄错了好几个名字。我们应该小心地对待 Curry, p. 12 中的表格，因为它并没有在有佩戴纹章资格的战死者的数目和包括平民在内的全体人员的数目之间做出区分。

2. Le Févre, i, p. 258. Waurin, i, p. 217 给出了同样的数字，但是这两名编年史家会互相参考对方的作品，而且非常依赖 Monstrelet, iii, p. 110 所给出的数据。蒙斯特勒莱所给出的死者数目是600人。这个总数可能仍然太高了，但是它表明，前两位编年史家所给出的1600人这个数字是一个抄写错误。他们错误地把蒙斯特勒莱给出的那个更低的数字抄成了更高的数字。

3. McFarlane, *Lancastrian Kings and Lollard Knights*, p. 67.

4. *ODNB*; *Foedera*, ix, p. 309.

5. Ibid., ix, pp. 307–9; Marks and Williamson (eds.), *Gothic Art for England 1400–1547*, p. 439 no. 327.

6. Edward, duke of York, *The Master of Game by Edward, Second Duke of York*, ed. by W. A. and F. Baillie-Grohman (Chatto and Windus, London, 1909), p. 1. 关于他对乔叟的《二十五个好女人》(*The Twenty-Five Good Women*)的引用，参见 ibid., pp. 2–3。

7. Cummins, *The Hound and the Hawk*, Appx. iii, p. 266.

8. Edward, duke of York, *The Master of Game*, pp. 8–9, 11–12.

9. 例如，Seward, *Henry V as Warlord*, p. 79. W&W, ii, p. 187 n. 5 指出，将公爵描述为"一个胖子"的描写源自 John Leland 的 *Itinerary*。它编纂于16世纪三四十年代。

10. Harriss, 'The King and his Magnates', in *HVPK*, p. 41.

11. W&W, ii, p. 186 n. 5; Curry, *AANH*, p. 236 指出，约克公爵的队伍中有90个人战死了。他也失去了几乎一半的马匹。
12. 见下文第365页。
13. Wylie, 'Notes on the Agincourt Roll', p. 128. 根据*ODNB*，他和另外24名重铠兵和69名弓箭手一起服役。花名册上列出了55名参与战役的弓箭手的名字。它还列出了另外14名弓箭手的名字，并在上面出注："这5名［原文如此］弓箭手也相当于参与了战斗"。这里的意思显然是，人们会按照他们在那里一样给他们支付薪金。这些人可能在远征的途中被俘虏或是被杀死了。
14. Ibid, pp. 128-9, 134. Usk, p. 126 是唯一提到了赫里福德郡肯特彻奇的约翰·斯丘达莫尔爵士（Sir John Scudamore of Kentchurch, Herefordshire）之死的文献。他就是战役中的另一名重铠兵。斯丘达莫尔可能受伤了，但他是在1435年死去的。Chapman, p. 41关于斯丘达莫尔小队中的4名重铠兵（包括他自己）和12名弓箭手，参见MS E101/45/5, TNA; Nicolas, p. 384。
15. W&W, ii, p. 185 n. 3, 188 n. 4; Beamont, *Annals of the Lords of Warrington*, i, p. 245; *Abstracts of Inquisitions Post Mortem*, p. 116.
16. Beamont, *Annals of the Lords of Warrington*, i, pp. 244-5; W&W, ii, p. 185 n. 3; Wylie, 'Notes on the Agincourt Roll', p. 134 n. 1.
17. *ODNB*; *St Albans*, pp. 61, 67.
18. Chapman, pp. 41, 53 n. 57, 59-62. 他指出，尽管罗杰·菲尚的3个儿子和卢埃林的女儿格拉迪斯（Gwladys）都是诗人的大庇护人，但没有威尔士的文献提到这一家族与阿金库尔战役之间的联系。这些人都是坚定的约克王朝支持者。或许正是出于这个原因，他们并不想公开赞颂他们祖先对于兰开斯特王朝的忠诚。关于阿金库尔的故事首先出现在David Powel于1584年出版的*The Historie of Cambria*当中。卢埃林曾以个人名义签订契约，要作为一重铠兵和三个弓箭手一起服役。劳埃德只带了一名骑马的弓箭手。我相信，这个弓箭手是吉安·弗洛尔（Jehan Ferour）。这就是"cum equo cum Watkin Lloyd"这句话的意思，而不是像Hardy, 'The Longbow', p. 163所说的那样，这句话的意思是劳埃德是弗洛尔的马夫。
19. Mortimer, pp. 404, 442, 598, 600 n. 138. 莫蒂默的土地以及继承人的管理权全都交由罗兰·伦索尔来处理了。
20. Bouchart, *Grandes Croniques de Bretaigne*, ii, p. 254.
21. Monstrelet, iii, p. 118. 蒙斯特勒莱充满漏洞的文本让人们无法给出一个精确的数字，因为他有时候会给姓氏附上头衔，但有时却不会。这让人难以确定他所说的人是一个人还是两个人。

22. Ibid., iii, pp. 112–13, 113 n. 1, 119–20; le Févre, i, p. 265. W&W, ii, p. 182加上了达马丁伯爵。

23. W&W, ii, p. 222，暗示这是一个勃艮第的机构。但可参见 Barber, The *Knight and Chivalry*, pp. 137–8。

24. W&W, ii, p. 222; *St-Denys*, v, p. 572; Bacquet, p. 105. 他的侄子马尔库西领主蒙泰居的查理（Charles de Montaigu, sire de Marcoussis）也死于这场战役。*St Denys*, v, p. 572.

25. See, for example, Monstrelet, iii, pp. 114–18, 117 nn. 3 and 7, 118 n. 5; le Févre, i, p. 267.

26. Nicolas, p. 375. 我要感谢 Barbara Cooper，是她指出 Nicholas, p. 375中的"特里斯坦·安德顿"（Tristan Anderton）中的"特里斯坦"是"瑟斯坦"（Thurstan）的误读。关于远征之后的记录，可参见 MS E358/6, TNA。

27. Monstrelet, iii, pp. 113–15, 117; Bacquet, pp. 76–81.

28. Monstrelet, iii, pp. 113, 116, 114; Bourgeois, p. 79; http:// gilles. mailet. free. fr/ histoire/recit/recit_duche_et_comte_de bourgogn.htm; http:// membres. lycos.fr/ valsoleil/hellandes/histoire_du_fief_de_hellande.htm. 鲁昂执行官赫兰德的罗班被俘，但是在1415年12月15日因伤去世。

29. Bacquet, pp. 76–8, 80; Rémi Petitbois, *Le Gallois de Fougières: Prévôt des Maréchaux de France* (Association Historie, Patrimonie, et Memoire d'Auchy les Hesdin, [2010]).

30. 见下文第422—423页。

31. Monstrelet, iii, p. 112; Bouvier, p. 20 n. 3; *St-Denys*, v, p. 572.

32. Bouvier, pp. 68–9 and 68 nn. 4 and 5; Baye, *Journal*, ii, p. 224 and n. 1.

33. *St-Denys*, v, p. 570; le Févre, i, p. 242.

34. Monstrelet, iii, p. 118 n. 5; le Févre, i, 266.

35. Monstrelet, iii, pp. 118 n. 5, 120.

36. http://jarnou.free.fr/site078.htm; http://pascale.olivaux.free.fr/ Histoire/Pages/ Picardie.htm; Monstrelet, iii, p. 113.

37. www.chateau-mesnieres-76.com; Baye, *Journal*, i, pp. 95 n. 1, 98.

38. 1415年12月6日，一名俘虏"特奥巴尔德·肖特马尔勒"（Theobaldus Chauntemarle）和两名仆人被授予了安全通行证，可以回法兰西去筹集他们的赎金。与他们一起的还有很多法兰西人。也许他没有取得成功，不得不返回英格兰，也许他在出发前便已经死去了。*Foedera*, ix, p. 323.

39. www.chateau-mesnieres-76.com.
40. Siméon Luce, *La France Pendant la Guerre du Cent Ans: Épisodes Historiques et Vie Privée aux XIVe et XVe Siècles* (Librarie Hachette et Cie., Paris, 1904), pp. 150, 166–70, 174–5.
41. Le Févre, i, pp. 266, 265, 248; Bouvier, pp. 68–9, 69 n. 1; Monstrelet, iii, p. 113; Allmand (ed.), *Society at War*, p. 25.
42. Monstrelet, iii, pp. 104, 124; Luce, *La France Pendant la Guerre du Cent Ans*, pp. 176–7.
43. Ibid., pp. 183–8, 190–3; *St-Denys*, v, pp. 310–12.
44. 他们都被埋葬在欧希－莱斯－埃丹（Auchy-lès-Hesdin）的欧希－莱斯－蒙尼斯修道院。Petitbois, *Les Gallois de Fougières*.
45. Curry, pp. 459–60.
46. Curry, p. 467 在1416年7月的一次检查当中，人们已经调查了这一要求，而在这个日期之前，事情也许没有发生什么改变。在这一要求的基础之上，Ambühl 认定，埃朗维利耶的确是康沃尔的俘虏，但是没有证据表明，这就是事实。Ambühl, 'Le Sort des Prisonniers d'Azincourt', p. 762 and n. 64; Ambühl, 'A Fair Share of the Profits?', p. 139 n. 142.
47. Le Févre, i, p. 260; *GHQ*, p. 92.
48. Ibid., p. 93; le Févre, i, p. 260.
49. W&W, ii, pp. 176 n. 4, 220.
50. Bacquet, p. 95; le Févre, i, p. 260.
51. Ibid.; W&W, ii, p. 217 n. 6, 引用了其他有关这一行为的例子。
52. Bacquet, pp. 83, 84, 87.
53. Ibid., pp. 95–6, 83–4. 这份纹章官的名单被保存在位于布鲁塞尔的布拉班特公爵图书馆（duke of Brabant's library）当中。关于其副本，可参见 ibid., pp. 85–6。
54. Monstrelet, iii, p. 122; W&W, ii, p. 225. 蒙斯特勒莱和其他为勃艮第派辩护的人将这一倡议归于无畏的约翰的儿子沙罗莱伯爵腓力的虔敬之心。他缺席了这场战役。

第十七章 国王归来

1. *GHQ*, p. 93.

2. Capgrave, p. 134; Brut, ii, p. 557; Elmham, 'Liber Metricus', p. 123; Keen, *Chivalry*, p. 47.
3. *GHQ*, p. 99.
4. W&W, ii, p. 190 n. 7; Bacquet, p. 103.
5. 'Le Livre des Trahisons de France envers la Maison de Bourgogne', p. 129; Basin, *Histoire de Charles VII*, i, p. 44; W&W, ii, p. 202 n. 4; *St-Denys*, v, pp. 558–60.
6. Le Févre, i, p. 261; Bacquet, pp. 94–5, 105.
7. *St Albans*, p. 97; le Févre, i, pp. 268–9; *St-Denys*, v, p. 574; Bacquet, p. 95; W&W, ii, p. 243 n. 8; Ambühl, 'Le Sort des Prisonniers d'Azincourt', p. 755 在所有可获取的文献中辨认出了250名俘虏。
8. Curry, p. 63; le Févre, i, p. 263.
9. *GHQ*, pp. 98–100; le Févre, i, p. 260; Monstrelet, iii, pp. 111–12.
10. Le Févre, i, p. 261; Monstrelet, iii, p. 112; W&W, ii, p. 186 and nn. 2, 5.
11. Bacquet, p. 112.
12. Le Févre, i, pp. 261–2; W&W, ii, p. 248 and nn. 3, 4; Devon, p. 342. 1415年11月2日，萨福克的法尔肯汉姆的居民收到命令，要把麦芽酒和其他食物以尽可能快的速度运往加来，"众所周知的是，[国王]本人和他的军队现在正在加来"。*CCR*, p. 237.
13. Waurin, pp. 220–1. 在阿金库尔战役之后起草的80份契约中，有47份契约提到了被关在加来的俘虏。Ambühl, 'Le Sort des Prisonniers d'Azincourt', p. 764; Ambühl, 'A Fair Share of the Profits?', p. 141 表示，这些俘虏是被弓箭手们捉起来的，然后又被转手给加来守军当中的弓箭手。但是，在契约所提到的名字里，有很多人显然是商人。与驻守此地的士兵们相比，商人们显然能够为他们的俘虏支付更多的钱。商人们继续着阿金库尔俘虏的投机交易。例如，理查德·惠廷顿购买了休·科尼耶（Hugh Coniers），后者的赎金价值296英镑。在那之后，他又把这名俘虏卖给了一个意大利人，而他又付不出钱。为此，1421年，惠廷顿与这个商人打官司，并且打败了他们。*Calendar of Plea and Memoranda Rolls*, Ambühl, 'A Fair Share of the Profits?', p. 139 n. 43.
14. 见上文第134页。
15. Le Févre, i, p. 263; W&W, ii, p. 248 and nn. 7, 8, 10.
16. Nicolas, Appx vi, p. 24. W&W, ii, p. 252 n. 5 给出了24个人的名字。在这里，

埃斯图特维尔领主让并没有被提及，但是从高库尔的叙述当中，我们显然可以看出，这两人是一起出现在亨利五世面前的。

17. http://membres.lycos.fr/valsoleil/hellandes/histoire_du_fief_de_hellande.htm; W&W, ii, p. 251 n. 9. 存活下来的9名俘虏在1417年2月被船运到英格兰，并且被送到了伦敦的弗利特监狱（Fleet prison）中。

18. W&W, ii, pp. 251 n. 9, 252 n. 5; Devon, pp. 355–6. 彼得·阿尔托巴斯（卒于1427年）是一名在1420年归化为英格兰公民的葡萄牙人。他是兰开斯特王朝的前三位国王的医师和书记官。Talbot and Hammond, *The Medical Practitioners in Medieval England: A Biographical Register*, pp. 246–7.

19. W&W, ii, p. 244 n. 3, p. 249 n. 6.

20. Ibid., ii, p. 249 n. 6; Devon, pp. 344–5.

21. *GHQ*, p. 100. 大约有30名重要的俘虏被带到了英格兰。另外的俘虏仍然留在加来及其附近，直到他们能够支付自己的赎金。Ambühl, 'Le Sort des Prisonniers d' Azincourt', p. 769. 高库尔和阿夫勒尔的俘虏们显然是跟随着国王的，因为在仅仅5天内（也就是11月11日—11月16日），王室内廷司库就为他们在加来的开销支付了40英镑11先令11便士。他们并没有如*GHQ*, p. 100 n. 1所暗示的那样，一直在加来等到了12月10日。*GHQ*的论述是基于W&W, ii, p. 252 nn. 4, 6中互相矛盾的陈述的。

22. Le Févre, i, p. 264; Monstrelet, iii, p. 125; *St Albans*, p. 97. 后来的编年史家们（例如*The First English Life*, p. 64）在这些报道的基础上赞美了亨利，认为他在面对危险时表现得镇定自若。与此同时，他们也诋毁法兰西人，指责他们胆小懦弱。据说，那些法兰西人表现得和他们在阿金库尔的时候一样胆怯。

23. *GHQ*, p. 100; Elmham, 'Liber Metricus', p. 124; Jonathan Alexander and Paul Binski (eds.), *Age of Chivalry: Art in Plantagenet England 1200–1400* (Royal Academy of Arts, London, 1987), pp. 479–81.

24. 见上文第131页。

25. *GHQ*, p. 100; Elmham, 'Liber Metricus', p. 124; *Memorials of London and London Life*, p. 621.

26. Ibid., pp. 621–2; *Letter-Books*, p. 144.

27. *GHQ*, p. 103; Usk, pp. 258–61.

28. Ibid.; Brut, ii, p. 558; le Févre, i, p. 264.

29. *GHQ*, p. 103; Usk, p. 261. 这两个人的不同个性也表现在这样一个事实之中：

亚当在这个巨人的手中看见了一支长枪，而随军司铎只看见了一支权杖。

30. Ibid.; Elmham, 'Liber Metricus', pp. 125–6; *GHQ*, pp. 104–5.
31. *GHQ*, p. 107; Elmham, 'Liber Metricus', p. 126.
32. *GHQ*, pp. 107–9; Elmham, 'Liber Metricus', pp. 126–7.
33. *GHQ*, pp. 108–11; Elmham, 'Liber Metricus', p. 127; Usk, p. 261. "我们讲述你的荣耀"来源于《诗篇》第44篇第8节。
34. Ibid., p. 261; W&W, ii, pp. 268–9, 根据更为晚近的原始材料的记载，这次展示被安排在国王正式进入伦敦后的那天。
35. *GHQ*, pp. 110–13; Elmham, 'Liber Metricus', pp. 127–8.
36. *GHQ*, p. 113; McLeod, p. 133. See also Elmham, 'Liber Metricus', pp. 128–9.
37. *GHQ*, p. 113; Elmham, 'Liber Metricus', p. 129; Usk, p. 263.
38. W&W, ii, p. 271 n. 5; Marks and Williamson (eds.), *Gothic Art for England 1400–1547*, p. 439. 唱经席与公爵的墓毁于宗教改革期间。由于被当成堂区教堂，约克公爵理查所建造的中殿得以幸存。在教堂中，现存的公爵纪念碑是在16世纪被竖立起来的。年轻的萨福克伯爵拉波尔的米歇尔的遗体同样被从伦敦迁出，可能被移到萨福克的温菲尔德下葬。但是，有传说表明，他被埋葬在萨福克巴特利修道院（Butley Abbey in Suffolk）的一个银棺材里。我十分感激伊恩·钱斯，是他为我提供了这个信息。W&W, ii, p. 274 错误地宣称，他被埋葬在牛津郡的尤厄尔密（Ewelme, Oxfordshire）。直到10年后，也就是拉波尔的威廉娶了艾丽斯·乔叟之后，这个家族才开始与这个教堂联系在一起。
39. Jacques Godard, 'Quelques Précisions sur la Campagne d'Azincourt Tirées des Archives Municipales d'Amiens', *Bulletin Trimestre de la Société des Antiquaires de Picardie* (1971), p. 134; Bacquet, p. 111.
40. Curry, p. 462; Godard, 'Quelques Précisions sur la Campagne d'Azincourt Tirées des Archives Municipales d'Amiens', p. 135.
41. *St-Denys*, v, p. 582.
42. W&W, ii, pp. 282–3.
43. Ibid., ii, pp. 281, 286–7; *St-Denys*, v, pp. 586–8; Baye, *Journal*, ii, pp. 231–2.
44. Vaughan, pp. 208–10; W&W, ii, pp. 293–4.

第十八章 胜利的奖赏

1. *Rotuli Parliamentorum*, iv, p. 62.

2. Ibid., pp. 63-4; *GHQ*, pp. 122-5; Harriss, 'The Management of Parliament', in *HVPK*, p. 147. 这一特权的特殊性和个人性表明，它并不是要为未来的国王树立一个先例。

3. Heath, *Church and Realm 1272-1461*, p. 281; *ODNB*; W&W, ii, pp. 238-9.

4. Allmand, *Henry V*, pp. 100-1.

5. Heath, *Church and Realm 1272-1461*, p. 281. 圣约翰的圣骨被移动了两次，所以人们也提升了他的另一个节日（5月7日）在教会年历中的地位。

6. McKenna, 'How God Became an Englishman', pp. 35-6; *GHQ*, pp. xviii, xxiv, 181. 在随军司铎所提及的亨利所取得的三次胜利中，第一次就是对罗拉德派取得的。

7. Ibid., pp. xxviii-xxix; Keen, *The Pelican History of Medieval Europe*, pp. 288ff.

8. *GHQ*, p. 17; Keen, 'Diplomacy', in *HVPK*, p. 195; Devon, p. 345.

9. *Rotuli Parliamentorum*, iv, pp. 100-1; *ODNB*; Harriss, 'The King and his Magnates', pp. 36, 39.

10. *Rotuli Parliamentorum*, iv, p. 96; *ODNB*.

11. 与包括约克公爵和卡莫伊斯勋爵在内的59名封臣有关的国库记录中，只有E358/6, TNA保存了下来。它记载了所支付的现金、被抵押的珠宝、战利品的价值、每一支部队在战争期间人员的折损和从加来（与他们的马匹）一起被运送回国的人员数目及地位等细节。

12. *POPC*, ii, pp. 222-3, 225-7; Nicolas, Appx xi, pp. 50-2. 这次会议在1417年3月6日举行。

13. Ibid., Appx xiii, pp. 55-8; Harriss, 'The King and his Magnates', p. 41.

14. Nicolas, pp. 171-2; Devon, p. 423. 克利夫单独对于薪饷的要求总计将会达到126英镑，所以他必然已经收到了国王所欠他的3/4的薪饷。

15. Keen, *Origins of the English Gentleman*, p. 33. 我非常感激莫里斯·基恩有关这个例子的个人评论。

16. *CPR*, pp. 380, 385, 386, 395; Reeves, *Lancastrian Englishmen*, p. 94; Nicolas, Appx. xii, p. 54.

17. Nicolas, p. 174; *ODNB*. 新近受封嘉德骑士的人往往都会在每年的圣乔治日的庆典上接受封号。但是，卡莫伊斯可能是在1414年9月或是稍后的一段时间内受封的。Saul, 'Chivalry and Art', p. 106。

18. Ibid., pp. 170-1; Henry Paston-Bedingfield, 'The Heralds at the Time of Agincourt', in Curry, *Agincourt 1415*, pp. 136-7; Elizabeth Armstrong, 'The

Heraldry of Agincourt: Heraldic Insights into the Battle of Agincourt', ibid., p. 132.

19. Gruel, *Chronique d'Arthur de Richemont*, pp. 19-20; M. G. A. Vale, *Charles VII* (Eyre Methuen, London, 1974), p. 35.

20. Devon, pp. 344, 345; *Foedera*, ix, pp. 324, 337; *Forty-Fourth Annual Report*, p. 578; McLeod, p. 134; Lalande, *Jean II le Meingre, dit Boucicaut (1366–1421)*, p. 171.

21. McLeod, pp. 145, 150; Lalande, *Jean II le Meingre, dit Boucicaut (1366–1421)*, p. 171; W&W, ii, p. 253 n.1. 沃特顿在自己的内府中花了不少钱。他在1416至1417年的花费超过340英镑（相当于今天的140760英镑）。C. M. Woolgar (ed.), *Household Accounts from Medieval England Part II*, Records of Social and Economic History, New Series xviii, pp. 503-22.

22. Barber, *The Knight and Chivalry*, p. 206; Lewis, *Later Medieval France: The Polity*, p. 50.

23. Monstrelet, iii, pp. 120-1; *Foedera*, ix, p. 360; Bacquet, p. 112. 与百年战争其他阶段相比，在阿金库尔战役这一阶段，为俘虏们支付赎金的速度要快得多。在128名需要支付赎金的俘虏当中，有99人在战役爆发后4个月就被释放了。而在这99人之中，又有40个人是在1415年12月被释放的。赎金最少的人最先得到通行证，以募集他们的赎金。Ambühl, 'Le Sort des Prisonniers d'Azincourt', pp. 767-8, 771.

24. 作为那些在1423年得到了通行证之后被释放的俘虏的"人质"，22名俘虏被关押在了伦敦塔。关于这22名俘虏，参见 *POPC*, iii, 11。

25. Bouchart, *Grandes Croniques de Bretaigne*, pp. 271-2, 280.

26. Nicolas, Appx vi; *Forty-Fourth Annual Report*, p. 578.

27. Nicolas, Appx vi.

28. *Forty-Fourth Annual Report*, p. 586; *Calendar of Signet Letters of Henry IV and Henry V (1399–1422)*, p. 164 no. 800; *Foedera*, ix, p. 430; W&W, ii, pp. 39-41.

29. *Foedera*, ix, pp. 424-6; Nicolas, Appx vi; *Foedera*, ix, p. 337; Stansfield, 'John Holland, Duke of Exeter and Earl of Huntingdon (d.1447) and the Costs of the Hundred Years War', pp. 108-9. 高库尔再一次返回法兰西，为的是给他自己以及埃斯图特维尔筹集2万克朗的共同赎金。他还得到了埃斯图特维尔的授权，售卖后者的一份地产，以筹集他的那一份赎金。高库尔并没有这么做。相反地，他自己筹集了所有赎金，指望埃斯图特维尔偿还。在他的临终病榻上，埃斯图特维尔交代他的儿子偿还他欠高库尔的1.7万克朗，但是他的儿子却抵赖不还。为此，高库尔将埃斯图特维尔的儿子告上了巴黎最高法院。

30. 当高库尔的拉乌尔在1455年2月25日作证，让罗马教宗撤销他对圣女贞德的审判的时候，他已经"85岁高龄（或者大概是这个年纪）"了。据说，他是在1462年6月21日去世的。See *Procès en Nullité de la Condamnation de Jeanne d'Arc*, ed. by Pierre Duparc (Société de l'Histoire de France, Paris, 1977), i, p. 326; Chenaye-Desbois et Badier, *Dictionnaire de la Noblesse*, ix, pp. 33–5; Prevost, d'Arnot and de Morembert (eds.), *Dictionnaire de Biographie Française*, xv, p. 689. 在1453年之后，在法兰西大陆上，唯一仍受英格兰人控制的地方便是加来。

31. Vale, *Charles VII*, pp. 35–7; Barker, *Conquest*, esp. pp. 85–6, 121–2, 358–9, 389, 395–6.

32. 实际上，作为约翰·康沃尔爵士的一名俘虏，旺多姆伯爵在1423年被用来换取在博热被俘的亨廷登伯爵约翰·霍兰。*Foedera*, ix, p. 319; Stansfield, 'John Holland, Duke of Exeter and Earl of Huntingdon (d.1447) and the Costs of the Hundred Years War', pp. 108–9.

33. McLeod, pp. 153, 161, 190, 192; Bacquet, p. 88.

34. Lalande, *Jean II le Meingre, dit Boucicaut (1366-1421)*, pp. 171–4; John Harthan, *Books of Hours and Their Owners* (Thames & Hudson, London, 1977, repr. 1978), p. 73. 参见彩插33。

35. W&W, iii, p. 187.

36. *ELMA*, pp. 389–93, 396–8; http://www.174.pair.com/mja/chuck.html. 1414年，奥尔良的查理已经为缝在他的袖子上的960颗珍珠支付了276英镑7先令6便士。这些珍珠是按照他的歌曲"Madame je suis plus joyeulx"的词句和音调缝制的。Ibid., p. 8 n. 36. 同时可参见彩插35。

37. Charles d'Orléans, 'En Régardant vers le Païs de France', http://ebooks.unibuc.ro/lls/MihaelaVoicu-LaLiterature/CHARLES%20DORLEANS.htm (my translation).

38. McLeod, pp. 171–2.

39. Alain Chartier, *The Poetical Works of Alain Chartier*, ed. by J. C. Laidlaw (Cambridge University Press, Cambridge, 1974), pp. 198–304, esp. pp. 262 (ll. 2138–45), 275–6 (ll. 2585–99).

40. Alain Chartier, *Le Quadrilogue Invectif*, ed. and trans. by Florence Bouchet (Honoré Champion, Paris, 2002), p. 89. 应该指出的是，夏蒂埃本人也许并不一定认同这些观点。这些话出自他所虚构出来的代表他的阶层的一个骑士之口。

41. Pizan, *The Writings of Christine de Pizan*, p. 339; Forhan, *The Political Theory of Christine de Pizan*, p. 72. 然而，和平的重要性在克里斯蒂娜的作品当中才是最为突出而且反复出现的主题。见 Ibid., p. 141。

42. Usk, p. 259. 每一行字的最后一个单词以"osa"结尾，这是中世纪拉丁语学者一种典型的学术策略。Ibid, p. 258. 尽管有几百名威尔士人参加了这场战役，但是在现存的写于15世纪的威尔士歌谣和诗歌当中，没有哪一首提到了他们在阿金库尔战役中所扮演的角色或者阿金库尔本身。就连达菲德·阿普·卢埃林的死也被忽略了。在赞颂他以及他的后代的诗歌中，没有任何一首提到过他在阿金库尔战死一事。Chapman, p. 60.

43. *Musica Britannica: A National Collection of Music, vol. iv, Medieval Carols*, ed. by John Stevens (Royal Musical Association, London, 1952), p. 6, no. 8. 参见彩插30。

44. Helen Deeming, 'The Source and Origin of the "Agincourt Carol"', *Early Music*, 35 (2008), pp. 23–36.

45. 例如，大约创作于1443年的《阿金库尔战役》(*The Battle of Agincourt*) 就是给贵族观众准备的，并且赞扬了格洛斯特公爵、约克公爵、亨廷登伯爵、牛津伯爵、萨福克伯爵以及诸如托马斯·厄平厄姆爵士等个别骑士的英勇行为。Taylor, *Henry V, Flower of Chivalry*, p. 230 and n. 74.

46. Richard Olivier, *Inspirational Leadership: Henry V and the Muse of Fire* (Industrial Society, London, 2001), p. xxiii. 在最近的一些日子里，《亨利五世》已经被用来解释一种反战信息。Kenneth Branagh 的电影版本是在马岛战争 (Guerra de las Malvinas) 之后拍摄的。国家剧院的舞台剧版本则由一个黑人演员领衔主演。在这个版本的舞台剧上映之前，美国主导的伊拉克战争爆发了。Curry, pp. 260-359 提供了一个杰出的综述，整理了几个世纪以来文学界对于阿金库尔战役的回应，并且援引了许多不同种类的非常有价值的例子。

47. 关于亨利1417年的第二次入侵以及英格兰人在1417至1450年在法兰西的统治，参见 Barker, *Conquest: The English Kingdom of France in the Hundred Years War* (Little, Brown, 2009).

附录1 关于人数的一个问题

1. Curry, *AANH*, pp. 191–201.
2. Curry, *AANH*, pp. 161, 170–1, 248–9.
3. Curry, *AANH*, pp. 138, 250.
4. Ibid., pp. 166, 226. 编年史作者勒菲弗是勃艮第金羊毛骑士团的国王纹章官。他告诉我们,亨利拒绝返回,是因为他戴着纹章(而不是他的"盔甲")。对他们来说,戴着纹章撤退是一种耻辱。例如,约翰·法斯托尔夫在1429年因离开帕泰的战场而受到调查时,被暂时剥夺了嘉德勋章。Barker, *Conquest*, p. 123.
5. Curry, *AANH*, pp. 207, 211.
6. 见上文第308—309页。
7. 军队"至少有11248人,离开英格兰时很可能接近12000人。11248人和11791人之间的差异在于是否算上了柴郡弓箭手的队伍"。Curry, *AANH*, p. 70. 另见本章注释13。
8. Curry, *AANH*, p. 187.
9. Ibid, p. 113. 来自入侵军的18名炮手、42名木匠、20名泥瓦匠也驻扎在那里。Ibid., n. 78; W&W, ii, 63 n.8.
10. Curry, *AANH*, p. 114.
11. Ibid, p. 131.
12. Ibid, pp. 131, 187. 我并不是第一个注意到柯里教授的数字不准确的人。Curry, p. 411 提到,1415年6月6日,有210名支队长官来到国库,请求领取他们的薪金。引用了这一叙述的McHardy, 'Religion, Court Culture and Propaganda', p.131 n.2 表示,"我数了好几遍,每一次都得出了256人的结论"。Bennett, 'Henry V and the Cheshire Tax Revolt of 1416', pp. 175–6 and n.25 说,在1416年财务官的记录中,他数出了252名在阿夫勒尔和阿金库尔领受薪金的柴郡弓箭手,而Curry, *AANH*, pp. 76-7(recte p. 70)只数出了247个人。
13. 无论柯里教授是如何计算她的数据的,我都无法苟同。没有任何证据可以说明8680人(准确来说是8681人)和8732人之间所差的52人(准确来说是51人)是从哪里来的。第三个数字(也是最高的那个数字)9275人是在原有的8732人的基础之上加上柴郡的人数而得到的。也就是说,她是按照更高的标准(按照计划,人们应当从柴郡募集50名重铠兵和650名弓箭手)来计算来自柴郡的人数的,而不是计入了她所说的那些实际出现在支付记录中的247人。(但是,请参见本章注释12。按Bennett的计算,柴郡弓箭手共为252人。)如果我们使用柯里教授的计算结果,那就意味着我们要在8732人的基础上再增加453人。然而,8732人和9275人之间的差额实际上是543人。因此,她一定在得出的最高总数上额外增加了90人。Curry, *AANH*, pp. 70, 131, 187.

14. See above, n. 13. 从她的计算中可以清楚地看出,柯里教授只简单地将病人对半划分为重铠兵和弓箭手,而不是像她文中所说的那样,她计算了在围城战中失去战斗力的全部2568人(准确来说是2567人)。Curry, *AANH*, p. 187.

15. W&W, i, 66 n.5; Allmand, *Henry V*, p. 211 至少数出了1687人; Curry, *AANH*, pp. 114, 131。

16. W&W, ii, 186 n. 5.

17. W&W, i, 66 n. 5; Curry, *AANH*, p. 258 n. 31 表示,没有任何现存的证据可以证明Nicolas, pp. 373–9 所记录的那25个人的名字是真实的。

18. *GHQ*, pp. 58–9.

19. W&W, ii, 66 n.4; SC/8/301/15046, TNA. 后者署名艾丽斯·基灵沃思(Alice Kylyngworthe),但在请愿书上,她的丈夫是基灵沃思的约翰·理查德(John Richard of Kylyngworthe)。基灵沃思很可能是凯尼尔沃思(Kenilworth)之误。

20. 数字如下:阿伦德尔伯爵(2人)、司礼大臣(3人)、罗兰·伦索尔爵士(2人)、托马斯·乔叟爵士(2人)和理查德·斯克罗普爵士(1人); Curry, *AANH*, p. 114. 有关斯克罗普,参见 E358/6, TNA。这14个人是:萨福克伯爵米歇尔、菲茨沃尔特勋爵汉弗莱、约翰·菲茨佩恩勋爵(Lord John FitzPayn)、约翰·菲利普爵士、休·斯坦迪什爵士、约翰·马兰爵士、爱德华·伯内尔爵士、罗杰·特朗普爵士、威廉·博蒙士爵士(sir William Beaumond)、约翰·索思沃思爵士、威廉·博提勒爵士、托马斯·凯利、约翰·休斯、威廉·埃勒威克爵士。Mortimer, pp. 377–9; Curry, p. 447; W&W, ii, 66 n. 4.

21. 名单如下:詹姆斯·哈林顿爵士(2人)、托马斯·厄平厄姆爵士(2人)、萨福克伯爵(2人)和阿伦德尔伯爵(13人)。Beamont, pp. 244–5; Curry, *AANH*, p. 114.

22. Curry, *AANH*, p. 114.

23. Ibid., pp. 267–8 nn.16–21; W&W, ii, 90 n. 10; Curry, *Agincourt 1415*, p. 75. 尽管柯里教授注意到了大部分的兵力损失,但在评估英格兰军队在战斗中的规

模时，她并没有考虑到这些损失。

24. Mortimer, pp. 471, 606 n. 2 假设他们都是在战役中被俘的士兵，但这些人中都包括商人，他们可能是法兰西海盗的受害者。

25. Curry, *AANH*, pp. 114, 131.

26. 国王于1415年7月17日写了一封加盖御玺的信，下令向尼古拉斯·朗福德（Nicholas Longford）和他的24名随从支付工资。但是，尼古拉斯并没有契约。我们并不清楚，这是否意味着朗福德是在没有契约的情况下被招募的，还是他只是丢失了契约。如果是前者，那么在签署契约的人数之外，国王可能还招募了另外的一些人。但是，在现存的文献当中，这是唯一反映这一情况的例子。这表明，没有签订契约就被招募的人数不会很多。Allmand, *Henry V*, p. 207 n. 12.

27. Curry, *AANH*, p. 131 and n. 94. 留在阿夫勒尔的驻军包括从19支队伍中所抽调的285人，在这19支队伍当中，只有10支部队是整支部队一起被抽调的（包括他们的长官在内）。Curry, *AANH*, p. 113. 柯里教授令人信服地辩称，重新抽调兵力解释了这样一种现象，即在出发时的召集名单和长官们在战后所提交的名单之间可能会出现一些差异。Curry, pp. 430–1.

28. Ibid., p. 458.

29. 关于布列塔尼公爵、里什蒙伯爵和安茹公爵的军队规模，我们只能参考编年史家的记述。只有贝里公爵的军队规模出现在了国库的记录之中，得以保存至今。Curry, *AANH*, p. 99.

30. Ibid., pp. 99, 142, 185.

31. Ibid., p.101, but see p. 142. 她表示，账目表明，只有"大约200支队伍"获得了薪金。此时，柯里教授似乎混淆了利涅领主让和埃诺总管让·韦尔尚。这让法军的军队规模变得更加扑朔迷离。Ibid., pp. 99, 142.

32. Ibid, p. 97 and n. 8. 在这里，柯里教授试图证明，腓力·孔塔米纳（Philippe Contamine）错误地解读了会议记录，认为会议会用这笔钱再召集9000名士兵。然而，如果孔塔米纳的解读是正确的，那么我们就会对计划筹募的士兵总额有一个更新的认识。

33. Ibid., pp. 185–6.

34. Ibid., 186–7. 她有关支援部队的计算结果中包含了来自皮卡第的"大约500人"。他们响应了9月20日的新一轮征兵。Ibid., pp. 105, 187.

35. Juvénal des Ursins, pp. 510, 515–17.

36. 于尔森的朱韦纳尔强烈地反对勃艮第派。人们可以针对这些信做出不同的解读，既可以将它们解读为一位因为血统而被禁止在保卫王国中发挥作用的贵族真正愤怒的回应，也可以将它们解读为他采用拖延战术的证据，要求国王重新考虑他的请求。虽然这些信看起来是真的，但它们也有可能是伪造的。鉴于这些信没有出现在任何勃艮第派的编年史中，它们就更有可能是伪造的了。应该指出的是，勃艮第公爵之所以没有参加战斗，是因为他是按照王室的命令行事的，但他的行为与奥尔良公爵的行为形成了鲜明的对比。奥尔良公爵显然把国家的需求放在了首位。他无视类似的命令，并亲自加入了这场远征。

37. 安茹公爵的数字只能在编年史当中找到，并不见于行政记录。而且，我们还不清楚这些人是否只是重铠兵。在这种情况下，他们的身边预计还有300名弓箭手。

38. Curry, *AANH*, p.187.

39. Ibid.. 柯里教授用了 Vaughan, p. 139 中的表格。这一表格所引用的数据大多来自勃艮第的花名册。正由于这个表格计算的只有勃艮第的士兵，那些由同盟军所提供的士兵（包括他的弟弟布拉班特公爵手下的士兵）都没有被包括在内。1405年，士兵的总数为3500人；1408年，这一数字达到了5000人；1408至1410年，这一数字增长到了8700人；1411年，预计的士兵总数可达到1万人。1411年11月，士兵的总数为2600人（为了保卫巴黎并同阿马尼亚克派作战）；1412年，士兵的总数应当达到3000人；1414年，这一数字应当达到3500人；1414年夏天，为了保卫阿图瓦，军队的规模达到了2250人。1417年，这一数字则上涨到了10500人（为了攻打巴黎）。

40. Curry, *AANH*, p. 187.

41. 有迹象表明，情况的确如此。10月17日，在波旁公爵的命令下，来自里昂附近的维拉尔莱栋布（Villars-les-Dombes）的8个人在鲁昂集结了起来。奥弗涅勋爵贝尔纳（Bernard, lord of Auvergne）也在阿金库尔战役的死难者之列。Ibid, p. 269 n. 28.

42. Mortimer, pp. 421-3 表达了保留意见，但他的文字似乎表明，柯里教授的估计大致是正确的。他对两军规模差异如何解释的解释很巧妙，但并不完全令人信服。

43. Curry, *AANH*, pp. 233-4，也可对比她在附录B和附录C中所给出的内容。

附录2 对阿金库尔战役的纪念

1. www.yorkminster.org. 虽然这个故事广为流传，但它可能是虚构的，因为尽管国王的雕像分布不均，但教堂内栏恰好位于唱经席的两根柱子之间，而且它的设计似乎没有因为新增另一尊雕像而发生改变。这一点以及下文的大部分内容，都是基于作者个人对这个地方的观察的。

2. Allmand, *Henry V*, pp. 180–1. 这座陵墓在亨利的葬礼之前就已经在建造中了。他对法兰西王位的继承权也体现在对百合花和法兰西君主的守护神圣德尼的雕像的使用上。关于小礼拜堂的照片，参见 ibid., plates 29 and 30。*An Inventory of the Historical Monuments in London*, Volume 1, Westminster Abbey (HMSO, 1924), plates 129–40。

3. www.britishlistedbuildings.co.uk; Jenkins, *England's Thousand Best Churches*, p. 107; Winn, *I Never Knew That About English Churches*, pp. 58, 155. 有关坦斯特尔的契约，参见 E101/6917484, TNA and Curry, pp. 436–9。关于坦斯特尔在战场上被封为爵士的说法是不真实的。当他参与远征的时候，他已经是一名骑士了。他的教堂最出名的一点是它与勃朗特姐妹的联系。当勃朗特姐妹在考恩桥的女子教会学校（Clergy Daughters' School at Cowan Bridge）学习时，她们参加了那里的礼拜活动。感谢弗兰克·特罗威尔（Frank Trowell）让我注意到阿肖尔和坦斯特尔与阿金库尔战役之间的联系。

4. Jenkins, *England's Thousand Best Churches*, p. 474.

5. Doyle, *The Catholic Missions of Danby Hall and St Simon and St Jude*, p. 23. 原本窗户的照片可参见 www.pipspatch.com/2013/11/07/st-simon-and-st-judes-ulshaw-bridge。当人们在19世纪重建艾斯加斯的圣安德鲁教堂（St Andrew's church, Aysgarth）时，人们把两个盾牌的复制品放在了天窗里。

6. http://sevices.english-heritage.org.uk/ResearchReportsPdfs/0442013WEB.pdf.

7. www.britishhistory.ac.uk/vch/beds/vol3/pp268–275. 在 Capability Brown 重新美化了庭院之后，大部分庭院都幸存了下来。

8. Ambühl, 'A Fair Share of the Profits?', p. 139 n. 42; Charles Kightly, *Farleigh Hungerford Castle* (English Heritage 2006); www.historyofparliamentonline.org/volume/1386-1421/member/hungerford-sir-walter-1378-1449. 亨格福德在村里建了一座新的堂区教堂。应该指出的是，大部分重建发生在1430至1445年之间。除去阿金库尔俘房所缴纳的赎金，当时的亨格福德还有许多其他的财富来源。

9. Curry, *Agincourt 1415*, p. 132; Ambühl, 'Le Sort des Prisonniers d'Azincourt', p. 773. 虽然经过了很大的改造，但原来的门楼、小礼拜堂和门廊仍然保留了下来。www.britishlistedbuildings.co.uk.

10. www.churchmonumentssociety.org/Suffolk.html. 可以想象，年轻伯爵被埋葬在他父母的坟墓里，但是没有证据可以证明这一点。

11. Saul, 'Chivalry and Art', pp. 97–111 and plates 5–7.

12. *ODNB*; Curry, *Agincourt 1415*, pp. 56–7.

13. 见上文第216页。在萨福克巴沙姆的圣三一教堂，人们也可以找到类似的纪念铜牌。它最近被确认为菲利普的同伴泰的罗伯特爵士（Sir Robert de Tye）。他于1415年10月6日去世。虽然没有记录表明他参加过远征，但他可能也是阿夫勒尔痢疾的受害者。www.mbs-brasses.co.uk/brassofthemonthapril2014.html.

14. Roy Tricker, *St Mary's, Dennington, Suffolk* (Privately printed, 2014).

15. *ODNB*; www.britishlistedbuildings.co.uk/en-277870-chapel-of-st-stephen-bures-st-mary-suffolk; www.churchmonumetssociety.org/Suffolk.html#Bures-St_Mary.

16. Chapman, p. 61 指出，这种盔甲风格可以追溯到1450年。这尊雕像与菲尚的遗孀的第二任丈夫威廉·阿普·托马斯（William ap Thomas）位于格温特阿伯加文尼隐修院（Abergavenny Priory in Gwent）坟墓上的雕像有很多相似之处。它清楚地表明，菲尚并不是一些文献所说的弓箭手。

17. 我十分感谢大英帝国勋章获得者罗杰·戴维（Roger Davy [MBE]），是他把我的注意力吸引到这个方向上的。

18. *ODNB*; www.britishlistedbuildings.co.uk/en-193617-church-of-st-george-stamford-lincolnshire.

19. *ODNB*; www.britishlistedbuildings.co.uk/en-342069-church-of-st-oswald-.

20. www.historyofparliamentonline.org/volume/1386-1421/member/redmayne-sir-richard-1426; www.historyofparliamentonline.org/volume/1386-1421/member/stapleton-sir-brian-1417. 威廉·加斯科因爵士（Sir William Gascoigne）也曾在亨利的对法战争中服役，并在1422年的战斗中阵亡。他是前首席大法官的儿子。这位与其子同名的大法官被葬在黑尔伍德。在他的坟墓上，有他身着司法长袍光彩夺目的雕像。*ODNB*.

21. *ODNB*; 关于1942年被发现的祈祷祭品的照片，见 http://oceiwasacleverboyblogspot.co.uk/2014/03/votive-objects from-exeter-cathedral.html。

参考文献

常用缩略语

Bacquet: Gérard Bacquet, *Azincourt* (Scop-Sadag Press, Bellegarde, 1977).

Bourgeois: *Journal d'un Bourgeois de Paris 1405–1449*, ed. by A. Tuetey (Paris, 1881).

Bouvier: Gilles le Bouvier, dit Le Héraut Berry, *Les Chroniques du Roi Charles VII*, ed. by Henri Courteault and Léonce Celier (Société de l'Histoire de France, Paris, 1979).

Brut: *The Brut or The Chronicles of England*, ed. by Friedrich W. D. Brie (Early English Text Society, London, 1908), vol. ii.

Capgrave: John Capgrave, *The Book of the Illustrious Henries*, ed. and trans. by Francis Charles Hingeston (Longman and Co., London, 1858).

CCR: *Calendar of the Close Rolls*, Preserved in the Public Record Office: Henry V, vol. I, AD 1413–1419 (HMSO, London, 1939).

CPR: *Calendar of the Patent Rolls*, Preserved in the Public Record Office: Henry V, vol. I, AD 1413–1416 (HMSO, London, 1910).

Curry: Anne Curry, *The Battle of Agincourt: Agincourt 1415: Sources and Interpretations* (Boydell Press, Woodbridge, 2000).

Curry, AANH: *Agincourt: A New History* (Tempus, Stroud, 2005).

Curry, *Agincourt 1415*: *Henry V, Sir Thomas Erpingham and the 1415: Triumph of the English Archers*, ed. by Anne Curry (Tempus, Stroud, 2000).

Curry and Hughes: *Arms, Armies and Fortifications in the Hundred Years War*, ed. by Anne Curry and Michael Hughes (Boydell Press, Woodbridge, 1994, repr. 1999).

Devon:	*Issues of the Exchequer; Being a Collection of Payments Made out of His Majesty's Revenue, from King Henry III to King Henry VI Inclusive*, ed. and trans. by Frederick Devon (John Murray, London, 1837).
ELMA:	Maurice Keen, *England in the Later Middle Ages* (Methuen and Co., London, 1973).
First English Life:	*The First English Life of King Henry the Fifth written in 1513 by an anonymous Author known commonly as The Translator of Livius*, ed. by Charles Lethbridge Kingsford (Clarendon Press, Oxford, 1911).
Foedera:	*Foedera, Conventiones, Literae et Cuiuscunque Generis Acta Publica inter Reges Angliae*, ed. by Thomas Rymer (2nd edn, J. Tonson, London, 1729), vol. ix.
Forty-Fourth Annual Report:	*The Forty-Fourth Annual Report of the Deputy Keeper of the Public Records* (London, 1883).
Fowler:	*The Hundred Years War*, ed. by Kenneth Fowler (Macmillan, London, 1971).
GHQ:	*Gesta Henrici Quinti*, ed. and trans. by F. Taylor & J. S. Roskell (Clarendon Press, Oxford, 1975).
HVPK:	*Henry V: The Practice of Kingship*, ed. by G. L. Harriss (Oxford University Press, Oxford, 1985).
Keen, MW:	*Medieval Warfare: A History*, ed. by Maurice Keen (Oxford University Press, Oxford, 1999).
Le Févre:	Jean le Févre, *Chronique de Jean le Févre, Seigneur de St Remy*, ed. by François Morand (Société de l'Histoire de France, Paris, 1876–81), 2 vols.
Letter-Books:	*Calendar of Letter-Books Preserved Among the Archives of the Corporation of the City of London at the Guildhall, Letter-Book I, circa AD 1400–1422*, ed. by Reginald R. Sharpe (printed by Order of the Corporation, London, 1909).
McLeod:	Enid McLeod, *Charles of Orléans: Prince and Poet* (Chatto and Windus, London, 1969).

Monstrelet:	Enguerrand de Monstrelet, *La Chronique d'Enguerran de Monstrelet*, ed. by L. Douet d'Arcq (Société de l'Histoire de France, Paris, 1859), vol. iii.
Mowbray MS:	Account roll of Robert Southwell, receiver general to John Mowbray, earl marshal, Michaelmas 1414–Michaelmas 1415: Microfiche MF1480, Gloucestershire Record Office. 手稿原件在伯克利城堡（Berkeley Castle）。
Nicolas:	Nicholas Harris Nicolas, *The History of the Battle of Agincourt* (3rd edn repr., H. Pordes, London, 1971).
ODNB:	*Oxford Dictionary of National Biography*, ed. by Colin Mathews and Brian Harrison (Oxford University Press, Oxford, 2004): online version: www.oxforddnb.com.
Pizan, *BDAC*:	Christine de Pizan, *The Book of Deeds of Arms and of Chivalry*, ed. and trans. by Charity Cannon Willard and Sumner Willard (Pennsylvania State University Press, Pennsylvania, 1999).
POPC:	*Proceedings and Ordinances of the Privy Council of England*, ed. by Sir Harris Nicolas (Commissioner of Public Records, 1834), vol. 2.
Powell:	Edward Powell, *Kingship, Law, and Society: Criminal Justice in the Reign of Henry V* (Clarendon Press, Oxford, 1989).
St Albans:	*The St Albans Chronicle 1406–1420*, ed. by V. H. Galbraith (Clarendon Press, Oxford, 1937).
St-Denys:	*Chronique du Religieux de Saint-Denys*, ed. by M.-L. Bellaguet (Crapelet, Paris, 1844), 6 vols.
Strickland and Hardy:	Matthew Strickland and Robert Hardy, *From Hastings to the Mary Rose: The Great Warbow* (Sutton, Stroud, 2005).
TNA:	The National Archives, formerly The Public Record Office, at Kew, London.
Usk:	*The Chronicle of Adam Usk 1377–1421*, ed. and trans. by C. Given-Wilson (Clarendon Press, Oxford, 1997).
Vaughan:	Richard Vaughan, *John the Fearless* (Longman, London and New York, 1966; repr. Boydell Press, Woodbridge, 2002).

W&W: James Hamilton Wylie and William Templeton Waugh, *The Reign of Henry the Fifth* (Cambridge University Press, Cambridge, 1914–29), 3 vols.

Waurin: Jehan de Waurin, *Recueil des Croniques et Anchiennes Istories de la Grant Bretaigne, A Present Nomme Engleterre*, ed. by William Hardy (Rolls Series no. 39, London, 1868).

已出版的原始文献

Abstracts of Inquisitions Post Mortem made by Christopher Towneley and Roger Dodsworth, ed. by William Langton (Chetham Society, Manchester, 1875).

Basin, Thomas, *Histoire de Charles VII*, ed. and trans. by Charles Samaran (Société d'Édition 'les Belles Lettres', Paris, 1933), vol. 1.

Baye, Nicolas de, *Journal de Nicolas de Baye*, ed. by Alexandre Tuetey (Société de l'Histoire de France, Paris, 1888), vol. 2.

The Beauchamp Pageant, ed. by Alexandra Sinclair (Richard III and Yorkist History Trust in association with Paul Watkins, Donington, 2003).

Bouchart, Alain, *Grandes Croniques de Bretaigne*, ed. by Marie-Louise Auger and Gustave Jeanneau (Éditions du Centre National de la Recherche Scientifique, Paris, 1986), vol. 2.

Bueil, Jean de, *Le Jouvencel*, ed. by Léon Lecestre (Société de l'Histoire de France, Paris, 1889), 2 vols.

Cagny, Perceval de, *Chroniques*, ed. by H. Moranvillé (Société de l'Histoire de France, Paris, 1902).

Calendar of Inquisitions Post Mortem, xx, 1–5 Henry V (1413–1418) ed. by J. L. Kirby (HMSO, London, 1995).

Calendar of Plea and Memoranda Rolls 1413–37, ed. by A. H. Thomas (Cambridge University Press, 2015).

Calendar of Signet Letters of Henry IV and Henry V (1399–1422), ed. by J. L. Kirby (HMSO, London, 1978).

Charny, Geoffroi de, *The Book of Chivalry of Geoffroi de Charny: Text, Context, and Translation*, ed. by Richard W. Kaeuper and Elspeth Kennedy (University of Pennsylvania Press, Pennsylvania, 1996).

Chartier, Alain, *Le Quadrilogue Invectif*, ed. and trans. by Florence Bouchet (Honoré

Champion, Paris, 2002).

Chartier, Alain, *The Poetical Works of Alain Chartier*, ed. by J. C. Laidlaw (Cambridge University Press, Cambridge, 1974).

Chaucer, Geoffrey, *Canterbury Tales*, ed. by A. Kent Hieatt and Constance Hieatt (Bantam Books Inc., New York, 1971).

Chronicles of London, ed. by Charles Lethbridge Kingsford (Alan Sutton, Gloucester, 1977).

'Chronique de Normandie de l'an 1414 à 1422', in *Henrici Quinti, Angliae Regis, Gesta*, ed. by Benjamin Williams (English Historical Society, London, 1850), pp. 165–262.

Commynes, Philippe de, *Memoirs: The Reign of Louis XI 1461–83*, ed. and trans. by Michael Jones (Penguin, Harmondsworth, 1972).

Comnena, Anna, *The Alexiad*, ed. and trans. by E. R. A. Sewter (Penguin, Harmondsworth, 1979).

Deputy Keeper of Public Records, 'The Conspiracy of the Earl of Cambridge against Henry V', *43rd Report of the Deputy Keeper of Public Records* (1882), Appx 1.

Edward, duke of York, *The Master of Game by Edward, Second Duke of York*, ed. by W. A. and F. Baillie-Grohman (Chatto and Windus, London, 1909).

Elmham, Thomas, 'Liber Metricus de Henrico Quinto', *Memorials of Henry the Fifth, King of England*, ed. by Charles Augustus Cole (Longman and Co., London, 1858).

An English Chronicle of the Reigns of Richard II, Henry IV, Henry V, and Henry VI. Written Before the Year 1471, ed. by Rev. John Silvester Davies, Camden Society, 64 (1856).

Eschenbach, Wolfram von, *Parzival,* trans. with an introduction by Helen M. Mustard and Charles E. Passage (Vintage Books, New York, 1961).

Fenin, Pierre de, *Mémoires de Pierre Fenin*, ed. by Mlle Dupont (Société de l'Histoire de France, Paris, 1837).

Gruel, Guillaume, *Chronique d'Arthur de Richemont, Connétable de France, Duc de Bretagne (1393–1458)*, ed. by Achille le Vavasseur (Société de l'Histoire de France, Paris, 1890).

Henrici Quinti, *Angliae Regis, Gesta*, ed. by Benjamin Williams (English Historical Society, London, 1850).

Heresy Trials in the Diocese of Norwich, 1428–31, ed. by Norman P. Tanner (Camden

Fourth Series, vol. 20, London, 1977).

Hoccleve, Thomas, *The Regiment of Princes*, ed. by Charles R. Blyth (Western Michigan University, Kalamazoo, Michigan, 1999).

Kempe, Margery, *The Book of Margery Kempe*, trans. and ed. by Lynn Staley (W. W. Norton, New York and London, 2001).

Lannoy, Ghillebert de, *Oeuvres de 'Ghillebert de Lannoy: Voyageur, Diplomate et Moraliste*, ed. by Ch. Potvin and J.-C. Houzeau (P. and J. Lefever, Louvain, 1878).

'Le Livre des Trahisons de France envers la Maison de Bourgogne', in *Chroniques Relatives à l'Histoire de la Belgique sous la Domination des Ducs de Bourgogne*, ed. by M. le baron Kervyn de Lettenhove (Académie Royale des Sciences, des Lettres et des Beaux-Arts de Belgique, Bruxelles, 1870), ii, pp. 1–258.

Marcel, Gabriel, *Choix de Cartes et de Mappemondes des XIV et XV Siècles* (Ernest Leroux, Paris, 1896).

Memorials of London and London Life in the XIIIth, XIVth, and XVth Centuries, ed. by Henry Thomas Riley (Longmans, Green, and Co., London, 1868).

Morosini, Antonio, *Chronique d'Antonio Morosini, 1414–1428*, ed. by Germain Lefèvre-Pontalis and Léon Dorez (Librairie Renouard, Paris, 1899), vol. ii.

Musica Britannica: A National Collection of Music, vol. iv, Medieval Carols, ed. by John Stevens (Royal Musical Association, London, 1952).

Original Letters Illustrative of English History, 2nd series, ed. with notes and illustrations by Henry Ellis (Harding and Lepard, London, 1827), vol. i.

Pizan, Christine de, *The Writings of Christine de Pizan*, selected and ed. by Charity Cannon Willard (Persea Books, New York, 1994).

Procés en Nullité de la Condamnation de Jeanne d'Arc, ed. by Pierre Duparc (Société de l'Histoire de France, Paris, 1977), vol. i.

Register of Henry Chichele, Archbishop of Canterbury, 1414–1443, ed. by E. F. Jacob (Clarendon Press, Oxford, 1943–7), 4 vols.

Registres de la Jurade: Délibérations de 1414 à 1416 et de 1420 à 1422: Archives Municipales de Bordeaux (G. Gounouilhou, Bordeaux, 1883), vol. iv.

Rotuli Parliamentorum (London, 1767–1832), 7 vols.

Roye, Gilles de, 'Chronique, avec les Additions d'Adrien de But', in *Chroniques Relatives à l'Histoire de la Belgique sous la Domination des Ducs de Bourgogne*, ed. by M. le baron Kervyn de Lettenhove (Académie Royale des Sciences, des

Lettres et des Beaux-Arts de Belgique, Brussels, 1870), vol. 1.

Trokelowe, John de, 'Annales Ricardi Secundi et Henrici Quarti', *Johannis de Trokelowe & Henrici de Blaneford ... Chronica et Annales*, ed. by Henry Thomas Riley (Rolls Series, London, 1866), pp. 155–420.

Ursins, Jean Juvénal des, *Histoire de Charles VI*, ed. by J. A. C. Buchon (Choix de Chroniques et Mémoires sur l'Histoire de France, iv, Paris, 1836).

二手文献

Alexander, Jonathan, and Binski, Paul (eds.), *Age of Chivalry: Art in Plantagenet England 1200–1400* (Royal Academy of Arts, London, 1987).

Allmand, Christopher (ed.), *Power, Culture and Religion in France c.1350–c.1550* (Boydell Press, Woodbridge, 1989).

Allmand, Christopher, *Henry V* (new edn, Yale University Press, New Haven and London, 1997).

Allmand, Christopher (ed.), *Society at War: The Experience of England and France during the Hundred Years War* (new edn, Boydell Press, Woodbridge, 1998).

Archer, R. E., and Walker, S. (eds.), *Rulers and Ruled in Late Medieval England: Essays Presented to Gerald Harriss* (Hambledon Press, London and Rio Grande, 1995).

Armstrong, Elizabeth, 'The Heraldry of Agincourt: Heraldic Insights into the Battle of Agincourt', in Curry, *Agincourt 1415*, pp. 123–38.

Ayton, Andrew, 'English Armies in the Fourteenth Century', in Curry and Hughes, pp. 21–38.

Ayton, Andrew, 'Arms, Armour, and Horses', in Keen, *MW*, pp. 186–208.

Balfour-Melville, E. W. M., *James I, King of Scots, 1406–37* (Methuen, London, 1936).

Barber, Richard, *The Knight and Chivalry* (Sphere, London, 1974).

Barber, Richard, and Barker, Juliet, *Tournaments: Jousts, Chivalry and Pageants in the Middle Ages* (Boydell Press, Woodbridge, 1989).

Barker, Juliet, *The Tournament in England 1100–1400* (Boydell Press, Woodbridge, 1985, repr. 2003).

Beamont, William, *Annals of the Lords of Warrington for the first Five Centuries after the Conquest* (Chetham Society, Manchester, 1872), vol. i.

Beck, R. Theodore, *The Cutting Edge: Early History of the Surgeons of London* (Lund Humphries, London and Bradford, 1974).

Bellamy, John G., *The Law of Treason in England in the Later Middle Ages* (Cambridge University Press, Cambridge, 1970).

Belleval, René de, *Azincourt* (Paris, 1865).

Bennett, Matthew, 'The Development of Battle Tactics in the Hundred Years War', in Curry and Hughes, pp. 1–20.

Bennett, Matthew, 'The Battle', in Curry, *Agincourt 1415*, pp. 21–36.

Blair, John, and Ramsay, Nigel (eds.), *English Medieval Industries: Craftsmen, Techniques, Products* (Hambledon Press, London and Rio Grande, 1991).

Boffa, Serge, 'Antoine de Bourgogne et le Contingent Brabançon à la Bataille d'Azincourt (1415)', *Revue Belge de Philologie et d'Histoire*, 72 (1994), pp. 255–84.

Boulton, D'A. J. D., *The Knights of the Crown: The Monarchical Orders of Knighthood in Later Medieval Europe 1325–1520* (Boydell Press, Woodbridge, 1987).

Bradbury, Jim, *The Medieval Archer* (Boydell Press, Woodbridge, 1985, repr. 2002).

Bradbury, Jim, *The Medieval Siege* (Boydell Press, Woodbridge, 1992).

Bradley, Patricia J., 'Henry V's Scottish Policy—a Study in Realpolitik', in *Documenting the Past: Essays in Medieval History Presented to George Peddy Cuttino*, ed. by J. S. Hamilton and Patricia J. Bradley (Boydell Press, Woodbridge, 1989), pp. 177–95.

Bridbury, A. R., *England and the Salt Trade in the Later Middle Ages* (Clarendon Press, Oxford, 1955).

Carey, Hilary M., *Courting Disaster: Astrology at the English Court and University in the Later Middle Ages* (Macmillan, London, 1992).

Carpenter-Turner, W. J., 'The Building of the Gracedieu, Valentine and Falconer at Southampton, 1416–1420', *The Mariner's Mirror*, 40 (1954), pp. 55–72.

Carpenter-Turner, W. J., 'The Building of the Holy Ghost of the Tower, 1414–1416, and her Subsequent History', *The Mariner's Mirror*, 40 (1954), pp. 270–81.

Catto, Jeremy, 'The King's Servants', in *HVPK*, pp. 75–95.

Chenaye-Desbois et Badier, *Aubert de la, Dictionnaire de la Noblesse* (Paris, 1866, repr. Kraus-Thomson, Liechtenstein, 1969).

Cheney, C. R. (ed.), *Handbook of Dates for Students of English History* (Royal Historical Society, London, 1978).

Cripps-Day, Francis Henry, *The History of the Tournament in England and in France* (Bernard Quaritch, London, 1918).

Cummins, John, *The Hound and the Hawk: The Art of Medieval Hunting* (Weidenfeld and Nicolson, London, 1988).

Curry, Anne, *The Hundred Years War* (Palgrave, London and New York, 1993).

Curry, Anne, 'Sir Thomas Erpingham: A Life in Arms', in Curry, *Agincourt 1415*, pp. 53–77.

Curry, Anne, and Matthew, Elizabeth (eds.), *Concepts and Patterns of Service in the Later Middle Ages* (Boydell Press, Woodbridge, 2000).

Curry, Anne, *Agincourt: A New History* (Tempus, Stroud, 2005).

Danbury, Elizabeth, 'English and French Artistic Propaganda during the Period of the Hundred Years War', in Power, *Culture and Religion in France c.1350–c.1550*, ed. by Christopher Allmand (Boydell Press, Woodbridge, 1989), pp. 75–97.

Dyer, Christopher, *Everyday Life in Medieval England* (Hambledon Press, London and Rio Grande, 1994).

Edbury, Peter, 'Warfare in the Latin East', in Keen, *MW*, pp. 89–112.

Fernández-Armesto, Felipe, 'Naval Warfare after the Viking Age, c.1100–1500', in Keen, *MW*, pp. 230–52.

Forhan, Kate Langdon, *The Political Theory of Christine de Pizan* (Ashgate, Aldershot, 2002).

Fowler, Kenneth, 'War and Change in Late Medieval France and England', in Fowler, pp. 1–27.

Friel, Ian, 'Winds of Change? Ships and the Hundred Years War', in Curry and Hughes, pp. 183–93.

Geddes, Jane, 'Iron', in *English Medieval Industries: Craftsmen, Techniques, Products*, ed. by John Blair and Nigel Ramsay (Hambledon Press, London and Rio Grande, 1991), pp. 167–88.

Godard, Jacques, 'Quelques Précisions sur la Campagne d'Azincourt Tirées des Archives Municipales d'Amiens', *Bulletin Trimestre de la Société des Antiquaires de Picardie* (1971), pp. 128–35.

Goodman, Anthony, 'England and Iberia in the Middle Ages', in *England and her*

Neighbours 1066–1453: Essays in Honour of Pierre Chaplais, ed. by M. Jones and M. G. A. Vale (Hambledon Press, London, 1989), pp. 73–96.

Gottfried, R. S., *Doctors and Medicine in Medieval England, 1340–1530* (Princeton University Press, New Jersey, 1986).

Griffiths, R. A., 'Patronage, Politics, and the Principality of Wales, 1413–1461', in *British Government and Administration: Studies Presented to S. B. Chrimes*, ed. by H. Hearder and H. R. Loyn (University of Wales Press, Cardiff, 1974), pp. 69–86.

Griffiths, Ralph, '"Ffor the myght off the Lande ...": the English Crown, Provinces and Dominions in the Fifteenth Century', in *Concepts and Patterns of Service in the Later Middle Ages*, ed. by Anne Curry and Elizabeth Matthew (Boydell Press, Woodbridge, 2000), pp. 80–98.

Grose, F., *Military Antiquities Respecting the History of the English Army* (London, 1801), 2 vols.

Guenée, Bernard, *La Folie de Charles VI Roi Bien-Amé* (Perrin, Paris, 2004).

Guest, Ken, and Guest, Denise, *British Battles: the Front Lines of History in Colour Photographs* (HarperCollins, London, 1997).

Hardy, Robert, 'The Longbow', in Curry and Hughes, pp. 161–81.

Harriss, G. L., 'Financial Policy', in *HVPK*, pp. 159–79.

Harriss, G. L., 'The King and his Magnates', in *HVPK*, pp. 31–51.

Harriss, G. L., 'The Management of Parliament', in *HVPK*, pp. 137–58.

Harriss, G. L., *Cardinal Beaufort: a Study of Lancastrian Ascendancy and Decline* (Clarendon Press, Oxford, 1988).

Harthan, John, *Books of Hours and Their Owners* (Thames & Hudson, London, 1977, repr. 1978).

Harvey, Barbara, *Living and Dying in England 1100–1540: The Monastic Experience* (Oxford University Press, Oxford, 1993).

Heath, Peter, *Church and Realm 1272–1461* (Fontana, London, 1988).

Hewitt, H. J., 'The Organisation of War', in Fowler, pp. 75–95.

Hitchin, Paul, 'The Bowman and the Bow', in Curry, *Agincourt 1415*, pp. 36–52.

Hudson, Anne, *The Premature Reformation: Wycliffite Texts and Lollard History* (Clarendon Press, Oxford, 1988).

Hughes, Michael, 'The Fourteenth-Century French Raids on Hampshire and the Isle of Wight', in Curry and Hughes, pp. 121–43.

Jones, Michael, and Walker, Simon, 'Private Indentures for Life Service in Peace and War 1278–1476', *Camden Miscellany xxxii* (Royal Historical Society, London, 1994), pp. 1–190.

Jones, Michael, 'The Material Rewards of Service in Late Medieval Brittany: Ducal Servants and their Residences', in *Concepts and Patterns of Service in the Later Middle Ages*, ed. by Anne Curry and Elizabeth Matthew (Boydell Press, Woodbridge, 2000), pp. 119–44.

Jones, Richard L. C., 'Fortifications and Sieges in Western Europe, c.800–1450', in Keen, *MW*, pp. 163–85.

Keen, Maurice, *The Pelican History of Medieval Europe* (Pelican, Harmondsworth, 1969, repr. 1976).

Keen, Maurice, *Chivalry* (Yale University Press, New Haven and London, 1984).

Keen, Maurice, 'Diplomacy', in *HVPK*, pp. 181–99.

Keen, Maurice, 'Richard II's Ordinances of War of 1385', in *Rulers and Ruled in Late Medieval England: Essays Presented to Gerald Harriss*, ed. by R. E. Archer and S. Walker (Hambledon Press, London and Rio Grande, 1995), pp. 33–48.

Keen, Maurice, 'The Changing Scene: Guns, Gunpowder, and Permanent Armies', in Keen, *MW*, pp. 273–91.

Keen, Maurice, *Origins of the English Gentleman: Heraldry, Chivalry and Gentility in Medieval England, c.1300–c.1500* (Tempus, Stroud and Charleston, SC, 2002).

Kenyon, John, 'Coastal Artillery Fortification in England in the Late Fourteenth and Early Fifteenth Centuries', in Curry and Hughes, pp. 145–9.

Kingsford, Charles Lethbridge, *Prejudice and Promise in XVth Century England: The Ford Lectures 1923–4* (Clarendon Press, Oxford, 1925).

Knoop, D., and Jones, G. P., *The Medieval Mason* (3rd edn, Manchester University Press, Manchester, 1967).

Labarge, Margaret Wade, *Henry V: The Cautious Conqueror* (Secker and Warburg, London, 1975).

Lalande, Denis, *Jean II le Meingre, dit Boucicaut (1366–1421): Étude d'une Biographie Héroïque* (Librairie Droz, Geneva, 1988).

Latham, R. E., *Revised Medieval Latin Word-List* (published for the British Academy, Oxford University Press, London, 1965, repr. 1980).

Lewis, Peter S., *Later Medieval France: The Polity* (Macmillan, London and St

Martin's Press, New York, 1968).

Leyser, Henrietta, *Medieval Women: A Social History of Women in England 450–1500* (Weidenfeld and Nicolson, London, 1995).

Luce, Siméon, *La France Pendant la Guerre du Cent Ans: Épisodes Historiques et Vie Privée aux XIVe et XVe Siècles* (Libraire Hachette et Cie., Paris, 1904).

Marks, Richard, and Williamson, Paul (eds.), *Gothic Art for England 1400–1547* (V&A Publications, London, 2003).

Marx, Robert F., *The Battle of the Spanish Armada 1588* (Weidenfeld and Nicolson, London, 1965), p. 53.

McFarlane, K. B., *Lancastrian Kings and Lollard Knights* (Oxford University Press, Oxford, 1972).

McKenna, John W., 'How God Became an Englishman', in *Tudor Rule and Revolution: Essays for G. R. Elton from his American Friends*, ed. by Delloyd J. Guth and John W. McKenna (Cambridge University Press, Cambridge, 1982), pp. 25–43.

Morgan, David, 'The Household Retinue of Henry V and the Ethos of English Public Life', in *Concepts and Patterns of Service in the Later Middle Ages*, ed. by Anne Curry and Elizabeth Matthew (Boydell Press, Woodbridge, 2000), pp. 64–79.

Mourin, Ken, 'Norwich, Norfolk and Sir Thomas Erpingham', in Curry, *Agincourt 1415*, pp. 78–90.

Nicolle, David, *French Armies of the Hundred Years War* (Osprey, Oxford, 2000, repr. 2002).

Ohler, Norbert, *The Medieval Traveller*, trans. by Caroline Hillier (BoydellPress, Woodbridge, 1989).

Olivier, Richard, *Inspirational Leadership: Henry V and the Muse of Fire* (Industrial Society, London, 2001).

Orme, Nicholas, *Medieval Children* (Yale University Press, New Haven and London, 2001).

Palmer, John, 'The War Aims of the Protagonists and the Negotiations for Peace', in Fowler, pp. 51–74.

Paston-Bedingfield, Henry, 'The Heralds at the Time of Agincourt', in Curry, *Agincourt 1415*, pp. 133–8.

Philpotts, C., 'The French Plan of Battle During the Agincourt Campaign', *English*

Historical Review, xcix (1984), pp. 55–66.

Pouchelle, Marie-Christine, *The Body and Surgery in the Middle Ages* (Rutgers University Press, New Brunswick, NJ, 1990).

Powell, Edward, 'The Restoration of Law and Order', in *HVPK*, pp. 53–74.

Prevost, M., d'Arnot, Roman, and de Morembert, H. Tribout (eds.), *Dictionnaire de Biographie Française* (Libraire Letouzey et Ané, Paris, 1982).

Public Record Office, *London: Lists and Indexes Supplementary Series*, no. ix (Klaus Reprint Corporation, New York, 1964), vol. 2.

Pugh, T. B., 'The Southampton Plot of 1415', in *Kings and Nobles in the Later Middle Ages: A Tribute to Charles Ross*, ed. by Ralph A. Griffiths and James Sherbourne (Alan Sutton, Gloucester and St Martin's Press, New York, 1986), pp. 62–89.

Reeves, A. C., *Lancastrian Englishmen* (University Press of America, Washington, DC, 1981).

Reid, E. J. B., 'Lollards at Colchester in 1414', *English Historical Review*, 29 (1914), pp. 101–4.

Richmond, C. F., 'The War at Sea', in Fowler, pp. 96–121.

Rogers, Clifford J., 'The Age of the Hundred Years War', in Keen, *MW*, pp. 136–60.

Saul, Nigel, *The Batsford Companion to Medieval England* (Barnes and Noble Books, Totowa, NJ, 1982).

Seward, Desmond, *Henry V as Warlord* (Sidgwick and Jackson, London, 1987).

Simek, Rudolf, *Heaven and Earth in the Middle Ages: the Physical World Before Columbus*, trans. by Angela Hill (Boydell Press, Woodbridge, 1996).

Smith, Anthony, '"The Greatest Man of That Age": The Acquisition of Sir John Fastolf's East Anglian Estates', in *Rulers and Ruled in Late Medieval England: Essays Presented to Gerald Harriss*, ed. by R. E. Archer and S. Walker (Hambledon Press, London and Rio Grande, 1995), pp. 137–53.

Smith, Robert D., 'Artillery and the Hundred Years War: Myth and Interpretation', in Curry and Hughes, pp. 151–60.

Southworth, John, *The English Medieval Minstrel* (Boydell Press, Woodbridge, 1989).

Stansfield, Michael, 'John Holland, Duke of Exeter and Earl of Huntingdon (d.1447) and the Costs of the Hundred Years War', in *Profit, Piety and the Professions in Later Medieval England*, ed. by Michael Hicks (Alan Sutton, Gloucester and Wolfeboro Falls, 1990), pp. 102–18.

Steel, A., 'Receipt Roll Totals under Henry IV and Henry V', *English Historical Review*, 47 (1932), pp. 204–15.

Talbot, C. H., and Hammond, E. A., The Medical Practitioners in *Medieval England: A Biographical Register* (Wellcome Historical Medical Library, London, 1965).

Taylor, A. J. P., *A Personal History* (Hamish Hamilton, London, 1983).

Thrupp, Sylvia L., *The Merchant Class of Medieval London (1300–1500)* (University of Chicago Press, Chicago, 1948).

Tuchman, Barbara W., *A Distant Mirror* (Ballantine Books, New York, 1979).

Vale, M. G. A., *English Gascony 1399–1453* (Oxford University Press, Oxford, 1970).

Vale, M. G. A., *Charles VII* (Eyre Methuen, London, 1974).

Walker, Simon, 'Richard II's Views on Kingship', in *Rulers and Ruled in Late Medieval England: Essays Presented to Gerald Harriss*, ed. by R. E. Archer and S. Walker (Hambledon Press, London and Rio Grande, 1995), pp. 49–64.

Webster's Biographical Dictionary (G. and C. Merriam Company, Springfield, MA, 1974).

White, John T., *A Complete Latin-English and English-Latin Dictionary* (Longmans, Green, and Co., London, New York and Bombay, 1896).

Woolgar, C. M. (ed.), *Household Accounts from Medieval England Part II*, Records of Social and Economic History, New Series xviii, pp. 503–22.

Wright, Edmund, 'Henry IV, the Commons and the Recovery of Royal Finance in 1407', in *Rulers and Ruled in Late Medieval England: Essays Presented to Gerald Harriss*, ed. by R. E. Archer and S. Walker (Hambledon Press, London and Rio Grande, 1995), pp. 65–81.

Wright, Nicholas, *Knights and Peasants: The Hundred Years War in the French Countryside* (Boydell Press, Woodbridge, 1998).

Wylie, James Hamilton, *History of England under Henry IV* (London, 1884–98), 4 vols.

Wylie, James Hamilton, 'Notes on the Agincourt Roll', *Transactions of the Royal Historical Society*, 3rd series, vol. v (1911), pp. 104–40.

Yenal, Edith P., *Christine de Pizan: a Bibliography* (Scarecrow Press, Metuchen, NJ and London, 1989).

出版后记

2015年正值阿金库尔战役600周年。为纪念这场历史上著名的以少胜多的战役，《阿金库尔战役》一书得以再版。这本书赢得了多方赞誉。在为再版书写作的序言里，伯纳德·康沃尔还盛赞该书同亨利所取得的"意想不到的大捷一样"，也"取得了胜利"。

本书作者朱丽叶·巴克完美地发挥了其作为专业中世纪学者的特质。在她的笔下，令英格兰人深感自豪的亨利五世似乎重新获得了生命。一方面，他是个绝佳的战士，十分勇敢，敢于冒着被敌人攻击的危险保护自己的弟弟；而在另一方面，他又是一个心思缜密的计划者，注重细节，大小事务皆亲力亲为。与此同时，巴克又非常注重史实的考证，并不照搬前人的研究成果，甚至大胆地对此前研究者的论述提出了挑战。可以看到，《阿金库尔战役》一书与市面上有关百年战争的其他书籍都有所区别，具备独特的文学价值与历史意义。

服务热线：133-6631-2326　188-1142-1266
读者信息：reader@hinabook.com

后浪出版公司
2020年11月

图书在版编目（CIP）数据

阿金库尔战役：百年战争中最传奇的胜利 /（英）朱丽叶·巴克著；王超斑译 . -- 汕头：汕头大学出版社 , 2021.4
　书名原文 : Agincourt: The King, the Campaign, the Battle
　ISBN 978-7-5658-4162-0

Ⅰ . ①阿… Ⅱ . ①朱… ②王… Ⅲ . ①战役－研究－英国－ 1415 ②战役－研究－法国－ 1415 Ⅳ . ① E561.9 ② E565.9

中国版本图书馆 CIP 数据核字 (2020) 第 250483 号

AGINCOURT: THE KING, THE CAMPAIGN, THE BATTLE
by
JULIET BARKER
Copyright ©2005 by Juliet Barker
First published in the English language in the United Kingdom by Little, Brown, an imprint of the Little, Brown Book Group, London.
This edition arranged with LITTLE, BROWN BOOK GROUP LIMITED through Big Apple Agency, Inc., Labuan, Malaysia.
Simplified Chinese edition copyright:
2021 Ginkgo(Shanghai) Book Co., Ltd.
All rights reserved.
中文简体版权归属于银杏树下（上海）图书有限责任公司。

审图号：GS（2020）2254 号

阿金库尔战役：百年战争中最传奇的胜利
AJINKUER ZHANYI : BAINIAN ZHANZHENG ZHONG ZUI CHUANQI DE SHENGLI

著　　者：（英）朱丽叶·巴克
译　　者：王超斑
责任编辑：邹　峰
责任技编：黄东生
封面设计：墨白空间·陈威伸
出版发行：汕头大学出版社
　　　　　广东省汕头市大学路 243 号汕头大学校园内　邮政编码：515063
电　　话：0754-82904613
印　　刷：北京汇林印务有限公司
开　　本：889mm×1194 mm　1/32
印　　张：17.5
字　　数：392 千字
版　　次：2021 年 4 月第 1 版
印　　次：2021 年 4 月第 1 次印刷
定　　价：92.00 元
ISBN 978-7-5658-4162-0

版权所有，翻版必究
如发现印装质量问题，请与承印厂联系退换